IBAES Vol. 20

Internet-Beiträge zur Ägyptologie und Sudanarchäologie

Studies from the Internet on Egyptology and Sudanarchaeology

Martin Fitzenreiter

Allerhand Kleinigkeiten

www.ibaes.de

Berlin / London 2018

Printed in the United Kingdom
London 2018

ISBN 978-1-906137-56-4

Published by Golden House Publications, London
www.goldenhp.co.uk
GoldenHouse100@aol.com

Online publication http://www2.rz.hu-berlin.de/nilus/net-publications/ibaes20
www.ibaes.de

Layout Gunnar Sperveslage, Köln

Titelbild Rahmen mit Objekten der Antikensammlung von Charles Schoeller, Montierung um 1900. (Foto: Ägyptisches Museum der Universität Bonn / Ayla Schwarz)

Der vorliegende Band enthält die Textfassung des im Internet veröffentlichten Werkes. Die aus dem Format PDF gedruckte Textfassung entspricht der im Internet unter oben angegebener der Adresse abrufbaren Originalfassung. Bei Zitierung der Arbeit ist bitte immer die URL der Originalfassung anzugeben (zum Zitieren von Internetpublikationen allgemein siehe das Vorwort von IBAES I). Empfohlene Zitierweise:

> Martin Fitzenreiter: Allerhand Kleinigkeiten, IBAES 20, Internetfassung: URL: http://www2.rz.hu-berlin.de/nilus/net-publications/ibaes20, Berlin, 2018, Printfassung: GHP, London, 2018

IBAES **Vol. 20**

Internet-Beiträge zur Ägyptologie und Sudanarchäologie

Studies from the Internet on Egyptology and Sudanarchaeology

Herausgegeben von Steffen Kirchner und Gunnar Sperveslage

Martin Fitzenreiter

Allerhand Kleinigkeiten

Berlin / London **2018**

Allerhand Kleinigkeiten

Allerhand Kleinigkeiten: seinen wissenschaftlichen Freunden und Bekannten zu seinem 70. Geburtstage am 5. Oktober 1933 überreicht – so überschrieb Ludwig Borchardt eine Sammlung von Aufsätzen, die zu publizieren vor allem ein Geschenk an sich selbst war. In einem Alter, in dem man die körperlichen und geistigen Kräfte schwinden sieht, wächst das Bedürfnis, eine gewisse Ordnung in das Leben zu bringen. Dazu zählt, allerlei Schriften zu sichten, die sich im Laufe der Jahre angesammelt haben und aus diesen oder jenen Gründen nicht veröffentlicht wurden. Sei es, dass ein geplanter Sammelband nie erscheinen wird, dass der Text der *peer review* nicht standgehalten hatte oder dass er sonst keinen Platz in einer geeigneten Publikation fand. Zu solcherart Kleinigkeiten zählen auch Vorträge, die, einst gehalten, es dann doch nicht zur Reife einer konturierten Erkenntnis gebracht haben, aber doch Gedanken enthalten mögen, die in den Papierkorb zu entsorgen schade wäre. Am Ende mag es einfach das Bedürfnis gewesen sein, den Schreibtisch endlich einmal aufzuräumen, dass ich die hier versammelten Beiträge zusammengestellt habe.

Ob das in jedem Fall auch sinnvoll ist, sei dahingestellt. In Artikeln oder Vorträgen geäußerte Gedanken werden nicht besser, wenn sie zu lange liegen. Die Forschung schreitet munter weiter und allein diesem Faktum gebührende Aufmerksamkeit und Anerkennung zu zollen, ist bei Texten schwierig, die vor einiger Zeit verfasst wurden. Der Moment der produktiven und intensiven Rezeption der Gedanken Anderer liegt im Moment der tatsächlichen Auseinandersetzung mit dem Gegenstand und alle späteren Aktualisierungen sind nichts als der etwas bemühte Nachweis, dass man durchaus mitbekommen hat, dass etliche Gedanken inzwischen möglicherweise schon längst nicht mehr neu sind. Wenn in den folgenden Texten neuere Publikationen nur partiell nachgetragen wurden, dann mag man das mangelnde wissenschaftliche Sorgfalt nennen. Es ist aber neben der schieren Faulheit auch die Einsicht, dass Nachträge vor allem den Ballast der Fußnoten aufblähen und mit dem dargelegten Gedankengang kaum noch zu tun haben.

Wenn diese Sammlung von Texten eine gewisse Kohärenz besitzt, dann ist es vor allem die, dass sie mit den Überlegungen oder eigentlich Stimmungen verbunden sind, die auch in meinem wichtigsten Projekt dieser Jahre den roten Faden bildeten. Ich meine das Projekt der „Internet-Beiträge zur Sudanarchäologie und Ägyptologie" (IBAES) mit seinen drei für mich wesentlichen Zielen: Deutungshoheiten aufzuweichen (durch das Medium der Internetpublikation), die disziplinären Grenzen zu dehnen (mittels der Workshops) und schließlich der Selbstreflektion Raum zu geben (durch die Betonung des „Ich"). So seien denn diese *Allerhand Kleinigkeiten* auch besonders jenen *wissenschaftlichen Freunden und Bekannten überreicht*, deren Namen sich in den Bänden der IBAES-Reihe finden und die sich bereitfanden, mit mir ins Gespräch zu kommen. Sie alle aufzuzählen unterlasse ich mit dem Rat, sie in den erschienenen Bänden nachzuschlagen. Nennen möchte ich nur die Mitherausgeber Steffen Kirchner und Olaf Kriseleit und unseren Verleger Wolfram Grajetzki, ohne die das alles nicht denkbar gewesen wäre. Vor allem bietet diese Sammlung aber die Gelegenheit, den Übergang der Herausgeberschaft der IBAES an Gunnar Sperveslage und Steffen Kirchner zu feiern, die nun die Geschicke dieses Projektes in die Hände genommen haben.

Für diesen Band konkret gilt es schließlich noch Dank zu sagen an Karin Fitzenreiter für das erste Lektorat und an Gunnar Sperveslage für das zweite Lektorat und die schöne Gestaltung. Special thanks are due to Paul Whelan who brought those articles written in my very special anglosaxonkitchenpidgin into some at least readable English.

Münster, im April 2018

Inhaltsverzeichnis

Vorwort: Allerhand Kleinigkeiten v

Verzeichnis der abgekürzt zitierten Reihen und Zeitschriften ix

Stiftung und Wohltätigkeit im Alten Ägypten 1

1. und 2. Bestattung in der 3. Zwischenzeit 25

Ancestor Veneration and Ancestor Cult in Pharaonic Egypt 53

Wie *gibt* es „Gott“ im pharaonischen Ägypten? 77

Geschichtsforschung und Ägyptologie 89

Piye’s Conquest of Egypt (about 727 B.C.E.) 105

Scherz, Satire, Ironie und tiefere Bedeutung 123

Eine kurze Geschichte der pharaonischen Kunst 171

A Working Class Hero is something to be... 189

Meistererzählung und Milieu 215

Das Museum als „Laboratorium der Aneignung“ 237

Nofretete und die allgemeine Verwirrung 257

Verzeichnis der abgekürzt zitierten Reihen und Zeitschriften

Ä&L	Ägypten und Levante
ÄA	Ägyptologische Abhandlungen
ÄAT	Ägypten und Altes Testament
ACER	Australian Centre for Egyptology: Reports
ACES	Australian Centre for Egyptology: Studies
ADAIK	Abhandlungen des Deutschen Archäologischen Instituts Kairo
AegTrev	Aegyptiaca Treverensia
ÄF	Ägyptologische Forschungen
AH	Aegyptiaca Helvetica
AHAW	Abhandlungen der Heidelberger Akademie der Wissenschaften
AnOr	Analecta Orientalia
AOAT	Alter Orient und Altes Testament
ASAE	Annales du Service des Antiquités de l'Égypte
AV	Archäologische Veröffentlichungen
BÄB	Bonner Ägyptologische Beiträge
BACE	Bulletin of the Australian Centre for Egyptology
BAe	Bibliotheca Aegyptiaca
BAR Int. Ser.	British Archaeological Reports, International Series
BdÉ	Bibliothèque d'Étude
BEHE	Bibliothèque de l'Ecole des Hautes Études
BES	Bulletin of the Egyptological Seminar
BIFAO	Bulletin de l'Institut Français d'Archéologie Orientale
BiOr	Bibliotheca Orientalis
BoSAe	Bonner Sammlung von Aegyptiaca
BSAK	Studien zur altägyptischen Kultur, Beihefte
BSEG	Bulletin de la Societé d'gyptologie de Geneve
BSFE	Bulletin de la Société Française d'Égyptologie
BzÄ	Beiträge zur Ägyptologie
BzS	Beiträge zur Sudanforschung
CASAE	Annales du Service des Antiquités de l'Égypte, Cahier
CCEM	Contributions to the Chronology of the Eastern Mediterranean
CdE	Chronique d'Égypte
CENiM	Cahiers Égypte Nilotique et Méditerranéenne
CHANE	Culture and History of the Ancient Near East
CNIP	Carsten Niebuhr Institute Publications
CNMAL	Collections of the National Museum of Antiquities at Leiden
CRIPEL	Cahiers de Recherches de l'Institut de Papyrologie et d'Égyptologie de Lille
DFIFAO	Documents de fouilles de l'Institut Français d'Archéologie Orientale du Caire
EQÄ	Einführungen und Quellentexte zur Ägyptologie
EU	Egyptologische Uitgaven
FAT	Forschungen zum Alten Testament
FIFAO	Fouilles de l'Institut Français d'Archéologie Orientale du Caire
GHP Egyptology	Golden House Publications, Egyptology
GM Beiheft	Göttinger Mizellen, Beihefte
GM	Göttinger Miszellen
GOF	Göttinger Orientforschungen
HÄB	Hildesheimer Ägyptologische Beiträge
HÄS	Hamburger Ägyptologische Studien
HdO	Handbuch der Orientalistik
IBAES	Internet-Beiträge zur Ägyptologie und Sudanarchäologie
JAOS	Journal of the American Oriental Society
JARCE	Journal of the American Research Center in Egypt
JEA	Journal of Egyptian Archaeology

JEgH	Journal of Egyptian History
JEOL	Jaarbericht van het Vooraziatisch-Egyptisch Genootschap "Ex oriente Lux"
JESHO	Journal of the Economic and Social History of the Orient
JNES	Journal of Near Eastern Studies
JSSEA	Journal of the Society for the Study of Egyptian Antiquities
KÄT	Kleine Ägyptische Texte
KSGFK	Königtum, Staat und Gesellschaft früher Hochkulturen
LÄS	Leipziger Ägyptologische Studien
LingAeg Stud Mon	Lingua Aegyptia Studa Monographica
LingAeg	Lingua Aegyptia
MÄS	Münchner Ägyptologische Studien
MASE	Memoirs of the Archaeological Survey of Egypt
MDAIK	Mitteilungen des Deutschen Archäologischen Instituts Kairo
Menes	Menes. Studien zur Kultur und Sprache der altägyptischen Frühzeit und des Alten Reiches
MIFAO	Memoires publiés par les membres de de l'Institut Français d'Archéologie Orientale du Caire
MittSAG	Mitteilungen der Sudanarchäologischen Gesellschaft Berlin
MKS	Middle Kingdom Studies
MonAeg	Monumenta aegyptiaca
MVCAE	Material and Visual Culture of Ancient Egypt
ÖAW Denkschriften	Österreichische Akademie der Wissenschaften, Denkschrift der Gesamtakademie
OBO	Orbus Biblicus et Orientalis
OLA	Orientalia Lovaniensia Analecta
OLZ	Orientalistische Literaturzeitung
OMRO	Oudheidkundige mededelingen uit het Rijksmuseum van Oudheden te Leiden
PAM Reports	Polish Archaeology in the Mediterranean, Reports
PdÄ	Probleme der Ägyptologie
RAPH	Recherches d'archéologie, de philologie et d'histoire
RdÉ	Revue d'Égyptologie
RIDA	Revue Internationale des Droits de l'Antiquité
SAGA	Studien zur Archäologie und Geschichte Altägyptens
SAK	Studien zur altägyptischen Kultur
SAOC	Studies in Ancient Oriental Civilisation
SAT	Studien zum Altägyptischen Totenbuch
SDAIK	Sonderschriften des Deutschen Archäologischen Instituts Kairo
SSAW	Sitzungsberichte der Akademie der Wissenschaften in Wien
TÄB	Tübinger Ägyptologische Beiträge
TÄT	Tübinger Archäologische Taschenbücher
UZKÖAI	Untersuchungen der Zweigstelle Kairo des Österreichischen Archäologischen Instituts
WdO	Welt des Orients
WSAÄ	Wahrnehmungen und Spuren Altägyptens
WVDOG	Wissenschaftliche Veröffentlichungen der Deutschen Orient-Gesellschaft
WZKM	Wiener Zeitschrift für die Kunde des Morgenlandes
ZÄS	Zeitschrift für ägyptische Sprache und Altertumskunde

Stiftung und Wohltätigkeit im Alten Ägypten*

1. Einleitung

1.

Stiftung – die auf Dauer angelegte zweckgebundene Weggabe von Ansprüchen, über die dem als Stifter / Stifterin Auftretenden die Verfügung zusteht, so zu verfahren – ist in der modernen westlichen Gesellschaft ein auch juristisch geregelter Vorgang der Institutionalisierung von Eigentum, in dem sich die ökonomische und eine im weitesten Sinne religiös-moralische Sphäre treffen und durchdringen. Die ökonomische Seite dieses Vorganges ist meist klar zu fassen, da sie als juristisch abgesicherte Beschreibungen erscheint: Häuser, Grundstücke, Aktien oder Geldwerte, die der Stiftung zufließen, werden stets genau festgeschrieben, ebenso das Recht der Stiftenden, dies zu tun. Schon schwieriger ist es auch heute, den eigentlichen Stiftungszweck zu erfassen, der zwar ebenso im Stiftungsakt und seiner Beurkundung Ausdruck findet, dessen Interpretation aber oft genug ambivalent bis umstritten bleibt.[1] Immerhin lässt sich aber über die rechtliche Fassung der Stiftung als Institution dieser Zweck einigermaßen nach dem kulturellen Regelwerk des historischen Kontextes modellieren. Stiftungen sollen im weitesten Sinne *wohltätig* sein, einem allgemein als gut und richtig anerkannten Zweck dienen (bzw. dieses glaubhaft vorgeben). Diese allgemeine Anerkennung des Zweckes macht die Stiftung als juristischen Vorgang überhaupt erst möglich und verleiht ihr selbst in der nasskalten Welt des Kapitalismus erstaunliche Privilegien. Dazu gehört die Erlaubnis, Eigentum in Form einer Stiftung zu einer Rechtspersönlichkeit – einem Rechtssubjekt – zu machen, das, vertreten durch Bevollmächtigte, im Sinne des Stiftungszwecks „agiert".

Sind so die Zwecke der Stiftungen, wenn auch in recht allgemeiner Art, erfasst, so erweist es sich jedoch als höchst problematisch, die eigentliche Ursache einer Stiftung zu erfassen, d.h. die Beweggründe, die Stifter oder Stifterinnen dazu bringen, zu stiften. In der Regel werden diese selbst in modernen Stiftungsurkunden nur mit sehr vagen, geradezu schwammigen Formulierungen beschrieben. Man mag hinter der blumigen Rhetorik ein allgemeines Interesse am postmortalen Fortleben der Stifter und Stifterinnen ausmachen, das „den-Namen-Leben-lassen", wie es schon und wohl sehr treffend im pharaonischen Ägypten ausgedrückt wurde;[2] sei es als Perpetualisierung eines schon zu Lebzeiten gepflegten Gutmenschentums, sei es als Errettung aus nachtodlicher Strafe, sei es als kulturelle Zementierung des Ego in Form einer namensverewigenden Stiftungstitulatur. Es bleibt erstaunlich, dass diese tatsächlich sehr diffusen Beweggründe als juristische Formel anerkannt sind, so sehr, dass selbst Stiftungen von staatlicher Seite auf solche weichen Formulierungen zurückgreifen, um den Stiftungsakt einzuleiten und zu legitimieren.[3]

Doch sind die Ursachen des Stiftens und damit auch der Stiftung von grundsätzlicher Bedeutung. Denn es sind ja gerade diese Beweggründe, die den besonderen Charakter des Rechtsvorganges der Weggabe von Ansprüchen mit Bindung an einen bestimmten Zweck als Stiftung aus- und, juristisch gesehen, möglich machen. Anders gesagt: Das Besondere an einer Stiftung ist weniger, dass Individuen Mittel für einen bestimmten Zweck zur Verfügung stellen, als vielmehr, dass die Gesellschaft es anerkennt, dass Mittel weit über den Tod einer Per-

---

* Der Text war als Beitrag für einen Sammelband zum nicht-westlichen Stiftungswesen geplant, der leider nicht realisiert wurde. Er geht auf einen Vortrag zurück, den ich im Januar 2014 im Rahmen des Forschungscolloquiums von Prof. Dr. Michael Borgolte an der Humboldt Universität zu Berlin halten durfte. Ich danke Prof. Borgolte für die Einladung und ihm sowie allen TeilnehmerInnen des Colloquiums für die mit vielen Anregungen versehene Diskussion.

1 Siehe Borgolte 2012.a, 84–86 zur Problematik der „operativen Stiftungen", die sich ständig neue Felder ihrer „Wohltätigkeit" erschließen müssen.

2 Nelson-Hurst 2010.

3 So übernimmt man sogar die Tradition der namensnennenden Stiftungstitulatur wie z.B. im Falle der „Alexander von Humboldt-Stiftung" und andere Paraphenalia des Wohltätigseins, um für Institutionen der Mittelvergabe das Gehäuse einer Stiftung zu zimmern und so in den Genuss der dafür üblichen rechtlichen Regularien zu kommen. Siehe Borgolte 2012.b, Anm. 47.

son hinaus an deren Willen gebunden bleiben. Es bleibt daher ein wesentliches Ziel einer kulturhistorischen Stiftungsforschung, diese Motive des Stiftens zu untersuchen und dabei deren individuelle wie auch kollektive („soziale", „kulturelle") Parameter in den Blick zu bekommen. Dabei soll es nicht nur darum gehen, in *the ancient mind* einzudringen und eventuell auf den ersten (d.h. westeuropäischen) Blick absurde Vorgänge zu „verstehen". Ebenso interessant kann es sein, auf diesem Wege die Bedingungen zu erforschen, die den *ancient mind* prägen und so Stiftungen als einen quasi archetypischen Vorgang der sinngeleiteten *conspicious consumption* ebenso zu erfahren,[4] wie überhaupt in die strukturellen, quasi-sakralen Bedingungen von ökonomischem Handeln, von *Geben* und *Nehmen* einzudringen.[5]

2.

Im vorliegenden Beitrag soll ein im Belegmaterial aus dem Ägypten der pharaonischen Zeit in recht verschiedenen Ausprägungen präsentes Phänomen besprochen werden, für das sich in der Ägyptologie die Bezeichnung „Stiftung" (bzw. *fondation, foundation*, auch: *waqf*) eingebürgert hat.[6] Das Herangehen ist dabei von dem in archäologischen Fächern üblichen Zugang geprägt, vorliegende Befunde zu beschreiben und aus der Beschreibung heraus zu deuten. So war auch der Ausgangspunkt meiner Beschäftigung mit Dokumenten zu Stiftungen weniger das kulturhistorische Problem, was Stiftung sei und ob es die gäbe, als vielmehr ein rein archäologisches Interesse: die Beschäftigung mit der Dekoration funerärer Kultstellen. Erst daraus ergab sich die Frage, warum im weitesten Sinne ökonomische Vorgänge in diesen Bildern und Inschriften dokumentiert wurden. Denn es ist tatsächlich ein bemerkenswerter Umstand, zu sehen, wie viele wirtschaftliche Handlungen – von der Produktion über Distribution bis hin zur Konsumption – in der Dekoration von Grabanlagen bezeugt sind. Man sieht Beschreibungen der landwirtschaftlichen Produktion auf Feldern und in Gärten, die Viehzucht, die Lebensmittelverarbeitung in Bäckereien, Brauereien, Schlachtereien und Küchen, die Herstellung von allerlei handwerklichen Produkten, den Vertrieb auf lokalen Märkten und schließlich den Verzehr, die Inbetriebnahme (z.B. von Statuen) und Nutzung.[7] In der Forschung wurden und werden diese Bild- und Schriftkompositionen in der Regel dankbar zur Rekonstruktion ökonomischer Verhältnisse herangezogen.[8] Die Frage nach dem Sinn von Darstellungen ökonomischer Aktivitäten in funerären Anlagen wird jedoch erstaunlich selten gestellt. Dasselbe gilt für die Dokumentation ökonomischer Vorgänge auf Stelen, die ebenfalls einer mit sakralisierten Bedingungen operierenden Praxisebene zuzuordnen sind (vereinfacht gesagt: dem Toten- oder Götterkult). Es sind aber genau diese Medien, durch die uns das Phänomen der „Stiftung" in der pharaonischen Kultur am dichtesten belegt ist. Und es mögen gerade die in diesen Medien immanent vermittelten Parameter sein, die uns über Beweggründe und Bedingungen von Stiftungen in der pharaonischen Kultur Auskunft geben können.[9]

3.

Im Folgenden wird daher zuerst an einem konkreten Beispiel vorgestellt, in welcher Form Belege für „Stiftungen" überliefert sind und somit das, was in der ägyptologischen Literatur unter „Stiftung" verstanden wird. Im zweiten Teil soll dann auf den Zusammenhang von Wohltätigkeit und Jenseitskonzepten eingegangen werden, der in der historischen Stiftungsforschung jenseits der Ägyptologie eine wichtige Rolle spielt. Da, wie zu sehen sein wird, dieser Zusammenhang nur bedingt zur Klärung beitragen kann, wird im dritten Teil dann eine weitere, sozialökonomisch inspirierte Deutung des Phänomens angeboten.

---

4 Veblen 1899.

5 Mauss 1923/24; Bourdieu 1979; Borgolte 2012.c.

6 Sottas 1913; Pirenne 1934; Stracmans 1955; Mrsich 1968; Allam 1974; Menu 1984–85; Allam 2007; Allam 2008; einen Überblick zum Rechtsleben pharaonischer Zeit gibt: Lippert 2012.

7 Zu den Bildern bieten Klebs 1915; Montet 1925; Vandier 1978; McFarlane / Mourad 2012 einen guten Überblick.

8 Aus der umfangreichen Literatur seien hier nur Helck 1975; Drenkhahn 1976; Müller-Wollermann 1985; van Elsbergen 1997; Faltings 1998 erwähnt.

9 Einschränkend muss angemerkt werden, dass hier die Bedingungen der Befundkonstitution eine Rolle spielen. Steinerne Monumente wie Grabanlagen und Stelen haben schlicht eine größere Haltbarkeit als Dokumente auf Papyrus. Es ist auch so, dass die meisten der uns in Gräbern oder auf Stelen erhaltenen Texte Auszüge aus Akten sind, die ursprünglich auf Papyrus ausgefertigt wurden. Dennoch bleibt die Präsentation dieser Aktenauszüge auf den steinernen Monumenten ein zu erklärendes und – das ist jedenfalls meine Ansicht – für den Charakter der dokumentierten Vorgänge auch charakteristisches Phänomen.

2. Die Statuenstiftung des Pennut von Aniba

1.

In der Regierungszeit Ramses' VI. aus der 20. Dynastie, in der Spätphase einer als das „Neue Reich" bezeichneten Periode frühstaatlicher Herrschaft in Ägypten (um 1150 v. u. Z.), ließ der im nubischen Aniba ansässige „Stellvertreter"[10] Pennut eine funeräre Anlage in ein nahe der Stadt gelegenes Felsmassiv schlagen.[11] Die Anlage umfasst, wie es für die Grabbauten der Elite in dieser Zeit gebräuchlich ist, eine unterirdische Grablege und eine oberirdischen Kapelle. Die Wände der Kapelle wurden mit Flachbildern und Textbeischriften dekoriert.

Die Dekoration der Kapelle zerfällt in zwei Hälften.[12] An den Wänden der Westhälfte werden die Bestattung und das Totengericht, das Eintreffen des Toten im Jenseits und sein dortiger Status und schließlich das Heraustreten aus der Grabanlage und die Anbetung der jenseitigen Formen von Sonnen- und Totengott beschrieben. Auf der Osthälfte beginnt die Dekoration mit der Abschrift des hier interessierenden Rechtstextes, es folgen Szenen, die den Statuserwerb im Diesseits betreffen (u.a. in Form der Errichtung einer Königsstatue) und schließlich das Hintreten des Grabherrn und seiner Nachkommen vor diesseitige Formen des Sonnen- und Totengottes. Die beiden Kapellenhälften sind durch vielfältige Bezüge auf thematischer Ebene, aber auch auf der von Bildmotiven und sogar Textpassagen miteinander verbunden.

Der Sinn der Dekoration und der Kultstelle als ein Denkmal ist es, als ein Affirmat zu wirken, das mittels seiner Performativität oder *agency* selbstwirksam ist. Es dient der Statusfestschreibung des Grabherrn und seiner Familie, wobei sich diese auf das Jenseits wie auf das Diesseits gleichermaßen erstreckt; dort soll er ein dauernder und zur Kommunikation befähigter Toter bzw. Ahn sein, hier wird sein Status als höchster Repräsentant der Region kommuniziert. Im Rahmen der Statusbeschreibung im Diesseits ist nun der hier interessierende Stiftungsakt festgehalten.

Abb. 1: Szenenfolge aus der funerären Anlage des Pennut von Aniba, die den Vorgang der Stiftung einer Statue dokumentiert: Ganz links Erlaubnis durch den Pharao, dann Überbringung der Nachricht und Aufstellung der Königsstatue, schließlich Salbung und Statuserhöhung des Pennut (aus: LD III, 230).

2.

Die Stiftung besteht aus zwei Elementen: der Errichtung einer Statue des regierenden Königs im örtlichen Tempel und der Einrichtung einer Kultinstitution für diese Statue. Die Errichtung der Statue wird in einer Bildfolge an prominenter Stelle in der Kapelle thematisiert und folgt dem Protokoll, wie es für solche Vorgänge üblich ist (Abb. 1): Der König erteilt dem direkten Vorgesetzten des Pennut, dem Vizekönig von Kusch, den Auftrag, den „Stellvertreter" zu belobigen. Der Vizekönig (und ein ihm zugeordneter Beamter) überbringen diesen königlichen Befehl, verkünden ihn vor der Statue und vollziehen die königliche Belobigung des Grabherrn, der am Ende der Szenerie im Jubelgestus bei einer seinen Status erhöhenden Salbung gezeigt wird. Diese Szenerie beschreibt ge-

10 Pennut agierte als „Stellvertreter" des „Vizekönigs von Kusch", für die Region Wawat, das heutige Unternubien, eine Region etwa von Assuan bis zum 2. Nilkatarakt. Zur Person des Pennut: Fitzenreiter 2004.a.

11 Der Platz ist vom Nasserstausee geflutet, die Reste der Anlage wurden versetzt; Publikationen: Lepsius LD III, 229–232; Steindorff 1937, 242–247, Taf. 101–104; Kitchen RI VI, 350–357.

12 Hierzu ausführlich: Fitzenreiter 2011.a.

wissermaßen den Endpunkt der Stiftung, an dem die Statue aufgestellt und der Grabherr durch diese Tat aufgestiegen ist bzw. seinen Aufstieg manifest macht.[13] Der juristische Teil der Stiftung ist an der angrenzenden Eingangswand durch einen Text dokumentiert (Abb. 2):[14]

(I.) Die (Land-)Stiftung für die Statue des Ramses VI., die in Aniba ruht:

(Feld Nr. 1:) (Im) nördlichen Gebiete von „Ramses II. im Haus des Re"(= Lokalbezeichnung) (bei?) der Siedlung gegenüber dem „Haus des Re, des Herren der östlichen (Nil-)Ecke / Biegung" (=Lokalbezeichnung): Der Süden ist an den Feldern der (Land-)Stiftung [der Statue] der königlichen Gemahlin Nefertari, die in Aniba ruht. Der Osten ist an der Wüste. Der Norden ist an den Weiden des Pharao – Leben, Heil, Gesundheit. Der Westen ist am Fluss. – Drei Chet-Maße.

(Feld Nr. 2:) (Im) Gebiet von Ruhatepmiu (= Lokalbezeichnung) auf dem Feld des Stellvertreters von Wawat: Der Süden ist am Feld der (Land-)Stiftung der Statue [NN], unterstellt dem Priester Amenenope. Der Osten ist an der Wüste. Der Norden ist an der Weide des Pharao – Leben, Heil, Gesundheit –, genutzt als Feld des Stellvertreters von Wawat. Der Westen ist am Fluss. – Zwei Chet-Maße.

(Feld Nr. 3:) (Im) Gebiet des Tempels der Göttin; östlich vom Feld ohne Erbfolge, östlich grenzend an die Wüste: Der Süden ist am Feld der (Land-)Stiftung der Statue [NN], unterstellt dem Stellvertreter Merij von Wawat. Der Osten ist an der Wüste. Der Norden ist am Feld des Hirten Bachu. Der Westen ist am Fluss. – Vier Chet-Maße.

(Feld Nr. 4:) (Im) Gebiet an der Spitze von Tech-chet (= Lokalbezeichnung) am westlichen Ende des Sees (?) von Tech-chet auf der Weide des Pharaos – Leben, Heil, Gesundheit – und dem Feld ohne Erbfolge, östlich grenzend an die Wüste. Der Süden ist an der Weide des Pharao – Leben, Heil, Gesundheit –. Der Osten ist an der Wüste. Der Norden ist das Feld von Irsa. Der Westen ist am Fluss. – Sechs Chet-Maße.

Gesamtheit des Ackerlandes, das er unterstellte: 15 Chet-Maße, macht Hochfelder ¼ (?).

(Aktennotiz:) Erstellt, geschrieben, bestätigt.

(II.) Seine (Land-)Stiftung, (nämlich) des Stellvertreters Pennut, Sohn des Herunefer, von Wawat:

Ein Flussrandfeld (?) von ihm (= Pennut), um zu bringen zu ihr (= der Statue) ein Rind als Schlachtopfer für sie (= die Statue) pro Jahr:

(Feld Nr. 5:) (Im) Gebiet der Uferfelder (?) die in der Hand des Stellvertreters von Wawat waren. Nicht ist es in der (Schulden?-)Liste. Sein Westen ist der Anfang von *Charuru* (?) des Stellvertreters Pennut. Der Süden ist das Feld (von / des) *Charuru* (?) des Stellvertreters Pennut. Der Norden ist das Uferfeld (?) der Domäne des Pharao – Leben, Heil, Gesundheit. Der Osten ist der Anfang / das Ende (von / des) *Charuru* (?) des Stellvertreters Pennut. – Sechs Chet-Maße.

(III. Fluchformel:) Was angeht jeden, der dagegen reden wird: Möge Amun-Re, der König der Götter, hinter ihm und vor ihm seine Macht ausüben, möge Mut hinter seiner Frau (ihre Macht) ausüben, (möge) Chonsu hinter seinem Kind (seine Macht) ausüben; er möge hungern, er möge dürsten, er möge Mangel leiden und er möge elend sein.

Wie in der Rechtssprache üblich bedarf es einiger Vertrautheit mit dem Formular, um die hier wesentlichen Punkte zu erfassen. In der Einleitung werden die Art der Stiftung – der ägyptische Terminus lautet etwa *Henkijt* und bezeichnet eine mit Land ausgestattete Institution – und ihr Zweck – nämlich den Kult an einer Statue aufrechtzuerhalten – beschrieben. Der folgende Teil des Textes beschreibt dann ausführlich die zur Verfügung gestellten vier Felder. Deren relativer, in die Stiftung fließender Ertrag wird in einer Zusammenfassung durch das Wertäquivalent „Hochfeld" angegeben. Im zweiten Teil wird eine Zustiftung von nur einem Feld festgeschrieben, dessen Ertrag für die jährliche Opferung eines Rindes bestimmt ist. Während hier ausdrücklich Pennut als Stifter erscheint, bleibt im ersten Teil offen, aus wessen Verfügungsspektrum die Felder stammen. Der Text endet mit einer Fluchformel.

13 Zum politischen Hintergrund: Fitzenreiter 2007.

14 Die Übersetzung lehnt sich weitgehend an die von Helck 1986 an.

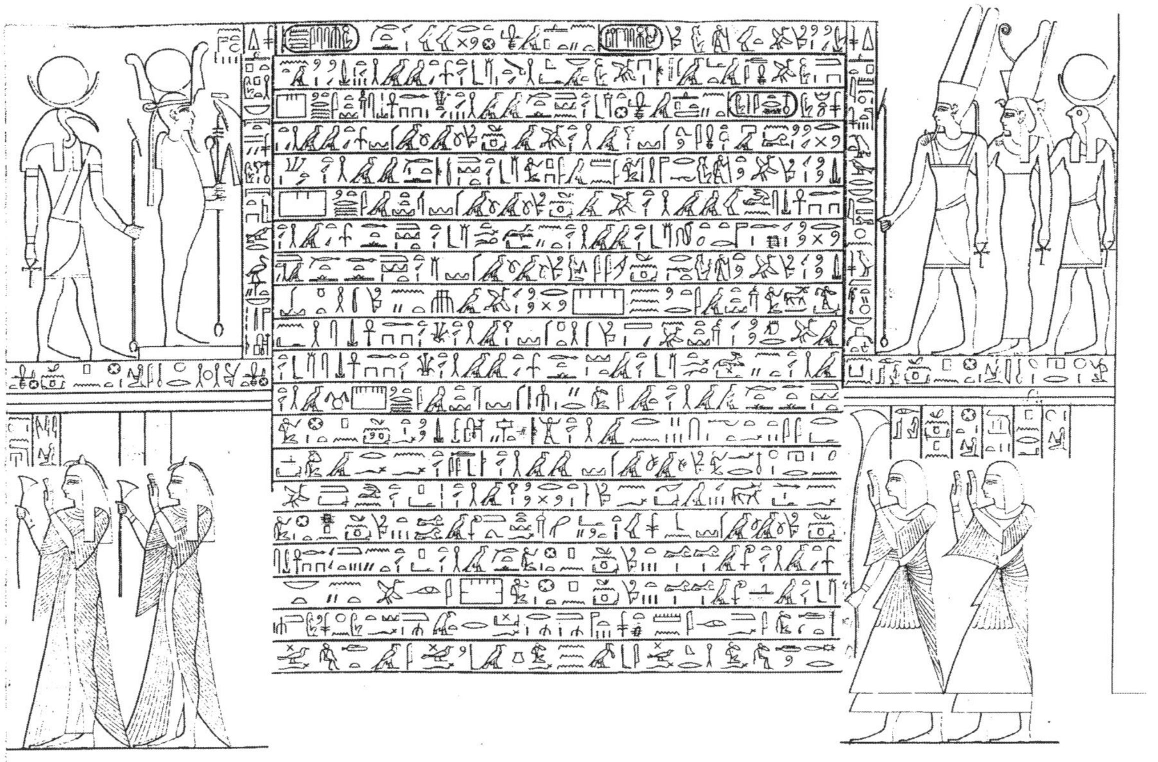

Abb. 2: Stiftungstext in der funerären Anlage des Pennut von Aniba. Neben dem Text sind oben die die Stiftung garantierenden Götter Thot, Ptah (links) sowie die thebanische Triade Amun, Mut, Chons (rechts) dargestellt, unten rechts Pennut und ein Hausverwalter; die Frauen links gehören zu einer anderen Szene (aus: LD III, 229.c).

3.

Henkijt-Stiftungen in Verbindung mit einer Königs- oder (seltener) Götterstatue sind in dieser Periode der pharaonischen Zeit mehrfach belegt, so dass von einem durchaus verbreiteten Phänomen auszugehen ist.[15] Charakteristisch für die so dokumentierten Stiftungsvorgänge ist, dass a) der Kult für ein Kultobjekt (= Statue) eingerichtet wird und b) Mittel bestimmt werden (in der Regel Land bzw. dessen Erträge, es treten aber auch andere Einkommensformen auf), um den Kult zu gewährleisten. Nicht bei Pennut dokumentiert, dort aber durch den Zusammenhang der Präsentation gegeben, ist, dass c) Kultverantwortliche eingesetzt werden, die d) dadurch vererbbare Ansprüche auf die dem Kult zur Verfügung gestellten Mittel haben. Bei Pennut wird der Zugriff auf diese Mittel dokumentiert, indem man die Stiftung als eine monumentale Abschrift in der von ihm begründeten Familienkultstelle „einschrieb". Damit wird ein Verfahren aktiviert, das bereits in weitaus früherer Zeit zur Bindung von bestimmten Ansprüchen an eine sich über einen Gründungsahn definierende Gemeinschaft bekannt ist (dazu noch unten).

Andere Fälle solcher Stiftungen in Zusammenhang mit Statuenkulten sind auf Stelen beurkundet, die z.T. wohl als eine Art Feldmarkierung dienten. Aus ihnen geht dann der Nutznießer der Stiftung explizit hervor; in der Regel scheinen es die Nachkommen von verdienten Militärs bzw. Beamten gewesen zu sein, denen auf diese Weise eine Subsistenzgrundlage verschafft wurde. Als Beispiel sei hier noch der Text einer in Medamud gefundenen Stele aus der Regierungszeit Ramses' III. (ca. 1180 v. u. Z.) angeführt:[16]

(I. Datierung:) Regierungsjahr 2, erster Monat der Peret-Jahreszeit, (Tag 1), unter der Majestät des Königs von Ober- und Unterägypten, Herr der beiden Länder, Userma'atre-Meriamun, Sohn des Re, Herr der Erscheinungen, Ramses III., Herrscher von Heliopolis.

---

15 Helck 1966; Meeks 1979; Hovestreydt 1997.

16 Übersetzung nach Kitchen 1973.

(II. Stiftungsziel und Stiftungsgut:) Seine Majestät befahl zu geben Felder als Stiftungsland, 50 Aruren, an die Statue des Amunrasonter zusammen mit der Statue „Ramses III., Herrscher von Heliopolis, Sohn des Amun, geboren von Mut, der Herr der Opferversorgung“, im Bezirk von Perenta, auf den Feldern von Perduat. Der Süden ist bei Perduat, der Osten ist bei Perduat, der Norden ist am Gut des Amun, der Westen ist am Gut des Month.

(III. Kultverantwortlicher und Erbschaftsregelung:) Dekret des Regierungsjahrs 2, erster Monat der Peret-Jahreszeit, (Tag 1), unter der Majestät des Königs von Ober- und Unterägypten, Herr der beiden Länder, Userma'atre-Meriamun: (Sie? Die Ländereien?) werden gegeben unter die Verwaltung des Hüters der Schriften des Gutes des Amunrasonter, Chaemope, Sohn des verstorbenen (wörtl.: des Osiris) Hüters der Schriften, Stellvertreter des Schatzhauses des Gutes des Amunrasonter, Imiseba, gerechtfertigt, – von Sohn zu Sohn, von Erbe zu Erbe, ewiglich.“

4.

Der Brauch, Statuen zu stiften, diese mit einer Kultinstitution auszustatten, in der ein festgeschriebener Personenkreis Dienst tut, und so diesem Personenkreis ein Einkommen zu sichern, ist seit dem späten Alten Reich belegt.[17] Er kann dabei auf ein Prinzip der altägyptischen Ressourcendistribution zurückgreifen, das eng mit der Funktion von Kultstellen zusammenhängt. Jede Kultstelle kann als eine Institution angesehen werden, in der Personen und Ansprüche zueinander in Beziehung gesetzt sind. Diese Kultinstitutionen verwalteten Ansprüche (in der Regel auf Einkünfte von Landstücken), die dem jeweiligen Gott bzw. seiner Manifestation am Kultplatz unterstellt waren. Alle, die am Kultplatz Dienst taten, waren berechtigt, einen bestimmten Anteil aus diesen Ansprüchen zu erhalten. Diese Gruppe scheint auf lokaler Ebene die traditionelle, örtliche Honoratiorenschaft umfasst zu haben, diente aber auch als Modell für die Organisation von regional oder sogar landesweit erhobenen Ansprüchen auf Ressourcenzufluss durch politisch dominante Eliten.[18] Dabei stellt die Einrichtung neuer Kultplätze und deren Ausstattung mit Einkünften ein äußerst dynamisches Element dar, konnte dadurch doch nicht nur der Ressourcenfluss in eine bestimmte Richtung gelenkt sondern auch bestimmte Personengruppen mit einem privilegierten Zugang zu Ressourcen ausgestattet werden.

Die Einrichtung kleinerer Kultinstitutionen wie die des Pennut stellt in diesem Zusammenhang eine interessante Spielart dar, da sie relativ häufig belegt ist und so der Umfang der in einer Institution zusammengefassten Ansprüche sowie die Art der davon profitierenden Personengruppen bestimmbar werden. Es sind genau diese kleineren Einrichtungen, für die in der Ägyptologie die Bezeichnung „Stiftung“ (*foundation; fondation*) gebräuchlich ist. Als alternativer und eventuell auch neutral Begriff wird auch von „Landschenkungen“ (*donation; dotation*) gesprochen, wobei hiermit vor allem die von Herrschern veranlassten Zuwendungen gemeint sind, die bestimmten Kulteinrichtungen zukommen, auch ohne dass explizit Nutznießer genannt werden (die implizit immer das dem Tempel zugeordnete Personal sind[19]).[20]

---

17 Die ersten Belege für die Einrichtung solcher Statuenkulte mit angeschlossener Institution aus Landbesitz und Priesterschaft stammen bisher aus der 6. Dynastie (um 2200 v. u. Z.) (Goedicke 1967, 128–136); aus dem Mittleren Reich (um 1900 v. u. Z.) ist besonders der Text des Hapidjefai aus Assiut über die Einrichtung seines eigenen Statuenkultes bekannt (Reisner 1918; Théodoridès 1971; Spalinger 1985; Allam 2010), im Neuen Reich häufen sich dann die Belege (siehe Anm. 15).

18 Moreno García 2010.

19 Hierunter werden gewöhnlich berufsmäßige Priester verstanden; in der Realität stellten jedoch Sakralspezialisten nur einen geringen Prozentsatz des an einem Kultplatz tätigen Personals (Sauneron 1988). Man darf davon ausgehen, dass je nach Charakter der Kultstelle *alle* wichtigen Personen einer lokalen Gesellschaft am Tempeldienst und damit auch am Verfügungsspektrum des Tempels Anteil hatten. Es gibt in der pharaonischen Kultur praktisch kaum Selbstbeschreibungen, in denen nicht auch „Priestertitel“ vorkommen und gerade Frauen der Oberschicht führen sehr häufig wenigstens den Titel der „Sängerin“ eines lokalen Gottes (Ostine 2005; Johnson 1998). Ein solcher Priestertitel sagt vor allem aus, dass das betreffende Individuum das Recht hatte, im Tempeldienst zu einer bestimmten Zeit Aufgaben wahrzunehmen und dafür Anteile von den für diesen „Tempeltag“ berechneten Einkünfte zu erhalten. Dazu, dass „Tempeltage“ als ein Anspruch im Sinne von Eigentum vererbt, verpfändet, verkauft und erworben werden konnten siehe: Grunert 1979.

20 Im Rahmen dieses Beitrages nicht behandelt werden die mitunter ebenfalls mit dem Begriff des „Stiftens / der Stiftung“ verbundenen sakralen Bauprojekte der Pharaonen; siehe Grallert 2001.

3. Wohltätigkeit und postmortale Rekompensation

1.

Die erwähnten „Stiftungen“ oder „Landschenkungen“ wurden in der ägyptologischen Forschung vor allem unter juristischen und ökonomischen Aspekten behandelt. Die religiöse Seite des Vorganges hingegen trat selten in den Fokus der Betrachtung bzw. es wird ein eher negatives Bild gezeichnet, wenn etwa davon gesprochen wird, Schenkungen von frömmelnden oder schwachen Herrschern an Sakralinstitutionen hätten das Land ausgelaugt oder Ansprüche der politisch aktiven Krone an die passiv-konservative Priesterschaft abgetreten. Neuere Forschungen haben dieses Postulat eines Gegensatzes von „Staat und Kirche“ dekonstruieren können und gezeigt, dass es stets ein enges Zusammenspiel von politischer Macht einerseits und Organisation der Besitztümer der großen Reichstempel andererseits gab.[21] Es lohnt sich aber dennoch, nach den Beweggründen religiös-moralischer Art zu fragen, die Motive der Einrichtung von Stiftungen gewesen sein können. In Analogie zur Motivation des mittelalterlichen Stiftungswesens sowohl im christlich geprägten Westen wie im islamisch geprägten Osten des Mittelmeerraumes soll daher betrachtet werden, ob und welche Jenseitsvorstellungen das altägyptische Stiftungswesen geprägt haben, ob ägyptische Stiftungen postmortale Wohltätigkeit veranlasst haben und ob diese gegebenenfalls dem verstorbenen Stifter[22] im Jenseits zugute kommen konnte.

2.

Im mittelalterlichen Stiftungswesen scheint der Aspekt der „Wohltätigkeit“ besondere Bedeutung gewonnen zu haben. Der Aspekt der „Wohltätigkeit“ bzw. in moderner Rechtssprache der „Gemeinnützigkeit“ prägt den besonderen Status von Stiftungen und auch deren Privilegien bis heute. Wobei gerade auch Kritiker darauf verweisen, dass diese rechtliche Sonderbehandlung einen problematischen Umstand festschreibt und legitimiert: Wohltätigkeit ist an sich ein Privileg, denn nicht jeder kann es sich leisten, wohltätig zu sein (wiewohl das aus Gründen der diesen *status quo* affirmierenden Verschleierung gern propagiert wird). Zugleich wird festgeschrieben, dass Wohltätigkeit dem individuellen Ermessen anheim gestellt ist. Wobei ein bemerkenswerter Maßstab angelegt wird, indem nämlich die Pflichtabgabe (Steuern z.B.) als moralisch weniger hochstehend, weil zwingend, die Wohltätigkeit (*charity*) deutlich höher, weil freiwillig, bewertet wird. Es tut sich hier eine interessante Spannung auf zwischen der Erwartung, dass es getan wird und der freien Wahl, es (nicht) zu tun. Wohltätigkeit wird als altruistischer Akt verstanden, bei dem mehr als gerade nötig dem gemeinen Nutzen zugeführt wird. Als Rekompensation erhält der oder die Gebende die moralisch positive Bewertung dieser Tat, was ihm oder ihr als Prestige auf der Seite des sozialen Kapitals gutgeschrieben wird (und auch steuerliche Vorteile bringt).

Eine Besonderheit des mittelalterlichen Stiftungsgedankens ist nun die Idee, dass diese positive Bewertung auch über den Tod hinaus Bestand hat und somit gerade „Stiftungen im Todesfall“ eine postmortale Rekompensation erwarten lassen. Was man Gutes im Diesseits tut, wirkt sich auf das persönliche Jenseits aus. Diese Idee ist bekanntlich mit der mittelalterlichen Eschatologie verbunden, in der der Zeitraum vom Tod bis zum Jüngsten Tag durch läuterndes Leiden überbrückt wird, das man durch solche Manipulationen zu mindern trachtet.[23]

Die (durchaus populäre[24]) Idee, dass es eine (relativ) gerade Verbindung zwischen altägyptischen Jenseitskonzepten und solchen des christlich geprägten Mittelalters gab, wurde in jüngster Zeit von Jan Assmann erneut diskutiert.[25] Zentral für Assmann ist das Motiv einer moralischen Bewertung des menschlichen Tuns, das in Ägypten nach Assmanns Lesart zum ersten Mal in der Geistesgeschichte auch für die jenseitige Existenzform von eminenter Bedeutung wird. Durch die Idee des altägyptischen Totengerichts sei das Motiv der Rechtfertigung des eigenen Tuns in ausgeprägter Form etabliert worden und von dort als Erinnerungsspur in das christliche Weltbild

21 Zur Rolle der Sakralinstitutionen im ökonomischen System pharaonischer Zeit: Römer 1994, 302–451; Haring 1997.

22 Auf eine Auseinandersetzung mit dem Begriff „Seele“, der im mittelalterlichen und frühneuzeitlichen Gebrauch vor allem auch die jenseitige Existenzform des Menschen beschreibt, wird hier verzichtet; zu Vorstellungen über die stofflosen Komponenten des Menschen in pharaonischer Zeit siehe die reichhaltige Literatur, z.B. Assmann 2001, 116–159.

23 Lusiardi 2000.

24 Bereits die frühe Ägyptologie wurde durch bestimmte Jenseitsdarstellungen pharaonischer Zeit, insbesondere die Vignette zu Totenbuchspruch 110, zu Vergleichen mit geläufigen christlichen Jenseitsbildern inspiriert, was sich in der immer wiederkehrenden Bezeichnung als „Paradies“ oder „Gefilde der Seligen“ niederschlägt. Zur Problematik der Transponierung dieser Vorstellung auf Jenseitskonzepte pharaonischer Zeit: Fitzenreiter 2008.

25 Assmann 2006, 33–41.

geflossen. Rechte Lebensführung wird damit zu einer Maxime, die nicht nur im Diesseits erstrebenswert ist, sondern ein seliges Dasein im Jenseits überhaupt erst möglich macht. Vor diesem geistesgeschichtlichen Panorama erscheint es möglich, dass ein wohltätiges Verhalten in der pharaonischen Kultur nicht nur als Ausweis einer guten Lebensführung galt, sondern auch den privilegierten Zugang zur jenseitigen Existenzform generieren könnte.

3.

Tatsächlich ist „Wohltätigkeit" als positiver Charakterzug in der altägyptischen Textsorte der Biographie / Selbstpräsentation[26] des 3. und 2. Jahrtausends v. u. Z. als Topos ausgeprägt. Aus der Biographie / Selbstpräsentation des Henqu von Der el-Gebrawi (10. / 11. Dyn., um 2000 v. u. Z.)[27]

(9) Ferner versklavte ich niemals die Tochter von einem von euch...
(10) ihre Arme gegen mich. Nicht gab ich 10 *Medju* (= Schläge o.ä.) auf einen ... der / von...
(11) an diesem Ort, an dem ich bin. Ich gab an jeden Hungernden von Atfet (= Lokalbezeichnung) Brot und Bier
(12) und an den Nackten in ihm (= Atfet) Kleidung. Ferner füllte ich seine (= Atfet) Ufer
(13) mit Rindern und seine (tiefgelegenen) Weideländer mit Kleinvieh.
(14) Ferner sättigte ich (14:1) die Schakale des Berges (14:2) und die Weihen des Himmels mit einem Fleischopfer
(15) von Kleintieren, da ich den Ba des Starken, welcher in ihnen ist, liebe.

Texte wie diesen gibt es viele, der Katalog der hier genannten Wohltaten bleibt jedoch überschaubar. Typisch sind die „Speisung der Hungernden", die „Kleidung der Nackten", der „Schutz der Witwen und Waisen", das „Übersetzen des Schifflosen" und schließlich die „Bestattung des Grablosen" sowie die „Versorgung von Vater und Mutter". Der topische Charakter dieses Kataloges ist unbedingt zu betonen; dennoch darf davon ausgegangen werden, dass die gelisteten Wohltaten tatsächlich das repräsentieren, was man als Nächstenliebe in einer engeren Gemeinschaft erwartete und gegebenenfalls auch institutionalisieren wollte.[28] Dieser Tugendkatalog hat in der Literatur gelegentlich dazu gedient, die pharaonische Gesellschaft als relativ fürsorglich zu charakterisieren[29] und wurde von Jan Assmann in sein Modell einer idealtypischen „vertikalen Solidarität" aufgenommen, die sich in der Staatsideologie der *Ma'at*-Weltordnung äußert.[30] Demnach steht der jeweilige Exponent, vom *pater familias* bis hin zum Pharao und darüber hinaus bis zu den Göttern oder, monotheistisch gewendet, dem sich sorgenden Gott, fürsorglich für sein Klientel ein, wofür ihnen / ihm als Gegengabe bedingungslose Gefolgschaft gebührt. Der ausgesprochen klientelistische Charakter sowohl des Tugendkataloges als auch der *Ma'at*-Ideologie ist jedoch zu betonen. Die resultierende Fürsorge bezieht sich nämlich stets nur auf jene Gruppe, die in einem direkten Klientelverhältnis zum Exponenten der *Ma'at* steht. Allen anderen gebührt sie nicht und in aller Regel werden Zeugnisse der Fürsorge denn auch mit solchen kombiniert, in denen die ebenso positiv gewertete Fähigkeit zur Gewaltausübung gegen Andere präsentiert ist. Im Königsdogma sind dies das bekannte Ikon des „Erschlagens der Feinde" sowie das Zertreten der „Neun Bogen" (als Versammlung aller die Königsherrschaft bedrohenden Völkerschaften) und im nichtköniglichen Bereich verschiedene Spielarten der Thematisierung von Durchsetzungsfähigkeit. Dabei zertritt der König nicht nur die Bögen auswärtiger Gegner, sondern ausdrücklich auch die seiner ägyptischen Untertanen und der „Privatmann" betont zwar die Sorge für seine Klienten, demonstriert aber ebenso, wie Bauern durch Prügel dazu bewegt werden, die Grundlagen seiner Wohltätigkeit herauszugeben.[31] *Ma'at* – eher mit „Ordnung" als mit „Gerechtigkeit" zu übersetzen – steht stets *Isfet* („Unordnung / Chaos") gegenüber[32] und die Beherrschung *beider* Sphären umreißt nicht nur effektive Macht, sondern

---

26 Kloth 2002; Kubisch 2008.
27 Übersetzung nach: Grunert 2009.
28 Siehe hierzu die Satzungen der „Kultgenossenschaften", die erst aus ptolemäischer Zeit erhalten sind, aber genau solche Lebenskrisen (einschließlich der geregelten Bestattung) behandeln (de Cenival 1972; Fitzenreiter 2011).
29 Brunner-Traut 2002.
30 Assmann 1990.
31 Schoske 1982; Hall 1986; Fitzenreiter 2013.a.
32 Assmann 1990, 213–217.

auch moralisches Prestige. Wohltätigkeit hatte in pharaonischer Zeit also durchaus den privilegierten Charakter auch neuzeitlichen gemeinnützigen Tuns mit all seiner Vielschichtigkeit: Wer gibt, der hat bereits genommen. Da in pharaonischer Zeit die entsprechenden Belege in der Regel den Medien der sozialen Selbstpräsentation und deren Vermittlung entstammen (funeräre Monumente der nichtköniglichen Eliten; Tempel mit Anbindung an den Königskult), sind sie unmittelbar in Verbindung mit dem Erwerb von Status zu sehen. Ein bestimmtes Maß an Wohltätigkeit zu demonstrieren wird vom *decorum* ebenso verlangt, wie die Demonstration von Gewaltfähigkeit.

4.

Der Wohltätigkeitstopos steht in den Belegen aus dem 3. und 2. Jahrtausend v. u. Z. so als Maxime im Kontext der Lebensführung (bzw. Karriere) und es wird keine andere Rekompensation als das „Lob" der Mitmenschen (= Prestige) und die Gunst der Höhergestellten in diesem Zusammenhang thematisiert. Erst seit dem Neuen Reich wird die Vorstellung einer „Rechtsverlängerung ins Jenseits" fassbar; das geradezu klassische Beispiel dafür ist der Spruch 125 des Totenbuches, in dem das „Jenseitsgericht" über den Toten thematisiert ist.[33]

Die Idee fußt auf älteren Vorstellungen einer jenseitigen Gerichtsbarkeit, die aber alle zum Ziel haben, die Interessen des Toten durchzusetzen.[34] In verschiedenen Textsorten funerärer Natur droht der Tote, jene zu verklagen, die seine Weiterexistenz durch Grabzerstörung, Zauberei oder Anderes beeinträchtigen könnten. Instanz ist der „große Gott", worunter in einer analog zur Residenzgesellschaft gedachten Totenwelt der verstorbene Pharao gemeint sein kann; es treten aber auch andere Götter auf, bis hin zu Osiris, der im 2. Jahrtausend zum Totenrichter *par excellence* wird. Diese Vorstellung einer Gerichtsbarkeit, vor der der Tote als Kläger auftritt, wird in Spruch 125 nun umgedreht. Der Tote erscheint, wenn nicht direkt als Beklagter, so doch als einer, der sich vor einem Richterkollegium unter Vorsitz des Osiris *rechtfertigen* muss.[35] Ziel dieses Prozedere ist es, dass der Tote von diversen Verfehlungen freigesprochen wird und so den Status des „Gerechtfertigten" erlangt, der für die Weiterexistenz notwendig ist. Denn im gegenteiligen Fall droht die endgültige Vernichtung, die durch ein dem Gerichtsakt beiwohnendes Monster verkörpert wird, das als die „Fresserin" bezeichnet sein kann. Um diesem Schicksal zu entgehen, rezitiert der Tote nun den sehr langen Spruch 125 (siehe Anhang). Die Überlieferung kennt verschiedene Varianten dieses Textes, doch lassen sich Kernelemente herausstellen. Dazu gehören die Beschwörung und Bindung von Dämonen, welche die Tore zur Gerichtsstätte bewachen, ebenso wie die magische Beeinflussung der Mitglieder des Richterkollegiums. Dabei spielt das „Kennen" der jeweiligen Namen und Eigenschaften eine wichtige Rolle und in diesem Zusammenhang rezitiert der Tote einen ganzen Katalog möglicher Verfehlungen, die gewissermaßen die angesprochene Gefährdung (in Gestalt des Dämons) auslösen könnte, und betont, genau diese nicht begangen zu haben. In diesem Zusammenhang werden auch Motive des traditionellen Wohltätigkeitstopos aufgenommen, der im übrigen in den Selbstpräsentationen dieser Zeit nur noch eine untergeordnete Rolle spielt:

> Ich habe keinen Armen geschädigt.
> Ich habe nichts getan, was die Götter verabscheuen.
> Ich habe keinen Diener bei seinem Vorgesetzten schlecht dastehen lassen.
> Ich habe nicht hungern lassen.
> Ich habe nicht zum Weinen gebracht.
> Ich habe nicht ge<tö>tet.
> Ich habe nicht zu töten befohlen.
> Ich habe niemands Leid verursacht.
> Ich habe die Mahlzeit in den Heiligtümern nicht vermindert.
> Ich habe nicht gebuhlt.
> Ich habe keine Unzucht getrieben.
> Ich war nicht nachlässig.

33 Assmann 1999, 178–195.

34 Grieshammer 1970.

35 Zu einem möglichen Zusammenhang des Textgutes von Spruch 125 mit Priestereiden, in denen bestimmte Reinheitskriterien als Voraussetzungen für den Tempeldienst affirmiert werden: Stadler 2008, 2–3.

Ich habe die Speisen für das Gottesopfer nicht vermindert.
Ich habe kein Essen vermindert.
Ich habe (bei) Essen und Elle nicht betrogen.
Ich habe nichts von den Opferbroten der Götter abgebrochen.
Ich habe keine Opferkuchen von den „Verklärten" genommen.
Ich habe nichts auf das Gewicht der Handwaage gelegt.
Ich habe nichts am Lot der Standwaage manipuliert.
Ich habe keine Milch vom Mund des Säuglings weggenommen.
Ich habe das Kleinvieh nicht seines Futters entblößt.
Ich habe keine Vögel vom Röhricht der Götter gefangen.
Ich habe keine Fische aus ihren Sümpfen gefangen.
Ich habe kein Wasser zu seiner Zeit zurückgehalten.
Ich habe nicht dämmend einen Damm gegen fließendes Wasser gebaut.
Ich habe kein Feuer zu seiner Zeit gelöscht.
Ich habe keine Termine bezüglich des erlesenen Opferfleischs versäumt.
Ich habe kein Vieh vom Gottesbesitz vertrieben.
Ich habe keinen Gott bei seiner Prozession behindert.
Ich bin rein – viermal.[36]

5.

In historischer Perspektive ergibt sich die interessante Diagnose, dass der Topos der Wohltätigkeit (zusammen mit dem der Bekämpfung von Unordnung) eine wichtige Rolle in der Idealkonzeption des sozialen Gefüges vom späten Alten bis zum frühen Neuen Reich spielt, in der Verhandlung dieses Topos aber religiöse Motive kaum auftreten. Erst die zunehmende Sakralisierung der Aushandlung von Positionen der Lebenswelt (der Eliten) ab dem Neuen Reich ist es, die den sozialen Aspekt zurücktreten lässt. Zumindest im funerären Bereich muss nun weniger mit oder gegen Menschen agiert werden, sondern mit oder gegen Götter und Dämonen. Dabei wird das *Freisprechen* von Handlungsweisen zu einem literarisch-magischen Motiv, die im Wohltätigkeitstopos noch als zu *behebend* thematisiert wurden. Nur an recht untergeordneter Position wird die Praktizierung der Wohltätigkeit im Sinne des alten Topos in Varianten von Spruch 125 genannt:

Ich tat, was die Menschen sagen und worüber die Götter zufrieden sind.
Ich stellte den Gott mit dem zufrieden, was er gerne hat.
Ich gab Brot dem Hungernden, Wasser dem Dürstenden, Kleider dem Nackten.
Ich habe den Göttern Gottesopfer dargebracht und den „Verklärten" Totenopfer.[37]

Dafür wird in diesem wie in anderen Belegen aus dem Neuen Reich und dann das ganze 1. Jahrtausend v. u. Z. hindurch das zweite, in dieser Strophe mit der Fürsorge für lebende und tote Menschen kunstvoll verwobene Motiv hervorgehoben, nämlich die Sorge um die Götterkulte.[38] Genau vor diesem Hintergrund entwickelt sich auch die oben beschriebene Sitte, Statuen mit angeschlossenen Kultinstitutionen zu „stiften". Die religiöse Hinwendung und damit Fürsorge gilt hier dem Kultgegenstand, nicht der Gemeinschaft. Wiewohl die religiöse Institution dann ausgeprägt soziale Aufgaben erfüllt, indem sie die Subsistenz z.B. einer Kriegerwitwe sichert. Dieser wohltätige Aspekt ist aber nicht eigentlich Gegenstand der Stiftungen und diese sind in ihren Formularen auch nie mit dem Topos der Barmherzigkeit verbunden. Bei Pennut von Aniba, sicher einem der wohlhabendsten Individuen seiner Region, hätte man die Bindung von Einkommen an seine Sippe weder damals noch heute als besonders wohltätig empfunden.

---

36 TM 134265, P. Kairo CG 24095, Neues Reich (18. Dyn.), KV 36, Maiherperi, übersetzt von: B. Backes (<http://totenbuch.awk.nrw.de/spruch/125#NachweiseSpruchtext>; Zugriff: 12.12.13).

37 TM 134267, P. Kairo CG 51189, Neues Reich (18. Dyn.), KV 46, Juja, übersetzt von B. Backes (<http://totenbuch.awk.nrw.de/objekt/tm134267>; Zugriff: 12.12.13).

38 Assmann 1999, 259–277.

Stiftungen als positive Leistungen werden auch nicht im „negativen Sündenbekenntnis“ erwähnt, in dem man sich allerdings vor allem von Verfehlungen freispricht (und wie erwähnt keine „guten Taten“ aufzählt). Sie zählen aber zum Feld der Sorge um das Sakrale und damit tatsächlich zu den Werken, von denen man sich einen postmortalen Vorteil erhoffen kann. Wenn auch an etwas versteckter Stelle wird dieser Aspekt in der Kapelle des Pennut sogar thematisiert: Der Stiftungstext ist hier im Rahmen des Dekorationsprogramms mit der Vignette zu Spruch 125 des Totenbuches parallelisiert. Da solche Parallelsetzungen häufig auftreten und sinngenerierend sind,[39] kann zumindest angenommen werden, dass die Statuenstiftung als ein positives Werk auch bis in die jenseitige Sphäre ausstrahlen sollte. Eine engere Beziehung oder etwa die Vorstellung, dass dieses Werk *in besonderer Weise* dauerhaft für den Verstorbenen nützlich sein soll, wird jedoch nicht ausdrücklich herausgestellt.

6. Exkurs: Das Problem der Setna-Geschichte:

Bei der Behandlung der Frage, ob es im Ägypten pharaonischer Zeit die Vorstellung gab, dass ein Zusammenhang zwischen irdischem Tun und nachtodlicher Existenz besteht und ob es im Jenseits eine Rekompensation für irdische Wohltätigkeit oder einfach nur anständiges (= regelkonformes) Verhalten gibt, spielt die Erzählung von Setna und seinem Sohn Siosiris eine wichtige Rolle. Diese in demotischer Sprache aufgezeichnete Zaubergeschichte ist aus der zweiten Hälfte des ersten Jahrtausend v. u. Z. überliefert.[40] Sie berichtet, kurzgefasst, wie der Weise Setna (die Figur bezieht sich auf einen Sohn Ramses’ II., der mehrere hundert Jahre zuvor gelebt hatte) zwei Begräbniszüge beobachtet; zuerst den reich ausgestatteten eines Reichen und dann den ärmlichen eines Armen. Der Anblick lässt Setna den Reichen preisen, der so gut ausgerüstet in das Jenseits gelangt. Sein zauberkundiger Sohn warnt ihn und führt ihn schließlich in die Totenwelt, auf dass Setna sehen kann, wie es den beiden dort ergeht. Und siehe: Dort hat man dem Armen ob der Menge seiner guten Taten die Ausstattung des Reichen gegeben, während dieser wegen seiner Verfehlungen an einem Tor als Türangel dient, indem die Tür in seinem Auge gedreht wird (es sei an die von Dämonen bewachten Tore in Spruch 125 erinnert, denen der Tote entkommen muss). Der nicht sehr gut erhaltene Text bietet einigen Raum für Interpretationen, doch scheint ein Grundmotiv zu sein, dass Diesseitiges und Jenseitiges in Zusammenhang stehen und im Jenseits ein Statuswechsel möglich ist, ein Armer reich und ein Reicher arm wird, je nach ihrem irdischen Verhalten.

Die Einordnung der Erzählung in ägyptische funeräre Konzepte ist aber nicht unproblematisch. Zwar sind die einzelnen Motive (Grabausstattung, jenseitige Hallen, Tore, Götter, Totengericht etc.) gut mit Vorstellungen zu verbinden, die auch in funerären Texten belegt sind. Das zentrale Thema aber, die inverse Rekompensation, tritt in ägyptischen Belegen in dieser Form sonst nicht auf. Es gibt zwar Texte, die sich insgesamt skeptisch zu den Jenseitsvorstellungen positionieren;[41] eine Aufwertung der Armut oder die Idee, dass irdisches Leid im Jenseits gelindert oder sogar belohnt wird, ist auch dort nicht zu finden. Insofern darf angenommen werden, dass der Text auch Gedankengut verarbeitet, das, wie das Motiv „Lob der Armut“[42] (Hiob-Motiv), nicht originär ägyptisch ist. Vielmehr ist er ein Beispiel für die Internationalisierung kultureller Konzepte im Mittelmeerraum im Zuge auch der großen politischen Umbrüche des 1. Jahrtausend v. u. Z.

4. „Totenstiftungen“ im Alten Reich

1.

Es ist bis hier festzuhalten, dass die im jüngeren Stiftungswesen (und für die Ägyptologie ist das alles nach der Zeitenwende) wichtigen Topoi der Wohltätigkeit und der postmortalen Rekompensation in der Gedankenwelt der altägyptischen Religion nur bedingt eine Rolle spielen sowie in den Belegen zu Stiftungen praktisch nicht thematisiert werden. Es lässt sich kein direkter Bezug zu einer Art „Heilslehre“ finden, aus der heraus das Stiften

39 Zu Komposition und Sinngenerierung: Fitzenreiter 2011.a. Das Phänomen ist unter der Bezeichnung *grammaire du temple* für die ausgefeilten Dekorationsprogramme besonders der Tempel der griechisch-römischen Zeit gut untersucht, siehe z.B. Leitz 2001.

40 Hoffmann / Quack 2007, 118–123.

41 Zur skeptischen Literatur, die besonders im 2. Jahrtausend v. u. Z. eine Blüte erlebte (Assmann 1999, 196–210), gehört neben dem „Gespräch eines Mannes mit seinem Ba“ (Allen 2011) besonders der Diskurs der sogenannten „Harfnerlieder“ (Assmann 1977; Osing 1992).

42 Brunner 2002, 169.

notwendig und sinnvoll erscheint. Und doch gibt es Stiftungen und diese sind im sakralen Raum angesiedelt, was auch bedeutet, dass sie dort sinnvoll sind und dass der sakrale Rahmen von Notwendigkeit ist. Da m.E. auch religiöses Handeln immer zweckorientiert ist, soll noch einmal die Frage gestellt werden, wem Stiftungen eigentlich nützen und warum sie des sakralen Rahmens bedürfen.

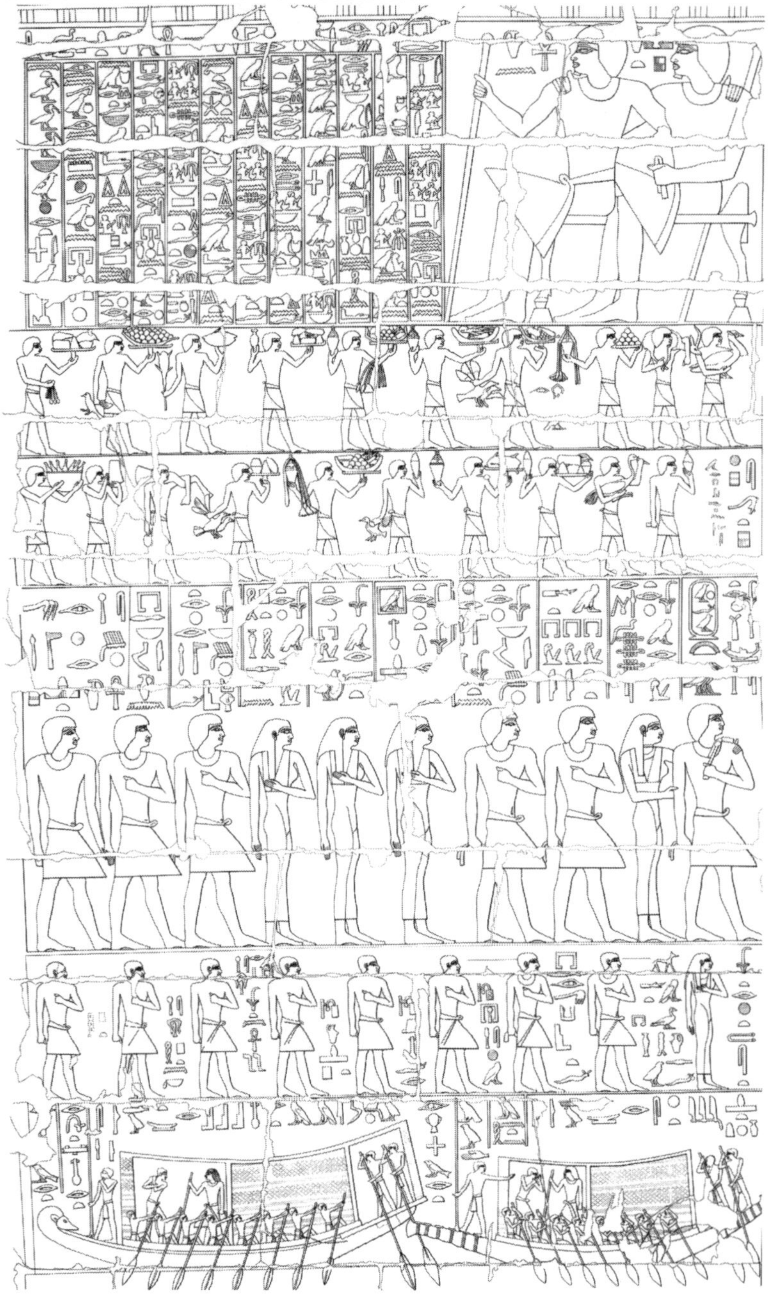

Abb. 3: Stiftungstext in der funerären Anlage des Nianchchnum und Chnumhotep. Die Stifter sind oben sitzend dargestellt, vor ihnen der Text der Stiftung; darunter Personen, an die sich der Text richtet: Totenpriester und Familienangehörige (aus: Moussa / Altenmüller 1977, Abb. 11).

2.

Die frühesten aus Ägypten bekannten Stiftungen nehmen eine Sonderstellung ein. Es handelt sich hierbei um die sogenannten „Totenstiftungen".[43] Im Gegensatz zu den *Henkijt*-Stiftungen des Neuen Reiches wird diese Form der „gestifteten" Institution im Alten Reich mit dem Begriff *Djet* bezeichnet. *Djet*-Stiftungen sind aus einer Reihe von Belegen bekannt, die alle im Zusammenhang mit der funerären Praxis der Residenz des sich formierenden Staatswesens im Alten Reich stehen, d.h. in der Regel wurden die entsprechenden Texte und Bilder in Grabkapellen angebracht (und sind damit der viel späteren Stiftung des Pennut vergleichbar). Als ein Beispiel sei hier

43 Mrsich 1968; Goedicke 1970; Gödecken 1976; Perepelkin 1986; Fitzenreiter 2004.b.

ein Text aus einer in Saqqara gelegenen Doppelgrabanlage aus der 5. Dynastie (um 2200 v. u. Z.) zweier zur gehobenen Mittelschicht zählenden Männer gegeben (Abb. 3).[44]

(Präambel:) Die beiden Aufseher der Nagelpfleger des Palastes, die „Versorgten" beim „Großen Gott", Nianchchnum und Chnumhotep, sie sagen:

(1) Bezüglich dieser „Brüder"[45] und dieser Totenpriester, die wir eingesetzt haben, damit für uns das Totenopfer vollzogen wird in der Nekropole: Nicht haben wir den Kindern unserer beiden Frauen und irgendwelchen Menschen Verfügungsgewalt über sie gegeben. Sie sollen für uns das Totenopfer vollziehen sowie für die Väter und Mütter und für die, die in der Nekropole sein werden.

(2) Bezüglich irgendeines Totenpriesters aber, der deinen Besitz(-Anteil) an irgendeinen Menschen gegen Entgelt abgibt: Jede Sache, die ihm gegeben worden ist, werde von ihm weggenommen und man gebe (sie) an die Totenpriester seiner Phyle.

(3) Bezüglich irgendeines Totenpriesters aber, der zu einem anderen Stundendienst (= Dienst an einer anderen Kultstelle) herangezogen wird: Jede Sache, die ihm gegeben worden ist, werde von ihm weggenommen und man gebe (sie) an die Totenpriester seiner Phyle.

(4) Bezüglich irgendeines Totenpriesters aber, der prozessieren sollte gegen seine Totenpriesterkollegen, indem er seine Anklage (?) wegen des Dienstes (? eine besondere Dienstart?) erhebt und indem er einen Antrag auf Aberkennung des (vom Beklagten durchgeführten Totendienstes für das) Totenopfer der beiden Herren des Besitzes (= die Stifter) stellt: Jeder Besitz(-Anteil) werde von ihm weggenommen und man gebe (ihn) an diesen Totenpriester, gegen den er prozessiert hat.

(Nachsatz:) Wir haben dieses, das für euch gemacht ist, gemacht, damit diese Totenopfer der Ahnen, der beiden Herren des Besitzes und derer, die in der Nekropole sein werden, vortrefflich seien.

Die Besonderheit solcher „Totenstiftungen" ist, dass sie eingerichtet werden, um den Kult eines (präsumtiv) Verstorbenen aufrechtzuerhalten, wobei dieser *selbst* die dauerhafte, über den Tod reichende Kontrolle über die der Stiftung zufließenden Einkünfte beansprucht. Diese Zwecksetzung ist nur im Alten Reich gebräuchlich und in den jüngeren Belegen immer durch das Motiv der Erhaltung des Kultes einer *Statue* (oder vergleichbaren Manifestation) ersetzt.[46] Im Übrigen sind die Regulationen dieser „Totenstiftungen" denen anderer Belege für Stiftungen ähnlich: Zur Verfügung über bestimmte Leistungen berechtigte Personen fassen diese zusammen (hier im Text sind diese Leistungen nicht spezifiziert), damit ihr Totenkult und der an ihrer Grabstätte mitvorsorgten Personen (im genannten Beispiel sind das die Grabherren, die Vorfahren und die, die später hier noch bestattet werden) abgesichert ist. Man ernennt eine Gruppe von Personen, die diesen Kult durchführen (= Totenpriester) und dafür Ansprüche auf die Erträge des Stiftungsgutes erheben können; andere Personen werden vom Genuss dieser Erträge explizit ausgeschlossen. Die umfangreichsten Paragraphen sollen schließlich das Verhältnis der in der Institution tätigen Personen regeln.

3.

Die „Totenstiftungen" des Alten Reiches haben gegenüber den späteren Belegen für Stiftungen zwei Besonderheiten. Die eine ist die Art des gestifteten Gutes. Dieses wird im genannten Beispiel nur als „Besitz" erwähnt und nicht weiter beschrieben. Aus anderen Belegen (und auch aus dem weiteren Kontext des hier herangezogenen Beispiels) wissen wir, dass es sich dabei sowohl um Ansprüche auf Erträge von konkreten Landstücken, aber auch um Anrechte auf Lieferungen aus landwirtschaftlichen Produktionszentren („Dörfer" und „Gutshöfe") und schließlich um solche auf Rationen aus den Distributionsinstitutionen der Residenz selbst handelt. Die zweite Besonderheit ist die ausführliche Regulierung der Anspruchsberechtigten, deren Ansprüche allein auf deren Sta-

44 Übersetzung nach Moussa / Altenmüller 1977, 87–90.

45 Der Terminus bezeichnet in dieser Periode sowohl die Altersklasse als auch die Gruppe von Statusgleichen. Das schließt die genetische Beziehung von Geschwistern ein, ist aber umfassender, etwa im Sinne von „Bruderschaft" (Franke 1983, 311).

46 Auch der umfangreiche Stiftungstext des Hapidjefai aus dem Mittleren Reich steht zwar ganz in der Tradition der „Totenstiftung", ist aber ausdrücklich der Aufrechterhaltung des Kultes an der *Statue des Toten* gewidmet (siehe Anm. 17).

tus als Kulthandelnde basieren, während andere Personen ausgeschlossen werden, darunter die Nachkommenschaft. Wobei eine Einschränkung wichtig ist: Dieser Ausschluss gilt nur, insofern diese Nachkommen nicht in der Institution als Kulthandelnde aktiv werden. Anderenfalls wandelt sich die familiäre Bindung in die des Angehörigen der Kultgemeinde um und sie können sehr wohl Nutznießer der Stiftungserträge sein.

Die erwähnten Besonderheiten sind auch der Schlüssel zum Verständnis der „Totenstiftungen". Sie stellen den Vorgang der Stiftung nämlich in einen unmittelbaren Zusammenhang mit dem Problem der Eigentumsbildung in frühen komplexen Gesellschaften. Ursache dieser Problematik ist, dass die Herausbildung neuer Machtstrukturen mitunter rasante soziale Veränderungen verursacht, die z.B. zur dauerhaften Konzentration von großen Menschenmengen an zentralen Orten und zur Etablierung neuer sozialer Positionen führen. Wie aber werden neue soziale Positionen auch zu sozialökonomischen Positionen – und damit stabil? Ein einmal ernannter Spezialist kann durch singuläre Zuwendungen erhalten werden; was aber geschieht mit seiner Familie nach dem Tod und wie wird auch das von ihm ausgeübte Amt stabilisiert? Das hier beschriebene Problem betrifft vor allem sich differenzierende Gruppen aus Amtsträgern und Fachleuten im unmittelbaren Umfeld der Machtelite, die *dependent specialists*.[47]

Üblicherweise kann im Zuge solcher Differenzierungsprozesse nicht auf bereits vorliegende Muster für die sozialökonomische Strukturierung des Prozesses zurückgegriffen werden. Vielmehr müssen Traditionen aufgegriffen, angepasst und parallel zur sozialen Differenzierung umgestaltet werden. Und genau dieses Phänomen findet seinen Ausdruck in den „Totenstiftungen" des Alten Reiches, einer Periode der „primären Staatsentstehung" mit all ihren sozialen Verwerfungen.[48]

4.

Das in der „Totenstiftung" aufgegriffene traditionelle Muster ist ein zentrales Element des Totenkultes in pharaonischer Zeit: die (Re-)Inkorporation der Toten in die Versorgungsgemeinschaft der Lebenden über den andauernden Totenkult. Tote werden von ihren Angehörigen über das Totenopfer als Ahn erhalten, damit sowohl pazifiziert (um üble Einflüsse abzuwehren) als auch ihrer liminalen Fähigkeiten halber wirksam erhalten (als Träger spiritueller Kräfte). Diese Tradition hat einen die soziale Ordnung stabilisierenden Charakter, da so reziproke Abhängigkeiten aufgebaut werden und zugleich Identitäten festgeschrieben sind. Als Individuum ist man Teil einer Versorgungsgemeinschaft, die sich der Toten als sakralen Ordnungspunkt (auch der Disziplinierung) bedient.

Das Muster hat aber auch ein progressives Moment: Über den Bezug zu einem Gründungs-Ahn kann eine neue *lineage* gebildet werden. In der Regel wird dieser Fall durch die Begründung einer (Toten-)Kultstelle umgesetzt, an der sich die neue Gruppe im Kult selbst realisiert. Dabei spielt auch eine ökonomische Komponente eine Rolle, denn die vom Gründungsahn gehaltenen Ansprüche gehen auf die Gruppe über, da sie über die Fiktion der Totenversorgung weiterhin an ihn, als den (toten) Lineagevorstand, gebunden bleiben. Wesentlich dabei ist aber, dass die entsprechenden Ansprüche tatsächlich dem Gründungsahn – und nur ihm – zustehen, d.h., dass sie nicht durch Verpflichtungen an eine andere *lineage* gebunden sind, z.B. an eine, der der Ahn entstammt. Daher der Ausschluss der Verwandten und „irgendwelcher Menschen". Neubegründung eine *lineage* bedeutet immer Bruch mit dem traditionellen sozialökonomischen Gefüge.

Dieses progressive Element wird in der „Totenstiftung" aktiviert und durch den Rechtsakt der „Stiftung" formalisiert. Die zu verhandelnden Ansprüche sind tatsächlich immer solche, die dem Stifter aufgrund einer besonderen (neuen) Position zufließen und gegebenenfalls mit anderen Ansprüchen auf Einkünfte kombiniert werden.[49] Um sicherzustellen, dass diese Einkünfte in der neuen Institution auch verbleiben, wird das traditionelle Muster der familiär organisierten Distribution von Ansprüchen im Todesfall – nämlich dass diese an die (alte) *lineage* übergehen – ausgesetzt und durch das der Vergabe an eine Kultgemeinschaft ersetzt (hier wird das oben

47 Zum Begriff des *dependent specialist* und zur Sozialordnung früher komplexer Gesellschaften: Trigger 1993, 57–58.

48 Fitzenreiter 2011.c.

49 Während die *dependent specialists* in ihren Verfügungen in der Regel nur auf die – zwangsläufig prekären – Ansprüche auf Redistributionsleistungen der Residenzinstitutionen zurückgreifen können, kombinieren andere, besser gestellte Gruppen diese mit Ansprüchen, auf die ein unmittelbarer Zugriff besteht; dazu ausführlich Fitzenreiter 2004.b.

schon beschriebene Muster der Distribution von Gütern in Sakralinstitutionen aktiviert, nach der die Kultteilnehmer Anteile der Einkünfte erhalten). Dies gelingt, indem mit einer „Machtreservation“[50] der Stifter sich die Verfügungsgewalt über die auf seine Person zugeschnittenen Ansprüche über den Tod hinaus sichert. D.h., die im funerären Konzept liegende Idee der Weiterexistenz des Toten als ideales *lineage*-Oberhaupt findet eine juristische Fassung. Und auf diese – und nur auf diese! – Weise können die hier verhandelten Ansprüche überhaupt an die (neue) *lineage* gebunden bleiben. Denn es sind ja ursprünglich fallweise Zuwendungen der Residenzinstitutionen an ein bestimmtes Individuum, um die es hier geht. Auf diese Weise aber zu andauernden Ansprüchen geworden (denn der Tote stirbt nie), bilden sie die Grundlage dafür, dass größere Gruppen von *dependent specialist* sich als distinkte sozialökonomische Schicht etablieren können.[51] Beinahe unnötig zu erwähnen, dass solche Schichten höchst instabil bleiben und die entsprechenden Institutionen entweder bald zusammenbrechen oder nur durch Erweiterung ihres Verfügungsspektrums überleben. Wesentlich bleibt aber der Stiftungsvorgang als Initialisierung einer solchen Entwicklung.

5.

Bereits aus dem späten Alten Reich gibt es Belege, in denen das Prinzip der Bindung von Ansprüchen an einen Toten auch auf andere Sakralentitäten (Statuen) übertragen ist.[52] Wobei unbestimmt bleibt, ob diese Form der Stiftung nicht überhaupt parallel existierte und sogar die Rechtsform des „Toteneigentums“ mitinspiriert haben könnte. Prinzipiell besteht zwischen einem Toten – der in der Regel auch in einem Bild manifest ist – und anderen Sakralentitäten kein Unterschied.[53] Sakralentitäten können offenbar ganz allgemein als Subjekte von Eigentumstiteln auftreten, deren Erträge das Klientel nutzen darf. Mit der Erzeugung einer neuen Sakralentität – z.B. in Form einer Statue – wird automatisch eine Kultinstitution begründet, was als Stiftungsvorgang formalisiert ist. Das Prinzip erfährt im 3. und 2. Jahrtausend v. u. Z. verschiedene historische Konkretisierungen, zu denen auch das oben besprochene Beispiel des Pennut von Aniba zählt. Die Stiftung des Pennut gehört in eine Gruppe von Stiftungsvorgängen an Statuen des regierenden Pharaos, deren Kultinstitutionen als Apanage für Verdienstvolle und Bedürftige (auffällig oft Militärs und deren Umgebung) dienen und die damit wieder einen „zeitgemäßen“ Weg darstellen, um relativ stabile Besitzansprüche zu erzeugen.

6.

Neben diesen offenbar gar nicht so seltenen „kleinen Stiftungen“[54] ist noch ein zweiter Aspekt des Stiftens im Rahmen der religiösen Praxis zu beachten. Große Sakralplätze – allen voran die sogenannten Reichstempel, also unmittelbar mit dem Königskult verbundene Institutionen in Theben, Heliopolis und Memphis – werden von den Pharaonen mit großen „Schenkungen“ ausgestattet. Darunter fallen dingliche Güter – Kriegsbeute, Ausrüstungsgegenstände u.ä. – aber auch Landstücke bzw. Erträge von Landstücken.[55] Insbesondere solche Landstiftungen an Tempel, die neben Pharaonen auch von Elitepersonen getätigt werden, sind eine weitere Beleggruppe für das Phänomen der Stiftung im Kontext der pharaonischen religiösen Praxis und können, da sie häufig nicht eine neue Kultinstitution etablieren sondern die ökonomische Basis einer bestehende Institution erweitern, auch als „Zustiftungen“ verstanden werden.

---

50 Mrsich 1968, 40.

51 Vgl. hierzu die Bedeutung von mittelalterlichen und frühneuzeitlichen Stiftungen als Mittel, die „Gegenwart der Toten“ zu sichern, wie es bei Borgolte 2012.b, 19 beschrieben wird.

52 Siehe Anm. 17.

53 Beide können – wenn sie nicht mit konkreten Namen versehen werden – als *Netscher* bezeichnet sein, was üblicherweise und nicht ganz glücklich als „Gott“ übersetzt wird (Fitzenreiter 2013.b).

54 Obwohl nur ca. 25 Belege für Stiftungen aus dem Neuen Reich durch Stelen oder Texte wie den des Pennut erhalten sind (Meeks 1979, 661–665), listete ein Landkataster für eine überschaubare Region in Mittelägypten allein 37 solcher Stiftungen auf (Gardiner 1948, 86f.). Auch der Text des Pennut erwähnt *en passant* Felder, die zu zwei (oder drei) anderen Statuenstifungen in der Region gehören.

55 Dazu, dass in pharaonischer Zeit in der Regel nicht das Eigentum an Land im Zentrum juristischer Vorgänge der Besitzübertragung steht, sondern Ansprüche auf Erträge (*surplus*) aus der Bewirtschaftung solcher Landstücke durch andere (in der Regel an den Boden gebundene Produzenten): Eyre 1994.

Im Neuen Reich informieren uns verschiedene Textzeugnisse (Papyri, Tempelinschriften) über das Ausmaß dieser königlichen Stiftungen.[56] Im 1. Jahrtausend v. u. Z. sind solche Stiftungen dann auf einer großen Zahl von Stelen dokumentiert.[57] Auch wenn diese in Formular und Medium an Stiftungsdokumente des Neuen Reiches anschließen, so stehen sie doch in einem spezifischen Kontext. Stiftungen dieser Periode – neben den Göttern, die in großen Tempelinstitutionen betreut werden, sind nun auch solche Entitäten wie heilige Tiere Adressaten – stellen in der Regel keinen Bezug zu potentiellen Nutznießern her, was sie gern als reine Akte der Frömmigkeit erscheinen lässt. Dahinter liegt wohl ein oben schon erwähntes, relativ neues Phänomen, nämlich die große Rolle, die der Bezug zu lokalen Göttern für die Identitätsfestschreibung von Individuen und Gruppen bekommt bzw. besser: das in den Diskursen dieser Periode eine große Rolle zu spielen beginnt. Zuwendungen an die Kultobjekte von Lokaltempeln können so als Akt einer loyalisierenden Pietät gesehen werden, in der sich die individuelle Selbstverortung mit sozialen (Prestige) und politischen Zielen verbindet. Zuwendungen von Seiten der Könige können auch zum Ziel gehabt haben, die sich über eine bestimmte Sakralentität definierenden Eliten und eventuell auch größere Bevölkerungsteile für sich einzunehmen. Man darf aber ebenso annehmen, dass sich in solchen Fällen durchaus die Heilserwartung damit verband, dass der so beschenkte Gott sich erkenntlich zeigen möge. Denn bereits die Stiftung einer Königsstatue durch Pennut von Aniba kann nicht auf ökonomisches Kalkül reduziert werden. Für den als Gouverneur tätigen Beamten stand kaum der so konzentrierte (überschaubare) Landbesitz im Fokus der Stiftung. Vielmehr war es die als eigenständige sakrale Erscheinungsform des Pharao wirkende Statue, die ihm in seiner Provinzstadt ein Äquivalent des gottgleichen Pharao verschaffte – dem er nun allein unterstellt war. Pennut vermeidet es in seiner Anlage, seinen eigentlichen Vorgesetzten, den Vizekönig, beim Namen zu nennen. Der gesamte Stiftungsakt scheint Teil einer weit umfassenderen Strategie gewesen zu sein, sich durch direkte Unterstellung unter die (in der Statue manifeste) Königsmacht eine Art politische Autonomie zu erarbeiten.[58] Stiftungen nur auf einen ökonomischen Akt zu reduzieren, greift zu kurz. Es sind in der Regel kulturelle Akte, durch die ganze Netzwerke möglicher Emergenzen auf religiöser, politischer, sozialer, ökonomischer usw. Ebene induziert werden. Es gilt also, nicht nur die in der Stiftung versammelten ökonomischen Werte im Blick zu haben, sondern man muss die Stiftung als eine Institution erfassen, die aus sich selbst kulturellen Mehrwert generiert, der im Interesse des Stifters liegt.

5. Zusammenfassung

1.

Das in der Überschrift des Beitrages gestellte Thema aufnehmend kann festgehalten werden, dass es in der pharaonischen Kultur den Vorgang des „Stiftens" – der auf Dauer angelegten Weggabe von ökonomisch potenten Werten unter Zweckbindung[59] – in einem im weitesten Sinne als religiöse Praxis zu bezeichnenden Umfeld gab. Auch können die dabei etablierten Institutionen, in denen die gestifteten Werte zusammengefasst und auf Dauer gestellt sind, als „Stiftungen" charakterisiert werden, wenn auch in der ägyptischen Rechtsterminologie kein eigentlicher Begriff dafür existierte. Die bekannten Bezeichnungen – *Henkijt* oder *Djet* – charakterisieren wohl primär das gestiftete Gut und den Vorgang der Stiftung (wie im deutschen Begriff allerdings auch). Insofern gab es die Stiftung als eigentliches Rechtssubjekt auch nicht; idealiter war sie stets in der Person einer Sakralentität – eines Gottes, einer Statue, eines Toten – präsent. Diese Sakralentität fungierte als eigentlicher Herr der Institution, wenn die tatsächliche Exekution auch in den Händen einer durch die Regularien der Stiftungsurkunde gebundenen Körperschaft lag.

56 Haring 1997.

57 Meeks 1979, 605–687.

58 Fitzenreiter 2007, 233–263.

59 Diese Zweckbindung auf Dauer mag den Unterschied zwischen Stiftung und Opfer charakterisieren, wobei der Zusammenhang zwischen beiden Formen religiösen Handelns immer bestehen bleibt; Stiften ist letztendlich eine spezifische Form des Opferns. Da das Opfern eine gesellschaftlich anerkannte Handlung ist, wird Stiften auch erst möglich.

2.

Wohltätigkeit in dem engeren Sinne, wie sie als Zweck für christlich und islamisch geprägte Sakralstiftungen üblich ist und so auch auf moderne Zivilstiftungen übertragen wurde, spielt keine hervorragende Rolle im pharaonischen Stiftungswesen. Sehr wohl kann aber beobachtet werden, dass Stiftungen in einem weiteren Sinne kulturell produktiv sind und auch sein sollen. Dabei ist das Spektrum der avisierten kulturellen Güter erstaunlich breit und erweist das Stiften als eine ausgesprochen innovative Form des gesellschaftlichen Handelns. Totenstiftungen produzieren eine neue *lineage*, Statuenstiftungen Loyalitäten und sogar politische Aufstiegsschancen; aber auch spirituelle Heilsgüter müssen als hochkomplexe und eminent wichtige Produkte solcher Institutionen bedacht werden. Womit auch der Bogen zum neueren Stiftungswesen geschlagen ist, denn diese Heilsgüter können durchaus auch individuelle Hoffnungen auf das Weiterleben, der Wunsch, als Wohltäter der Gemeinschaft anerkannt zu werden und schlicht die individuelle, sinnstiftende Hingabe an eine (sakrale) Idee sein. Ebenso ist mit den neuzeitlichen Vorstellungen der „Gemeinnützigkeit" verbunden, dass die Produkte von Stiftungen normengerecht und anerkannt sein müssen. Dass gerade die religiöse Praxis den Rahmen für Stiftungsvorgänge bildet, liegt nicht zuletzt daran, dass religiöse Praxis ein Reservoir von Handlungen bietet, die legitim und positiv konnotiert sind.

3.

Unter sozialökonomischem Gesichtspunkt ist noch interessant, dass durch das Stiften eine spezielle Eigentumsform gebildet wird. Die in einer Stiftung zusammengefassten Güter müssen im Verfügungsspektrum des Stiftenden stehen. Wobei es nach wie vor umstritten ist, inwieweit sich Stifter gerade über diesen Vorgang nicht sogar von ihnen nur verwaltetes Gut aneignen – Pennut im oben diskutierten Beispiel ist sehr zurückhaltend dabei darzulegen, woher er eigentlich die Ansprüche an den ersten vier Landstücken hat, und im Fall der „Totenstiftungen" möchten diese fallweise Zuwendungen in dauerhafte Ansprüche transferieren. In jedem Fall geht mit der Stiftung die Umwandlung von bedingten Ansprüchen / Besitz in unbedingtes Eigentum einher, das auf Dauer gestellt werden soll. Das Besondere daran ist, dass der in einem sakralen Handlungsraum angesiedelte Vorgang des Stiftens diesen Entzug von Werten aus dem Verfügungsspektrum der Allgemeinheit tatsächlich legitimierte. Man kann unter diesem ökonomiegeschichtlichen Aspekt sogar soweit gehen, in diesen gestifteten Werten bereits ein Kapital zu sehen, das ganz aus sich heraus (und auf Ewigkeit) selbst wieder Werte schaffen soll. Stiftungen sind so gesehen eine frühe Ahnung davon, das Kapital „tätig" wird und schließlich sogar als Rechtssubjekt agiert. In pharaonischer Zeit konnte es aber noch nicht als nackter Mammon erscheinen, war an einen Toten oder eine andere Form eines Sakralobjektes gebunden; mit Marx gesprochen: Es trat als Fetisch auf.

Anhang

Kapitel 125 des „Totenbuches“

TM 134265, P. Kairo CG 24095, Neues Reich (18. Dyn.), KV 36, Maiherperi, Übersetzung nach B. Backes (<http://totenbuch.awk.nrw.de/spruch/125#NachweiseSpruchtext>; Zugriff: 12.12.13)

Tb 125 A/B/C:

Was beim Erreichen der Halle der Beiden Maat zu sagen ist; ihn von den Sünden trennen, die er begangen hat; die Gesichter der Götter erblicken.
Sei gegrüßt, Großer Gott, Herr der Beiden Maat!
Zu dir bin ich gekommen, mein Herr, bin gebracht worden.
Möge ich deine Schönheit erblicken!
Ich kenne deinen Namen, kenne den Namen dieser 42 Götter, die mit dir in dieser Halle der Beiden Maat sind, die von ihrer Bewachung leben, die ihr (Pl.) Blut verschlucken an jenem Tage der Berechnung der Angelegenheiten vor Wennefer.
Siehe, „Sohn seiner Augen, Herr der Beiden Maat“ ist dein Name.
Siehe, ich bin zu dir gekommen.
Ich habe dir Gerechtigkeit gebracht.
Ich habe dir Unrecht vertrieben.
Ich habe keinem Menschen Unrecht angetan.
Ich habe kein Rind getötet.
Ich habe keine Minderung anstelle der Gerechtigkeit getan.
Ich kenne nicht, was es nicht gibt.
Ich habe nichts Schlechtes getan.
Ich habe nicht – (und zwar) für jeden Tag – die Arbeitsleistung über das erhöht, was ich (selbst) hätte leisten können.
Mein Name gelangte nicht zur Gottesbarke.
Ich war nicht blasphemisch.
Ich habe keinen Armen geschädigt.
Ich habe nichts getan, was die Götter verabscheuen.
Ich habe keinen Diener bei seinem Vorgesetzten schlecht dastehen lassen.
Ich habe nicht hungern lassen.
Ich habe nicht zum Weinen gebracht.
Ich habe nicht ge<tö>tet.
Ich habe nicht zu töten befohlen.
Ich habe niemands Leid verursacht.
Ich habe die Mahlzeit in den Heiligtümern nicht vermindert.
Ich habe nicht gebuhlt.
Ich habe keine Unzucht getrieben.
Ich war nicht nachlässig.
Ich habe die Speisen für das Gottesopfer nicht vermindert.
Ich habe kein Essen vermindert.
Ich habe (bei) Essen und Elle nicht betrogen.
Ich habe nichts von den Opferbroten der Götter abgebrochen.
Ich habe keine Opferkuchen von den „Verklärten“ genommen.
Ich habe nichts auf das Gewicht der Handwaage gelegt.
Ich habe nichts am Lot der Standwaage manipuliert.
Ich habe keine Milch vom Mund des Säuglings weggenommen.
Ich habe das Kleinvieh nicht seines Futters entblößt.
Ich habe keine Vögel vom Röhricht der Götter gefangen.
Ich habe keine Fische aus ihren Sümpfen gefangen.
Ich habe kein Wasser zu seiner Zeit zurückgehalten.
Ich habe nicht dämmend einen Damm gegen fließendes Wasser gebaut.
Ich habe kein Feuer zu seiner Zeit gelöscht.
Ich habe keine Termine bezüglich des erlesenen Opferfleischs versäumt.
Ich habe kein Vieh vom Gottesbesitz vertrieben.
Ich habe keinen Gott bei seiner Prozession behindert.

Ich bin rein – viermal.
Meine Reinheit ist die Reinheit jenes großen Phönix, der in Herakleopolis ist.
Denn ich bin ja jene Nase des Herrn der Winde, die alles Volk belebt an jenem Tage des Füllens des Udjat-Auges in Heliopolis, am letzten Tag des zweiten Wintermonats, vor dem Herrn dieses Landes.
Ich bin einer, der beim Füllen des Udjat-Auges in Heliopolis zugesehen hat.
Nichts Böses wird mir in diesem Land und in dieser Halle der Beiden Maat zustoßen.
Denn ich kenne den Namen dieser Götter, die in ihr sind.
Oh, Weitausschreitender, der aus Heliopolis stammt, ich habe kein Unrecht verübt.
Oh, Flammenumarmer, der aus Cheraha stammt, ich habe nicht geraubt.
Oh, Schnabelträger, der aus Hermupolis stammt, ich war nicht habgierig.
Oh, Schattenverschlinger, der aus der Höhle stammt, ich habe nicht gestohlen.
Oh, Schreckgesicht, der aus Rosetau stammt, ich habe keinen Menschen getötet.
Oh, Ruti, der aus dem Himmel stammt, ich habe keine Speise beschädigt.
Oh, Dessen Augen Messer sind, der aus Letopolis stammt, ich habe keine Verminderung getätigt.
Oh, Flammender, der rückwärts herausgeht, ich habe keinen Gottesbesitz gestohlen.
Oh, Knochenbrecher, der aus Herakleopolis stammt, ich habe keine Lüge ausgesprochen.
Oh, Der der Flamme befiehlt, der aus Memphis stammt, ich habe nichts Essbares weggenommen.
Oh, Höhlenbewohner, der aus dem Westen stammt, ich war nicht nörgelig.
Oh, Weißzahn, der aus dem Fayum stammt, ich habe niemanden gekränkt.
Oh, Blutfresser, der aus der Schlachtbank stammt, ich habe kein Rind eines Gottes geschlachtet.
Oh, Eingeweidefresser, der aus dem Dreißiger-Gerichtshof stammt, ich habe keinen Kornwucher getätigt.
Oh, Herr der Maat, der aus dem (Ort der) Beiden Maat stammt, ich habe keine Ration geraubt.
Oh, Irrender, der aus Bubastis stammt, ich habe nicht gelauscht.
Oh, Schubsender Großer, der aus Heliopolis stammt, ich war nicht geschwätzig.
Oh, Bösewicht, der aus dem Gau von Busiris stammt, ich habe nicht gestritten, außer um meinen Besitz.
Oh, Uamemti, der aus der Richtstätte hervorgegangen ist, ich habe mit keiner verheirateten Frau geschlafen.
Oh, Der sieht, was er holen wird, der aus dem Min-Tempel stammt, ich habe keine Unzucht getrieben.
Oh, Oberster der Großen, der aus dem Akazienheiligtum stammt, ich habe keinen Schrecken verbreitet.
Oh, Umstürzler, der aus dem Allerheiligsten hervorgegangen ist, ich habe nicht gefrevelt.
Oh, Unruhestifter, der aus dem Großen Heiligtum stammt, ich war nicht hitzig.
Oh, Kind, das aus dem (13. uäg.) Gau von Heliopolis stammt, ich habe mich nicht gegen Maat-gerechte Rede taub gestellt („mein Gesicht/Anschein war nicht taub“).
Oh, „Künderstimme“, der aus dem Unes-See stammt, ich war nicht aufrührerisch.
Oh, Basti, der aus der Geheimen (Unterwelt) stammt, ich habe niemanden zum Weinen gebracht.
Oh, Dessen Gesicht hinter ihm ist, der aus der Höhle stammt, ich habe keine Unzucht getrieben, ich habe mit keinem Buhlknaben gebuhlt.
Oh, „Rampe“, der aus der Dämmerung stammt, ich war nicht nachlässig.
Oh, Finsterling, der aus der Finsternis stammt, ich habe nicht gestritten.
Oh, Bringer seines Opfers, der aus Sais stammt, ich war nicht gewalttätig.
Oh, Gesichterherr, der aus dem Nedjefet(-Baum) stammt, ich war nicht voreilig gesonnen.
Oh, „Ratgeber“, der aus Utjenet stammt, ich habe nicht die Natur übertreten; ich habe mich nicht zum Gott erhoben.
Oh, Doppelhorn, der aus Assiut stammt, ich war bei keiner Rede geschwätzig.
Oh, Nefertem, der aus Memphis stammt, keine Sünde gibt es von mir; ich habe nichts Böses getan.
Oh, Restvernichter, der aus Busiris stammt, ich habe keine Majestätsbeleidigung („König-Zanken“) begangen.
Oh, der (schon) durch seinen Wunsch („Herz“) handelt, der aus Antaioupolis stammt, ich habe mich nicht auf Wasser gestützt.
Oh, Sänger/Ihy, der aus dem Nun stammt, ich war nicht laut mit meiner Stimme.
Oh, der dem Volk befiehlt, der aus seinem Sanktuar stammt, ich habe den Gott nicht geschmäht.
Oh, „Schöner Nacken“, der aus – leer vorgefunden – stammt, ich habe mich nicht aufgeplustert.
Oh, Nehebkau, der aus der Stadt stammt, gegen mich findet keine Erhebung statt.
Oh, Trennkopf, der aus der Stadt stammt, meine Ansprüche waren nicht groß außer bei meinem Besitz.
Oh, Hol-Arm, der aus der Stadt stammt, ich habe keinen Gott in meiner Stadt gelästert.
Seid gegrüßt, ihr Götter!
Ich kenne eure Namen.
Ich werde nicht eurem Gemetzel anheimfallen.
Ihr werdet diesem Gott nicht Schlechtes von mir melden („mein Schlechtes aufsteigen lassen“) in dessen Gefolge ihr seid.

Mein Fall wird nicht vor euch gelangen.
Ich werdet vor dem Allherrn keine Lüge über mich erzählen.
Denn ich habe im Diesseits in rechter Weise gehandelt.
Ich habe keinen Gott gelästert.
Mein Fall gelangte nicht vor den regierenden König.
„Seid gegrüßt, (ihr) in dieser Halle der Beiden Maat“, sagt hiermit NN, gerechtfertigt, „in deren Leibern keine Lüge ist, die von Maat in Heliopolis leben, die von ihren Speisen essen in Gegenwart des Horus in seiner Sonnenscheibe!“
Möget ihr mich vor dem Babi retten, der von den Eingeweiden der „Großen“ lebt, an jenem Tage der großen Abrechnung!
Seht, ich bin zu euch gekommen.
Ich bin ohne Unrecht.
Ich bin ohne Verfehlung.
Ich bin ohne Sünde.
Ich bin ohne Zeugnis (gegen mich).
Es gibt niemanden, dem ich etwas angetan hätte.
Ich lebe von Maat.
Ich ernähre mich („schlucke“) von Maat.
„Du kennst uns.“
„Ich werde dich nicht anmelden“, sagt der Pförtner dieser Halle.
„es sei denn, du nennst meinen Namen.“
„Der das Herz erkennt und die Herzen untersucht“ ist dein Name.
„wem soll ich dich anmelden, jedem Gott, der dort ist?“
Du sollst es dem „Dolmetscher der Beiden Länder sagen“.
„Wer ist denn das?“
Der „Dolmetscher der Beiden Länder“, das ist Thot.
„Komm!“, sagt Thot.
„Wozu bist du gekommen?“
Ich bin für die Anmeldung gekommen.
„Was ist denn der Bedarf für dich?“
Ich bin rein von Sünde.
Ich habe mich vor dem Streit der Tagesdienst-Leistenden gehütet.
Ich war nicht mit ihnen zusammen.
„Wem soll ich dich also anmelden?“
Dem (mit) der Decke aus Feuer, deren Wände aus lebenden Uräen bestehen.
Sein Fußboden besteht aus Überschwemmungswasser.
„Wer ist das?“
Das ist Osiris.
„Gehe also!
Da, du bist angemeldet.
Dein Brot ist aus dem Horusauge.
Mein Bier ist aus dem Horusauge.
Man opfert für dich (das Totenopfer) auf Erden aus dem Horusauge“, so sagt er bezüglich meiner.
Handlung gemäß dem Geschehen in der Halle der Beiden Maat, von NN, gerechtfertigt, zu sprechen,
indem er sich reinigt,
nachdem er die Sohlen mit weißen Sandalen umhüllt hat, gesalbt mit besten Myrrhen,
nachdem er ein Rind geopfert hat, da Vögel dargebracht sind, und Weihrauch, Brot, Bier und Gemüse.
So hast du dieses Bild, das geschrieben steht, auf dem Fußboden ausgeführt, „gereinigt“ (grundiert?) mit reinem Ocker und mit Erde bestrichen, auf die kein Schwein oder Löwe getreten ist.
Über den dieses Buch ausgeführt wird, der ist gedeihend.
Seine Kindeskinder sind gedeihend.
Er geht nicht zugrunde(?).
Er ist Vertrauter des Königs und seines Hofstaates.
Ihm wird Opferbrot und ein Bierkrug gegeben und Kuchen und ein großen Stück Fleisch auf dem Altar des Großen Gottes.
Von keinem Tor des Westens wird er abgehalten.
Er wird mit den Königen von Ober- und Unterägypten bestattet („gezogen“).
Er ist im Gefolge des Osiris.
Etwas wirklich Wirksames, millionenfach, sehr nützlich für den, der es ausführt.

Literaturverzeichnis

Allam 1974 = Shafik Allam, Vom Stiftungswesen der Alten Ägypter, *Das Altertum* 20, 1974, 140–150.

Allam 2007 = Shafik Allam, Foundations in Pharaonic Egypt. The Oldest-Known Private Endowments in History, *WdO* 37, 2007, 8–30.

Allam 2008 = Schafik Allam, Islamic Foundations (waqf) in Egypt (Back into Pharaonic Times), *JARCE* 44, 2008, 105–112.

Allam 2010 = Schafik Allam, La fondation du Gouverneur Djéfa-Hâpi (XXe siècle av.n.è.), in: Barbara Anagnostou-Canas (Hg.), *L'organisation matérielle des cultes dans l'antiquité*, Paris 2010, 29–63.

Allen 2011 = James P. Allen, *The Debate Between a Man and his Soul. A Masterpiece of Ancient Egyptian Literature*, CHANE 11, Leiden 2011.

Assmann 1977 = Jan Assmann, Fest des Augenblicks – Verheissung der Dauer. Die Kontroverse der ägyptischen Harfnerlieder, in: Jan Assmann, Erika Feucht u. Reinhard Grieshammer (Hg.), *Fragen an die altägyptische Literatur. Studien zum Gedenken an Eberhard Otto*, Wiesbaden 1977, 55–84.

Assmann 1990 = Jan Assmann, *Ma'at. Gerechtigkeit und Unsterblichkeit im alten Ägypten*, München 1990.

Assmann 1999 = Jan Assmann, *Ägypten. Eine Sinngeschichte*, Frankfurt a.M. 1999.

Assmann 2001 = Jan Assmann, *Tod und Jenseits im Alten Ägypten*, München 2001.

Assmann 2006 = Jan Assmann, *Erinnertes Ägypten. Pharaonische Motive in der europäischen Religions- und Geistesgeschichte*, Berlin 2006.

Borgolte 2012.a = Michael Borgolte, Stiftung, Staat und sozialer Wandel. Von der Gegenwart zum Mittelalter, in: Michael Borgolte, *Stiftung und Memoria* (hg. von Tillmann Lohse), StiftungsGeschichten 10, Berlin 2012, 79–97.

Borgolte 2012.b = Michael Borgolte, Die Stiftungen des Mittelalters in rechts- und sozialhistorischer Sicht, in: Michael Borgolte, *Stiftung und Memoria* (hg. von Tillmann Lohse), StiftungsGeschichten 10, Berlin 2012, 1–22.

Borgolte 2012.c = Michael Borgolte, „Totale Geschichte" des Mittelalters? Das Beispiel der Stiftungen, in: Michael Borgolte, *Stiftung und Memoria* (hg. von Tillmann Lohse), StiftungsGeschichten 10, Berlin 2012, 41–59.

Bourdieu 1979 = Pierre Bourdieu, *La distinction. Critique sociale du jugement*. Paris 1979.

Brunner 2002 = Hellmut Brunner, Die religiöse Wertung der Armut im Alten Ägypten, in: Volker Herrmann u. Ulrich Stascheid (Hg.), *Armut und Wohltätigkeit im Alten Ägypten. Fünf Studien*, Frankfurt a.M. 2002, 159–184 (Erstveröffentlichung 1961).

Brunner-Traut 2002 = Emma Brunner-Traut, Wohltätigkeit und Armenfürsorge im Alten Ägypten, in: Volker Herrmann u. Ulrich Stascheid (Hg.), *Armut und Wohltätigkeit im Alten Ägypten. Fünf Studien*, Frankfurt a.M. 2002, 187–207 (Erstveröffentlichung 1990).

de Cenival 1972 = Françoise de Cenival, *Les associations religeuses en égypte d'apres les documents démotiques*, BdÉ XLVI, Kairo 1972.

Drenkhahn 1976 = Rosemarie Drenkhahn, *Die Handwerker und ihre Tätigkeiten im alten Ägypten*, ÄA 31, Wiesbaden 1976.

Eyre 1994 = Christopher Eyre, Feudal Tenure and Absentee Landlords, in: Shafik Allam (Hg.), *Grund und Boden in Ägypten*, Untersuchungen zum Rechtsleben im Alten Ägypten II, Tübingen 1994, 107–133.

Faltings 1998 = Dina Faltings, *Die Keramik der Lebensmittelproduktion im Alten Reich: Ikonographie und Archäologie eines Gebrauchsartikels*, SAGA 14, Heidelberg 1998.

Fitzenreiter 2004.a = Martin Fitzenreiter, Identität als Bekenntnis und Anspruch – Notizen zum Grab des Pennut (Teil IV), *Der Antike Sudan – MittSAG* 15, 2004, 169–193.

Fitzenreiter 2004.b = Martin Fitzenreiter, *Zum Toteneigentum im Alten Reich*, ACHET. Schriften zur Ägyptologie A 4, Berlin 2004.

Fitzenreiter 2007 = Martin Fitzenreiter, Statuenstiftung und das religiöse Stiftungswesen im pharaonischen Ägypten. Notizen zum Grab des Pennut (Teil V), in: Martin Fitzenreiter (Hg.), *Das Heilige und die Ware. Zum Spannungsfeld von Religion und Ökonomie*, IBAES VII, Berlin / London 2007, 233–263, Online-Fassung: <http://www2.rz.hu-berlin.de/nilus/net-publications/ibaes7/index.html>.

Fitzenreiter 2008 = Martin Fitzenreiter, Jenseits im Diesseits – Die Konstruktion des Ortes der Toten im pharaonischen Ägypten, in: Christoph Kümmel, Beat Schweizer u. Ulrich Veit (Hg.): *Körperinszenierung – Objektsammlung – Monumentalisierung: Totenritual und Grabkult in frühen Gesellschaften*, TÄT 6, Münster / New York / München 2008, 75–106.

Fitzenreiter 2011.a = Martin Fitzenreiter, Ikonographische Parallelisierung: Zu einem Kompositionsprinzip in der ägyptischen Flachbildkunst und seiner Wahrnehmung in pharaonischer Zeit. Notizen zum Grab des Pennut (Teil VI), *Imago Aegypti* 3, Göttingen/Oakland 2011, 7–30.

Fitzenreiter 2011.b = Martin Fitzenreiter, Trinken für den Frieden (*swr ḥnq dj.t nfr ḥ3.tj*). Assoziatives zu den associations religieuses, in: Frank Feder, Ludwig D. Morenz u. Günter Vittmann (Hg.), *Von Theben nach Giza. Festmiszellen für Stefan Grundert zum 65. Geburtstag*, GM Beihefte Nr. 10, Göttingen 2011, 49–59.

Fitzenreiter 2011.c = Martin Fitzenreiter, Grabmonument und Gesellschaft. Funeräre Kultur und Soziale Dynamik im Alten Reich, *SAK* 40, 2011, 67–101.

Fitzenreiter 2013.a = Martin Fitzenreiter, Die Domänen des Ibi, in: Miroslav Bárta u. Hella Küllmer (Hg.), *Diachronic Trends in Ancient Egyptian History. Studies dedicated to the memory of Eva Pardey*, Prag 2013, 40–58.

Fitzenreiter 2013.b = Martin Fitzenreiter, Neues vom Netscher, in: Mélanie C. Flossmann-Schütze, Maren Goecke-Bauer, Friedhelm Hoffmann, Andreas Hutter, Karin Schlüter, Alexander Schütze u. Martina Ullmann (Hg.), *Kleine Götter – Grosse Götter. Festschrift für Dieter Kessler zum 65. Geburtstag*, Tuna el-Gebel 4, München 2013, 131–143.

Franke 1983 = Detlef Franke, *Altägyptische Verwandschaftsbezeichnungen im Mittleren Reich*, HÄS 3, Hamburg 1983.

Gardiner 1948 = Alan H. Gardiner, *The Wilbour Papyrus, vol. II. Commentary*, Oxford 1948.

Gödecken 1976 = Karin B. Gödecken, *Eine Betrachtung der Inschrift des Meten im Rahmen der sozialen und rechtlichen Stellung von Privatleuten im ägyptischen Alten Reich*, ÄA 14, Wiesbaden 1976.

Goedicke 1967 = Hans Goedicke, *Königliche Dokumente aus dem Alten Reich*, Wiesbaden 1967.

Goedicke 1970 = Hans Goedicke, *Die privaten Rechtsinschriften aus dem Alten Reich*, Beihefte zur WZKM 5, Wien: Verlag Notring, 1970.

Grallert 2001 = Silke Grallert, *Bauen – Stiften – Weihen. Ägyptische Bau- und Restaurierungsinschriften von den Anfängen bis zur 30. Dynastie*, ADAIK 18, Berlin 2001.

Grieshammer 1970 = Reinhard Grieshammer, *Das Jenseitsgericht in den Sargtexten*, ÄA 20, Wiesbaden 1970.

Grunert 1979 = Stefan Grunert, Ägyptische Erscheinungsformen des Privateigentums zur Zeit der Ptolemäer: Liturgietage, *ZÄS* 106, 1979, 60–79.

Grunert 2009 = Stefan Grunert, Erlebte Geschichte – ein authentischer Bericht, in: Martin Fitzenreiter (Hg.), *Das Ereignis. Geschichtsschreibung zwischen Vorfall und Befund*, IBAES X, Berlin / London 2009, 125–135, Online-Fassung: <http://www2.rz.hu-berlin.de/nilus/net-publications/ibaes10/index.html>.

Hall 1986 = Emma S. Hall, *The Pharao Smites His Enemies: A Comparative Study*, MÄS 44, München 1986.

Haring 1997 = Ben J. J. Haring, *Divine Households. Administrative and Economic Aspects of the New Kingdom Royal Memorial Temples in Wetsern Thebes*, EU 12, Löwen 1997.

Helck 1966 = Wolfgang Helck, Zum Kult an Königsstatuen, *JNES* 25, 1966, 32–41.

Helck 1975 = Wolfgang Helck, *Wirtschaftsgeschichte des alten Ägypten im 3. und 2. Jahrtausend vor Chr.*, HdO I, I,5, Leiden / Köln 1975.

Helck 1986 = Wolfgang Helck, Die Stiftung des PN-NWT von Aniba, *BzS* 1, 1986, 24–37.

Hoffmann / Quack 2007 = Friedhelm Hoffmann u. Joachim Friedrich Quack, *Anthologie der demotischen Literatur*, EQÄ 4, Münster 2007.

Hovestreydt 1997 = Willem Hovestreydt, A Letter to the King relating to the Foundation of a Statue (p. Turin 1879 vso.), *LingAeg* 5, 1997, 107–121.

Johnson 1998 = Janet H. Johnson, Women, Wealth and Work in Egyptian Society of the Ptolemaic Period, in: Willy Clarysse, Antoon Schoors u. Harco Willems (Hg.), *Egyptian Religion: The Last Thousend Years. Studies Dedicated to the Memory of Jan Quaegebeur, Part II*, OLA 85, Löwen 1998, 1393–1421.

Kitchen 1973 = Kenneth A. Kitchen, A donation stela of Ramesses III from Medamud, *BIFAO* 73, 1973, 193–200.

Kitchen RI VI = Kenneth A. Kitchen, *Ramesside Inscriptions, Historical and Biographical*, Bd. VI, Oxford 1983.

Klebs 1915 = Luise Klebs, *Die Reliefs des Alten Reiches (2980 – 2475 v. Chr.). Materialien zur ägyptischen Kulturgeschichte*, AHAW Phil.-Hist. Kl. 1915,3, Heidelberg 1915.

Kloth 2002 = Nicole Kloth, *Die (auto-)biographischen Inschriften des ägyptischen Alten Reiches: Untersuchungen zu Phraseologie und Entwicklung*, BSAK 8, Hamburg 2002.

Kubisch 2008 = Sabine Kubisch, *Lebensbilder der 2. Zwischenzeit. Biographische Inschriften der 13.–17. Dynastie*, SDAIK 34, Berlin/New York 2008.

Leitz 2001 = Christian Leitz, *Die Außenwand des Sanktuars in Dendera*, MÄS 50, Mainz 2001.

Lepsius LD III = Karl Richard Lepsius, *Denkmaeler aus Aegypten und Aethiopien*, Bd. III, Berlin 1849–1858.

Lippert 2012 = Sandra Lippert, *Einführung in die altägyptische Rechtsgeschichte*, EQÄ 5, Münster 2012.

Lusiardi 2000 = Ralf Lusiardi, Fegefeuer und Weltengericht. Stiftungsverhalten und Jenseitsvorstellungen im spätmittelalterlichen Stralsund, in: Michael Borgolte (Hg.), *Stiftungen und Stiftungswirklichkeiten. Vom Mittelalter bis zur Gegenwart*, StiftungsGeschichten 1, Berlin 2000, 97–109.

Mauss 1923/24 = Marcel Mauss, Essai sur le don. Forme et raison de l'échange dans les sociétés archaïques, *L'Année Sociologique* 1923/24, 30–186 (<http://gallica.bnf.fr/ark:/12148/bpt6k93922b/f36.table>; Zugriff: 22.08.14).

McFarlane / Mourad 2012 = Ann McFarlane u. Anna-Latifa Mourad (Hg.), *Behind the Scenes. Daily Life in Old Kingdom Egypt*, ACES 10, Oxford 2012.

Meeks 1979 = Dimitri Meeks, Les donations aux temples dans l'Égypte di Ier millénaire avant J.-C., in: Edward Lipiński (Hg.), *State and Temple Economy in the Ancient Near East. Proceedings of the International Conference organized by the Katholieke Universiteit Leuven from the 10th to the 14th of April 1978*, OLA 6, Löwen 1979, 605–687.

Menu 1984–85 = Bernadette Menu, Quelques reflexions sur les donations funeraires privées, *BSEG* 9–10, 1984–85, 191–198.

Montet 1925 = Pierre Montet, *Les scénes de la vie privée dans les tombeaux égyptiens de l'Ancien Empire*, Publications de la Faculté des Lettres de l'Université de Strasbourg 24, Strassburg 1925.

Moreno Garcia 2010 = Juan Carlos Moreno García (Hg.), *Élites et pouvoir en Égypte ancienne*, CRIPEL 28, 2010.

Moussa / Altenmüller 1977 = Ahmed Moussa u. Hartwig Altenmüller, *Das Grab des Nianchchnum und Chnumhotep*, AV 21, Mainz, 1977.

Mrsich 1986 = Tycho Mrsich, *Untersuchungen zur Hausurkunde des Alten Reiches. Ein Beitrag zum altägyptischen Stiftungsrecht*, MÄS 13, Berlin 1968.

Müller-Wollermann 1985 = Renate Müller-Wollermann, Warenaustausch im Ägypten des Alten Reiches, *JESHO* 28, 1985, 121–168.

Nelson-Hurst 2010 = Melinda G. Nelson-Hurst, '... who causes his name to live'. The Vivification Formula through the Second Intermediate Period, in: Zahi Hawass u. Jennifer Houser Wegner (Hg.), *Millions of Jubilees. Studies in Honor of David P. Silverman*, CASAE 39, vol. II, 2010, 13–31.

Osing 1992 = Jürgen Osing, Le chants du harpiste du Nouvel Empire, in: Jürgen Osing, *Aspects de la culture pharaonique. Quatre leçons au Collège de France*, Paris 1992.

Ostine 2005 = Suzanne Lynn Ostine, *The role of the chantress (šmʿyt) in Ancient Egypt*, BAR Int. Ser. 1401, Oxford 2005.

Perepelkin 1986 = J. J. Perepelkin, *Privateigentum in der Vorstellung der Ägypter des Alten Reiches*, herausgegeben u. übersetzt von R. Müller-Wollermann, Tübingen 1986.

Pirenne 1934 = Jacques Pirenne, *Histoire des Institutions et du droit privé de l'Ancien Égypte II*, Brüssel 1934, 324–337.

Reisner 1918 = George A. Reisner, The Tomb of Hepzefa, Nomarch of Siût, *JEA* 5, 1918, 79–98.

Römer 1994 = Malte Römer, *Gottes- und Priesterherrschaft in Ägypten am Ende des Neuen Reiches. Ein religionsgeschichtliches Phänomen und seine sozialen Grundlagen*, ÄAT 21, Wiesbaden 1994.

Sauneron 1988 = Serge Sauneron, *Les prêtres de l'ancienne Egypte, Edition revue et complétée*, Paris 1988.

Schoske 1982 = Sylvia Schoske, *Das Erschlagen der Feinde. Ikonographie und Stilistik der Feindvernichtung im alten Ägypten*, Heidelberg 1982.

Sottas 1913 = Henri Sottas, *La préservation de la propriété funéraire dans l'ancienne Égypte*, BEHE 205, Paris 1913.

Spalinger 1985 = Anthony J. Spalinger, A Redistributive Pattern at Assiut, *JAOS* 105.1, 1985, 7–20.

Stadler 2008 = Martin A. Stadler, Judgment after Death (Negative Confession), in: Jacco Dieleman u. Willeke Wendrich (Hg.), *UCLA Encyclopedia of Egyptology*, Los Angeles 2008 (<http://digital2.library.ucla.edu/viewItem.do?ark=21198/zz000s3mg4>; Zugriff: 26.08.14).

Steindorff 1937 = Georg Steindorff, *Aniba II*, Glückstadt / Hamburg / New York 1937.

Stracmans 1955 = Maurice Stracmans, Textes des actes de fondation de l'Ancien Empire, *RIDA* 2, 1955, 31–38.

Théodoridès 1971 = Aristide Théodoridès, Les contracts d'Hapidjefa (XIIe dynastie, 20e s. av. J.-C.), *RIDA* 18, 1971, 109–251.

Trigger 1993 = Bruce G. Trigger, *Early Civilizations. Ancient Egypt in Context*, Kairo 1993.

van Elsbergen 1997 = Michael Johannes van Elsbergen, *Fischerei im alten Ägypten. Untersuchungen zu den Fischfangdarstellungen in den Gräbern der 4. bis 6. Dynastie*, ADAIK 14, Berlin 1997.

Vandier 1978 = Jacques Vandier, *Manuel d'archéologie égyptienne 6. Bas-reliefs et peintures. Scènes de la vie agricole à l'Ancien et au Moyen Empire*, Paris 1978.

Veblen 1899 = Thorstein Veblen, *The Theory of the Leisure Class, Chapter Four: Conspicuos Consumption*, 1899 (<http://www.gutenberg.org/files/833/833-h/833-h.htm>; Zugriff: 22.08.14).

1. und 2. Bestattung in der 3. Zwischenzeit*

1. Einleitung

Der folgende Beitrag widmet sich der Frage, wie sich Veränderungen beschreiben und vielleicht auch deuten lassen, die mit dem Ende des Neuen Reiches im Kontext von Bestattungen auftreten.[1] Das betrifft vor allem den – je nach Gemütslage als frappierend empfundenen – Befund, dass keine neuen Grabanlagen mit Kultstellen mehr angelegt und zugleich auch die in der Grablege deponierten Beigaben deutlich weniger werden. Sind doch eine prächtige Grabstelle und ein reicher Beigabenbestand das, was seit dem Alten Reich als charakteristisch für die funeräre Kultur zumindest der Elite gilt (so problematisch soziale Kategorisierungen im funerären Bereich bleiben).[2] So scheint gerade das Bestattungswesen unmissverständlich den Verfall zu spiegeln, der für die auf das Neue Reich folgende Periode einer 3. Zwischenzeit geradezu zum Topos geworden ist: An die Stelle prächtiger Kultbauten und reich ausgestatteter Bestattungen treten wüste Mumienhaufen, die in kahlen unterirdischen Verstecken – *cachettes* – oder missbrauchten älteren Gräbern ... eben: versteckt sind (Abb. 1).

Abb. 1: Das Grab des Prinzen Chaemwaset (QV 44) im Tal der Königinnen im Moment der Öffnung (1903) (aus: Racanacchi 1991, Nr. 64)

Abb. 2: Gewinnung von Mumia aus Grabhöhlen in Ägypten (Archiv des Autors)

---

* Der Text geht auf einen Vortrag zurück, den ich im Juli 2005 im Rahmen der „Neuen Forschungen" in Berlin gehalten habe. Inzwischen erschienene Literatur wurde soweit mir zugänglich nachgetragen.

1 Siehe hierzu auch: Kikuchi 2002; Grajetzki 2003, 84–108; Taylor 2010; Cooney 2011; Quack 2014.

2 Darstellungen der funerären Kultur pharaonischer Zeit beschränken sich in der Befundpräsentation häufig auf Beispiele, die dem Umfeld von Angehörigen solcher sozialer Schichten entstammen, die nicht zur Gruppe der unmittelbaren Produzenten zählen. Zu diesen in Ermangelung eines besseren Ausdrucks als „Eliten" zusammengefassten Gruppen zählt neben jenen sozialen Akteuren, die die tatsächliche ökonomische und politische Macht in den Händen hielten, auch die in einigen Lokalitäten wohl recht breite Schicht der *dependent specialists*, die Mittel der individuellen Reproduktion wenigstens teilweise über Redistributionssysteme lokaler Institutionen (Verwaltungen, Paläste, Tempel) bezogen. Siehe zur sozialen Stratigraphie und dem Begriff der *dependent specialists*: Trigger 1993, 55–61; Fitzenreiter 2011.a, 68–74. Zur funerären Praxis und Kultur der unmittelbaren Produzenten: Grajetzki 2003; zum Problem der sozialen Klassifikation einer Friedhofspopulation: Strudwick 1995; Cooney 2007, 231–234.

Allerdings ist diese Perspektive nicht zwingend. Denn auf der anderen Seite ist dieselbe Periode geprägt von einer großen Menge an funerärem Material und dieses ist z.T. von beeindruckender Qualität. Es ist heute auch kaum noch vorstellbar, wie viele Massenanlagen aus dem 1. Jahrtausend v. u. Z. es in Ägypten einst gab. Diese Grabhöhlen waren seit dem Mittelalter Bergwerke für echtes Mumia und kuriose Andenken (Abb. 2). Schürfungen in den Massengräbern hielten bis zum Beginn des 20. Jahrhunderts an. Noch die frühen von Archäologen durchgeführten Ausräumarbeiten spätzeitlicher Depots sind kaum dokumentiert und bis in jüngere Zeit war das Abräumen der dort gestapelten Leichenmassen eher ein Teil des Oberflächenclearings, denn der eigentlichen Ausgrabung. Demgegenüber lieferten die Depots nicht nur Mumia sondern ebenso hervorragend gearbeitete Särge, Statuetten und Papyri. Diese Gegenstände waren begehrte Mitbringsel der frühen Reisenden und wurden in der Epoche ägyptologischer Schatzgräberei gezielt gehoben.[3] Sie sind Grundbestand, z.T. ältester Bestand aller Sammlungen altägyptischer Objekte. Es lässt sich daher ebenso formulieren: Ab der 3. Zwischenzeit haben wir es mit einer unglaublich reichen und blühenden funerären Kultur in Ägypten zu tun.

Um diesem janusköpfigen Befund – Verfall hier, Blüte dort – näher zu kommen, sollen drei Beleggruppen betrachtet werden. Zuerst wird die bauliche Struktur der Grablegen und die Art und Weise der Deponierung von Bestattungen und Beigaben betrachtet. Anschließend sollen Särge und Ausstattungsgegenstände besprochen werden. Zuletzt werden einige Informationen zur funerären Praxis dieser Periode diskutiert. Aus dem Zusammenspiel dieser drei Aspekte soll schließlich ein Bild erstehen, in dem Brüche und Kontinuitäten funerärer Praktiken und der damit verbundenen Objekte erfasst sind.

2. Grabarchitektur und Grablege

2.1.

Zwei Beispiele für Grablegen am Übergang vom 2. zum 1. Jahrtausend seien vorgestellt:

a) Bab el-Gusus

Die Anlage wurde 1891 als die zweite große Anlage der 21. Dynastie in Deir el-Bahari (nach der Königscachette DB / TT 320)[4] von Archäologen beräumt, in diesem Fall sogar vor den lokalen Bewohnern (vulgo: den Grabräubern).[5] Wie DB / TT 320 ist das Bab el-Gusus eine Massenablage, in der die Mumien von Angehörigen einer politischen Führungsschicht gesammelt wurden. Der Komplex besteht aus einem Zugangsschacht, von dem aus ein Hauptgang zu einer separaten Kammer mit den Särgen der Familie des Hohepriesters des Amun Pinodjem II. führt (Abb. 3). Ein Nebengang führt nach Westen. Von Georges Daressy stammt eine Beschreibung der Anlage, nach der Andrzej Niwiński die Position der Särge rekonstruieren konnte.[6] Danach waren am Zugang die Särge in größerer Unordnung, während sie im hinteren Teil in Zweierreihen standen, mit einem Durchgang in der Mitte. Der Kopfteil der Särge wies zum Ausgang. Zwischen den Särgen bzw. Sargensembles standen Kanopenkästen oder Einzelkanopen, Uschebtikästen mit Uschebtis sowie Ptah-Sokar-Osiris-Figuren. Dazu kamen noch verstreute Früchte und Blumen.

Insgesamt enthielt das Depot ca. 153 Särge. Entgegen der früheren Auffassung, dass dieses Depot über einen längeren Zeitraum hin belegt wurde, geht Niwiński davon aus, dass die Einbringung der Särge eher innerhalb einer kurzen Zeitspanne stattfand und die Anlage anschließend wieder verschlossen wurde.[7] Daher finden sich Särge aus ganz verschiedenen Zeitschichten nebeneinander in unterschiedlichen Bereichen der Anlage. Offenbar wurden in der 21. Dynastie zu einem oder mehreren Zeitpunkten alle wichtigen Mumien von Herrschern des Neuen Reiches, von hohen Amunspriestern und von deren Angehörigen aus ihren vorherigen Aufbewahrungsplätzen geholt und im Zuge einer Neubestattung auf die großen Cachettes verteilt. Während in der eigentlichen Königscachette DB / TT 320 und in KV 35 die oberen Ränge versammelt wurden, bettete man hier im Bab el-

3 Siehe am Beispiel der Jagd nach funerären Papyri aus Theben: Niwiński 1989, 47–53.
4 Zu DB / TT 320: Reeves 1990, 183–192; Graefe 2003; Graefe / Belova 2010.
5 Niwiński 1988; Graefe 2016.
6 Niwiński 1988, 25–26.
7 Niwiński 1988, 25–26.

Gusus die zweite Garnitur zur Ruhe. Wie häufig die Anlagen zu diesem Zweck geöffnet wurden, bleibt umstritten.[8] Nach Abschluss der Bestattungsperiode wurden die Anlagen in der Antike nicht mehr geöffnet und das abgelegte Material auch nicht weiterverwendet.

Abb. 3: Bab el-Gusus: Grundriss der Schachtanlage mit Lage der Särge (nach: Niwiński 1988, Table I)

b) Iurudef in Saqqara

Diese Anlage wurde 1982 im Gelände der Nekropole des Neuen Reiches in Saqqara entdeckt.[9] Sie liegt beim Grab des Tia im Bereich der Kultstelle des Iurudef. In einem mit dieser Kultstelle assoziierten Schachtsystem wurden etwa 70 Bestattungen gefunden, von denen 17 einer ersten Belegungsphase in der 19. Dynastie zugeschrieben werden können. Diese gehören wohl zur Familie des Iurudef, der als „Grabherr" und damit sozialer und religiöser Bezugspunkt der Anlage fungierte.[10] Nach dieser ersten Belegungsphase kam es zu einer intensiven Störung (Umlagerung und / oder Beraubung), die nur noch wenige Reste der ursprünglichen Ausstattung in der Anlage beließ. Nachdem durch den geöffneten Schacht eine erhebliche Menge Sand eingesickert war, wurde die Anlage wieder gesäubert und es wurde Feuer gelegt; nach Ansicht der Ausgräber möglicherweise, um den Platz kultisch zu reinigen.[11] Anschließend erfolgte über einen längeren Zeitraum eine sekundäre Nutzung. Diese Phase datiert in die späte 20. und die 21. Dynastie.[12] Im Zuge der sukzessiven Neubelegung brachte man Sarg um Sarg in die Anlage ein. Während für die früheren Exemplare noch genug Raum zur Verfügung stand, um in den Kammern zu rangieren, wurden jüngere Exemplare fast wahllos übereinandergestapelt (Abb. 4). Eine zu einem späteren Zeitpunkt vorgefallene Störung (Beraubung?) hat in den oberen Lagen zusätzlich für Unordnung gesorgt.

In dieser zweiten Nutzungsphase wurden 27 Bestattungen in antropomorphen Särgen eingebracht. Die Särge sind meist von einem sehr einfachen Typ und die wenigen Inschriften zeigen Phantasiehieroglyphen (Abb. 5).

---

8 Zum Vorgang der Umbettung: Jansen-Winkeln 2000; Graefe / Belova 2010, 46–59; Graefe 2016 und die dort diskutierte Literatur.

9 Raven 1991.

10 Zur Bedeutung des „Grabherrn" und den damit verbundenen sozialen Implikationen: Fitzenreiter 2005.

11 Raven 1991, 3.

12 Zur Datierung: Niwiński 1996.a; Raven et al. 1998.

Daneben gab es noch zehn einfache Holzkisten, acht Individuen waren in Palmenrippenmatten gewickelt und fünf lagen in Papyruskisten, zumeist Kinder. Die Überreste von 19 Individuen lagen ohne Sarg im Schacht. Beigabenreste (Uschebtis) haben sich nur aus der ersten Nutzungsphase erhalten; für die zweite Phase sind Mumienamulette und etwas Schmuck belegt, sogar Keramikfunde sind auffallend selten. Auch kann bei den Leichen nur von einer sehr oberflächlichen Mumifizierung gesprochen werden.

Über die beiden hier vorgestellten Beispiele hinaus hat sich das Bild der Grablegen aus der 3. Zwischenzeit besonders im thebanischen Bereich neuerdings erfreulich erweitert.[13] So hat sich für das Tal von Deir el-Bahari ergeben, dass es geradezu gespickt ist mit größeren und kleineren Schachtanlagen. Zu den bekannteren gehört die Anlagen der Month-Priester, die hier offenbar in Gruppen bestattet wurden. Weitere Bestattungsplätze befanden sich beim Tempel von Medinet Habu und dann entlang der Totentempel der Könige des Neuen Reiches bis zum Ramesseum.[14]

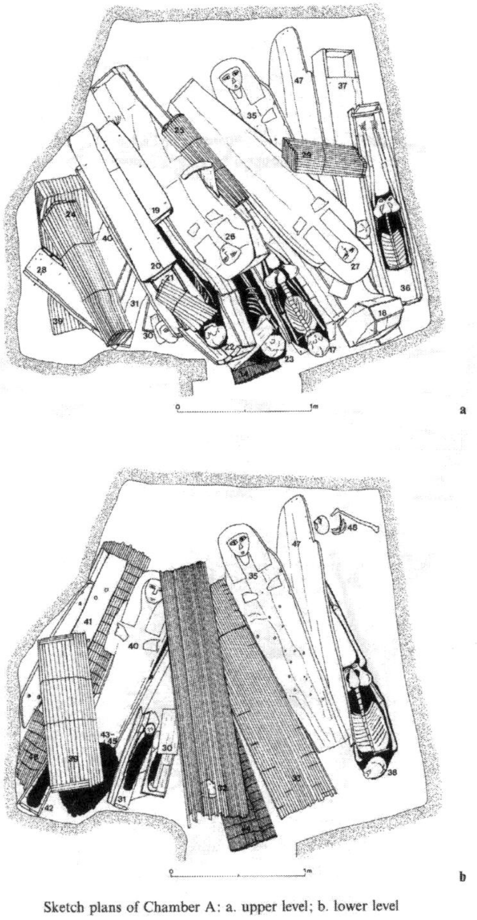

Abb. 4: Schachtanlage an der Kultstelle des Iurudef; Lage der Bestattungen in Kammer A (aus: Raven 1991, pl. 8; Reproduktion mit freundlicher Genehmigung des Autors)

Abb. 5: Särge aus der Schachtanlage an der Kultstelle des Iurudef (aus: Raven 1991, pl. 25; Reproduktion mit freundlicher Genehmigung des Autors)

13 Siehe die Sammelbände Strudwick / Taylor 2003; Pischikova / Budka / Griffin 2014; für die Spätzeit auch: Pischikova 2014; Pischikova 2017.

14 Siehe die Pläne in Strudwick 2003.

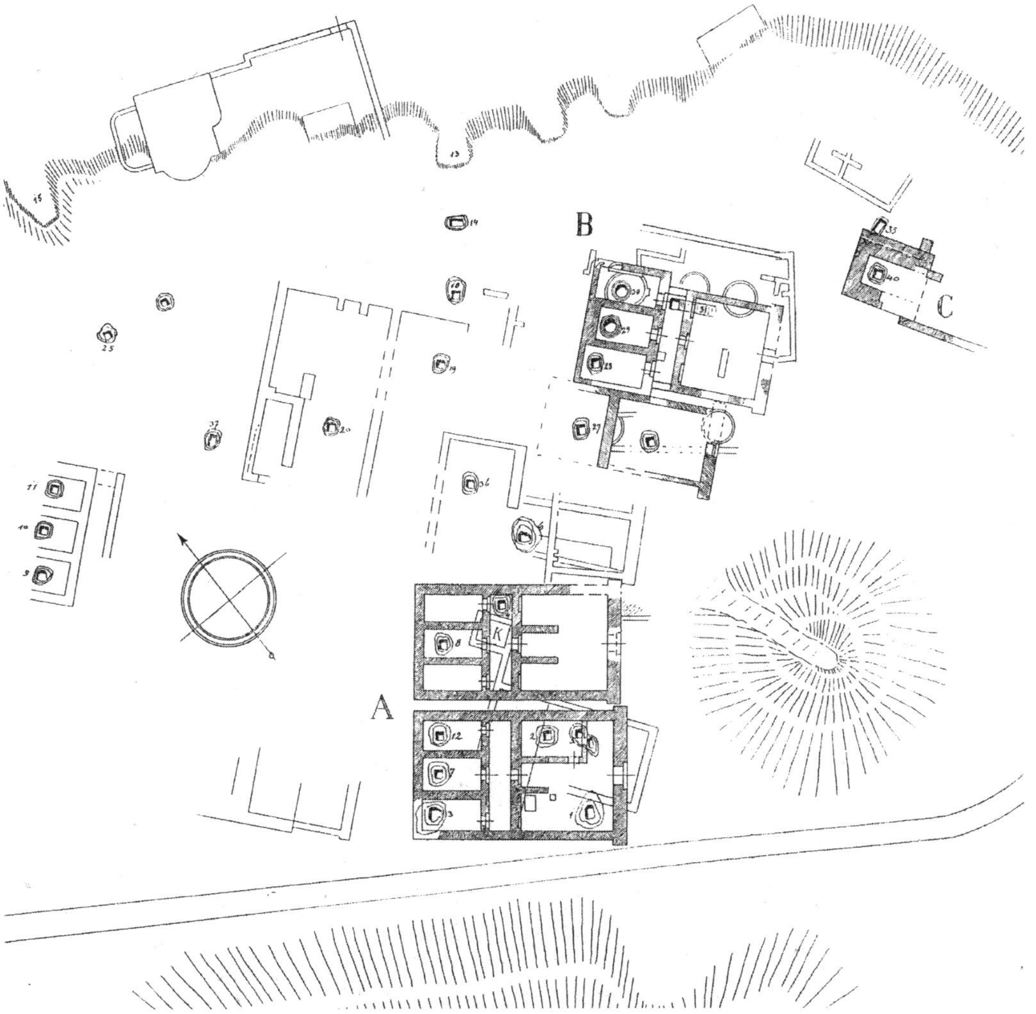

Abb. 6: Kapellen und Grabschächte der 3. Zwischenzeit in Theben-West (aus: Anthes 1943, Abb. 15)

2.2.

Ursprünglich war man davon ausgegangen, dass es zu den jeweiligen *cachettes* keinerlei Oberbauten gab, was ja dem Ziel eines „Verstecks" auch widersprochen hätte. Inzwischen mehren sich Hinweise, dass es auch bei den *cachettes* wenigstens kleinere kapellenartige Anlagen gab. Gut untersucht sind derartige Kapellen an Schachtanlagen im Bereich des Ramesseums.[15] Hier entwickelte sich in der 22. Dynastie eine große Nekropole, in der offenbar vor allem Amunspriester bestattet wurden. Kapellenbauten mit Grabschächten aus der 21.–23. Dynastie sind auch aus dem Asasif bekannt (Abb. 6).[16]

Diese Kapellen stellen gewissermaßen das „missing link" zu einem spezifischen Grabtyp der Spätzeit her, der von Rainer Stadelmann erstmals ausführlich diskutiert wurde: zum „Grab im Tempelhof", bzw. nach Joachim Friedrich Quack: „Grab am Tempeldromos".[17] Als bekannte Beispiele gelten – neben der nur bei Herodot beschriebenen Nekropole der Könige der 26. Dynastie in Sais – die Gräber der Gottesgemahlinnen und des Königs Harsiese in Medinet Habu sowie die königliche Nekropole in Tanis.[18] Es handelte sich bei den hier errichteten Gebäuden mit Pylon, einem kleinen Hof und einem oder zwei Räumen um monumentalisierte Kultkapellen, ähnlich den kleinformatigen Kapellen, wie sie im Ramesseum und dem Asasif gefunden wurden. In der Dekoration

15 Nelson 2003.
16 Anthes 1943; Eigner 1984, 35–36.
17 Stadelmann 1971; Bommas 2005; Quack 2006.
18 Lull 2002, 44–59; Aston 2014, 18–21.

der Kapellen in Medinet Habu werden Totentexte, Unterweltszenen und die Bestatteten vor Göttern gezeigt.[19] Für die königliche Anlage in Tanis ist zudem gesichert, dass auch hier kollektive Bestattungen üblich waren und dass Bestattungen umgebettet wurden wie in den *cachettes* dieser Zeit.[20] Ein vergleichbares Bild bieten die Regentengräber in Memphis[21] und die beim Herischef-Tempel gelegene Nekropole der Mitglieder einer lokalen Herrscherfamilie in Herakleopolis.[22] Auch in Herakleopolis lassen sich Oberbauten nachweisen und die Grabstätten wurden sukzessive mit Angehörigen belegt.

Die Lage der Grablege im oder beim Tempel ist eine Besonderheit von Bestattungen im 1. Jahrtausend. Soweit wir wissen, spielte im Alten, Mittleren oder Neuen Reich bei der Wahl des Begräbnisplatzes eine wichtige Rolle, wie sich die Elite und die *dependents* der Residenz zueinander und alle zusammen zum König(sgrab) positionierten. Im Alten Reich ist dies sehr schön am Cheops-Projekt ablesbar, wo vor dem Königsgrab die königliche Familie, dahinter in Normbauten die Residenzelite und weiter weg die Anlagen der *dependents* liegen.[23] Ähnlich ist es in Theben in der 18. Dynastie, wo die oberen Lagen am Bestattungsplatz in Gurna den Inhabern hoher politischer und sakraler Positionen zustanden, die tiefer gelegenen den *dependents*.[24]

In der 3. Zwischenzeit fällt das Königsgrab als zentraler Bezugspunkt weg.[25] Bestattungen werden nun möglichst an sakral aufgeladenen Plätzen vorgenommen. Das Tal von Deir el-Bahari und besonders der Bereich des Terrassentempels waren solche Plätze. Andere sind das Ramesseum und der Tempel von Medinet Habu. Es regiert das Prinzip, dass man einen Friedhof dort anlegt, wo der Platz bereits sakral ist: bei Tempeln, in „heiligen" Tälern[26] oder – hier wird die Situation natürlich unübersichtlich – weil dort bereits ein alter Friedhof existiert.[27] Dabei gab es offenbar sozial gesteuerte Privilegien, welche Gruppe an welchem Platz bestattet werden durfte. In Theben wird eine Art „soziale Topographie" der Bestattungen ablesbar: Monthpriester in Deir el-Bahari,[28] Amunspriester am Ramesseum und schließlich mit einem besonders sakralen Index die Gottesgemahlinnen und weitere hohe Priesterinnen in Medinet Habu.[29]

2.3.

Zusammenfassend lassen sich folgende Merkmale der bis hier besprochenen Bestattungen festhalten:

a) Es handelt sich um Kollektivanlagen, in denen Angehörige bestimmter, miteinander in Beziehung stehender Gruppen, oft in größerer Zahl beigesetzt wurden. Im Bab el-Gusus ist das die politische und religiöse Oberschicht; in der Anlage des Iurudef eine lokale Gruppe der Mittelschicht (Großfamilie; Berufsgenossenschaft?); die Anlagen in Theben versammeln durch Sakraltitel verbundene Gruppen.[30]
b) Oberirdische Kultstellen sind oft nur bescheiden.[31]
c) Die Anlagen liegen in sakral aufgeladenen Plätzen, mitunter bei oder sogar in Tempeln.

---

19 Zur Dekoration der Kapellen in Medinet Habu: Ayad 2016. Zur Dekoration der unterirdischen Räume der Königsgräber in Tanis, die aus dem Repertoire der thebanischen Königsgräber und dem des Osirisgrabes Sethos I. in Abydos schöpfen: Roulin 1998; Lull 2002, 75–162.

20 Roulin 1998, 197–198; Lull 2002, 19–44.

21 Moje 2014, 274 sowie mit weiteren Belegen für Grablegen von Lokalherrschern in Buto (op. cit. 324) und Leontopolis (op. cit. 326).

22 Perez Die 2009.

23 Lehner 1985.

24 Helck 1962; Engelmann-von Carnap 1999.

25 N.B.: das Königsgrab, nicht die königliche Bestattung. Königsmumien spielen innerhalb der Bestattungsgesellschaften weiterhin eine Rolle, s.u.

26 Z.B. auch im Sakralbereich von Abydos: Pouls Wegner 2007.

27 Die Mumienmassen der Spätzeit verstopfen den Ausgräbern entsprechend häufig den Zugang zu den eigentlich gesuchten Bestattungen früherer Perioden; siehe z.B. den Kummer, den Elmar Edel auf der Qubbet el-Hawa mit diesem Material hatte: Rösing 2011, 220–222. Auch die thebanischen Königsgräber des Neuen Reiches im Tal der Könige wie auch im Königinnental waren durch solche Bestattungen „gestört": Carter 1901.

28 Sheikholeslami 2003.

29 Aston 2003; Li 2011.

30 Der durch Sakraltitel hergestellte Bezug ist nicht mit einer „Priesterkaste" o.ä. zu verwechseln. Lokale Sakraltitel dienen in pharaonischer Zeit neben der Beschreibung von Aufgaben im Tempeldienst vor allem der Definition der Zugehörigkeit zu bestimmten Gruppen der lokalen Oberschicht, die zudem über die sakralen Titel Ansprüche an Einkünften festschrieben. Zur sozialen Funktion sakral konstituierter Gruppenbeziehungen („Kultgenossenschaften"): Fitzenreiter 2011.c.

31 Siehe die Übersicht Aston 2009, 401–416.

Diese Charakteristika sind aber keineswegs absolut neu. Auch die in der 18. bis 20. Dynastie angelegten Grabstellen waren immer als Kollektivanlagen geplant, wurden systematisch weiter ausgebaut und auch von neuen Nutzern übernommen.[32] Der Ausbau der bereits angelegten Grabstellen ging auch in der folgenden Periode weiter, wobei es oft schwer ist, die hinzugefügten Schächte, Kammern und *loculi* eindeutig zu datieren.[33] Dabei ist auch belegt, dass es im Neuen Reich bei der Neubelegung von Bestattungsanlagen zu Umbettungen kam.[34] Die Anlage des Iurudef zeigt diese Kontinuität und ihre Brüche vom späten Neuen Reich bis in die 3. Zwischenzeit sehr deutlich.

Auch das geringe Interesse an der Errichtung von Kultanlagen in unmittelbarer Umgebung der Grablege lässt sich bis in das späte Neue Reich zurückverfolgen. Selbst die ramessidischen Pharaonen beenden offenbar nach Ramses V. den Bau eigener Totentempel.[35] Außerdem hatte bereits unter Ramses II. die Anlage kollektiver Bestattungen für die königliche Familie begonnen. Am bekanntesten ist das Prinzengrab KV 5, das in Vielem die *cachettes* der 3. Zwischenzeit vorwegnimmt.[36] Bei nichtköniglichen Personen endet die Neuanlage von Kapellen weitgehend bereits in der 19. Dynastie. Dafür werden vorhandene Gräber ausgebaut und z.T. werden die Kapellen neu dekoriert oder die Dekoration modifiziert.[37] Der Weg zu den bescheideneren Kultanlagen der 3. Zwischenzeit ist also bereits im späten Neuen Reich vorgezeichnet.

Andererseits zeichnen diese Anlagen der 3. Zwischenzeit den Weg vor, auf dem sich die Elite der Spätzeit, insbesondere der 25. und 26. Dynastie in Theben bewegt, wenn sie wieder beginnt, monumentale Einzelgrabstellen anzulegen. Diese setzten nicht etwa den Typ des thebanischen T-Grabes fort, sondern leiten sich von den Schachtanlagen mit kleinformatigen Höfen und Kapellen der vorhergehenden Periode ab.[38] Monumental ausgebaut wird nun der Schacht, in dem der Sarg ruht, sowie sein Zugangsbereich mit einem unterirdischen Lichthof; also jene nur scheinbar versteckten Bereiche, die den älteren Anlagen den Namen *cachette* einbrachten. Der Oberbau aus Pylon und Hof ist dagegen kaum mehr als die Monumentalisierung der kleinen Kapellenanlage der 3. Zwischenzeit. Es befinden sich hier keine besonderen Kultstellen, wie sie in den früheren Gräbern auftreten und der Versammlung der Nachkommen dienten. Demgegenüber wird der sakrale Index der Gräber der Zwischenzeit in den Spätzeitgäbern fortgeführt, wenn sich diese Anlagen in Theben entlang der geheiligten Prozessionsstraße zum Hatschepsuttempel geradezu drängeln und in Memphis im Bereich altehrwürdiger Pyramidenfriedhöfe in den Boden bohren.[39]

Das Bestreben, in besonders geheiligten Plätzen auch die Nekropole der Menschen anzulegen, regiert dann auch das Bestattungswesen der Spätzeit. In Theben verwalten schließlich berufsmäßig organisierte Totenpriester (Coachyten) den geheiligten Boden am Westufer und besorgen dort die Bestattung; eine Berufsgruppe, die wohl über die Verwaltung der sakralen Plätze zu dieser einkömmlichen Pfründe kam.[40]

32 Polz 1990; Dorman 2003; Donadoni 2005; zur Mehrfachbelegung von Gräbern vor dem Neuen Reich: Grajetzki 2007.

33 Siehe z.B. Strudwick 1996, 188–189.

34 Dorman 2003, 34; Näser 2008.

35 Ullmann 2002, 552–563, 634. Anstelle der bis dahin errichteten „Millionenjahrhäuser" – bei denen die Bezeichnung „Totentempel" ebenso wenig den eigentlichen Sinn erfasst, wie die Bezeichnung „Grabkapelle" den Sinn funerärer Kultstellen im Neuen Reich – erfuhr der Chons-Tempel in Karnak eine bemerkenswerte Aufmerksamkeit, so dass für die Verschiebung des königlichen Engagement durchaus theologische Konzepte um das Wesen des Sakralen Königtums eine Rolle spielen dürften. Der König als Teil der Göttertriade und die besondere Rolle des Kind-Königs sind spätestens ab Ramses II. Elemente einer neuen Königskonzeption, die sich dann in der Spätzeit weiterentwickelt. Das Thema soll hier aber nicht weiter betrachtet werden.

36 Weeks 2006.

37 Cooney 2011, 8–11; Bács 2015.

38 Eigner 1984, 59–62.

39 Eigener 1984; Castellano i Solé 2007; Stammers 2009.

40 Strudwick 2003, 179–180.; Donker van Heel 2012; Budka 2014, 43–44. Über Struktur und Einkommen der zu dieser Gruppe gehörigen Akteure gibt eine Satzung aus ptolemäischer Zeit (pBerlin 3115) Auskunft, die zeigt, dass diese Berufsgruppe ähnlich wie andere Kultgemeinschaften organisiert war, die an Sakralplätzen tätig wurden (de Cenival 1972, 103–135). Man vergleiche etwa die Position der heutigen Gafire, die als von staatlicher Seite eingesetzte Verwalter eines Altertümerplatzes zugleich Makler von dessen sakralem Potential – insbesondere im Rahmen von Fertilitätsriten – gegenüber der lokalen Bevölkerung geworden sind (und gelegentlich auch von dessen ökonomischem Potential gegenüber Reisenden). Zu Belegen einer Friedhofsverwaltung schon im Neuen Reich: Polz 1990, 335–336.

3. Beigaben und Mumie

3.1.

Als ein weiteres Merkmal der Veränderungen der Bestattungssitten im Übergang zum 1. Jahrtausend fällt auf, dass sich der Bestand an Beigaben verändert. David Aston hat die typischen Inventare aus Anlagen dieser Zeit zusammengestellt (Abb. 7).[41] Diese zeichnen sich dadurch aus, dass sie praktisch nichts mehr enthalten, was

a) als eine Art Ausrüstung für eine „menschenähnliche" Existenz nach dem Tode dienen könnte – also diverser Hausrat, Kleidung, Stoffe, Lebensmittel, Werkzeuge, Waffen, Beförderungsmittel usw.
b) als ein Teil der Ritualausrüstung für tatsächlich durchgeführte oder symbolisch affirmierte Totenfeste dienen könnte – also Baldachine, bestimmtes Mobiliar, Statuetten usw.[42]

Die Grabausrüstung ist also deutlich gegenüber der vorangegangen Epoche des Neuen Reiches reduziert.[43] Das betrifft nicht nur die Zahl möglicher Beigaben – die hat immer je nach Status und Potenz variiert – sondern betrifft vor allem das Bedürfnis, bestimmte *Funktionsbereiche* des funerären Kultes abzudecken. Nämlich vor allem die, in denen die Beziehung zwischen den Lebenden und den Toten verhandelt wird, also den Ahnenkult.[44]

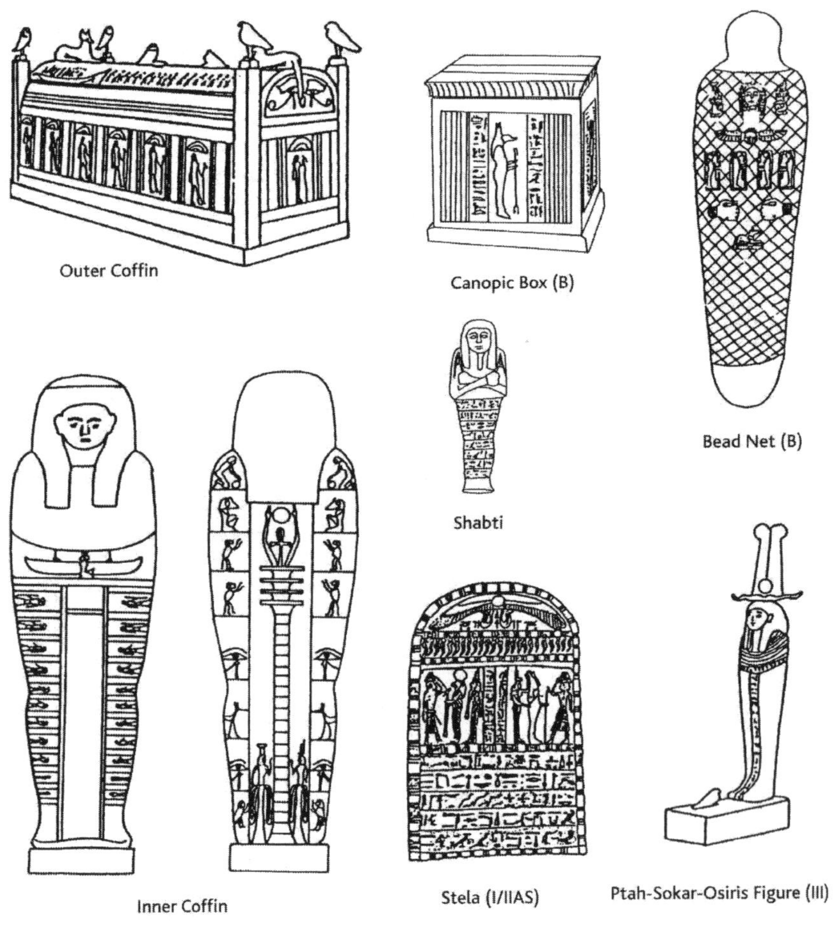

Abb. 7: Inventar (idealisiert) einer Bestattung der späten 3. Zwischenzeit in Theben (aus: Aston 2003, Fig. 3; Reproduktion mit freundlicher Genehmigung des Autors)

---

41 Aston 2003; Aston 2009; siehe auch Budka 2010.a, 191–371 (für die Spätzeit im Asasif).

42 Zur Klassifizierung von Beigaben: Näser 2008, 458–459; Näser 2013, 653. Siehe den Hinweis in Budka 2010.a, 324, dass Keramiken – d.h. keramische Behälter für diverse Güter sowie Geschirre, die dem Toten zur Reinigung und Nahrungsaufnahme dienen sollten – ab der 3. Zwischenzeit nicht mehr zur Beigabenausstattung gehören und dass, wenn keramisches Material auftritt, dieses zur Kategorie der Kultkeramik zu zählen ist. Siehe auch Budka 2010.b, bes. 61–64.

43 Zu den Inventaren des Neuen Reiches: Smith 1992; Näser 2008; Näser 2013.

44 Siehe hierzu „Ancestor Veneration and Ancestor Cult" in diesem Band.

3.2.

Umso auffälliger ist der Aufwand, der um die verbleibenden Objekte betrieben wird, und das ist vor allem der Sarg. Särge dieser Epoche gehören zu den bemerkenswertesten Hinterlassenschaften der pharaonischen Zeit und sind daher bereits mehrfach Gegenstand eingehender Untersuchungen gewesen.[45] Kurz zusammengefasst ergibt sich dieses Bild:

a) In der 21. Dynastie sind in Theben die sogenannten gelben Särge üblich. Die Särge sind aufwendig und z.T. fast reliefartig verziert. Sie können wie bereits in der Ramessidenzeit aus äußerem und innerem Sarg und aus einem Mumienbrett bestehen. Dabei gehen sowohl die generelle Anordnung der Dekoration an den Seitenteilen als auch etliche Motive auf solche zurück, die bereits in der Dekoration ramessidischer Kultstellen auftreten. Allerdings verzichtet man auf Elemente mit diesseitigem Charakter und beschränkt sich weitgehend auf das jenseitig-magische Repertoire. Neu ist, dass nun auch immer das Innere der Särge dekoriert wird und dass diese Dekorationselemente nicht mehr „liegend", sondern „stehend" gedacht sind, im Gegensatz zur Dekoration der Außenseite, die, in der Tradition des Neuen Reiches, weiter eine Betrachtung des „liegenden" Sarges voraussetzt (Abb. 9).

b) Ab der 22. Dynastie wird als eine neue Sargform die Kartonage eingeführt. Diese hüllt den mumifizierten Körper vollständig ein, was nach Ansicht der Forschung eine Wiederverwendung wenigstens des innersten Sarges unmöglich machen sollte.[46] Die Kartonagen besitzen verstärkte Fußbretter, die ein Aufrichten ermöglichen. Es lassen sich nun auch lokale Besonderheiten in der Sargproduktion ausmachen.[47] Mumienbretter werden unüblich.

c) Im Übergang von der 23. / 24. Dynastie zur 25. Dynastie wird schließlich die Kombination von zwei ganz verschiedenen Sargtypen gebräuchlich. Der innere Sarg ist mumienförmig, besitzt eine ausgeprägte Standfläche und einen als Djed-Pfeiler dekorierten Rückenpfeiler. Der äußere Sarg – mit der Bezeichnung *qrsw* – ist als Pfostensarg mit gewölbtem Deckel gestaltet. Er stellt einen miniaturisierten Schrein bzw. sogar die mit dem Osirisgrab konzeptuell verbundenen Wiedergeburtstätte dar.

Vom Sarg abgesehen verschwinden fast alle Beigaben; in der weniger begüterten Anlage bei Iurudef fanden sich z.B. überhaupt keine. Gehobene Schichten besitzen Kanopen und Kanopen- bzw. Eingeweidekästen, die gewissermaßen als Anhängsel von Mumie und Sarg angesehen werden können und deren Dekoration ikonographische Details von deren Bildrepertoire variiert.[48] Ansonsten wird der traditionelle Beigabenbestand radikal reduziert. Das betrifft, wie erwähnt, Ausrüstungen für ein nachtodliches Leben und das betrifft Ausrüstungen für andauernde kultische Betreuung. Allerdings bedeutet Reduzierung nicht Aufgabe dieser Elemente: Von der Ausrüstung für eine Existenz nach dem / im Tod sind die Uschebtis geblieben und von der Ausrüstung für andauernde kultische Betreuung die Ptah-Sokar-Osiris-Statuette.

Die Uschebtis bilden den Toten in seiner mumifizierten Ewigkeitsform ab und sollen die Existenz im Jenseits insofern absichern, dass sie ihm unnötige Arbeit vom Leibe halten.[49] Die seit dem Mittleren Reich belegten mumienförmigen Statuetten waren ursprünglich modellhafte Ersatzleiber. Sie sollten den Toten an verschiedenen Orten dauerhaft anwesend machen, wie es insbesondere die Belege für „extrasepulchrale Schabtis" deutlich machen.[50] Erst im Laufe des Neuen Reiches setzte ein Funktionswandel ein, der in der Spätzeit zum Durchbruch kommt: Dass diese Statuetten Vertreter für jenseitige Arbeiten sind, bei denen der Tote gerade *nicht* persönlich anwesend zu sein wünscht.[51] Das Besondere spätzeitlicher Uschebtis ist also, dass sie eben nicht der Tote sein sollen, sondern unabhängig von ihm agierende Substitute, die ihn nicht eigentlich vertreten, sondern ersetzen.

---

45 Niwinski 1988, 8–21; van Walsem 1997; Taylor 2003; Taylor 2009; Aston 2009, 269–293; Cooney 2011, 23–30; Cooney 2017.

46 Taylor 2003, 104.

47 Taylor 2009.

48 Aston 2009, 293–302; Siffert 2015, 183–187.

49 Schneider 1977; Aston 2009, 356–374.

50 Pumpenmeier 1998, 76–78.

51 Siehe das Dekret an die Uschebtis der Neschons: Römer 1994, 261–262, 472.

Daneben steht, gewissermaßen als eine Sonderform des alten „extrasepulchralen Schabtis", die Statuette des Ptah-Sokar-Osiris, die mit der Person des Toten in sakral gesteigerter Weise zu tun hat.[52]

Ein besonderes Ausstattungsstück dieser Periode ist schließlich die Stele, die häufig aus Holz gefertigt und bemalt ist.[53] Die Stelen zeigen die Verstorbenen vor Göttern, nicht aber selbst als Adressaten funerärer Handlungen, die von ihren Nachkommen ausgeführt werden, wie es auf älteren Totenstelen üblich ist. Bemerkenswert ist auch, dass diese Stelen zusammen mit den Särgen unterirdisch deponiert werden konnten, ihre Funktion ursprünglich aber wohl im Bereich der oberirdischen Kapellen oder anderenorts hatten.[54]

Das auf den Stelen übliche Bild des Toten vor dem Gott wurde erst im Neuen Reich aus dem Bild der klassischen Stele des Mittleren Reiches entwickelt, auf denen der Grabherr gewöhnlich in seinem sozialen Umfeld gezeigt wird („Familienstelen"), es aber nur sehr selten Darstellungen von Göttern gibt. Im Neuen Reich wird der Bildtyp der „Familienstele" um die nun regelmäßig auftretende Szene der Anbetung eines oder mehrerer jenseitiger Götter erweitert. Im Übergang zur Spätzeit wird das ursprünglich konstituiv wichtige Element der Darstellungen der Einbindung in eine größeren Gruppe und die Dokumentation wechselseitiger funerärer Handlungen innerhalb dieser Gruppe dann aufgegeben.[55] Auch in der Sargdekoration wird der Kontakt zum Diesseits kaum thematisiert. Dass man einen regelmäßigen Kult zur Aufrechterhaltung des Kontaktes zwischen Lebenden und Toten in den funerären Anlagen nicht mehr praktizierte, wird auch dadurch deutlich, dass dort Installationen fehlen, die einen Kontakt zwischen den Lebenden und Toten ermöglichen sollen, z.B. Scheintüren oder Statuen.[56]

3.3.

Neben der Reduzierung bzw. besser: Neustrukturierung des Bestandes an funerären Objekten ist die Gestaltung des Mumienkörpers als ein statuarisches Ding das eigentliche Merkmal der funerären Kultur dieser Periode. Letzteres ist auch genau die Pose, in der die Ptah-Sokar-Osiris-Figur und die Uschebtis die Mumie abbilden: aufrecht stehend. Wenn es also eine Art Entwicklungslinie hin zu den Besonderheiten der funerären Ausstattung der 3. Zwischenzeit gibt, dann ist es vor allem die, dass der Sarg mit der Mumie zu einem kompakten, auch praktikablen Gegenstand wird. Im Prinzip erleben wir, wie aus dem Behälter für den toten Körper ein Bild des Toten wird, das – als Besonderheit – den Körper beinhaltet.[57]

Dass der Körper des Toten erhalten werden sollte, war bereits seit dem Alten Reich Ziel diverser Praktiken. Dabei drehte es sich aber um die Herrichtung eines Objektes, das in der Grablege verschlossen liegen – „schlafen" – sollte und im Kult durch andere Substitute ersetzt wurde.[58] Eine neue Entwicklung bahnte sich im Mittleren Reich an, als erstmals die Menschenform auch auf die Gestaltung der äußeren Bewahrungshülle übertragen wurde.[59] Im Neuen Reich wurde diese Tendenz fortgeführt, wobei einige Särge auch an der diesseitigen Erscheinungsform des Toten orientiert sind, ihn in gefälteten Gewändern und festlich geschmückt zeigen. Auch macht die spezialisierte Leichenbehandlung im Elitekontext des Neuen Reiches aus der Technik der Konservierung ein Verfahren, in dem der tote Körper geradezu individuell erhalten bleibt. Die Särge der 3. Zwischenzeit zeigen eine Wende in Richtung Transzendenz. Leiche und Sarg werden als ein übernatürliches, magisches Objekt gestaltet. Auch konzeptuell ist eine Mumie in ihrer Hülle nun mehr als nur ein konservierter, quasi „schlafender" Leichnam, der sich gegebenenfalls erheben und an den um seine Bestattung abgelegten Speisen laben kann. Die Gestaltung macht klar, dass dieses Objekt etwas Sakrales ist, ein machtgeladener Fetisch, etwas, das wir hilflos als

---

52 Raven 1978 / 1979; Budka 2003; Aston 2009, 302–308; Rindi 2014.

53 Munro 1973; Saleh 2007; Aston 2009, 348–356; Loth 2009; Loth 2012.

54 Loth 2009, 222; Niwiński 2008; Loth 2012, 223–227.

55 Vandier 1954, 482–520. Auch in der Dekoration der Grabanlagen der Elite in Theben ist bereits in der Nachamarnazeit – also lange vor dem Ende des Neuen Reiches – zu beobachten, dass die diesseitigen Themen tendenziell verschwinden und die Dekoration besonders das Jenseitsschicksal der Toten behandelt (Assmann 1984, 277). Das korreliert mit der Tendenz, neue Gräber nicht mehr mit Querhallen und anderen Elementen zu versehen, die für kollektive Kulthandlungen bzw. deren bildmagische Affirmation bestimmt waren. Allerdings verläuft diese Entwicklung nicht linear, so dass es immer wieder Belege auch für kollektive Kulte und deren Thematisierung gibt. Zur Ungleichzeitigkeit der Bewegungsformen funerärer Kultur am Beispiel des Alten Reiches: Fitzenreiter 2001 / 2006, 550–552.

56 Jansen-Winkeln 2016, 407.

57 Das macht auch die Bezeichnung des anthropomorphen Sarges als *wt* / „Eingewickeltes, Mumie" deutlich; hierzu: Cooney 2007, 18–21.

58 Seidlmayer 2001.

59 Taylor 2001, 222–223.

„Gott“ übersetzen müssen.[60] Ganz prägnant zeigen das die seltenen Falkenkopfsärge der 22. Dynastie oder der Götterbart, den viele Särge der Spätzeit zeigen. Theologisch wird dieser sakrale Gegenstand als ein „Osiris (des) NN“ gedeutet.[61]

4. Funeräre Praxis

4.1.

Folgt man der Ansicht, dass die zuletzt angedeuteten theologischen Deutungen sekundär sind und ihre Ursache und ihren Sinn in der praktischen Nutzung finden,[62] so ist es sinnvoll, im Befund solche Charakteristika zu untersuchen, die mit funerären Praktiken unmittelbar verbunden sind. Unter diesem Gesichtspunkt sind drei Besonderheiten der Grabgestaltung im Übergang zur 3. Zwischenzeit interessant:

a) dass diverse Beigabengruppen unnötig wurden,
b) dass man Mumie und Sarg als einen in sich praktikablen Gegenstand gestaltete, und
c) dass Kultplätze mit Opferstellen und Installationen liminalen Charakters (Scheintüren, Statuen) an der Grablege unüblich sind.

Unnötig wurden diverse Beigaben, die ein „menschenähnliches“ Weiterleben oder die Einbindung des Verstorbenen in die Welt der Lebenden unterstützen sollten. Unnötig wurden offenbar auch die umfangreichen Installationen im Grab, solche Beigaben zu benutzen und aufzunehmen. Im Prinzip wurde eine Bestattungsanlage, wie sie das Neue Reich kannte, überhaupt unnötig. Eine Sargmumie der 3. Zwischenzeit ist Leiche, Sarg, Grabkammer und Statue in einem.[63] Die *cachettes* sind tatsächlich vor allem Aufbewahrungsplätze möglichst vieler solcher komplexer Objekte.

Neben der konzeptuellen Aufwertung der Mumie als Fetisch erfuhr diese auch eine praktische Aufwertung – eine Auf-Stellung. Die Särge sind als Standobjekte konzipiert.

Dass der mumifizierte Körper im Zuge der Bestattung vor dem Grab zur sogenannten „Mundöffnung“ aufgerichtet wird, ist schon aus den Bestattungsdarstellungen des Neuen Reiches gut bekannt.[64] Dabei ist schon in dieser Periode damit zu rechnen, dass es nicht bei einem einmaligen Aufstellen der Mumie blieb, sondern dass in bestimmten Fällen auch ein mehrmaliges Herausholen der Mumie und ihre Bestrahlung durch das Sonnenlicht möglich war. Jan Assmann hat gezeigt, dass hierfür in Eliteanlagen in Theben des Neuen Reiches der Kultbereich der funerären Anlage und die eigentliche Grablege mit einer gewundenen „sloping passage“ verbunden und der unterirdische Bereich so mit gewisser Bequemlichkeit zugänglich gehalten wurde.[65] Die mumienförmigen Pfeilerfiguren, die ebenfalls seit dem Neuen Reich in Grabanlagen auftreten,[66] setzen diesen fallweisen Ritus gewissermaßen dauerhaft um. Die in der Anlage TT 41 des Amenemope als Mumien in einem Schrein gestalteten Bilder nehmen das Bild der Särge der 3. Zwischenzeit gleichsam vorweg.[67]

Im Neuen Reich war es aufgrund der baulichen Gestaltung der Grabanlagen der Elite also möglich, den mumifizierten und in der Grabanlage ruhenden Toten einige Zeit in funeräre Rituale einzubinden, ihn gegebenenfalls sogar aus der Grablege herauszuholen und wieder dorthin zurückzubringen.

---

60 van Walsem 1997, 349–354. Siehe das Orakeldekret, welches der „Vergöttlichung“ (*j.jr-nṯrj=f*) Pinodjem II. dienen soll: Römer 1994, 259–261, 472. In diese Richtung deutet auch das Aufkommen des Epithetons „Osiris“ in Bezug auf den Toten, das schon im Neuen Reich üblich wird: Munro 1987, 184, 237–239; Smith 2006; Smith 2012.

61 Smith 2006; Quack 2009; Smith 2012.

62 Fitzenreiter 2011.b.

63 Zum Charakter des Sarges als Bauwerk: van Walsem 2017, 557.

64 Barthelmess 1992, 93–114.

65 Assmann 1984; Assmann 2003.

66 Arnold 1982. Solche mumienförmigen Pfeilerfiguren gibt es in königlichen Anlagen (Ramesseum, Medinet Habu), aber eben auch im nichtköniglichen Bereich (Amenemope TT 41). Dabei stehen die Figuren häufig im Süden; vgl. auch die Südlage des „Grabes im Tempelhof“ (Stadelmann, 1971, 117, Anm. 32). Süden ist der Bereich, aus dem die Toten analog der Nilflut kommen (Fitzenreiter 2003).

67 Assmann 1991, 14–15., Taf. VII–IX.

Die dazu notwendige Begehbarkeit der Grablege scheint aber ein eher kurzzeitiges Phänomen geblieben zu sein. Die Schächte der 3. Zwischenzeit jedenfalls sind keinesfalls als bequeme Zugänge angelegt und haben Bestatter wie Berauber gleichermaßen zu zum Teil drastischen Maßnahmen gezwungen, bei denen die eingebrachten oder herausgeholten Bestattungen erheblichen Schaden erlitten.[68] Was ein Paradoxon impliziert: Einerseits war die Praktikabilität der Mumie erheblich gesteigert, u.a., indem man sie mit Standflächen ausrüstete; andererseits hatten diese Vorrichtungen in den Depots keinerlei Sinn mehr.

Auch war als ein Element der Bestattungen der 3. Zwischenzeit die Reduzierung der Kultanlagen aufgefallen. Auch wenn es Grabmarkierungen in minimaler, z.T. aber durchaus monumentaler Form gab, so verfügten diese jedoch nicht über die früher üblichen Installationen für kollektive, Lebende und Tote zusammenführende Riten. Stelenbilder und gegebenenfalls Wanddekoration thematisieren das Zusammentreffen der Toten mit den Göttern, nicht mit ihren menschlichen Angehörigen. Am Platz der Bestattung war funerärer Kult offenbar nicht vorgesehen.[69]

4.2.

Damit stellt sich die Frage: Wo und wie lange fand funerärer Kult überhaupt statt? Mit dieser Frage hat sich bereits Takao Kikuchi auseinandergesetzt.[70] Auch Kikuchi diagnostiziert schon unter den Ramessiden eine Reduzierung des Aufwandes für Kultstellen am Grabbereich. Kikuchi sucht – sicher zu Recht – nach Kultstellen im häuslichen Bereich, zu denen sich die Aktivitäten des funerären Kultes verlagert haben könnten. Da solche Plätze sehr viel schlechter erhalten sind als Grabanlagen und aus der 3. Zwischenzeit bisher überhaupt nicht bekannt, bleibt mir nur, zusätzlich zu Kikuchis Hinweisen auf die Plätze der „Gottesnähe“[71] im häuslichen Bereich, auf einige weitere Indizien zu verweisen:

a) Die Tendenz, Mumien als robusten und praktikablen Gegenstand zu gestalten, deutet darauf hin, dass man im häuslichen Kult zuvor übliche Substitute von Verstorbenen – etwa Stelen, Statuetten und Büsten – durch die tatsächliche Mumie ersetzen konnte, zumindest für einige Zeit.[72] Dabei setzte sich erst allmählich der Typ mit Standfuß durch. Die Särge der 21. Dynastie sind zwar in geöffnetem Zustand größtenteils als „stehend“ dekoriert, aber statisch nicht darauf ausgerichtet.[73] Andererseits wird in dieser Zeit mit dem sogenannten Mumienbrett experimentiert, das eventuell als ein leichter bewegliches Substitut für den Sarg fungierte. Anstelle des Toten konnte dieses „Brett“ bei bestimmten Zeremonien Verwendung finden und schließlich mit dem Sarg zusammen zur endgültigen Ruhe gebettet werden. Die jüngeren Kartonagen und Standsärge sind dann eindeutig für längere Standzeiten ausgelegt – Kartonagen können überhaupt nicht besonders gut liegen und werden zerdrückt.

---

68 Vgl. Kikuchi 2002, 355 der die Einführung unzugänglicher Schächte als ein wesentliches Kriterium der neuen Bestattungsform bespricht.

69 Einige Beispiele zeigen, dass dieser Verzicht nicht gänzlich und absolut war, aber selbst der monumentale Typ des „Grabes im Tempelhof“ ist eher mit einer Grabmarkierung ausgestattet, als mit einer echten Kultanlage. Zu Belegen funerärer Kulthandlungen im Bereich der spätzeitlichen Bestattungen im Asasif, die engen Bezug zum Götterkult und weniger zum Totenkult haben: Budka 2014.

70 Kikuchi 2002. Kikuchi ist m.W. der erste Autor, der als das eigentliche Problem der neuen Bestattungsform nicht die Reduzierung der Anlagen oder neue Sargformen ansieht, sondern das Fehlen der Kultplätze. Ich vermute, dass seine Herkunft aus einem Kulturkreis, in dem ein lebendiger Ahnenkult gepflegt wird, ihn für den kollektiven Aspekt der funerären Praxis sensibilisierte. Während die westlich sozialisierte Forschung in ihrer Fixierung auf den sinnstiftenden Wert des privaten Eigentums meist die „Verarmung“ der funerären Kultur in den Mittelpunkt aller Deutungen rückt, stellt für Kikuchi der Verlust der sinnstiftenden sozialen Einbindung das eigentliche Problem dar. Für mich als Ossi auch.

71 Kickuchi 2002 folgt hier, wie auch Gnirs 2003 und Bommas 2005, dem Ansatz von Assmann 1995, der als Spezifikum ramessidischer funerärer Kultstellen deren Bedeutungswandel von einer Totenkultstelle hin zu einem sakralen Ort einer spezifischen „Gottesnähe“ herausgearbeitet hat.

72 Dass Verstorbene der Fokus von häuslichen Kulten waren, siehe für das Neue Reich: Weiss 2015, 179–180. Die bekanntesten Substitute waren dabei Stelen (Demarée 1983) und Büsten (Keith 2011). In diesem Zusammenhang ist die Beobachtung von Kathlyn Cooney bemerkenswert, dass die den Toten in „festlicher“ Kleidung zeigenden Särge des Neuen Reiches ihn im Typus des *ꜣḫ* darstellen, was wiederum die im Ahnenkult adressierte Erscheinungsform des Toten ist (Cooney 2017, 282–283). Das spricht dafür, dass diese Särge auch als Substitut in Kulthandlungen genutzt wurden, in denen der Tote in seiner Eigenschaft als „Ahn“ (=*ꜣḫ*) anwesend sein sollte.

73 Mir fiel auf, dass in Grabungsberichten erwähnt wird, dass die Fußteile dieser Särge in den Depots beschädigt sind (Graefe 2003, 81). Das kann daran liegen, dass man diese Särge bereits längere Zeit aufrecht stehend benutzt hatte, aber natürlich auch daran, dass sie als am weitesten hervorstehender Teil des Sarges bei der Einbringung in das Depot in Mitleidenschaft gezogen wurden.

b) Aus sehr viel jüngerer Zeit gibt es sogenannte „Mumienschränke", wie ihn ein in Berlin befindliches Stück aus Abusir el-Melek vertritt.[74] Solche Installationen sind auf eine zugängliche und aufrechte Positionierung ausgerichtet und haben in einem Depot keinen Sinn mehr. Sie müssen also vor der Deponierung in Verwendung gewesen sein.

c) Ebenfalls erst aus späterer Zeit haben wir bei Herodot den Hinweis, dass die Ägypter ihre Toten zuhause aufbewahrten und bei Gelagen zeigten. Man kann die Beschreibung dieser sogenannten Gelage mit den Toten als Gast am Tisch der Lebenden auch als ein funeräres Fest verstehen, an dem die Toten in Mumienform oder in Gestalt eines Substitutes (Mumienbrett, Ptah-Sokar-Osiris-Figur, Statuette) teilhaben.[75]

d) Und ebenfalls erst aus späterer Zeit ist archäologisch belegt, wie man sich die Umgebung eines solchen gemeinsamen Festes von Lebenden und Toten vorstellen könnte. In der griechisch-römischen Zeit wird eine neue Form von funerären Anlagen üblich, in der Ablageplätze für Mumien – also die Depots – und Plätze zur Versammlung zusammengelegt werden, etwa in Marina el-Alamein (Abb. 8).[76] Solche Anlagen beinhalten im hinteren, unterirdischen Teil das Mumiendepot, im vorderen, oberidischen Teil eine Kultstelle, die der Zusammenführung von Toten und Lebenden gedient haben kann. Hier waren zumindest die erst kürzlich Verstorbenen gut hergerichtet und physisch erkennbar in unmittelbarer Umgebung der Lebenden versammelt. Schon ältere Leichen wurden hingegen sukzessive nach hinten bzw. unten geräumt und verloren an Bedeutung.

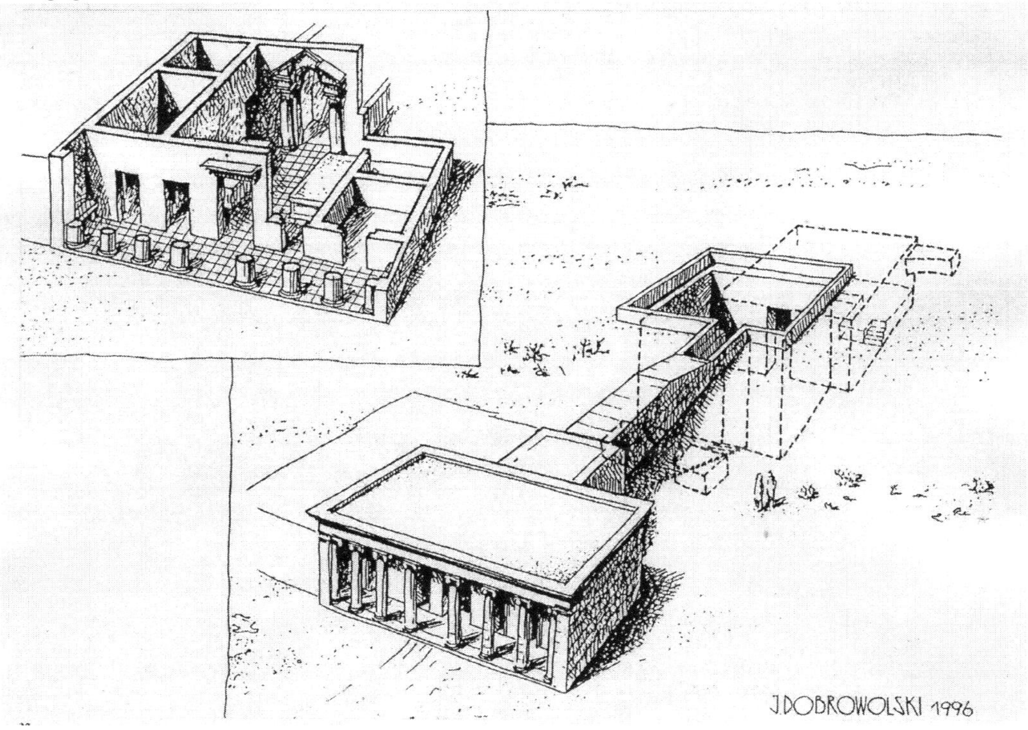

Abb. 8: Grabanlage der griechisch-römischen Zeit aus Marina el-Alamein (nach: Daszewski 1999, 46, Fig. 4)

4.3

Aus diesen Indizien lässt sich ein Bestattungsablauf rekonstruieren, der gewissermaßen in zwei Phasen verlief. Nach dem Ableben wurde der Tote mumifiziert und konnte – doch das war sicher nicht zwingend – längere Zeit aufrecht stehend im Siedlungsbereich verwahrt werden, so, dass seine fallweise Nutzung im Rahmen funerärer

74 Schranksarg des Padichons aus Abusir el-Melek, römische Zeit, Berlin 17039 (Priese 1991, Nr. 129).

75 Herodot II, 78; Borg 1997. Die griechisch-römische Tradition interpretiert die damit zusammenhängende Zeremonie des „Zeigens des Todes" als *memento mori*, als einen Hinweis auf die Vergänglichkeit, doch ist dieses Konzept nicht zwingend auf ägyptische Akteure zu übertragen. Im pharaonischen Sinne wäre die Zeremonie als eine „Inkorporation der Toten" und damit den Verweis auf die Andauer der Einbindung in den Kreis der Lebenden zu interpretieren. Sehr wahrscheinlich haben aber auch in der ägyptischen Rezeption beide Aspekte eine Rolle gespielt, wie sie ja auch der ambige Charakter der „Harfnerlieder" beschreibt (Assmann 1977).

76 Daszewski 1999, 46, Fig. 4.

Feste möglich war.[77] Nach Ablauf einiger Zeit wurde die Mumie in einem Depot abgelegt. Dies konnte in einem feierlichen Akt anlässlich eines größeren Festes geschehen und zusammen mit einer Anzahl von weiteren Leichen, wie etwa im Rahmen der großen Umbettungsaktionen in den königlichen *cachettes*. In diesem Zusammenhang konnten auch weitere Kultobjekte wie Stelen und Ptah-Sokar-Osiris-Figuren deponiert werden, die zuvor in anderen Zusammenhängen genutzt worden waren, in diesem Moment der endgültigen Trennung vom Toten aber ihren praktischen Sinn verloren hatten. Ein fortgesetzter Totenkult war nun nicht mehr intendiert und wird im funerären Material dieser nun endgültigen Bestattung auch nicht thematisiert. Als endgültig zur Ruhe gekommener „Netscher" und „Osiris" ist der Tote dem Zugriff der Lebenden entzogen, benötigt diese nicht mehr und – ebenso wichtig – wird von diesen nicht mehr benötigt.

Die Vorstellung ist von dem ethnographisch gut belegten Phänomen der „zweiten Bestattung" inspiriert.[78] Darunter versteht man, dass nach dem Abschluss einer längeren Trennungsphase die Toten in realer oder auch nur symbolischer Form ein zweites Mal, und nun abschließend, bestattet werden. Man kann auch sagen: endgültig entsorgt, denn von diesem Moment an haben sie gewöhnlich ihre soziale Identität verloren und gehen in eine anonyme Gruppe von Vorfahren auf. Praktisch heißt das, dass der individuelle Totenkult eingestellt wird, dass die Gebeine aus individuellen Grabstellen entfernt und in Ossarien, Schädelhäusern oder einfach nur in Massenablagen geräumt werden. Dabei können Dauer und Art der „ersten Bestattung" inter- wie intrakulturell variieren. Wesentlich ist, dass in dieser Periode der Kontakt mit den Toten intensiv oder wenigstens regelmäßig gepflegt wird, dass sie noch als Teil des sozialen Verbandes fungieren und Rechte wie Pflichten haben. Im Zeitraum der „ersten Bestattung" bleiben die segensreichen wie auch die gefährlichen Potenzen der Toten unter Kontrolle der Lebenden. Mit der regelkonformen „zweiten Bestattung" ist die Trennung abgeschlossen und beide Seiten beenden ihre Interaktion. Ausgenommen solche Fälle, in denen irgendetwas schiefgeht und der Tote unplanmäßig als ein „Geist" aktiv bleibt oder wieder aktiv wird. Möglich ist aber auch, dass einige der Verstorbenen aufgrund besonderer Umstände den Status eines Ahn oder Heiligen erlangen. In diesem Fall behalten sie über die Zeit des sozialen „Bindegedächtnisses" der Familie im engeren Sinne hinaus Bedeutung für die Nachlebenden und gehen in die „kollektive Erinnerung" einer kleineren oder größeren Gruppe ein.[79]

Auch die pharaonische funeräre Praxis kennt die Gliederung des Bestattungsvorganges in mehrere Phasen. Bereits der Prozess der Mumifizierung, für den es neben der klassischen 70-Tage-Dauer durchaus auch andere Zeitfenster gibt,[80] kann als eine kontrollierte Trennungsphase angesehen werden, an deren Ende normalerweise der endgültige Abschied vom Toten steht. Auch die idealtypisch ewigen, regelmäßigen Totenopfer werden immer nach einiger Zeit eingestellt und dafür wird es bestimmte Regeln gegeben haben.[81] Sind die Leichen entsorgt und wird das Opfer eingestellt – bzw.: treten neue Verstorbene an die Stelle der früher Verstorbenen – dann sind die Toten aus dem praktischen Erleben der Nachkommen verschwunden und die Erinnerung erlischt.

Sieht man dies als den normalen Vorgang an, dann stellen die aus dem Elitekontext bekannten affirmativen Darstellungen des andauernden Totenkultes eher Anomalien heraus, als dass sie die „normale" funerären Praxis abbilden. Die demonstrative Verdauerung des Kultes bestimmter, letzten Endes aber ganz weniger, mit Namen, Titel und ökonomischen Ansprüchen versehener Toter durch Bild, Schrift und Grabkapelle (= Sakralort einer diesseitigen Wirksamkeit) ist geradezu ein Denkmal des Bestrebens, die Trennung von Lebenden und Toten über einen längeren Zeitraum zu verhindern. Solche Installationen für jeweils konkret definierte Tote bezeugen, dass sich einige Verstorbene als Ahnen dauerhaft und über die Trennungsphase hinaus im Umfeld der Lebenden etablieren konnten oder wollten oder – zum Vorteil ihrer Hinterbliebenen – sollten. Auch hat der Gedanke, die Trennungsphase zu dehnen, um von der dabei wirkenden Liminalität im Sinne der „Gottesnähe" zu profitieren, im Neuen Reich Theologie und funeräre Praxis offenbar angeregt und zu Sonderformen funerärer Praktiken und

77 So beschreibt es auch Herodot II, 86: ...καὶ κατακληίσαντες οὕτω θησαυρίζουσι ἐν οἰκήματι θηκαίῳ ἱστάντες ὀρθὸν πρὸς τοῖχον. / „... und die so Eingeschlossenen (in den mumienförmigen Sarg) bergen sie im Wohnhaus wie eine aufrecht an der Hauswand stehende Truhe." (<http://www.perseus.tufts.edu/hopper/text?doc=Perseus%3Atext%3A1999.01.0125%3Abook%3D2%3Achapter%3D86>; 07.11.17).

78 Hertz 1907; Thomas 1987; Metcalf / Huntington 1991.

79 von Lieven 2010; siehe hierzu auch in diesem Band: „Ancestor Veneration and Ancestor Cult".

80 Habachi 1974, 278–282; Gohary 2009; Theis 2010.

81 Shirai 2006.

damit zusammenhängender Installationen geführt.[82] Der unabgeschlossene Bestattungsvorgang hält den Verstorbenen als spirituellen Mittler bei den Menschen und öffnet einen privilegierten Zugang zur Welt des Sakralen, wie ihn sonst nur Kultstellen der Götter oder andere Orte des Numinosen bieten. Damit werden die Grabherren solcher *lineage*-Kultstellen in die Nähe von „Heiligen" und sakralen Mittlern gerückt.[83]

4.4.

Der ägyptische Begriff für „Bestattung" / *qrs* bezeichnet zumindest in der 3. Zwischenzeit die endgültige, deponierende Ablage der Toten.[84] Bemerkenswert sind in diesem Zusammenhang einige Belege, in denen aus den verschiedensten Gründen nicht ordnungsgemäß vollzogene Bestattungen noch einmal vorgenommen werden. Dies wird als das *wḥm qrs*, die „Wiederholung / Erneuerung der Bestattung" bezeichnet.[85] Der Begriff erscheint u.a. auf dem Mumienbrett der Tameniut (EA 15659), das usurpiert und auf dem der Name verändert wurde.[86] Nach dieser Umnutzung wurde das Brett der ursprünglichen Besitzerin wieder zugeführt und dieser Vorgang ist als *wḥm qrs* bezeichnet. Ein weiterer Beleg stammt aus einer Grablege der 21. Dynastie in Kom Ombo.[87] Steffen Wenig und Karl Jansen-Winkeln vermuten, dass die Umstände der hier in einer Inschrift beschriebenen „Wiederholung der Bestattung" darauf hindeuten, dass der Verstorbene außerhalb Ägyptens zu Tode kam und erst durch die Neubestattung hier seine Ruhe fand. Und schließlich wird auch der Vorgang der Neubestattung der königlichen Mumien des Neuen Reiches in den königlichen *cachettes* als *wḥm qrs* bezeichnet.[88]
Die wenigen Belege zeigen m.E., dass *wḥm qrs* hier zwar die „Instandsetzung" einer gestörten Bestattung meint, der Fokus aber darauf gerichtet ist, dass so eine endgültige und damit abschließende Ablage einer Leiche erfolgt, die zuvor anderweitig aufbewahrt wurde.[89] Im Fall der Königsdepots wurde nicht einfach die ursprüngliche Bestattung in der jeweiligen Grablege wieder geordnet, sondern es wurde ein neues Depot angelegt. Dieser Vorgang war ungewöhnlich und wurde auch durch ein Orakel der Mut sanktioniert.[90] Indem man ihn mit dem normalen Ereignis der „endgültigen (= zweiten) Bestattung" – dem *qrs* – korreliert, wurde er zu einer regelkonformen, endgültigen Bestattung umgedeutet. Dies war durchaus logisch, da man die Königsmumien gewissermaßen aus der zeitweisen Verwahrung am Ort der „ersten Bestattung" im Königsgräbertal an den nun endgültigen Ort der „zweiten Bestattung" überführte. Zumal im Zuge dieses Bestattungsvorganges auch eine ganz neue Bestattungspopulation unter Einbeziehung von Personen aus dem Umfeld der aktuellen Herrschersippe konstituiert wurde. Ebenso wird das Mumienbrett der Tameniut im Zuge der endgültigen, „zweiten Bestattung" der ursprünglichen Besitzerin zurückgegeben.

Einen gesicherten Beleg für die Existenz einer bewusst konzeptualisierten „zweiten Bestattung" in der 3. Zwischenzeit kann man aus der Analyse des Terminus allerdings nicht herleiten. Zumindest widersprechen die vorliegenden Belege jedoch nicht der Möglichkeit, dass unter (*wḥm*) *qrs* die finale Ablage von Leichen zu verstehen ist, die zuvor auch andernorts verwahrt wurden konnten. Während sie dort möglicherweise noch aktiv in den Kult eingebunden waren und aufrecht herumstanden, sind sie nun endgültig und weitgehend ohne individuelle Kulte zur Ruhe gekommen. In diesem Zusammenhang ist die Inschrift auf der spätzeitlichen Statue des Hor-

---

82 Assmann 1995.
83 von Lieven 2010.
84 Zum Begriff *qrs*: Régen 2009.
85 Régen 2009, 393–394.
86 Taylor 2001, 181, Abb. 128.
87 Wenig 1986; Jansen-Winkeln 2004. Die Grablege befand sich in einem wiederbenutzten Grab aus dem Mittleren Reich und ist eines der ganz wenigen Beispiele dafür, dass auch in der 21. Dynastie wenigstens minimale Dekoration an der Grabkammer vorgenommen wurde.
88 Reeves 1990, 229–230 mit Liste der Belege.
89 Für „Restaurierung / Instandsetzung" sind *smꜣwj* / „richtig machen" (WB IV, 126) und verwandte Begriffe üblich (Franke 2007, 56). Der in der späten Ramessidenzeit auch politisch aktuelle Terminus *wḥm* bezeichnet die „neu gestaltende Wiederholung", einen Vorgang, der etwas Vorangegangenes nicht einfach erneuert, sondern in potenzierter Weise in eine neue Fassung bringt. Entsprechend wird beim *wḥm qrs* nicht etwa auf die Instandsetzung einer Sache verwiesen, sondern es wird ausdrücklich der gesamte Bestattungsvorgang – das *qrs* – erneut durchgeführt. Vergleiche das Epiteton *wḥm.w ꜥnḫ* / „der das Leben wiederholt" als Bezeichnung für den Toten, das nicht darstellt, dass der Tote das Leben einfach noch einmal lebt, sondern es auf einer höheren Ebene erneuert erlebt. Zu den politischen Implikationen von *wḥm*, hier im Kotext *wḥm msw.t*: Niwiński 1996.b und Franke 2007, 39, die es in das Bedeutungsfeld „Erneuerung / Regeneration" einordnen. Auf die besondere Beziehung zur Mondphase verweist Gamal el Din 2005.
90 Römer 1994, 276, 506.

ra interessant, in der berichtet wird, dass dessen Sohn (oder Enkel?) diese Statue aufgestellt hat: „*sꜥḥꜥ.n=f snn.w pn ... m-ḫ.t ꜥb.n=f w(j) m qrs.t nfr(.t) ... wḥm.n=f qrs ... m-ḫ.t rnp.t 33* / „Er hat diese Statue ... aufgestellt nachdem er mich mit einem schönen Begräbnis (*qrs.t*) ausgestattet hat ... (als) er das Bestatten (*qrs*) wiederholte ... nach 33 Jahren“.[91] 33 Jahre entsprechen in etwa einer idealtypischen „Generation“ und sind daher ein guter Zeitraum für den Übergang zur endgültigen Bestattung. Die Aufstellung der Statue würde dann genau mit dem Moment korrelieren, in dem mit der endgültigen Entsorgung der Mumien eigentlich die Erinnerung an den Verstorbenen erlischt, dessen Andenken nun aber durch die Statue erhalten bleibt.[92]

Ein letztes Indiz können noch die Pfostensärge der 25. / 26. Dynastie liefern. Sie enthalten einen praktikablen *wt*-Standsarg, sozusagen die „erste Bestattung“. Durch die Ablage im Pfostensarg wird dieser Sarg funktional entwertet und ist nun in der „zweiten Bestattung“ aufgehoben. Der *qrsw*-Sarg in Kapellenform ist gewissermaßen die Miniaturisierung oder Individualisierung des Depots.

4.5.

Da wir an diesem Punkt der Rekonstruktion praktischer Bestattungsvorgänge von den Quellen erst einmal im Stich gelassen werden, sei noch ein anderer Punkt angesprochen, nämlich der nach dem Sinn der Veränderungen im Bestattungswesen. Es ist ja nicht so, dass sich kulturelle Elemente selbstbewegt und wie auf ein ontologisch festgelegtes Ziel hin entwickeln. Bestimmte kulturelle Elemente werden ausgewählt und verändert, wenn man ihrer in der Praxis bedarf. Das „zweite Begräbnis“ ist latent jeder funerären Kultur eigen. Dass es gerade in der 3. Zwischenzeit auch in der Elite eine Monumentalisierung erfährt, kann einen sehr praktischen Sinn haben. Zumindest in der Phase der „ersten Bestattung“ – d.h. während der Aufbewahrung im häuslichen Umfeld – verbleiben die kostbaren Toten unter der Kontrolle ihrer sozialen Umgebung und konnten vor Plünderungen geschützt werden.[93] Bei ihrer Ablage im Zuge der „zweiten Bestattung“ beließ man ihnen, was zum magischen Schutz nötig war. Den Rest konnte man einbehalten. Die im Fall der Umbettung der königlichen Bestattungen des Neuen Reiches vorgenommene Notiz, dass diese Bestattung ein *wḥm qrs*, eine zweite, endgültige Bestattung sei, legitimiert die Wiederverwertung sämtlicher Objekte der Jenseitsversorgung und Ritualausrüstung, die ab diesem Moment nicht mehr benötigt wird.[94]

Auf der anderen Seite intensivierte die erst nach dem Ablauf einer bestimmten Frist vollzogene „zweite Bestattung“ den Kontakt zwischen den Lebenden und ihren Toten, da diese längere Zeit in der Obhut des sozialen Umfeldes verblieben. Das Fehlen von Monumenten am Ort der Grablege, die der Einbindung der sozialen Umgebung in den funerären Kult dienten bzw. diese Einbindung dokumentieren, führt in diesem Fall auf eine falsche Fährte. Es bezeugt nämlich nur, dass der Kontakt von Lebenden und Toten keiner speziellen Installationen bedurfte, weder an der Grablege noch als spezielle Installation im Siedlungsbereich – außer einer gut hergerichteten, transportablen und standfesten Mumie „für den Hausgebrauch“. Während kollektiver Kult scheinbar vom archäologischen Radar verschwindet, dokumentieren andere Monumente dieser Zeit eindrücklich, welche große Bedeutung die Toten für die Lebenden weiterhin hatten. Zeigen die Denkmäler jener Zeit auch kaum noch kollektive Kulthandlungen oder den Kontakt von Lebenden und Toten (es sei denn, sie kopieren ältere Vorlagen), so halten sie doch häufig die über viele Generationen reichende Abstammung von Personen fest.[95] Dieses Phänomen regelrechter „Stammbäume“ wird verschiedene Ursachen haben,[96] bezeugt aber in jedem Fall, dass man sich in neuer Art und Weise mit den eigenen Vorfahren – und zwar als Individuen mit spezifischen Namen und Titeln – auseinandersetzte. Ein Verfall der sozialen Kohäsion hatte demnach nicht stattgefunden, ganz im Gegenteil.

---

91 Otto 1954, 174; Clère 1979, 356–357; Régen 2009, 393.

92 Siehe Jansen-Winkeln 2016, 410, der anhand der nun ausschließlich aus Tempeln stammenden Privatstatuen feststellt, dass für Elitepersonen anstelle der Grabstelle der Tempel zum Zentrum des Toten- und Ahnenkultes wird.

93 Cooney 2011, 4 u. passim sieht in den grassierenden Beraubungen den eigentlichen Grund für die Veränderung der Bestattungssitten.

94 Zum Vorgang der Beräumung der Königsgräber: Jansen-Winkeln 1995.

95 Jansen-Winkeln 2005.

96 Jansen-Winkeln 2005, 142–143.

5. Schluss

5.1.

Die Meistererzählung, man habe in der 3. Zwischenzeit um der Beraubung zu entgehen und weil man nicht mehr über die nötigen Mittel verfügte, ordentliche Grabstellen zu errichten, die Toten in alten Stollen versteckt, bedarf einiger Korrekturen. Die betreffenden Depots genügen durchaus gewissen Grundvoraussetzungen von funerärer Architektur und Inneneinrichtung. Sie sind auch nicht wahllos mit Leichen bestückt, sondern spiegeln soziale Straten, so, wie es funeräre Anlagen im pharaonischen Ägypten immer tun. Allerdings ist die Art der Stratifizierung zumindest für die Elite neuartig und auch die Praxis der Bestattung unter Heranziehung älterer und umgebetteter Mumien sozial höchst interessant. Ebenfalls neuartig ist die Präferenz sakral aufgeladener Plätze, was dazu führt, dass Bestattungen besonders in und bei älteren Anlagen und sogar im Umfeld von Tempeln angelegt werden. Der besondere Status eines Toten wurde nicht mehr vorrangig durch eine besonders große Kultstelle demonstriert. Wesentlich war vielmehr einerseits die Position innerhalb der Bestattungsgemeinschaft einer *cachette*; wobei besondere, gelegentlich auch hierher umgebettete Tote die Funktion von statusdefinierenen Alpha- oder Leitmumien einnehmen konnten. Andererseits spielte der sakrale Index des Bestattungsortes eine herausragende Rolle. Das Phänomen, dass die Bestattungsgemeinschaft und der sakrale Index des Bestattungsortes weit vor dem materiellen Aufwand für die Kultstelle rangieren, können wir bereits im Neuen Reich in Theben beobachten. Einige nichtkönigliche Elitepersonen wurden schon in der 18. Dynastie im Tal der Könige in Gräbern ohne Kultstellen beigesetzt.[97] Diese Anlagen wirken im Vergleich mit Grabstellen in Gurna ärmlich, sind aber wie in den jüngeren *cachettes* durch die Umgebung – Mitmumien und Bestattungsort – extrem aufgewertet. In den Prinzengräbern der Ramessiden, z.B. KV 5, ist diese Strategie offensichtlich: Die Bestattungen sind eher bescheiden, aber das Ambiente ist kolossal. Dass die Umbettung von königlichen Bestattungen in die Grabstelle der Familie des Hohepriesters Psusennes in der großen Königscachette auch eine soziale Strategie war, ist anzunehmen. Auch in Tanis sind die Leichen von zwei doch recht unterschiedlichen Königshäusern bestattet, vergesellschaftet mit einigen hohen Würdenträgern. Dies ist wenigstens zum Teil auf die fallweise Neuarrangierung der Belegung zurückzuführen. Die Vereinnahmung toter Vorgänger ist auch sonst in Ägypten eine legitimatorische Strategie.[98]

5.2.

Eine eigene, neue Grablege zu etablieren – und darunter ist der Bau einer Kultstelle mit angeschlossenen Grablegen für Angehörige und vor allem auch Nachkommen zu verstehen – war in pharaonischer Zeit stets ein Akt, in dem sich die Etablierung einer neuen *lineage* dokumentiert.[99] Sozial dynamische Zeiten brachten es mit sich, dass viele neue solcher *lineages* entstehen konnten, z.B. bei der Etablierung einer neuen Residenz.[100] Aber solche Perioden waren die Ausnahme. In Zeiten, in denen für *dependents* die Ressourcen knapper wurden, stand eher die Bewahrung der Einbindung in bestimmte soziale Systeme im Mittelpunkt, als dass man ständig neue *lineages* zu gründen bestrebt war. Dieses Phänomen kann an verschiedenen Bruchstellen der pharaonischen Geschichte beobachtet werden[101] und ist auch für die 3. Zwischenzeit charakteristisch: Die Massenablagen gerade der lokalen Oberschicht dokumentieren, wie man sich auch in der funerären Sphäre als zu sozialen Gruppen gehörig dokumentiert, die größer als die Kernfamilie ist. Das gilt selbst für die höchsten Kreise, die gegebenenfalls Leichen der Vorgängerkönige in ihre Grabanlagen überführen. In Theben definieren die Bestattungsplätze soziale Positionen, so dass eine – wenn wir eine „zweite Bestattung“ annehmen – letztendliche Ablage in einem der Depots der Elite keineswegs ein Zeichen sozialen Abstiegs war.

97 Reeves 1990, 129–179.

98 De Meyer 2005.

99 Fitzenreiter 2005; Fitzenreiter 2011.a.

100 Zudem konnte die Errichtung von Grabanlagen unter dem Aspekt des Denkmales eine kulturelle Eigenentwicklung erfahren. Dann errichten auch Angehörige derselben *lineage* gelegentlich sukzessive Grabdenkmäler nebeneinander und bilden imposante Familienkomplexe.

101 So kommt es in der Übergangszeit vom Alten zum Mittleren Reich zur Blüte des Kultes von lokalen „Heiligen“, in deren Verehrung die Nachkommen von ehemals mit Institutionen des frühen Staates verbundenen Gruppen von *dependents* Bezugspunkte ihrer Identität finden: von Lieven 2010; siehe in diesem Band: „Ancestor Veneration and Ancestor Cult“.

Unter diesem Gesichtspunkt besitzt auch die enge Verschränkung von sozialem Index und Index der Sakralität bei der Wahl des Bestattungsplatzes eine zukunftsweisende Bedeutung. Es ist beobachtet worden, dass mit dem Ende des Neuen Reiches auch eine prinzipielle Umorientierung der sozialen Identifikation in den lokalen Eliten einhergeht.[102] War es in den vorangegangenen Epochen meist der König bzw. die Residenz, wird es nun wieder der sakrale Bezugspunkt des Heimatortes und seiner Gottheit.[103] Selbst die Pharaonen – einst die Bezugsgröße für Bestattungen der Elite – lassen sich nun in Familiengrüften und im Tempel ihrer Bezugsgottheit bestatten.

5.3.

Prinzipiell aber markiert der Übergang zu den Bestattungssitten der 3. Zwischenzeit vor allem eine Rückkehr zum Normalzustand. Es sind die *lineage*-Kultplätze der Residenzfriedhöfe des Alten und Neuen Reiches und die der lokalen Potentaten im frühen Mittleren Reich, die als Besonderheiten gelten müssen. An diesen Plätzen werden die sozialen (und auch sakralen) Potenzen der funerären Praxis in besonderer Weise zur Statusdemonstration und der Verhandlung sozialökonomischer Phänomene aktiviert.[104] Der Sonderfall dieser Kultstellen ist es, bereits die Installationen für Praktiken der Kultspanne der „ersten Bestattung" an das Grab zu verlegen. Was wohl mit dem Ziel der Begründer der Grablegen (und damit: einer neuen *lineage*) zu verbinden ist, ihre „erste Bestattung" möglichst zu verdauern und der Anonymisierung durch die „zweite Bestattung" zu entgehen; sozusagen: um direkt zum Ahnen-Status durchzustarten. Was natürlich auch im Interesse der Nachkommen war, da so das aus dem „Königsdienst"[105] gewonnene neue und eigentlich einmalige Prestige des *lineage*-Gründers verdauert und der *lineage* erhalten wurde. Außerdem konnte der sakrale Mehrwert des Platzes („Gottesnähe")[106] potenziert und zur religiösen Sinnstiftung aktiviert werden. Die Basis dieser spezifischen und so nur für das Residenzmilieu des Neuen Reiches charakteristischen Erscheinungen[107] bildet aber ein *longe durée* funerärer Praktiken, in denen die sorgfältige Leichenbehandlung, eine intensive und kontrollierte Trennungsphase und eine darauf folgende endgültige Leichendeponierung eine große Rolle spielten. Diese drei Faktoren leben in den Bestattungsbräuchen der 3. Zwischenzeit fort und prägen die des 1. Jahrtausends v. u. Z.

5.4.

Sich, wie eben geschehen, auf Strukturen und Konzepte zu berufen, birgt immer auch die Tendenz zur Belanglosigkeit. Am Ende sind es eben doch die (mehr oder minder) trivialen Vorfälle der „Ereignisgeschichte", die zu Katalysatoren der Strukturgeschichte werden.[108] Daher ist für den thebanischen Raum – als dem Bereich, der mittlerweile ausreichend Material bietet, um sowohl eine ereignisorientierte wie auch kulturelle Geschichte dieser Periode zu erzählen – ein Szenarium anzusetzen, bei dem als Ursachen der tatsächlichen Veränderungen der Bestattungsbräuche mehrere Elemente zusammenkamen: die Gefahr der Beraubung aufgrund der instabilen politischen Situation, die nicht mehr tragbare ökonomische Belastung durch das unverhältnismäßige Binden von Mehrprodukt in funerären Installationen und schließlich die mit der Desintegration frühstaatlicher Institutionen und eventuell auch der ethnisch bedingten Änderung kultureller Präferenzen verbundene Umformung sozialer Beziehungen innerhalb der Schicht der *dependents*.[109] Diese Faktoren begünstigten die praktische Konturierung der strukturell immer vorhandenen Trennung von „erster" und „zweiter Bestattung", d.h. die Trennung der Riten

102 Assmann 1999, 330.

103 Dieser Vorgang korreliert mit einer Umwälzung, die tatsächlich struktureller Art war. Im späten Neuen Reich endet gewissermaßen das Zeitalter des sakralen Königtums in Ägypten, in dem die Vorstellung waltete, an der Spitze des politischen Gemeinwesens sollte ein gottartiger Pharao stehen. Schon in der 20. Dynastie zerfällt Ägypten in politische Regionen, die zwar die verschiedenen Ramsesse als sakralen Oberherrn kennen, ansonsten aber regionale Identitäten entwickeln und diese Identität wird über die Beziehung zum Lokalgott definiert (Fitzenreiter 2004.b). Vgl. auch Gnirs 2003, 191–192.

104 Assmann 1987; Fitzenreiter 2011.a.

105 Guksch 1994.

106 Assmann 1995.

107 Vgl. die nur für das Residenzmilieu des Alten Reiches typische Aktivierung der Idee des Per-Djet: Fitzenreiter 2004.a.

108 Zur politischen Situation: Kitchen 1986; Broekman / Demarée / Kaper 2009; Jansen-Winkeln 2012; Payraudeau 2014.

109 Siehe zum Einfluss des „Libyschen" auf die soziale Struktur und kulturelle Praktiken in dieser Periode: Jansen-Winkeln 2012.

Abb. 9: Sarg der 21. Dynastie, Mumie ca. 23./25. Dynastie. Herkunft unbekannt, wohl Theben. Münster, Archäologisches Museum Inv. L MH 1 und 2. Das Ensemble wurde von einem ehemaligen Schüler Anfang des 20. Jahrhunderts der Karl-Ziegler-Schule in Mülheim / Ruhr geschenkt. Ob Mumie und Sarg erst vom Antikenhändler zusammengestellt wurden oder es sich um eine antike Wieder- oder Weiterverwendung des Sarges ca. 250 Jahre nach seiner Herstellung handelt, ist unklar (Foto: R. Dylka, mit freundlicher Genehmigung des Archäologischen Museums der Universität Münster)

um das Ableben und eine erste, provisorische Beisetzung, von denen eines zweiten Totenrituals, das der endgültigen Ablösung von den Toten dient. Dabei ist es auch nicht nötig, einen strikten Ablauf mit festgelegten Zeiten und Festen zu postulieren. Vielmehr werden die Agenten Spielräume gehabt haben, nach denen beide Etappen gestaltet wurden.

In diesem Zusammenhang sind auch die vielen Fälle von Zweit- und Drittbenutzungen von funerären Installationen, insbesondere von Särgen differenziert zu betrachten.[110] Immer wieder hat man die Leichenbehälter umgearbeitet, neu beschriftet, repariert und den Gebrauchsspuren nach intensiv benutzt. Auch werden häufig „jüngere" Mumien in „älteren" Särgen gefunden (Abb. 9).[111] Solche Wiederverwendungen können durchaus auf

110 Zu diesen regelhaften und regelmäßig zu beobachtenden Nachnutzungen (Cooney 2011, 31 kalkuliert, dass mehr als die Hälfte aller erhaltenen Särge dieser Zeit mehrfach verwendet wurden), die sich in Umarbeitungen von Särgen und der Umlagerung von Inventaren manifestieren: Cooney 2007, 273–275; Näser 2008; Cooney 2011, 31–36; Näser 2013; Cooney 2014.

111 Lichtenberger / Lohwasser / Nieswandt 2016, 61, 69.

einen regelhaften Gebrauch zurückgeführt werden, bei dem derselbe Sarg mehrfach für die Zeit einer „ersten Bestattung“ verwendet wurde, bis er – weil schadhaft oder aus anderen Gründen – endgültig im Zuge einer „zweiten Bestattung“ deponiert wurde. Es sei an die vielen Beisetzungen ohne feste Leichenbehälter erinnert, die sich regelmäßig in den *cachettes* wie etwa bei Iurudef fanden. Sie können genau auf solche Bestattungen zurückgeführt werden, deren Sarg man für eine andere „erste Bestattung“ noch einmal genutzt hat. Auch das Mumienbrett der Tameniut war für einige Zeit für einen anderen Toten nützlich gewesen, ehe es im Zuge der endgültigen Deponierung der Erstbenutzerin zurücküberwiesen wurde.

Auch dies sollte nicht als Merkmal einer Verfallszeit verbucht werden. Nachnutzung, Umbettung, Wiederbenutzung und Beraubung waren übliche Elemente der funerären Ökonomie in pharaonischer Zeit. Das Bild, das die Grabräuberpapyri und verwandte Texte von den Zuständen und Beraubungen in der thebanischen Nekropole in der 20. Dynastie malen, mag dramatisch sein. Dass aus anderen Perioden solche farbenfrohen Berichte fehlen, berechtigt aber keineswegs anzunehmen, damals sei es ruhig und beschaulich zugegangen.[112] Schon im Alten Reich warnen Sargaufschriften und Anrufformeln die Grabräuber vor den Folgen ihres verwerflichen Tuns und haben nichts genutzt. Es kommen in der 3. Zwischenzeit etwas zu viele Befunde zusammen, die die Phantasie beflügeln mögen, aber neuerdings auch genügend, die zur Besonnenheit mahnen, wenn es mal wieder um „Verfall“ geht.[113] Letzten Endes bleibt zumindest für das Bestattungswesen nur festzuhalten: Im Übergang zur 3. Zwischenzeit setzten sich funeräre Praktiken durch, die für das 1. Jahrtausend v. u. Z. prägend sein werden.

112 Siehe die Warnung von Jansen-Winkeln 2009, Leerstellen im Befund mit der Nichtexistenz des fraglichen Phänomens zu verwechseln bzw. als archäologisches Sprichwort formuliert: *absence of evidence is no evidence of absence*. Bei Herodot kann man immer die passende Anekdote für das finden, was den soziokulturellen Alltag wirklich ausmacht. In diesem Fall vielleicht die, in der er in II, 89 davon berichtet, dass man attraktive Leichen lieber noch etwas länger im Hause aufbewahrte, ehe man sie in die Hände der nekrophil veranlagten Balsamierer gab. Will sagen: Man war in Ägypten Kummer gewöhnt, was die Zweitverwendung von funerärem Material angeht.

113 Und man darf mit Römer 2011, 100 auch immer fragen, wen eigentlich der Verfall trifft, wenn der Verfall auftritt.

Literaturverzeichnis

Arnold 1982 = Dieter Arnold, s.v. „Osirispfeiler", in:, Wolfgang Helck u. Wolfhart Westendorf (Hg.), *Lexikon der Ägyptologie*, Band IV, Wiesbaden 1982, 633–634.

Assmann 1977 = Jan Assmann, Feste des Augenblicks – Verheissung der Dauer. Die Kontroverse der ägyptischen Harfnerlieder, in: Jan Assmann, Erika Feucht u. Reinhard Grieshammer (Hg.), *Fragen an die altägyptische Literatur. Studien zum Gedenken an Eberhard Otto*, Wiesbaden 1977, 55–84.

Assmann 1987 = Jan Assmann, Sepulkrale Selbstthematisierung im Alten Ägypten, in: Alois Hahn u. Volker Kapp (Hg.), *Selbstthematisierung und Selbstzeugnis: Bekenntnis und Geständnis*, Frankfurt a.M. 1987, 208–232.

Assmann 1984 = Jan Assmann, Das Grab mit gewundenem Abstieg. Zum Typenwandel des Privat-Felsgrabes im Neuen Reich, *MDAIK* 40, 1984, 277–290.

Assmann 1991 = Jan Assmann, *Das Grab des Amenemope TT 41*, Theben 3, Mainz 1991.

Assmann 1995 = Jan Assmann, Geheimnis, Gedächtnis und Gottesnähe: zum Strukturwandel der Grabsemantik und der Diesseits-Jenseitsbeziehungen im Neuen Reich, in: Jan Assmann, Eberhard Dziobek, Heike Guksch u. Friederike Kampp (Hg.), *Thebanische Beamtennekropolen. Neue Perspektiven archäologischer Forschung*, SAGA 12, Heidelberg 1995, 281–293.

Assmann 1999 = Jan Assmann, *Ägypten. Eine Sinngeschichte*, München / Wien 1999.

Assmann 2003 = Jan Assmann, The Ramesside tomb of Nebsumenu (TT 183) and the ritual of Opening the Mouth, in: Nigel Strudwick u. John H. Taylor (Hg.), *The Theban Necropolis. Past, Present and Future*, London 2003, 53–60.

Aston 2003 = D. A. Aston, The Theban West Bank from the Twenty-fifth Dynasty to the Ptolemaic Period, in: Nigel Strudwick u. John H. Taylor (Hg.), *The Theban Necropolis. Past, Present and Future*, London 2003, 138–166.

Aston 2009 = David Aston, *Burial Assemblages of Dynasty 21–25. Chronology – Typology – Developements*, ÖAW Denkschriften 54, CCEM 21, Wien 2009.

Aston 2014 = David A. Aston, Royal Burials at Thebes during the First Millenium BC, in: Elena Pischikova, Julia Budka u. Kenneth Griffin (Hg.), *Thebes in the First Millenium BC*, Newcastle upon Tyne 2014, 15–59.

Ayad 2016 = Mariam F. Ayad, Reading a Chapel, in: Meike Becker, Anke Ilona Blöbaum u. Angelika Lohwasser (Hg.), *„Prayer and Power". Proceedings of the Conference on the God's Wives of Amun in Egypt during the First Millenium BC*, ÄAT 84, Münster 2016, 167–181.

Bács 2015 = Tamás A. Bács, Some Aspects of Tomb Reuse during the Twentieth Dynasty, in: Richard Jasnow u. Kathlyn M. Cooney (Hg.), *Joyful in Thebes. Egyptological Studies in Honor of Betsy M. Bryan*, Material and Visual Culture of Ancient Egypt 1, Atlanta 2015, 1–9.

Barthelmess 1992 = Petra Barthelmess, *Der Übergang ins Jenseits in den thebanischen Beamtengräbern der Ramessidenzeit*, SAGA 2, Heidelberg 1992.

Bommas 2005 = Martin Bommas, Amun von Theben als Ziel von Gottesnähe: Überlegungen zur Königsnekropole von Tanis, *SAK* 33, 2005, 65–74.

Borg 1997 = Barbara Borg, The Dead as a Guest at Table? Continuity and Change in the Egyptian Cult of the Dead, in: Morris L. Bierbrier (Hg.), *Portraits and Masks. Burial Customs in Roman Egypt*, London 1997, 26–32.

Broekman / Demarée / Kaper 2009 = Gerard P. F. Broekman, Rob J. Demarée u. Olaf E. Kaper (Hg.), *The Libyan Period in Egypt: Historical and Cultural Studies into the 21st–24th Dynasties*, Leiden / Löwen 2009.

Budka 2003 = Julia Budka, Ptah-Sokar-Osiris-Statuetten aus Grab VII im Asasif, in: Monika R. M. Hasitzka, Johannes Diethart u. Gunther Dembski (Hg.), *Das alte Ägypten und seine Nachbarn. Festschrift zum 65. Geburtstag von Helmut Satzinger*, Krems 2003, 32–42.

Budka 2010.a = Julia Budka, *Bestattungsbrauchtum und Friedhofsstruktur im Asasif. Eine Untersuchung der spätzeitlichen Befunde anhand der Ergebnisse der österreichischen Ausgrabungen in den Jahren 1969–1977*, ÖAW Denkschriften 59, UZKÖAI 34, Wien 2010.

Budka 2010.b = Julia Budka, The use of pottery in funerary contexts during the Libyan and Late Period: A view from Thebes and Abydos, in: Ladislav Bareš, Filip Coppens u, Květa Smoláriková (Hg.), *Egypt in Transition. Social and Religious Developement of Egypt in the First Millenium BCE*, Prag 2010, 22–72.

Budka 2014 = Julia Budka, Totenkult im Tempelgrab. Zu rituellen Handlungen in Elitegräbern des 1. Jahrtausends v. Chr. In Theben (Ägypten), in: Gerhard Thür (Hg), *Grabrituale. Tod und Jenseits in Frühgeschichte und Altertum*, Origines 3, ÖADW, Ph.-hist. Klasse Denkschriften 467, Wien 2014, 41–57.

Carter 1901 = Howard Carter, Report on tomb-pit opened on the 26th january 1901 in the valley of the tombs of the kings, *ASAE* 2, 1901, 144–145.

Castellano i Solé 2007 = Núria Castellano i Solé, *L'arquitectura funerària al período saïta*, Nova Studia Aegyptiaca IV, Barcelona 2007.

de Cenival 1972 = Françoise de Cenival, *Les associations religeuses en égypte d'apres les documents démotiques*, BdÉ 46, Kairo 1972.

Clère 1979 = Jacques Jean Clère, La problème des personnes mentionnées sur une Statue d'époque tardive (« Naophore » Vatican No. 97), in: Jean Vercoutter (Hg.), *Hommages à Serge Sauneron, I. Égypte pharaonique*, BdÉ 81, Kairo 1979, 347–362.

Cooney 2007 = Kathlyn M. Cooney, *The Cost of Death. The Social and Economic Value of Ancient Egyptian Funerary Art in the Ramesside Period*, EU 22, Leiden 2007.

Cooney 2011 = Kathlyn M. Cooney, Changing Burial Practices at the End of the New Kingdom: Defensive Adoptions in Tomb Comissions, Coffin Decoration, and Mummification, *JARCE* 47, 2011, 3–44.

Cooney 2014 = Kathlyn M. Cooney, Private Sector Tomb Robbery and Funerary Arts Reuse according to West Theban Documentation, in: Jaana Toivari-Viitala, Turo Vartiainen u. Saara Uvanto (Hg.), *Deir el-Medina Studies*, The Finnish Egyptological Society Occasional Publications 2, Helsinki 2014, 16–28.

Cooney 2017 = Kathlyn M. Cooney, Ramesside Body Containers of Wood and Cartonnage from Memphite Necropolis, in: Vincent Verschoor, Arnold Jan Stuart u. Cocky Demarée (Hg.), *Imaging and Imagining the Memphite Necropolis. Liber amocorum René van Walsem*, EU 30, Leiden / Löwen 2017, 279–298.

Daszewski 1999 = Wiktor Andrzej Daszewski, Marina el-Alamein. Excavations 1998, *PAM Reports* X (1998), 1999, 41–50.

Demarée 1983 = Robert J. Demarée, *The Ax jqr n ra-Stelae. On Ancestor Worship in Ancient Egypt*, EU 3, Leiden 1983.

Donadoni 2005 = Anna M. Donadoni, Some Re-Employed Theban Tombs, in: Khaled Daoud, Shafia Bedier u. Sawsan Abd el-Fatha (Hg.), *Studies in Honor of Ali Radwan*, ASAE Supp. 34.1, Kairo, 2005, 247–252.

Donker van Heel 2012 = Koenraad Donker van Heel, *Djekhy & Son. Doing Business in Ancient Egypt*, Kairo 2012.

Dorman 2003 = Peter F. Dorman, Family Burial and Commemoration in the Theban Necropolis, in: Nigel Strudwick u. John H. Taylor (Hg.), *The Theban Necropolis. Past, Present and Future*, London 2003, 30–41.

Eigner 1984 = Diethelm Eigner, *Die monumentalen Grabbauten der Spätzeit in der thebanischen Nekropole*, ÖAW Denkschriften 8, UZKÖAI 6, Wien, 1984.

Engelmann-von Carnap 1999 = Barbara Engelmann-von Carnap, *Die Struktur des thebanischen Beamtenfriedhofs in der 1. Hälfte der 18. Dynastie: Analyse von Position, Grundrissgestaltung und Bildprogramm der Gräber*, ADAIK 15, Berlin 1999.

Fitzenreiter 2001 / 2006 = Martin Fitzenreiter, *Statue und Kult. Eine Studie der funerären Praxis an nichtköniglichen Grabanlagen der Residenz im Alten Reich*, IBAES III, Berlin / London 2001 / 2006, Online-Fassung: <http://www2.rz.hu-berlin.de/nilus/net-publications/ibaes3/index.html>.

Fitzenreiter 2003 = Martin Fitzenreiter, Richtungsbezüge in ägyptischen Sakralanlagen – oder: Warum im ägyptischen Tempel das Sanktuar hinten links in der Ecke liegt (Teil I), *SAK* 31, 2003, 107–151.

Fitzenreiter 2004.a = Martin Fitzenreiter, *Zum Toteneigentum im Alten Reich*, ACHET. Schriften zur Ägyptologie A 4, Berlin 2004.

Fitzenreiter 2004.b = Martin Fitzenreiter, Identität als Bekenntnis und Anspruch – Notizen zum Grab des Pennut (Teil IV), *Der Antike Sudan – MittSAG* 15, 2004, 169–193

Fitzenreiter 2005 = Martin Fitzenreiter, Überlegungen zum Kontext der „Familienstelen" und ähnlicher Objekte, in: Martin Fitzenreiter (Hg.), *Genealogie – Realität und Fiktion von Identität*, IBAES V, Berlin / London 2005, 69–96, Online-Fassung: <http://www2.rz.hu-berlin.de/nilus/net-publications/ibaes5/index.html>.

Fitzenreiter 2011.a = Martin Fitzenreiter, Grabmonument und Gesellschaft. Funeräre Kultur und Soziale Dynamik im Alten Reich, *SAK* 40, 2011, 67–101.

Fitzenreiter 2011.b = Martin Fitzenreiter, Eine archäologische Perspektive auf die Beschreibung der altägyptischen Religion, in: Alexandra Verbovsek, Burckhard Backes u. Catherine Jones (Hg.), *Methodik und Didaktik in der Ägyptologie. Herausforderungen eines kulturwissenschaftlichen Paradigmenwechsels in den Altertumswissenschaften*, München 2011, 703–723.

Fitzenreiter 2011.c = Martin Fitzenreiter, Trinken für den Frieden (*swr ḥnq dj.t nfr ḥꜣ.tj*). Assoziatives zu den associations religieuses, in: Frank Feder, Ludwig D. Morenz, Günter Vittmann (Hg.), *Von Theben nach Giza. Festmiszellen für Stefan Grunert zum 65. Geburtstag*, GM Beihefte Nr. 10, Göttingen 2011, 49–59.

Franke 2007 = Detlef Franke, „Erinnern – Dauern – Denkmäler". Restauration und Renaissance im Alten Ägypten, *Imago* 2, 2007, 38–65

Gamal el Din 2005 = Zakeya Z. Gamal el Din, The Term *wḥm-mswt*: An Analytical Study, in: Khaled Daoud, Shafia Bedier u. Sawsan Abd el-Fatha (Hg.), *Studies in Honor of Ali Radwan*, ASAE Supp. 34.1, Kairo, 2005, 375–385.

Gnirs 2003 = Andrea Maria Gnirs, Der Tod des Selbst. Die Wandlung der Jenseitsvorstellungen in der Ramessidenzeit, in: Heike Gucksch, Eva Hofmann u. Martin Bommas (Hg.), *Grab und Totenkult im Alten Ägypten (FS Assmann)*, München 2003, 175–199.

Gohary 2009 = Said Gohary, New evidence on the duration of mummification, in: Ursula Rössler-Köhler u. Tarek Taufik (Hg.), *Die ihr vorbeigehen werdet... Wenn Gräber, Tempel und Statuen sprechen, Gedenkschrift Sayed Tawfik Ahmed*, DAIK Sonderschrift 16, Berlin / New York 2009, 103–104.

Graefe / Belova 2010 = Erhart Graefe u. Galina Belova (Hg.), *The Royal Cache TT 320 – A Re-examination*, Kairo 2010.

Graefe 2003 = Erhard Graefe: The Royal Cache and the Tomb Robberies, in: Nigel Strudwick u. John H. Taylor (Hg.), *The Theban Necropolis. Past, Present and Future*, London 2003, 74–82.

Graefe 2016 = Erhart Graefe, Les deux cachettes de Deir el-Bahri (1881, 1891) et autre cachettes funéraires, in: Laurent Coulon (Hg.), *La Cachette de Karnak. Nouvelles perspectives sur les découvertes de Georges Legrain*, BdÉ 161, Kairo, 2016, 71–86.

Grajetzki 2003 = Wolfram Grajetzki, *Burial Customs in Ancient Egypt: Life and Death for Rich and Poor*, London 2003.

Grajetzki 2007 = Wolfram Grajetzki, Multiple Burials in Ancient Egypt to the End of the Middle Kingdom, in: Silke Grallert u. Wolfram Grajetzki, *Life and Afterlife in Ancient Egypt during the Middle Kingdom and Second Intermediate Period*, GHP Egyptology 7, London 2007, 16–34.

Guksch 1994 = Heike Guksch, *Königsdienst. Zur Selbstdarstellung der Beamten in der 18. Dynastie*, SAGA 11, Heidelberg 1994.

Habachi 1947 = Labib Habachi, A Statue of Osiris made for Ankhefenamun, Prophet of the House of Amun in Khapu and his Daughter, *ASAE* 47, 1947, 261–282.

Helck 1962 = Wolfgang Helck, Soziale Stellung und Grablage (Bemerkungen zur thebanischen Nekropole), *JESHO* 5, 1962, 225–243.

Hertz 1907 = Robert Hertz, Contribution à une étude sur la représentation collective da la mort, *Année Sociologique* 10, 1907, 48–137.

Jansen-Winkeln 1995 = Karl Jansen-Winkeln. Die Plünderung der Königsgräber des Neuen Reiches, *ZÄS* 122, 1995, 62–78.

Jansen-Winkeln 2000 = Karl Jansen-Winkeln, Zur Geschichte der „Cachette" von Deir el-Bahri, in: Rob J. Demarée u. Arno Egberts (Hg.), *Deir el-Medina in the Third Millenium AD. A Tribute to Jac. J. Janssen*, EU 14, Leiden, 2000, 163–170.

Jansen-Winkeln 2004 = Karl Jansen-Winkeln, Zu einer Sekundärbestattung der 21. Dynastie in Kom Ombo, *GM* 202, 2004, 71–78.

Jansen-Winkeln 2005 = Karl Jansen-Winkeln, Die Entwicklung der genealogischen Informationen nach dem Neuen Reich, in: Martin Fitzenreiter (Hg.), *Genealogie – Realität und Fiktion von Identität*, Berlin / London 2005, 137–145.

Jansen-Winkeln 2009 = Karl Jansen-Winkeln, Die Rolle des Unbekannten in der ägyptischen Geschichte, in: Martin Fitzenreiter (Hg.), *Das Ereignis. Geschichtsschreibung zwischen Vorfall und Befund*, IBAES X, Berlin / London 2009, 155–161, Online-Fassung: <http://www2.rz.hu-berlin.de/nilus/net-publications/ibaes10/index.html>.

Jansen-Winkeln 2012 = Karl Jansen-Winkeln, Libyer und Ägypter in der Libyerzeit, in : Christiane Zivie-Coche u. Ivan Guermeur (Hg.), *« Parcourir l'éternité ». Hommages à Jean Yoyotte*, Tournhout 2012, 609–624.

Jansen-Winkeln 2016 = Karl Jansen-Winkeln, Zu Kult und Funktion der Tempelstatuen in der Spätzeit, in: Laurent Coulon (Hg.), *La Cachette de Karnak. Nouvelles perspectives sur les découvertes de Georges Legrain*, BdÉ 161, Kairo, 2016, 399–410.

Keith 2011 = Jean Lewis Keith, *Anthropoid Busts of Deir el Medineh and other Sites and Collections,* DFIFAO 49, Kairo 2011.

Kikuchi 2002 = Takao Kikuchi, Die Thebanische Nekropole der 21. Dynastie – Zum Wandel der Nekropole und zum Totenglauben der Ägypter, *MDAIK* 58, 2002, 343–371.

Kitchen 1986 = Kenneth A. Kitchen, *The Third Intermediate Period in Egypt (1100–650 BC). Second Edition with Supplement*, Warminster 1986.

Lehner 1985 = Mark Lehner, The Development of the Giza Necropolis: The Khufu Project, *MDAIK* 41, 1985, 109–143.

Li 2011 = Jean Li, The Singers in the Residence of the Temple of Amen at Medient Habu: Mortuary Practices, Agency, and the Material Construction of Identity, *JARCE* 47, 2011, 217–230.

Lichtenberger / Lohwasser / Nieswand 2016 = Achim Lichtenberger, Angelika Lohwasser u. Helge Nieswandt (Hg.), *Tod und Ewigkeit. Die Münster-Mumie im Fokus der Forschung*, Veröffentlichungen des Archäologischen Museums der Westfälischen Wilhelms-Universität Münster 7, Münster 2016.

von Lieven 2010 = Alexandra von Lieven, s.v. "Deified Humans" in: Jacco Dieleman u. Willeke Wendrich (Hg.), *UCLA Encyclopedia of Egyptology,* Los Angeles 2010, <http://digital2.library.ucla.edu/viewItem.do?ark=21198/zz0025k5hz>.

Loth 2009 = Marc Loth, Thebanische Totenstelen der Dritten Zwischenzeit: Ikonographie und Datierung, in: Gerard P. F. Broekman, Rob J. Demarée u. Olaf E. Kaper (Hg.), *The Libyan Period in Egypt: Historical and Cultural Studies into the 21st–24th Dynasties*, Leiden / Löwen 2009, 219–230.

Loth 2012 = Marc Loth, Thebanische Totenstelen der 3. Zwischenzeit. Zu ihrer Produktion und Verwendung, in: Katalin Anna Kóthay (Hg.), *Art and Society. Ancient and Modern Contexts of Egyptian Art*, Budapest 2012, 217–233.

Lull 2002 = José Lull, *Las tumbas reales egipcias del Tercer Período Intermedio (dínastías XXI–XXV). Tradición y cambios*, BAR Int. Ser. 1045, Oxford 2002.

Metcalf / Huntington 1991 = Peter Metcalf u.Richard Huntington, *Celebrations of Death: The Anthropology of Mortuary Ritual*, New York: Cambridge Press, 1991.

De Meyer 2005 = Marleen De Meyer, Restoring the Tombs of His Ancestor? Djehutinakht, Son of Teti, at Deir al-Barsha and Sheikh Said, in: Martin Fitzenreiter (Hg.), *Genealogie – Realität und Fiktion von Identität*, IBAES V, Berlin / London 2005, 125–135, Online-Fassung: <http://www2.rz.hu-berlin.de/nilus/net-publications/ibaes5/index.html>.

Moje 2014 = Jan Moje, *Herrschaftsräume und Herrschaftwissen ägytischer Lokalregenten. Soziokulturelle Interaktionen zur Machtkonsolidierung vom 8. bis zum 4. Jahrhundert v. Chr.*, Topoi. Berlin Studies of the Ancient World 21, Berlin / Boston 2014.

Munro 1973 = Peter Munro, *Die spätägyptischen Totenstelen*, ÄF 25, Glückstadt 1973.

Munro 1987 = Irmtraud Munro, *Untersuchungen zu den Totenbuch-Papyri der 18. Dynastie*, Studies in Egyptology, London / New York 1987.

Näser 2008 = Claudia Näser, Jenseits von Theben – Objektsammlung, Inszenierung und Fragmentierung in ägyptischen Bestattungen des Neuen Reiches, in: Christoph Kümmel, Beat Schweizer u. Ulrich Veit (Hg.), *Körperinszenierung – Objektsammlung – Monumentalisierung. Totenritual und Grabkult in frühen Gesellschaften*, TÄT 6, Münster 2008, 445–472.

Näser 2013 = Claudia Näser, Equipping and Stripping the Dead: A Case Study on the Procurement, Compilation, Arrangement, and Fragmentation of Grave Inventories in New Kingdom Thebes, in: Sarah Tarlow u. Liv Nilsson Stutz (Hg.), *The Archaeology of Death and Burial*, Oxford 2013, 643–661.

Nelson 2003 = Monique Nelson, The Ramesseum Necropolis, in: Nigel Strudwick u. John H. Taylor (Hg.), *The Theban Necropolis. Past, Present and Future*, London 2003, 88–94.

Niwiński 1988 = Andrzej Niwiński, *21st Dynasty Coffins from Thebes. Chronological and Typological Studies*, Theben V, Mainz 1988.

Niwiński 1989 = Andrzej Niwiński, *Studies on the illustrated theban funerary papyri of the 11th and 10th centuries B.C.*, OBO 86, Freiburg / Göttingen 1989.

Niwiński 1996.a = Andrzej Niwiński, Coffins from the Tomb of Iurudef – A Reconsideration. The Problem of Some Crude Coffins from the Memphite area and Middle Egypt., *BiOr* 53, No. 3/4, 1996, 325–363.

Niwiński 1996.b = Andrzej Niwiński, Les périodes *whm mswt* dans l'histoire de l'Égypte: une essai comparatif, *BSFE* 135, 1996, 5–26.

Niwiński 2006 = Andrzej Niwiński, The Book of the Dead on the Coffins of the 21st Dynasty, in: Burkhard Backes, Irmtraud Munro u. Simone Stöhr (Hg.), *Totenbuch-Forschungen. Gesammelte Beiträge des 2. Internationalen Totenbuch-Symposiums 2005*, SAT 11, Wiesbaden 2006, 245–271.

Niwiński 2008 = Andrzej Niwiński, The funerary stelae and papyri in the burial equipment, *GM* 216, 2008, 11–12.

Otto 1954 = Eberhard Otto, *Die biographschen Inschriften der ägyptischen Spätzeit*, PdÄ 2, Leiden 1954.

Payraudeau 2014 = Frédéric Payraudeau, *Administration, société et pouvoir à Thèbes sous la XXIIe dynastie bubastide*, BdÉ 160, Kairo 2014.

Pérez Die 2009 = M. Carmen Pérez Die, The Third Intermediate Period Necropolis at Herakleopolis Magna, in: Gerard P. F. Broekman, Rob J. Demarée u. Olaf E. Kaper (Hg.), *The Libyan Period in Egypt: Historical and Cultural Studies into the 21st–24th Dynasties*, Leiden / Löwen 2009, 303–326.

Pischikova / Budka / Griffin 2014 = Elena Pischikova, Julia Budka u. Kenneth Griffin (Hg.), *Thebes in the First Millenium BC*, Newcastle upon Tyne 2014.

Pischikova 2014 = Elena Pischikova (Hg.), *Tombs of the South Asasif Necropolis. Thebes, Karakhamun (TT 223), and Karabasken (TT 391) in the Twenty-fifth Dynasty*, Kairo 2014.

Pischikova 2017 = Elena Pischikova (Hg.), *Tombs of the South Asasif Necropolis. New Discoveries and Research 2012–14*, Kairo 2017.

Polz 1990 = Daniel Polz, Bemerkungen zur Grabbenutzung in der thebanischen Nekropole, *MDAIK* 46, 1990, 301–336.

Pouls Wegner 2007 = Mary-Ann Pouls Wegner, A Third Intermediate Period Burial 'Ad Sanctos' at Abydos, in: Zahi Hawass u. Janet Richards (Hg.), *The Archaeology and Art of Ancient Egypt. Essays in Honor of David B. O'Connor*, vol. II, ASAE Cahier No. 36.2, Kairo 2007, 257–271.

Priese 1991 = Karl-Heinz Priese (Hg.), *Ägyptisches Museum* (Katalog), Mainz: Zabern, 1991.

Pumpenmeier 1998 = Frauke Pumpenmeier, *Eine Gunstgabe von seiten des Königs. Ein extrasepulchrales Schabtidepot Qen-Amuns in Abydos*, SAGA 19, Heidelberg 1998.

Quack 2006 = Joachim Friedrich Quack, Das Grab am Tempeldromos. Neue Deutungen zu einem spätzeitlichen Grabtyp, in: Karola Zibelius-Chen u. Hans-Werner Fischer-Elfert (Hg.), *'Von reichlich ägyptischem Verstande'. Festschrift für Waltraud Guglielmi zum 65. Geburtstag*, Phillipika 11, Wiesbaden 2006, 113–132.

Quack 2009 = Joachim Friedrich Quack, Grab und Grabausstattung im späten Ägypten, in: Angelika Berlejung u. Bernd Janowski (Hg.), *Tod und Jenseits im alten Israel und in seiner Umwelt*, FAT 62, 2009, 597–629.

Racanacchi 1991 = Piero Racanacchi (Hg.), *Fotografi in Terra d'Egitto*, Turin 1991.

Raven 1978 = Maarten J. Raven, Papyrus-Sheaths and Ptah-Sokar-Osiris Statues, *OMRO* 59/60, 1978/1979, 251–296.

Raven 1991 = Maarten J. Raven, *The Tomb of Iurudef. A Memphite Official in the Reign of Ramesses II*, EES 57th Memoir, Leiden / London 1991.

Raven et al. 1998 = Maarten Raven, David A. Aston, John H. Taylor, Eugen Strouhal, Georges Bonani u. Willy Woelfli, The Date of the Secondary Burials in the Tomb of Iurudef at Saqqara, *OMRO* 78, 1998, 7–30.

Reeves 1990 = C. N. Reeves, *Valley of the Kings. The decline of a royal necropolis*, London / New York 1990.

Régen 2009 = Isabelle Régen, À propos du sens de *qrs* « enterrer », in: Isabelle Régen u. Frédéric Servajean (Hg.), *Verba manent. Recueil d'études dédiées à Dimitri Meeks*, CENiM 2, Montpellier 2009, 387–399.

Rindi 2014 = Carlo Rindi, Some Remarks on the Positioning of Ptah-Sokar-Osiris Figures in Third Intermediate and Late Period Burials, in: Teodor Lekov u. Emil Buzov (Hg.), *Cult and Belief in Ancient Egypt. Proceedings of the Fourth International Congress for Young Egyptologists*, Sofia 2014, 30–36.

Römer 1994 = Malte Römer, *Gottes- und Priesterherrschaft in Ägypten am Ende des Neuen Reiches*, ÄAT 21, Wiesbaden 1994.

Römer 2011 = Malte Römer, Was ist eine Krise? Oder: Wie ist das Alte Reich (nicht) untergegangen?, *GM* 230, 2011, 83–101.

Rösing 2011 = Friedrich W. Rösing, Die Menschen aus dem alten Assuan und wie sie beforscht wurden, in: Ludwig D. Morenz, Michael Höveler-Müller u. Amr El Hawary (Hg.), *Zwischen den Welten. Grabfunde von Ägyptens Südgrenze*, Rahden / Westf. 2011, 209–230.

Roulin 1998 = Gilles Roulin, Les tombes royales de Tanis: analyse du programme décoratif, in: Philippe Brissaud u. Christiane Zivie-Cosche (Hg.), *Tanis. Traveaux récentes sur le Tell Sân el-Hagar*, Paris 1998, 193–275.

Saleh 2007 = Heidi Saleh, *Investigating Ethnic and Gender Identities as Expressed on Wooden Funerary Stelae from the Libyan Period (c. 1069–715 B. C. E.) in Egypt*, BAR Int. Ser. 1734, Oxford 2007.

Schneider 1977 = Hans D. Schneider, *Shabtis. An introduction to the history of ancient egyptian funerary statuettes with a catalogue of the collection of shabtis in the National Museum of Antiquities at Leiden*, CNMAL 2, Leiden 1977.

Seidlmayer 2001 = Stephan Johannes Seidlmayer, Die Ikonographie des Todes, in: Harco Willems (Hg.), *Social Aspects of Funerary Culture in the Egyptian Old and Middle Kingdoms*, OLA 103, Löwen etc. 2001, 205–252.

Sheikholeslami 2003 = Cynthia May Sheikholeslami, The burials of priests of Montu at Deir el-Bahari in the Theban necropolis, in: Nigel Strudwick u. John H. Taylor (Hg.), *The Theban Necropolis. Past, Present and Future*, London 2003, 131–137.

Shirai 2006 = Yayoi Shirai, Ideal and reality in Old Kingdom private funerary cult, in: Miroslav Bárta (Hg.), *The Old Kingdom Art and Archaeology*, Prag 2006, 325–335.

Siffert 2015 = Uta Siffert, *Ein Eingeweidekasten aus der Sammlung Preuß im Ägyptischen Museum der Uniersität Bonn*, BÄB 7, Berlin 2015.

Smith 1992 = Stuart Tyson Smith, Intact Tombs of the Seventeeth and Eighteenth Dynasties from Thebes and the New Kingdom Burial System, *MDAIK* 48, 1992, 193–231.

Smith 2006 = Mark Smith, Osiris NN or Osiris of NN?, in: Burkhard Backes, Irmtraud Munro u. Simone Stöhr (Hg.), *Totenbuch-Forschungen. Gesammelte Beiträge des 2. Internationalen Totenbuch-Symposiums 2005*, SAT 11, Wiesbaden 2006, 325–337.

Smith 2012 = Mark Smith, New References to the Deceased as Wsir n NN from the Third Intermediate Period and the Earliest Reference to a Deceased Woman as H.t-Hr NN, *RdÉ* 63, 2012, 187–196.

Stadelmann 1971 = Rainer Stadelmann, *Das Grab im Tempelhof. Der Typus des Königsgrabes in der Spätzeit*, MDAIK 27, 1971, 111–123.

Stammers 2009 = Michael Stammers, *The Elite Late Period Egyptian Tombs of Memphis*, BAR Int. Ser. 1903, Oxford 2009.

Strudwick / Taylor 2003 = Nigel Strudwick u. John H. Taylor (Hg.), *The Theban Necropolis. Past, Present and Future*, London 2003.

Strudwick 1995 = Nigel Strudwick, The population of Thebes in the New Kingdom. Some preliminary thoughts, in: Jan Assmann, Eberhard Dziobek, Heike Guksch u. Friederike Kampp (Hg.), *Thebanische Beamtennekropolen. Neue Perspektiven archäologischer Forschung*, SAGA 12, Heidelberg 1995, 97–105.

Strudwick 1996 = Nigel Strudwick, *The Tombs of Amenhotep, Khnummose, and Amenmose at Thebes*, Oxford 1996.

Strudwick 2003 = Nigel Strudwick, Some aspects of the archaeology of the Theban necropolis in the Ptolemaic and Roman periods, in: Nigel Strudwick u. John H. Taylor (Hg.), *The Theban Necropolis. Past, Present and Future*, London 2003, 167–188.

Taylor 2001 = John H. Taylor, *Death and the Afterlife in Ancient Egypt*, London, 2001.

Taylor 2003 = John H. Taylor, Theban Coffins from the Twenty-second to the Twenty-sixth Dynasty: dating and synthesis of developement, in: Nigel Strudwick u. John H. Taylor (Hg.), *The Theban Necropolis. Past, Present and Future*, London: British Museum Press, 2003, 95–121.

Taylor 2009 = John H. Taylor, Coffins as Evidence for a 'North-South Devide' in the 22nd 25th Dynasties, in: Gerard P. F. Broekman, Rob J. Demarée u. Olaf E. Kaper (Hg.), *The Libyan Period in Egypt: Historical and Cultural Studies into the 21st–24th Dynasties*, Leiden / Löwen 2009, 375–415.

Taylor 2010 = John H. Taylor, Changes in the Afterlife, in: Willeke Wendrich (Hg.), *Egyptian Archaeology*, Malden / Oxford 2010, 220–240.

Theis 2010 = Christoffer Theis, Die Dauer eines altägyptischen Bestattungsrituals, *GM* 227, 2010, 93–104.

Thomas 1987 = L. V. Thomas, s.v. Funeral Rites, in: Mircea Eliade (Hg.), *The Encyclopaedia of Religion*, Vol. 5, New York 1987, 450–459.

Trigger 1993 = Bruce G. Trigger, *Early Civilizations. Ancient Egypt in Context*, Kairo 1993.

Ullmann 2002 = Martina Ullmann, *König für die Ewigkeit – Die Häuser der Millionen von Jahren. Eine Untersuchung zu Königskult und Tempeltypologie in Ägypten*, ÄAT 51, Wiesbaden 2002.

Vandier 1954 = Jacques Vandier, *Manuel d'archéologie égyptienne. Tome II. Les grandes époques. L'architecture funéraire*, Paris 1954.

van Walsem 1997 = René van Walsem, *The Coffin of Djedmonthujuefankh in the National Museum of Antiquities at Leiden*, EU 10, Leiden 1997.

van Walsem 2017 = René van Walsem, The chain motif. A decorative architectonic element with prehistoric roots on the lid of some 'stola coffins', in: Alessia Amenta u. Hélène Guichard (Hg.), *Proceedings First Vatican Coffin Conference 19–22 June 2013*, Vatikanstadt 2017, 557–571.

Weeks 2006 = Kent R. Weeks (Hg.), *A Preliminary Report on the Excavation of the Tomb of the Sons of Rameses II in the Valley of the Kings*, Publications of the Theban Mapping Project, Revised Edition, Kairo 2006.

Weiss 2015 = Lara Weiss, *Religious Practice at Deir el-Medina*, EU 29, Leiden / Löwen 2015.

Wenig 1968 = Steffen Wenig. Eine Grabkammer des Mittleren Reiches aus Kom Ombo, *Forschungen und Berichte* 10, 71–94.

Ancestor Veneration and Ancestor Cult in Pharaonic Egypt*

Abstract

Whereas Egyptologists always agreed that the dead stood in high esteem in pharaonic times, it is not until recently that the concept of ancestor cult has been used in order to describe funerary beliefs and practices. There are indications that the veneration of ancestors played a decisive role not only in religion, but also provided a wider framework for the construction of social identity. Following a definition and an overview of basic sources, a number of occurrences of formalized cults including aspects of ancestor veneration are discussed, ranging from collective mortuary installations, the veneration of local "saints" up to aspects of royal ancestry. Finally, the specificity of Egyptian ancestor veneration is summarized.

1. Introduction

1.1. The concept of ancestor cult and Egyptology

Due to a traditional approach in Egyptology to judge religion mostly from a theological point of view,[1] social aspects of religious practice did not stand at the center of earlier research. Thus the concept of ancestor cult with its focus on social cohesion did not form a major part in earlier descriptions of pharaonic religion.[2] Nevertheless a number of scholars have referred to a – although often vague – concept of ancestor veneration, mostly in order to dismiss its existence in Egypt.[3] To Henri Frankfort, however, one of the anthropologically best informed Egyptologists of his generation, veneration of ancestors played a decisive role in pharaonic concepts of kingship and regeneration.[4] It is only from the last decades of the 20th century onwards that scholars have referred more and more to the concept of ancestor worship. A seminal study in this respect was the book on the *ꜣḫ-jqr*-stelae by Rob Demarée.[5] It was inspired by earlier studies of Bernard Bruyère on material excavated in the

---

* The text was written in 2011/12 as a contribution to a collection of papers on pharaonic religion. Recent literature has been partly incorporated. I thank Paul Whelan for correcting my English.

1 Fitzenreiter 2004.a.

2 Ancestor cult is not mentioned in early generalizing works on Egyptian religion by e.g. Brugsch 1891; Wiedemann 1890; Breasted 1912; Erman 1934; Jéquier 1946; Vandier 1949; Morenz 1960 and even Kees 1956.

3 "At the outset it must be realized that to fear death and to fear the dead are two very different things, though of course they are by no means incompatible, and when combined may very well lead to ancestor-worship, as has happened in China. But of a cult of the ancestors in the Chinese sense there is very little trace in Egypt." Gardiner 1935, 7–8, referring to an article of H. R. Hall "Ancestor-worship and cult of the dead (Egyptian)," in *Hastings' Encyclopaedia of Religion and Ethics* with the same conclusion. Budge 1934 however shows more sympathy to the idea of ancestor worship, writing: "One of the oldest forms of religion in the predynastic period was what is called now ANIMISM. This included the worship of the souls of men, especially of those who were dead … . The worship of the souls of the dead, commonly called ancestor-worship, was based upon the anxiety of the living (1) to obtain the goodwill and favour and help of the souls of their dead relations and friends, and (2) to avert any and every kind of evil which the dead souls might have the power to inflict upon their living kinsfolk and friends and connexions." (54). Kees 1952 and Wildung 1975 in their entries in the *Reallexikon der ägyptischen Religionsgeschichte* and the *Lexikon der Ägyptologie* respectively present an overview of sources related to the interaction of the living and the dead but reject the concept of ancestor cult for terminological reasons.

4 Frankfort 1948, 89–98. An Egyptologist with anthropological interest too was Alexandre Moret, who however preferred the concept of totemism in his interpretation of Egyptian social religion and did not refer to ancestor veneration (Moret 1941, 164–169). But see already Hornblower 1930, who, comparing Egyptian evidence with ethnographic data, lists the most important elements of ancestor veneration: fear of the dead intervening in the lives of the living on the one hand and the desire to use their powers in a benevolent way on the other.

5 Demarée 1983.

settlement of Deir el-Medineh[6] and was followed by an increasing number of investigations into the social dimension of religion.[7] A second stream of investigation has been devoted to the ideological side of ancestor veneration: the construction of founding heroes or "saints" and the creation of genealogical trees of office holders.[8] Being a prolific field for reflections on the creation of history and "memory", on social and economic ties, and on religious practice, a number of valuable investigations into the incorporation of ancestors in social and religious matters have appeared recently.[9]

1.2. A definition of ancestor veneration and ancestor cult

In order to avoid confusion on terminological matters it seems appropriate to define some conceptual premises of what ancestor veneration and / or cult could be. In a seminal attempt in a paper from 1937 anthropologist Max Gluckmann proposed a differentiation between "Cult of the Dead" and "Ancestor Cult".[10] According to this "Cult of the Dead" refers to all practices surrounding death and burial, whereas "Ancestor Cult" describes funerary activities executed after the final – often "second" – burial. Anthropologists have discussed and adopted this terminology to specific sources and phenomena.[11] My approach uses the term "Cult of the Dead" in order to summarize all ritual activities directed to an individual dead person, e.g. the preparation of the body, his interment, equipping with magical implements and all the further offerings in order to maintain his spiritual existence. In contrast, ritual activities directed to the enduring relationship between the living and the dead will be termed "Ancestor Cult". Furthermore, I prefer to speak of ancestor *veneration* in the more general sense of practices directed to the enduring relationship of the dead and the living, but of ancestor *cult* only in cases where a certain degree of formalization and structure into a perpetual and stable sign system has been established.[12] Examples of such formalized cults will be described in part 3.

Thus, practices related to the dead as ancestors already start during the funeral, when the ritual roles played by widow and successor establish new relationships between the dead and his social surroundings. After the burial, regular collective activities at the burial place or at domestic shrines can be summarized as an ancestor cult. Common to all these activities is that during their celebration a relationship between the living ones and (some of) the dead is constituted in order to generate spiritual energy in favor of the living. Thus, contrary to "Cult of the Dead", "Ancestor Cult" is directed much more to the living than to the dead.

Nevertheless, a clear distinction between both segments of ritual treatment of dead people often is not possible and even necessary. Especially in cases of a prolonged period of ritual activities concerning those who have departed recently, cultic activities may combine the proper treatment of the dead with their involvement in social affairs. It is only after this period of a "first burial" that the "Cult of the Dead" comes to an end by a final "second burial".[13] If the dead are still evoked after their final funeral, it is always in order to address them on behalf of the living and thus should be rated as ancestor veneration or ancestor cult.

Many elements embedded into the wider framework of ancestor veneration are not only directed to the use of spiritual powers of the dead in favor of the living but also intend to control their power. As the "letters to the dead" as well as magico-medical treatises reveal, the dead are often blamed or suspected to be responsible for misfortune and disease.[14] Transforming the deceased into a beneficent ancestor also means steering his powers.

To define a common conceptual idea behind all phenomena of ancestor veneration, the concept of "Elders" can be used.[15] It seems to be a universality that "Elders" function as a point of reference in constructing social identities. Using "Elders" as a point of reference – either fixed in the recent past or in mythological times – and

6 Bruyère 1939.
7 E.g. Lustig 1993; Willems 2001.b; Moreno Garcia 2010.
8 Wildung 1977; Jansen-Winkeln 2005, von Lieven 2010.
9 E.g. Meskell 2004; Richards 2005; Harrington 2013; El Shazly 2015.a; Weiss 2015; Moreno-Garcia 2016.
10 Gluckmann 1937.
11 Newell 1976; Tropper 1989; Lustig 1993, 30–44.
12 Fitzenreiter 1994; 1995; for religious sign systems: Fitzenreiter 2004.a. In some cases even the designation as ancestor *treatment* would be more appropriate since a lot of practices directed towards the dead are not venerable at all but aim to control and supress their powers.
13 Hertz 1907; Metcalf / Huntington 1991; see also "1. und 2. Bestattung in der 3. Zwischenzeit" in this volume.
14 Kousoulis 2007.
15 Kopytoff 1971.

as a tool of cultural construction, actual variants of practices, concepts and media are created. Thus, ancestor veneration is much more a principle than a phenomenon and the concept of ancestor veneration or cult should be understood more as a means of description of features of religious practice than as a pre-existing structure of religion.

2. Sources of Ancestor Veneration and Ancestor Cults in pharaonic Egypt (in general)

2.1. Installations

Burial places from pharaonic times are not only equipped with offering places to secure the dead person's existence and with magical doors in order to allow to him to leave the place of burial.[16] Chapel-like structures tend to incorporate places to enable a whole group of persons to gather at the burial place. Sometimes funerary chapels include places used to venerate other elders, especially the parents of the founder of the funerary cult place.[17] Sometimes the remains of these ancestors have even been transferred to the new place of social worship, as in the case of the parents of the famous official Senenmut in the reign of queen Hatshepsut.[18] Interestingly, with the end of the New Kingdom, funerary chapels as places of collective funerary activities disappear. Later elite tombs sometimes possess large superstructures, but without indications of collective cults. It is probable that these have been transferred to domestic areas.[19] Monumental tombs of the 25th/26th dynasties possess large subterranean rooms but, as decoration indicates, they are intended to establish a kind of Osirian netherworld for the deceased rather than to serve as places for collective celebrations of his offspring.[20] It is only under the Ptolemies that larger installations within burial places are attested again, which could have been used for ritual congregations or banquets.[21]

Less well documented are ritual installations in domestic areas, reflecting our still only slender knowledge of domestic life in general. There are attestations of shrines or similar offering places within urban contexts where, next to domestic deities, ancestors could also be worshipped, but it remains problematic to determine the importance of ancestors among the venerated sacred beings. Domestic cult places are attested in late Old Kingdom houses in Balat where offering basins have been found with an inscription referring to an *jmꜣḫ.w ḫnms*.[22] An example of a shrine where an ancestor holds a central position has been recorded at Askut, dating from the Second Intermediate Period. Here, a stela depicting a certain *mrj-kꜣ* was the centerpiece of an altar (Fig. 1).[23] At Lisht similar altars from the Middle Kingdom have been excavated.[24] Comparable installations dating from the New Kingdom are recorded from Deir el-Medineh.[25]

Ancient writers detailed that in the Late Period bodies of the mummified dead were stored for some time at home.[26] These records can be testified by the existence of wooden mummiform coffins with flat bases which allow them to be arranged in an upright position. These coffins appear from the late New Kingdom onwards, the same time as collective cult places at tombs disappear. Nevertheless, it remains uncertain whether these standing coffins are used only during burial rites or remained at home for a certain time, e.g. up to a final "second burial".

16 Takenoshita 2011.
17 Seyfried 1995.
18 Dorman 2003.
19 Kikuchi 2002.
20 Eigner 1984.
21 McCleary 1991; Monserrat 1997; Venit 2002.
22 Legros 2016, 66–68, including a list of Old Kingdom evidence from domestic areas at other places.
23 Smith 1995, 141, fig. 6.3.
24 Arnold 1996, 17.
25 Bruyère 1939, 84–211; Harrington 2013, 65–102; Weiss 2015, 33–115.
26 Borg 1997.

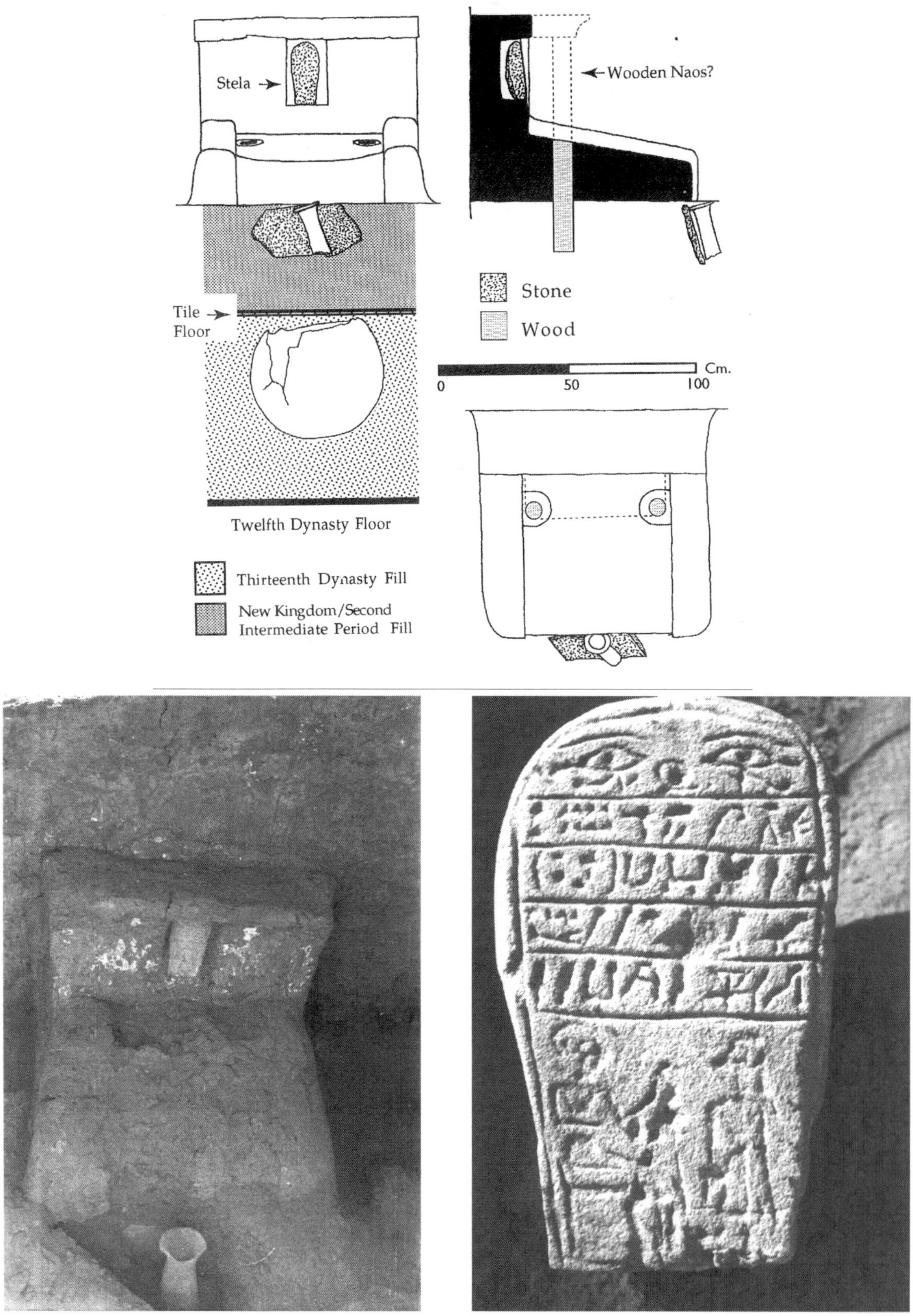

Fig. 1a–c: Remains of a domestic cult place from a house outside the Middle Kingdom fortress of Askut. Although the shrine may have served the veneration of different kinds of spiritual beings and for multiple ritual activities, a stela depicting a certain Meryka forms the center of the cultic emplacement. Note the installation to drain off any liquids poured on the altar. (drawing after: Smith 1995, 141, fig. 6.3; with kind permission of the author; photographs provided by S. T. Smith).

2.2. Pictures and texts

Most burial equipment – coffins, amulets, shabtis, Book of the Dead etc. – has its primary significance within the framework of the "Cult of the Dead", i.e. it serves to secure the dead person's transformation and otherworldly existence. But there are texts and pictures affirming also the enduring relationship between the living and the dead, thus recording concepts and practices of "Ancestor Cult". Among these, the "festival-icon", common to the decoration of elite chapels from the 4th dynasty onwards, is of special interest (Fig. 2).[27] It presents the tomb owner in the position of an "Elder" or "Founding Ancestor" who presides over a gathering of a social core-group. Relationships within this group are structured by reference to this ancestor as his "son", "brother", "wife" etc. Probably collective cult places installed temporarily near the tomb where locations where the depicted ceremonial congregation took place, as is indicated by tent-like structures or baldachins often shown in the "festival-icon". Later, courts and pillared halls may have been built in order to eternize these places of communion.[28] Together with such structures, the icon disappears after the New Kingdom.

Fig. 2: Feast of the dead couple with their social surroundings ("festival icon"). The "eldest son" together with members of the Per-Djet institution are shown in the top register, "his children" as dancers (all women) in the lowest. Musicians create a liminal atmosphere in which board games are played as a symbolic means of *passage*; note the "communicative gesture" of the participation of the dead lineage founder himself. Note the indication of a mat behind the tomb owner, suggesting that the celebration takes place in a baldachin or tent. From the tomb of Ka(i)emankh at Giza, Old Kingdom. (after: Heinrich Junker, *Die Mastaba des Kai-em-anch*, Giza IV, Vienna 1940. Abb. 9).

Lists of feasts where the dead has to be incorporated are attested from the Old Kingdom onwards.[29] During the New Kingdom the famous "feast of the valley", often mentioned in funerary inscriptions, can be interpreted in the framework of the ancestor cult as a collective transgression of the Theban population into the sacred precincts of the dead and deities on the west bank of Thebes.[30] Texts in temples from the Graeco-Roman Period

27 Fitzenreiter 2001; Hartwig 2004, 86–103. It is important to distinguish the "festival icon" from the regular "offering table icon", depicting the otherworldly dead sitting at his table. Whereas this is clearly an affirmation of "Cult of the Dead", the collective character of the "festival icon" and the worldly attire of the dead in these cases makes it a prototypic affirmation of "Ancestor Cult". Although in practice both icons are merged in several attestations (Fitzenreiter 2001, 110–113).

28 Fitzenreiter 2005.

29 Spalinger 1996.

30 Schott 1953; Wiebach 1986; Seyfried 2013.

describing celebrations on a divine level, where some gods are playing the roles of dead antecessors (*tp.jw-ꜥ; sḫm.w*) may be interpreted as a "sakramentale Ausdeutung" of feast for the ancestors.[31]

Other sources from funerary contexts refer to the individual dead as partly benign, partly malevolent powers, interfering in the affairs of the living. Most prominent among them are "letters to the dead", a number of texts written in order to ask dead persons either to intervene in life in some helpful way or to stop doing so in cases of malevolent intervention.[32] Conversely, in the "appelle aux vivants", inscribed near the doors of a funerary chapel, the dead promises benign intervention to people visiting the tomb and making offerings, while threatening those who do not act accordingly.[33] Further attestations of an enduring relationship between the living and the dead are documented by genealogical constructions in funerary chapels or – in the case of a royal reference to ancestors – even temples.[34] And, last but not least, also literary texts as well as magico-medical treatises inform us about "ghosts", attesting that the concept of the enduring power of the dead has also been used to explain a number of harmful or extraordinary events in human life.[35]

2.3 Egyptian terminology

Interpreting sources of an alien cultural background always raises the problem of translation.[36] In Egyptian sources a number of words can be translated as referring to the genealogical quality of ancestors as elders, e.g. *jt* / "father", *tp.j-ꜥ* / "antecessor", *ḏr.tjw* / "those being since", *jmj ḥꜣ.t* / "forbear" etc.[37] Much more complex are metaphysical designations describing spiritual abilities of the dead, often translated as "soul", i.e. *ꜣḫ*, *kꜣ* and *bꜣ*.[38]

The term *ꜣḫ* reflects the semantic core of the conceptualization of ancestors as a "power without visible source".[39] Whereas the interest in becoming an *ꜣḫ* after death is extensively described in funerary literature,[40] the fear of *ꜣḫ.w* among the living appears in the "letters to the dead" and is still reflected in the Coptic word ⲓϩ / "ghost".[41] The spiritual abilities ascribed to an *ꜣḫ* are quite similar to those of deities: They possess supernatural powers which enable them to act although they are not physically present.[42] Sometimes *mwt* /"dead-one" is used with reference to the unpleasant aspects of a "ghost".[43]

A second term touching the semantic field of ancestorship is *kꜣ*, being predominately an element of a person's spiritual identity and associated with his creative powers.[44] At least in older times it seems to have been linked to ancestry, since in funerary inscriptions of the Old Kingdom the term *kꜣ.w=f* / "his Kas" and *jt.w=f* / "his fathers" are paralleled.[45]

Also the term *bꜣ* somehow plays its role in the conceptual framework of ancient Egyptian ancestorship, but mostly is restricted to the individual's ability to transform himself in different, but materially manifest, forms and remain mobile after death.[46] Together with other designations such as *ḫpr.w* / "forms", *šw.t* / "shadow", *rn* "name" etc. this term is more important for the concept of the dead as an individual who exists in a distant otherworld than for his ability to act as an ancestor among the living.

---

31 Preys 2007.

32 Gardiner / Sethe 1928; Wente 1990; O'Donoghue 1999; Willems 2001.a, 344–355; El-Leithy 2002; Hafemann 2005; Donnat Beauquier 2014.

33 Sainte Fare Garnot 1938; Shubert 2007.

34 Several examples are discussed in the contributions in Fitzenreiter 2005.b.

35 Posener 1981; Adams 2007.

36 We should keep in mind that every translation is only appropriate in the framework of its time. Loprieno 2003, 200f discusses the translation of the Egyptian word *kꜣ* as "Fluidum" by Preisigke 1920, a term nowadays more or less incomprehensible, but then obviously quite suitable. Every effort to translate depends upon a conceptual framework that is of its time.

37 Erman / Grapow 1950, 177.

38 Assmann 2001, 116–159; Loprieno 2003.

39 Jansen-Winkeln 1996.

40 See the corpus of *sꜣḫ.w* or "Totenliturgien": Assmann, Kucharek, and Bommas 2002, 2005

41 Adams 2007. For three different documents describing the activities of "ghosts" because their burial equipment has been damaged: Cooney 2015.

42 Eaton 2005–6.

43 Kaplony 1986; Leitz 1994, 280.

44 Schweitzer 1956; Bolshakov 1997.

45 Lapp 1986, 82.

46 Cf. Žabkar 1968.

3. Historical variants of ancestor cults in Egypt

Following these more general statements some examples shall be given to pinpoint the historical concreteness of every practical use of the concept of ancestorship. The focus is on the standardization of ancestor veneration into a more or less formalized cult with specific installations, rites and traditions; e. g. into a sign system. From a methodological point of view it is important to remark that what is attested in the archaeological record are the *media* of cultic activities in which practice has been conducted and which, by themselves, create reality. In the framework of a formalized cult the main counterpart and by this the most important "sign", the ancestor himself, is represented by a physical (stela, statue, bust, maybe the dead body itself etc.) or a conceptual medium ("ghost"). Each one of this media through its materiality – which can be stone, wood, clay, wax, bone etc. but also may be just a word, thought, sound, smell or movement – possesses its own performance, acting as an "extension", in this case not of a living being, but of a dead one.[47] The ambiguity of such media is reflected by their changing appearance and interpretation. Because of this permanent reinterpretation of the sign system and its adjustment to actual social and cultural situations, sources reflect the discontinuity or adjustments of underlying concepts of ancestorship rather than the concept itself.

3.1 Collective cult places in the Old Kingdom: Ancestors as lineage founders in a changing social environment (c. 2600 – 2100 BCE)

Places of enduring cults next to the burial spot are a typical feature of funerary architecture for the residential milieu in the Old Kingdom. Pictorial decoration on the walls of chapels, like the already mentioned "festival icon", affirms the celebration of feasts, most probably on a regular basis, in addition to the (theoretically) daily offerings to the dead. During this celebration a group of individuals is assembled, presided over by the owner of the chapel (Fig. 2). One individual, often a son, but also classifying relatives such as a *sn-ḏ.t* / "brother of the Djet-institution",[48] is shown to act in a communicative way with the tomb owner, e.g. giving a lotus flower or even playing a board game.[49] Such representations affirm, that an (dead) individual is the founder of a new social entity – family or better still a *lineage* – to whom all members of this institution refer as their point of social reference and their ancestor. Another (living) individual out of this group legitimizes his position as heir by a "communicative ceremony".

In some cases these depictions are accompanied by inscriptions of juridical nature, describing the establishment of a *pr-ḏ.t* / "Per-Djet; funerary foundation". This funerary institution centers on the founder of the burial place, binding a number of property rights to his personality.[50] The growing importance of such collective cult places and their institutions at the residence can be understood in terms of the necessity of having a stage to enact and affirm social positions in a differentiating society.[51] The population at the residence had to find ways of adapting social and economic reproduction to the reality of living in an urban center without direct access to means of production (fields, labour) and to a lesser degree of social cohesion. Founders of funerary places – presented as the "tomb owner" – acted as founding ancestors to a social core-group, including colleagues sharing the same profession and status,[52] or to a wider range of dependants.[53] In the *pr-ḏ.t* property rights and positions vested in the "tomb-owner" through his status as a residential officer were instituted and remained ideally under the control of the ancestor. Their execution passed to his offspring, ideally to practice an enduring service, but practically as his inheritance.[54]

47 Meskell 2004, 59–85; cf. on media as "extensions of man": McLuhan 1964 and on the "agency of things" within an "actors network", which is even more important if media are "extensions of dead men": Latour 2005.
48 Fitzenreiter 2004.b, 81; Moreno-Garcia 2007.
49 Fitzenreiter 2001.
50 Perepelkin 1986
51 Fitzenreiter 2011.
52 Roth 1995.
53 Seyfried 2003.
54 Mrsich 1968; Fitzenreiter 2004.b; cf. Goody 1962.

3.2 Founders and Saints: Local cult heroes of the First Intermediate Period (c. 2100 – 1990 BCE)

Beginning with the end of the Old Kingdom and flourishing during the First Intermediate Period and Middle Kingdom the phenomenon of cult heroes or "saints" appears.[55] These "saints" are mostly of minor importance and their veneration restricted to a specific local and maybe social milieu, as in the case of Kagemni, a vizier of the 6th dynasty. His impressive tomb complex in Saqqara was the focus not only of the cult of a social core-group but sometime after his death reached a wider popularity, attested by burials in the vicinity of the complex.[56] Most of the individuals buried there bear names including the element *gmn(=j)* /"Gemni" – an abbreviation of the name of their spiritual focus – in the manner of a theophoric name (e.g. *gmn(=j)-m-zꜣ=f* / "Gemni is his protector") (Fig. 3). A similar situation existed at Edfu, where the burial of a certain Izi gained popularity, who in inscriptions is described as a *nṯr ꜥnḫ* / "living god".[57] In the case of Heqaib this phenomenon is attested in an even more elaborate way.[58] Heqaib was a late Old Kingdom official in the border region of Elephantine. Whereas his tomb in the cliffs of Qubbet el-Hawa does not bear traces of significant worship, in the town of Elephantine there was established a kind of cult already during the 6th dynasty. The primary place of worship was a residential building.[59] Later in the 11th dynasty a substantial sanctuary was erected, flourishing through the 12th and 13th dynasties. Governors and members of the elite added statues and chapels of their own families, transforming the place into a sanctuary of local political power and its negotiation.

Fig. 3: False Door of *ꜥnḫ=w(j)-gmn(=j)* ("Gemni gives me life") from a Late Old Kingdom / First Intermediate Period cemetery around the tomb of the 6th dynasty vizier Kagemni. (after: Firth / Gunn 1926, pl. 74).

The examples of Kagemni and Heqaib describe the potency of an ancestor veneration which is disconnected from the more restricted field of the social core-group. Whilst during the Old Kingdom the king served as the main focus of the funerary society, this role subsequently was taken over either by local elites or by great viziers like Kagemni.[60] In these cases, the association of the ancestor and his followers seems not to be restricted to mere social and economic reasons but stresses ideological and spiritual bounds. Kagemni in his paramount position

55 Fischer 1965; Böwe 2004; von Lieven 2010.

56 Firth and Gunn 1926, 126–130.

57 Alliot 1937–1938.

58 Habachi 1985; Franke 1994.

59 Dorn 2005; von Pilgrim 2006.

60 This tendency is attested in provincial areas during the 6th dynasty (Moreno-Garcia 2005). We have to assume that Ka-Houses, like those excavated in Balat (Soukiassian, Wuttmann, and Pantalacci 2002, 37–95), used primarily as collective funerary cult places, in several instances were developed into centers of worship for local "founding heroes" (Franke 1994, 131–146; Legros 2016, 77–87).

acts as "spiritual elder" to his followers, a source of supernatural assistance. At the same time his funerary complex may have been the cultic center of a locally based group of professionals who tied their identity to the great forbear. The same mechanism works in the case of Heqaib who shortly after death became the focus of a regular cult, obviously serving as an ideological reference to the local elite. When in the Middle Kingdom newly appointed governors took over, they legitimized their position by venerating the local "saint". Subsequently, the addition of cults of other individuals created a veritable chain of transmission of political and spiritual power over centuries. The local "saint" was reinterpreted as an "ancestor-in-office", whose veneration legitimized the acts of his successor.[61] Recent research shows, that the phenomenon of such local cult places connected to the veneration of a "big man" – no woman are attested so far but should be expected as similar processes in later periods show (see below) – are quite common at this time.[62]

3.3 Ancestors as (dead) Gods: Osiris and the ritual landscape of Abydos in the Middle Kingdom (c. 1990 – 1650 BCE)

Abydos was related to the cult of Osiris from the Old Kingdom onwards.[63] In the First Intermediate Period and Middle Kingdom popularity of the cult grew considerably. One of the most striking peculiarities was that the tomb of king Djer (1st dynasty; c. 2800 BCE) became identified as the tomb of Osiris and was even equipped with a statue representing the dead god on a bier (Fig. 4).[64] The transformation of the royal burial place into a tribune of cultic activities related to the god Osiris can be traced to the concept of gods as the founding heroes of kingship and order. To interpret the tomb of one specific king from times immemorial as the burial place of the mythic king Osiris is in some respects also reminiscent of the tendency to worship local heroes as "saints". Nevertheless in this particular case it was part of the creation of what could be called the "funerary religion" of pharaonic Egypt, developing into a particular system of signs, centering upon the concept of Osiris as a dead "Elder".[65] This exceptional funerary role of Osiris is expressed in the Coffin Texts. Usually funerary deities act as guarantors of the successful transformation of the dead person and as supernatural protectors (Hathor, Chentiiemntiu, Anubis). Contrary to this, the main actors in the Osirian constellation are identified with roles humans have to play in the period of burial and during rites which are directed to the establishment of an enduring and peaceful relationship between the living and the dead (i.e. the "first burial"). In particular, the highly tensioned relationship between father and son / successor plays an important part in this conceptual framework.[66] Horus, as the archetypical son and successor, has to vindicate and defend his new position against the pretensions of the "Elders", either those with the *sn*-relationship, associated with Seth, as well their own fathers, associated with Osiris. Osiris himself remains to play a quiet ambivalent role: He does not protect the dead or is in any form helpful – he *is* the dead, thus incorporating all of the desired abilities of an ancestor, but also all the feared ones. Most of the Osirian rites attested in the Coffin Texts seem to be directed toward the transformation of the dead into a spiritual being, which *could* become an intervening ancestor but (mostly) has been "pacified" by his son und thus does *not* interact. Osirian theology is, in a way, a dialectical negation of ancestorship: It keeps the procreative powers of ancestors in the Osirian cycle of inheritance, but liberates the offspring from the enduring interference of ancestors by placing them in the realm and later on under the rule of an otherworldly ruler.[67]

---

61 A similar tendency of constructing legitimating links to officials from the Old Kingdom is attested at Deir el-Bersheh (De Meyer 2005).

62 Excavations at Abydos have revealed the ongoing veneration of officials from the Old Kingdom during the Middle Kingdom (Richards 2010) and at Saqqara even the cult places of kings from the Old Kingdom became local sanctuaries (Malek 2000; Morales 2006).

63 Gwyn Griffiths 1980; O'Connor 2009, 74–85.

64 O'Connor 2009, 89–91.

65 Balz 2014, 73–104.

66 Assmann 1991; Willems 2001.a.

67 Contrary to the idea that funerary conceptualization (i.e. funerary theology) mostly tackles the fear of death (e. g. Assmann 2001, 2–25), I see the fear of dead as the driving force behind all funerary beliefs in pharaonic times. It is their so dramatically changing status, visible in the decay of the body and experienced through their sudden unapproachability in their social surroundings, which has to be *explained*, *predicted* and *controlled* (Horton 1993). In this context the concept of "Osiris" (which encompasses much more than just funerary matters) plays an important role, as Willems 2001.a brilliantly demonstrates. The "Osirian" dead is the one who is attended, revenged and transformed during the time span of his "first burial", but pacified and finally disposed at his "second burial". He has his counterpart in the "solar" dead

Fig. 4: Sculpture of Osiris on a bier, guarded by spiritual beings in form of raptors. Isis, the archetypical widow, is sitting in the form of a harrier on Osiris's penis, thus extracting the creative power of the inactive dead and transforming it into their yet to-be-born heir, Horus. The monument was excavated in the tomb of king Djer of the 1st dynasty and probably dates to the 13th dynasty. It illustrates the central episode in the Osirian concept of the treatment of ancestors, making their creative powers available for the living while guarding and pacifying them. (after: <https://commons.wikimedia.org/wiki/File:Osiris-couche-fun%C3%A9raire-Abydos.jpg>; this file is licensed under the Creative Commons Attribution-Share Alike 4.0 International license; 25.11.17).

3.4 "Family stelae" from the Middle Kingdom (c. 1990 – 1650 BCE): Ancestors as social focus again

If we interpret the Osirian theology as a kind of negation of aspects of ancestor veneration (or: fear), it remains interesting to note that a continuity of traditional practices can be observed next to this at Abydos itself. Chapels, that mushroomed up along the area of Osirian celebrations, were equipped with stelae, depicting not only single individuals receiving funerary offerings, but a whole group, incorporating family members in a more restricted sense, but also "colleagues", "friends", dependents, household members etc. (Fig. 5).[68] Stelae of this type also appear at other funerary places as well as in local sanctuaries. Characteristically many of the stelae depict quite long and detailed lists of individuals participating in the affirmed cultic communion and sometimes even the person of reference – e.g. a tomb owner, founder or the like – but why so is not quite clear. Thus a mere collective vision of a cult society emerges. It is possible to see in each of these monuments not only a list of individuals who are attending a collective funerary repast, but the documentation and magical affirmation of a founding act, establishing new social, economic and spiritual relations.[69]

In considering this, we should note that ancestor veneration does not only offer a conceptual background in the maintenance of social relations but also to cut them. By founding a new lineage, older ties are released and new ones are bound. By documenting this process in a monument used as the focus of ritual practices, the framework of ancestor veneration appears to be a quite progressive element of social practice. Even if these documents activate the vocabulary of funerary culture, it seems inappropriate to describe them as "funerary" alone – they are much more directed to social practice in a more general sense.[70]

---

who remains in a cycle of reappearance. This apparent contradicting dichotomy is at the core of the productive ambiguity of pharaonic funerary culture: Weiss 2017.

68 Simpson 1974; Franke 1983.

69 Fitzenreiter 2005a; but see: Franke 2005.

70 Pinch 2000.

3.5 Elders and royalties as spiritual references in the New Kingdom (c. 1550 – 1000 BCE)

The workman's village of Deir el-Medineh produced convincing evidence that ancestor veneration had its place among domestic cults of this quite special social segment of a privileged middle class working population.[71] Two categories of objects are in a way characteristic for this social stratum, having access to more formalized media of written and visual culture as a result of its professional singularity as builders of royal tombs: Stelae, presenting individuals sporting the designation *ꜣḫ jqr (n rꜥ)/* "effective spirit (of Ra)", and human busts, being a quite unusual genre of Egyptian art.

On the *ꜣḫ jqr* stelae, some dead are raised out of the mass and venerated because of a special "effectiveness" (*ꜣḫ*) they possess.[72] Most stelae show the "effective spirit" sitting, holding a lotus flower (Fig. 6). Among the individuals referred to by name and title are people of the community of Deir el-Medineh, both men and women, but also members of the royal family and high officials. Some of these individuals are attested by more than one stela, obviously being especially popular. Since the cult of the "spirits" is related to domestic shrines *and* to funerary chapels, they probably served as references in general religious practice. In some respects these "spirits" are comparable to the local "saints" of the First Intermediate Period mentioned above, sharing with them the qualification of being an *ꜣḫ*.

Fig. 5: "Family stela" from Abydos, Middle Kingdom, made by Sobekhetep for his father Senebi, who are presented in the top row, and listing either by image or just by name another 23 persons of a household or *lineage*, related most probably to Sebekhetep as the "founding ancestor" of this family branch. (after: Edinburgh Museums & Art Galleries (after: <https://commons.wikimedia.org/wiki/File:Egyptian_Memorial_Stela_(7163624092).jpg>; this file is licensed under the Creative Commons Attribution-Share Alike 2.0 Generic license; 25.11.17)).

Fig. 6: Spiritual Ancestor: Stela (A 6) from Deir el Medineh, New Kingdom, dedicated to the female "effective spirit of Ra" Ubekhet (from: Demarée 1983, pl. III, with permission of the author.).

71 Weiss 2015.

72 Demarée 1983.

Connected to the veneration of ancestors at domestic cult places as well as at chapels and local sanctuaries are busts, often thought to be representations of the "effective spirits".[73] While this identification remains problematic,[74] at least the genre of the bust can be connected to the veneration of dead already from the Old Kingdom onwards.[75] There are further media to represent the deceased at cult places, e.g. statues showing the dead in the attitude of a sitting "effective spirit",[76] false doors or even geofacts like pebbles.[77]

Although the complexity of domestic cults and its place in the wider framework of pharaonic religious practice and conceptualization still remains a matter of further research, it is noteworthy that the veneration of selected ancestors because of their higher potential of "effectiveness" clearly forms part of this segment of religious practice.[78] The reasons why certain dead individuals are invested with more spiritual powers than others may have been rooted in some peculiarities attested during their lifetime. In most cases the veneration of these "effective spirits" does not last long and was abandoned after one generation or so. Deir el Medineh and even elsewhere enjoyed greater continuity with the cult of Amenhotep I and his mother Ahmes-Nefertari.[79] Veneration of both seems to have started quite a time after their death but seems to be related to events in relation to the establishment of the community of workers at the royal tombs. In the 20th dynasty their veneration reached the level of a formalized cult with temples and statues. Because of its peculiarities, this cult is much different from the regular veneration of kings in the framework of sacred kingship and was obviously inspired by the practice of ancestor cults as well as cults of local deities or the "saints" mentioned above. Some other members of the royal family of the early 18th dynasty, such as prince Ahmes-Sapair, received comparable veneration among the inhabitants of the village and maybe further.[80]

These examples demonstrate that under certain circumstances dead people are conceptualized as sacred beings, sharing a couple of capacities with (minor) deities. This sometimes leads to the establishment of cults where it is hard to distinguish between an ancestor cult, restricted to a social core-group, and the cult of a deity with more universal importance. The need for spiritual succor as well as expressions of social identity obviously could be satisfied by worshipping ancestors side by side with domestic and local divinities. A quite special outcome of this tendency could have been the veneration of the family of the living king among the elite of Tell el-Amarna, as attested by stelae representing Akhenaton and his family. They originate from domestic contexts and share a couple of peculiarities with representations of venerated ancestors. Temporarily a cult of the living spiritual founder of the city, whose powers are described according to the *ꜣḫ*-concept as an *ꜣḫ-n-jtn* (= Akhenaten), may have replaced or supplemented the cult of spiritual elders.[81]

3.6. Saints of the Late and Graeco-Roman Periods (c. 700 – 30 BCE): Intellectuals, Healers and "Martyrs"

Local "saints" are attested from the end of the Old Kingdom onwards, but they are also a characteristic feature of late Egyptian religious practice. As described above, already in the New Kingdom veneration of special individuals had in some cases separated from the social institution established by funerary practices, becoming a

73 Harrington 2005; Bochi 2010; Keith 2011; Harrington 2013, 51–59.

74 Keith 2011, 83–120. Dead individuals, when represented as "ancestors", i.e. stressing their role as *ꜣḫ* participating in and influencing the life of the living, are normally shown in festive, "earthly" attire and with a name, sometimes stressing their "solar" relationship *(ꜣḫ jqr n rꜥ)*. Contrary to that, busts represent "Osirian" mummy-like beings, mostly uninscribed. Probably these bust rather served as substitutes of the dead for treatment during the liminal period of the "first burial" than as media of ancestor veneration. If so, they are connected to other media of the "Cult of the Dead" such as shabtis (see especially the "extra-sepulchral" shabtis used to substitute the individual at places other than his burial: Pumpenmeier 1998), Ptah-Sokar-Osiris statuettes, mummy-boards, and finally the self-standing coffin itself. Nevertheless, since the distinction between these two segments of funerary practice is rather a terminological one, there are most probably zones of interference between these two and with the cult of deities too, as is suggested by a bust sporting a dedication to Hathor (Keith 2011, 71).

75 Kaiser 1990.

76 Schulman 1986, 307–311.

77 Meskell 2004, 59–85; Weiss 2015, 153–154.

78 Sadek 1987.

79 Gitton 1981; von Lieven 2001; Hollender 2009.

80 Vandersleyen 2005; van Assche 2010; El Shazly 2015.a; El Shazly 2015.b. Sometimes this leads to the representation of a kind of king-list in non-royal funerary chapels: El Shazly 2014.

81 Fitzenreiter 2008.

source of spiritual succor and identity to a wider circle of followers. There are even cases of individuals representing themselves as spiritual mediators already during their lifetime, offering privileged access to the supernatural. Thus, traditions originating in the veneration of elders within funerary practice are blended with a tradition, which attributes to some people privileged access to the divine. Among those blessed with extraordinary spiritual abilities are priests, officials and healers, but also those who died a special death e.g. by drowning or being killed by a crocodile.[82] Veneration of these individuals often centers on statues placed at accessible points in temples. These statues, presenting the person depicted in a permanent state of communion with the supernatural, served as media to others seeking divine access or healing.[83]

An early example of this phenomenon is the veneration of Amenhotep, son of Hapu, a nobleman holding high offices under Amenhotep III.[84] Inscriptions on his statues placed at the gates of Karnak temple address the reader and offer his service as mediator to the gods. His cult remained active locally up to the Ptolemaic Period, finally being barely distinguishable from the cult of other minor deities. Even the name of his father – Hapu – was transformed into Apis (Hapi), thus equipping him with a divine pedigree.

Fig. 7: Statuette of Imhotep, Ptolemaic, Paris E 4216 (after: <https://commons.wikimedia.org/wiki/File:Imhotep-Louvre.JPG>; this file is licensed under the Creative Commons Attribution-Share Alike 3.0 Unported license; 25.11.17).

The same holds true for the cult of Imhotep, a courtier from the time of king Djoser (Fig. 7).[85] Although attested already on monuments of the 3rd dynasty, up to now no traces of a cult during the Old and Middle Kingdoms have been recorded. In the New Kingdom Imhotep is listed among sages of former times[86] and from the 26th dynasty onwards gained the reputation of protector of the scribal class, venerated in Saqqara. Under the Ptolemies he was counted as a "cultural hero" and was equated with Askleipios. During this period his cult reached a national level.

Even if the complete deification of Amenhotep and Imhotep remains exceptional, it is embedded in a more general tendency of the Late Period. Recent research leads to the conclusion that the veneration of individuals, both female and male, as a *ḥrj(.t) / ḥsj(.t)* ("praised one") or *nṯr ꜣ* ("great god") was quite common.[87] Among them figure quite prominently those who died a special dead which by itself transforms them into mediators to the supernatural. These individuals, those displaying special abilities during their lifetime and those dying a special death, can be compared to "holy men" and "martyrs" of Coptic and Muslim Egypt as well as of other religions.[88] They offer spiritual (and sometimes social, political and even economic) assistance and are venerated by their followers sometimes already during their lifetime and certainly after their death. Only a few of them gained

82 Rowe 1940; von Lieven 2017.
83 Kákosy 1999.
84 Wildung 1977, 83–110.
85 Wildung 1977, 31–81.
86 On the special veneration of sages see: Fischer-Elfert 2006, 87; Mathieu 2012.
87 von Lieven 2010; von Lieven 2017.
88 See El-Amir 1951; El-Leithy 2002; El Shazly 2015.a, 238 drawing parallels to recent saint-cults in Egypt.

enduring popularity like Imhotep and Amenhotep, whose cults transformed them into spiritual ancestors of professional guilds.

Fig. 8: Sethos I and his son Ramesses II ceremonially reading out the names and thus evoking a selection of royal ancestors, temple of Sethos I at Abydos, 19th dynasty (after: Olaf Tausch; <https://commons.wikimedia.org/wiki/File:Abydos_K%C3%B6nigsliste_16.jpg>; this file is licensed under the Creative Commons Attribution-Share Alike 3.0 Unported license; 25.11.17).

3.7 Royal Ancestors

The incorporation of ancestors into royal cults may date back to the earliest attestations of kingship in Egypt.[89] Annals of the 5th dynasty present kingship as an unbroken line of kings leading back to divine ancestorship.[90] This principle of creating mythical links to divine forebears – archetypically formulated in the concept of Horus-kingship – stands next to the concept that each Pharaoh is the direct offspring of a god – the concept of "Son of Ra". Both ideas are rooted in the idea of eldership, being a kind of double concept of legitimation-by-inheritance: The king is the "Osirian" heir of royal ancestors *and* the "solar" son of a divine father all at once. This general concept was then adjusted several times to more specific situations.[91] Interesting are the constructions like that of the 11th dynasty, which produced an invented ancestor "Mentuhotep-the-Great / Old (ꜥꜣ); Horus: Ancestor (*tpj-ꜥ*)" in order to establish a genealogical line of rulers, paralleled by a tendency to present the ruling Mentuhotep II as the offspring of gods.[92] Similarly, during the New Kingdom a "Geburtslegende", asserting the birth of the king as a divine offspring,[93] is paralleled by the representation of kingly ancestors.[94] A "chapelle des ancêtres" in Karnak temple probably served as a repository of statues of earlier kings.[95] The king-list in the Osirian temples of Sethi I and Ramesses II at Abydos present a number of royal ancestors, extracted from records from the point of view of political legitimation (Fig. 8).[96] A last outcome of royal ancestor cult is attested under the Ptolemies by the installation of a dynastic cult with the important office of the eponymous priests and the frequent listing of

89 Frankfort 1948, 89–98.
90 Wilkinson 2000.
91 Cf. Blöbaum 2006, 131–173 shows the specificity of every recourse to predecessors in legitimizing strategies of rulers of the Late Period.
92 Morenz 2005.
93 Brunner 1986.
94 Frankfort 1948, 89.
95 Redford 1986, 29–34.
96 Redford 1986, 18–21.

predecessors in temple inscriptions.[97] Probably this reflects a blend of Macedonian and pharaonic traditions, combining a heroic cult of the Ptolemies with a divine Alexander and the traditional inclusion of royal ancestors, into cultic activities at Egyptian temples.

A different phenomenon is the veneration of some kings as local deities, as in the case of Amenhotep I and Ahmes-Nefertari mentioned above. Senuseret III was venerated in lower Nubia as a local deity from the late Middle Kingdom onwards[98] and the same holds true for Amenemhet III in the Fayum.[99] Already during his lifetime, Ramesses II seems to have been elevated to the position of a kind of "helper in need" among the dependents of the royal court, the same phenomenon of an exalted deification-in-lifetime observable also for Amenhotep III and Akhenaton.[100] As in the case of "saints" or "effective spirits", the border between their veneration because of their hero-like role as "Elders" / founding ancestors and a more general spiritual potency resulting from the concept of sacred kingship remains fluid.

4. On the specificity of pharaonic ancestor cults

Resuming what we know about ancestor veneration in ancient Egypt and comparing it to the wider anthropological concept of "Ancestor Cult", there are some apparent features characteristic of the pharaonic variant.

Firstly, in funerary practice ancestors are venerated only for a restricted time and by small groups.[101] It is rare that more than five generations are attested in the record. Veneration ensembles consist of the elder / ancestor (or: person of reference), his children and their offspring, sometimes his parents and seldom grandparents. A typical feature that remains is the inclusion of the *sn* / *sn.t* ("brother/sister")-group, consisting not only of sanguine relatives but also presenting a kind of age class or social stratum ("colleagues").[102] In considering this, we should keep in mind that also in other cultures the veneration of the dead – i.e. their incorporation into social matters – normally stops about the moment the last person who was somehow in contact with this individual dies.[103] Only individual, especially benevolent, spirits remain remembered, while most of the dead pass into a nameless group of ancestors. In Old Kingdom Egypt, this group is probably designated as the "fathers", Kas or Achu of persons who will join them in the other world. If dead individuals remain venerated over a long time, they are converted into "saints".

A second peculiarity is the activation of ancestor veneration in order to tackle changing social conditions. It is not by chance that during periods of major social mobility or stress new types of apparently funerary monuments appear. The establishment of permanent places of funerary cults in the Old Kingdom, the appearance of "holy heroes" during the First Intermediate Period, the popularity of "family-stelae" during the Middle Kingdom and the bloom of decorated funerary chapels in the New Kingdom are not only indications of the development of the funerary arts of a wealthy layer of the population, but the results of adaptive processes. Using the concept of ancestorship for establishing new social ties, media for the performative realization of these ties are created out of the cultural vocabulary of funerary practice.

As a third point it is necessary to point to two quite different modes of the activation of ancestorship. One could be called the genealogical principle that creates genealogical ancestors. They appear in lists and are seldom vested either with special abilities or extraordinary veneration. They serve as a kind of reference in respect to living ones, their offices and identity. This principle is well known from the Middle Kingdom when newly appointed officials include predecessors into their funerary cult[104] and from the Third Intermediate Period when long lists of ancestors added to a person's dignity.[105] It is also used as a means of social and political legitimation in the royal sphere: King-lists are attested from the 1st dynasty onwards and references to earlier kings are always

97 Minas 2000; Herklotz 2005.

98 El-Enany 2014.a; El-Enany 2014.b; also Senuseret I was venerated: El-Enany 2003.

99 Radwan 2013.

100 Ramesses II: Habachi 1969; Amenhotep III: Goedicke 1992; Schuller-Götzburg 1993; Akhenaton: Fitzenreiter 2008.

101 Shirai 2006; Näser 2008.

102 Franke 1983, 311.

103 Cf. the distinction between a *communicative memory* of all who still share common experiences and a canonised *collective memory* as a cultural construct according to Maurice Halbwachs in Assmann 1992, 50.

104 Grajetzki 2005, De Meyer 2005.

105 Jansen-Winkeln 2005.

made in respect of the reigning one.[106] In literary texts the reference to earlier kings includes also a critical undertone, sometimes reckoning the weakness of contemporary rulers against the power of the great ancestors.[107]

The other mode could be called the spiritual one. Whereas genealogical ancestors are barely vested with special powers, spiritual ancestors are venerated because of their specific, supernatural "effectiveness". Spiritual ancestors are made out of contemporary, often charismatic, individuals as well as out of ancient sages like Imhotep or founding heroes like Heqaib. They share a number of abilities with other supernatural powers and can be transformed into saints or minor deities. Although these two principles often lead to quite different forms of formalized cults or media (e. g. king-lists versus cult statues), they can be valiant also at the same time, such as the cult of Heqaib who was venerated as a local spiritual *and* genealogical ancestor at the same time.

Spiritual ancestors or rather men who became special spiritual beings are a phenomenon which links pharaonic religious practice to the veneration of "saints" and "martyrs" in Coptic and Islamic religious practice. Among the latter two the concept is most intriguing, namely that someone who "witnessed" an unusual death may be invested through this event with a special ability / "effectiveness" which transforms him to the status of a Christian μάρτυς or muslim شهيد, both to be translated as "witness".

A final peculiarity of ancient Egyptian attestations of ancestor veneration remains; it is that from these sources we do not learn much about the specific powers of ancestors in general, something attested for instance in Asiatic or African cultures where ancestors are guardians of the earth and the well-being of families.[108] Pharaonic ancestor veneration is either directed to social matters – founding a new lineage, establishing social identity, the legitimization of power – or to quite individual potencies of specific personalities, as in the case of the great sage and healer Imhotep. Nevertheless, hints to a more specific characterisation of ancestorship as a source of fertility and well-being may be rooted in the concept of the *kꜣ* as a connecting power between generations.[109] This element may also be at the core of the Osirian concept of recreation out of death. On the other hand, quite a part of our record informs us about the ability of the dead to act unpleasantly against the living.

106 Redford 1986.

107 Ryholt 2009.

108 Newell 1976; Balz 2014.

109 On this, next to extensive literature about the *kꜣ* (cf. Bolshakov 1997; Kusber 2005 for further references), see Bell 1985 and his interpretation of Luxor temple as a place where the reigning pharaoh is united with the *kꜣ* of kingship.

Bibliography

Adams 2007 = Christina Adams, Shades of Meaning, in: Maria Cannata (ed.), *Current Research in Egyptology 2006*, Oxford 2007.

Alliot 1937–1938 = Maurice Alliot, Un nouvel exemple de vizir divinisé dans l'Égypte ancienne, *BIFAO* 37, 1937–1938, 93–160.

Arnold 1996 = Felix Arnold, Settlement Remains at Lisht-North, in: Manfred Bietak (ed.), *Haus und Palast im Alten Ägypten*, Wien 1996.

Assmann / Bommas / Kucharek 2002 = Jan Assmann, Martin Bommas and Andrea Kucharek, *Altägyptische Totenliturgien. Band 1: Totenliturgien in den Sargtexten des Mittleren Reiches*, Heidelberg 2002.

Assmann / Bommas / Kucharek 2005 = Jan Assmann, Martin Bommas and Andrea Kucharek, *Altägyptische Totenliturgien. Band 2: Totenliturgien und Totensprüche in den Grabinschriften des Neuen Reiches,* Heidelberg 2005.

Assmann 1991 = Jan Assmann, Das Bild des Vaters, in: Jan Assmann, *Stein und Zeit*, Munich 1991, 115–137.

Assmann 1992 = Jan Assmann, *Das kulturelle Gedächtnis*, Munich 1992.

Assmann 2001 = Jan Assmann, *Tod und Jenseits im Alten Ägypten*, Munich 2001.

Balz 2014 = Heinrich Balz, *Ngoe – Osiris – Aeneas. Drei Untersuchungen zu Gründern und Ahnen*, Religionswissenschaft: Forschung und Wissenschaft, Band 11, Berlin 2014.

Bell 1985 = Lanny Bell, Luxor Temple and the Cult of the Royal Ka, *JNES* 44, 1985, 251–294.

Blöbaum 2006 = Anke Ilona Blöbaum, *"Denn ich bin ein König, der die Maat liebt" Herrscherlegitimation im spätzeitlichen Ägypten*, Aachen 2006.

Bochi 2010 = Patricia A. Bochi, Figuring the Dead: the Ancestor Busts and the Embodied Transition, in: Zahi Hawass and Jennifer Houser Wegner (ed.), *Millions of Jubilees. Studies in Honor of David P. Silverman*, CASAE 39, vol. I, 2010, 69–79.

Bolshakov 1997 = Andrey O. Bolshakov, *Man and his Double in Egyptian Ideology of the Old Kingdom*, ÄAT 37, Wiesbaden 1997.

Bomann 1991 = Ann H. Bomann, *The Private Chapel in Ancient Egypt*, London / New York 1991.

Borg 1997 = Barbara Borg, The Dead as a Guest at Table?", in: Morris L. Bierbrier (ed.), *Portraits and Masks. Burial Customs in Roman Egypt,* London 1997, 26–32.

Böwe 2004 = Christian Böwe, Vergleichende Datierung der Objekte der Kirche des Isi in Edfu anhand der Objekte der Kirche des Heqaib auf Elephantine, *GM* 203, 2004, 11–27.

Breasted 1912 = James Henry Breasted, *Development of Religion and Thought in Ancient Egypt*, New York 1912.

Brugsch 1891 = Heinrich Brugsch, *Religion und Mythologie der alten Aegypter*, Leipzig 1891.

Brunner 1986 = Hellmut Brunner, *Die Geburt des Gottkönigs.* 2. Aufl., Wiesbaden 1986.

Bruyère 1939 = Bernard Bruyère, *Rapport sur les fouilles de Deir el Médineh (1934–1935)*, FIFAO 16, Cairo 1939.

Budge 1934 = E. A. Wallis Budge, *From Fetish to God in Ancient Egypt*, Oxford 1934.

Cooney 2015 = Kathlyn M. Cooney, Placating the Dead: Evidenve of Social Crisis in Three Texts from Western Thebes, in: Richard Jasnow and Kathlyn M. Cooney (ed.), *Joyful in Thebes. Egyptological Studies in Honor of Betsy M. Bryan*, MVCAE 1, Atlanta 2015, 79–89.

De Meyer 2005 = Marleen De Meyer, Restoring the Tombs of His Ancestors? Djehutinakht, Son of Teti, at Deir el-Barsha and Sheik Said, in: Martin Fitzenreiter (ed.), *Genealogie – Realität und Fiktion von Identität*, IBAES V, Berlin / London 2005, 125–135, Online-Fassung: <http://www2.rz.hu-berlin.de/nilus/net-publications/ibaes5/index.html>.

Demarée 1983 = Robert J. Demarée, *The ꜣḫ jqr n rꜥ-Stelae*, EU 3, Leiden 1983.

Donnat Beauquier 2014 = Sylvie Donnat Beauquier, *Écrire à ses morts. Enquête sur un usage de l'écrit dans l'Égypte pharaonique*, Grenoble 2014.

Dorman 2003 = Peter F. Dorman, Family Burial and Commemoration in the Theban Necropolis, in: Nigel Strudwick and John H. Taylor (ed.), *The Theban Necropolis*, London 2003, 30–41.

Dorn 2005 = Andreas Dorn, Les objects d'un depôt de sanctuaire (*ḥwt-kꜣ*) à Éléphantine et leur utilisation rituelle, in: Laure Pantalacci and Catherine Berger-el-Naggar (ed.), *Des Neéferkarê aux Montouhotep*, Lyon 2005, 129–143.

Eaton 2005–6 = Katherine Eaton, A 'Mortuary Liturgy' from the Book of the Dead with Comments on the Nature of the *ꜣḫ*-spirit, *JARCE* 42, 81–94.

Eigner 1984 = Diethelm Eigner, *Die monumentalen Grabbauten der Spätzeit in der thebanischen Nekropole*, ÖAW Denkschriften 8, UZKÖAI 6, Wien 1984.

El Shazly 2014 = Yasmin El Shazly, Representations of Sequences of Royal Ancestors in Deir el-Medina Tombs, in: Jaana Toivari-Viitala, Turo Vartiainen and Saara Uvanto (ed.), *Deir el-Medina Studies*, The Finnish Egyptological Society Occasional Publications 2, Helsinki 2014, 65–86.

El Shazly 2015.a = Yasmin El Shazly, *Royal Ancestor Worship in Deir el-Medina during the New Kingdom*, Wallasey 2015.

El Shazly 2015.b = Yasmin El Shazly, Divine Princes in Deir el-Medina, in: Richard Jasnow and Kathlyn M. Cooney (ed.), *Joyful in Thebes. Egyptological Studies in Honor of Betsy M. Bryan*, MVCAE 1, Atlanta 2015, 407–428.

El-Amir 1951 = Mustafa El-Amir, The Cult of *ḫryw* at Thebes in the Ptolemaic Period, *JEA* 37, 1951, 81–85.

El-Enany 2003 = Khaled El-Enany, La veneration post-mortem de Sésostris Ier, *Memnonia* 14, 2003, 129–138.

El-Enany 2014.a = Khaled El-Enany, Des pharaons inoubliables, *Égypt – Afrique et Orient* 74, 2014, 3–12.

El-Enany 2014.b = La divinisation posthume de Sésostris III en Nubie, in: Fleur Morfoisse and Guillemette Andreu-Lanoë (ed.), *Sesostris III. Pharaon de Légende*, Lille 2014, 228–231.

El-Leithy 2002 = Hisham El-Leithy, Letters to the Dead in Ancient and Modern Egypt, in: Zahi Hawass (ed), *Egyptology at the Dawn of the Twenty-first Century*, vol. I. Archaeology, Cairo / New York 2002, 304–313.

Erman / Grapow 1950 = Adolf Erman (†) and Hermann Grapow, *Wörterbuch der Aegyptischen Sprache, Sechster Band. Deutsch-Aegyptisches Wörterverzeichnis*, Berlin / Leipzig 1950.

Erman 1934 = Adolf Erman, *Die Religion der Ägypter: ihr Werden und Vergehen in vier Jahrtausenden*, Berlin / Leipzig 1934.

Firth / Gunn 1926 = Cecil M. Firth and Battiscome Gunn, *Teti Pyramid Cemeteries*, vol. I., Cairo 1926.

Fischer 1965 = Henry G. Fischer, *Bjꜣ* and the Deified Vizier *Mḥw*, *JARCE* 4, 1965, 49–53.

Fischer-Elfert 2006 = Hans-W. Fischer-Elfert. Literature as a Mirror of Private Affaires. The Case of *Mnnꜣ* (i) and his Son *Mrj-šḫm.t* (iii), in: Andreas Dorn and Tobias Hofmann (ed.), *Living and Writing in Deir el-Medine. Social-historical Embodiment of Deir el-Medine Texts*, AH 19, Basel 2006, 87–92.

Fitzenreiter 1994 = Martin Fitzenreiter, Zum Ahnenkult in Ägypten, *GM* 143, 1994, 51–72.

Fitzenreiter 1995 = Martin Fitzenreiter, Totenverehrung und soziale Repräsentation im thebanischen Beamtengrab der 18. Dynastie, *SAK* 22, 1995, 95–130.

Fitzenreiter 2001 = Martin Fitzenreiter, Grabdekoration und die Interpretation funerärer Rituale im Alten Reich, in: Harco Willems (ed.), *Social Aspects of Funerary Culture in the Egyptian Old and Middle Kingdoms*, OLA 103, Leiden 2001, 67–140.

Fitzenreiter 2004.a = Martin Fitzenreiter, Bemerkungen zur Beschreibung altägyptischer Religion, *GM* 202, 2004, 19–53.

Fitzenreiter 2004.b = Martin Fitzenreiter, *Zum Toteneigentum im Alten Reich,* Berlin 2004.

Fitzenreiter 2005.a = Martin Fitzenreiter, Überlegungen zum Kontext der „Familienstelen" und ähnlicher Objekte, in: Martin Fitzenreiter (ed.), *Genealogie – Realität und Fiktion von Identität*, IBAES V, Berlin / London 2005, 69–96, Online-Fassung: <http://www2.rz.hu-berlin.de/nilus/net-publications/ibaes5/index.html>.

Fitzenreiter 2005.b = Martin Fitzenreiter (ed.), *Genealogie – Realität und Fiktion von Identität,* IBAES V, Berlin / London 2005, Online-Fassung: <http://www2.rz.hu-berlin.de/nilus/net-publications/ibaes5/index.html>.

Fitzenreiter 2008 = Martin Fitzenreiter, *ꜣḫ n jtn* als *ꜣḫ (jqr) n rꜥ* – Die königlichen Familienstelen und die religiöse Praxis in Amarna, *SAK* 37, 2008, 85–124.

Franke 1983 = Detlef Franke, *Altägyptische Verwandtschaftsbezeichnungen im Mittleren Reich*, Hamburg 1983.

Franke 1994 = Detlef Franke, *Das Heiligtum des Heqaib auf Elephantine*, SAGA 9, Heidelberg 1994.

Franke 2005 = Detlef Franke, Wer versammelt wie wen, und zu welchem Zweck? Kommentar zu Martin Fitzenreiter, "Überlegungen zum Kontext der "Familienstelen" und ähnlicher Objekte, in: Martin Fitzenreiter (ed.), *Genealogie – Realität und Fiktion von Identität*, IBAES V, Berlin / London 2005, Online-Fassung: <http://www2.rz.hu-berlin.de/nilus/net-publications/ibaes5/index.html>, Online-Kommentare: <http://www2.rz.hu-berlin.de/nilus/net-publications/ibaes5/kommentare.html>.

Frankfort 1948 = Henri Frankfort, *Kingship and the Gods*, Chicago 1948.

Gardiner / Sethe 1928 = Alan H. Gardiner and Kurt Sethe, *Egyptian letters to the Dead Mainly from the Old and Middle Kingdoms*, London 1928.

Gardiner 1935 = Alan H. Gardiner, *The Attitude of the Ancient Egyptians to Death and the Dead*, Cambridge 1935.

Gitton 1981 = Michel Gitton, *L'épouse du dieu Ahmes Néfertary*, 2. Aufl., Paris 1981.

Gluckmann 1937 = Max Gluckmann, Mortuary Customs and the Belief in Survival after Death among the South-Eastern Bantu, *Bantu Studies* XI, 1937, 117–136.

Goedicke 1992 = Hans Goedicke, *Problems concerning Amenophis III.*, Baltimore 1992.

Goody 1962 = John (Jack) Goody, *Death, Property and the Ancestors*, Stanford 1962.

Grajetzki 2005 = Wolfram Grajetzki, Zwei Fallbeispiele für Genealogien im Mittleren Reich, in: Martin Fitzenreiter (ed.), *Genealogie – Realität und Fiktion von Identität*, IBAES V, Berlin / London 2005, 57–68, Online-Fassung: <http://www2.rz.hu-berlin.de/nilus/net-publications/ibaes5/index.html>.

Gwyn Griffith 1980 = John Gwyn Griffith, *The Origins of Osiris and his Cult*, Leiden 1980.

Habachi 1969 = Labib Habachi, *Features of the Deification of Ramesses II.*, ADAIK 5, Glückstadt 1969.

Habachi 1985 = Labib Habachi, *The Sanctuary of Heqaib*, AV 33, Mainz 1985.

Hafemann 2005 = Ingelore Hafemann, Feinde und Ahnen – Briefe an Tote als Mittel der Feindbekämpfung, in: Heinz Felber (ed.), *Feinde und Aufrührer. Konzepte von Gegnerschaft in ägyptischen Texten besonders des Mittleren Reiches*, Abh. der Sächsischen Akademie der Wissenschaft zu Leipzig, Philologisch-historische Klasse, Bd. 78, Heft 5, Leipzig 2005, 161–172.

Harrington 2005 = Nicola Harrington, From the Cradle to the Grave: Anthropoid Busts and Ancestor Cults at Deir el-Medinah, in: Kathryn Piquette and Serena Love (ed.), *Current Research in Egyptology 2003*, Oxford 2005, 71–88.

Harrinton 2013 = Nicola Harrington, *Living with the Dead: Ancestor Worship and Mortuary Ritual in Ancient Egypt*, Oxford: Oxbow Books, 2013.

Hartwig 2004 = Melinda Hartwig, *Tomb Painting and Identity in Ancient Thebes, 1419–1372 BCE*, MonAeg 10, Turnhont 2004.

Herklotz 2005 = Friederike Herklotz, Der Ahnenkult bei den Ptolemäern, in: Martin Fitzenreiter (ed.), *Genealogie – Realität und Fiktion von Identität*, IBAES V, Berlin / London 2005, 155–164, Online-Fassung: <http://www2.rz.hu-berlin.de/nilus/net-publications/ibaes5/index.html>.

Hertz 1907 = Robert Hertz, Contribution à une étude sur la représentation collective da la mort, *Année Sociologique* 10, 1907, 48–137.

Hollender 2009 = Gabi Hollender, *Amenophis I. und Ahmes Nefertari. Untersuchungen zur Entwicklung ihres posthumen Kultes anhand der Privatgräber der thebanischen Nekropole.* SDAIK 23, Berlin / New York 2009.

Hornblower 1930 = George Davis Hornblower, Ancestor-Cult in ancient Egypt, *Ancient Egypt*, 1930, 20–22; 43–44.

Horton 1993 = Robin Horton. *Patterns of Thought in Africa and the West. Essays on Magic, Religion and Science*, Cambridge 1993.

Jansen-Winkeln 1996 = Karl Jansen-Winkeln, 'Horizont' und 'Verklärtheit': Zur Bedeutung der Wurzel *ꜣḫ*, *SAK* 23, 1996, 201–215.

Jansen-Winkeln 2005 = Karl Jansen-Winkeln, Die Entwicklung der genealogischen Informationen nach dem Neuen Reich, in: Martin Fitzenreiter (ed.), *Genealogie – Realität und Fiktion von Identität*, IBAES V, Berlin / London 2005, 137–145, Online-Fassung: <http://www2.rz.hu-berlin.de/nilus/net-publications/ibaes5/index.html>.

Jéquier 1946 = Gustave Jéquier, *Considérations sur les Religions Égyptiennes*, Neuchatel 1946.

Kaiser 1990 = Werner Kaiser, Zur Büste als Darstellungsform ägyptischer Rundplastik, *MDAIK* 46, 1990, 269–285.

Kákosy 1999 = László Kákosy, *Egyptian Healing Statues in Three Museums in Italy*, Turin 1999.

Kaplony 1986 = Peter Kaplony, s.v. "Totengeist", in: Wolfgang Helck and Wolfhard Westendorf (ed.), *Lexikon der Ägyptologie* Band VI, Wiesbaden 1986, 647–656.

Kees 1952 = Hermann Kees, s.v. "Ahnenkult", in: Hans Bonnet (ed.), *Reallexikon der Ägyptischen Religionsgeschichte*, Berlin 1952.

Kees 1956 = Hermann Kees, *Totenglauben und Jenseitsvorstellungen der alten Ägypter* , 2nd ed., Berlin 1956.

Keith 2011 = Jean Lewis Keith, *Anthropoid Busts of Deir el Medineh and other Sites and Collections*, DFIFAO 49, Cairo 2011.

Kikuchi 2002 = Takao Kikuchi, Die Thebanische Nekropole der 21. Dynastie – Zum Wandel der Nekropole und zum Totenglauben der Ägypter, *MDAIK* 58, 2002, 343–371.

Kopytoff 1971 = Igor Kopytoff, Ancestors as Elders in Africa, *Africa* 41, 1971, 129–142.

Kousoulis 2007 = Panos Kousoulis, Dead Entities in Living Bodies: the Demonic Influence of the Dead in the Medical Texts, in: Jean-Claude Goyon and Christine Cardin (ed.), *Proceedings of the Ninth International Congress of Egyptologists*, Leuven 2007, 1043–1050.

Kusber 2005 = Eberhard Kusber, *Der altägyptische Ka – "Seele" oder "Persönlichkeit"?* Dissertation. Fakultät für Kulturwissenschaften. Eberhard Karls Universität Tübingen, 2005 (PDF: <http://tobias-lib.uni-tuebingen.de/volltexte/2005/1893/pdf/DISS_KUSBER.pdf>; 16.02.2018)

Latour 2005 = Bruno Latour, *Reassembling the Social: An Introduction to Actor-Network-Theory*, Oxford 2005.

Legros 2016 = Rémi Legros, *Stratégies Mémorielles. Les cultes funéraires privés en Égpte ancienne de la VIe à la XIIe dynastie*, Traveaux de la Maison de l'Orient et de la Méditerranée No 70, Lyon 2016.

Leitz 1994 = Christian Leitz, *Tagewählerei. Das Buch ḥ3t nḥḥ pḥ.wy ḏt und verwandte Texte*, ÄA 55, Wiesbaden 1994.

Loprieno 2003 = Antonio Loprieno, Drei Leben nach dem Tod. Wieviele Seelen hatten die alten Ägypter?, in: Heike Guksch, Eva Hoffmann and Martin Bommas (ed.), *Grab und Totenkult im Alten Ägypten [Festschrift J. Assmann]*, Munich 2003, 200–225.

Lustig 1993 = Judith Lustig, *Ideologies of Social Relations in Middle Kingdom Egypt: Gender, Kinship, Ancestors*, Ann Arbor 1993.

Malek 2000 = Jaromir Malek, Old Kingdom Rulers as “local saints” in the Memphite Area during the Middle Kingdom, in: Miroslav Barta and J. Krejčí (ed.), *Saqqara in the Year 2000*, Prague 2000, 241–258.

Mathieu 2012 = Bernard Mathieu, Réflexions sur le « Fragment Daressy » et ses hommes illustres, in: Christiane Zivie-Coche and Ivan Guermeur (ed.), *«Parcourir l'éternité». Hommages à Jean Yoyotte*, Tournhout 2012, 819–852.

McCleary 1991 = Roger V. McCleary, Ancestor Cults at Terenouthis in Lower Egypt. A Case for Greco-Egyptian Oecumenism, in: Janet H. Johnson (ed.), *Life in a Multi-Cultural Society. Egypt from Cambyses to Constantine and Beyond*, SAOC 51, 1991, 221–231.

McLuhan 1964 = Marshall McLuhan, *Understanding Media: The Extensions of Man*, New York 1964.

Meskell 2004 = Lynn Meskell, *Object Worlds in Ancient Egypt*, Oxford / New York 2004.

Metcalf / Huntington 1991 = Peter Metcalf and Richard Huntington, *Celebrations of Death: The Anthropology of Mortuary Ritual*, New York 1991.

Minas 2000 = Martina Minas, *Die hieroglyphischen Ahnenreihen der ptolemäischen Könige*, AegTrev 9, Mainz 2000.

Montserrat 1997 = Dominic Montserrat, Death and Funerals in the Roman Fayum, in: Morris L. Bierbrier (ed.), *Portraits and Masks. Burial Customs in Roman Egypt*, London 1997, 33–44.

Morales 2006 = Antonio J. Morales, Traces of Official and Popular Veneration to Nyuserra Iny at Abusir, Late Fifth Dynasty to the Middle Kingdom, in: M. Barta et al., *Abusir and Saqqara in the Year 2005*, Prague 2006, 311–341.

Moreno Garcia 2005 = Juan Carlos Moreno Garcia, Deux familles de potentats provinciaux et les assises de leur pouvoir: El Kab et el-Hawawish sous la VIe dynastie, *RdÉ* 56, 2005, 95–128.

Moreno Garcia 2007 = Juan Carlos Moreno Garcia, A new Old Kingdom Inscription from Giza (CGC 57163), and the Problem of *sn-ḏt* in Pharaonic Third Millennium Society, *JEA* 93, 2007, 117–136.

Moreno Garcia 2010 = Juan Carlos Moreno Garcia, Oracles, Ancestor Cults and Letters to the Dead: The Involvement of the Dead in the Public and Family Affairs in Pharaonic Egypt, in: Anne Storch (ed.), *Perception of the Invisible: Religion, Historical Semantics and the Role of Perceptive Verbs*, Sprache und Geschichte in Afrika 21, Köln 2010, 133–153.

Moreno-Garcia 2016 = Juan Carlos Moreno-Garcia, Ancestral Cults in Ancient Egypt, in: J. Barton et al. (ed.), *Oxford Research Encyclopedia of Religion*, Oxford 2016, <http://religion.oxfordre.com/view/10.1093/acrefore/9780199340378.001.0001/acrefore-9780199340378-e-242?rskey=gBqEB9&result=1>; 16.02.2018).

Morenz 1960 = Siegfried Morenz, *Altägyptische Religion*, Stuttgart 1960.

Morenz 2005 = Ludwig D. Morenz, Die doppelte Benutzung von Genealogien im Rahmen der Legitimationsstrategie für Mentu-hotep (II.) als gesamtägyptischer Herrscher, in: Martin Fitzenreiter (ed.), *Genealogie – Realität und Fiktion von Identität*, IBAES V, Berlin / London 2005 109–123, Online-Fassung: <http://www2.rz.hu-berlin.de/nilus/net-publications/ibaes5/index.html>.

Moret 1941 = Alexandre Moret, *Histoire de l'Orient*, Paris: Presses universitaires de France, 1941.

Mrsich 1968 = Tycho Mrsich, *Untersuchungen zur Hausurkunde des Alten Reiches*, MÄS 13, Berlin 1968.

Näser 2008 = Claudia Näser, Jenseits von Theben. Objektsammlung, Inszenierung und Fragmentierung in ägyptischen Bestattungen des Neuen Reiches, in: Christoph Kümmel and Ulrich Veit (ed.), *Körperinszenierung – Objektsammlung – Monumentalisierung*, TÄT 6, Münster 2008, 465–492.

Newell 1976 = William H. Newell (ed.), *Ancestors*, Den Haag / Paris 1976.

O'Connor 1985 = David O'Connor, The "Cenotaphs" of the Middle Kingdom at Abydos, in: Paule Posener-Kriéger (ed.), *Mélanges Gamal Eddin Mokhtar*, BdÉ 97, Cairo 1985, 161–177.

O'Connor 2009 = David O'Connor, *Abydos. Egypt's First Pharaohs and the Cult of Osiris*, London 2009.

O'Donoghue 1999 = Michael O'Donoghue, The 'Letters to the Dead' in Ancient Egyptian Religion, *BACE* 10, 1999, 87–104.

Perepelkin 1986 = Jurij J. Perepelkin, *Privateigentum in der Vorstellung der Ägypter des Alten Reiches*, ed. Renate Müller-Wollermann, Tübingen 1986.

Pinch 2000 = Geraldine Pinch, Redefining Funerary Objects, in: Zahi Hawass (ed.), *Egyptology at the Dawn of the Twenty-first Century. vol. II. History. Religion*, Cairo / New York 2000.

Posener 1981 = Georges Posener, Les 'afarit' dans l'ancienne Egypte, *MDAIK* 37, 1981, 393–401.

Preisigke 1920 = Friedrich Preisigke, *Vom göttlichen Fluidum nach ägyptischer Anschauung*, Berlin 1920.

Preys 2007 = René Preys, La fête de Paophi et le cult des ancêtres, *RdÉ* 58, 2007, 111–122.

Pumpenmeier 1998 = Frauke Pumpenmeier, *Eine Gunstgabe von seiten des Königs. Ein extrasepulchrales Schabtidepot Qen-Amuns in Abydos*, SAGA 19, 1998.

Radwan 2013 = Ali Radwan, Amenemhat III. als Gott. I. Göttlichkeitsstufen eines Monarchen zu Lebzeiten und kurz danach, in: Mélanie C. Flossmann-Schütze, Maren Goecke-Bauer, Friedhelm Hoffmann, Andreas Hutter, Karin Schlüter, Alexander Schütze and Martina Ullmann (ed.), *Kleine Götter – Große Götter. Festschrift für Dieter Kessler zum 65. Geburtstag*, Tuna el-Gebel 4, Munich 2013, 381–402.

Redford 1986 = Donald B. Redford, *Pharaonic King-Lists, Annals and Day-Books*, Mississauga 1986.

Richards 2005 = Janet Richards, *Society and Death in Ancient Egypt*, Cambridge 2005.

Richards 2010 = Janet Richards, Honouring the Ancestors at Abydos, in: Zahi Hawass and Jennifer Houser Wegner (ed.), *Millions of Jubilees. Studies in Honour of David P. Silverman*, CASAE 39 vol. II, Cairo 2010, 137–166.

Roth 2005 = Ann M. Roth, *A Cemetery of Palace Attendants*, Boston 2005.

Rowe 1940 = Alan Rowe, Newly-identifyed Monuments in the Egyptian Museum showing the Deification of the Dead, *ASAE* 40, 1940, 1–66, 291–299.

Ryholt 2009 = Kim Ryholt, Egyptian Historical Literature from the Greco-Roman Period, in: Martin Fitzenreiter (ed.), *Das Ereignis. Geschichtsschreibung zwischen Vorfall und Befund*, IBAES 10, Berlin / London 2009, 231–238, Online-Fassung: <http://www2.rz.hu-berlin.de/nilus/net-publications/ibaes10/index.html>.

Sadek 1987 = Ashraf Iskander Sadek, *Popular Religion in Egypt During the New Kingdom*, HÄB 27, Hildesheim 1987.

Sainte Fare Garnot 1938 = Jean Sainte Fare Garnot, *L'appel aux vivants dans les texts funéraires égyptiens des origines à la fin de l'Ancien Empire*, RAPH 8, Cairo, 1938.

Schott 1953 = Siegfried Schott, *Das schöne Fest vom Wüstental*, Wiesbaden 1953.

Schuller-Götzburg 1993 = Thomas Schuller-Götzburg, Zur Vergöttlichung Amenophis III. in Ägypten, *GM* 135, 1993, 89–95.

Schulman 1986 = Alan R. Schulman, Some Observations on the *ꜣḫ jqr n rꜥ*-Stelae, *BiOr* XLIII, 1986, 302–348.

Schweitzer 1956 = Ursula Schweitzer, *Das Wesen des Ka im Diesseits und Jenseits der alten Ägypter*, ÄF 19, Glückstadt / Hamburg / New York 1956.

Seyfried 1995 = Karl-Joachim Seyfried, Generationeneinbindung, in: Jan Assmann (ed.), *Thebanische Beamtennekropolen*, SAGA 12, Heidelberg 1995, 219–231.

Seyfried 2003 = Karl-Joachim Seyfried, Dienstpflicht mit Selbstversorgung, in: Heike Guksch, Eva Hoffmann and Martin Bommas (ed.), *Grab und Totenkult im Alten Ägypten [Festschrift J. Assmann]*, Munich 2003, 41–59.

Seyfried 2013 = Karl-Joachim Seyfried, *Bemerkungen und Quellen zum ḥ3b nfr n jnt, dem "Schönen Fest des Tales" in Theben*, GM Beihefte 13, Göttingen 2013.

Shirai 2006 = Yayoi Shirai, Ideal and Reality in Old Kingdom Private Funerary Cult, in: Miroslav Bárta (ed.), *The Old Kingdom Art and Archaeology*, Prague 2006, 325–335.

Shubert 2007 = Steven Blake Shubert, *Those Who (still) Live on Earth: A Study of the Ancient Egyptian Appeal to the Living Texts*, UMI: University of Toronto 2007.

Simpson 1974 = William Kelly Simpson, *The Terrace of the Great God at Abydos*, New Haven & Philadelphia 1974.

Smith 1995 = Stuart Tyson Smith, *Askut in Nubia*, London / New York 1995.

Soukiassian / Wuttmann / Pantalacci 2002 = George Soukiassian, Michel Wuttmann and Laure Pantalacci, *Le palais des gouverneures de l'époque des Pepy II.*, Cairo 2002.

Spalinger 1996 = Anthony John Spalinger, *The Private Feast Lists of Ancient Egypt*, Wiesbaden 1996.

Stevens 2006 = Anna Stevens, *Private Religion at Amarna*, Oxford 2006.

Takenoshita 2011 = Junko Takenoshita, *When the Living met the Dead: the Social Functions of False Doors in non-royal Funerary Culture with References to Examples from the First Intermediate Period and Middle Kingdom*, M.Phil. thesis, University of Birmingham 2011 (<http://etheses.bham.ac.uk/3048/>; 16.02.2018).

Tropper 1989 = Josef Tropper, *Nekromantie: Totenbefragung im Alten Orient und im Alten Testament*, AOAT 223, Neukirchen-Vluyn 1989.

van Assche 2010 = Bart van Assche, Ahmose Sapair. Discussing the Identity of a Deified Prince, *JSSEA* 37, 2010, 113–121.

Vandersleyen 2005 = Claude Vandersleyen, *Iahmès-Sapaïr*, Brüssel 2005.

Vandier 1949 = Jacques Vandier, *La religion egyptienne*, Paris 1949.

Venit 2002 = Marjorie S. Venit, *Monumental Tombs of Ancient Alexandria*, Cambridge 2002.

von Lieven 2001 = Alexandra von Lieven, Kleine Beiträge zur Vergöttlichung Amenophis' I.: Der Amenophis-Kult nach dem Ende des Neuen Reiches, *ZÄS* 128, 2001, 41–64.

von Lieven 2010 = Alexandra von Lieven, s. v. "Deified Humans.", in: Jacco Dieleman and Willeke Wendrich (ed.), *UCLA Encyclopedia of Egyptology*, Los Angeles 2010 (<http://digital2.library.ucla.edu/viewItem.do?ark=21198/zz0025k5hz>; 16.02.2018).

von Lieven 2017 = Alexandra von Lieven, Of Choachytes and Saints: Demotic Documentary Texts as Sources for Religious Practices, in: Richard Jasnow and Ghislain Widmer (ed.), *Illuminating Osiris. Egyptological Studies in Honor of Mark Smith*, MVCAE 2, Atlanta 2017, 239–245.

von Pilgrim 2006 = Cornelius von Pilgrim, Zur Entwicklung der Verehrungsstätten des Haqaib in Elephantine, in: Ernst Czerny et al., *Timelines. Studies in Honour of Manfred Bietak*, OLA 149, Löwen etc. 2006, 403–418.

Weiss 2015 = Lara Weiss, *Religious Practice at Deir el-Medina*, EU 29, Leiden / Löwen 2015.

Weiss 2017 = Lara Weiss, I am Re and Osiris, in: Vincent Verschoor, Arnold Jan Stuart and Cocky Demarée (ed.), *Imaging and Imagining the Memphite Necropolis, Liber amicorum René van Walsem*, EU 30, Löwen 2017, 215–230

Wente 1990 = Edward Wente, *Letters From Ancient Egypt*, Atlanta 1990.

Wiebach 1986 = Silvia Wiebach, Die Begegnung von Lebenden und Verstorbenen im Rahmen des thebanischen Talfestes, *SAK* 13, 1986, 263–291.

Wiedemann 1890 = Alfred Wiedemann, *Die Religion der alten Ägypter*, Münster 1890.

Wildung 1969 = Dietrich Wildung, *Die Rolle ägyptischer Könige im Bewußtsein ihrer Nachwelt*, Berlin 1969.

Wildung 1975 = Dietrich Wildung, s.v. "Ahnenkult.", in: Wolfgang Helck and Eberhard Otto (ed.), *Lexikon der Ägyptologie.* Band I, Wiesbaden 1975, 111–112.

Wildung 1977 = Dietrich Wildung, *Egyptian Saints*, New York 1977.

Wildung 1984 = Dietrich Wildung, *Sesostris und Amenemhet*, Munich 1984.

Wilkinson 2000 = Toby A. H. Wilkinson, *Royal Annals of Ancient Egypt*, London 2000.

Willems 2001.a = Harco Willems, The Social and Ritual Context of a Mortuary Liturgy of the Middle Kingdom (CT Spells 30–41), in: Harco Willems (ed.), *Social Aspects of Funerary Culture in the Egyptian Old and Middle Kingdoms*, OLA 103, Leiden 2001, 253–372.

Willems 2001.b = Harco Willems (ed.), *Social Aspects of Funerary Culture in the Egyptian Old and Middle Kingdoms*, OLA 103, Leiden 2001.
Žabkar 1968 = Louis V. Žabkar, A *Study of the Ba Concept in Ancient Egyptian Texts.* Chicago 1968.

Wie *gibt* es „Gott“ im pharaonischen Ägypten?

Oder: Grammatologie und Praxis eines Konzeptes und seiner Epoche
(Neues vom Netscher, Teil II)*

1. Einleitung

1.1 („Gott“)

Der erste Teil dieses Aufsatzes hatte zum Ziel, eine Handreichung für den Umgang mit dem altägyptischen Wort(zeichen) „Netscher“ für den archäologischen Gebrauch zu sein.[1] Er sollte es dem / der ÄgyptologIn bei der Beschäftigung mit solchen Befunden einfacher machen, die in irgendeinem Bezug zu diesem Wort – „Netscher“ – stehen und oft zu vorschnellen Verknüpfungen mit dem deutschen Wort „Gott“ in seiner neuzeitlichen Bedeutung verleiten. Kurz, sie sollte für etwas Präzision im Sinne Ockhams werben: nie mehr zu lesen, als tatsächlich dasteht und im Problemfall lieber von einem „Netscher“ (wahlweise: „Fetisch“ oder gar „Sakralentität“) zu sprechen, als von einem „Gott“.[2]

Wie in Teil I aber mit Verweis auf den hier vorliegenden zweiten Teil bereits angeführt, kann eine solche Reduktion nur bedingt befriedigen. Sie hilft, die Frage wieder auf den Befund zu lenken, was angesichts der gängigen Leichtfertigkeit im Umgang mit „Netscher“ und ähnlichen Begriffen sicher sinnvoll ist. Sie hilft aber nicht, die komplexe Bedeutung des Befundes zu erhellen. Um dies zu tun – gerade auch über die große kulturelle und zeitliche Distanz zwischen Befundkonstitution im pharaonischen Ägypten und Befundinterpretation im Westeuropa der Neuzeit hinweg – wird es unerlässlich bleiben, doch wieder über „Gott“ zu sprechen. Das soll in diesem zweiten Teil der Beschäftigung geschehen. Und wie es beim Reden über „Gott“ so ist: Das Feld ist weit und wird immer weiter. Daher wird dieses Fortspinnen der Überlegungen wohl drei Fragen behandeln müssen. Hier in Teil II soll es um die Frage gehen, wie „Gott“ denn nun in den Befund gerät und damit *ist* – so real wie ein Ding und doch so transzendent wie eine Idee. In Teil III soll es darum gehen, wie „Gott“ tatsächlich *handelt*.[3] Offen bleibt vorerst, warum „Gott“ sein *muss* oder *soll*.[4]

1.2 (Semantik)

Der hier vorliegende Teil des Aufsatzes stellt eine semiologische bzw. besser: *grammatologische* Dekonstruktion des Begriffs *nṯr* dar. Damit soll der Umgang mit dem Begriff „Netscher“ – und nun wird es vor allem um diesen, also die *Bedeutung* gehen – wieder verkompliziert und einer Simplifizierung im Sinne von Teil I entgegengewirkt werden. Ging es in der dort ausgebreiteten verkürzten Semiotik (= Zeichenlehre) darum, das Wort(zeichen) in erster Linie als ein Zeichen zu sehen und dem *Ding* parallel zu setzen, wird es nun erneut um das weitere Feld der Semantik (= Bedeutungslehre) dieses Zeichens gehen. Es soll vorgeschlagen werden, durchaus mehr zu lesen, als dasteht: nämlich das, was in jedem Zeichen „dazwischen“ *ist*.

* Der Aufsatz ist, wie im ersten Abschnitt auch dargelegt, Teil einer Serie von Überlegungen zum Phänomen „Gott“. Während Teil I und Teil III irgendwie im ägyptologischen Befund geerdet sind und so unter anderen Fachbeiträgen erscheinen können, fand sich für diesen zweiten Teil nie so recht ein anderer Platz als das Internet. Möge er nun hier seine Ruhestätte finden. Geschrieben wurde der Text parallel zu Teil I (= Fitzenreiter 2013.a) im Jahr 2011/12.

1 Fitzenreiter 2013.a.

2 Vgl.: van Walsem 2006, 283.

3 Fitzenreiter im Druck.

4 Im Prinzip jedoch handelt es sich bei der gesamten Aufsatzserie um ein Dokument der Selbstvergewisserung, mit dem ein Atheist so nah wie ihm eben möglich an die Idee transzendenter Wesenheiten gelangen möchte. Diese Diskussion verdankt sehr viel dem beständigen Gedankenaustausch mit Helgard Balz-Cochois und Heinrich Balz.

2. Dekonstruktion

2.1 (Übersetzung)

„Netscher“ stellt ein Übersetzungsproblem dar. Auf der Ebene der Sprache erscheint *nṯr* / „Netscher“ als ein Wort, das offenbar etwas bezeichnet, was wir ebenfalls mit einem Wort bezeichnen wollen. Uns steht dafür das Wort „Gott“ zur Verfügung, wenn man es nicht einfach durch ein anderes Wort ersetzen will (z.B. für den archäologischen Hausgebrauch durch das Wort „Fetisch“ oder „Sakralentität“). Geht man so vor, übersieht man aber bereits eine – sozusagen: archäologische – Tatsache. Uns ist nicht das idealtypische „Wort“ überliefert! Uns ist nur ein Schrift-Bild bekannt, das häufig etwa so aussieht: 𓊹 ; und eine halbwegs gesicherte phonetische Realisierung, die wir so putzig *nṯr* schreiben.[5] Beide und wohl noch andere Medien und Phänomene der Realisierung zusammen konstituieren das semantische Feld dieses „Wortes“, aber sie sind nicht einfach das Wort oder Semantem (als der Bedeutungskern). Will man den Phonozentrismus der traditionellen Philologie überwinden, dann ist eine Reflektion der komplexen Relation sinnvoll, die zwischen dem Schrift-Zeichen und der phonetischen Rekonstruktion *nṯr* einerseits sowie der damit realisierten Bedeutung andererseits besteht. Hatte ich in Teil I mit Charles de Brosses einen französischen Meisterdenker der Aufklärung bemüht, so werde ich auch hier wieder einen solchen beschwören, diesmal den Meisterdenker der Dekonstruktion: Jacques Derrida hat, bei aller Abstrusität,[6] mit vergleichbaren Problemen gerungen. Dieses Ringen, niedergelegt vor allem in dem für derridasche Verhältnisse relativ klar gebauten Werk „Grammatologie“, kann Inspiration sein, wenn auch nur indirekt Hilfe.[7]

Da auch in diesem Teil II das archäologische Prinzip nicht aufgegeben werden soll, dass an erster Stelle bei der Analyse antiker Phänomene der *Befund* zu stehen habe, seien aus Derridas Werk Überlegungen herausgegriffen, die genau die Frage der Ansprache und Deutung eines Befundes betreffen: Die Frage nach dem Zusammenhang, der zwischen dem *Zeichen*, in unserem Fall: dem Schrift-Bild-Zeichen / dem Signifikant / dem Grammaton[8] auf der einen und dem damit *Bezeichneten* / dem Bestimmten / dem Signifikat auf der anderen Seite besteht. Wobei es der derridaschen Dekonstruktion darum geht, solche Sinnebenen des Grammatons freizulegen, die *nicht* intendiert sind, deren Auftreten uns also überrascht und verunsichert. Etwa die Frage, wie „Gott“ denn nun in den *nṯr* kommt, der doch eigentlich nur ein „Fetisch“ ist.

2.2 (Bezeichnungsvielfalt)

Der Befund sei also das Grammaton; die Befundansprache sei die Deutung des Signifikats. In unserem Fall ist das verunsichernde Grammaton *nṯr* und das Signifikat scheint „Gott“ zu sein.

Hier kommt ein merkwürdiger Zufall ins Spiel, der nur als ein hermeneutischer Zirkel bereits in der Phase der Befunderhebung zu erklären ist. Denn diese translatorische Gleichung *nṯr* – „Gott“ ist bereits auf der Befundebene keineswegs so zwingend, wie die ägyptologische Literatur suggeriert. Es gibt eine ganze Reihe von anderen Worten und Schrift-Bild-Zeichen pharaonischer Provenienz, für die eine Bedeutungsbestimmung als „Gott“ sinnvoll wäre:[9] an erster Stelle die ominöse „Macht“ *sḫm*, aber eigentlich ist in jeweils verschiedenen Zusammenhängen für fast alle Begriffe pneumatischer Substanzen – *bꜣ*, *kꜣ*, *ꜣḫ* usw. – immer wieder einmal die Übersetzung mit unserem(n) Begriff(en)[10] von „Gott“ nicht ganz unpassend. Dass ausgerechnet das Wort und Schrift-Bild *nṯr*

5 Leitz 2002, 389–390.

6 Jonathan Kandell, Jacques Derrida, Abstruse Theorist, Dies in Paris at 74, The New York Times, 10.10.2004 (nach: Moebius / Wetzel 2005, 218; siehe <http://www.nytimes.com/2004/10/10/obituaries/10derrida.html?ex=1255147200&en=bc84f1b2c5f092c5&ei=5090&partner=rssuserland&_r=0> (Zugriff: 12.01.13).

7 Derrida 1974. Ich möchte betonen, dass es sich im Folgenden keineswegs um eine Einführung in das Werk von Derrida handelt (geht das überhaupt?), sondern um eine von diesem Werk angeregte Lesart. Ob diese den Intentionen Derridas entspricht oder darauf beruht, ihn „verstanden“ zu haben, ist unwesentlich – er hat sie *inspiriert*.

8 Man kann aber auch das Laut- / Klang-Zeichen an dieser Stelle ansetzen, das aber aus archäologischen Gründen hier nicht weiter berücksichtigt werden muss: Das gesprochene Ägyptisch ist uns nicht bzw. nur annähernd zugänglich. Es sei aber auch hier betont: Es besteht kein prinzipieller Unterschied im Zeichencharakter zwischen einem Laut / einer Lautfolge und einem Bild / einer Bildfolge (z.B. von Schriftzeichen). Wir müssen jedes „Zeichen“ bzw. *Grammaton* als „Phänomen“ sehen, das dem „Ding“ analog ist: Derrida 1974, 86.

9 Hornung 1971, 52–53.

10 Dass auch die zeitgenössische religiöse wie auch religionswissenschaftliche Praxis eine ganze Palette von Begriffen zur Beschreibung des interessierenden Phänomens nutzt, sei nur angemerkt (Gott, Geist, Wesen, Herr, Vater, Mutter etc.

mit Vorliebe als „Gott“ übersetzt wird (wobei sich an so vielen Stellen eine etwas vorsichtigere Behandlung als „Fetisch“ o.ä. doch anbieten würde), liegt wohl allein in dem Umstand begründet, dass unter den Ptolemäern dafür die Übersetzung θεός üblich war und (davon abgeleitet?) im Koptischen mit ⲛⲟⲩⲧⲉ der christliche Gott bezeichnet wird.[11] Dass diese relativ späte Konkretisierung der Begrifflichkeit kaum viel für die Bedeutung des älteren Gebrauchs hergibt, wird wenigstens jeder Strukturalist gern zugeben: Die Bedeutung liegt nicht in der Genealogie eines Begriffes.

2.3 (Fetisch und „Gott“)

Da es aber im Folgenden um den *nṯr* gehen soll, werden die erwähnten ähnlichen Begriffe hier nicht weiter besprochen – wobei manches, was nun zur Debatte stehen wird, auch auf diese übertragbar scheint. Das Besondere solcher Zeichen wie dem / denen für *nṯr* ist nämlich, dass sie keine sinnlich erfassbare Referenz haben. Zumindest in all den Fällen, in dem das ockhamsche Rasiermesser es uns nicht gestattet, das Signifikat auf einen dinglich vorhandenen „Fetisch“ zurückzuschneiden. Also: Fetisch ist *nṯr* nur dann, wenn *nṯr* ein Ding bezeichnet, dessen gesamte Wirkmächtigkeit nur in ihm selbst liegt. In solchen Fällen haben wir vom Signifikat nichts weiter als den Signifikanten;[12] *nṯr*-Fetisch ist nur *nṯr*-Fetisch und eben *nichts* Anderes.

Es liegt auf der Hand, dass genau das aber nicht ist, was der rezente Gebrauch von „Gott“ meint. Auch in pharaonischer Zeit war der Gebrauch weit weniger eindeutig in diese Richtung fokussiert, als Teil I dieses Aufsatzes vielleicht suggeriert. Praktisch alles, was uns als theologisierendes Text- und Bildmaterial zur Verfügung steht, beteuert ja geradezu, dass die dargestellte Entität nicht nur das Dargestellte ist, sondern viel und unbegreiflich mehr. Sei es, dass eine höhere Macht dem Objekt nur „einwohnt“,[13] sei es, dass die Hymnik die eigentliche Unbeschreibbarkeit der Machtquelle beschreibt, die sich einer absurden Stofflichkeit als Hülle oder Zeichen bedient.[14]

Womit wir bereits bei einer paradoxen Definition sind: *nṯr* in der eigentlichen Bedeutung als „Gott“ (und damit auch der des rezenten Sprachgebrauches) ist vor allem genau dieses Andere: *kein* Fetisch, *kein* Tier, *keine* Mumie, *keine* Statue, *kein* Tempel, *kein* Berg, auch *nicht* die Sonne oder ein Stern und eben auch *nicht* das Zeichen 𓊹 oder das Wort *nṯr*. Der *nṯr*-Gott ist etwas, das nur durch Differenzierung von allem Anderen bestimmbar ist, aber nicht essentiell, nicht positiv, nicht begrenzend. Der *nṯr*-Gott ist immer mehr als, oder verschieden – das Weitere vorwegnehmend sei formuliert: *different* – von und gegenüber dem, was zu seiner Beschreibung herangezogen wird.[15] In hegelscher Sprache: *nṯr*-Gott ist die dialektische Negation (der Negation) des *nṯr*-Fetisch.

2.3 (Bedeutung und Grammaton)

An dieser Stelle, bei einer negativen Dialektik angelangt, etwas Positives. Ziehen wir einige bei Derrida ausführlich nachzulesende Überlegungen zur unbedingten Gebundenheit von Bedeutung an bzw. *in* das Grammaton heran, dann gilt: Das einzig „Positive“, das über die Bedeutung von *nṯr* ausgesagt werden kann, liegt im Schriftzeichen 𓊹. Genau seine Unbestimmtheit lässt jede Bedeutungszuschreibung erst zu und macht *nṯr* zu jenem immer unbestimmten *Anderen*.[16] Wird statt mit 𓊹 das Wort *nṯr* mit einem anderen Bildzeichen wie  usw. kodiert, wird es in Flach- und Rundbildern ausdifferenziert, in Hymnen näher bestimmt, ist es in seiner

pp.). Das bedeutet auch, dass es bereits eine Art stillschweigende Übereinkunft bei der Rezeption der folgenden Gedankengänge geben muss, hinter dem deutschen Wort „Gott“ im hier interessierenden Zusammenhang eine Art Meta-Konzept zu sehen. Dieses ist, dazu im Folgenden, tatsächlich wohl am ehesten über die grammatologische Dekonstruktion zu erfassen.

11 Hornung 1971, 30.

12 So die minimalistische Definition von Kohl 2003, 28: der Fetisch „... ist Zeichen und Bezeichnetes in einem“.

13 Assmann 2004.a.

14 Bis zur Ekstase ist dieser Vorgang in den „kryptischen“ bzw. „visuell-poetischen“ Hymnen mit dem Krokodil- und Widderzeichen in Esna getrieben, in denen bereits die Notierung auf das Unbegreifliche der Manifestation (Tierbild) und seiner Eigenschaft (beschrieben im Hymnentext) hinweist (Sauneron 1963, Text No.103, 126; Leitz 2001; Morenz 2002).

15 Vgl. Ferdinand de Saussure, der bereits feststellte, dass die lautliche *Differenz* die Quelle des sprachlichen Wertes bildet, und nicht die lautliche *Identität* (nach Derrida 1974, 92).

16 Vgl. Baines 1991, der den rein zeichenhaften Charakter der Fahnen-Hieroglyphe 𓊹 herausgestellt hat, die offenbar die Markierung des Sakralen / Sakralplatzes ist, aber nicht etwas konkretes Sakrales selbst. Die Markierung verweist damit gleichsam neutral auf das *immer Andere*.

Bedeutung bereits *eingeschränkt*, ist das Signifikat nur noch ein göttliches Wesen unter vielen. Mögen diese Wesen und ihre Manifestationen lange vor dem Zeichen 𓊹 bestanden haben; *nṯr* sind sie erst mit dem Auftreten des Zeichens 𓊹. *nṯr ist* das Zeichen 𓊹. Ohne das Schrift-Bild könnte dessen umfassende und zugleich diffuse Bedeutung nicht beschrieben sein. Es mag sogar ein Wort *nṯr* vor dem Zeichen 𓊹 gegeben haben, aber es war nicht dasselbe. Mit Derrida gesprochen: „sprachliche Zeichen" wie *nṯr* (wie immer das Wort gesprochen wurde) gehen der Schrift 𓊹 nicht voraus, sondern sind in ihrer Existenz an die Realisierung durch Schrift (Bild, Objekt, Spruch) gebunden.[17] Es gibt das Phänomen nicht ohne seine bild-sprachliche Formulierung; diese ist das *Grammaton*, in dem das Phänomen Präsenz erfährt.

2.4 (différance)

Woraus als ein erster Erkenntnisschritt zu gewinnen ist: Das hochabstrakte Phänomen *nṯr* ist existent, indem es Präsenz findet in der Verbindung von sprachlichem Zeichen /*nṯr*/ und Bildzeichen 𓊹. Zusammen bilden diese das Grammaton als Ort der Präsenz des Phänomens *nṯr* / 𓊹. Allerdings – und hier liegt der Schlüssel – ist nach Derrida das *Wesen* dieser Präsenz nicht positiv zu beschreiben, sondern nur über den Unterschied, der sich an jeder Stelle des Bestimmungsversuches einstellt. Dieses Phänomen wird von Derrida als eines der beständigen „Verschiebung" von Sinn im Prozess der Bezeichnung bzw. mit dem Neologismus *différance* bezeichnet. Das mag nach Haarspalterei oder nach dem Versuch klingen, durch Wortakrobatik die Unfähigkeit zu überspielen, einem Phänomen sprachlichen Ausdruck zu verleihen. Doch lehrt der Befund, dass die phänomenologische Konstante der Erfahrung von sakraler Präsenz gerade in der Erfahrung von deren permanenter Unbestimmtheit zu liegen hat: vom *credo quia absurdum est* des Pseudo-Tertullian[18] bis zur Erfahrung von *Gottesnähe* (und damit nur *differenter* Präsenz, von *Nähe*, nicht *Anwesenheit*) bei Jan Assmann:[19] *Différance* ist nicht nur ein prägnanter Ausdruck für dieses Phänomen, er lokalisiert es in seiner grammatologischen, zeichenzentrierten Herleitung auch sehr genau: nämlich im Grammaton selbst. Womit anknüpfend an das bereits oben Gesagte formuliert werden kann: „Gott" *ist* die *différance* des Grammatons *nṯr* / 𓊹. Diese *différance* liegt nicht irgendwo zwischen Zeichen und Bezeichnetem, sondern im Grammaton, in der Realisierung selbst: Sie ist ihr Wesen. Womit wir wieder beim Fetisch sind: dem Objekt, in dem Zeichen und Bezeichnetes in eines fallen – *with a little différance*.

2.5 (epoché)

Mit dieser Bestimmung nähern wir uns dem in Teil I angesprochenen Begriff vom (dinglichen) Fetisch doch wieder an, in dem das Wesen im Objekt selbst liegt: Grammaton und Wesen, Signifikant und Signifikat bilden eine Einheit. Wir heben diese Beobachtung aber auch auf die der abendländischen Theologie (und damit uns hermeneutisch) näher liegende Ebene, das Wesen „Gottes" über die Schrift zu erfassen oder wenigstens zu *erahnen*:[20] Der „Gott der Schrift" oder auch der Gott als *logos*, dem die abendländische Religionsforschung so verfangen ist, wird zu einem Grammaton seiner selbst. „Gott" kann jetzt *logos* oder Zeichen sein, ist immer ganz und gar und damit: auch präsent. Er ist aber nicht der *logos* oder das Zeichen selbst, sondern dessen *différance*, die metaphysische oder transzendente Überhöhung des Zeichens. Zugleich – und hier hat das Ahnen ein Ende und verläuft damit die harte Linie zwischen Theismus und Atheismus – ist „Gott" ohne Zeichen oder *logos* nicht denkbar; schlimmer noch: Er ist in seiner Existenz an diese gebunden.

Wieder auf das eingangs bemerkte Übersetzungsproblem bezogen, führt die bis hier ausgeführte grammatologische Volte zu einem bemerkenswerten Schluss: *nṯr* bedeutet auch in pharaonischer Zeit durchaus (und wie wir schon lange wissen) „Gott", und zwar in demselben metaphysischen und damit grammatologisch präsenten Sinne, in dem „Gott" heute gebraucht wird. Zugleich ist der Begriff *nṯr*, da er in einem Schrift-Bild (oder Laut-

---

17 „Die Exteriorität des Signifikanten ist die Exteriorität der Schrift im allgemeinen." (Derrida 1974, 29).

18 In dieser Form ist der Ausspruch erst ab dem 17. Jahrhundert überliefert, zu möglichen Bezügen im Werk Tertullians siehe: <http://de.wikipedia.org/wiki/Credo,_quia_absurdum_est> (Zugriff 21.12.11).

19 Assmann 1995.

20 Man könnte den Vorgang der Realisierung von *différance* im Deutschen tatsächlich als *Ahnung* beschreiben, als die gewisse Realisierung eines ungewissen Wertes. Ich bevorzuge auch in Bezug auf religiöse Praxis den Begriff des *Ahnens* gegenüber dem des *Glaubens*, da er die aktive Befragung und damit Gestaltung der *différance* impliziert. *Glaube* ist die Primitivform der *Ahnung*, die Bereitschaft, auf das Denken zu verzichten. Vgl. etwa auch in der neueren bekennenden Religionsphilosophie Robert Spaemann, der von Gott als dem „unsterblichen Gerücht" spricht und damit den Aspekt der permanent verunsichernden Ahnung vor den des blinden Glaubens setzt (Spaemann 2007).

Bild) Präsenz gewinnt, das dem heute gebräuchlichen völlig verschieden ist, schon aus diesem Grunde nicht mit dem heutigen Gebrauch von „Gott" zu übersetzen; es besteht bereits auf der Ebene der einfachen grafischen Realisierung eine fundamentale *différance* zwischen dem Grammaton *nṯr* / 𓊹 und dem Grammaton „Gott" (oder JHWH oder was an Grammata und Bildern sonst zur Verfügung steht). Die Bedeutung dieses historisch konkreten Unterschieds im Gebrauch stellt Derrida mit dem Bezug auf die *epoché* (griechisch: ἐποχή / „Zeitpunkt", aber auch: „Zurückhaltung") dar.[21] Die Realisierung der *différance* ist immer ein flüchtiges Ereignis, das zurück-Behalten von Elementen der vorwärts eilenden *différance*, das sich einer über die *epoché* hinausgehenden Festlegung (die die Aufhebung der *différance* bedeuten würde!) entzieht.

2.6. (~~Gott~~)

Und doch müssen wir nicht resignieren und alles Übersetzen für unmöglich halten: Es gibt eine Möglichkeit, diese *epoché*ale und *différant*e Kongruenz auch heute schrift-bildlich umzusetzen: ~~Gott~~. Derrida übernimmt diese komplizierte Schreibweise von Heidegger.[22] Wir übernehmen sie von ihm: ~~Gott~~ schreibt einen uns praktikablen Sinn fest und dekonstruiert ihn mittels Durchstreichung als Ausdruck einer – unserer – *epoché*.

nṯr = ~~Gott~~ – das mag seltsam aussehen, aber es lädt den Rezipientenkreis des 21. Jhs. ein, diesen „Gott" mit der nötigen *différance* zu betrachten. Und unter uns gesagt: Ägyptologen haben sich an kuriose Schriftbilder wie: *nṯr* ja auch gewöhnt.

3. Praxis

Bis hier ging es darum, die „Präsenz" des Zeichens *nṯr* zu de-konstruieren; archäologisch gesprochen: zu ergründen, wie der Befund *nṯr* / 𓊹 in seiner Bedeutung als „Gott" (bzw. ~~Gott~~) erfasst und schließlich gedeutet, d.h. übersetzt werden kann. Dabei haben wir uns weitgehend im Rahmen des (französischen) (Post-)Strukturalismus[23] bewegt, der die Zeit bzw. das *Werden* nicht kennt. Es bleibt nun, die strukturalistische Mechanik in der Praxistheorie aufzuheben. Wie *wird* ~~Gott~~? Bzw., weil uns das Phänomen ja aus der archäologischen Perspektive interessiert: Wie *wurde* ~~Gott~~?

3.1 (modus operandi)

Auch hier sei wieder eines französischen Meisterdenkers gedacht: Pierre Bourdieu: „Um dem Strukturrealismus zu entgehen, der die Systeme objektiver Relationen derart hypostasiert, daß er sie in jenseits der Geschichte des Individuums oder der Geschichte der Gruppe angesiedelte präkonstruierte Totalitäten verwandelt, gilt es und genügt es auch, vom *opus operatum* zum *modus operandi*, von der statischen Regelmäßigkeit oder algebraischen Struktur zum Erzeugungsprinzip dieser observierten Ordnung überzugehen und die Theorie der Praxis, genauer gesagt, die Theorie des Erzeugungsmodus der Praxisformen zu entwerfen, die die Bedingung der Konstruktion einer experimentellen Wissenschaft von der Dialektik zwischen Interiorität und Exteriorität, d.h. zwischen der Interiorisierung der Exteriorität und der Exteriorisierung der Interiorität bildet."[24]

Auch in diesem, in der deutschen Übersetzung ziemlich abstrus wirkenden Zitat geht es um die Präsenz einer Bedeutung, die über und außerhalb des Phänomens zu existieren scheint: um Exteriorisierung. Doch setzt Bourdieu an die Stelle der *différance* den *modus operandi*. Wo bei Derrida die *différance* die flüchtige Präsenz der

---

21 Derrida bezieht diesen Begriff wiederum von Husserl. Neben der Festlegung auf eine historisch konkrete Situation drückt er zugleich die Reserviertheit – „Zurückhaltung" – gegenüber der Interpretation aus.

22 „Daran will Heidegger erinnern, wenn er in *Zur Seinsfrage* aus dem gleichen Grund das Wort ‚Sein' nur *unter kreuzweiser Durchstreichung* lesen läßt. Dennoch ist diese kreuzweise Durchstreichung kein ‚bloß negatives Zeichen'. Diese Ausstreichung ist vielmehr die letztmögliche Schrift einer Epoche. Unter ihren Strichen verschwindet die Präsenz eines transzendentalen Signifikats und bleibt dennoch lesbar. Verschwindet und bleibt dennoch lesbar, wird destruiert und macht doch den Blick auf die Idee des Zeichens selbst frei." (Derrida 1974, 43). Da auf meiner Tastatur kein kreuzweises Durchstreichen möglich ist, begnüge ich mich mit der Doppeldurchstreichung.

23 Es wird viel Wert auf Schulenbildung gelegt in den geistigen Wissenschaften. Was Strukturalismus und was Poststrukturalismus seien (ich beziehe mein angelesenes Halbwissen u.a. aus: Wieser 2012), wird bald so nebulös erscheinen, wie es dem Archäologen nach 2010 der Unterschied zwischen prozessualer und postprozessualer Archäologie von 1990 ist (die Diskussion informativ zusammengefasst in: Eggert / Veit 1998).

24 Bourdieu 1979, 164.

Bedeutung im Grammaton bewirkt, das *Sein* des Signifikats bzw. *als* Signifikat, ist bei Bourdieu diese „Exteriorität" des Signifikats, sein vom Signifikanten scheinbar losgelöstes *Sein*, eine Suggestion des *modus operandi*. Damit ist die Frage nach der Bedeutung weniger die nach *différance*, sondern die nach einem konkreten Handlungszusammenhang und seinen Determinanten: dem praktischen Feld. Der Weg dorthin macht praktische Archäologie erst möglich. Denn *différance* lässt sich nur im Moment ihrer Realisierung erfassen – wofür der Archäologe leider zu spät kommt. Ein praktisches Feld lässt sich aus den Trümmern seiner Realisierung jedoch auch *post festum* rekonstruieren.

3.2 (Zeigen)

Ehe wir dazu übergehen wollen (aber genau *nicht* in diesem Beitrag),[25] soll bei der Betrachtung dieses praktischen Aspekts der Bedeutungsgenerierung noch auf einen deutschsprachigen Vordenker zurückgegriffen werden, der mit seiner Sprachphilosophie die Mutter aller *turns* und *posts* erdachte: den späten Ludwig Wittgenstein der „Philosophischen Untersuchungen". Dieser brachte auf den Punkt, worin der *modus operandi* denn besteht, der die *différance* in ihrer epochalen Unbestimmtheit in jeder praktischen Aktivierung des Grammatons so konkret, bestimmt und für den Aktanten überzeugend dicht macht; so dicht und überzeugend, dass das Grammaton die Präsens dieser *différance* realisiert und exteriorisiert, dass etwas *wird* und *ist* – nichts weniger als ~~Gott~~! – und doch ein ganz simpler Vorgang bleibt: „43 Man kann für eine *große* Klasse von Fällen der Benützung des Wortes ‚Bedeutung' – wenn auch nicht für *alle* Fälle seiner Benützung – dieses Wort so erklären: Die Bedeutung eines Wortes ist sein Gebrauch in der Sprache. Und die *Bedeutung* eines Namens erklärt man manchmal dadurch, daß man auf seinen *Träger* zeigt."[26]

„Zeigen", „Gebrauch" – damit ist der aktive Handlungsvorgang des Verweisens in den Mittelpunkt gerückt, aus dem heraus Zeichen ihren Wert erst erhalten, der Handlungsvorgang, der ihr *Sein* als Zeichen erst bewirkt und damit das, was ein Zeichen *ist*. Der performative Akt, sei es einer des Sprechens,[27] sei es einer des Bildens,[28] sei es eine Geste[29] oder sei es alles zusammen, macht aus dem Gesprochenen, Gebildeten, Gezeigten erst das Zeichen und löst die ihm eigenen performativen Potenzen (seine Performativität) aus; diese bewirkt beim Rezipienten eine Reaktion (die Emergenz).[30] D.h.: Auch das Grammaton wird erst durch Gebrauch zu einem Zeichen. Das Zeichen *ist* nur Zeichen bei Gebrauch – und sonst ein totes Artefakt.

3.3 (Emergenz)

Was das Zeichen im Moment des Gebrauchs ist oder besser: was es wird, ist in seiner Emergenz: in dem, was es auslöst, als Bedeutung enthüllt oder als Akteur bewirkt. Wieder im Sinne Derridas ist die Emergenz von *nṯr*, wenn wir von einer religiös musikalischen – d.h.: *emischen* – Situation ausgehen, die Verwischung der *différance* und das Erlebnis der „Verzauberung" (*fetisso*)[31] hin zur unbedingten Präsenz der Bedeutung im Zeichen, das so denn doch wieder (kurzzeitig und *epoché*al) zum „Fetisch" wird. Was aber eigentlich genau das praktische Erleben der *différance* ist: die Verschiebung von Zeichen und Bedeutung im Moment des Zeichen-Gebrauchs, wenn der *Name* auf den *Träger* bezogen wird und für diesen praktisch stellvertretend Präsenz gewinnt. Anders gesagt: wenn das *Grammaton* die *Bedeutung* präsentiert: *nṯr* / 𓊹 *ist* „Gott". Wenigstens für den Augenblick, die *epoché*.

Es sei denn, die Situation fällt dekonstruktivistisch (*etisch*) aus und das Bemerken, Entdecken, „Entlarven" der *différance* ist die eigentliche Emergenz. Das „Zeigen" ist dann das heideggersche Durchstreichen, das die *différance* herausstellt und ihre Negation mit einbezieht (durch die verbleibende Lesbarkeit des Textes): *nṯr* / 𓊹 *ist* (nur noch) ~~Gott~~.

---

25 Als Versuch, ein solches praktisches Feld aus den Trümmern der Belege zu rekonstruieren, biete ich an: Fitzenreiter 2013.b, wo es um die Existenz von Tier~~göttern~~, oder auch Fitzenreiter im Druck, wo es um die Existenz und Wirkung des ~~Gottes~~ Aton geht.

26 Wittgenstein 1989, 262–263.

27 Austin 1975.

28 Assmann 2004.b; Bredekamp 2010.

29 Geertz 1983.

30 Zu Performativität und Emergenz etwas ausführlicher: Fitzenreiter 2015.

31 Zum Fetisch: Fitzenreiter 2013.a.

4. Befund: Theologie

Wenigstens ein Beispiel. Die Verbindung von *nṯr* und diversen Dingen – Tieren, Mumien, Bildern – in der pharaonischen Religion wurde in Teil I der Studie behandelt. Dass alle diese Objekte nur durch den Gebrauch zu *nṯr* werden, ist recht eindeutig. Weniger eindeutig ist, *wie* sie es werden. Hier hilft nur die Suche nach dem *modus operandi* weiter, und dabei genauer: die Suche nach Quellen, die Zeichen erklären – und ihnen damit Bedeutung zuschreiben, auf sie zeigen, sie zu Zeichen erst machen. Wobei die Zuschreibung so dicht zu werden hat, dass über die Trümmer des Befundes die Emergenz der Zeichenaktivierung als eine der *différance* rekonstruiert werden kann, in der das ~~Signifikat~~ *wird.*

Quellen dieser Art beginnen in der ägyptischen Archäologie mit einer einfachen ikonographischen Auszeichnung, einem Falkenkopf z.B., durch die das Bild als das einer nicht-natürlichen Entität charakterisiert wird. Sie gehen über die schlichte Bei- oder Aufschrift bis hin zu längeren Ausführungen sowohl über den Charakter der Manifestation als auch den Weg, wie dieser Charakter in die Manifestation gelangt sei. Der Gipfel solcher Belege sind dann fraglos jene, die ein Phänomen betreffen, welches die Ägyptologie unter dem Begriff der „Einwohnung“ behandelt: Wie sich dem Zeichen seine Bedeutung als „Gott“ einschreibt.[32]

4.1 (Denkmal memphitischer Theologie)

Ein zentraler Textbeleg dafür ist die Passage 59–61 aus dem sogenannten „Denkmal memphitischer Theologie“, in dem der als Schöpfer konzeptualisierte Ptah als Urheber der sakralen Entitäten beschrieben wird.[33] Das ganze „Denkmal“ kann geradezu als Beispiel für das „Herbeischreiben von Präsenz“ stehen und thematisiert – sozusagen als eine innere Referenz – genau diesen Aspekt der „Schöpfung durch Worte“.[34]

ms.n=f nṯr.w jr.n=f nw.wt grg.n=f spꜣ.wt
Er gebiert[35] die ~~Götter~~, er macht die Städte, er gründet die Gaue.

dj.n=f nṯr.w ḥr-jb m sḥ=sn srwḏ.n=f pꜣ.t=sn grg.n=f ẖm.w=sn
Er setzt die ~~Götter~~ ein an ihren Kultstätten, er legt ihre Opferspeisen fest, er gründet ihre Schreine.

stwt.n=f ḏ.t=sn r sḥtp jb.w=sn
Er bildet ihren Leib, wie sie es wünschen.

sw ʿq nṯr.w m ḏ.t=sn m ẖ.t nb m ꜣ.t nb m jm nb ẖ.t rd ḥr-ẖtw=f
Denn so ist das Eintreten der ~~Götter~~ in ihren Leib aus allerlei Holz, allerlei Mineral, allerlei Ton / Fayence und allerlei Dinge, die auf ihm (dem Erdgott) wachsen:

ḫpr.n=sn jm
Sie *werden* dadurch.

Ziel des Traktates ist es, die *Präsenz* der *nṯr.w* an den verschiedenen Orten und Manifestationen dieser Präsenz zu erklären.[36] Wie in jeder Theologie üblich wird dabei theozentrisch vorgegangen und „vom Gott aus“ gedacht.[37] Und man übersieht schnell, dass es ja eigentlich die *Orte* und *Manifestationen* der Präsenz sind – die Kultstätten, Schreine und schließlich „Leiber“ –, um die es geht, deren Existenz erklärungsbedürftig ist, und die ominösen *nṯr.w* (in Gestalt ihres Grammatons) nichts als Vehikel bleiben, diese Präsenz des Sakralen zu erklären,

32 Morenz 1960, 158–159; Eschweiler 1994, 287–297; Assmann 2004.a.

33 Siehe die neueren Bearbeitungen durch El Hawary 2010 und Rothöhler 2004, die jeweils die Forschungsgeschichte ausführlich referieren.

34 Siehe die Überlegungen in El Hawary 2010.

35 Ich übersetze das Tempus der *sḏm.n=f*-Form als eine bis in die Gegenwart reichende und in der Gegenwart andauernde Handlung (imperfektisch bzw. im unvollendeten Aspekt) behelfsweise mit dem deutschen Präsens; siehe dazu in diesem Band „Scherz, Satire, Ironie und tiefere Bedeutung“.

36 In Bezug auf die Diskussion in Teil I ist interessant, dass auch hier der Wortstamm *ḫpr* / „werden“ für den Vorgang der Präsenzgewinnung in einem Objekt Verwendung findet.

37 „Onto-Theologie“, die nach Derrida 1974, 44 „das System, das als Auslöschung der *différance* fungiert“, ist.

zu bekräftigen, performativ zu affirmieren.[38] Aber genau diese Verwischung der Kausalitäten, die Übertragung des Primats auf die Bedeutung und die Herabstufung des Objekts zu einer Hülle, das ist der Akt des „Gebrauchs", in dem die *différance* erzeugt wird – der ursprüngliche Akt theologischer Konzeptualisierung (und die Geburt von Idealismus und Strukturalismus in einem[39]). Durch Umdrehung der Kausalitäten wird die *différance* sowohl betont als auch negiert und verwischt: Es wird verzaubert (*fetisso*). So wird das Objekt zum Leib (*ḏ.t*) herabgestuft und seine Bedeutung endlich zum *nṯr* exteriorisiert.

4.2 (Ontologie und Stabilität)

Allerdings lässt sich keine logische Aufeinanderfolge in diese Verdrehung der Kausalitäten hineininterpretieren. Es gab nicht *zuerst* die Manifestation der Präsenz und *dann* die theologische Konzeptualisierung derselben. Präsenz und Konzept sind aneinander gebunden: Ohne das Konzept der Präsenz kann keine Präsenz sein. Die Manifestation der potentiellen Präsenz bleibt solange nur Ort / Objekt / Schrift und damit lebloses Artefakt, bis ein Akt des „Gebrauchs" diese zu einem Grammaton und damit Zeichen macht und so die Präsenz realisiert. Erinnern wir uns an Ptahmose aus Teil I: Er „machte" (*jr*) seine Erscheinung / Mumie zu einem *nṯr*.

Interessant bleibt nur, dass genau die Konzepte durchaus variabel sind, während die Potenz, Präsenz zu erzeugen, z.B. eines sakralen Ortes oder Objektes erstaunlich stabil bleibt. Heilige Plätze und heilige Gegenstände sind oft dieselben für ganz unterschiedliche Systeme religiöser Sinngenerierung und dabei sogar für solche, die sich um strikte Abgrenzungen bemühen. Tempel, Legionsheiligtum, Kirche, Moschee, Platz für Esoteriker sind nicht nur in Luxor ein und derselbe Ort. Offenbar gilt: Ist die Präsenz des Sakralen in einer konkreten Manifestation erst einmal postuliert, so entwickelt sie ein bemerkenswertes Beharrungsvermögen. Theologisches „Zeigen" und „Gebrauchen" ist dann die flexible und innovative Praxis der beständigen Sinngenerierung durch Befragung der *différance* des fetischhaften Objekts.

Letztendlich müssen allerdings alle Theologien, die die „Einwohnung" des Sakralen (ob *nṯr* oder „Gott") in das Objekt der Präsenz erklären, plump bleiben und sind nur den Teilnehmern am emischen Diskurs erträglich. Jeder Außenstehende wird mit Jeremia 10, 3–5. 9. 14 etisch gefärbt sagen: „Denn ihre Götter sind alle nichts. Man fällt im Walde einen Baum, und der Bildhauer macht daraus mit dem Schnitzmesser ein Werk von Menschenhänden, und er schmückt es mit Silber und Gold und befestigt es mit Nagel und Hammer, dass es nicht umfalle. Sie sind ja nichts als Vogelscheuchen im Gurkenfeld. Sie können nicht reden; auch muss man sie tragen, denn sie können nicht gehen."[40] Wer nicht bereit oder *fähig* ist, die Emergenz von Objekten als Präsenz einer *différance* wahrzunehmen (de Brosses' „Verzauberung" also zu erleben), sondern weiterhin im *nṯr* nur eine Vogelscheuche sieht, bleibt in diesem theologischen Konzert religiös unmusikalisch.[41]

---

38 Zur „Theologisierung der Bildpraxis" als sekundäres Phänomen, also als ein Bemühen, die sakrale Wirksamkeit bereits vorhandener Gegenstände auf der Grundlage jeweils zeitgenössischer theologischer Diskurse zu erklären siehe: Eschweiler 1994, 289 (nach Hans Belting).

39 Es sei auch hier angemerkt, dass ich entgegen dem klassischen Strukturalismus und im Chor mit jenen, die dem Poststrukturalismus zugeschlagen werden, nicht an die Existenz einer Entität wie z.B. „Sprache" / *langue* und damit einer Struktur überhaupt glaube, sondern diese für ein sekundäres, abgeleitetes Konstrukt aus der Punktwolke des „Sprechens" / *parole* halte. Es sei wieder an die Theorie des praktischen Feldes von Pierre Bourdieu erinnert oder an die lautstarke ANT von Michel Callon und Bruno Latour, die sich zum Fürsprecher aller Aktanten macht, egal ob menschlicher oder nicht-menschlicher Statur. „Struktur" ist nichts anderes als eine generalisierende Interpretation der *différance* der Aktivierung des gegebenen Inventars. Eines Inventars, das sich nicht aus einer nebulösen „Struktur" ableiten lässt, sondern durch die Aktivierung selbst reproduziert. Siehe dazu Teil III.

40 Alexander Pruß wies mich auf diese Stelle hin.

41 Dieser oft variierte Spruch von Max Weber wurde von diesem in einem Brief vom 09.02.1909 an Ferdinand Tönnies durchaus als eine Verlusterfahrung formuliert: „Denn ich bin zwar religiös absolut ‚unmusikalisch' und habe weder Bedürfnis noch Fähigkeit, irgendwelche seelischen ‚Bauwerke' religiösen Charakters in mir zu errichten – das geht einfach nicht, resp. ich lehne es ab. Aber ich bin [,] nach genauer Prüfung, weder antireligiös noch irreligiös. Ich empfinde mich auch in dieser Hinsicht als einen Krüppel, als einen verkrüppelten Menschen, dessen inneres Schicksal es ist, sich dies ehrlich eingestehen zu müssen, sich damit – um nicht in romantischen Schwindel zu verfallen – abzufinden, auch nicht als einen Baumstumpf, der hie und da noch auszuschlagen vermag, mich als einen vollen Baum aufzuspielen. Aus dieser Attitüde folgt viel [...]." (Weber 1989, 110, Anm. 26).

5. Schluss

Überblickt man die beiden bis hier angelegten Teile dieser Studie, so sollten sich Verbindungen auftun: Teil I wollte eine Genealogie des Begriffes geben, die sich zum Kern der Verbindung von sakralem Objekt und sakraler Bedeutung vorarbeitet: zum Fetisch. Der Nachteil dieser Taktik ist, dass sie suggeriert, die Deckung von Objekt / Signifikant und Signifikat, von Zeichenträger und Bezeichnetem wäre eine „ursprüngliche", die es vor allen anderen gegeben hätte. Was fragwürdig ist. Deshalb bietet Teil II eine Dekonstruktion von *nṯr* als einem Begriff seiner selbst, durch die der Bezug zum „Fetisch" als ein „Gebrauch" historisiert wird. Denn auch der machtvollste Fetisch ist solange nur eine Vogelscheuche, solange er nicht richtig gebraucht wird. Dann allerdings sollte man sich vor ihm hüten; jedenfalls die, die ihn gebrauchen.[42] Zusammen sollen beide Teile zu der auch archäologisch interessanten Erkenntnis führen, dass jenseits der Schrift / dem Bild / dem Wort *nṯr* / 𓊹 eine Bedeutung nicht existent ist und der Schrift / dem Bild / dem Wort als Begriff nicht vorausgehen kann – ihr aber auch nicht nachgeht. *nṯr* ist nicht „ursprünglich" Fetisch (als Schrift / Bild / Wort), sondern Fetisch ist ein *Gebrauch* des Grammaton *nṯr* / 𓊹. Das Grammaton wird in der Praxis zu einem „verzauberten" (*fetisso*) Gegenstand, wie es der „Fetisch" auch ist; die Verzauberung besteht darin, die *différance* in das Grammaton zu legen und diese *différance* zugleich in der Praxis zu negieren. Es ist diese beständige praktische „Verschiebung von Bedeutung im Gebrauch", in der sich die *différance* realisiert, und durch die sich das Signifikat immer wieder vom Signifikanten löst. Damit findet auch das Absurde bzw. Transzendente der fehlenden Vergleichbarkeit, der fehlenden Referenz, der fehlenden letzten Bestimmung zurück in die Religionsbeschreibung – und wirft zugleich den ganzen Prozess der Bezeichnung zurück auf den Agenten: dem das Bestimmen immer wieder entgleitet. Es ist das Verdienst der Phänomenologie, dieses Entgleiten der Bestimmung als Wesen des „Heiligen" herausgestellt zu haben;[43] es ist das Verdienst der *turns* des 20. Jahrhunderts, immer wieder auf die Verstrickung des Aktanten in das Netz seiner selbstgeschaffenen Ahnungen zu verweisen: Da „Gott" keine empirisch nachweisbare Referenz hat und auch nicht qualitativ bestimmbar ist, aber *denkbar* (*sagbar*, *bildbar* etc.) bleibt, gibt es ~~Gott~~.[44]

42 Forschungen zur Magie zeigen immer, dass die magische Wirkung – sei sie verderbend oder heilend – nur solche Rezipienten treffen kann, die um die Magie *wissen* und somit daran *glauben* (Marwick 1970).

43 Otto 1917.

44 „Im Denken sind wir Gott am nächsten." formuliert etwa Gerhardt 2000, 232. Der Gedanke, dass es sinnvoll bleibt, Gott an einer Stelle der Argumentation einzusetzen (an welcher, darüber wird gestritten), ist in der neueren, theistischen Diskussion um den Gottesbeweis immer wieder anzutreffen, allerdings ohne die heidegger-derridasche „Durchstreichung"; vgl.: Spaemann 2005; Gerhard 2008. Dass sich auch bei diesen Ansätzen eine Dekonstruktion des Gedankenganges lohnt, um dieses Präsenz Gottes in Grammaton und *epoché* zu verorten, liegt auf der Hand. Am Ende ist die Frage nach Gott der eigentliche Gottesbeweis, denn in der Frage nach Gott *ist* Gott, und nirgends anders. Es ist im Übrigen festzuhalten, dass musisch / künstlerisch inspirierte Versuche der Bildnerei, Musik oder Literatur / Poesie, die *différance* / Präsenz des Konzeptes „Gott" zu beschreiben, häufig sehr viel befriedigender ausfallen, als die der in Schrift und Sprache gefassten Theologie / Philosophie. Gerhard 2000, 233–234 formuliert diesen Umstand so: „Wenn wir aber gleichwohl der Erfahrung nahe sein wollen, die im Glauben an Gott gemacht wird, bleibt uns, rein begrifflich gesehen, nur das ästhetische Erleben. Da es die intellektuelle Redlichkeit verbietet, über Gott zu sprechen wie über einen historischen oder metaphysischen Sachverhalt, können wir in aller Bescheidenheit die Erfahrung des Schönen und Erhabenen, des Komischen und des Tragischen nehmen, um dem wenigstens nahe zu sein, was wir zwar nicht wissen, aber dennoch (auf der Basis unseres Wissens) gar nicht anders als – *glauben* können." Wenigstens die altägyptischen Theologen und Schöpfer der Widder- und Krokodil-Hymnen von Esna haben die ästhetische Performanz des Schrift-Bildes offenbar ebenfalls höher eingeschätzt, als die des Text-Inhalts: Der eher triviale Text des Hymnus wird durch seine ungewöhnliche Schriftfassung performativ vollkommen „verzaubert" (siehe Anm. 14).

Literaturverzeichnis

Assmann 1995 = Jan Assmann, Geheimnis, Gedächtnis und Gottesnähe: Zum Strukturwandel der Grabsemantik und der Diesseits-Jenseitsbeziehungen im Neuen Reich, in: Jan Assmann, Eberhard Dziobek, Heike Guksch u. Friederike Kampp (Hg.), *Thebanische Beamtennekropolen*, SAGA 12, Heidelberg 1995, 281–293.

Assmann 2004.a = Jan Assmann, Einwohnung. Die Gegenwart der Gottheit im Bild, in: Jan Assmann, *Ägyptische Geheimnisse*, München 2004, 123–134.

Assmann 2004.b = Jan Assmann, Die Macht der Bilder. Rahmenbedingungen ikonischen Handelns, in: Jan Assmann, *Ägyptische Geheimnisse*, München 2004, 99–122.

Austin 1975 = John L. Austin, *How to do Things with Words*, 2. ed., Cambridge / Mass. 1975.

Baines 1991 = John Baines, On the symbolic Context of the principal Hieroglyph for „God", in: Ursula Verhoeven u. Erhart Graefe (Hg.), *Religion und Philosophie im Alten Ägypten* (Fs Philippe Derchain), OLA 39, Löwen 1991, 29–46.

Bourdieu 1979 = Pierre Bourdieu, *Entwurf einer Theorie der Praxis auf der ethnologischen Grundlage der kabylischen Gesellschaft*, Frankfurt a.M. 1979.

Bredekamp 2010 = Horst Bredekamp, *Theorie des Bildakts*, Berlin 2010.

Derrida 1974 = Jacques Derrida, *Grammatologie*, Frankfurt a.M. 1974.

Eggert / Veit 1998 = Manfred K. H. Eggert u. Ulrich Veit (Hg.), *Theorie in der Archäologie: Zur englischsprachigen Diskussion*, TÄT 1, Münster 1998.

El Hawary 2010 = Amr El Hawary, *Wortschöpfung. Die Memphitische Theologie und die Siegesstele des Pije – Zwei Zeugen kultureller Repräsentation in der 25. Dynastie*, OBO 243, Freiburg / Göttingen 2010.

Eschweiler 1994 = Peter Eschweiler, *Bildzauber im alten Ägypten. Die Verwendung von Bildern und Gegenständen in magischen Handlungen nach Texten des Mittleren und Neuen Reiches*, OBO 137, Freiburg / Göttingen 1994.

Fitzenreiter 2013.a = Martin Fitzenreiter, Neues vom Netscher, in: Mélanie C. Flossmann-Schütze, Maren Goecke-Bauer, Friedhelm Hoffmann, Andreas Hutter, Karin Schlüter, Alexander Schütze u. Martina Ullmann (Hg.), *Kleine Götter – Grosse Götter. Festschrift für Dieter Kessler zum 65. Geburtstag*, Tuna el-Gebel 4, München 2013, 131–143.

Fitzenreiter 2013.b = Martin Fitzenreiter, *Tierkulte im pharaonischen Ägypten*, München 2013.

Fitzenreiter 2015 = Martin Fitzenreiter, (Un)Zugänglichkeit. Über Performanz und Emergenz von Schrift und Bild, in: Annette Kehnel u. Diamantis Panagiotopoulos (Hg.), *Schriftträger – Textträger. Zur materialen Präsenz des Geschriebenen in frühen Gesellschaften*, Materiale Textkulturen 6, Berlin 2015, 179–208.

Fitzenreiter im Druck = Martin Fitzenreiter, Kultgeräte als Aktanten und das Artefakt *Gott* (Neues vom Netscher Teil III), erscheint in den Akten des Symposiums „Praktische Verwendung religiöser Artefakte (Text- / Bildträger)" im IWH Heidelberg, 20.–22. Sept. 2013, hgg. von Daniela C. Luft.

Geertz 1983 = Clifford Geertz, *Dichte Beschreibung. Beiträge zum Verstehen kultureller Systeme*, Frankfurt a.M. 1983.

Gerhardt 2000 = Volker Gerhardt, *Individualität. Das Element der Welt*, München 2000.

Gerhardt 2008 = Volker Gerhard, Glauben unter den Bedingungen des Wissens, *Praktische Theologie* 43/1, 2008, 12–21.

Hornung 1971 = Erik Hornung, *Der Eine und die Vielen. Ägyptische Gottesvorstellungen*, Darmstadt 1971.

Kohl 2003 = Karl-Heinz Kohl, *Die Macht der Dinge. Geschichte und Theorie sakraler Objekte*, München 2003.

Leitz 2001 = Christian Leitz, Die beiden kryptographischen Inschriften aus Esna mit den Widdern und Krokodilen, *SAK* 29, 2001, 251–276.

Leitz 2002 = Christian Leitz (Hg.), *Lexikon der ägyptischen Götter und Götterbezeichnungen*, Band IV, OLA 113, Löwen 2002.

Marwick 1970 = Max Marwick (Hg.), *Witchcraft and Sorcery. Selected Readings*, Harmondsworth 1970.

Moebius / Wetzel 2005 = Stepahn Moebius u. Dietmar J. Wetzel (Hg.), *absolute. Jacques Derrida*, Freiburg 2005.

Morenz 1960 = Siegfried Morenz, *Ägyptische Religion*, Stuttgart 1960.

Morenz 2002 = Ludwig D. Morenz, Schrift-Mysterium. Gottes-Schau in der visuellen Poesie von Esna – insbesondere zu den omnipotenten Widder-Zeichen zwischen Symbolik und Lesbarkeit, in: Jan Assmann u. Martin Bommas (Hg.), *Ägyptische Mysterien?*, München 2002, 77–94.

Otto 1917 = Rudolf Otto, *Das Heilige. Über das Irrationale in der Idee des Göttlichen und sein Verhältnis zum Rationalen*, Breslau 1917.

Rothöhler 2004 = Benedikt Rothöhler, *Neue Gedanken zum Denkmal memphitischer Theologie*, Ma'at 1, Heidelberg, 2004 (<http://archiv.ub.uni-heidelberg.de/volltextserver/frontdoor.php?source_opus=7030>).

Sauneron 1963 = Serge Sauneron, *Le Temple d'Esna* II, Kairo 1963.

Spaemann 2005 = Robert Spaemann, Der Gottesbeweis. Warum wir, wenn es Gott nicht gibt, überhaupt nichts denken können, *Die Welt*, 26.03.05 (<http://www.welt.de/print-welt/article560135/Der-Gottesbeweis.html>).

Spaemann 2007 = Robert Spaemann, *Das unsterbliche Gerücht. Die Frage nach Gott und die Täuschung der Moderne*, 2. Aufl, Stuttgart 2007.

van Walsem 2006 = René van Walsem, Sense and Sensibility, in: Martin Fitzenreiter u. Michael Herb (Hg.), *Dekorierte Grabanlagen im Alten Reich*, IBAES 6, Berlin / London 2006, 277–334, Online-Fassung: <http://www2.rz.hu-berlin.de/nilus/net-publications/ibaes6/index.html>.

Weber 1989 = Max Weber, *Die Wirtschaftsethik der Weltreligionen. Konfuzianismus und Taoismus: Schriften 1915 – 1920*, hgg. von Helwig Schmidt-Glitzner in Zusammenarbeit mit Petra Kolonko, Max-Weber-Gesamtausgabe Bd. 19, Tübingen 1989.

Wieser 2012 = Matthias Wieser, *Das Netzwerk des Bruno Latour. Die Akteur-Netzwerk-Theorie zwischen Science & Technology Studies und poststrukturalistischer Soziologie*, Bielefeld 2012.

Wittgenstein 1989 = Ludwig Wittgenstein, Philosophische Untersuchungen, in: Ludwig Wittgenstein, *Werkausgabe* Band 1, Frankfurt a.M. 1989.

Geschichtsforschung und Ägyptologie*

I.

1.

Es gibt eine Reihe von Gründen, die es nicht leicht machen, über die Geschichtsforschung in der Ägyptologie zu sprechen. Und das liegt nicht allein an der Ägyptologie.

Erstens, um doch mit der Ägyptologie zu beginnen, ist und bleibt die Ägyptologie, wie sie im deutschsprachigen Raum an Universitäten institutionalisiert ist und gelehrt wird, ein philologisches Fach. Alle übrigen Bereiche einer Beschäftigung mit dem alten Ägypten – sei es seiner sozialen und politischen Struktur, seiner Wirtschaft, seiner materiellen Kultur, und eben auch seiner Geschichte – sind aus dieser institutionsrelevanten Perspektive Beiwerk, dem sich die Ägyptologin oder der Ägyptologe gewissermaßen *auch* widmen kann oder muss. Insofern gibt es meines Wissens keine etablierte ägyptologische Geschichtsforschung sondern nur philologisch fundamentierte ÄgyptologInnen, die sich *auch* mit Fragen der Geschichte befassen. Professionelle HistorikerInnen klammern andererseits – und wieder meines Wissens – das Ägypten pharaonischer Zeit weitgehend aus. Sie stützen sich, wenn denn die Heranziehung pharaonischer Zusammenhänge nötig zu sein scheint, auf die Ergebnisse von an historischen Fragen interessierten ÄgyptologInnen. Eine Ausnahme bilden die AlthistorikerInnen, die sich zumindest dem ptolemäisch-römischen Ägypten widmen, das umgekehrt wiederum etlichen ÄgyptologInnen bereits ob seiner vielen „fachfremden" Aspekte suspekt ist. Hierin aber den Aufruf zu sehen, es sei an der Zeit, eine spezifische ägyptologische Geschichtswissenschaft zu etablieren, ist unnötig. Es ist genau die ägyptologische Basis aus Philologie und landesspezifischer Archäologie einerseits und das Bemühen, sich mit den Diskursen der Geschichtswissenschaft vertraut zu machen andererseits, was eine gute ägyptische Geschichtsschreibung ausmacht.

Zweitens wird eine Beobachtung ägyptologischer Geschichtsforschung dadurch erschwert, dass es selbst in den Geschichtswissenschaften keine harte Definition für das zu geben scheint, was „Geschichte" eigentlich ist. Zumindest so weit ist man sich wohl einig, dass Geschichte etwas mit Zeit und Abläufen in der Zeit zu tun hat, wobei die Abläufe bevorzugt in einer vergangenen Zeit stattgefunden haben sollten. Es kann aber auch die Gegenwart sein; man spricht dann von Zeitgeschichte und meint: die Abläufe der Jetzt-Zeit, also jener Zeit, deren *Erleben* durch das Bindegedächtnis lebender Menschen geprägt ist, während alles davor nur durch den Rückgriff auf kollektive, sogenannte *Erinnerungen* rekonstruiert wird. Als Minimaldefinition sei vorschlagen, Geschichte als die in der Zeit gerichtete Bewegung von Phänomenen zu charakterisieren. Damit wären auch Phänomene des menschlichen Zusammenlebens, der Wirtschaft und der Kunst, der Ideologie und Religion als historische, d.h. in der Zeit bewegt erfassbar, eben über die Sozialgeschichte, Wirtschaftsgeschichte, Kunstgeschichte, Ideengeschichte, Religionsgeschichte usw. Allgemein sollte man aber festhalten, dass unter dem Gegenstand der „Geschichte" alltagsbewusst vor allem die Bewegung politischer Phänomene und von deren Protagonisten verstanden wird; also die Genese von Formen politischer Machtausübung, die Abfolge von Herrschern, der Lebensweg herausragender Akteure u.ä.; kurz: das, was als *Ereignisgeschichte* in der zweiten Hälfte des 20. Jahrhunderts geschmäht und inzwischen wieder rehabilitiert wird. Eng verbunden mit der Erzählung des *Ereignisses* ist dessen exakte Fixierung in der Zeit, also *Chronologie*.[1]

---

* Der Text geht auf einen Vortrag mit dem Titel „Zum Stand der Geschichtsforschung in der Ägyptologie" zurück, den ich im Juli 2010 auf der „Ständigen Ägyptologenkonferenz" in Bonn gehalten habe. Ich danke Ludwig D. Morenz für die Einladung und überhaupt die Idee, einen solchen Vortrag zu halten. Robert Schistl hat mich auf wichtige Literatur hingewiesen und die Teilnehmer am IBAES-Workshop „Das Ereignis" 2008 sind weit mehr als nur Anreger gewesen (siehe die Namen in: Fitzenreiter 2009 und dort das Foto auf Seite I). Nach sieben Jahren sind etliche Bemerkungen überholt; es sind die methodologischen Überlegungen, die m.E. eine Publikation zumindest im Rahmen dieses Bandes dennoch rechtfertigen. Einige Verweise auf neuere Literatur wurden eingearbeitet.

1 So formuliert in etwa auch die Startseite des Internetauftritts des *Journal of Egyptian History*: „The Journal of Egyptian History (JEgH) aims to encourage and stimulate a focused debate on writing and interpreting Egyptian history, ranging from the Neolithic foundations of Ancient Egypt to its modern reception. It covers all aspects of Ancient Egyptian history

Drittens fällt es mir schwer über die ägyptologische Geschichtswissenschaft zu sprechen, weil ich für eine solche Evaluierung zu alt bin. Mit dem Anspruch oder der Anmaßung an das Forschungswerk der ÄgyptologInnen heranzugehen, dieses nach seinen Themen, Leistungen und Defiziten in historiographischer Hinsicht abzuklopfen, das sei die Aufgabe von Dissertanten. Denn für diese ist es richtig und wichtig, sich ein klares Bild vom Stand der Forschung zu schaffen – also vom Gegner. Später verzettelt man sich erfahrungsgemäß nur noch in den eigenen Vorlieben. Und es ist mehr als wahrscheinlich, dass einem dabei genau das entgeht, was als der eigentlich neue Ansatz oder die eigentlich brennende Fragestellung für die nächsten Jahre in den Mittelpunkt der Forschung rücken wird. Das zumindest lehrt ein Blick in bisher vorliegende Versuche, solche Resümees des Forschungsstandes vorzunehmen, die wenig überraschender Weise etwa im 30-Jahres-Rythmus versucht werden. 1979 plant Donald B. Redford in dem von Kent Weeks herausgegebenen Sammelband „Egyptology and the Social Sciences" die Öffnung der ägyptologischen Geschichtsforschung[2] (und beklagt 2000 in der *milleniums lecture* den unbefriedigenden Zustand);[3] 2008 wagt Thomas Schneider einen Neuanfang mit der Begründung des *Journal of Egyptian History*. Spätestens 2040 sehen wir uns also wieder.

2.

Um den bis hier bereits verbreiteten Skeptizismus noch etwas weiter zu treiben, möchte ich auch alle Erwartungen dämpfen, die von neuartigen methodischen Ansätzen oder den solche Ansätze rechtfertigenden Theorien allzuviel Substantielles für die Ägyptologie im Allgemeinen und die ägyptologische Geschichtsschreibung im Besonderen erwarten. Die eigentlichen Impulse der historiographischen Arbeit in der Ägyptologie gingen auch in den vergangenen Jahren nicht von einer methodisch inspirierten Neubewertung des Materials aus, sondern beruhen weitestgehend auf der positivistischen Kärrnerarbeit der wenigen ernsthaft an historischen Fragen interessierten Ägyptologen wie Jürgen von Beckerath, Kenneth Kitchen und Erik Hornung, um nur die Älteren zu nennen, oder Rolf Krauss und Karl Jansen-Winkeln, um auch – wenn man so will – jüngere unter den älteren Kollegen zu erwähnen. Und bei aller Wertschätzung des diskursiven Charakters neologistisch profilierter Exzellenztransdisziplinarität im Kampf um gesellschaftliche Aufmerksamkeit: Es wird auch in Zukunft dabei bleiben, dass es vor allem die Ergebnisse der Kärrnerarbeit der Materialbeschaffung und Materialordnung sind, was eine Forschergeneration der nächsten weitergibt. Theorie ist die Soße, die solchen trockenen Stoff dem jeweiligen Zeitgeist schmackhaft macht, der folgenden Generation dafür aber um so unverdaulicher.

3.

Ehe ich zur mehr oder weniger schmackhaften Soße zurückkehre, wenigstens der Versuch, einen Blick auf die Themen einer Geschichtsforschung in der Ägyptologie zu werfen, wie sie in der neueren Literatur behandelt werden.

a) Absolute Chronologie

Hier hat sich einiges getan. Nachdem wir durch „centuries of darkness" gegangen sind scheint sich das traditionelle Bild einer relativ langen Chronologie doch durchzusetzen, wie es aktuell auch Radiokarbondaten aus Ägypten zu bestätigen scheinen.[4] Der Streit um die absolute Fixierung von Sothisaufgängen und andere astronomische Konstellationen läuft sich vielleicht auch langsam tot, wobei natürlich solchen Rechenrätseln ein hoher Unterhaltungswert nicht abzusprechen ist und insofern werden sie uns wohl weiter begleiten.[5]

(political, social, economic, and intellectual) and of modern historiography about Ancient Egypt (methodologies, hermeneutics, interplay between historiography and other disciplines, and history of modern Egyptological historiography)." (<http://www.brill.com/journal-egyptian-history>; 28.12.17); vgl. Schneider 2008.a.

2 Redford 1979, flankiert wurde der Aufbruch etwa von Bietak 1979.a und, bereits pessimistisch, von Kemp 1984. Als direkte Folge kann die Publikation von Trigger et al. 1983 angesehen werden.

3 Redford 2003 und noch trauriger: Redford 2008.

4 van der Veen / Zerbst 2003; Hornung / Krauss / Warburton 2006; Müller 2006; Bietak / Czerny 2007.

5 Schneider 2008.b; Huber 2011.

b) Historische Texte

Texte bleiben des Ägyptologen liebste Spielwiese und so bleibt es auch eine vornehme Aufgabe, jene Texte zu lesen und zu verstehen (was ja nicht dasselbe ist: lesen kann man sie im Prinzip seit Champollion, verstanden werden sie in jeder Epoche – und meist auch von jedem Ägyptologen – anders), die nach unserem Dafürhalten historische Texte sind. Der Begriff des „historischen Textes" wird dabei wohl so weich bleiben wie der Begriff der „Historie".[6] Er wird also alle Arten von Listen und Annalen mit auf die Zeit bezogenen Aussagen ebenso umfassen, wie die literarische Verarbeitung von Vorfall und Veränderung (als die Summe von Vorfällen). Oder das ganze Kollateralmaterial aus Titeln, Topoi und Transaktionen, das irgendwie von historischer Relevanz sein könnte. Dieses kollaterale Textmaterial erweist sich nach wie vor als nützlich besonders für die Institutionsgeschichte, also alles, was sich um Verwaltung und eine etwas eng als Rang- und Namenslistung verstandene Sozialgeschichte dreht. Längere Texte liefern Stoff auch zur Reflektion des ägyptischen Geschichtsbildes.[7] Ideengeschichtlich hat das Terrain zuletzt fraglos Jan Assmann über das Konzept des Gedächtnisses dominiert.[8] Wobei die tatsächliche Rezeption oder Evaluierung dieses mächtigen *tools* – um die Computersprache zu bemühen – in der ägyptologischen Geschichtsschreibung m.E. noch aussteht.[9]

Ich möchte in diese Sparte auch die Vibrationen einordnen, die diverse *turns* der allgemeinen Geschichts- und Kulturwissenschaft in der Ägyptologie ausgelöst haben, also etwa der *linguistic turn* oder neuerdings der *visual / pictorial turn*. Prinzipiell haben diese *turns* ja vor allem den Umgang mit dem Text- und dem damit verwandten Bildmaterial geschärft.[10] Kurz gesagt: jeder *turn* legt die Gebrochenheit dar, mit der bestimmte Medien – Texte erst, dann Bilder, das Performative steht als nächste Stufe ins Haus – Nachrichten aus der Geschichte einerseits verschlüsseln, andererseits überhaupt erst konstituieren.[11]

c) Dunkle Flecken

Nicht alles ist durch Texte befriedigend zu erfassen; die ägyptologische Geschichtsschreibung sieht sich einer Menge dunkler Flecken gegenüber. Beliebtes Thema insbesondere von Qualifikationsarbeiten bleibt es, solche Flecken aufzuhellen. Bevorzugt sind dabei z.Z. die sogenannten Zwischenzeiten. Karl Jansen-Winkeln hat kürzlich sehr nachdrücklich darauf hingewiesen, wie viele Leerstellen es aber selbst in den Bereichen gibt, die unter ägyptologischem Gesichtspunkt als gut dokumentiert gelten, z.B. die Regierungsszeit Ramses II.[12] Und er hat auch angezeigt, wie man häufig solchen Flecken der Belegbarkeit begegnet: indem man fleißig Kulturgeschichte schreibt und z.B. aus großen Pyramiden lange und segensreiche Regierungen ableitet, aus kleinen Pyramiden aber kurze und unruhige, aus Gefäßformen auf das „Nachlassen formender Kräfte" schließt oder in Porträts psychologisierend die Bürde des Herrscheramtes im Mittleren Reich oder die Debilität der Amarna-Clique erkennt.[13]

d) Dauerbrenner

Und dann gibt es noch die Dauerbrenner, die der Ägyptologie Aufmerksamkeit auch jenseits der Studierstuben sichern: Die Familiengeschichte der Amarnaperiode und Kleopatra z.B., Hatschepsut und dann schon in sehr absteigender Folge die Lebens- und Krankheitsgeschichte weiterer Individuen.[14] Einige dieser auf die Ereignisgeschichte fokussierten Schwerpunkte wie diverse Korengenzen, die Sequenz des Personals im Umfeld der 3. Zwischenzeit und auch Fragen der Herrscherfolge und familiärer Beziehungen im Alten Reich könnten aber auch einer gewissen Klärung entgegensehen.[15]

---

6 Eyre 1996; Giewekemeyer 2013, 290–294; Gnirs 2013, 384–394.

7 Popko 2006.

8 Assmann 1992; siehe auch die kritische Evaluierung durch Winthrop-Young 2008.

9 Inzwischen: Heffernan 2014; Arp-Neumann 2015; Hidding 2017.

10 Braun 2009; Giewekemeyer 2009.

11 Vgl. Hauser 2005; siehe hierzu auch „Piye's conquest of Egypt" in diesem Band.

12 Jansen-Winkeln 2009.

13 Oder wie es angeblich Albert Einstein formulierte: „Wenn ein unordentlicher Schreibtisch einen unordentlichen Geist repräsentiert, was sagt dann ein leerer Schreibtisch über den Menschen, der ihn benutzt aus?"

14 Graefe 2011.

15 Baud 1999; Gundacker 2006; Moje 2014.

4.

Ich habe diese sehr subjektive Liste aktueller Themen bewusst nicht nach „großen Fragestellungen" geordnet, da diese im Moment bis auf ganz wenige Ausnahmen auch nicht *en vogue* sind (etwa Strukturen und Ereignisse zu korrelieren, Gesellschaftsformen zu definieren, das „Wesen der ägyptischen Hochkultur" zu erfassen u.ä.). Vielmehr scheint man sich aus ägyptologischer Sicht darüber im Klaren zu sein, dass das uns vorliegende Material zwar durchaus umfangreich, aber einerseits heterogen, andererseits unterkomplex ist. Wasserdichte Entwürfe scheitern damit sowohl an der Kompetenz eines Einzelnen, den heterogenen Quellen jeweils gleichwertig gerecht zu werden, als auch am Fehlen ganzer Belegkomplexe. Letzteres, das Fehlen von Quellen, wird – darauf hat wieder Karl Jansen-Winkeln hingewiesen – oft dadurch wettgemacht, dass man an die Stelle historischer Daten solche einer allgemeinen Kulturgeschichte setzt. Ersterem, der Unmöglichkeit, alle Quellenkategorien kompetent zu bearbeiten, versucht der Trend zum Sammelband gerecht zu werden.[16] Auf diese Weise wird dem Rezipienten immerhin das ganze verfügbare Material vorgesetzt, inklusive einer oft redundanten Kulturgeschichte. Erfreulicherweise umfassen derartige Sammlungen meist auch Beiträge, in denen neben der Materialpräsentation und -diskussion eine Synthese versucht wird. Das trifft für die monographisch angelegten Arbeiten auch zu. Dass eine solche Synthese heute immer den Charakter eines *essai* – und zwar im ganz französischen Sinne des Wortes – den Charakter eines bewusst subjektiv eingefärbten Essays haben kann, liegt m.E. auf der Hand. Jan Assmann mit seiner *Sinngeschichte* und jüngst z.B. Pierre Grandet über das Neue Reich und Ludwig Morenz über die Zeit der Regionen haben solche Essays vorgelegt.[17]

II.

1.

Den eben erwähnten „Charakter eines subjektiv eingefärbten Essays" hatten natürlich auch alle historischen Synthesen aus der Epoche *vor* der von mir hier betrachteten Periode ägyptologischer Forschung. Man hat im langen 19. Jahrhundert der Ägyptologie diesen Charakter nur selten bewusst thematisiert. Und damit, vielleicht unvermeidlich, bin ich im zweiten Teil meiner Überlegungen angelangt, in dem es dann doch um eher methodische Fragen gehen soll. Ich werde mich also, wie eingangs befürchtet, in meine Vorlieben verzetteln, dabei aber – und das zur Beunruhigung – ein wenig auch über die Zukunft nachdenken.

Vier Schwerpunkte des historiographischen Interesses von Ägyptologen wurden im vorangegangenen Abschnitt eher assoziativ zusammengestellt: Chronologie, Text (und Bild), Leerstellen, Ereignisse (oder Klatsch). Für alle vier gilt m.E., dass es die schon erwähnte Kärrnerarbeit ist, die die Antworten der jeweils damit zusammenhängenden Fragen und auch das erbringt, was für eine folgende Forschergeneration von Nutzen sein könnte (und vielleicht sogar für die Menschheit, wer weiß?). Aber natürlich liegt darin verborgen oder auch offen zutage einiges an Methodik. Zwei Aspekte dieses methodischen Feldes möchte ich anschneiden, die mir persönlich als interessant neben der – und das sei noch einmal betont: interessant *neben* der absolut grundlegenden – chronologischen und philologisch-historischen Kärrnerarbeit erscheinen. Einen quellenspezifischen Aspekt und einen gewissermaßen geschichtsphilosophischen Aspekt.

2.

Dort, wo es in der ägyptologischen Geschichtsforschung wirklich eng wird, da sind auch gleich alle vier Schwerpunkte Problem. Ich denke da z.B. an dieses Phänomen der „Reichseinigung": Chronologisch unklar, in der Beleglage eigentlich ein schwarzes Loch, selten kontemporär medial verarbeitet und an chronologisch fixen Ereignissen kaum festzumachen – und doch als Wendemarke pharaonischer Geschichte ohne Frage relevant. Man könnte hier als ein fünftes Problem bereits die ideengeschichtlichen Verquickungen hinzufügen, die ein Schlagwort wie „Reichseinigung" mit sich bringt, aber das möchte ich in den nächsten Abschnitt verschieben.

16 Etwa Cline / O'Connor 2006 und Cline / O'Connor 2012 zu Thutmosis III. und Ramses III.

17 Assmann 1999; Grandet 2008; Morenz 2010.

Fassen wir „Reichseinigung" einmal ganz kalt als ein Phänomen, dass unmittelbar mit der Konstituierung eines politisch definierten Gesellschaftssystems in Ägypten zusammenhängt, dann ist die Erzählung seiner *Genese* eine klassische Aufgabe der Geschichtsschreibung.[18] Das haben schon die alten Ägypter selbst so gesehen, die aus verschiedenen Befunden und mittels epochenspezifischer Modelle eine Beschreibung dieses Phänomens vorlegten. Die antiken Autoren taten ebenso auf der Basis von Befunden und interpretativen Modellen; und die europäische Neuzeit wiederum.

Die Erzählgeschichte der Reichseinigung der europäischen Neuzeit blickt nun bereits auf einige Fassungen zurück. Dabei ist zu beobachten, dass jeweils der Bestand an Erzählungen anhand neuer Quellen evaluiert und kritisch aufgehoben wird.[19] Das ist ein ganz allgemeines Prinzip, überhaupt nicht spezifisch für die Ägyptologie oder gar die ägyptologische Historiographie. Spezifisch sind vielmehr die herangezogenen Quellen, eher unspezifisch dann die darauf aufbauende Synthese. D.h., die Besonderheit einer ägyptologischen Geschichtsschreibung liegt in der Aufarbeitung ihrer Quellen, was natürlich eine Binsenweisheit ist. Sie sei aber noch einmal wiederholt: Es sind nicht Ideen von einer hydraulischen Staatsentstehung oder dem pyramidalen Aufbau des Pharaonentums, die eine ägyptologische Geschichtsschreibung ausmachen, sondern es sind die Quellen, die dazu zwingen, solche Hypothesen einer eher allgemeinen Geschichtstheorie regelmäßig *zu überprüfen*. Während diese Thesen – Rasse, Hydraulik, Große Männer, Volksmassen oder Strukturen – in der Regel aus dem Angebot aktueller geschichtswissenschaftlicher Methoden entliehen werden, liegt so etwas wie ein Feld genuin ägyptologischer Geschichtswissenschaft darin, diese Thesen anhand ihrer Belege zu evaluieren. Genau hier liegt nämlich die besondere Kompetenz der historisch interessierten ÄgyptologInnen, wie eingangs festgehalten.

Was m.E. Not tut, ist daher weniger, sich multitaskdisziplinär in die akuten Theorien zu vergraben – was durchaus Freude bereiten kann –, als mehr an den spezifischen Kompetenzen der Belegerfassung als Archäologe zu arbeiten. Einleitend hatte ich bemerkt, dass die Ägyptologie – zumindest im deutschsprachigen Raum – vor allem ein philologisches Fach ist und demnach Texte ihr hauptsächliches Quellenmaterial. Dies trifft aber weder im Prinzip noch ganz spezifisch für das Quellenangebot der ominöse Reichseinigungszeit so zu. Aus ihr haben wir kaum Texte und nur wenige Bilder. In Text und Bild haben wir vor allem sekundäre, sehr viel jüngere Quellen, denen man über das erwähnte Assmann'sche *tool* der Gedächtnisforschung zu Leibe rücken sollte, die uns aber so ziemlich gar nichts über das Phänomen sagen, das zur Debatte steht. Das altägyptische Konzept „Menes" sagt uns etwas darüber, wie man sich im Neuen Reich etwa die Entstehung des pharaonischen Staates vorgestellt hat; es ist aber keine Quelle zum Phänomen der Reichseinigung selbst.[20]

Aber wir haben unendlich viele Quellen zum Phänomen der Reichseinigung, die sozusagen auf der Straße bzw. in der Erde liegen. Auch damit sage ich natürlich nichts Neues. Spätestens seit Petrie wird die Reichseinigung auch als ein Vorgang der Herausbildung eines bestimmten kulturellen Inventars beschrieben. War Petries Synthese noch vom Paradigma der Wanderung determiniert, wird seit Werner Kaiser der Vorgang vor allem als ein kultureller beschrieben, mit immer mal nötigen Einbrüchen der Ereignisgeschichte dann, wenn sich die Befunde einer linearen Abfolge zu widersetzen scheinen. Fruchtbare Auseinandersetzungen der letzten Jahre – etwa zwischen Werner Kaiser und Christiana Köhler – haben den Blick für Details geschärft. Das macht die Sache kompliziert, aber auch glaubhaft.[21] Die natürlich auch vorhandenen Texte und Bilder sind in diesem Zusammenhang nur Teile einer Matrix von Artefakten, die gewissermaßen alles einschließt, was die Erde hergibt. Unübersehbar ist aber, dass auch die von *linguistic* und *pictural turns* inspirierte Evaluierung der Bild- und Textzeugnisse etwa durch Ludwig Morenz der Debatte neue Impulse und Facetten verleiht.[22]

In dieser differenzierten Kontextualisierung aller verfügbaren Befunde liegt ein Feld, auf dem ich mir zukünftige methodische Arbeit gut und hilfreich vorstellen kann. Nicht nur Text und Bild sind Medien, die Geschichte verschlüsseln und konstituieren; auch Töpfe und Stratigraphie tun das. Wir müssen uns allerdings von dem Paradigma lösen, dass archäologische Befunde nur das zu illustrieren haben, was durch philologische Untersuchun-

18 Während die Erzählung seines Wesens Aufgabe der Politikwissenschaft sein kann: Kootz 2006.

19 Etwa: Flinders Petrie 1920; Emery 1961; Helck 1990; Kaiser 1990; Rice 2003; Gilbert 2004.

20 Vernus 1991.

21 Kaiser 1995; Köhler 2008.

22 Morenz 2004.

gen als wahrscheinlich herausgestellt wurde, also Kämpfe zwischen einem unterägyptischen *Bitij* mit einem oberägyptischen *Nijsuw* oder so. Nicht jede Brandschicht ist der Brand von Troja – aber es ist eine Brandschicht![23] Sie dokumentiert einen Vorgang in der Geschichte und erzählt uns so davon. Aber die – wenn man so will – mediale Struktur von Befunden jenseits von Text und Bild ist eine andere. Man muss sie erst dekodieren lernen, um aus ihr eine historische Narrative zu formen, die wieder den Anforderungen gerecht wird, die an eine historische Erzählung gestellt werden.[24] Vor allem aber sollte man nicht in den alten Fehler verfallen, Archäologie nur dann heranzuziehen, wenn es keine Texte mehr gibt. Archäologische Befunde sind eben genau nicht dazu da, die leeren Stellen der Textnarrative zu füllen, sondern erzählen eine *andere* Geschichte.[25]

Dass solche Befunde, Brandschichten oder was auch immer, bereits ganz neue Kapitel der Geschichte Ägyptens geschrieben haben, lehrt das Beispiel Tell ed-Daba. Allein anhand der Befunde aus diesem letztendlich begrenzten Areal wissen wir heute deutlich mehr zu erzählen „wie es denn gewesen" mit den Hyksos, als Manetho oder Josephus, vor allem aber ganz andere Sachen.[26]

Das begrenzte Areal von Tell ed-Daba birgt noch eine weitere Dimension historischer Relevanz. Die Erforschung Ägyptens trägt schwer am Paradigma, dass Ägypten ein gerades langes Land sei, mit einer geraden langen Geschichte. Ägypten ist aber nicht gerade und lang, sondern setzt sich aus vielerlei Regionen zusammen, aus Interaktionszonen nach Nord und Süd und – was erst neuerdings in seiner ganzen Dramatik offenbar wird – auch nach Ost und West. Genauso ist seine Geschichte nicht „eine" Geschichte, sondern die vieler Regionen. Für die berüchtigten Zwischenzeiten hat man das auch über die Analyse eher traditioneller Medien schon gut herausarbeiten können. Diesen stehen die sogenannten „Reiche" – Altes, Mittleres und Neues und etwas hilflos dann die Spätzeit – als Monolithen entgegen.[27]

Es war schon in den 80ern, dass Barry Kemp darauf hinwies, dass dieses lange und geradlinige Paradigma vielleicht in einigen Medien des monumentalen Diskurses transportiert wurde (so hätte natürlich Assmann formuliert, nicht Kemp), aber keineswegs in anderen Befunden, z.B. der Keramik.[28] Objektchronologie erzählt eine ganz andere Geschichte als die der Dynastienfolgen oder Reiche. Diese Geschichte hat nicht nur einen anderen Rhythmus, andere Längen, andere Brüche – sie ist auch regional weitaus differenzierter. Die z.B. von Anne Seiler und Robert Schistl erarbeiteten Korpora regionaler Keramikserien und die damit verbundenen Überlegungen etwa von Stephan Seidlmayer zur Lebensdauer von Gefäßformen oder dem „Keramiktod" an bestimmten Epochengrenzen haben damit nicht nur für die Feldforschung Bedeutung.[29] Sie erzählen eine Geschichte jenseits der drögen Welt der Hofberichterstattung. Ebenso konzeptualisieren materialorientierte Begriffe wie Bronze- und Eisenzeit bestimmte Brüche sehr viel besser als etwa die Benennungen „Ende des Neuen Reiches" oder „libysche Anarchie".

Es ließen sich noch eine ganze Reihe Beispiele gerade auch neuerer Forschung anführen, in denen der Befund als Quelle und Ort jeder historischen Rekonstruktion problematisiert und produktiv gemacht wird. Ich könnte mir vorstellen, dass sich darin etwas wie ein *archaeological turn* in der Historiographie andeutet. Ein solcher wird besonders für Gesellschaften und Perioden wichtig, in denen die Medien Text und Bild nur begrenzt – oder gar nicht – historisch relevante Informationen bergen, aber eben nicht nur für diese.[30] Dabei verlieren Text und Bild nicht etwa an Bedeutung; sie werden aber in einen weiteren Kontext gebettet, der genau auch der Kontext ist,

---

23 Seidlmayer 2009. Siehe den Streit um die historisch korrekte „Lesung" der Archäologie von Troja: Zimmermann 2006. Vergleichbar ist der Streit um den Ort der Varusschlacht: Burmeister 2009; Müller-Scheeßel 2011.

24 Solche Befunde – Brandschichten, Müllplätze, Mauerecken etc. – werden aber spätestens dann sehr schnell zum Nukleus einer Ereignisgeschichte, wenn sie mit menschlichem Material durchsetzt sind. Das trifft besonders Belege gewaltsamer Tötungen, die quasi nach Erklärung schreien; und die kann nur *Ereignis* sein. Es darf dabei aber nicht vergessen werden, dass jede Grausamkeit zwar individuell und konkret ist, aber doch auf Strukturen basiert, die solche konkreten Grausamkeiten hervorbringen (und sich durch die konkreten Grausamkeiten doch erst selbst konstituieren). Genau hier liegt nämlich der Nexus von Struktur und Ereignis. Vgl. etwa Müller 2009 und Gresky et al. 2013.

25 Kemp 1984; Morris 1997; Holtorf 2005; Smith 2010.

26 Bietak 1989.b; Forstner-Müller / Müller 2006.

27 Zu Sinn und Unsinn dieser Periodisierung: Schneider 2003.

28 Kemp 1984.

29 Schiestl / Seiler 2012; Seidlmayer 2012.

30 Hier liegt ein wertvoller Berührungspunkt (eine „Schnittstelle") mit der ur- und frühgeschichtlichen Forschung, der das Problem der Geschichtsschreibung anhand der Befunde gewissermaßen in die Wiege gelegt ist. Zur Debatte siehe etwa Burmeister / Müller-Scheeßel 2011.

dem sie ihr Entstehen und ihre medialen Eigenarten verdanken. Allerdings sollte man auch – und vielleicht in Kemp'scher Manier etwas deprimiert – festhalten, dass auch diese Forderung gar nicht neu ist und z.B. von Manfred Bietak bereits 1979 formuliert wurde.[31] Das Problem ist nämlich nicht nur, dass überhaupt einmal eine archäologische Geschichte erzählt wird. Das Problem ist, dass es Zuhörer gibt, die sich für eine solche Geschichte überhaupt interessieren.

Wenn man dieser Geschichte aber zuhört, dann könnte ein *archaeological turn* auch helfen, den künstlichen Graben zu zuschütten, der zwischen der so genannten Struktur- und der so genannten Ereignisgeschichte geschaufelt wurde. Archäologische Befunde – gern den Daten der Strukturgeschichte zugeordnet – sind genauso Resultate von konkreten Vorfällen, wie es ein Text ist. Als solche sind sie Medien, die immer konkrete Zusammenhänge codieren. Es ist erst die Interpretation, die diese konkreten Zusammenhänge dem Töpfchen „Struktur“ oder dem Töpfchen „Ereignis“ zuordnet. Interpretation ist also immer Reduzierung. Befundansprache in der Archäologie ist aber zumindest methodisch von dem Paradigma geleitet, die Komplexität des Befundes wenigstens in der Dokumentation zu erfassen. Das ist ein Weg, der für die Interpretation aller historisch relevanten Medien sinnvoll ist – und zwar auch und ganz besonders für solche, die Bild und Schrift transportieren.[32]

3.

Wenn so viel von Medien die Rede ist, dann sind wir doch schon beim zweiten Punkt angelangt, den ich als den geschichtsphilosophischen Aspekt angekündigt habe. Geschichtsphilosophisch deshalb, weil er sich mit der Frage beschäftigt, was eigentlich Geschichte – oder besser: die erzählte (geschriebene, abgebildete usw.) Geschichte –, was also Geschichte als ein kulturelles Artefakt ist.

Traditionell scheint Geschichte etwas zu sein, das kollektiv (v)erfasst wird, also ein Phänomen des kollektiven Gedächtnisses. Und: Geschichte ist etwas, von dem die historischen Agenten nichts wissen. Der Agent, so sagt ein bekanntes Sprichwort der Geschichtsschreiber, erlebt Geschichte als Gegenwart. Ich möchte beide Aussagen relativieren:

a) Geschichte ist kein kollektives Phänomen und hat nichts mit Gedächtnis zu tun. Geschichte ist ein konkretes Konstrukt und das praktische Erfassen und Erleben dieses Konstruktes im Jetzt. Das sogenannte kollektive Gedächtnis ist ein Produkt der Gegenwart.

b) Der Agent erlebt die Geschichte nicht als Gegenwart, sondern das, was der Agent bewusst in der Gegenwart erlebt, ist seine Geschichte. Das schließt ein, was er an Vorfällen aus der Vergangenheit bewusst wahrnimmt, um daraus eine Geschichte zu formen.

Beiden Thesen gemein ist, dass sie Geschichte als ein Erlebnis beschreiben, das damit auch immer an Individuen gebunden ist. Will sagen: Es gibt eine unendliche Zahl an Vorfällen in der Zeit, aber nur die Menge der Vorfälle, die ein Agent als miteinander verknüpft bewusst *erlebt*, konstituieren für *ihn* die sinnvolle Bewegung eines ausgewählten Phänomens. In meiner selbstgestrickten Terminologie: Durch das Erlebnis wird der Vorfall zum Ereignis.

Um wieder einigermaßen den Boden der Tatsachen zu erreichen: Das Ganze bringt zwei Ansätze ins Rollen, die für die praktische Geschichtsschreibung interessant sind. Der eine ist die Frage nach dem konkreten, individuellen Erleben von Geschichte in pharaonischer Zeit, der andere ist die Frage nach den Bedingungen, unter denen das Erleben von Geschichte normiert und so eben doch in einen wenigstens partiell kollektiven Prozess überführt wird.

Zum ersten Aspekt: dem des konkreten, individuellen Erlebens von Geschichte. Wobei „erleben“ in dieser akteursbezogenen Perspektive nicht nur den Aspekt des Erduldens oder Erleidens hat, sondern eben auch den des Tuns. Es ist zwar strukturgeschichtlich unpopulär, aber letztendlich doch so: Männer und Frauen *machen* Geschichte. Sie *machen* sie, indem sie für diverse Vorfälle in der Matrix gesellschaftlicher Praxis verantwortlich zeigen, und sie *machen* sie, indem sie einige dieser Vorfälle als Ereignisse konzeptualisieren. Erstere sind idealtypisch die PolitikerInnen, letztere idealtypisch die HistorikerInnen. Beide Akteursgruppen sind für den historiographisch dilletierenden Ägyptologen interessant. Erste Gruppe etwa für den, der eine politische Biographie von

31 Bietak 1979.b; siehe auch: Bietak 1989.a.

32 Exemplarisch etwa Richards 2002, die zum ersten Mal den bereits lange in der ägyptologischen Geschichtsschreibung thematisierten Text der Grabfassade des Uni in Abydos in seinem archäologischen Kontext verortet. Siehe aber auch die Kontextualisierung als Textsorte, die für die Interpretation natürlich ebenso maßgebend ist: Kloth 2002.

Thutmoses III., Echnaton, Taharqo oder auch Senenmut schreiben will. Die zweite Gruppe ist für alle interessant, die sich der Exegese diverser Medien (Texte, Bilder usw.) hingeben und daraus das Geschichtsbewusstsein oder Geschichtsbild der Ägypter destillieren.

Sehe ich mir an, was an Individualbiographien bisher in der Ägyptologie geschrieben wurde, so muss man wohl feststellen, dass sie in der Regel einem recht eintönigen Kanon biographischen Schreibens gehorchen. Es wird in der Regel bedauert, dass Zeugnisse zur Individualität der betreffenden Person nicht vorhanden sind (Zeugnisse, von denen man wohl glaubt, sie z.B. aus der griechisch-römischen Antike zu besitzen) und dann wird etwas Sozial- und Institutionengeschichte geboten, ausgefüttert mit anekdotischen Mutmaßungen (die dann der eigentlich interessante Part sind). Viel mehr wird auf dieser Ebene auch kaum möglich sein.

Ganz anders aber sieht es aus, wenn wir uns die Agenten vornehmen, die hinter den uns zugänglichen Quellen stehen. Hier bietet sich eine auf die Bedingungen von Produktion, Distribution und Rezeption solcher Konstrukte bezogene Analyse an, wie sie in der ägyptologischen Literaturwissenschaft z.B. durch Richard Parkinson glänzend durchgeführt wird.[33] Im engeren Gebiet der historischen Forschung fallen mir die jüngeren Arbeiten von Lutz Popko, Antonia Giewekemeyer, Nadja Braun und Ludwig D. Morenz ein.[34] Was an dieser die Akteure und Entstehungsbedingungen in den Fokus rückenden Arbeitsweise auch interessant ist, ist, dass hier die Lehrstellen der Darstellung – auf die uns ganz am Anfang das Jansen-Winkelnsche *ceterum censeo* schon verwiesen hat – als systematisch erfassbar und damit als *Quelle* – etwa mit dem Wert *X* – kalkulierbar werden. *X* ist z.B., was in diesem spezifischen Befund oder dieser Befundgruppe nicht thematisiert werden kann oder darf. Oder *X* ist die Perspektive des Anderen, von Verlieren, Feinden etwa, die nicht bzw. medial gebrochen abgebildet wird.

Vielleicht noch ein Beispiel: Die ganze Geschichte des Endes des Neuen Reiches ist uns vor allem durch eine Reihe von Ostraka und Papyri aus Theben-West überliefert. Diese Dokumente einiger Leute der Nekropolenverwaltung geben uns ein höchst subjektives Bild der Vorgänge und natürlich auch eines, das ganz auf Theben – eigentlich sogar auf Theben-West – beschränkt ist. Das ist spannend zu lesen.[35] Aber ist es das Ende des Neuen Reiches?

4.

Ein zum Modewort mutierter Begriff könnte in der Ägyptologie, die, so philologisch sie auch ist, im Herzen doch immer auch eine Archäologie bleibt, die beiden eben diskutierten Aspekte – Befund und Erleben – zusammenbringen. Ich meine den Begriff des *Dinges*, in dem sich die „Erlebnisfähigkeit" der Quelle recht schön in Sprache abbilden lässt, da er dem Objekt Subjektivität und „Eigensinn" zuerkennt.[36] Wobei das Ding hier immer das Gegenüber der HistorikerInnen sei, die Quelle jeder Art, vom Topf zum Text, von der Brandschicht zum Gebäude. Es sind ja genau diese Quellen, die uns überhaupt „erzählen", was vorgefallen ist. Oder wenigstens vorgefallen sein könnte – denn die „Sprache" jeder einzelnen Quelle tatsächlich zu verstehen, ist nicht immer ganz leicht. Bei Texten ist selbst der Worte Wohlklang oft trügerisch und wie blind und taub mancher Philologe vor Bildern steht, zeigen all jene Texteditionen, in denen Darstellungen oder Textträger keine Rolle spielen. Vom „Lesen" oder „Kommunizieren" mit der Stratigraphie eines Grabungsplatzes ganz zu schweigen.

Wenn wir nun die Kategorisierung als Ding auf jede uns zugängliche Quelle erweitern, ist Geschichte am Ende niemals etwas anderes als das, was dieses Ding erlebt hat, als Erlebnis speichert und dem wir dieses Erlebnis durch geschickte Ansprache wieder entlocken (oder zu entlocken meinen).[37] Historische Quellen – gerade die textlichen – sind Dinge, die eine eigene Entstehungsgeschichte und eine eigene Wirkungsgeschichte haben. Erst wenn wir diese Geschichte untersuchen, können wir auch das, was diese Dinge als Quellen – also Inhalte jeglicher

33 Parkinson 2009.

34 Popko 2009; Giewekemeyer 2009; Braun 2009; Morenz 2009; handlich versammelt in Fitzenreiter 2009.

35 Vernus 1993.

36 Hahn 2015.

37 Ich komme nicht umhin, an dieser Stelle meinen Lieblings-Stasi-Witz zu verewigen: KGB, CIA und Stasi machen einen Wettstreit, wer am effektivsten das Alter und die Herkunft eines Schädels bestimmen kann. Zuerst nimmt das KGB den Schädel, bringt ihn in ein Lager mit Millionen Vergleichsschädeln, gleicht ab und präsentiert nach zwei Tagen: 200 000 Jahre alt, +/- 5 000 Jahre. Die CIA wirft ihren Zentralcomputer an, gleicht die Daten des Schädels ab und präsentiert nach zwei Tagen: 200 500 Jahre alt, +/- 1 000 Jahre. Von der Stasi kommen zwei Herren mit Lederjacke, nehmen den Schädel und gehen in ein fensterloses Zimmer. Nach zwei Tagen kommen sie heraus, die Lederjacke über der Schulter: „201 243 Jahre alt – und heißt Klaus." „Woher wissen Sie das?" Sie grinsen: „Das hat er uns gesagt..."

Art – transportieren, in seiner spezifischen Eigenart verstehen. Da *Erleben* die ganze Widersprüchlichkeit und Ambiguität solcher Dinge-Geschichten oder *biography of objects* umschreibt, scheint mir der Begriff recht brauchbar.

Diese Erleben der einzelnen Quellen – die so als Quellen überhaupt erst erschlossen sind – kann dann in eine Metanarrative einfließen, die tatsächlich eine große Geschichte erzählt und so selbst zu einem Ding mit eigener Geschichte bzw. Erleben wird.[38] Denn alle großen Erzählungen mussten oder durften diverse Stufen der Rezeption erleben, der Ablehnung und sogar der Wiederauferstehung. Denn natürlich gab es eine „Reichseinigung" und ein „Ende des Neuen Reiches".

III.

1.

Oben hatte ich behauptet, Geschichte sei nicht kollektiv, sondern individuell und hatte das Ganze am „Erlebnis" festgemacht, durch das der Vorfall hindurch muss, um Ereignis erst zu werden (und die Kette der verbundenen Ereignisse etabliert dann die Bewegung des Phänomens in der Zeit usw., also Geschichte). Die „ganze" Geschichte zu beschreiben, muss daher mit zwei Fragen verbunden werden. Erstens geht es natürlich darum, aus der Quelle den historisch relevanten Befund zu rekonstruieren; also: Was also ist eigentlich vorgefallen? Im Fall der Quellen rund um das „Ende des Neuen Reiches" erfahren wir z.B. von Plünderungen und Amtsenthebungen. Da haben wir dann mal das Ranke'sche „wie es eigentlich gewesen". Zweitens geht es darum, dieses scheinbare Faktum wieder als ein Erlebnis derer – Menschen und Dinge – zu dekonstruieren, die an seiner Konstitution beteiligt waren: Wer hat es erlebt? Für wen war es eine Plünderung?[39] Für wen war es eine Amtsenthebung? Und was ist das überhaupt für ein Ding, das uns davon erzählt?[40] Es gibt nämlich kein generelles „wie es denn gewesen ist", sondern das „wie" ist subjektiv. Das Erleben ist immer eine determinierte Wahrnehmung.

Und damit sind wir bei dem kollektiven Aspekt. Denn das Erleben wird von äußeren Faktoren gesteuert, die nicht nur auf ein Individuum, sondern in der Regel auf größere Menschengruppen wirken. Es ist die inzwischen oft geschmähte Strukturgeschichtsforschung, die viele dieser Determinanten isoliert und benannt hat, von den naturräumlichen Gegebenheiten über die soziale Position bis zur Mentalität.[41] Ich möchte nur eine Determinante heraus greifen, die für die Geschichtsforschung deshalb von Bedeutung ist, weil sie Nabelschau impliziert: die „Meistererzählung".

Unter einer „Meistererzählung" kann ein narratives Muster verstanden werden, über das historische Vorgänge in eine für die Rezipienten schlüssige Form gebracht werden. Ein klassisches Modell ist das von Aufstieg,

38 Siehe als Beispiel einer solchen Geschichte aus der Sicht der Objekte (Fayencefiguren des Mittleren Reiches): Miniachi 2014.

39 Zum systemischen Charakter von „Grabräuberei" siehe Näser 2008; zum sanktionierten Rückgriff auf die Goldvorräte der Königsgräber des Neuen Reiches in der 20. / 21. Dynastie: Jansen-Winkeln 1995.

40 Das schließt die mediale Dimension z.B. von Schriftzeugnissen ein: Wie kann das Ding davon erzählen? Siehe Giewekemeyer 2009.

41 Es war der methodische Fehler der Strukturgeschichtsschreibung, dass sie sich zu selten dem Problem gewidmet hat, wie die strukturellen Bedingungen konkret auf die Ebene der Handlung / des Vorfalls zurückwirken und so den Gang der Phänomene eben erst bestimmen. Zu oft wirkten die behandelten Strukturen wie überindividuelle und unflexible Körper, von denen die Agenten Ameisen gleich ferngelenkt werden. Pierre Bourdieu mit der von ihm entwickelten Praxistheorie und dem Modell des praktischen Feldes hat dann eine effektive Möglichkeit entwickelt, den Zusammenhang zwischen Determinanten und Vorgang zu beschreiben. Die Determinaten bilden gewissermaßen ein Feld latenter Optionen, in dem sich die Agenten bewegen. Dabei wird das Feld durch äußere Bedingungen (z.B. den Naturraum, die soziale Position und Vorgaben des Habitus) thematisch begrenzt, das Spektrum der im Feld gegebenen realen Optionen wird aber durch die Handlungen der Agenten überhaupt erst konstituiert. D.h., durch die Handlung werden die Bedingungen dieser Handlung jeweils konkret reproduziert, verändert und so die Struktur selbst bewegt. Das ist Praxis. Bruno Latour hat diesen Aspekt gewissermaßen von der anderen Seite aufgerollt und die Akteure als Konstituenten der „Akteurs-Netzwerke" in den Blick genommen, womit die ominöse „Struktur" endgültig in den Allvaterschlaf geschickt werden kann, aus dem sie zwar als gedankliches Gebilde weiter nützlich sein kann, aber ihre scheinbar – eben „strukturierende" – Wirkung verliert. Ein Netzwerk wird ganz offensichtlich nur durch Handlungen erhalten.

Blüte und Niedergang oder auch das der zyklischen Wiederkehr des immer Gleichen.[42] Interessant an den Meistererzählungen ist nun nicht unbedingt, in welcher Weise sie Phänomene der Zeit mehr oder weniger sinnvoll verknüpfen; also ob der-und-der scheitern musste, weil... oder ob das-und-das geschehen musste, weil... Interessant ist m.E. vielmehr, wie sehr die Meistererzählungen das *Erleben* der historischen Phänomene determinieren. Es sind gewissermaßen die Muster der Meistererzählung, die das überhaupt erst modellieren, was wir als Geschichte in unseren Gefühlshaushalt einspeisen. Es ist die Meistererzählung, die Sieger und Verlierer definiert und über die *emoticons* „Gut" und „Böse" oder „Stark" und „Schwach" die nötige Emphase erzeugt. Das trifft nicht nur für die Konzeptualisierung von historischen Phänomenen der Vergangenheit zu; gerade die so genannte Zeitgeschichte ist in allerhöchstem Maße von solchen narrativen Modellen durchdrungen und auch nur dadurch so wirkungsmächtig. Es ist ja nicht die Ebene irgendwelcher Quellen, auf der der Kampf um die Geschichte tobt, sondern es ist ein Kampf um die Deutungshoheit über die „gefühlte Geschichte", um die dominante Erzählung.[43]

Bleiben wir bescheiden bei unseren ägyptischen Geschichten, dann sind es eben solche Schlagworte wie „Reichseinigung" oder „Untergang des Neuen Reiches", die ganz eminent das Erleben der historischen Quellen determinieren. Sie sind ja auch gar nicht so schlecht, um einiges der betreffenden Phänomene zu beschreiben. Sie implizieren aber auch sehr viel, was einer Analyse entgegensteht. „Reichseinigung" z.B. impliziert, dass da etwas zu „einigen" gewesen sei. Das ist natürlich eine Projektion vom Ende der Geschichte her: Geeinigt wurde das Niltal von irgendwo im Delta bis etwa Elephantine und das war dann das Reich. Es hätte natürlich auch anders kommen können; z.B. wie am „Ende des Neuen Reiches".

Schlagworte wie die zuletzt genannten dienen als Deutungsmuster, die das Erleben bestimmter Vorfallskonglomerate in der Vergangenheit im Gefühlshaushalt des Jetzt determinieren – also in dem Moment, in dem „Geschichte" als die sinnvolle Erzählung der Ereignisse tatsächlich vorfällt. Im Fall ägyptologischer Geschichtsschreibung heißt das: Jetzt.[44] Im Schlagwort kondensiert sich die Interpretation und wird so selbst zu einem (immateriellen) Ding, das als Gegenüber auftritt und denen, die Geschichte(n) erzählen oder hören, lesen, sehen, einen Maßstab des eigenen Erlebens bieten. Neben den Klassikern wie „Anfang" und „Ende", *rise and fall*, Schlagworten, ohne die keine historische Erzählung sein kann, wäre z.B. die Erfindung von „Völkerwanderungen" als Deutungsmuster so ein beliebtes Schlagwort. Denn es zeigt, dass in dem Moment, wo die Quellenlage etwas dichter wird, sich dieses in Luft auflöst: Wer würde die ptolemäische Besetzung Ägyptens als „Völkerwanderung" bezeichnen?[45]

Was sich den Schlagwörtern wie „Reichseinigung" oder „Ende des Neuen Reiches" oder „Völkerwanderung" entgegenstemmt, sind am Ende nicht aufgeklärte Historiker, sondern wieder die Befunde. Der mehrhundertjährige Prozess der Herausbildung eines typischen Naqada-III-Inventars oder auch der Schrift und der pharaonischen Bildsprache erzählt eine andere Geschichte als die fixe Idee einer Reichseinigung. Übrigens ist sogar der Begriff „Naqada-III-Inventar" inzwischen wohl als Hilfskonstruktion erkannt, der einer weiteren Analyse des Phänomens durch seine idealtypische Reduzierung eher im Wege steht. Erleben wir hier den Aufstieg und Niedergang einer Meistererzählung jenseits der Texte? Eine rein archäologische Erzählung, die das Phänomen „Naqada III" erfand und nun durch eine neue, bessere ersetzt wird?[46]

Das wäre natürlich interessant. Allerdings hat Barry Kemp schon in den 80ern resigniert festgestellt, wie sehr unser Bild von pharaonischer Geschichte durch das Dynastien- und Reiche-Schema determiniert wird und dass es für eine Umwälzung des Begriffsystems wohl zu spät ist. Man kann also nur hoffen, dass sich die Forschung

---

42 Von Assmann 2005 werden diese beiden Erzählmodi gewissermaßen archetypisch für die pharaonische Historiographie angesetzt.

43 Während die Geschichtswissenschaft natürlich das *sine ira et studio* zur professionellen Pose verklärt und ihre Emotionen nur durch die Hintertür der Intrige auslebt, ist in der lebendigen Aneignung von Geschichte die Seite des Erlebens, des Anfassens, des *reenactments* von allergrößter Bedeutung: Samida 2014.

44 Eklatant etwa bei Cline 2014, xv–xviii, der den Untergang etlicher bronzezeitlicher Staatswesen um 1200 v. u. Z. erzähltechnisch mit den politischen Verwerfungen im Nahen Osten im Jahr 2013 kombiniert (und der damit zusammenhängenden Angst des weißen Mannes).

45 Dem stehen schon andere, fest im Gefühlshaushalt verankerte Schlagworte entgegen: der „edle Grieche" kann kein „Barbar" sein, der zwangsläufig mit dem Schlagwort „Völkerwanderung" verbunden wird. Netter ist es, in solchen Fällen von „Akkulturation" zu sprechen, einem Schlagwort aus guten alten Multikultizeiten. Siehe auch: Steinacher 2009.

46 Köhler 2014/15.

der Konstruiertheit dieses Rahmens bewusst wird und diesen Grad der Konstruiertheit offensiv reflektiert, wie es etwa Thomas Schneider in der Festschrift Feucht getan hat.[47]

3.

... und mit ihm praktisch die gesamte jüngere Generation der ägyptologischen Historiker. Ich habe nämlich oben bei den Schwerpunkten der Forschung einen einfach verschwiegen und bei der Behauptung, man würde im Moment keine großen Themen angehen, unter den Tisch fallen lassen:

e) Die Beschäftigung mit der Frage von Geschichte als einen historischen Gegenstand

Hier sind praktisch alle neueren Arbeiten zur pharaonischen Geschichte und mit ihnen die tatsächlich „jüngeren" ÄgyptologInnen involviert und interessiert: Antonia Giewekemeyer, Nadja Braun, Roberto Gozzoli, Lutz Popko, Juan Carlos Moreno García, Gianluca Miniaci usw. usf.[48] Die neuere ägyptologische Geschichtsschreibung wird immer auch das Erzählen über Geschichtsschreiben sein.[49]

Dies aber hängt auch mit einer bisher nicht gestellten Frage zusammen. Bis hier war das Thema, was Geschichte und Geschichtsschreibung (in der Ägyptologie) eigentlich sei. Die Frage, die hinter jeder methodischen Reflektion steht aber ist die, warum wir eigentlich Geschichte betreiben, warum es das Erzählen von Geschichte gibt, warum wir die (sinnvolle) Verknüpfung von Vorfällen vom *Einst* bis zum *Jetzt* brauchen. Wobei die Antwort bereits im letzten Gliedsatz steckt: Wir brauchen die *sinnvolle* Verknüpfung der Vorfälle, weil sie uns diese Vorfälle so deuten, dass wir sie verstehen. Und dieses verstehen meint: Dass wir sie in unser Weltbild einfügen können, dass wir sie zu einem Baustein dessen machen, mit dem wir uns als Individuum und Teil eines Großen und Ganze wiederfinden. Das mehrfache Wir hat seinen Sinn: Geschichte brauchen nur *Wir*, die jeweils Lebenden. Geschichte ist Sinnfindung.[50]

Und deshalb bleibe ich, aller Skepsis gegenüber Methodendiskussion in unserem konservativen Fach, Universitätsystem und Gesellschaft zum Trotz doch der Meinung, dass Methodenreflektion mindestens so wichtig bleibt, wie das Auffinden eines neuen Beleges.[51] Denn zur Quelle wird ein Befund erst über die Methode: durch die Frage nach seinem Sinn – für uns, für mich.

47 Schneider 2003.

48 Giewekemeyer 2009; Braun 2009; Popko 2006; Gozzoli 2006; Moreno García 2009; Miniaci 2014.

49 Siehe jetzt auch Elshakry 2015 zur Einbindung von Forschungsergebnissen zum pharaonischen Ägypten in das klassische arabische Geschichtsbild im 19. Jahrhundert oder Kropp 2005 zur Reflektion ägyptologischer Forschung durch äthiopische Historiker im frühen 20. Jahrhundert.

50 Conermann 2002. Genau hier – im Bereich der Sinnfindung der Ägyptologen – ist auch das neue Interesse an der ägyptologischen Fachgeschichte zu verstehen: Gertzen 2017.

51 Anzumerken ist, dass der Schwerpunkt auf Methoden*reflektion* liegt. Methodenrethorik als vor allem Element der Antragspoesie ist damit natürlich nicht gemeint.

Literaturverzeichnis

Arp-Neumann 2015 = Janne Arp-Neumann, „Osarseph – von Geschichten zu Geschichte“, in: Gregor Neunert, Henrike Simon, Alexandra Verbovsek und Kathrin Gabler (Hg.), *Text: Wissen – Wirkung – Wahrnehmung*, Maja 4, GOF IV. 59, Wiesbaden 2015, 59–73.

Assmann 1992 = Jan Assmann, Das kulturelle Gedächtnis. Schrift, Erinnerung und politische Identität in frühen Hochkulturen, München 1992.

Assmann 1999 = Jan Assmann, *Ägypten. Eine Sinngeschichte*, München / Wien 1999.

Assmann 2005 = Jan Assmann, Zeitkonstruktion, Vergangenheitsbezug und Geschichtsbewußtsein im alten Ägypten, in: Jan Assmann u. Klaus E. Müller (Hg.), *Der Ursprung der Geschichte. Archaische Kulturen, das Alte Ägypten und das Frühe Griechenland*, Stuttgart 2005, 112–214.

Baud 1999 = Michel Baud, *Famille royale et pouvoir sous l'Ancien Empire égyptien*, BdÈ 126, Kairo 1999.

Bietak / Czerny 2007 = Manfred Bietak u. Ernst Czerny (Hg.), *The Synchronisation of Civilisations in the Eastern Mediterranean in the Second Millenium B.C.* III, ÖAW Denkschriften XXXVII, Wien 2007.

Bietak 1979.a = Egyptology and the Urban Setting, in: Kent Weeks (Hg.), *Egyptology and the social sciences*, Kairo 1979, 95–144.

Bietak 1979.b = Manfred Bietak, The present State of Egyptian Archaeology, *JEA* 65, 1979, 156–160.

Bietak 1989.a = Manfred Bietak, Probleme, Aufgaben und Zukunft der Feldforschung in Ägypten, in: Sylvia Schoske (Hg.), *Akten des vierten Internationalen Ägyptologenkongresses München 1985*, BSAK 2, Hamburg 1989, 1–6.

Bietak 1989.b = Manfred Bietak, Archäologischer Befund und historische Interpretation am Beispiel der Tell El-Yahudiya-Ware, in: Sylvia Schoske (Hg.), *Akten des vierten Internationalen Ägyptologenkongresses München 1985*, BSAK 2, Hamburg 1989, 6–34.

Braun 2009 = Nadja Braun, Visual History – Bilder machen Geschichte, in: Martin Fitzenreiter (Hg.), *Das Ereignis. Geschichtsschreibung zwischen Vorfall und Befund*, IBAES X, Berlin / London 2009, 35–49, Online-Fassung: <http://www2.rz.hu-berlin.de/nilus/net-publications/ibaes10/index.html>.

Burmeister / Müller-Scheeßel 2011 = Stefan Burmeister u. Nils Müller-Scheeßel (Hg.), *Fluchtpunkt Geschichte. Archäologie und Geschichtswissenschaft im Dialog*, TÄT 9, Münster 2011.

Burmeister 2009 = Stefan Burmeister, Die Varusschlacht als historisches Ereignis – Ereignis für wen?, in: Martin Fitzenreiter (Hg.), *Das Ereignis. Geschichtsschreibung zwischen Vorfall und Befund*, IBAES X, Berlin / London 2009, 51–59, Online-Fassung: <http://www2.rz.hu-berlin.de/nilus/net-publications/ibaes10/index.html>.

Cline / O'Connor 2006 = Eric H. Cline u. David O'Connor (Hg.), *Thutmose III. A New Biography*, Ann Arbor 2006.

Cline / O'Connor 2012 = Eric H. Cline u. David O'Connor (Hg.), *Ramesses III. The Life and Times of Egypt's Last Hero*, Ann Arbor 2012.

Cline 2014 = Eric H. Cline, *1177 B.C. The Year Civilization Collapsed*, Turning Points in History, Princeton / Oxford 2014.

Conermann 2002 = Stephan Conermann, *Historiographie als Sinnstiftung: Indo-persische Geschichtsschreibung während der Mogulzeit (932 bis 1118/1516 bis 1707)*, Iran – Turan 5, Wiesbaden 2002.

Elshakry 2015 = Marwa Elshakry, Histories of Egyptology in Egypt. Some Thoughts, in: William Carruther (Hg.), *Histories of Egyptology. Interdisciplinary Measures*, Routledge Studies in Egyptology 2, New York / London 2015, 185–197.

Emery 1961 = Walter B. Emery, *Archaic Egypt*, Hardmonsworth 1961.

Eyre 1996 = Christopher J. Eyre, Is Egyptian Historical Literature „Historical“ or „Literary“?, in: Antonio Loprieno (Hg.), *Ancient Egyptian Literature. History and Forms*, PdÄ 10, Leiden etc. 1996, 415–433.

Fitzenreiter 2009 = Martin Fitzenreiter (Hg.), *Das Ereignis. Geschichtsschreibung zwischen Vorfall und Befund*, IBAES X, Berlin / London 2009, Online-Fassung: <http://www2.rz.hu-berlin.de/nilus/net-publications/ibaes10/index.html>.

Flinders Petrie 1920 = W. M. Flinders Petrie, *A History of Egypt. From the 1st to the XVIth Dynasty* (Ninth Edition), London 1920.

Forstner-Müller / Müller 2006 = Irene Forstner-Müller u. Wolfgang Müller, Versuch einer soziologischen Modellbildung anhand der materiellen Kultur Tell-el Dab^{c}as, in: Ernst Czerny, Irmgard Hein, Hermann Hunger, Dagmar Melman u. Angela Schwab (Hg.), *Timelines, Studies in Honor of Manfred Bietak*, OLA 149, vol. I., Löwen etc. 2006, 93–102.

Gertzen 2017 = Thomas Gertzen, *Einführung in die Wissenschaftsgeschichte der Ägyptologie*, Einführungen und Quellentexte zur Ägyptologie 10, Berlin etc. 2017.

Giewekemeyer 2009 = Antonia Giewekemeyer, Zur Bedeutung literarischer Erzählstrategien für die Darstellung normwidriger realgeschichtlicher Ereignisse in zwei Texten des Neuen Reiches, in: Martin Fitzenreiter (Hg.), *Das Ereignis. Geschichtsschreibung zwischen Vorfall und Befund*, IBAES X, Berlin / London 2009, 81–101, Online-Fassung: <http://www2.rz.hu-berlin.de/nilus/net-publications/ibaes10/index.html>.

Giewekemeyer 2013 = Antonia Giewekemeyer, Perspektiven und Grenzen der Nutzung literarischer Texte als historische Quellen. Zu Versuchen, ‚Geschichte' aus der Geschichte über die *Vorhersagen des Neferti* herauszulesen, in: Gerald Moers, Kai Widmaier, Antonia Giewekemeyer, Arndt Lümers u. Ralf Ernst (Hg.), *Dating Egyptian Literary Texts*, LingAeg Stud Mon 11, Hamburg 2013, 285–36.

Gilbert 2004 = Gregory Phillip Gilbert, Weapons, *Warriors and Warfare in Early Egypt*, BAR Int. Ser. 1208, Oxford 2004.

Gnirs 2014 = Andrea M. Gnirs, Geschichte und Literatur. Wie „historisch" sind ägyptische literarische Texte?, in: Gerald Moers, Kai Widmaier, Antonia Giewekemeyer, Arndt Lümers u. Ralf Ernst (Hg.), *Dating Egyptian Literary Texts*, LingAeg Stud Mon 11, Hamburg 2013, 367–403.

Gozzoli 2006 = Roberto B. Gozzoli, *The Writing of History in Ancient Egypt during the First Millenium BC (ca. 1070 – 180 BC). Trends and Perspectives*, GHP Egyptology 5, London 2006.

Graefe 2011 = Erhart Graefe, Der angebliche Zahn der angeblich krebskranken Diabetikerin Königin Hatschepsut, oder: Die Mumie der Hatschepsut bleibt unbekannt, *GM* 231, 2011, 41–43.

Grandet 2008 = Pierre Grandet, *Les pharaons du nouvel empire: une pensée stratégique (1550 – 1069 avant J.-C.), L'art de la guerre*, o. O. 2008.

Gresky et al. 2013 = Julia Gresky, Nikolaos Roumelis, Alexandra Kozak u. Michael Schultz, „Folter" im Alten Reich? Untersuchungen zu den Ursachen und der Häufigkeit von Traumata bei der altägyptischen Population von Elephantine, in: Dietrich Raue, Stephan J. Seidlmayer u. Philipp Speiser (Hg.), *The First Cataract of the Nile. One Region – Diverse Perspectives*, SDAIK 36, Berlin / Boston 2013, 77–89.

Gundacker 2006 = Roman Gundacker, *Untersuchungen zur Chronologie der Herrschaft Snofrus*, BzÄ 22, Wien 2006.

Hahn 2015 = Hans-Peter Hahn (Hg.), *Vom Eigensinn der Dinge. Für eine neue Perspektive auf die Welt des Materiellen*, Berlin 2015.

Hauser 2005 = Stefan Hauser, Quellen-Material. Historiker, Archäologen und das Schweigen der Steine, in: Konrad Hitzl (Hg.), *Methodische Perspektiven in der Klassischen Archäologie*, Schriften des Deutschen Archäologen-Verbandes XVI, Tübingen 2005, 69–107.

Heffernan 2014 = Gabrielle Heffernan, Memories of State: Royal Memorial Cults as Proponents of Memory and State Legitimation in the Egyptian Eighteenth Dynasty, in: Teodor Lekov u. Emil Buzov (Hg.), *Cult and Belief in Ancient Egypt. Proceedings of the Fourth International Congeress for Young Egyptologists*, Sofia, 2014, 171–180.

Helck 1990 = Wolfgang Helck, Gedanken zur Entstehung des altägyptischen Staates, in: *Festschrift Jürgen von Beckerath*, HÄB 30, 1990, 97–117.

Hidding 2017 = Aaltje Hidding, Geschichte, Legende, Mythos. Die Diokletianische Christenverfolgung in Ägypten, in: Susanne Beck, Burkhard Backes u. Alexandra Verbovsek (Hg.), *Interkulturalität: Kontakt – Konflikt – Konzeptualisierung. Akten des sechsten Berliner Arbeitskrieses Junge Aegyptologie (BAJA)*, GOF IV / 63, Wiesbaden 2017, 59–72.

Holtorf 2005 = Cornelius Holtorf, Geschichtskultur in ur- und frühgeschichtlichen Kulturen Europas, in: Jan Assmann u. Klaus E. Müller (Hg.), *Der Ursprung der Geschichte. Archaische Kulturen, das Alte Ägypten und das Frühe Griechenland*, Stuttgart 2005, 87–111.

Hornung / Krauss / Warburton 2006 = Erik Hornung, Rolf Krauss, David A. Warburton (Hg.), *Ancient Egyptian Chronology*, HdO I. 83, Leiden 2006.

Huber 2011 = Peter J. Huber, The Astronomical Basis of Egyptian Chronology of the Second Millenium BC, *JEgH* 4, 2011, 172–227.

Jansen-Winkeln 1995 = Karl Jansen-Winkeln. Die Plünderung der Königsgräber des Neuen Reiches, *ZÄS* 122, 1995, 62–78.

Jansen-Winkeln 2009 = Karl Jansen-Winkeln, Die Rolle des Unbekannten in der ägyptischen Geschichte, in: Martin Fitzenreiter (Hg.), *Das Ereignis. Geschichtsschreibung zwischen Vorfall und Befund*, IBAES X, Berlin / London 2009, 155–162, Online-Fassung: <http://www2.rz.hu-berlin.de/nilus/net-publications/ibaes10/index.html>.

Kaiser 1990 = Werner Kaiser, Zur Entstehung des gesamtägyptischen Staates, *MDAIK* 46, 1990, 287–300.

Kaiser 1995 = Werner Kaiser, Trial and Error, *GM* 149, 1995, 5–14.

Kemp 1984 = Barry J. Kemp, In the Shadow of Texts: Archaeology in Egypt, *Archaeological Review from Cambridge* 3, 1984, 19–28.

Kloth 2002 = Nicole Kloth, *Die (auto-)biographischen Inschriften des ägyptischen Alten Reiches. Untersuchungen zu Phraseologie und Entwicklung*, BSAK 8, Hamburg 2002.

Köhler 2008 = E. Christiana Köhler, The Interaction between and the Roles of Upper and Lower Egypt in the Formation of the Egyptian State. Another Review, in: Beatrice Midant-Reynes u. Yann Tristant, *Egypt at its Origins* 2, OLA 172, Löwen etc. 2008, 515–543.

Köhler 2014/15 = E. Christiana Köhler, Auch die letzte Scherbe – More thoughts on the 'Naqada Culture', *MDAIK* 70/71 (Gedenkschrift W. Kaiser), 2014/15, 255–264.

Kootz 2006 = Anja Berendine Kootz, *Der altägyptische Staat. Untersuchung aus politikwissenschaftlicher Sicht*, Menes 4, Wiesbaden 2006.

Kropp 2005 = Manfred Kropp, Die traditionellen äthiopischen Königslisten und ihre Quellen, in: Martin Fitzenreiter (Hg.), *Genealogie – Realität und Fiktion von Identität*, IBAES V, Berlin / London 2005, 21–46.

Miniaci 2014 = Gianluca Miniaci, The Collapse of Faience Figurine Production at the End of the Middle Kingdom: Reading the History of an Epoch between Postmodernism and Grand Narrative, *JEgH* 7, 2014, 109–142.

Moje 2014 = Jan Moje, *Herrschaftsräume und Herrschaftwissen ägyptischer Lokalregenten. Soziokulturelle Interaktionen zur Machtkonsolidierung vom 8. bis zum 4. Jahrhundert v. Chr.*, Topoi. Berlin Studies of the Ancient World 21, Berlin / Boston, 2014.

Moreno García 2009 = Juan Carlos Moreno García, From Dracula to Rostovtzeff. Or: The Misadventures of Economic History in Early Egyptology, in: Martin Fitzenreiter (Hg.), *Das Ereignis. Geschichtsschreibung zwischen Vorfall und Befund*, IBAES X, Berlin / London 2009, 175–198, Online-Fassung: <http://www2.rz.hu-berlin.de/nilus/net-publications/ibaes10/index.html>.

Morenz 2004 = Ludwig D. Morenz, *Bild-Buchstaben und symbolische Zeichen. Die Herausbildung der Schrift in der hohen Kultur Altägyptens*, OBO 205, Fribourg / Göttingen 2004.

Morenz 2009 = Ludwig D. Morenz, Ereignis Reichseinigung und der Fall Buto. Inszenierung von Deutungshoheit und – verlorene – Perspektiven der Verlierer, in: Martin Fitzenreiter (Hg.), *Das Ereignis. Geschichtsschreibung zwischen Vorfall und Befund*, IBAES X, Berlin / London 2009, 199–210, Online-Fassung: <http://www2.rz.hu-berlin.de/nilus/net-publications/ibaes10/index.html>.

Morenz 2010 = Ludwig Morenz, *Die Zeit der Regionen im Spiegel der Gebelein-Region. Kulturgeschichtliche Re-Konstruktionen*, PdÄ 27, Leiden / Boston 2010.

Morris 1997 = Ian Morris, Archaeology as Cultural History, *Archaeological Review from Cambridge* 14:1, 1997, 3–15.

Müller 2006 = Vera Müller, Wie gut fixiert ist die Chronologie des Neuen Reiches wirklich?, *Ä & L* 16, 2006, 203–230.

Müller 2009 = Marcus Müller, Facing up to Cruelty, *BACE* 20, 2009, 115–142.

Müller-Scheeßel 2011 = Nils Müller-Scheeßel, Ereignis- versus Strukturgeschichte: zum Verhältnis von Archäologie und Geschichtswissenschaft am Beispiel der frühprinzipatszeitlichen Fundplätze Kalkriese und Waldgirmes, in: Stefan Burmeister u. Nils Müller-Scheeßel (Hg.), *Fluchtpunkt Geschichte. Archäologie und Geschichtswissenschaft im Dialog*, TÄT 9, Münster 2011, 131–150.

Näser 2008 = Claudia Näser, Jenseits von Theben – Objektsammlung, Inszenierung und Fragmentierung in ägyptischen Bestattungen des Neuen Reiches, in: Christoph Kümmel, Beat Schweizer u. Ulrich Veit (Hg.), *Körperinszenierung – Objektsammlung – Monumentalisierung. Totenritual und Grabkult in frühen Gesellschaften*, TÄT 6, Münster 2008, 445–472.

Parkinson 2009 = Richard Parkinson, *Reading Ancient Egyptian Poetry. Among other Stories*, Oxford 2009.

Popko 2006 = Lutz Popko, *Untersuchungen zur Geschichtsschreibung der Ahmosiden- und Thutmosidenzeit*, WSAÄ 2, Würzburg 2006.

Popko 2009 = Lutz Popko, Exemplarisches Erzählen im Neuen Reich? Eine Struktur der Ereignisgeschichte, in: Martin Fitzenreiter (Hg.), *Das Ereignis. Geschichtsschreibung zwischen Vorfall und Befund*, IBAES X, Berlin / London 2009, 211–222, Online-Fassung: <http://www2.rz.hu-berlin.de/nilus/net-publications/ibaes10/index.html>.

Redford 1979 = Donald B. Redford, Egyptology and History, in: Kent Weeks (Hg.), *Egyptology and the Social Sciences*, Kairo 1979, 1–20.

Redford 2003 = Donald B. Redford, The Writing of History of Ancient Egypt, in: Zahi Hawass u. Lyla Pinch Brock (Hg.), *Egyptology at the Dawn of the Twenty-First Century. Proceedings of the Eight International Congress of Egyptologists Cairo 2000*, vol. 2. History – Religion, Kairo 2003, 1–11.

Redford 2008 = Donald B. Redford, History and Egyptology, in: Richard H. Wilkinson (Hg.), *Egyptology Today*, Cambridge 2008, 23–35

Rice 2003 = Michael Rice, *Egypt's Making. The Origin of Ancient Egypt 5000 – 2000 BC*, London 2003.

Richards 2002 = Janet Richards, Text and Context in Late Old Kingdom Egypt: The Archaeology and Historiography of Weni the Elder, *JARCE* 39, 2002, 75–102.

Samida 2014 = Stefanie Samida, Zum Umgang mit Vergangenheit im Kontext der Living History, in: Martin Fitzenreiter (Hg.), *Authentizität. Artefakt und Versprechen in der Archäologie*, IBAES XV, Berlin / London 2014, 139–150.

Schiestl / Seiler 2012 = Robert Schistl u. Anne Seiler, *Handbook of Pottery of the Egyptian Middle Kingdom*, ÖAW Denkschriften 72 = SCIEM / CCEM 31, Wien 2012.

Schneider 2003 = Thomas Schneider, Die Periodisierung der ägyptischen Geschichte – Problem und Perspektive für die ägyptologische Historiographie, in: Tobias Hofmann u. Alexandra Sturm (Hg.), *Menschenbilder – Bildermenschen. Kunst und Kultur im Alten Ägypten* (Fs Feucht), Norderstedt 2003, 241–256.

Schneider 2008.a = Thomas Schneider, Preface, *JEgH* 1, 2008, 1–2.

Schneider 2008.b = Thomas Schneider, Das Ende der kurzen Chronologie: Eine kritische Bilanz der Debatte zur absoluten Datierung des Mittleren Reiches und der Zweiten Zwischenzeit, *Ä & L* 18, 2008, 275–313.

Seidlmayer 2009 = Stephan J. Seidlmayer, Archäologische Befunde militärgeschichtlicher Aussagekraft, in: Rolf Gundlach u. Carola Vogel (Hg.) *Militärgeschichte des pharaonischen Ägypten*, Krieg in der Geschichte 34, Paderborn etc. 2009, 145–164.

Seidlmayer 2012 = Stephan J. Seidlmayer, *Zwischen Staatswirtschaft und Massenkonsum. Zur Technologie und Ökonomie in Ägypten vom Alten zum Mittleren Reich*, 2012, <https://edoc.bbaw.de/opus4-bbaw/frontdoor/index/index/docId/1916>; 20.12.17.

Smith 2010 = Stuart T. Smith, A Portion of Life Solidified: Understanding Ancient Egypt through the Integration of Archaeology and History, *JEgH* 3.1, 2010, 159–189.

Steinacher 2009 = Roland Steinacher, Transformation und Integration oder Untergang und Eroberung? Gedanken zu politischen, staatlichen und ethnischen Identitäten im postimperialen Europa, in: Martin Fitzenreiter (Hg.), *Das Ereignis. Geschichtsschreibung zwischen Vorfall und Befund*, IBAES X, Berlin / London 2009, 265–281, Online-Fassung: <http://www2.rz.hu-berlin.de/nilus/net-publications/ibaes10/index.html>.

Trigger et al. 1983 = Bruce G.Trigger, Barry Kemp, David O'Connor u. Alan B. Lloyd, *Ancient Egypt. A Social History*, Cambridge 1983.

van der Veen / Zerbst 2003 = Peter van der Veen u. Uwe Zerbst (Hg.), *Biblische Archäologie am Scheideweg? Für und Wider einer Neudatierung archäologischer Epochen im alttestamentlichen Palästina*, Holzgeringen, 2003

Vernus 1991 = Pascal Vernus, Ménès, Achtoès, l'hippopotame et le crocodile – lecture structurale de l'historiographie égyptienne, in: Ursula Verhoeven u. Erhard Graefe, *Religion und Philosophie im Alten Ägypten. Festgabe für Phillipe Derchain zu seinem 65. Geburtstag*, OLA 39, Löwen etc. 1991, 331–340.

Vernus 1993 = Pascal Vernus, *Affaires et Scandales sous les Ramsès. La Crise des Valeurs dans l'Égypte du Nouvel Empire*, Paris 1993.

Weeks 1979 = Kent Weeks (Hg.), *Egyptology and the social sciences*, Kairo 1979.

Winthrop-Young 2008 = Geoffrey Winthrop-Young, Memories of the Nile: Egyptian Traumas and Communication Technologies in Jan Assmann's Theory of Cultural Memory, *JEgH* 1, 2008, 331–362.

Zimmermann 2006 = Martin Zimmermann (Hg.), *Der Traum von Troja. Geschichte und Mythos einer ewigen Stadt*, München 2006.

Piye's Conquest of Egypt (about 727 B.C.E.) and the Making of a *Great Event* (about 727 B.C.E. and beyond)*

1. Introduction

Events are at the core of historical narrative which is, and has been since time immemorial, obsessed by the idea of a linear development from a certain beginning up to a certain end. Whatever the reason is for this kind of historical narrative, the allure of which is heightened by assertions to the "first" in everything (first tool, first pot, first work of art, first murder, first nation, first king etc.) and which confuses a first attestation with creation, the epistemic cornerstone of it is the *incident*, which is unique, decisive and primordial.[1] One of the many names we could give to it is the *Great Event*.[2]

In order to explore some of the general patterns of this historiographic apriority, the example presented here is one we really may call a classic *event* in the sense of a classic *event-history*: The conquest of Egypt. It is also chosen in order to introduce a couple of peculiarities of the archaeological reconstruction of history or, more precisely, political history; since against all the "post-" and "cultural" in recent scholarship: the political remains at the very core of historiography. To retell the political story of the past historians use sources. Many of these sources are not frozen relics of *incidents* (like a broken pot or a laid waste battlefield) but are descriptive, containing quite a lot of reflection about what happened. They are historiography themselves. In our case it is just one source – one stela – which makes the difference, which makes by its narrative out of the *incidents* an *event*.[3] How this may operate and how the *incidents* become *events* and maybe even *Great Events*, will be the topic of my consideration.

2. The stela of Piye

2.1.

The evidence under consideration is a huge block of dressed granite (Fig. 1.a), which has been erected as a commemorative stela in the first court of the Amun Temple at Gebel Barkal in about 727 B.C.E.[4] The Barkal temple at this time was the main sanctuary of the kingdom of Kush, a kingdom occupying a vast territory to the south of Egypt, situated mainly in the modern state of Sudan. The stela was excavated in 1862 together with other stelae and brought to Cairo, capital of the vice-regnal Kingdom of Egypt which occupied the area some 40 years ago.[5]

According to its inscription, the stela was manufactured under king Piye, ruler of Kush at the end of the 8th century B.C.E. The lunette is decorated (Fig. 1.b). In the center is a seated god, Amun, the lord of the temple at Gebel Barkal and the main deity of Kushite kingship. Behind Amun we see Mut, his female consort. In front of Amun, king Piye is standing, his back to the gods and facing the scene on the right. His image has been hacked

---

* The original paper was given at the workshop "Großereignisse als hermeneutisches Werkzeug und als Herausforderung für Nomaden und Sesshafte / Great Events as Hermeneutical Tool and Challenge for Nomadic and Sedentary People", SFB 586 "Differenz und Integration" AG 4 "Großereignisse", Leipzig 27.11.2009. I would like to thank Ariel Bagg for the invitation and all participants for inspiring discussions. I have to thank Angelika Lohwasser for her many remarks, corrections and inspirations – and for more besides. And I especially thank Paul Whelan who tactfully transformed my rather trans- than inspirations into readable English.

1 Briese 2005.

2 Although next to the concept of the *Great Man,* the concept of the *Great Event* is one of the major elements of any historical narrative, I was unable to locate a comprehensive definition or study of it. Maybe I missed it, maybe the concept seems to be so self-explanatory that it is barely questioned or simply dismissed in more recent scholarship.

3 See for a discussion of the relation of *incident* to *event*: Fitzenreiter 2009.

4 Absolute dating remains arguable for the incident itself as well as for the moment of recording. See Grimal 1981.a, 216–219. The same holds true for the original place and position of the stela, for this see: Reisner 1931, 82, 88f; Török 2002, 308f; Breyer 2003, 44–47.

5 See Breyer 2003, 42–44; El Hawary 2010, 210 for a discussion of the role of the unnamed turco-egyptian officer who excavated the stela and delivered a first copy.

out at an uncertain date. In front of Piye are depicted a woman and a man, the man holding a sistrum while leading a horse. The woman is designated as "the king's wives", the plural is not an error since she is impersonating a number of women, as we will see later.[6] The man is named king Nimlot and the sistrum and horse are also quite important in this scene, as we will see later. Underneath are three persons kissing the ground; five further persons kissing the ground are shown behind the goddess Mut. All those kissing the ground are identified by inscriptions as kings and princes of Egypt and again we will encounter them later.

Before starting with a summary of the long inscription, a short remark on the historical setting is necessary.[7] Egypt in the 8th century B.C.E. is a troubled country, divided into a number of kingdoms and chiefdoms, plagued by permanent feuding between its rulers. Kush, a territory occupied by Egypt for centuries, has been beyond pharaonic control for about 300 years. Deep in the south, around Gebel Barkal, a Kushite kingdom has appeared, stretching its influence to the north. It gained power in southern Egypt, becoming protector of Thebes and a number of territories in Upper Egypt. This is the situation when the story begins. At this time the ruler in Kush is king Piye, sitting on the throne already for 20 years, being king of Kush and overlord of parts of southern Egypt including Thebes.

Fig 1a: Triumphal Stela of king Piye, Photography (archive Steffen Wenig)

2.2.

The inscription starts with a date, year 21, first month of inundation season, and gives the king's titles and names.[8] It is followed by an introductory speech of the king himself, who characterizes the record as a deed which is done "in excess of the predecessors" (*m-ḥ3w r tp(.jw)-ʿ(.wj)*). In a short but bombastic statement he declares himself to be a divine king and an earthly ruler. Immediately after this the account starts as an impersonal narrative: Information is brought to king Piye, that the "Prince of the West", Tefnakht, has conquered the whole western Delta, including Memphis, the historical capital of Egypt. Without being opposed he heads southwards, now besieging Herakleopolis. Nevertheless Piye remains untouched by these incidents. But bad news is growing and Piye is asked "every day" for help, especially since his former ally Nimlot of Hermopolis has also defected to the enemy.

Because of this Piye activates his garrison in Egypt to secure the nome of Hermopolis. He instructs his troops to aim for a decisive battle and not to split their efforts.[9] Commanders are sworn in in the name of Amun of Thebes, because this god is the ultimate source of power. The army travels by boat against Herakleopolis, where they face battle with troops of a northern coalition under the leadership of Tefnakht. The enemy is withdrawn and the siege on Herakleopolis is levied. But Tefnakht and his followers escape and Nimlot barricades the town of Hermopolis. Receiving these messages, king Piye is furious and decides to head for Egypt himself, but, so he says, not before he has celebrated New Year in Kush and a number of feast of Amun at Thebes. As his Egyptian army gets notice of his wrath they strengthen their efforts but are unable to cool down his anger.

6 Pierce 1994, 63, Fn. 5.

7 See for the political background in Egypt: Kitchen 1986; Payraudeau 2014.a; Moje 2014.

8 Translations and commentaries (only the more recent ones) of the whole text: Grimal 1981.a; Pierce 1994.a; Goedicke 1998; El Hawary 2010, 210–347.

9 Spalinger 1979; Kahn 2015.

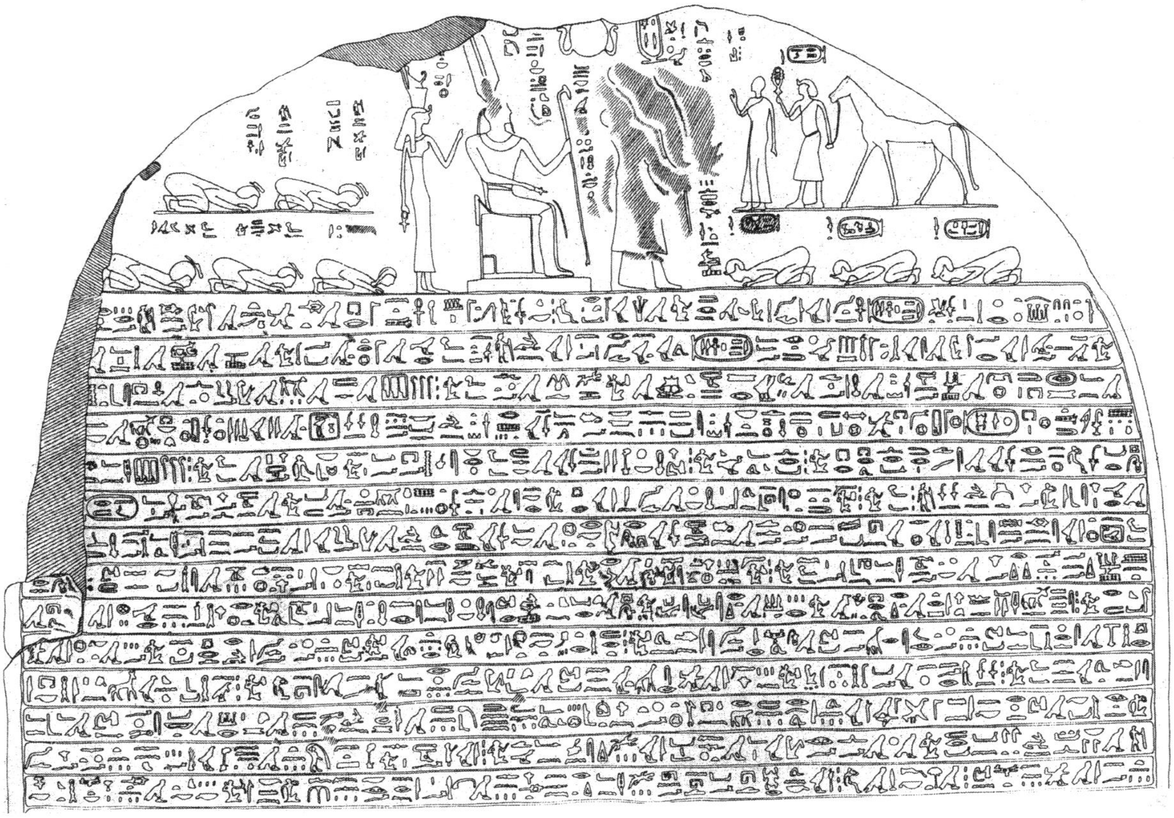

Fig 1b: Triumphal Stela of king Piye, Drawing of the upper part (after: Grimal 1981.a, Pl. V; with permission of the author)

First Month of inundation season, day 9: With the beginning of a new year (and the inundation) king Piye leaves for Egypt, celebrating the Opet-Feast for Amun at Karnak. After this he proceeds to Hermopolis, besieges the town and Nimlot surrenders, sending him "the crown which had been on his (Nimlot's) head" in order to "beseech his (Piye's) diadem". Later the royal ladies of Nimlot's harem emerge, persuading the ladies in Piye's entourage to pacify the angry king and, finally, Nimlot himself, shaking a sistrum and leading behind him a noble horse, submits to Piye. Piye enters the town, visits the temple of Thot, then the palace and inspects the stables. In a famous episode he reprimands Nimlot since he let the horses suffer hunger during the siege – and it is in this strange moment and place that in his holy anger he reveals his divine nature to a daunted Nimlot (and the audience of the text). After this the ruler of Herakleopolis, now freed from any danger, arrives and submits to Piye.

Piye marches further north, on his way place after place surrenders without resistance, their treasures being assigned to the treasury of Amun. Not so Memphis, even when a peaceful capitulation is offered. Tefnakht, the leader of the opponents, encourages his troops in a nocturnal council, but sneaks away on horseback to get help from the north. Piye holds a war council, where his generals make a number of inert proposals. Piye gets angry once more and commands an immediate attack, using a ship-bridge to reach the city on its port-side. Memphis falls and is ransacked. Only one day later Piye orders the protection of the temple, purifies himself and enters to make offerings, as he did in every temple on his way. The same day a number of princes from the Delta surrender. The following day at dawn Piye proceeds further north, offering to Atum in his sanctuary at the mythic "battlefield" / *ḫr-ʿḥ3*(of Horus and Seth) at Old-Cairo. Reaching Heliopolis, the ancient city of the sun-god Ra, Piye enters a holy pavilion. He purifies himself in a mystic lake, where also "Ra bathes his face" and visits other holy places. Before dawn he proceeds to the house of Ra, is clothed in a ceremonial garment and sees the sun rise through a special window. After that, he enters the sanctuary and stands alone with the god. Finally he seals the sanctuary with his personal seal and orders that none "of the kings who shall arise" should be let in. When he returns, he is hailed by the priests.

Later, king Osorkon, ruler of the eastern Delta, arrives and leads Piye to a council of Delta princes at Athribis. All the princes submit to the Kushite king. All the princes? No! One – the ruler of a not so tiny village, Tefnakht of Sais, is still making trouble in the Delta. Only after he is defeated by a Delta prince, now allied with Piye, does Tefnakht recognise his political isolation and calls for negotiations. He accepts Piye as ruler of the south and asks for emissaries. In a hymn-like speech, recited by an emissary, Tefnakht describes his desperate state vis-a-vis the wrath of the Nubian king. Piye sends a priest and a general and Tefnakht swears an oath.

After all that, the still-resisting fortresses surrender. In a final act of submission the "two rulers of the South" – king Nimlot of Hermopolis and king Pef-tjau-awy-bast of Herakleopolis – and the "two rulers of the North" – king Osorkon from Bubastis and king luput of Leontopolis – "kiss the ground because of the power of his majesty". This submission is followed by a reception at the palace but – again in an act that is as famous as it is strange– only Nimlot is allowed to enter, the other three have to stay outside, since "they were uncircumcised and fish-eaters".

Finally Piye travels back to the south and on his journey both banks of the Nile are lined with people singing and jubilating, mocking the enemies as being turned from bulls into women and praising Piye as a mighty ruler.

2.3.

So much for the evidence. At least on the level of incidents – the level of just-facts – the text is quite explicit. It tells the story of a war, when Kushite troops, already present in the south of Egypt, proceed north to the Delta, crushing major resistance until the king receives the formal submission of local rulers. It does not conceal the fact that the victory was far from decisive, since Tefnakht remained ruler of the western part of the Delta and was clever enough not to appear in person before the Kushite king. Also the other kinglets and chiefdoms were not dissolved. Piye received their homage – and leaves.

Nevertheless, something had happened and had made a difference. What had happened will be discussed later, but now let us look at what happened afterwards.

Piye left for Kush and died. He was (probably) succeeded by king Shebitqo,[10] who, unlike Piye, is counted in the Egyptian king lists as an Egyptian pharaoh and king of a new dynasty, the 25th. With three other rulers – Shabaqo, Taharqo and (only episodic) Tanwetamani – this dynasty of Kushite origin rules Egypt for about 60 years. And during their rule, it remains remarkably silent around all the kinglets and chiefdoms so prominent on Piye's monument. It seems that the successors of Piye succeeded in establishing a kind of central state, stretching from somewhere in the Sudan to the northern borders of Egypt and even intervening in the Levantine affairs of Assyria. This is a bad idea; it is the king of Assur who finally drives the Kushites out of Egypt.[11] After a short and traumatic occupation of Egypt by Assyrian forces, Psammetich, a ruler from the Delta, from Sais – the town of Tefnakht, the enemy of Piye – takes advantage of Assyrian problems with Babylonia and makes himself king of Egypt, founding the 26th dynasty. He and his successors are able to thwart all Kushite efforts to reconquer Egypt, until later when the Persians arrive ... but that's not our story any more.

In the south the Kingdom of Kush flourished for nearly 1,000 years. The successors of the Egypto-Kushite 25th dynasty continued to use pharaonic symbols and traditions, even the hieroglyphic script. Only gradually does the elite culture become more and more 'African' – as Egyptology so nicely named it in the 20th century.[12] But the kings of Napata and Meroe where still throned as kings of "Upper and Lower Egypt", even when Egypt had been a Roman province already for centuries.

3. Narrative, incident, and event

3.1.

Starting investigation into the relationship of narrative and event in Piye's account, we have to state first that his inscription uses a great number of traditional concepts, ideas and even formal patterns to formulate and also to conceptualize the narrated incidents.[13]

In his short introduction the king himself – as the *literary ego* – points to the fact that this narrative is about the transgression of what has been done before. This is the usual pharaonic description of what we would could

10 See the recent discussion on the reversal of the traditional succession Shabaqo – Shebitqo: Bányai 2015.

11 Onasch 1994; Kahn 2004; Dallibor 2005, 139–152; Kahn 2006.

12 On this complex phenomenon of cultural entanglement see Török 2002; Török 2011.

13 For this see the detailed analysis of narrative patterns and the diligent use of citations from "classic" scripts, motives and moods: Priese 1970.b; Grimal 1981.a, 257–298; El Hawary 2010, 299–347.

call an event. That in cases where the formulation "in excess of the predecessors" (*m-ḥꜣw r tp(.jw)-ʿ(.wj)*) is used, quite often the fact is more or less what is expected to be done by a king, does not matter, since the re-enactment always adds something new to the structural flow of incidents.[14] In a way, to be recognized as an event, the incidents have to fit into a common pattern on the one side, and to be a bit different on the other.[15]

The account is modelled, in two decisive instances – one in the beginning after the introductory accounts when Piye decides to enter Egypt and a second before the attack of Memphis – according to a well-known narrative pattern used in pharaonic literature. The specific traits of this pattern are that it is always the king himself who is involved and that a situation is described, which demands a solution. While the followers of the king are unable to settle the matter, the king interferes and brings it to an end. This genre of Egyptian literature was baptized "Königsnovelle" by Alfred Hermann[16] and can be traced down to at least the Middle Kingdom of pharaonic history, which is to the 2nd millennium B.C.E.[17] In Piye's inscription as well as in other examples we have the description of a pending situation, followed by a narrative of the king's process of decision-making and containing a speech in which the king personally reveals his plan. A classical topos of the "Königsnovelle" is the reaction of the king's entourage to the plan, which can be either enthusiastic or reluctant. The decision is followed by action and finally solution. Thus, cause und result are merged into a satisfying narrative.[18] Incorporating the "Königsnovelle" into the story, Piye's historiographers used exactly the narrative pattern created by Egyptian intellectuals in order to recall incidents, which up to a certain extent match our definition of an event: an incident, which has been recognised as being extraordinary by a certain audience and put into written form not just to tell a story but to commemorate the very act of its perception as an event.[19]

But the inscription uses more than just one genre of pharaonic literature. It seems, that every episode or "chapter" is modelled according to one or even more classic models of narration, activated not only to cover the whole story, but also to give a special dramatic taste to the incidents.[20] Passages describing the military campaign are written in the dry style of the so-called annals of the kings of the New Kingdom.[21] In these annals, those of Thutmosis III are the best preserved, campaigns are described in a rather monotonous way as marches from here to there, naming places, enemies and battles and finally the amount of booty and its dedication to the treasuries of Amun and other gods.[22]

Additionally, in our text these accounts of places, princes and booty are colored by the narrative of special incidents, such as the one with the horses of Nimlot, some stratagems of battle, the refusal of impure fish-eaters etc. This is an element also used in non-royal "biographies", where the narrator sometimes just gives a very short introduction of the setting of a then more elaborately told story of his own.[23] Rameses II also includes just such a miniature story in his famous account of the battle at Kadesh, even expanding it in a poetic manner to present a situation of awareness of his very self[24] – in a sense comparable to Piye's revelation of being chosen by the god in the stables of Hermopolis. As both examples – that of Ramesses II as well the one of Piye – make clear, next to the description of incidents in a way "wie es eigentlich gewesen",[25] these miniature *Ereignisgeschichten* are

14 See the collection of comparable statements by Vernus 1995, 54–121.

15 Popko 2006, 14–15. For the concept of "Bewahrung und Erweiterung des Bestehenden": Hornung 1989.

16 Hermann 1938; Jansen-Winkeln 1993; Loprieno 1996; Hofmann 2004.

17 For even earlier attestations of central motives of *Königsnovelle* already in the Old Kingdom see: Spalinger 2011.

18 "Die gegenseitige Bezogenheit von Anlaß und Ereignis gibt den Untergrund ab, auf welchem hier Dinge erzählt werden." (Hermann 1938, 8).

19 I want to underline this point: Historiography is not to recall or document the incident (that is bureaucracy), but to recall and document its perception and experience as an event. That not everything recognised as an event by the ancients (or rather by a certain audience among the ancients) may fit with the modern historiographer's idea of an event and history, is unessential in this case. See Popko 2006, 25–27.

20 That the text in a sense is styled like a reader to pharaonic literary forms has been discussed on several occasions (e.g. Grimal 1980; Goedicke 1998, 196–206; Assmann 2009) and has been set in the wider context of „archaism" (El Hawary 2010, 390–421).

21 Priese 1970.b, 108–110.

22 Grimal 2003. For the connection between Piye's text and that from the stela of Thutmosis III from Gebel Barkal: Gozzoli 2003.a. See El Hawary 2010, 432–433 interpreting Piye in a way as the post-colonial *Wiedergänger* of Thutmosis III.

23 Gnirs 1996, esp. 230–236.

24 Obsomer 2003.

25 The dictum of Leopold von Ranke, to retell history "as it has actually been", has been the credo of German historicism in the 19th / 20th century (Ranke 1885, VIII).

always linked to some deeper levels of structural history. They refer to elements of a common body of values, placing the narrative in a framework of moral and religious appreciation and thus departing from content to assessment.[26] That Piye commands his troops to act like brave warriors, to trust in Amun, make offerings in every temple and transfer booty to the treasury of Amun, contrasts markedly with Tefnakht, who hides in fortified places, sneaks away at night etc. There is no episode which does not contain some special meaning intended to exalt the outstanding character of Piye and his troops; also the micro-stories with the horses at Hermopolis and the fish-eaters most probably refer to some special values typical of Kushite kingship, even if we do not know exactly what they are.[27]

There is another pattern that deserves our attention. After preliminary skirmishes, the description of which forms but a prologue to the narrative, Piye decides to enter Egypt himself. He summons his army on New Year's Day and then travels northwards, pacifying step by step along the way – and that's important! – pacifying Egypt by visiting the temples of local deities and making offerings to them. His first stop is Thebes, home of Amun. His next stop is Hermopolis with this remarkable encounter of diadems. Finally Memphis, the ancient capital of Egypt. Then Old-Cairo and Heliopolis with its Sun-temple. And here Piye's battle ends. Any later fighting is not conducted by Piye, but by his Egyptian allies. Having captured Memphis and after a day and night of violation, Piye purifies himself, makes offerings in the temple of Ptah in Memphis, visits various holy places and finally enters the sanctuary of Re in Heliopolis to be transformed into a new being, hailed by the priests after leaving the sanctuary at the dawn of a new day.

Thus the whole story is not only the narrative of a military campaign and a "Königsnovelle" commemorating an outstanding political event, but it is the description and memorialization of an unusual coronation or, in a more general sense, of a *rite de passage*.[28] This is unusual, because the description of the coronation as an earthly, somehow profane, act of conquest is not common in pharaonic culture. Normally election and coronation are described on a divine level of interaction between king and gods. No god appears in person in Piye's text, but ritual elements structure the whole story: The timetable of the passage from south to north is related to a sacred calendar, it starts on New Year's Day. The date and direction of the journey – from south to north – are related to the benign inundation. In a way, Egypt is "flooded" by Piye's order-bringing campaign. It ends celebrating the dawn of a "new sun" – in a double sense as the king and as his father, the sun-god.

In setting the journey into sacred times, the whole process of coming out of the south is as much related to historical narrative as to mythology. The chain of incidents is permanently related to allusions of ritually perpetuated mythological events, in other words: to those events which secure the well-being of the country on a macroscopic level. By waging war in Egypt, Piye not only pacifies the troubled cities and nomes step by step, but at the same time re-enacts the never ending fight against chaos and for the renewal of creation.

This starts, as already mentioned, with his departure from Kush after the celebrations for New Year's Day, i.e. at the beginning, in a very complex sense. Together with – or better still: like – the inundation, Piye causes the transformation of a troubled country and is, step by step, transformed himself. The first stop is Thebes, where the celebration of the famous Opet-Festival takes place. Being an old feast of liminal encounter, it marks the annually repeated confrontation of the living with the sacred sphere from which they all come. By celebrating the "dead gods", the mummiform or snake-like eternal manifestations of all gods of Egypt (the so-called *Urgötter*), the ritual re-creation of the whole country starts. This mythological setting will have special impact on Kushite political theology in the years to come – documented by a splendid building programme of the kings of the 25th dynasty around the holy places of the *Urgötter* and creation[29] – but its importance as the starting point of legitimation of rule in Egypt is attested already in this passage of Piye's account. He orders his soldiers to put on white clothes and to purify themselves, clearly a mark of *passage* and re-creation.

26 Popko 2009.

27 For these glimpses into "Kushite mentality": Török 1995, 195–201; Fitzenreiter 2011.

28 This underlying "ceremonial" level of the account has been observed and discussed by Grimal 1981.a, 266f; Pierce 1994.a, 112; Török 2002, 382–383 and *passim*; El Hawary 2010, 338. The term "coronation" is used here since it is well introduced to modern readers. Nevertheless the pharaonic term is "*ḫꜥ.w* / appearance", not describing the receipt of any regalia but the transformation and final "appearance" of the transformed king.

29 For the incorporation of the cult of "Urgötter" into Kushite royal legitimation: Lohwasser forthcoming.

The second act of mythological drama is vested in a kind of travesty, a satyr play-like allusion to the so-called "Myth of the Eye of the Sun" or of the "Return of the Distant / Angry Goddess" at Hermopolis.[30] This myth, also to become a central element of Kushite royal legitimation,[31] describes the disappearance of the angry Eye of the Sun – also called the diadem of the sun god – to the south, where it is afterwards pacified and brought back to Egypt by the trickster god in his manifold appearances as a baboon, jackal or even Bes; behind all of the ambivalent beings appears Thot, the great magician and ever-changing moon god – of Hermopolis. The episode at Hermopolis, where first the diadem of Nimlot is sent in order to "beseech his (Piye's) diadem",[32] then the royal wives – Egyptian and Nubian as well – approach the angry Kushite, and finally a Bes-like sistrum rattling Nimlot,[33] are all subtle links to episodes of this myth and its somehow burlesque nature, spiced by an episode with horses maybe only comprehensible to Kushites themselves.

The final stage is reached in Memphis. With its explicit battle description, the narrative may refer to the epic battle between Horus – the legitimate heir – and the wicked Seth (as Tefnakht sneaking through the city at night). That the conquest was achieved via a ship-bridge across the waterway may have inspired the historiographers even more, since the ritual *passage* thus gets its apotheosis in the way of actual warfare, just as every single act of the mythical drama is inversely interpreted in theology as being reflected in earthly phenomenon. By ending the chaos of war in only a day and night after the capture of Memphis – meaning, in effect, only after chaos has been raging for some time – and after entering the temples to restore the gods and the priests at their places, the mythological story reaches its apex at Heliopolis, where the re-enactment of mythological moments is dressed in a list of ceremonies the king is undertaking in order to be finally designated as the new son-of-Ra.

The same way the incidents told before the king's passage into Egypt are just a prelude to this core narrative, so those happening after the coronation form a kind of epilogue, summarizing the final pacification. As in the prelude no explicit allusions to mythological levels are made, but the daily routine of the king as decision maker and sacred ruler – being especially pure and thus refusing fish-eaters from entering his palace – is expressed. With the final jubilation song, accompanying the return to the south and thus turning the cosmic drama upside-down, in a kind of satiric afterplay, the earthly level eventually is reached, mocking the enemies and praising Piye. The jubilation clearly echoes the introductory words of the king, where he declares himself a divine king and mighty ruler and thus setting the topic of the whole, long and winding story.[34] It is interesting to note that in coming back "to earth", he is acclaimed as a ruler (*ḥqꜣ*) – not as a sacred king!

3.2.

Under or over the colorful web of incidents narrated in this long inscription, a general subject appears: The military campaign is interpreted as a journey to the coronation.[35] It alters the status of Piye fundamentally. After his intervention into Egypt, he is not the ruler he was before, but is the spiritual king of Egypt – in a sense of the world. Whatever his predecessors claimed as sovereignty over the southern provinces of Egypt and whatever the rulers of kinglets in northern Egypt bore as titles, Piye not only smashed their resistance but also dwarfed their status. In a sense, Tefnakht's uprising was nothing more than an incident causing Piye's ascendency to a higher status, from being just a king among kings in Egypt, to pharaoh and the Sun of Ra.

This fundamental shift of status is exactly what is shown in the lunette of the stela. We should bear in mind that the Kushite elite was probably not able to read hieroglyphs and that the pictorial presentation played a

---

30 For the different aspects of the "Myth of the Eye of the Sun / Distant Godess" see: Junker 1917; von Lieven 2003; Quack 2009; Jørgensen 2015; Grässler 2017, 309–312 with bibliography.

31 For the incorporation of the "Myth of the Distant Godess" into Kushite royal legitimation: Lohwasser forthcoming. See its incorporation into the cultic landscape at Gebel Barkal: Robisek 1989.

32 Using the myth, the authors of the stela had the problem that in the underlying myth the distant sacred being is gendered as female. Skirting this problem by alluding to the (female) diadem (*wrr.t=f*) of the obviously male Piye solved the problem on the one hand, while adding to the humorous and topsy-turvy air of the whole section on the other. See also in this respect that in the lunette king Nimlot walks behind his wife and that the rattling of the sistrum is a job normally done by females or children.

33 Note that his depiction in the lunette behind the woman is slightly shorter (Pierce 1994.a, 63, Fn. 6).

34 See the analysis of both segments of the text in Török 2002, 384.

35 That the topic of the narrative is coronation has been remarked upon by Goedicke 1998, 6; Gozzoli 2001; Török 2002, 18.

much more important role in communicating the event under consideration than the text. It is the lunette which sends a message to the future. Accordingly the lunette does not show battles, but the final submission of the rulers of Egypt, each according to his status vis-à-vis the new overlord.[36] We see the four "kings" of Egypt in front of Piye: the "two rulers of the South" and the "two rulers of the North" "kissing the ground because of the power of his majesty". Nimlot stands behind a woman, recalling the episode at Hermopolis, and maybe also indicating that he was the only one allowed to enter the palace in the end.[37] And also one element of the titles which distinguishes Piye from these other kings should have been recognizable even to the illiterate: It is Piye alone who is not only "king" (*nswt*) but also "King of Upper and Lower Egypt" (*nswt bjt.tj*) and – even more importantly – he is the "son of Ra" (*zꜣ rꜥ*). The emblematic combination of signs is comprehensible even to someone not able to read hieroglyphs. The Sun of Ra – the spiritual ruler and pharaoh – was the status he achieved while spending a night and a morning in the temple of Heliopolis. By sealing the chamber of his exaltation he also made it clear that no other "kings" – meaning those petty kings swarming around in Egypt – should try to mimic his status.

What would have been even more explicit to the public was the temple-court at Gebel Barkal where the stela was found. The walls were decorated with pictures commemorating in emblematic form some of the main incidents of the conquest, but again the central moment of submission of all the princes.[38]

Fig. 2a: Dream Stela of king Tanwetamani, Photography (archive Steffen Wenig)

4. Reception

4.1

So far, the question "what did happen besides a number of victorious battles?" can be answered quite simply: The event of the story is the formal coronation of a Kushite king as pharaoh of Egypt. Was it also a *Great Event*?

As stated at the beginning, events are incidents which are recognized as being extraordinary. Whether this is done by contemporary kings, priests or peasants, or by historians living more than two and a half millennia later, is just a matter of context. The central point is, that events are the result of their recognition as that, in other words: of a cognitive process, of conceptualization, of making sense out of the endless number of incidents.

36 See the discussion of text and lunette of Piye's stela from the viewpoint of the concept of a "segmentary / sudanic state": Howley 2015.

37 Comparing the picture of the lunette with the later on common picture of coronation, showing the king and a female consort heading towards the god, the woman always rattles a sistrum (Fig. 2.b) (Lohwasser 1995); it is intriguing to see that here again Piye's stela presents a kind of travesty of coronation: A woman, one of those presenting the crown, is heading towards Piye while the trickster Nimlot follows with the sistrum. The woman may be interpreted as Nimlot's wife for the model-Egyptian "readers" of the stela, but also as a royal Kushite woman, so important in the Kushite coronation to the model-Kushites. There is a special ambiguity and even tongue-in-cheek mood running through the whole of the text, which, starting with the bombastic introduction, ends with a funny mocking song.

38 For the decorated walls in Barkal B 500 see: Spalinger 1981, 46–53; Török 2002, 68–69. A whole set of drawings is accessible at: <http://www.jebelbarkal.org/frames/B500Piankhyreliefs.pdf> (04.01.2018).

Fig. 2b: Dream Stela of king Tanwetamani, Drawing of the upper part (after: Grimal 1981.b, Pl. I; with permission of the author)

4.2.

Even though Piye left us a formidable account of his campaign, he was not the final conqueror of Egypt.[39] It was only his successors who defeated the still independent princes of the Delta and established some kind of central rule over Egypt.[40] By expanding Kush's claims upon Egypt up to Memphis, and being crowned there, Piye was the first to at least claim power in a Nile-long Egypto-Kushite empire and be judged as some kind of founding hero.[41] Nevertheless, his position in Kushite kingship remained ambivalent, as indicated by the fact that some later rulers prefer to refer to king Kashta or Alara as founding ancestors, both predecessors of Piye.[42]

But there is a quite interesting line of reference to Piye and his event of year 20. About 70 years after Piye, the Kushite king Tanwetamani issued a stela – his so-called "Dream-Stela" – which was found in the immediate neighbourhood to that of Piye's in the court of the Amun temple at Gebel Barkal (Fig. 2.a).[43] Tanwetamani was the successor of pharaoh Taharqo, the Kushite king who was ousted from Egypt by the Assyrians. The lunette of his stela already shows the archetypical decoration of Kushite stelae – the king depicted twice with a female consort, his mother and his wife, in front of the Amun of Thebes and Amun of Napata respectively – a decoration being the emblematic presentation of coronation (Fig. 2.b).[44]

The text tells the following story: We are writing in year one of Tanwetamani. The king has a dream, in which he sees two serpents. Not knowing what this means, he is told that "the southern land is already yours, now take the northern land too". The king proceeds to Napata and visits the temple of Amun. Then he proceeds to Elephantine and visits the temple of Khnum. After this, he proceeds to Thebes and visits the temple of Amun. From

39 After he successfully stalled Piye, Tefnakht or his successor made himself king of the 24th dynasty and his house most probably founded the 26th dynasty. See for the unclear position of Tefnakht and how successful Piye really was: Redford 1985; Kahn 2003 and recently Jansen-Winkeln 2017, 33–39, who even proposes that Piye was ousted again from Memphis at the end of his campaign.

40 On the character of Kushite rule in Egypt during the 25th dynasty see the discussion in Pope 2014.

41 Note the important statement of Assmann 1996, 356–357, that in fact Piye did not alter the *status quo* of political rule in Egypt but only (more or less) reinstalled the petty kings threatend by the efforts of Tefnakht to unify the country under his own command and thus the stela is – in Assmann's words – the last monument of the Third Intermediate Period. Installing himself as king-of-kings in Egypt, Piye may have adopted a Kushite model of a segmentary state (see for Kush as an "Ambulatory Kingship": Török 1995, 71–78; or as a "Segmentary 'Sudanic' State": Edwards 1999; Fuller 2003; Howley 2015). By this step into overlordship he nevertheless made a difference, establishing a claim which resulted in a new pharaonic dynasty in Egypt.

42 Jansen-Winkeln 2003; Lohwasser forthcoming.

43 Grimal 1981.b, 3–20; pl. I–IV; Pierce 1994.b; Breyer 2003.

44 Lohwasser 1995.

here he travels downstream and the east and west banks are in jubilation. Finally he arrives at Memphis, has to fight a battle and then visits the temples of Ptah and Sakhmet. In one passage he describes the donations he made to Amun from Napata in return for their favor, since it is Amun who causes his victories.

Now the story becomes a bit more dramatic. The king marches into the Delta, but his enemies fortify in their settlements and he is unable to crush them. He returns to Memphis to hold a war council, but suddenly the insurgents – or at least some of them – arrive to submit. The king appears from his palace and his opponents are lying on their bellies, kissing the ground. King Tanwetamani sees the fulfilment of the prophecy (his dream) and so do the princes, all praising Amun. After some time the princes ask for leave and this is granted. The last lines are a hymn, praising the unity of the two lands.

Even this quick glance at Tanwetamani's stela shows how much the narrative follows that of Piye's.[45] Although the chain of incidents is a different one, the event is the same: We have the moment of incertitude at the beginning, we have the movement from south to north, we have the battle at Memphis and the submission of the opponents. Even more subtle elements link both texts, such as the allusion between the dream of the two snakes of Tanwetamani and the episode of the two snake-like diadems at Hermopolis in Piye's report. And, we have of course the general military intent, which is a reception and repetition of Piye's conquest of Lower Egypt. To sum up: the event told by this source, is the repetition of the event of Piye: the coronation of a king ruling over Kush and Egypt. That makes the pictorial emblem of Tanwetamani's stela quite clear which is in no way linked to the incidental happenings, but just to a formal ceremony.

Tanwetamani failed and has been ousted by the Assyrians. But again his stela, together with those erected by his predecessor Taharqo at Kawa,[46] is imitated in a whole set of commemorative stelae of the kings of Kush.[47] Apart from the general layout, which is copied on many of these monuments, especially the idea of *coronation as a journey* to several temples *and a battle* against certain enemies shaped the narrative of Kushite kingship for centuries to come.[48] It seems that Piye's account served as a master narrative, according to the elements of Kushite kingship ideology used as a template for telling history.

So much about Nubia, what about Egypt? Not so much. Of course, the concept of coming from the south and conquering the north did not play a major role in later Egyptian royal inscriptions since the new conquerors mostly came from the east and the north and had developed different approaches to pharaonic kingship. Furthermore, the incidents around Piye and his successors, the event of the "25th dynasty", obviously did not play a major role in historical consciousness. Schebitqo, Schabaqo, Taharqo and partly even Tanwetamani were recorded as pharaohs in Egyptian annals and according to tradition they were accepted as quite legal rulers. The very conquest of the north, the central incident in Piye's account, left no deep traces in the public's awareness of the past. It was overshadowed by the Assyrian sack of the country.[49]

4.3.

Proceeding to an evaluation of the whole matter from the point of historiography, the different reception of the event of Piye is a point to remark upon. Whatever had happened, whatever incident had occurred – the event evolving from this incident is different for different groups involved. That is a historical truism, but should be mentioned because it is also valid for reception in modernity.

Because of its masterful inscription the stela of Piye attracted scholarly interest from the moment of its discovery. It colourfully describes the situation at the end of the so-called Third Intermediate Period and gives a vivid description of Kushite tactics and character. From the Egyptian point of view, Piye's campaign may have been just another battle during the troubled time of the Third Intermediate Period. It was only modern historiography that gave this text its importance for telling the history of Egypt. For modern historiography Piye's text has been evaluated as marking the end of the "Libyan anarchy" and the beginning of a more prosperous period.

45 Gozzoli 2006, 83–84.

46 For the stelae from Kawa: Macadam 1949; Pierce 1994.c; Dallibor 2005. For Taharqo's historical inscription on the walls of Sanam temple see now: Pope 2014, 59–145.

47 For those monuments: Grimal 1981.b; Pierce 1994.d; Pierce 1996; Peust 1999.

48 Török 2002, 16–18, 343–448; Eltze 2017.

49 Ryholt 2004.

Therefore the 25th dynasty is counted as the beginning of the "Late Period" of pharaonic history. Here again we are confronted with the cultural reflection and thus construction of historical developments.[50]

This is also a topic that yields the potential for friction even today: between modern Egypt and Sudan. Both neighbours are sometimes not on the best of terms and in the collective memory of both countries the event under consideration plays quite a different role – like it did in antiquity. For modern Egyptians the Kushite conquest is just another humiliation in the past, for modern Sudanese the story of the 25th dynasty is an inspiration of glory. It is interesting to note that according to a recent announcement the stela should have been removed from the Cairo Museum to the Nubian Museum in Aswan.[51] The Nubian Museum celebrates the cultural identity of Nubian inhabitants of the Arab Republic of Egypt. The planned removal demonstrates that maybe at Aswan Piye's event (the coronation) is of greater importance than the incidents (the military campaign) are in Cairo, and that museums are the temples of modernity, where historical constructions of the past are revitalized to be present.

5. Event, history, and historiography

5.1.

Recording a chain of *incidents* means creating an *event.* What happened around 727 B.C.E. is only known to us because we have the stela, and it is known to us in the way the inscription tells us. We are not sure how far the Kushites had already penetrated into Egypt, if, for example, Piye's predecessor Kashta had already conquered Memphis in an earlier campaign.[52] Piye's text itself makes it clear that his campaign is only part of a longer struggle. And of course we have not the slightest idea if the text tells the story "wie es eigentlich gewesen". On the contrary, we are quite sure that not everything is told and not everything happened as it is told.[53] The document is itself an interpretation and thus a creation.

But exactly that is the purpose, the meaning and the sense of this document. In a way, this is the purpose, meaning and sense of historiography at all. It seems that at a certain moment those who witnessed and recorded Piye's campaign recognized that this very chain of incidents had considerable impact and so searched for a way to represent it. They created an impressive piece of historical literature and by doing so they created an impressive piece of history, with far-reaching consequences.

Making the incidents manifest on a stela, requires a decisive element in the way they are recorded: It is only by cultural reflection and enactment that an event comes into being. That means: by *ceremony.* The number of battles may be fought, but it is the ceremonial and public act of submission of the kings and princes of Egypt, which makes the change in situation decisive. Eternalizing the ceremony by media – the only surviving example of which is the stela, but there would have been others as the remains of decoration on the walls of Barkal Temple attest – comes at the end of not only what makes the event, but what creates history.

And it is the absence of Tefnakht in this ceremonial moment that holds history pending. There is also the reluctance of a portion of the audience to believe in this ceremony – the public performance and its record as well – including later historians. That is why history remains open: The outcome of the performative act, its emergence, never concurs absolutely with the intentions of the master of ceremonies, be that a priest or a historiographer (in most cases, both).[54]

5.2.

Therefore, in evaluating the historical meaning of our source we should bear in mind the many levels of potential reception, in other word: the different events behind the incidents, the different histories behind the stories. Different audiences of the stela have already been mentioned, literate and non-literate, archetype "Egyptians"

---

50 On Egyptological historical periodization see: Schneider 2003.

51 At least as I understand from its appearance in Gaballa 1997, 57. As far as I know in 2017 the stela still remains in the Cairo Museum.

52 For early Kushite interventions see Leclant 1963; Priese 1970.a; Payraudeau 2014.b.

53 Jansen-Winkeln 2017.

54 Fitzenreiter 2015.

and "Kushites"; we may add: eurocentric and afrocentric historiens and not (in the case of pharaonic Egypt: never) to forget esoterics of all kind. Already within the text itself, when it is revealed from its scriptorial confines, different audiences may have understood quite different messages.[55] The above-described multi-level literary texture of the narrative, shifting between genres and moods, adds to its persuasive potency, but at the same time opens the way for different interpretations. Even for modern readers the seemingly quite odd satirical elements are parts of this sophisticated net of controlled ambiguity in which pompous boastings are confronted with mocking and wit. It is exactly that literary quality of Piye's narrative that makes it so "strong" and finally impressive,[56] maybe not for his adversaries, but for his followers. Binding incidents together into a senseful narrative is a process of making sense. Writing history is nothing more than finding a literary (or narrative, pictorial, dramatic, or whatever) means of description as comprehensible, logical, and even sometimes *inevitably,* exactly that was happened.

In order to do so, a number of incidents are combined, which are defined as the reasons for what had happened. To western historiographers, these reasons are the so-called *facts* out of which history is distilled. In order to become such a reasonable fact, meaning: something that is accepted as having the quality of pushing circumstance forward and exactly in the direction they took, the incident has to fit into a kind of *master narrative*, into a body of shared narrative patterns. A *master narrative* rules historical consciousness, be it a classic "Ereignisgeschichte", where everything depends on deliberate decisions, or a classic "Strukturgeschichte", where everything depends on pre-existing conditions. As in the narrative of Piye's stela, in most cases both elements are combined. Incidents are happening because there are people – kings – who make decisions, but there is something behind them – a god's will – that drives them. Nowadays we call this *structure*, but we could call it *mythology* also.

Interpreting the chain of incidents on a second level as mythology, as is done by the authors of Piye's narrative, doubles its performative impression on the minds of all the actors involved, for listeners and readers, and also for those who composed the account and for the very protagonists themselves. Thus they may realize that what has happened is senseful, logical, in a way inevitable, and *right*.

As much as the production of such a narrative is comparable to the creation of any other monument which has been established to immortalize the initial moment of whatever matters, it is the display and communication to relevant groups in society that is central in order to "spread the message". Monuments are needed to record and to communicate the cultural event – and they are the means of its immortalization.[57] As has been said at the beginning: It is only because of this monument, that the conquest of Egypt in about 727 B.C.E. became part of the "History of Egypt".

5.3.

The single incident of conquest and submission in or about year 727 B.C.E. could have been reversed quickly and the whole event could have been just an episode. That is exactly what happened with Tanwetamani's attempt to reconquer Egypt. But Piye succeeded in some way and his successors completed the occupation. So the event he created on the battlefield and on the cultural level developed its own impact on the future. It is very interesting to note that it is not so much the personality of Piye, who as a kind of founding ancestor later on is celebrated in Kush, but it is the action he took and, more specifically, *the way, he recorded this action* (or let it record). The reception of the format of recording – the stela – and the story it tells – the bellicose journey to coronation – led to a ritualization of what happened as a number of incidents about 727 B.C.E.; first in its re-enactment by Tanwetamani, later in the coronation inscriptions of Napatan rulers, being an own variant of the classical *Königsnovelle.* As in Tanwetamani's stela where the king himself is in a way perplexed by his dream and has to seek help;

55 See the convincing proposal of Török 2002, 387f, that such texts on stela on display in the courtyards of Kushite temples were recited (and translated) to an appropriate audience at festive moments. Compare on the reception of royal historical inscriptions in Egypt: Popko 2006, 88–98.

56 It is this high literary aspect that led Assmann 1996, 366–69; Assmann 2009, 222 to praise Piye's account as one of the rare texts in pharaonic written culture with "epic" and "oratoric" qualities.

57 See on the concept of "Spuren, Botschaften und Erinnerungen": Assmann 1996, 18–24.

thus, in the classic Napatan narrative, the king, contrary to the decisive Egyptian king, is one of the know-nothings and it is Amun himself who makes or inspires the decision.[58]

The whole network of interdependency of the historical narratives of Kushite kings cannot be the subject of this article.[59] The preserved examples of such accounts differ in many respects, from format to narrative, from intention to content. Nevertheless Piye's account was used to interpret incidents as senseful, as happened with Tanwetamani's account. What, in Piye's text, are still narrative elements which make the incidents senseful and so transform them into events are, later on, motives that retell the same story again and again, but always with a little variation. Among those motives are the journey from the south, the allusion to water / inundation, the warlike character of the journeys on the one hand and their pious character (visiting temples, making offerings, restorations and donations) on the other, further: dreams, animals, wise people, adversaries.[60] Also, that the event of spiritual elevation to sacred kingship and its ceremonial affirmation only takes place a certain time – sometimes even years – after the accession to power, an idea totally uncommon to pharaonic kingship, for the first time is attested in this document. Maybe these elements are even older than Piye's record and what the authors created as a pharaonic "Königsnovelle" with allusions to the "Myth of the Distant Goddess", may already be an old story of a Kushite hero, travelling from the south by water, facing like the fool in the fairytales a number of adventures to be revealed finally as a king in the north. This may even reflect a mythological historiography of the early double kingdom of Meroe and Napata where rulers from pagan Meroe took over the area of Napata dedicated to Amun.[61] As much as incidents may become events so the record of an event becomes a *Great Event* when the record itself becomes a master narrative. And being a master narrative, *Great Events* may become *structure*, in other words: *mythology*.

5.4.

That leads to my final remark. Historians, looking for events in history, are in fact investigating the history of their source. The chain of incidents, that is, what happened, is gone and lost. We are dealing with just its traces, with evidences of various kind, from pot to poem, from post hole to picture. These evidences are the incidents, historians use to create an event. The name of the historiographical incident is: source; of the historiographical event: history. In case, the source is a historiographical text, picture, storie itself, the incident the source is telling about is the creation of an event in the past. To retell the story of the source today creates a new history. There may be many incidents connected to this story, different sources historians are relating to being *behind* it, but the event, the recognition of the incidents, is *in* the source itself. History – as a reflecting process of the mind – lies not between the lines of inscriptions, but in the very lines themselves.[62] Therefore it would be a misunderstanding to read the stela as an account of facts and to ask whether their description is true or not.[63] The content and aim of the stela is not to give a dry account of "wie es eigentlich gewesen" but to eternalise and affirm *ceremony*, as it is clearly shown in the lunette of Piye's stela. It is by *ceremony* – by an act of communication – that history comes into being.

---

58 Thus, we may call this an "Amunsnovelle" rather than "Königsnovelle". See for the distinction between "Königsnovelle" and "Götternovelle": Loprieno 1996, 290–294, where nevertheless only events on a divine level are rated as that. In Kush there remains a strong relationship between god and men when decisions are made.

59 See for this the evaluation in Török 2002, 331–448.

60 These elements are sometimes quite subtle, as in stela Kawa IV, where Taharqo is told as coming from the *south* with his brothers and Kawa V where it is Taharqo's mother, who, together with a number of extraordinary *inundations*, is coming from the *south* in order to recognize Taharqo's appearance on (meaning, his claim to) the throne (Gozzoli 2003.b, 226–230; Gozzoli 2010, 190–193). As in the stela of Piye, incidents which most probably happened in reality in this way are related to a mythological narrative.

61 For the early history of the Kushite state see now Pope 2014, 5–33, who nevertheless rejects the idea of Meroe being the origin of the ruling clan.

62 Hoffmeier 1992; Gozzoli 2006, 9; Gozzoli 2009 referring to M. Liverani and R. D. Hall.

63 It remains a commonplace misunderstanding to rate a monument such as Piye's report or the "Dream Stela" of Tanwetamani as a means of falsification of history since, in the case of Tanwetamani it is well known that the Kushites were ousted from Egypt very soon after his expedition to Memphis. This is not the narrative of the stela nor its intention. The stela records the revelation of Tanwetamani's dream by the recognition of his person as the ruler of Kush and Egypt, at least for a moment. That is what was important since it renewed Kush's claim to rule Egypt. And this claim – transformed into a more mythological title – lasted up to the end of Kushite kingship.

Fig. 3a: Lunette of the Triumphal Stela of king Piye, Photography (archive Steffen Wenig)

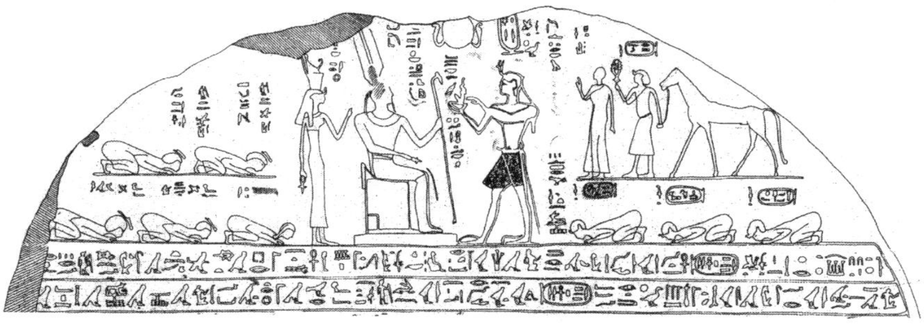

Fig. 3b: Lunette of the Triumphal Stela of king Piye, Drawing with proposed reconstruction of the alteration of the representation of Piye (after: Grimal 1981.a, Pl. V; with permission of the author).

6. Epilogue

At a still uncertain date, the representation of Piye in the lunette was hacked out (Fig. 3.a). As Angelika Lohwasser has observed, this mutilation did not include the names of Piye, either in the lunette (where it has been restored) or, of course, in the inscription.[64] Thus, it was not a *damnatio memoriae*. But what then was the intention?

I suggest that it was the final transformation of Piye's account of a war into an account of a coronation, a coronation invented as a tradition only *after* Piye had passed through it. When the stela and its account was created around 727 B.C.E. – together with a similar representation on the walls of Barkal Temple and maybe in other media – the picture of the lunette was executed in such a way as to stress the formal submission of the Egyptian rulers. This was because it represented the ceremonial moment of realization of Piye's new status as a pharaonic overlord. In later times in Kush, the names of these petty kings changed to structure, to symbols of what has been done and has to be done by a king in the course of his coronation; the incidents, the "wie es eigentlich gewesen", have been drowned in a – in Assmann's words: "epic" – master narrative. But the exaltation of Piye's status by the god and his appearance as a divine king, remained at the very core of Kushite coronation tradition. As an emblem of this, the encounter between god and king was canonised, whereby the king offers a pectoral and Maat, followed by his wife and mother – as shown already in the lunette of Tanwetamanis's stela (Fig. 2.b).[65] Thus, in order to fit in the row of the coronation-stela, the representation of Piye had to be turned around. The picture was removed, filled with plaster and then redrawn turning towards Amun, most probably holding Maat and / or a pectoral (Fig. 3.b).[66] The single "king's wives", now behind him, are easily recognized as those of Kush and the quaking Nimlot as some vassal, as are all the other kings and rulers too.[67] So, finally, what began as the story of *incidents* and became an *event* by its ceremonial recognition, became a *Great Event*, a great tradition, a myth itself.

64 See for this: Lohwasser forthcoming.

65 Lohwasser 1995.

66 See the discussion of how and when the stelae were transferred to the positions they have been excavated from: Reisner 1931, 82, 88f; Török 2002, 308f; Breyer 2003, 44–47.

67 As is often the case, where events are made into tradition later on, the ambiguity of their original record is erased to make it certain. So, what was one of a number of possible interpretations as described in Fn. 37 has been reduced to a single possible interpretation by the proposed alteration. But this is an act of reception (Fitzenreiter 2015). And it is the way sources are used again and again in the never ending history of historiography (on this see "Geschichtsforschung und Ägyptologie" in this volume).

Bibliography

Assmann 1996 = Jan Assmann, *Ägypten. Eine Sinngeschichte*, Munich / Vienna 1996.

Assmann 2009 = Jan Assmann, Die Piye(Pianchi)Stele: Erzählung als Medium politischer Repräsentation, in: Hubert Roeder (ed.), *Das Erzählen in frühen Hochkulturen. I. Der Fall Ägypten*, Ägyptologie und Kulturwissenschaft 1, Paderborn 2009, 221-236.

Bányai 2015 = Michael Bányai, Die Reihenfolge der kuschitischen Könige, *JEgH* 8, 2015, 115–180.

Breyer 2003 = Francis Breyer, *Tanutamani. Die Traumstele und ihr Umfeld*, ÄAT 57, Wiesbaden 2003.

Briese 2005 = Olaf Briese, Ursprungsmythen, Gründungsmythen, Genealogien. Zum Paradox des Ursprungs, in: Martin Fitzenreiter (ed.), *Genealogie – Realität und Fiktion von Identität*, IBAES V, Berlin / London 2005, 11–20, Online-Fassung: <http://www2.rz.hu-berlin.de/nilus/net-publications/ibaes5/index.html>.

Dallibor 2005 = Klaus Dallibor, *Taharqo – Pharao aus Kusch. Ein Beitrag zur Geschichte der 25. Dynastie*, Achet A 6, Berlin 2005.

Edwards 199 = David Edwards, Meroe in the Savannah – Meroe as a Sudanic Kingdom?, in: Steffen Wenig (ed.), *Studien zum antiken Sudan. Akten der 7. internationalen Tagung für meroitistische Forschungen*, Meroitica 15, Wiesbaden 1999, 312–320.

Eltze 2017 = Elizabeth Eltze, There and Back (?) again: The Ideological Significance of Tanutamani's Travel into Egypt, in: Christian Langer (ed.), *Global Egyptology. Negotiations in the Production of Knowledges on Ancient Egypt in Global Contexts,* GHP Egyptology 26, London 2017, 77–90.

Fitzenreiter 2009 = Martin Fitzenreiter (ed.), *Das Ereignis. Geschichtsschreibung zwischen Vorfall und Befund*, IBAES X, Berlin / London 2009, Online-Fassung: <http://www2.rz.hu-berlin.de/nilus/net-publications/ibaes10/index.html>.

Fitzenreiter 2011 = Martin Fitzenreiter, Piye Son of Ra, Loving Horses, Detesting Fish, in: Vincent Rondot, Frédéric Alpi and François Villeneuve (eds.), *La pioche et la plume. Autour du Soudan, du Liban et de la Jordanie, Hommages archéologiques à Patrice Lenoble*, Paris 2011, 261–268.

Fitzenreiter 2015 = Martin Fitzenreiter, (Un)Zugänglichkeit. Über Performanz und Emergenz von Schrift und Bild, in: Annette Kehnel and Diamantis Panagiotopoulos (eds.), *Schriftträger – Textträger. Zur materialen Präsenz des Geschriebenen in frühen Gesellschaften*, Materiale Textkulturen 6, Berlin 2015, 179–208.

Fuller 2003 = Dorian Q. Fuller, Pharaonic or Sudanic? Models for Meroitic Society and Change, in: David O'Connor and Andrew Reid (eds.), *Ancient Egypt in Africa. Encounters with Ancient Egypt*, London 2003, 169–184.

Gaballa 1997 = Gaballa Ali Gaballa (Ministry of Culture. The Higher Council for Antiquities. Museums' Sector. Save Nubia Fund), *Nubia Museum*, Cairo 1997.

Gnirs 1996 = Andrea M. Gnirs, Die ägyptische Autobiographie, in: Antonio Loprieno (ed.), *Ancient Egyptian Literature. History and Forms*, PdÄ 10, Leiden / New York / Köln 1996, 191–241.

Goedicke 1998 = Hans Goedicke, *Pi(anch)y in Egypt: A Study of the Piankhy Stela*, Baltimore 1998.

Gozzoli 2001 = Roberto B. Gozzoli, The Triumphal Stele of Piye as Sanctification of a King, *GM* 182, 2001, 59–67.

Gozzoli 2003.a = Roberto B. Gozzoli, Piye Imitates Thutmose III: Trends in a Nubian Historiographical Text of the Early Phase, in: Zahi Hawass and Lyla Pinch Brock (eds.), *Egyptology at the Dawn of the Twenty-First Century. Vol. 3 Language. Conservation. Museology*, Cairo 2003, 204–212.

Gozzoli 2003.b = Roberto B. Gozzoli, Continuité et changement dans les inscriptions royales égyptiennes du premier millénaire av. J.-C. Quelques exemples, in: Nicolas Grimal and Michel Baud (eds.), *Événement, récit, histoire officielle. L'écriture de l'histoire dans les monarchies antiques*, Études d'Égyptologie 3, Paris 2003, 209–245.

Gozzoli 2006 = Roberto B. Gozzoli, *The Writing of History in Ancient Egypt during the First Millenium BC (ca. 1070-180 BC). Trends and Perspectives*, GHP Egyptology 5, London 2006.

Gozzoli 2009 = Roberto B. Gozzoli, Histories and Stories in Ancient Egypt. Theoretical Issues and the Myth of the Eternal Return, in: Martin Fitzenreiter (ed.), *Das Ereignis. Geschichtsschreibung zwischen Vorfall und Befund*, IBAES X, Berlin /London 2009, 103–115, Online-Fassung: <http://www2.rz.hu-berlin.de/nilus/net-publications/ibaes10/index.html>.

Gozzoli 2010 = Roberto B. Gozzoli, Old Formats, New Experiments and Royal Ideology in the Early Nubian Period (ca. 721-664 BCE), in: Ladislav Bareš, Filip Coppens and Květa Smoláriková (eds.), *Egypt in Transition. Social and Religious Development of Egypt in the First Millenium BCE*, Prague 2010, 183–207.

Grässler 2017 = Nadine Grässler, *Konzepte des Auges im alten Ägypten*, BSAK 20, Hamburg 2017.

Grimal 1980 = Nicolas-Christophe Grimal, Bibliothèques et propagande royale à l'époque éthiopienne, in: Jean Vercoutter (ed.), *Livre de centenaire 1880-1980*, MIFAO 104, Cairo 1980, 37–48.

Grimal 1981.a = Nicolas-Christophe Grimal, *La stèle triomphale de Pi(ankh)y au musée du Caire JE 48862 et 47086-47089*, MIFAO 105, Cairo 1981.

Grimal 1981.b = Nicolas-Christophe Grimal, *Quatre stèles napatéennes au musée du Caire JE 48863-48866. Textes et indices*, MIFAO 106, Cairo 1981.

Grimal 2003 = Nicolas Grimal, Des notes à l'affichage. Quelques réflexions sur l'élaboration des inscriptions historiques royales égyptiennes, in: Nicolas Grimal and Michel Baud (eds.), *Événement, récit, histoire officielle. L'écriture de l'histoire dans les monarchies antiques*, Études d'Égyptologie 3, Paris 2003, 13–48.

El Hawary 2010 = Amr El Hawary, *Wortschöpfung. Die Memphitische Theologie und die Siegesstele des Pije – zwei Zeugen kultureller Repräsentation in der 25. Dynastie*, OBO 243, Fribourg 2010.

Hermann 1938 = Alfred Hermann, *Die ägyptische Königsnovelle*, LÄS 10, Glückstadt / Hamburg / New York 1938.

Hoffmeier 1992 = James K. Hoffmeier, The Problem of "History" in Egyptian Royal Inscriptions, in: *Sesto Congresso Internazionale di Egittologia. Atti*, vol. I, Turin 1992, 291–299.

Hofmann 2004 = Beate Hofmann, *Die Königsnovelle. „Strukturanalyse am Einzelwerk"*, ÄAT 62, Wiesbaden 2004.

Howley 2015 = Kathryn Howley, Sudanic Statecraft? Political Organization in the Early Napatan Period, *Journal of Ancient Egyptian Interconnections* 7:2, 2015, 30–41.

Hornung 1989 = Erik Hornung, Grenzen und Symmetrien, in: Erik Hornung, *Der Geist der Pharaonenzeit*, Düsseldorf / Zürich 1989, 81–94.

Jansen-Winkeln 1993 = Karl Jansen-Winkeln, Die ägyptische „Königsnovelle" als Texttyp, *WZKM* 83, 1996, 101–116.

Jansen-Winkeln 2003 = Karl Jansen-Winkeln, Alara und Taharka: zur Geschichte des nubischen Königshauses, *Orientalia* 71, 2003, 141-158.

Jansen-Winkeln 2017 = Karl Jansen-Winkeln, Beiträge zur Geschichte der Dritten Zwischenzeit, *JEgH* 10, 2017, 23–42.

Jørgensen 2015 = Jens Blach Jørgensen, Myths, Monarchs and the Return of the Goddess, in: Rune Nyord and Kim Ryholt (eds.), *Lotus and Laurel. Studies on Egyptian Language and Religion in Honour of Paul John Frandsen*, CNI Publications 39, Copenhagen 2015, 133–164.

Junker 1917 = Hermann Junker, *Die Onurislegende*, Denkschriften der Kaiserlichen Akademie der Wissenschaften Wien, Jhg. 59.1-2, Vienna 1917.

Kahn 2004 = Dan-El Kahn, Taharqa, King of Kush, and the Assyrians, *JSSEA* 31, 2004, 109–128.

Kahn 2003 = Dan'el Kahn, Piankhy's Conquest of Egypt in Greek Sources: Herodotus II 137–140 revisited, *BzS* 8, 2003, 49–58.

Kahn 2006 = Dan'el Kahn, The Assyrian Invasion of Egypt (673–663 B.C.) and the Final Expulsion of the Kushites, *SAK* 34, 2006, 269–283.

Kahn 2015 = Dan'el Kahn, Piankhy's Instruction to his Army in Kush and their Execution, in: Michael H. Zach (ed.), *The Kushite World. Proceedings of the 11th International Conference for Meroitic Studies*, BzS 9, Vienna 2015, 531–540.

Kitchen 1986 = Kenneth A. Kitchen, *The Third Intermediate Period in Egypt (1100–650 BC). Second Edition with supplement*, Warminster 1986.

Kropp 2005 = Manfred Kropp, Die traditionellen äthiopischen Königslisten und ihre Quellen, in: Martin Fitzenreiter (ed.), *Genealogie – Realität und Fiktion von Identität*, IBAES V, Berlin / London 2005, 21–46, Online-Fassung: <http://www2.rz.hu-berlin.de/nilus/net-publications/ibaes5/index.html>.

Leclant 1963 = Jean Leclant, Kashta, Pharaon, en Egypte, *ZÄS* 90, 1963, 74–81.

von Lieven 2003 = Alexandra von Lieven, Wein, Weib und Gesang – Rituale für die Gefährliche Göttin, in: Carola Metzner-Nebelsick (ed.), *Rituale in Vorgeschichte, Antike und Gegenwart*, Internationale Archäologie 4, Rahden / Westf. 2003, 47–55.

Lohwasser 1995 = Angelika Lohwasser, Die Darstellung der kuschitischen Krönung, in: Dieter Kurth (ed.), *3. Ägyptologische Tempeltagung. Systeme und Programme der ägyptischen Tempeldekoration*, ÄAT 33.1, Wiesbaden 1995, 163–185.

Lohwasser forthcoming = Angelika Lohwasser, Herrschaft und Heil – Macht und Mythos. Die politische und religiöse Legitimation der nubischen Pharaonen Pi(anch)y und Taharqo, in: Meike Becker, Anke Ilona Blöbaum and Angelika Lohwasser, *Inszenierung von Herrschaft und Macht im ägyptischen Tempel. Religion und Politik im Theben des frühen 1. Jt. v. Chr.*, forthcoming.

Loprieno 1996 = Antonio Loprieno, "The King's Novel", in: Antonio Loprieno (ed.), *Ancient Egyptian Literature. History and Forms*, PdÄ 10, Leiden / New York / Köln 1996, 277–295.

Macadam 1949 = M. F. Laming Macadam, The Temples of Kawa I. The Inscriptions. Text. Plates, London 1949.

Moje 2014 = Jan Moje, *Herrschaftsräume und Herrschaftwissen ägytischer Lokalregenten. Soziokulturelle Interaktionen zur Machtkonsolidierung vom 8. bis zum 4. Jahrhundert v. Chr.*, Topoi. Berlin Studies of the Ancient World 21, Berlin / Boston 2014.

Obsomer 2003 = Claude Obsomer, Ramsès II face aux événements des Qadech: Pourqoi deux récits différents?, in: Nicolas Grimal and Michel Baud (eds.), *Événement, récit, histoire officielle. L'écriture de l'histoire dans les monarchies antiques*, Études d'Égyptologie 3, Paris 2003, 87–95.

Onasch 1994 = Hans-Ullrich Onasch, *Die Assyrischen Eroberungen Ägyptens*, ÄAT 27, Wiesbaden 1994.

Payraudeau 2014.a = Frédéric Payraudeau, *Administration, société et pouvoir à Thèbes sous la XXIIe dynastie bubastide*, BdÉ 160, Cairo 2014.

Payraudeau 2014.b = Frédéric Payraudeau, Les obscures débuts de la domination Soudanaise en Égypte (deuxième moitié du VIIIe s. av. J.-C.), in: *Académie des Inscriptions et Belles-Lettres. Comptes Rendus des Séances de l'Année 2014*, 2014, 1597–1611.

Peust 1999 = Carsten Peust, *Das Napatanische*, Monographien zur Ägyptischen Sprache 3, Göttingen 1999.

Pierce 1994.a = Richard Holton Pierce, Great Triumphal Stela of Piye, Year 21. Ca. 727 BC, in: Tormod Eide, Tomas Hägg, Richard Holton Pierce and László Török (eds.), *Fontes Historiae Nubiorum. Textual Sources for the History of the Middle Nile Region between the Eighth Century BC and the Sixth Century AD, Vol. I. From the Eighth to the Mid-Fifth Century BC*, Bergen 1994, 62–113.

Pierce 1994.b = Richard Holton Pierce, Dream Stela of Tanutamani on his enthronement and Egyptian campaign, from the Amun Temple at Gebel Barkal, Ca. 664 BC, in: Tormod Eide, Tomas Hägg, Richard Holton Pierce and László Török (eds.), *Fontes Historiae Nubiorum. Textual Sources for the History of the Middle Nile Region between the Eighth Century BC and the Sixth Century AD, Vol. I. From the Eighth to the Mid-Fifth Century BC*, Bergen 1994, 193–207.

Pierce 1994.c = Richard Holton Pierce, Stela of Taharqo from Year 6 from Kawa, Ca. 685 BC; Stela of Taharqo on the high Nile in Year 6 from Kawa, Ca. 685 BC; Stela of Years 8-10 from Kawa. Donations; the Story of Alara's Covenant with Amun. Ca. 680 BC; Stela of Year 10 from Kawa on the Inauguration of the new Amun Temple at Kawa. Ca. 680 BC, in: Tormod Eide, Tomas Hägg, Richard Holton Pierce and László Török (eds.), *Fontes Historiae Nubiorum. Textual Sources for the History of the Middle Nile Region between the Eighth Century BC and the Sixth Century AD, Vol. I. From the Eighth to the Mid-Fifth Century BC*, Bergen 1994, 135–180.

Pierce 1994.d = Richard Holton Pierce, Enthronement Stela of Anlamani from Kawa. Late 7th century BC; Election Stela of Aspelta from Year 1, from the Amun Temple at Gebel Barkal. Around the End of the 7th Century BC, in: Tormod Eide, Tomas Hägg, Richard Holton Pierce and László Török (eds.), *Fontes Historiae Nubiorum. Textual Sources for the History of the Middle Nile Region between the Eighth Century BC and the Sixth Century AD, Vol. I. From the Eighth to the Mid-Fifth Century BC*, Bergen 1994, 216–232.

Pierce 1996 = Richard Holton Pierce, Inscription of Irike-Amannote from Years 1-2 (Kawa IX). Second half of the 5th. cent. BC; Annals of Harsiyotef from Year 35. First half of the 4th cent. BC; Stela of Nastaseñ from Year 8. Second half of the 4th cent. BC, in: Tormod Eide, Tomas Hägg, Richard Holton Pierce and László Török (eds.), *Fontes Historiae Nubiorum. Textual Sources for the History of the Middle Nile Region between the Eighth Century BC and the Sixth Century AD, Vol. II. From the Mid-Fifth to the First Century BC*, Bergen 1996, 400–471.

Pope 2014 = Jeremy Pope, *The Double Kingdom under Taharqo. Studies in the History of Kush and Egypt, c. 690–664 BC*, CHANE 69, Leiden / Boston 2014.

Popko 2006 = Lutz Popko, *Untersuchungen zur Geschichtsschreibung der Ahmosiden- und Thutmosidenzeit. „... damit man von seinen Taten noch in Millionen von Jahren sprechen wird.“*, WSAÄ 2, Würzburg 2006.

Popko 2009 = Lutz Popko, Exemplarisches Erzählen im Neuen Reich? - Eine Struktur der Ereignisgeschichte, in: Martin Fitzenreiter (ed.), *Das Ereignis. Geschichtsschreibung zwischen Vorfall und Befund*, IBAES X, Berlin / London 2009, 211–222, Online-Fassung: <http://www2.rz.hu-berlin.de/nilus/net-publications/ibaes10/index.html>.

Priese 1970.a = Karl-Heinz Priese, Der Beginn der kuschitischen Herrschaft in Ägypten, *ZÄS* 98, 1970, 16–32.

Priese 1970.b = Karl-Heinz Priese, Zur Sprache der ägytptischen Inschriften der Könige von Kusch, *ZÄS* 98, 1970, 99–124.

Quack 2009 = Joachim Friedrich Quack, Die Rückkehr der Göttin nach Theben nach demotischen Quellen, in: Christophe Thiers (ed.), *Documents de Théologies Thébaines Tardives* (D3T 1), Montpellier 2009, 135–146.

Ranke 1885 = Leopold von Ranke, *Geschichte der romanischen und germanischen Völker*, 3. Aufl., Leipzig 1885.

Redford 1985 = Donald B. Redford, Sais and the Kushite Invasion of the Eighth Century B.C., *JARCE* 22, 1985, 5–15.

Reisner 1931 = George A. Reisner, Inscribed Monuments from Gebel Barkal, *ZÄS* 66, 1931, 76–100.

Robisek 1989 = Christian Robisek, *Das Bildprogramm des Mut-Tempels am Gebel Barkal*, Veröffentlichungen der Institute für Afrikanistik und Ägyptologie der Universität Wien 52 / Beiträge zur Ägyptologie 8, Vienna 1989.

Ryholt 2004 = Kim Ryholt, The Assyrian Invasion of Egypt in Egyptian Literary Tradition, in: J. G. Dercksen (ed.), *Assyria and Beyond: Studies Presented to Mogens Trolle Larsen*, Leiden 2004, 483–510.

Schneider 2003 = Thomas Schneider, Die Periodisierung der ägyptischen Geschichte – Problem und Perspektive für die ägyptologische Historiographie, in: Tobias Hofmann and Alexandra Sturm (eds.), *Menschenbilder – Bildermenschen. Kunst und Kultur im Alten Ägypten* (Fs Feucht), Norderstedt 2003, 241–256.

Spalinger 1979 = Anthony Spalinger, The Military Background of the Campaign of Piye (Piankhy), *SAK* 7, 1979, 273–301.

Spalinger 1981 = Anthony J. Spalinger, Notes on the Military in Egypt during the XXVth Dynasty, *JSSEA* 11, 1981, 37–58.

Spalinger 2011 = Anthony Spalinger, Königsnovelle and Performance, in: Vivienne Gae Callender, Ladislav Bareš, Miroslav Bárta, Jiří Janák and Jaromír Krejčí (eds.), *Times, Signs and Pyramids. Studies in Jonour of Miroslav Verner on the Occasion of His Seventieth Birthday*, Prag 2011, 351–374.

Török 1995 = László Török, Meroe. *Six Studies on the Cultural Identity of an Ancient African State*, Studia Aegyptiaca XVI, Budapest 1995.

Török 2002 = László Török, *The Image of the Ordered World in Ancient Nubian Art. The Construction of the Kushite Mind (800 BC – 300 AD)*, PdÄ 18, Leiden / Boston / Köln 2002.

Török 2011 = László Török, *Adoption and Adaptation. The Sense of Cultural Transfer between Ancient Nubia and Egypt*, Budapest 2011.

Vernus 1995 = Pascal Vernus, *Essai sur la conscience de l'Histoire dans l'Egypte pharaonique*, BEHE 132, Paris 1995.

Scherz, Satire, Ironie und tiefere Bedeutung

Che(r)ti, Qai-gab und die altägyptische Literatur*

Schmied (indem er dem Schulmeister ein verbindliches Kompliment machen will):

Ei, Herr Schulmeister, das haben Sie ja ordentlich philo – philum – ja, wie ein Klumpfisch auskalmüsert!

Schulmeister (klopft ihm wohlgefällig auf die Achseln):

Philosophisch heißt es, mein Lieber, philosophisch! Die Etymologen leiten es von »viele Strohwisch'« ab. Man darf auch nur das letzte »e« in dem »viele« mit einem »o« vertauschen, die Silbe »stroh« wie ein »so« aussprechen, statt des »w« ein »f« lesen, und das Wort philosophisch ist höchst unphilosophisch, aber echt philologisch expliziert und deduziert.

Christian Dietrich Grabbe: Scherz, Satire, Ironie und tiefere Bedeutung (1827)

1.

Bei der Beschäftigung mit Handwerk und Technologie der pharaonischen Kultur gibt es kein Vorbei an den „Berufssatiren" und ihrer Darstellung verschiedenster Gewerke. Ausgangspunkt dieses Beitrages war es, die berühmte Schmelzerszene – sitzend schon fast im Feuer, Finger hornig wie die von Krokodilen, stinkend wie Fischeier – im Rahmen einer Untersuchung zu Technologie und Kultur zu berücksichtigen.[1] Um nicht den Fehler zu begehen, nur Schnipsel oder Schnappschüsse samt der geläufigen Interpretation in die Argumentation einzubauen, wurde der Text insgesamt durchgesehen. Herangezogen wurde die beste Schrift der „Berufssatiren", die auf dem Papyrus Sallier II (pBM EA 10182) erhalten ist. Da ich festgestellt habe, dass meine Interpretation insbesondere der auf den Schreiber / Schreiberberuf bezogenen Episoden mitunter anders ausfällt als in den mir bekannten Publikationen, möchte ich jene hier zur Diskussion stellen.

Kompass waren die umfassende Bearbeitung der Textzeugen von Stephan Jäger sowie die Aufbereitung und Kommentierung des pSallier II durch Peter Dils im Thesaurus Linguae Aegyptiae (TLA).[2] Der Vergleichbarkeit halber wird deren Strophen- und Verszählung bei Verweisen übernommen, auch wenn die eigene Fassung an einigen (wenigen) Stellen anders trennt. Auch wird die dort ausführlich dokumentierte Diskussion von hier übernommenen Übersetzungsvorschlägen – und dies sind bei weitem die meisten! – nicht im Einzelnen wiederholt, sondern nur dort geführt, wo ich glaube, eigene Vorschläge hinzufügen zu können. Da es sich bei den „Berufssatiren" um einen klassischen „Schultext" zumindest der Ägyptologie handelt,[3] sind mir aber wahrscheinlich etliche

---

* Der Text entstand, als ich mich 2016 mit Schriftquellen zu handwerklichen Tätigkeiten im Metallbereich beschäftigte. Ich danke Angelika Lohwasser, Ludwig D. Morenz, Frank Feder und Uta Siffert für die mit vielen Hinweisen versehene Durchsicht des Manuskripts. Alle verbliebenen Fehler liegen selbstverständlich bei mir und ich entschuldige mich namentlich bei Frank Feder für meine Starrsinnigkeit, seinen Warnungen zum Trotz an bestimmten Interpretationen festzuhalten. Besondere Inspiration war einmal mehr die Beschäftigung mit Arbeiten des Islamwissenschaftlers Thomas Bauer. Eine 2017 bei einer Fachzeitschrift eingereichte Fassung des Aufsatzes wurde im *peer reviewing* abgelehnt. Der Text sei daher hier Allen zur Warnung platziert.

1 Fitzenreiter i. Vor.

2 Jäger 2004; Dils TLA (Zugriff Juni – Dezember 2016). Außerdem wurden Budge 1923, pl. LXV–LXXIII und die Fotos auf *British Museum Collection Online* (pSallier 2) herangezogen. Die Umschrift mit lateinischen Buchstaben ist die des TLA.

3 Zur Frage, ob es sich – oder eben eher nicht – um einen „Schultext" der pharaonischen Kultur handelt: Widmaier 2013.

Übersetzungsvorschläge entgangen, die möglicherweise denen ähnlich oder gleich sind, die hier gegeben werden. Grundlage der Übersetzung ist allein die in pSallier II gegebene Fassung des im Neuen Reich in auffallend vielen Varianten belegten Textes.[4]

2.

Die Schriftsprache der Fassung der „Berufssatieren“ des pSallier II weist einige Besonderheiten auf, die sich nicht immer mit denen anderer schriftsprachlicher Modi decken, so dass in der folgenden Übersetzung in etlichen Fällen von extravaganten grammatischen Konstruktionen und auch lexikalischen Bildungen ausgegangen wird.[5] Auch wenn es nicht das Ziel dieses Aufsatzes ist, die spezielle Grammatik der Schriftsprache dieses Textes zu analysieren, seien folgende Bemerkungen zur Übersetzung vorausgeschickt.[6]

2.1. Schriftsprachliche Markierung (Determinative) und Wortwahl

Die Handschrift des pSallier II zeigt Merkmale einer dichten Schriftsprachlichkeit, in der die Kodierung von sprechsprachlichen Merkmalen (Lauten) mit der graphischen Realisierung von Bedeutung einhergeht. Einige Besonderheiten lassen sich daher nur anhand der Schreibungen erfassen und setzen ein bewusstes „Anschauen“ (im Gegensatz zum „Hören“) voraus. Anders als manche Bearbeitungen, die Eigenheiten der Schreibung als Beiwerk abtun,[7] sollen diese hier – eventuell etwas übertrieben – ernst genommen und als wesentlicher Aspekt der schriftsprachlichen Matrix beachtet werden.[8]

a) Grundlegend für die Erschließung dieser Ebene der Schriftsprache sind die Markierungen „Plural“ und „Akteur“; weitere Markierungen, die wohl ebenfalls besondere Informationen transportieren, sind am jeweiligen

4 Zu den Textzeugen und jeweils mit Ergänzungen der Belegliste: Jäger 2004, 5–10; Widmaier 2013; Vernus 2016. Zur Diskussion um die Datierung zuletzt: Widmaier 2013; Stauder 2013, 468–476. Eine gute Übersicht der wichtigsten Textvarianten gibt die Synopse in Jäger 2004, I–XCIV. Wenn im Folgenden auf „andere Belege / Textzeugen“ verwiesen wird, bezieht sich dies immer auf die in Jäger 2004 gesammelten Varianten und wird nicht gesondert ausgewiesen.

5 Diese Beobachtungen beziehen sich allein auf die Grammatik des behandelten Textes und sind nicht zu verallgemeinern. Schriftsprachen, gerade die für im literarischen Feld angesiedelten Texttypen, besitzen eigene grammatische Modi und eigene Wortbildungsformen. Mag das alles auch zum Plasma der *langue* zählen, so hat es mit der sprechsprachlichen *parole* wenig gemein. Dazu, dass literarische Schriften meist eine spezielle Lexik und Grammatik präsentieren, die sich nicht immer mit der anderer Medien deckt, am Beispiel der altarabischen Dichtung Thomas Bauer: „Nun gilt es aber zu bedenken, daß die für die altarabische Dichtung verwendete Sprachform viel stärker von der Alltagssprache abweicht als dies im neuzeitlichen Europa der Fall war und ist. Die Unterschiede reichen bis in Kernbereiche des grammatischen Systems wie die Phonetik und die Kasusflexion. Diese übertribale Dichtersprache wurde sicherlich, anders als das moderne Hocharabisch heute oder das Klassische Arabisch des islamischen Mittelalters, kaum für etwas anderes als für Dichtung selbst gebraucht. ... Die krasse Nichterfüllung alltagssprachlicher Normen war somit eine Voraussetzung des Dichtens überhaupt ...“ (Bauer 1992, 250). Wobei hinzuzufügen ist, dass selbst im modernen Ägypten durch das Nebeneinander von zwei in *Grammatik* und *Lexik* stark differierenden Sprachformen des Arabischen eine Situation herrscht, wie man sie im Europa der nationalistischen Sprachnormierungen nicht ansatzweise kennt. In den mir bekannten Grammatiken zur altägyptischen Sprache wird dieses Phänomen allerdings kaum systematisch reflektiert, obwohl einleitend in der Regel sogar dargestellt ist, dass sich die verschiedenen Schriftsprachen (Altägyptisch, Mittelägyptisch usw.) von der gesprochenen Sprache deutlich unterscheiden. Siehe zum Phänomen der Diglossie: Loprieno 1996; Vernus 1996; zum Verhältnis von verschriftlichter Sprache zu gesprochener Sprache (bzw. gesprochene*n* Sprache*n*): Roccati 2003; zum Spannungsverhältnis von „Graphemsprache“ (= Schriftsprache) vs. „Phonemsprache“ (= Sprechsprache): Kammerzell 1990, 181–183.

6 Siehe hierzu auch Brunner 1944, 63–64, wo wesentlich Elemente gerade der ausgefallenen „stilistischen Grammatik“ des Textes bereits beschrieben sind.

7 „Wer sich jedoch mit dem Zustand des Textes in dem Papyrus Sallier II vertraut gemacht hat, wird, so hoffe ich, verstehen, wenn ich es für belanglos halte, ob hier noch ein 𓏲 steht und dort ein 𓏏.“ (Brunner 1944, 14).

8 Die im Folgenden besprochenen Eigenheiten sind in der Regel bereits beschrieben worden, z.B. intensiv bei Burkard 1977. Gewöhnlich werden solche Passagen als Verschreibungen interpretiert und die störenden Zeichen mit Verweis auf Parallelen emendiert. Mein Vorgehen beruft sich auf die Analyse von monumentalschrift- und -bildlichen Quellen, in denen das Vorhandensein von mehreren Sinn- und Bedeutungsebenen bereits seit einiger Zeit diskutiert wird (grundlegend: Morenz 2008). Insgesamt erscheint es mir wichtig, dass zur Erschließung der altägyptischen Schriftsprache(n) dringend neben dem der Linguistik (also dem Studium von gesprochenen Sprachen) und der Philologie (die ihre Methodik besonders aus dem Studium von alphabetisierten Schriftsprachen bezieht) entlehnte Instrumentarium auch das der Bildwissenschaften (einschließlich der Piktographik) herangezogen wird. Mitunter führt die bildwissenschaftliche Analyse einer *Schrift* wohl weiter als die philologische Bearbeitung eines *Textes*. Siehe auch: Fitzenreiter 2017 und Rashwan i. Dr. (ich danke Hany Rashwan für die Übersendung des Manuskripts).

Ort erwähnt.[9] Das Pluraldeterminativ (Gardiner Z2; Z3; hier: PL) markiert in pSallier II häufig den substantivischen Charakter infiniter Formen (Infinitiv, Partizipien, Relativform, „emphatische" Form).[10] Dazutretendes Personendeterminativ (A1) bestimmt den Ausdruck als Bezeichnung einer Handlung bzw. vor allem eines Handelnden / Akteurs (*nomen agentis*).[11]

12,3 sdwA=f [Hr] jwH(A1.PL) jAq.t: *er verbringt den Morgen [beim] bewässernd-Seiender (des) Gemüses = er verbringt den Morgen bei der Bewässerung des Gemüses* (adverbialer Nebensatz mit Pseudoverbalkonstruktion, der Infinitiv als Akteur und Abstraktum markiert).

Durch die Markierung von Partizip oder Stativ mit Personendeterminativ (A1) werden nicht-menschliche Entitäten in ihrer Dimension als Akteure gekennzeichnet:

13,2: Dba(Pl.)=fy jri(PL.A1) n(j) a.wj(Du.)=fy: *seine Finger sind die Machenden zugehörig zu seinen Armen = seine Finger tun das seiner Arme (= sind zu Flügeln geworden?).* (Substantivalsatz aus Substantiv + Substantivalphrase, diese bestehend aus Partizip Aktiv, das als Abstraktum und Akteur markiert ist, in einer Genitivverbindung).

22,5: jw=st As(PL.A1) sp 2: *es ist ein Eilendes zwei Mal = es geht blitzschnell*, wobei As lautsprachlich auch als Stativ verstanden sein kann.

Auch Dinge können so als quasi-Akteure markiert werden, wie der *„Knoten" (= Schutz) / -Spruch* zAw(A1.PL)

22,6: m zAw(A1.PL) jr=k: *als ein Schützendes / Schützer für dich!* (ähnlich in 24,8 + 28,12);

oder der Begriff a.t(A1.PL) *Glied / Organ* als ein quasi-Wesen (vgl. die Endung *-ling* im Deutschen):

12,2: a.t(A1.PL) wr.t Hr nHb.t=f: *ein großes/r Organ/ling (oder: Buckling) ist auf seinem Nacken.*

Die Koordinierung mit Adjektiven zeigt, dass maskuline Abstrakta mit Pluralmarkierung als femininer Singular behandelt werden können. Ein so markierter Agent (meist eine Berufsbezeichnung) wird im Folgetext als 3MSG behandelt:

5,1: Hmw.w(A1.PL) nb.t TAi.y-an / / / (PL) wrd.w sw r mny.t(A1.PL): *Jedes (fem.) Handwerken (= jeder Handwerker) des den Dechsel-Greifens, **es** / **er** ist matter noch als der „Pfähler".*

Bemerkenswert sind Stellen, an denen kein Personendeterminativ (A1) geschrieben ist, es sich also sowohl um einen abstrakten Begriff (ein Handwerk) oder um den Agenten (einen Handwerker) handeln kann. Im Folgetext erscheint auch hier gewöhnlich die 3MSG, so dass im Deutschen nur eine Übersetzung als Agent stimmig ist.

6,1: ms.w(PL)-aA.t(PL) Hr wxAx m mnx.t: *Das „Gebären-des-Steines" beim Suchen mit dem Meißel* wird fortgesetzt in 6,2: aDn.n=f mH nw Ax.t(Pl.): *vollendet **er** eine Elle der Sache...*

15,1: jri.w-aHA(Pl.) sfnd=f r'-sj: *Das „Kampf-Machen", **es** / **er** quält (sich) sehr.* sfnd=f ist „emphatische" Form: „dass er (sich) quält ist sehr (intensiv)".

Berufsbezeichnungen, Tierbezeichnungen und weitere Lebewesen bestimmende Worte werden häufig mit dem Pluraldeterminativ als Kollektiva markiert, zugehörige Pronomina stehen aber im Singular. In der Übersetzung wird hier meist im Singular, selten im Plural übersetzt.

8,2 / 3: smAmw.n sw xnms(PL) xmy(PL) sfnd=f n(j) sw sfnd=f: *es tötet ihn die Mücke; die Fliege, die ihn quält, zugehörig zu ihm (oder: zu ihr) ist ihr Quälen (oder: seine Qual).*

---

9 „Normale" Determinierungen werden hier nicht berücksichtigt, wiewohl sich deren eingehende Analyse gewiss lohnen würde. Zur Interpretation von Determinativen unter dem Aspekt schriftsprachlich-semantischer „Klassifikatoren": Goldwasser 2002.

10 Diese schriftsprachliche Interpretation der opaken Gruppe von Verbalsubstantiven und verwandter Formen ist nicht uninteressant und verdient, insbesondere im Zusammenhang mit dem beliebten Streit über den verbalen oder substantivischen Charakter solcher Bildungen, noch Aufmerksamkeit.

11 Wenn das Wort ohnehin mit einem Determinativ markiert ist, das einen „Handelnden" zeigt – also alle Zeichen von Menschen und Tieren – wird auf diese Zusatzmarkierung oft verzichtet. – Die Stellenangabe bezieht sich im Folgenden jeweils auf die Kapitel- und Zeilenzählung in Jäger 2004.

Bei paarig auftretenden Körperteilen (Augen, Arme, Beine / Füße, Knie) wird der Dual geschrieben; hier ist die Übersetzung dem Deutschen angepasst und es wird der Plural verwendet. Die Finger sind stets im Plural geschrieben und mit dem Suffix im Dual koordiniert, womit auf die Finger beider Hände verwiesen ist (13,2: Dba(PL)=fy; 17,1: Dba(PL)=fy).

b) Sehr bemerkenswert sind Kontraktionen von Zeichen, die ein „oszillierendes" Lesen erlauben, d.h., dass in der Schreibung mehrere Wortvarianten oder der Hinweis auf weitere Sinnebenen „versteckt" sind.[12] Interpretationen solcher Stellen müssen hypothetisch bleiben und werden jeweils kommentiert.

9,1: saHa.w=f m anx.w(A1.PL): *sein Aufstellen ist als ein Lebender*; saHa.w / *das Aufstellen* („emphatische" Form: *„dass er dasteht / aufsteht ist...*) mit der Sonnenscheibe (N5) determiniert und so in der Schrift mit dem in anderen Belegen (z.B. oDeM 1466, 1497) stehenden aHa.w / *Lebenszeit* spielend.

10,4 und ähnlich 19,4:

Sbn.w(PL) Hsb.wt=f: *Gemischtes ist, was ihn (oder sie = die Arme) zerbricht*; wobei die Schreibung Hsb.wt einerseits die von Hs / *Kot* aus anderen Belegen aufnimmt (= *Gemischtes ist seiner Kacke*), andererseits die Bedeutung von Hbs / *Kleidung* transportiert, die im Kontext eine Rolle spielt (= *vermischt / befleckt? ist seine Kleidung*).

24,1: m ntk n(j) wA.ww m rx nfr.t: *sei nicht zugehörig zu dem Fernsein vom Wissen des Guten!*; oder: m ntk [tk]n wA.ww m rx nfr.t – *sei nicht nah und fern (zugleich) vom Wissen des Guten!* (tkn durch Determinativ D54 markiert).

c) Dass durch das Lesen weitere Bedeutungsebenen erschlossen werden, gilt insbesondere dann, wenn (gesprochene?) Verbalformen schriftsprachlich substantiviert werden.

6,3: mA / / / s.ty(DU)=f A.t=f waf.w(A1.PL): *seine Knie und sein Rücken sind gekrümmt / Gekrümmte*; waf.w grammatisch ein Stativ, schriftsprachlich substantiviert und personalisiert.

7,1: Xaq.w(A1.PL) Hr Xaq.w(A1.PL) m pH.wy maSr.w: *Der Barbier ist beim Barbieren am Ende des Abends, bzw.: Der Barbier ist über den Barbierten (= seinen Kunden) am Ende des Abends*; die Pseudoverbalkonstruktion Hr Xaq / *beim Barbieren* ist schriftsprachlich substantiviert und personalisiert.

13,1: aH.wtj(A1.PL) Hsb.w(PL)=f r-nHH: *Der Bauer, er rechnet ab bis zur Ewigkeit;* Hsb.w als „emphatische" Form deren substantivischer Charakter durch das Pluraldeterminativ hervorgehoben wird: *dass er abrechnet / sein Abrechnen ist bis zur Ewigkeit,* wobei in der im gesamten Papyrus üblichen Schreibung von Hsb.w mit der Andeutung von Hs / *Kot* noch weitere Konnotationen liegen.

19,1: rx.tjw(A1.PL) Hr rx.ty(A1.PL) Hr mr.t: *Die Wäscher bei den Wäschern auf dem Uferdamm oder: Der Wäscher beim Waschen auf dem Uferdamm.*

2.2. Stilistik

a) In der Version des Textes im pSallier II ist man offenbar aus stilistischen Gründen bemüht, ungewöhnliche Formulierungen zu nutzen bzw. gebräuchliche Formen anderer Versionen zu modifizieren. So werden gelegentlich sonst belegte Verbalformen durch substantivierte Formen ersetzt, wobei nicht immer klar ist, ob dies nur auf schriftsprachlicher Ebene erfolgt oder auch das „dichterische Sprechen" betrifft.

7,3: qn<q>n(A1.PL)=f a.wy(DU)=fy; eventuell gelesenes sDm=f*: er flattert (mit) seine(n) Arme(n)* schriftsprachlich als substantivisch markiert: als „emphatische" Form *sein Flattern (ist das) seiner Arme* oder als Relativform: *das, was ihn flatternd macht (sind) seine Arme.*

b) Zudem werden Wortgruppen mit ungewöhnlicher Bedeutung genutzt bzw. wohl auch erfunden.

12 Als ein Beispiel für die nur im Schriftbild erfassbare zusätzliche Aufladung von Sinn durch Determinative in einem erzählenden Text siehe: Morenz 2011, 15–17; vgl. auch: Rashwan i. Dr.

6,3: aq.w(PL) n.w ra: *Hereintreten(des) der Sonne* = Synonym für eine Tätigkeit bei der Steinbearbeitung; vgl. die Parallelbildung in 14,4: aq.w n.w jr.j-aA = *Hereintreten(des) des Türhüters*. In beiden Fällen liegt auch eine Anspielung auf „Einkommen / Nahrung" vor.

10,3 + 11,2 : sSnj(PL) nAy.t(PL): *Lotos (der) Weberei* = Schnur

23,2: db.t Hr sxr.w(PL): *Ziegel beim Denken* = Holzkopf

Zu diesen Worterfindungen gehören auch eine ganze Reihe von Berufs- / Tätigkeitsbezeichnungen, die jeweils am Ort besprochen werden.

c) Einige grammatische Formen dienen dem Wechsel der Stilebene, so in solchen Passagen, in denen syntaktische Modi funerärer Texte, Hymnen und anderer Genres parodiert werden (siehe im Kommentar). Der bestimmte Artikel (pA, tA, nA) wird nicht als Marker einer niederen Sprachebene („pA-Sagerei") gebraucht,[13] sondern dient einer Betonung, die die Ironisierung des determinierten Substantivs markiert.[14]

14,4: [r]Di.t ptrj=f **tA** HD(PL): *um zu geben, dass er sehen möge **dieses** Licht*; wobei darauf angespielt wird, dass es sich nicht um „echtes" Sonnenlicht handelt.

19,2: pri=f jt Hr mw **pA** ad.w(PL): *geht er (aber) hinaus, ein Vater, auf das Wasser, **dieses** Fett*, im Sinne von „genau das Falsche tun" (vgl. das deutsche „Fettnäpfchen") als parodierende Inversion des Hr mw pw / *auf dem Wasser sein (= genau das Richtige tun).*

2.3. Grammatische Formen

a) Eine sehr häufig genutzte Konstruktion der Stilgrammatik von pSallier II ist der klassische Adverbial- und Adjektival(glied)satz aus Adverb, Adjektiv oder adverbialem bzw. adjektivischem Ausdruck mit abhängigem Pronomen sw als Subjekt,[15] eine Bildung, die in den Sonderformen b) und c) wohl aus stilistischen Gründen variiert wird.

4,3: xnS sw r sHw.t rrm(PL): *er stinkt mehr als Fischeier.*

5,1: wrd.w sw r mny.t(A1.PL): *er ist matter noch als der „Pfähler".*

b) Eine Eigenart von pSallier II ist, dass das in Prädikatsfunktion[16] auftretende Pronomen pw im mehrgliedrigen Substantivalsatz nach einem infiniten Ausdruck (Infinitiv, Partizip, „emphatische" Form) + Suffix(possesiv)pronomen[17] durch sw ersetzt wird, wodurch die Sätze den Konstruktionen des Adverbial- und Adjektivalsatzes ähnlich werden.[18] Inwieweit hier eine bewusst erzeugte Ambiguität der Schriftsprache vorliegt – eine Adverbialisierung des sDm=f – oder die Konstruktion des pw-Satzes mit sw eine gebräuchliche (dialektale?) Variante darstellt, muss offen bleiben.[19]

10,5: wnm.w=f **sw** tA(PL) Dba(PL)=fj • jai(A1.PL)=f **sw** Hr X<.t> trj-wa(A1): *Dass er isst / sein Essen **ist** „Brot seiner Finger" • dass er wäscht / sein Waschen **ist** Gesicht und Leib (nur) ein Mal*, wobei im zweiten Satzteil schriftsprachlich als Agent markiert ist: *sein Wäscher ist (des) Gesichts und Leibes (ein) Einmaliger.*

16,4: jy=f **sw** snDm-jb: *dass er zurückkommt **ist** das das-Herz-erfreuende.*

Wenigstens einmal ist diese Bildung auch in einem „echten" pw-Satz belegt:

---

13 Morenz 1996, 34.

14 Vgl. die Nutzung als Demonstrativum: Gardiner 1957, § 112.

15 Es ist anzunehmen, dass die „akkusativische" Bedeutung des abhängigen Pronomens in diesen Fällen durchaus erhalten ist: xnS sw / *„stinkend sein (ist) ihm"*; wrd.w sw / *„matt sein (ist) ihm"*.

16 Zur spannenden Diskussion, wo sich Subjekt und Prädikat im Substantivalsatz verstecken: Allen 2014, § 7.12.

17 Zu dieser Bildung des Subjekts von infiniten Verbformen: Allen 2014, § 13.4 (2).

18 Vgl. Allen 2013, 86–87 mit Beispielen für Adjektivalsätze + sw, die dieser Bildung ähnlich sind.

19 Vgl. die von Junge 1981, 451 vermerkte Phrase wsjr sw sab=f sj / *„Es ist Osiris, wenn er es reinigt"*. Möglich ist auch, diese Bildung als topikalisierte „emphatische" Form eines intransitiven Verbs mit „rückbezüglichem" Subjekt in Form des abhängigen Pronomen zu interpretieren, im ersten Beispiel etwa: *dass er es **sich** isst (ist) „Brot seiner Finger"*.

17,3: bw.t(PL)=f **sw** Hbs.w(PL): *sein Verabscheuen **ist** Kleidung = er verabscheut Kleidung* für die Formulierung, die in pAnast. VII und weiteren Belegen lautet: bw.t(PL)=f pw Hbs(PL) / *sein Abscheu ist Kleidung*. Der ganze Satz ist als Parodie auf das in der funerären Literatur beliebte bw.t=f pw Hs – *sein Abscheu ist Kot* zu verstehen, mit intendierter Mehrdeutigkeit der Schreibung von Hbs.w.

„Echte" pw-Sätze sind 2,3: mj.tt Hr mw pw und 21,5: pri jt Hr mw pw pA ad.w(PL) sowie die Abschlussfloskel 32,1: jwi=s pw, wobei es sich jeweils um stehende Wendungen bzw. bei 21,5 um deren Parodie handelt. D.h., der pw-Satz als aktive Bildung tritt nur in der Variante mit sw auf.

c) Ebenfalls tritt nach einem mit A1.PL markierten infiniten Ausdruck (Infinitiv, Partizip) ohne oder mit Suffix(possesiv)pronomen (dann: Relativform) der Ausdruck des Besitzverhältnisses n(j) + abh. Pronomen (sw) + Substantiv auf.

9,2: xmaw(A1.PL) n(j) sw r SA.wt r SAj.w(PL): *ein Vernichter, zugehörig zu ihm (ist) mehr Dung (noch) mehr als den Schweinen.*

8, 3: xmy(PL) sfnd=f n(j) sw sfnd=f: *die Fliege, die ihn quält, zugehörig zu ihm (ist) ihr Quälen oder: zugehörig zu ihr ist sein Quälen / seine Qual.*

Bemerkenswert sind Passagen, in denen wohl in der traditionellen Fassung stehendes sDm.n=f mit eingeschobenem Objektspronomen sw in eine n(j)-sw-Konstruktion nach Partizip umgewandelt wird:

15,4 und 16,3: wDa.(A1.PL) n(j) sw Sm.t: *ein Gerichteter, zugehörig zu ihm (ist) das Laufen = sein Schicksal / Verhängnis ist das Laufen*; dagegen im einfachen sDm.n=f tLouvre 693: mDd.n sw Sm.t / es bedrückt ihn das Laufen.

Während wDa hier als Partizip zu interpretieren ist, siehe auch die Variante mit wDa als Verbalsubstantiv, das als *nomen agentis* gekennzeichnet ist:

13,6: wDa(A1.PL) n(j) sw Hr Sm: *das Verurteilen / das Verurteilende (ist) zugehörig zu ihm beim Laufen = verurteilt zu sein gehört zu ihm beim Laufen (= Lebenslauf).*

Vergleiche den ähnlichen Fall der Umwandlung einer Verbalform in einen Substantivalsatz mit Fragepronomen:

16,2 jx sw r=f jw=f Hr km.t: *Was ist er, wenn er in Ägypten ist?* und die Variante in oPetrie 70 rx.n=f sw jw=f Hr km.t: *Er kennt es (= die Furcht) (schon) wenn er (noch) in Ägypten ist.*

2.4. Aspekt

Da in jüngerer Zeit die Diskussion um die ägyptischen Verbalformen wieder verstärkt den Aspektcharakter der Sprache herausstellt,[20] wird in der Übersetzung verbales sDm=f als Beschreibung einer Handlung angesprochen, die diese unter dem Gesichtspunkt des *Ergebnisses* beschreibt, unabhängig von Bezügen der Vor- / Jetzt- / Nachzeitigkeit, d.h. als perfektischer / vollendeter Aspekt. sDm.n=f wird als Beschreibung einer Handlung angesprochen, die diese unter dem Gesichtspunkt des *Vorgangs,* also der Handlung selbst beschreibt, unabhängig von Bezügen der Vor- / Jetzt- / Nachzeitigkeit, also als imperfektischer / unvollendeter Aspekt.[21] Die Temporalisierung in der Übersetzung ergibt der Zusammenhang; beide Verbformen sind hier meist im Präsens übersetzt. Dass

20 Winand 2006; Werning 2008, 261–292; Allen 2013, 124–126; Allen 2014, 455–465; Brose 2015.

21 Gardiner 1957, § 295; vgl. Hannig 1984 und Allen 2014, § 17.1; § 18.1, n.b. dort allerdings quasi umgekehrt der Aspekt des sDm.n=f als „perfektiv" bzw. „similiar to the English perfect" und „describes completed action" (op. cit., 245) und sDm=f als „imperfektiv" bzw. „expresses action". Zur Bestimmung des sDm.n=f als imperfektischer Aspekt siehe die Beobachtung bei Allen 2013, 121; Allen 2014, § 17.3, dass Stativ und sDm.n=f oft analog verwendet werden. Während intransitive Verben in vergleichbaren Kotexten meist im Stativ konjugieren, nutzen transitive Verben meist das sDm.n=f (op. cit., 247); nach der Negation n stehen transitive und intransitive Verben im sDm.n=f (op. cit., 257–258). Während intransitive Verben die Beschreibung des Vorganges also meist als Zustandsbeschreibung im Stativ geben, ist bei transitiven Verben das sDm.n=f in der Lage, den Zustand der (dauernden) Handlung auch in Bezug zu einem Objekt zu formulieren. In den sogenannten „emphatischen" Formen werden auch intransitive Verben im sDm.n=f konjugiert (op. cit., 433), da durch die Verschiebung des Rhemas auf den nicht-prädikativen Satzteil die Verbalform praktisch transitiviert, d.h. in (andauernden) Bezug zu diesen bestimmten Umständen der Handlung gesetzt wird. Siehe auch die Überlegungen

also das sDm.n=f in der Rohübersetzung immer im Präsens steht, dient ausschließlich dazu, deutlich zu machen, dass es nicht zwingend die präteriale Zeitform markiert, sondern den Imperfekt. Im sDm.n=f stehende Handlungen können in allen drei Zeitstufen positioniert sein; insbesondere auch den Handlungsverlauf als einen bestimmen, der in der Vergangenheit dauernd war bzw. aus der Vergangenheit bis ins Jetzt (und oft noch in die Zukunft) anhält. In der freien Übersetzung wird versucht, den durativen Charakter des sDm.n=f herauszustellen, aber nur, um einen Unterschied zum sDm=f deutlich zu machen, da sich der imperfektische / unvollendete Aspekt im Deutschen nicht wiedergeben lässt (vergleiche die Hilfsübersetzungen solcher Formen im Englischen mit der Verlaufsform).[22]

3.

Die Übersetzung bringt in der ersten Spalte gegenübergestellt den ägyptischen Text jeder Strophe in TLA-Umschrift und eine möglichst eng am Ägyptischen hängende, damit etwas holprige deutsche Übersetzung. Es folgt eine Kommentarspalte, in der inhaltliche und grammatische Fragen angesprochen werden.[23] Da eine ausführliche Diskussion der literarischen Form in diesem Aufsatz nicht intendiert ist, wird nur in diesem Kommentar auf das Gewebe aus Zitaten und Anspielungen, das Spiel mit Vergleichen und Metaphern sowie Klangfiguren gelegentlich hingewiesen.[24] Abschließend folgt eine freiere Übersetzung, in der in etwa der Sinn und die sprachliche Form erfasst sein soll, wie sie sich mir erschließt. Aufgrund der semiotischen Armut der deutschen Alphabet-Schriftsprache kann hier die Mehrdeutigkeit etlicher Passagen nicht mehr *abgebildet* werden.

(1)

[3, 9] **HA.t-a m sbA.yt • jri.t n** {n} z TAr.t • dwA.ww=f zA Xr.ty rn=f • n zA=f ppy rn <•> jstw r=f m xntj.yt [4, 1] n.tt Xnw • r rDi.tw=f m a.t-sbA n.t zXA.w(PL) • nn qAb(PL)=f ms.w(PL) sr.w(PL.A1) • jm.y Xr.y n.t Xnw •

Anfang der Lehre • die gemacht hat ein „Mann der Hütte“ [a] • des Duaef Sohn, Cherti sein Name [b] • für seinen Sohn, Pepi genannt. [c] <•> Nämlich beim südwärts fahren welches ist (von) der Residenz [d] • damit er gegeben wird in die Schreiberschule. • Nicht ist [e] seine Platzierung (bei) den Kindern der Adligen [f] • (den) unter-Seienden der Residenz. [g] •

a *TAr.t / „Kajüte“, hier wohl in der Bedeutung „Hütte“,*[25] *als ein Wortspiel mit dem in anderen Textbelegen (z.B. oDeM 1466, 1506, 1445) stehenden Tjaru / „Sile“, ganz hoch im Norden Ägyptens: Beides bedeutet, dass er von JWD (janz-weit-draußen) kommt, wir es mit einem „Hinterwäldler“ zu tun haben.*

b *Interessanterweise schreibt pSallier II, wie auch einige weitere Belege (z.B. oDeM 1043, 1175), den Namen des literarischen Erzählers mit einem r, so dass ein Wortspiel mit dem sonst hier belegten Namen Cheti (z.B. oG 344) vorliegt und aus diesem einen „Unteren“ macht.*[26]

von Depuydt 1993, 125–200 zur „contiguity“ und die Annahme eines „ritual sDm.n=f“ mit „présent-performatif“- Bedeutung durch Vernus 1985 (siehe auch Labrique 1988, dazu Kurth 1989 und Derchain 1989). Das Thema bedarf fraglos der Präzisierung; siehe zur Frage der Konzeptualisierung von Zeit aus kulturwissenschaftlicher Sicht: Fitzenreiter 2013.

22 Vergleiche die Tempusindifferenz semitischer Sprachen am Beispiel des Arabischen: „Die beiden sog. Tempora des Arabischen drücken an sich weder eine von der Gegenwart des Redenden aus bestimmte Zeitstufe, noch den Zustand einer Handlung an sich als vollendet oder unvollendet aus, sondern sie dienen nur dazu, die Handlung einfach zu konstatieren (Perfekt) oder aber in ihrem Verlauf zu schildern (Imperfekt). Daher können beide Formen, je nach der Einstellung des Redenden für alle drei Punkte der subjektiven, an seiner Gegenwart gemessenen Zeit gebraucht werden.“ (Brockelmann 1987, 118). Loprieno 1995, 75, Anm. 111 stellt die These von den tempuslosen semitischen Sprachen allerdings mit Verweis auf Binnick 1991 in Frage.

23 Des Öfteren werden dabei Parallelen aus anderen Belegen des Textes herangezogen, ohne dass an dieser Stelle eine eingehende Beschäftigung mit dem Gesamtkorpus der Textüberlieferung oder den Eigenarten der anderen Textzeugen intendiert ist. Diese Parallelen dienen vor allem dazu, die Techniken der *Arbeit am Text entlang der Schrift* deutlich zu machen.

24 Vgl. hierzu: Brunner 1944, 51–66; Jäger 2004, 19–22.

25 Siehe die Diskussion des Begriffs als „inclosed wooden structure“ bei Schulman 1979 und die Stellendiskussion in Jäger 2004, 48.

26 Siehe: Dils TLA, Stellenkommentar. Aktiv emendiert bei Brunner 1944, 25, 76 sonst meist stillschweigend übergangen. Auf Brunner scheinen die meisten der gängigen Emendierungen des pSallier II zurückzugehen, so auch die der Verneinung im siebenten Kolon.

c *Die Namensnennung des Sohnes steht hier, im Gegensatz zu anderen Belegen, ohne das Suffix =f (aus Gründen des Versmaßes verkürzt, weil der Name des Che-er-ti eine Silbe mehr als üblich enthält?). Ich nehme daher ein Partizip Passiv des nicht im TLA belegten rnj / „benennen" an (siehe aber den belegten Intensivstamm rnn / „preisen"). Bemerkenswert ist die auch in anderen Belegen auftretende Determinierung von „Sohn" mit der Falkenstandarte. Eventuell deutet diese Schreibung an, dass es sich bei „Pepi" um die Kurzfassung eines mit dem Königsnamen Pepi gebildeten Namens handelt.*

d *„Südwärts fahren welches-ist-in-bezug-auf Residenz". Dass die Reise wirklich zur Residenz führt, ist durch das Relativpronomen unwahrscheinlich. Eher drückt die Formulierung mit n.tt aus, dass man – im Gegensatz zu der zu erwartenden und in anderen Varianten belegten (z.B. oPetrie 27) Formulierung mit r – die Residenz verfehlt, es also um eine Reise südwärts tief in die Provinz geht.*[27]

e *Die hier und in einigen anderen Belegen (z.B. oDeM 1014, 1447, 1450) deutlich geschriebene Negation nn wird in allen mir bekannten Bearbeitungen emendiert, bringt aber den ersten Witz – er bringt seinen Sohn genau nicht in die bessere Gesellschaft.*

f *qAb als verbaler Stamm: „platzieren", vgl. m-qAb „inmitten", hier in „emphatischer" Form und schriftsprachlich als Substantiv durch das Pluraldeterminativ markiert. sr.w traditionell mit „Beamte" zu übersetzen, kann nur im obrigkeitsbesessenen Deutsch passieren; die genannte Gruppe ist eindeutig eine Gesellschaftsschicht, zu der – wie im Folgenden noch ausgeführt – ein gemeiner Schreiber mit all seinen Beamtentugenden nie gehören wird, also der Geburtsadel.*

g *jm.y-Xry / „befindlich-unter" statt des zu erwartenden, in anderen Textzeugen (z.B. oGenf; oPetrie 27) belegten, jm.y-HA.t / „an-der-Spitze"; eine weitere witzige Variation einer zu erwartenden Floskel, wobei nicht ganz klar ist, ob die gesamte Phrase die „die-unter-sich-sind / -bleiben" meint, oder die meint, die „unter" dem besonderen Milieu der Residenz aufwachsen.*[28]

Leitbegriff der Strophe ist das Wort Xr, das sowohl dem Namen des berühmten Cheti untergeschoben wird als auch in Bezug zu den „Beamten" erscheint und den parodistischen Tenor des Gesamttextes setzt, der sich durch solche ironischen Nuancierungen vom Standard absetzt.

Anfang der Belehrung, • die gegeben hat ein „Mann der Hütte", • des Duaef[29] Sohn, Cherti sein Name, • seinem Sohn, genannt Pepi. <•> Da war er (also) beim südwärts Fahren (= „nach vorne kommen") – (jedoch) vorbei – an der Residenz, • damit er gesteckt wird in die Schreiberschule. • (Es war also) nicht seine Platzierung bei den Kindern der Adligen, • diesen unter-sich-Bleibern der Residenz. •

(2)

aHa.n Dd.n=f n=f • [4, 2] mAA.n=j qnqn • zp-2 • DD=k jb=k m-sA zXA.w(Pl.) • dgA.n=j nHm Hr bAk.w(PL)=f • ma-ky nn-wn m-HA.w(PL) zXA.w(PL) • mj.tt Hr mw pw • Sdi [4, 3] jr=k m pH[.wy] km.yt • gmi.y=k Ts pn jm=st m Dd.t(PL) • jr zXA s.t=twf nb.t r Xnw • nn Hwrw=f [4, 4] jm=f •

Da war er dabei dass er sagt zu ihm: • Ich sehe das Schinden • zwei Mal • dass du gibst ist [a] dein Herz hin zum Schreiben / Schreiberberuf. • Ich betrachte das „Wegnehmen" bei seiner (= des Schreibens) Arbeit [b] • siehe: Es gibt nichts als Hinausgehendes über das Schreiben / den Schreiberberuf • wie auf dem Wasser (sein) ist es. [c] • Lies du am Ende der Kemit • du findest diesen Spruch darin als Gesagtes: • „Was angeht den Schreiber: jeder seiner Sitze (ist) hin zur Residenz [d] • er wird nie mehr elend sein in ihr." •

a *DD=k als „emphatische" Form (vgl. Allen 2014, § 25.7).*

b *Der Beginn der Strophe ist ambivalent, denn es wird nicht genau bestimmt, wer hier „geschunden" und was bei „seinen" bAk.w „genommen" wird; dem Kotext nach kann das Suffixpronomen nach bAk.w sich auf das „Schinden" im zweiten Kolon beziehen – oder eher auf das „Schreiben" im dritten Kolon (der dort geschriebene Plural des Abstraktums wird üblicherweise als 3MSG behandelt). Offenbar zeigt der Vater Verständnis dafür, dass der Sohn die Schreiberschule als Schinderei*

27 Budge 1923, 29 liest überhaupt Xnw / „Silsile".

28 Wilson 1955, 432 übersetzt *„in the lower part* of the Residence City".

29 Quirke 2016, 130 schlägt vor dwAw mit „hymn-singer" zu übersetzen. Zur damit weiterhin andauernden Kontroverse um Namen und Filiation des Che(r)ti: Jäger 2004, 48–51; Widmaier 2013, 487, Anm. 10, jeweils mit Literatur.

ansieht, versucht aber, ihn umzustimmen. Andere Belege (z.B. oDeM 1034; oGenf) schreiben „Geschundener" und „Genommener (= Inskribierter / Fronarbeiter)" mit Personendeterminativ (A1). Was genau es ist, das bei „seiner" (= des Schreibens?) bAk.w / „Fron" „genommen" wird, bleibt unklar; etwa die Jugend, das schöne Leben oder – wenn man sich die Schlusskapitel der „Lehre" ansieht – der Charakter?

c Hr mw / „auf dem Wasser" als Bezeichnung für richtiges Handeln / Loyalität (d.h. sich im Sinne einer anderen Person / Gottheit verhalten, um so von deren Gunst wie auf dem Strom vorangetragen zu werden).[30] *Die Formulierung wird in (19,2) und (21,5) parodiert.*

d Die wohl traditionelle Schreibung mit n.t vor Xnw (z.B. bei oDeM 1014, 1466; oGenf) wird hier durch r variiert, was unter den Umständen – die Reise geht ja nicht in die Residenz – der Sache eine hoffnungsvolle Richtung gibt. Die Kemit selbst hat natürlich n.t und formuliert das folgende Kolon gnomisch n Hwrw.n=f jm,[31] *während pSallier II futurisch mit durch nn negiertem sDm=f formuliert, hier vielleicht auch konjunktivisch zu verstehen: „er würde dort nicht elend sein". Bei s.t=twf die Schreibung der Suffixendung 3MSG =twf nach femininem Substantiv typisch für das Neuägyptische (Junge 2008, 53), so auch noch in (3,5; 9,2; 16,1).*

Da nämlich sagte er zu ihm: • Ich sehe ja die Schinderei, • die (üble) Schinderei, • (wenn) du deinen Sinn auf das Schreiben richtest. • Ich beobachte durchaus den (seelischen) Verschleiß bei seiner (= des Schreibens) Arbeit. • Und doch: Es gibt nichts, was über das Schreiben hinausgeht, • es ist so, wie (immer) genau das Richtige tun! • Lies doch am Ende der Kemit • (und) du findest diesen Spruch darin: • „Was den Schreiber angeht: Alle seine Posten führen zur Residenz • (und) dort wird er (dann) nie mehr elend sein." •

(3)

jw=f Hr jri=f **sAr.t n ky(A1)** • nn pri=f Htp.w(A1) • mAA.n=j jAw.t(PL) m-mj.tt=s[.t •] m Dd.t(PL) Ts pn [4, 5] jm=st • Di=j mrj.y=k zXA.w(PL) mw.t=k • Di=j aq nfr(PL) m-Hr=k [•] wr.t sw.t gr.t r jAw.t(PL) nb.t • nn-wn m tA pn md.t • SAa.n=f [4, 6] wAD.t jw=f m Xrd.w(PL) • tw nD-xr.t(PL)=twf • tw hAb=f r jri.t wpw.t(PL) • nn jy.t=f Di=f sw m dAj.w •

Ist er dabei, dass er erfüllt **den Wunsch eines Anderen** • nicht wird er herauskommen zufrieden / ein Zufriedener. [a] • Ich sehe das Amt wie da[s •] in der Aussage dieses Spruches über es / in ihr (= Kemit oder eine andere Schrift?): [b] • „Ich gebe (dass) du liebst dein 'Mutterschreiben' [c] • ich gebe (dass) tritt die Schönheit vor dein Gesicht. [d] [•] Bedeutender (ist) es (= das Schreiben / der Schreiberberuf) wirklich als jedes Amt • nichts ist in diesem Land Sache. [e] • Er (der Schreiber) beginnt zu gedeihen (wenn) er ist in der Kindheit [f] (= noch ein Kind ist bzw. sich kindisch aufführt). • Siehe: (es ist) sein Gegrüßt-Werden [g] • siehe: (es ist) dass er aussendet zur Erledigung von Aufträgen • nicht ist sein Kommen (dass) er gibt sich in den Daj-Schurz." [h] •

a jw=f Hr jrj=f ist eine Melange aus neuägyptischem Präsens I jw=f Hr + Inf. und dem älteren Aorist jw(=f) jri=f, wie auch in (4,2).[32] *Htp.w / „zufriedengestellt" kann durch das Personendeterminativ auch als Substantiv „gelesen" werden. Der Witz des ersten Satzes liegt darin, dass die zu erwartende Lobpreisung des Dienstes am Anderen ausbleibt und der Vers vor Uneigennützigkeit warnt. Die gesamte Strophe behandelt den persönlichen Nutzen des Schreiberberufes und spielt dabei mit den Begriffen „Mutter", „Kind" (vielleicht auch „Geliebte / Gemahlin") und schließlich mit einer Anspielung auf das Anlegen des Daj-Schurzes (als einer Zeremonie des Erwachsenwerdens?). Diese um die soziale Kerngruppe kreisende Begrifflichkeit steht in Kontrast zum „Anderen", der außerhalb der Kerngruppe steht. Das ab dem fünften Kolon angeführte „Zitat" ist eine Parodie auf das gravitätische echte Zitat aus der Kemit, das die vorangegangene Strophe abschließt.*

b st kann sich auf die Aussage des Spruches über das Schreiberamt (jAw.t) oder auf die zitierte Schrift beziehen.

30 Siehe Beispiele in: Assmann 1979, 54–72.

31 Petersmarck 2012, 139. Zum negierten sDm.n=f: Allen 2014, § 17.11.

32 Zum Zusammenhang von jw=f Hr sdm im jüngeren Ägyptisch mit dem sDm(.n)=f des älteren Ägyptisch: Loprieno1995, 225.

c Ob zwischen zXA.w und mw.t=k ein r / „mehr als" wie in anderen Textzeugen (z.B. oDeM 1014, 1466oW 120) ergänzt werden muss, oder ob pSallier II hier eine sehr spezielle Verbindung im status constructus versucht (etwa unserem Wort „Muttersprache" ähnlich), bleibt offen, liegt aber nahe.[33]

d Mit nfr(PL) / „Schönheit" werden die Vorzüge des Schreiberamtes gemeint sein. Im gegebenen Kontext, in dem diverse Begriffe aus dem familiären Bereich auftreten, mag für den Zuhörer ein Anklang an die „Geliebte / Gemahlin" mitschwingen. Hier sind eindeutig die „Vorzüge", d.h. Vorteile gemeint, die aus dem Schreiberberuf für den Schreiber persönlich und gegenüber den „Anderen" erwachsen. Bemerkenswert ist die „Falkenstandarte" nach =k, mit der auch oben (1,2) der Name des Pepi determiniert war.[34]

e In der Formulierung nn-wn md.t wird md.t / „Sache, Angelegenheit" bedeuten. Der Satz lässt sich nur im Englischen gut wiedergeben: Nothing else matters (Metallica).

f Xrd.w wird eine abstrakte Bedeutung haben: „Kindheit"; vgl. die Schreibung von ms.w / „Geburt" in (30,1).

g Der zwei Mal mit tw + Substantiv / „emphatischer" Form[35] *gebildete Vers nimmt die Bildung mit doppelten Di-Optativ im fünften und sechsten Kolon auf. Eine Gruppe von Textzeugen (z.B. oGenf; oPetrie 27; oDeM 1099, 1041) bildet die Stelle mit tw r / „man wird...", eine andere (z.B. oDeM 1042; oPetrie 55) mit thm / „treiben, mobilisieren". nD-xr.t=twf mit dem Pronomen 3MSG in der neuägyptischen Schreibung nach auf -.t endenden Substantiven (Junge 2008, 53). hAb / „aussenden" als „emphatischer" Form, dem Kontext nach hier und auch in (4) und (29) im Sinne von: „die Arbeit delegieren, von anderen machen lassen".*[36]

h Die negierte sDm.t=f-Form kann als „relatives Futur" (Allen 2014, § 19.14) übersetzt werden. Im Kotext häufig ist aber die Verneinung mit nn + substantivierte Verbalform (hier: Infinitiv + Suffixpronomen). Der zuletzt genannte Daj-Schurz bildet im Folgenden ein immer wieder aufgenommenes Motiv, das – oft ironisierend – auf die hohe oder eher vermeintlich hohe Stellung des Trägers deutet. Hier bezieht sich die Formulierung wohl darauf, dass der Schreiber bereits als Kind Befehle gibt, also schon bevor die – wohl zeremonielle – Einkleidung mit dem Dienstschurz stattgefunden hat.

Wenn er aber **den Wunsch eines Anderen** erfüllt, • dann wird er nicht zufrieden dabei herauskommen. • Ich aber sehe das (Schreiber-)Amt immer so wie da[s, •] was dieser Spruch über es sagt: • „Ich sorge dafür, dass du dein 'Mutterschreiben' liebst, • und ich sorge dafür, dass die Schönheit vor dein Gesicht tritt. [•] Es (= das Schreiben / der Schreiberberuf) ist viel bedeutender als jedes Amt • und nichts tut in diesem Land sonst zur Sache. • Er (= der Schreiber) fängt schon an zu gedeihen, selbst wenn er noch ein Kind ist. • Er wird (schon) geachtet • und er schickt (bereits andere) zur Arbeit, • da ist es (noch) nicht einmal (soweit) gekommen, dass er sich 'lange Hosen' angezogen hat". •

(4)

n mAA.n=j [4, 7] **qs.ty(A1.PL) m wpw.t** • nb.yw /// (A1.PL) hAb=f • jw Hr mAA.n=j Hmt.y(A1.PL) Hr bAk.w(PL)=f • r r' n Hry.t=f • [4, 8] Dba(PL)=fy mj x.t(PL) mzH(PL) • xnS sw r sHw.t rrm(PL) •	**Nicht sehe ich einen Bildhauer mit einem Auftrag** • einen Goldschmied, der aussendet. [a] • Ich sehe den Metallarbeiter bei seiner Arbeit [b] • hin zum Mund seines Schmelzfeuers: [c] • Seine Finger (sind) wie die vom Krokodil [d] • stinkend ist er mehr als das Ei der Fische. •

a wpw.t / „Botschaft, Auftrag" und hAb / „aussenden" beide mit dem Unterton, die Arbeit von anderen machen zu lassen. Das Charakteristikum aller folgenden Berufe ist, dass die Protagonisten die Arbeit (bAk.w) selbst machen (müssen), was zu vermeiden, genau als der Vorzug des Schreiberberufes dargestellt wird.

b jw Hr vor sDm.n=f wie in (3,1) als extravagante Bildung, die hier morphologisch das neuägyptische Präsens I (jw=f Hr sdm) mit der „literarischen" Verlaufsform des Imperfekt (sDm.n=f) kombiniert. Andere Belege (z.B. oDeM 1047; oDeM 1490; oTor.)

33 Siehe zu dieser Stelle Kaplony 2005, der sich intensiv mit der „Bipolarität" (= Ambiguität) der ägyptischen Reflektion insgesamt auseinandersetzt.

34 Siehe Brunner 1944, 77, der hier eine Fehlschreibung in Anlehnung an Hr / „Horus" ansetzt, sich jedoch auch fragt, ob darin eine Anspielung versteckt ist.

35 t(j)w hier als Markierung der Adverbialphrase (Allen 2014, § 20.4; vgl. die Reihe der mit tw + Suffix gebildeten proklitischen Pronomina im Neuägyptischen: Junge 2008, 118); siehe zur Stelle: Stauder 2013, 384–385; dort als tw (r) sDm-Form analysiert.

36 Zum Begriff hAb / *„(jemanden zu einer Arbeit) ausschicken"*: Blumenthal 1977, 97–98.

schreiben „korrekt" jw mAA.n=j. Interessanterweise beginnt oDeM 1014 diesen Vers mit einer Negation, also in Parallele zum Eingangsvers.

c *Die Formulierung r r' n Hr.yt=f bekommt durch die Präposition r eine Richtung; der Metallarbeiter muss sich gewissermaßen in sein (heißes) Schmelzfeuer hineinarbeiten.*[37] *Während der Schreiber andere „aussendet", muss der Arbeiter selbst hinein in das Feuer (allen Mühsals).*

d *mj x.t / „wie (die-)Sache" ist als ein Vergleich aufzufassen („entspricht derselben Sache beim Krokodil"), der sich auf die Finger des Metallarbeiters bezieht, meint also die Krallen des Krokodils. Mit dem Vergleich der Finger mit denen des Krokodils und des Geruches mit dem von Fischeiern setzt an dieser Stelle die für die meisten folgenden Berufsbeschreibungen charakteristische assoziative Verbindung von Erscheinungsbild des Arbeiters oder von Bedingungen der Arbeit mit anderen Phänomenen ein. Hier sind es unangenehme Erscheinungen der Wasserwelt, möglicherweise inspiriert über ein Wortspiel auf Hry.t / „Schmelzfeuer / -ofen" (vielleicht mit Hr.t-mw / „Teich"?). Dann würde der Arbeiter in sein Schmelzfeuer kriechen, wie das hornige Reptil in seinen stinkenden Pfuhl.*[38] *Eine interessante Erklärung für das Bild der „Krokodilsfinger" hat Georges Verly vorgeschlagen, der hier und in (9,2) einen Bezug auf eine Schicht feuchten Tons annimmt, die Arbeiter an Schmelz- / Brennöfen zur Isolierung gegen Hitze auf die Hände aufgetragen hätten.*[39] *Näher liegend ist vielleicht der Bezug zu den Narben, die die Arbeit an den Händen hinterlässt, so, wie der Gestank den Schweißgeruch meinen kann. Beides sind Aspekte, die den Betroffenen verändern, und dieses Thema – wie die (beruflichen) Umstände den Protagonisten (ver)formen – klingt in allen Strophen an.*

Niemals sehe ich einen Bildhauer mit einem Auftrag (an andere) • oder einen Goldschmied, der (andere) aussendet. • Ich sehe aber immerzu den Metallarbeiter bei seinem Arbeiten, • (das ihn bis) hinein in die Öffnung seines Schmelzfeuers (führt). • Seine Finger sind wie die vom Krokodil • (und) er stinkt schlimmer als Fischei. •

(5)

Hmw.w(A1.PL) nb.t TAi.y-an / / / (PL) • wrd.w [4, 9] sw r mny.t(A1.PL) • AH.t=twf m xt Hn.w(PL)=f m Hmt(PL) • m grH.t nHm.w=f • jri.n=f m-HA.w(PL) [5, 1] n.w a.wy(DU)=fy Hr jri.t • m grH.t stA.w pr=f •	**Jedes/r Handwerken/r des Ergreifens des Dechsels** [a] • erschöpfter ist er als der „Pfähler" [b] • sein Acker (ist) aus Holz, seine Hacke (ist) aus Kupfer [c] • in der Nacht (ist) sein „Wegnehmen". [d] • Er tut über (das) hinaus dessen (was) seine Arme (sind) beim Tun [e] • in der Nacht (ist) das Beleuchten seines Hauses. •

a *Hmw.w(A1.PL) nb.t TAi.y-an / / / (PL): Die generalisierende Handwerkerbezeichnung mit dem Personendeterminativ wird durch die Pluralschreibung abstrahiert und als Abstraktum mit dem femininen Adjektiv komplettiert. Die abstrakte Berufsbeschreibung wird im weiteren Text als Berufsbezeichnung in der 3MSG fortgesetzt (siehe oben die Bemerkungen zur Grammatik).*

b *mny.t von mnj.t / „Pfahl", einer, der mit einem Pfahl tätig ist und mit diesem offenbar den Acker (AH.t) zu bearbeiten hat; wohl eine Metapher für den Feldarbeiter, der den Boden mit der Hacke (= dem Grabstock) bearbeitet, wie das Determinativ andeutet.*[40]

c *Der „Pfahl" und der Dechsel werden als ähnliche Instrumente verglichen, wobei der „Acker" des Holzbearbeiters eben das Holz und seine „Hacke" (d.h. der Dechsel) aus schwerem Kupfer ist.*

d *nHm / „wegnehmen" hier als die Tätigkeitsbezeichnung des Holzbearbeiters, also etwa „schnitzen", siehe aber oben (2,2) auch die Bedeutung des „Wegnehmens / Verlustes / Verschleißes". Die Endung -.w zeigt wohl eine Substantivierung an, wofür auch die Parallelisierung von zwei Substantivalsätzen als Schlusskola der beiden Verse mit „in der Nacht" spricht.*

---

37 Zu den Schmelzinstallationen pharaonischer Zeit, die nicht eigentlich „Öfen" sondern eher Herde oder Rinnen sind: Scheel 1988; Pusch 1990.

38 Zur wohl topischen Verbindung von schlechtem Geruch und Krokodil siehe den „Lebensmüden" 95–97: ma=k baH rn=j ma=k r s.t msH.w r Hms.t Xr aD.w mrjj.t / *„Siehe mein Name stinkt, siehe: mehr als der Geruch der Krokodile, mehr als zu sitzen am Schlachtplatz unter den am-Ufer-lauernden (= Krokodilen)"*. Siehe die Bemerkung in Allen 2011, 84, dass Krokodile eigentlich nicht stinken und hier eher ihr Lagerplatz gemeint ist.

39 Verly 2017.

40 Wilson 1955, 433: „hoeman".

Oder man geht in beiden Fällen von einem sDm=f aus: „in der Nacht (noch) schnitzt er" und „in der Nacht (noch) leuchtet sein Haus".

e m-HA.w n.w a.wy=fy Hr jri.t / „über-hinaus dessen Arme-seine-(beiden) beim Tun = über das hinaus, was seine Arme beim Tun sind / können" im Sinne von „zu viel". Der Satz wird in (8,2) wiederholt.

Dass durch die Arbeit in der Nacht und das „Ermatten" jeweils die Müdigkeit / Schläfrigkeit als tertium comparationis thematisiert ist, wird auf einem Wortspiel beruhen, das sich wahrscheinlich aus der Berufsbezeichnung TAj-an ergibt, eventuell über an / „Auge" (TAi.y-an = „Augen-Aufhalter"?).

Jeder Handwerker, der den Dechsel ergreift: • Er ist erschöpfter noch als der „Pfähler", • denn sein Acker ist aus Holz und seine Hacke ist aus Kupfer • und selbst in der Nacht noch ist er am Schnitzen / ist sein Verschleißen. • Er tut immer mehr, als seine Arme können, • (doch) selbst in der Nacht ist sein Haus beleuchtet (d.h. er arbeitet immer noch). •

(6)

ms.w(PL)-aA.t(PL) Hr wxAx m mnx.t • m aA.t(PL) nb.t rd • aDn.n=f [5, 2] mH nw Ax.t(PL) • a.wy(DU)=fy Aq.w wrd.w sw • jw Hmsi.tw Hr aq.w(PL) n.w ra • mA / / / s.ty(DU)=f A.t=f [5, 3] waf.w(A1.PL) •	**Das „Steingebären"** [a] **beim Suchen mit dem Meißel** [b] • in jedem harten Stein. • Er vollendet eine Elle der Sache [c] • seine Arme sind umgekommen, er ist erschöpft. • Man sitzt beim „Eintreten der Sonne" [d] • seine Knie und sein Rücken (sind) Gekrümmte. [e] •

In diesem Vers wird, nachdem zuvor in (3) der Bildhauer („Beinschnitzer"), der Goldschmied, der Metallarbeiter und in (4) der Holzschnitzer abgearbeitet wurden, die bildnerische Steinbearbeitung thematisiert. Wie der Gebrauch ausgesprochen eigenartiger Formulierungen deutlich macht, ist hier ein sehr weiter Assoziationsrahmen gezogen, in dem die besprochene Tätigkeit in Bezug zu mythologischen Vorstellungen gesetzt wird. Es ist aber davon auszugehen, dass diese Bezüge im Umfeld der bildnerischen Steinbearbeitung durchaus bekannt waren, die immer mit der magischen Doppeldeutigkeit des Abgebildeten zu tun hat.[41]

a ms.w-aA.t / „Gebären-des-Steins" als Metapher für die Steinbearbeitung, die abstrakte Berufsbeschreibung wird im weiteren Text wieder als Berufsbezeichnung in der 3MSG fortgesetzt (siehe oben die Bemerkungen zur Grammatik). Der Begriff ms / „gebären" (wohl im Sinne von „etwas hervorbringen / herausbringen (aus dem Stein)") war in der Fachsprache der Steinbearbeiter üblich, siehe die Beischrift ms n Sd / „Gebären des Hohlraums" (oder als Berufsbezeichnung „Gebärer des Hohlraums") bei einem Bild des Bohrens und Polierens von Steinperlen in Deir el Gebrawi.[42] *Ein solcher Begriff bot sich natürlich für Wortspiele an.*

b Andere Belege (z.B. oDeM 1014, 1501) haben statt wxA(x) / „suchen, begehren" an dieser Stelle wh(A)b / „bohren". Es ist für pSallier II typisch, dass häufig nach einer neuen und gelegentlich etwas gezierten Variante „gesucht" wird.[43]

c mH „Elle" (ca. 52,5 cm) als Tiefe des Bohrloches? Oder als „Mengenangabe" im Sinne von „einem Meter Bier"? Wahrscheinlich ist mit dieser Menge nicht eben viel gemeint.

d aq.w n.w ra / „Eintreten-der-Sonne" ähnlich wie „Gebären-des-Steins" im ersten Kolon als Begriffe für Vorgänge bei der Gesteinsbearbeitung zu erklären.[44] *Es bezieht sich vielleicht auf die Ausbildung der Hohlräume im Stein, in die nur Licht fallen kann. Allerdings wird man in diesem Fall auch eine metaphorische Bedeutung annehmen dürfen, da sich der ganze Vers mit Anspielungen auf „Gebären" und eventuell den (erschöpfenden) Geschlechtsverkehr („Bohren") gefällt. Möglicherweise spielt der Begriff auch mit dem „Hereintreten der Sonne" im Zuge der Statuenbelebung.*[45] *Allerdings deutet die Schreibung von aq.w mit Determinativ X4 auf die Bedeutung „Einkommen / Nahrung" und auch Hms ist mit dem sitzenden*

41 Siehe zur magischen Seite der Bildfindung und -herausbildung: Fischer-Elfert 1998.

42 Davies 1902, pl. XIII, XIV; Kanawati 2007, 48, pl. 53, dort mit Hannig 2003, 559 als msw-nSd / „Schmuckhandwerker" gelesen. Siehe bereits Brunner 1944, 29, der auf die Parallele des Gebrauchs von ms für die Statuenproduktion im Palermostein verweist.

43 Zu dem hier Angedeuteten „Suchen" und „Finden" der noch in den Stein gebundenen Bilder durch den Bildhauer als ein wesentliches Element des künstlerischen Schaffens: Fischer-Elfert 1998, 31.

44 Siehe die Stellendiskussion in Jäger 2004, 67–68.

45 Zum „Beleben" der Mumie (und anderer Abbilder) durch das Sonnenlicht (saHa.tw saH=k n ra / *„Man stellt deine Mumie für Re auf"*) im Zuge der Mundöffnung: Assmann 1972, 126–127.

Mann mit der Hand am Mund determiniert, so dass schriftsprachlich die Nahrungsaufnahme fokussiert ist. Siehe den ähnlichen Fall der Sprach-Schrift-Spielerei um aq.w in (14,4).

e *Die unbequeme Haltung könnte auf die Gebärstellung beim „Gebären-des-Steins" anspielen. Solche Sinnspielereien können auch die bemerkenswerte Schreibung von waf.w erklären, wo der sprachlich zu erwartende Stativ schriftsprachlich zu einem Partizip substantiviert ist. Das Bild des „Gekrümmten" könnte nämlich das Bild der sich wölbenden Himmelsgöttin evozieren, die die Sonne verschluckt und wieder gebiert. Dass solche Bilder durchaus Stoff für Parodien boten, zeigt u. a. der Turiner erotische Papyrus.*[46] *Man beachte die Klangkombination von Aq.w im vierten Kolon und aq.w im fünften Kolon.*

Der „Steingebärer" ist beim Suchen mit dem Meißel • in jedem harten Stein. • (Immer) wenn er eine Elle von der Sache vollendet, • sind seine Arme lahm und er ist erschöpft. • (Denn wenn) man beim „Eintreten der Sonne" sitzt, • dann sind seine Knie und sein Rücken Gekrümmte. •

(7)

Xaq.w(A1.PL) Hr Xaq.w(A1.PL) m pH.wy maSr.w{rw} • DD=f sw n amy.t[=f •] DD=f sw [5, 4] Hr qaH.t=f • DD=f sw r mr.t(PL) r mr.t(PL) • r wxAx r:Xaq.w(A1.PL)=f {•} sw • qn<q>n(A1.PL)=f a.wy(DU)=fy r mH X.t=f • [5, 5] mj bj.t(PL) wnm.w r kA.t(PL)=st •

Der Barbier ist über den Barbierten / beim Barbieren am Ende des Abends. • Dass er sich gibt ist [a] an seinen Hals / Hohlweg, dass er sich gibt ist an seine Schulter / Abzweigung [b] • dass er sich gibt ist von Gasse zu Gasse • um zu suchen einen den er barbieren wird. [c] • Dass er flattert / sein Flattern seine/r Arme (ist) um zu füllen seinen Bauch [d] • wie eine fressende Biene zu / bei ihrer Arbeit. [e] •

a *Das dreifach „summende" DD („emphatische" Form) beschreibt das emsige Hin-und-Her des Barbiers. sw als pw im pw-Satz (siehe oben Bemerkungen zur Grammatik).*

b *„Hals" und „Schulter" bezeichnen hier wohl die Teile der menschlichen Anatomie, an denen er sich zu schaffen macht, stehen aber auch für Lokalitäten, etwa „Hohlweg" und „Winkel, Abzweigung", an denen der Barbier Kunden sucht.*[47]

c *Bei r:Xaq.w(A1.PL)=f die durch vorangestelltes r futurisch markierte Relativform durch die Determinierung schriftsprachlich substantiviert und als Personenbeschreibung charakterisiert.*

d *Das Verb qn(q)n / „heftig schlagen" ist hier wieder schriftsprachlich als Verbalsubstantiv mit Suffixpronomen markiert, so dass eine Ambivalenz von (gesprochener?) Verbalform und (geschriebenem) Substantiv + Suffixpronomen besteht. In jedem Fall werden die Arme als heftig schlagend beschrieben. Dem folgenden Kolon zufolge wird so das emsige Hantieren des Barbiers mit dem Flattern der Bienenflügel verglichen.*

e *Der Witz des Verses liegt auch in der Gegenüberstellung von qn(q)n / „heftig schlagen", aber auch mit der seltenen Bedeutung „essen", im sechsten Kolon, mit dem wnm / „essen" im siebenten Kolon. Die häufige Verwendung der Präposition r wird, wie oben die von DD auch, lautmalerische Gründe haben. Das letzte Kolon führt die Biene als das tertium comparationis der Strophe explizit ein, deren Sausen und Summen in diesen Lautfolgen imitiert ist.*

Der Barbier ist beim Barbieren noch am Ende des Abends. • Er saust an seinen Hals / Hohlweg, er saust an seine Schulter / Abzweigung, • er saust von Gasse zu Gasse, • um einen zu suchen, den er barbieren wird. • Er flattert mit seinen Armen, um seinen Bauch zu füllen • wie eine fressende (= Nektar saugende) Biene bei ihrer Arbeit. •

(8)

bTy.w(A1.PL) xdi=f r • jdH.w(PL) r jT.t n=f swn(PL) • jri.n=f [5, 6] m-HA.w(PL) n.w a.wy(DU)=fy Hr jri.t • smAmw.n sw xnms(PL) • xmy(PL) sfnd=f n sw sfnd=f • xr wnn wDa(A1.PL) •

Der „Pflücker", [a] **er fährt nordwärts in** • das Papyrusdickicht um zu holen für sich „Pfeile" [b] • er tut über (das) hinaus dessen (was) seine Arme (sind) beim Tun. [c] • Die Mücke tötet ihn • die Fliege, die ihn quält, zugehörig zu ihr (oder: zu ihm = dem „Pflücker") ist was ihn quält / sind seine Qualen [d] • beim

46 Omlin 1973, 61–62.

47 Siehe die Diskussion bei Jäger 2004, 69–70.

Richter- / Zerteiler-Sein (oder: denn (sie = die Insekten) sind Richter / Zerteiler). [e] •

a bT „pflücken, ausreißen" scheint die Tätigkeit zu umschreiben. Ich denke, dass hier der Papyrusarbeiter bzw. Rohrschneider / -pflücker gemeint ist.

b swn / „Pfeil" kann Synonym für Rohr sein; zugleich verweist es auf den Stachel der Insekten, den er „für sich" holt.

c Der Satz kommt bereits in (5.3) vor; meint er hier auch – im Anschluss an den bienenemsigen Barbier der Vorstrophe – sarkastisch das wilde Herumfuchteln, um die Mücken zu vertreiben?

d Man beachte im sfnd=f n(j) sw die Imitation des sDm.n=f mit sw als Objekt (smAm.n sw) aus dem vorherigen Kolon.

e oG 311 schreibt xr wnn=f wDa(A1.PL); davor aber xmy sfd (= sfT) n sw snnj, also: „die Fliege, die schlachtet (Stativ), zugehörig zu ihr ist das Trennen / Vorbeigehen (= Wegrennen?), bis er ist ein Getrennter (= Gerichteter)", ergeht sich also – anders als pSallier II – in Wortspielen rund um das „Abschneiden / Abtrennen / Abteilen". Hier nehme ich an, dass wDa das Subjekt von wnn ist und sich auf die Insekten bezieht, die als quälende Richter (und Henker) erscheinen. Tertium comparationis der Strophe ist das Schilfrohr, das der „Pflücker" sammelt, aber auch mit Pfeilen, dem Insektenstachel und im letzten Kolon wohl auch mit dem Prügelstock vor dem Richter assoziiert wird.

Der „Pflücker", ist er nordwärts gefahren in • das Papyrusdickicht, um für sich „Pfeile" zu holen, • dann tut er immer mehr als seine Arme können. • Die Mücke tötet ihn andauernd • und die Fliege, die ihn quält, sie verursacht seine Qualen, • denn sie (= die Insekten) sind wie Richter. •

(9)

[5, 7] **j:qd.w(A1.PL)-nDs.t(PL) Xr AH.t(PL)** • saHa.w=f m anx.w(A1.PL) • xma.w(A1.PL) n sw r SA.wt r SAj.w(PL) • r pss.t / / / [5, 8] Xr AH.t(PL)tw=f • Hbs.t(PL)=twf nxt.tw m-a dbn • aAgAs.w(PL)=f m stp.w(A1) • aq r TAw(PL) sfnd=f • pri=s tAw=f [5, 9] wDA(A1) • jw=f Hr tjty(PL) m rd(DU)=f • sHm.w jm=f Ds=f • xma.w(A1.PL) h n pr nb.t • Hwi ny n nA jw.t(PL) •	**Der Grobtöpfer (ist) unter dem Ackerboden (= Töpfen / Ziegeln)** [a] • dass er dasteht / aufsteht (ist) als ein Lebender. [b] • Ein Vernichter, zugehörig zu ihm (ist) mehr Dung als den Schweinen [c] • um zu brennen darunter (= unter dem Dung) seinen Ackerboden (= Töpfe / Ziegel). [d] • Seine Kleidung (ist) steif- / hart-seiend mit Lehm • sein Arbeitsschurz als Lumpen / eines Lumpenträgers. [e] • Es tritt ein in die (Atem-)Luft was ihn quält (= der Gestank) [f] • die (= die Luft) herauskommt aus seinem Ofen (als) Unversehrte (d.h. ungefiltert). [g] • Ist er beim Stampfen mit seinen Füßen • er (ist) schlagend mit ihm / in ihm sich selbst. • Ein Vernichter des Hofes des Hauses ganz und gar [h] • zerschlagend (und) niederreißend *diese* Gebäude. [i] •

a Der Begriff jqd.w-nDs.t / „Former (des) Geringen" beschreibt wohl eine Gruppe unter den „Formgebern" (jqd.w), die sehr grobe Keramik herstellen (oder gebrannte Ziegel?). Mit AH.t / „Acker(-boden)" ist der Nilschlamm gemeint, im vierten Kolon aber auch die daraus gefertigte Ware. Hier meint die Formulierung entweder, dass der Töpfer ganz mit Erde beschmiert ist[48] *oder dass er Lehm / Ziegel / Töpfe schleppt (übertragen natürlich: dass er darunter „begraben" ist, denn das tertium comparationis dieser Strophe sind Floskeln der funerären Literatur). oG 311 schreibt hier qrHy, von qrH.t / „Topf". Man beachte die Variation der im Einleitungssatz einer Strophe häufig genutzten Pseudoverbalkonstruktion mit Hr / „über" (6; 7; 12; 16; 18) durch die Formulierung mit Xr / „unter", was natürlich die Sache noch böser macht.*

b Die Schreibung der „emphatischen" Form saHa.w mit der Sonnenscheibe spielt graphisch mit der des in anderen Belegen (z.B. oDeM 1466, 1497) stehenden aHa.w / „Lebenszeit", so dass eine bewusste Ambivalenz auf der Ebene der Schriftsprache angenommen werden kann.

c SA kann „Sumpf" bezeichnen, da hier aber dem folgenden Kolon nach ein Brennstoff gemeint ist und laut Determinativ pflanzliche Bestandteile eine Rolle spielen, handelt es sich bei der Substanz wohl um etwas, das von schlammartiger Konsistenz und mit Pflanzenresten vermischt ist. Ich nehme hier „Dung", denn unter Dungfladen – d.h. damit als Brennmaterial

48 Siehe hierzu Verly 2017.

zugedeckt – werden die Töpfe (aus Lehm / AH.t) gebrannt. Der sehr simple „Ofen", dessen Feuer dann so stinkt und der im letzten Vers auseinandergerissen wird, ist also ein Dungherd.[49] *SA.wt und SAj.w stehen auch lautlich im Zusammenhang. Der, wie im Vers davor beschrieben, mit Lehm bedeckte Töpfer wird hier mit den im Kot wühlenden Schweinen verglichen und zugleich auf die Nutzung von Dung als Brennstoff angespielt.*

d *Anstelle von AH.t / „Acker(-boden)" schreiben andere Belege (z.B. oDeM 1497, 1519; oG 329) das weniger abwertende qrH.t / „Topf".*

e *stp.w mit Personendeterminativ (A1), „einer, der in Lumpen gekleidet ist". Der stp.w spielt auch in (13,3) wieder eine Rolle. Problematisch bleibt, dass das für die Übersetzung von stp mit „Lappen, Binde" übliche Determinativ (S28) fehlt. Sollte also eher „auswählen, erwählen" fokussiert und ironisch ein „gewählt Gekleideter" gemeint sein? Vgl. die Charakterisierung des Maurers in der folgenden Strophe (10).*

f *Die Erwähnung des „Quälens" (sfnd) knüpft an den vorangegangenen Vers (8,3) an; andere Belege (oUn.Coll) schreiben aq TA.w r fnd=f / „Luft steigt zu seiner Nase auf". Man beachte auch den Gleichklang von TAw / „Luft" und tAw / „Ofen". Die Gegenüberstellung von aq und pri nimmt den bekannten Wunsch aus der Totenliteratur (Totenbuchkapitel 1 u. passim) auf, „eintreten" und „heraustreten" aus dem Grab zu können, womit das Motiv eines, der eigentlich schon „unter der Erde" ist, wieder aufgenommen wird. Auch der Wunsch nach frischer Luft (TAw nDm) ist einer der Totenliteratur.*

g *wDA hier, im Gegensatz zu anderen Belegen (z.B. oPetrie 40; oTur. 57430) mit dem Personendeterminativ (A1), also nicht adverbial sondern substantivisch. Die Vokabel scheint hier auch wieder ob ihrer dem Kontext völlig entgegenstehenden Bedeutung gewählt zu sein; siehe auch den mit wDA gebildeten ironischen Wechselsatz in (13,4) und (18,2).*

h *Bemerkenswert ist, dass die meisten Belege mit pSallier II nb.t mit Femininendung schreiben, also wohl eine adverbiale Bedeutung markiert wird, die sich auf die gesamte Phrase bezieht. n hier eventuell als Konjunktion: „Hof und Haus".*

i *Die letzten zwei Kola beschreiben, wie der Töpfer seinen Ofen einreißt, um an die gebrannten Töpfe oder Ziegel zu gelangen. Dabei wird der ganze Hof verwüstet, was eventuell wieder auf das Verhalten der Schweine aus dem ebenfalls mit xma.w eingeleiteten dritten Kolon anspielt. Hwj / „schlagen" und ny / „niederreißen" jeweils im Stativ, durch die Präposition n dem Objekt zugewiesen (jw.t). Beachtenswert ist der gewöhnlich ironisierend verwendete Artikel bei nA jw.t (siehe oben die Bemerkungen zur Grammatik). Liest man jw.t mit der Bedeutung „Sanktuar" (= Grabkapelle; vgl. (26,2)), dann können Hwj-ny („schlagend und einreißend") als erneute Parodie auf das aq-pr („eintretend und herausgehend") der funerären Literatur gelesen werden.*

Der Grobtöpfer ist schon unter der Erde, • selbst wenn er noch als ein Lebender dasteht. • Er ist ein Vernichter, der mehr Dung um sich hat als die Schweine, • um darunter (= unter dem Dung) seine Töpfe zu brennen. • Seine Kleidung ist hart vom Lehm • und sein Arbeitsschurz ist der eines Lumpenträgers. • Was ihn quält (d.h. der beißende Rauch), tritt ein in die (Atem-)Luft, • die (= die Luft) ganz ungefiltert aus seinem Ofen herauskommt. • Ist er beim Stampfen (des Lehms) mit seinen Füßen, • dann zertritt er dabei sich selbst. • Er ist ein Vernichter von Hof und Haus ganz und gar • zerschlagend und niederreißend *diese* „Gebäude". •

(10)

[6, 1] **Dd=j n=k mj qd.w(A1.PL) jnb** • mHr dp.t • xr wnn=f m-rw.ty n smAa.tw(PL) • j:qd.w(A1.PL)=f [6, 2] m dAj.w • aAgAsw m [sS]nj(PL) nAy.t(PL) • r:wAi.ww n pH.wj=f • a.wj.(DU)=fw<j> Aq [n nn jni](A1) m mnx.t • Sbn.w(PL) Hsb.wt=f [6, 3] nb.t • wnm.w=f sw tA(PL) Dba(PL)=fy • jai(A1.PL)=f sw Hr X<.t> trj-wa(A1) •

Ich sage dir noch wie der Former der Mauer (ist) • leidvoll / bitter (ist) das Schmecken. [a] • Denn / wenn er ist draußen im Wind • dass er mauert / „west" ist im Daj-Schurz. [b] • Der Arbeitsschurz (ist) aus einem „Lotos(-stängel) der Weberei" (= einer dünnen Schnur) • die dabei ist, von seinem Hintern zu rutschen. [c] • Seine Arme sind umgekommen (= lahm) des (= wegen) nicht ist ein Träger als Vortreffliches (?) [d] • das Mischen / Gemischtes (ist) was sie (= die Arme?) / ihn ganz zerbricht (?). [e] • Dass er isst ist „Brot seiner Finger" [f] • dass er wäscht ist Gesicht und Leib (nur) ein Mal (bzw.: er ist ein Wäscher von Gesicht und Leib ein Einmaliger). [g] •

---

49 Zum Brennen von Keramik im „bonfire": Daszkiewicz / Wetendorf 2017. Zu Dungfladen als Brennstoff im archäologischen Kontext: El Dorry 2018, 136.

a *qd.w-jnb / „Former (der) Mauer, Maurer“; die Strophe setzt die Beschreibung der Tätigkeiten von „Formern“ (qd.w) fort. Das zweite Kolon ist wohl als ein relativischer Nebensatz zu interpretieren, der sich auf jnb / „Mauer“ bezieht, die bitter zu beißen ist.*

b *j:qd.w(A1.PL)=f ist von qd / „mauern“ abzuleiten; hier als „emphatische“ Form mit Markierung als Tätigkeitsbeschreibung. Ebenso klingt qd / „Wesen, Art“ an, so dass in heidegger'schem Ton auch „dass er west“ – mit Bezug auf sein Gehabe – übersetzt werden kann. Dass der Schurz, der als ein gediegener Daj-Schurz eingeführt wird, nur eine sehr lächerliche Abart davon ist, macht der folgende Vers klar. Die ungewöhnliche Bezeichnung des Windes als smAa.t (im Kontrast zum sonst häufig z.B. bei oDeM 1466, 1023, 1022; pAmh. belegten sbH) wird mit einer Sinnspielerei zu tun haben, die mir nicht klar ist. In oDeM 1023; pEA 10775e steht nn dAj „ohne Daj-Schurz“, dort wird also ein anderer Sinn fokussiert.*

c *r:wAi.ww / „(welche)-sich-entfernen-werdend (ist)“, Partizip Aktiv, wie in (7,3) durch r futurisch markiert, wodurch der Zustand des Schurzes als „jeden Moment runterrutschend“ beschrieben wird.*

d *Die zerstörte Passage hier nach oDeM 1022 ergänzt; n nn im Sinne von „(wegen) des Nichtseins von...“. Der komplizierte Ausdruck meint wohl den Mauerer selbst, der eben kein jnn m mnx.t / „Träger als Vortreffliches / im Zustand der Vortrefflichkeit (= tüchtiger Träger)“ ist.*

e *Hsb.w entweder auf „brechen, schlachten“ oder auf „rechnen, zählen“ zurückzuführen. Andere Belege schreiben Hs / „Kot“ (p.Amh.; oDeM 1023), dort mischt man also „Kacke“ („gemischt / Gemischtes ist seine ganzen Kacke“ = Bezeichnung für den Mörtel ?). Da zuvor der Daj-Schurz eine Rolle spielte, ist auch ein Anklang an Hsb / „Kleidung“ denkbar. Durch die Determinierung mit dem „schlechten Paket“ (Aa2) hält sich pSallier II schriftsprachlich alle Varianten offen und mag sogar noch mit bw.t / „Abscheu“ spielen. Die Formulierung Sbn Hsb.w=f wird in (19,4) wiederholt. Der genaue Sinn entgeht mir in beiden Fällen.*

f *tA-Dba=fy / „Brot seiner Finger“ soll sicher nicht ausdrücken, dass er mit den Fingern isst, denn das war wohl allgemein so üblich. Vielmehr möchte der Text weiter mit Begriffen für Körperteile spielen, wie es in den vorangegangenen Versen mit „Hintern“ und „Armen“ begonnen wurde und mit „Gesicht“ und „Leib“ fortgesetzt wird. Vielleicht drückt der Begriff „Brot seiner Finger“ das „von der Hand in den Mund“-Leben aus oder, wie von Brunner 1944, 33 vorgeschlagen, dass der Maurer nur an den Fingern lutschen kann, wenn er Hunger hat (und dann die Mauer „schmeckt“). Hier und im folgenden Kolon sw als Prädikat im pw-Satz (siehe oben Bemerkungen zur Grammatik).*

g *Der Schlusssatz wird in den Belegen variiert. Das X bei pSallier II kann zusammen mit dem vorangegangenen Hr als die Einführung weiterer, zu waschender Körperteile angesehen werden und zu X.t / „Leib“ ergänzt werden, wobei die Endung .t an das folgende trj assimiliert wurde.*[50]

Tertium comparationis der Strophe scheint das Essen zu sein, das durch die Phrase vom „Schmecken“ im zweiten Kolon eingeführt wird, sich aber auch in etlichen Wortspielen verstecken mag: qd.w = qq / „essen“; wnn = wnm / „essen“?

Ich sage dir noch, wie der Maurer so is(s)t, • denn leidvoll ist das Schmecken. • Wenn er draußen ist im Wind, • (dann) mauert er ja im Daj-Schurz (oder: dann tut er wie einer im Daj-Schurz). • (Doch) ist der Arbeitsschurz (nur) ein „Lotos(-stängel) der Weberei“ (= einer dünnen Schnur), • die dabei ist, von seinem Hintern zu rutschen. • Seine Arme sind lahm, weil ein tüchtiger Träger fehlt (= er keiner ist), • und das Mischen ist alles, was ihn zerbricht (?). • Wenn er isst, dann „Brot seiner Finger“ (= von der Hand in den Mund), • und wenn er sich wäscht, dann Gesicht und Leib nur ein Mal.

(11)

Xsj sw r mtr[.w] r'-s[j] • snny Spw m a.t • m a.t [6, 4] n.t r mH 10 r mH 6 • snny Spw m Abd [• m-sA s]wAH [zb.w(PL)] [m] sSnj(PL) nAy.t(PL) • jri.w [kA.t(PL)]=st nb[.t] • [j]r [6, 5] aq.w(PL) Di=f sw n pr=f • pnnq zp-2 Xrd.w(PL)=f •

Elender noch ist der „Maßhalter“ tatsäch[lich]. [a] • Überschreitet das „Aufgeblasene“ in einer Kammer (= Volumen) [b] • (das) in einer Kammer von 10 Ellen zu 6 Ellen • überschreitet das „Aufgeblasene“ einen Monat • [nachdem aufge]legt ist [der „Balken als] Lotos(-stängel) der Weberei“ (= Messschnüre) [c] • getan ist ihre (= der Kammer) [Arbeit]. [d] • Was

50 Vgl. Burkard 1977, 219.

betrifft das Einkommen, das er gibt es für seinen Haushalt •
(es) saugen aus zwei Mal seine Kinder. [e] •

a pSallier II schreibt anstelle des in pAmh. belegten mDH / „Zimmermann" mtr, was mit „richtig, maßvoll" zusammenhängen wird und das „Maßhaltige" oder einen „Maßhalter" beschreiben kann (das Determinativ ist zerstört) und hier wohl auch auf das Messen bzw. den, der die Messung durchführt, anspielt.

b Spw von Spj „sich aufblasen"; Spw m a.t / „das Aufgeblasene-in-einer-Kammer" hier im Sinne von „Volumen, Rauminhalt", eventuell aus der Fachsprache des Bauhandwerks, und im vierten Kolon „das-Aufgeblasene-(als)-einen-Monat" als auf diese Formulierung anspielende Bezeichnung für „Zeitraum".

c Ergänzung nach pAmh. zb(PL)] [m] sSnj(PL) nAy.t(PL) / „Balken als Lotos(-stängel)-der-Weberei" wohl als Synonym für Seile. Die beschriebene Tätigkeit ist das Auslegen des Grundrisses mit (in Farbe getauchten) Messschnüren. Der Nebensatz präzisiert den Zeitpunkt, ab dem die Arbeiten in der Kammer beginnen, nämlich nach der Auslegung des Grundrisses. Dass alles furchtbar lange dauert, bis der Bau endlich fertig ist, erinnert an unseren Spruch vom „Zimm'rer und Maurer".

d swAH und jri.w als passives sDm=f, eingeleitet von m-sA.

e pnqn / pnnq als Intensivstamm von pnq / „(aus)schöpfen", hier als Kontrapunkt zu Spj / „aufblasen" etwa „aus- / aufsaugen". Der Kontrast von un-mäßigem „Aufblasen" und „Aussaugen" ist dann auch das Leitmotiv der Strophe über den Maß-Halter, dem jedes Maß entgleitet. Andere Belege (z.B. oDeM 1204, 1525; pAmh.) negieren diesen Satz. Während die Arbeit lange dauert und er als der mit der Planung beauftragte aber wohl erst nach dem Ende zu seinem „Einkommen" kommt, wird dieses von den Kindern im Handumdrehen verbraucht.

Elender noch ist der „Maßhalter", tatsäch[lich]. • Überschreitet das „Aufgeblasene" in einer Kammer (= Volumen) • das in einer Kammer von 10 Ellen zu 6 Ellen, • (dann) überschreitet das „Aufgeblasene" (= Zeitraum) einen Monat, • [nachdem aufge]legt ist [der „Balken als] Lotos(-stängel) der Weberei" (= Messschnüre) • und getan ist ihre (= der zu bauenden Kammer) [Arbeit]. • Was betrifft das Einkommen, das er gibt es für seinen Haushalt, • es saugen gierig aus seine Kinder. •

(12)

kAr.yw(A1.PL) Hr jnn mAwD / / / [•] [qa]H.t(PL)=f nb.t [6, 6] Xr tn.w(PL) • a.t(A1.PL) wr.t Hr nHb.t=f • jw=st Hr jri.t aD.w(PL) • sdwA=f [Hr] jwH(A1.PL) [6, 7] jAq.t • mSrw SAw.t(PL) • jri.n=f [m] Hr[.j-jb] [h]rw • m-sA X.t=f bjn • [nxy](PL) n m.t=f rn=[f] [•] [Tn / / /] [6, 8] jAw.t(PL) nb.t •

Der Gärtner beim Tragen des Jochs [a] • seine ganze [Schul]ter ist unter Schwellungen. [b] • Ein großer Buckel (ist) auf seinem Nacken [c] • es (= der Buckel) ist dabei „Fett" zu geben (= zu eitern). • Den Morgen verbringt er beim Bewässern / als Bewässerer des Gemüses • am Abend der Kräuter (?). [d] • Den Mittag verbringt er • hinter seinem bösen / kranken Leib. [e] • [„Klage] seiner Mutter" ist [sein] Name • [denn sein Leiden ist mehr als?] jedes Amt / Beruf. [f] •

a Andere Belege (z.B. pAmh.; oTur. 57403) schreiben Hr jnn mw m mAD / „beim Bringen von Wasser mit dem Joch".

b tnw von tnj / „sich erheben"; das „sich Erhebende" hier für die Blase oder Schwellung.[51]

c a.t / „Glied, Körperteil" mit dem Personendeterminativ (A1), wohl als Personifikation des Buckels, der auf ihm sitzt (siehe oben Bemerkungen zur Grammatik).

d SAw.t(Pl.) / „Koriander", hier wohl als Klangspiel mit mSrw; vgl. im Kolon davor ähnlich: jwH und jAq.t.

e m-sA X.t=f bjn / „hinter seinem bösen Leib" ist eine wortspielende Parodie auf das x.t bnr / „Fruchtbaum", das an dieser Stelle in pAmh. und oDeM 1535 belegt ist, und nimmt das Thema des von Schwellungen geplagten Körpers wieder auf.

f Die letzten beiden Kola sind beschädigt, so dass einiges unklar bleibt. Am Beginn des zehnten Kolons hat pAnast. VII m-a tnw r jAw.t nb / „im Unterschied zu allen Ämtern". Da aber dort der ganze Satz anders lautet, gehe ich davon aus, dass hier nur eine ähnlich klingende Wortgruppe stand, die den Zeichenresten nach mit Tn- beginnt, vielleicht Tnj.w=f (sw) r jAw.t nb / „dass er leidend ist, ist mehr als jedes Amt"? In jedem Fall bildet die schwere Krankheit das tertium comparationis der Charakteristik. Auslöser mag ein Wortspiel um aD / „Fett, Eiter" sein, das auch im mAwD / „Joch" anklingt. Dann hieße

51 Zur Deutung als eiternde Schwellungen: Dils TLA, Stellenkommentar.

schon das erste Kolon „der Gärtner ist beim Bringen der Eiterblase" o.ä. und das Bewässern der Pflanzen wird mit dem Fließen des Eiters über den „bösen Leib" (X.t=f bjn vs. x.t bnr) assoziiert.

Ist der Gärtner beim Tragen des Jochs, • dann ist seine ganze [Schul]ter geschwollen. • Ein großer Buckling sitzt auf seinem Nacken, • der dabei ist zu eitern. • Den Morgen verbringt er so als „Bewässerer" des Gemüses, • den Abend (als der „Bewässerer") der Kräuter (?). • Aber den ganzen Mittag verbringt er immer damit, • sich um seinen kranken Leib zu kümmern. • [„Klage] seiner Mutter" ist sein Name, • [denn sein Leiden ist mehr als?] jedes Amt. •

(13)

aH.wtj(A1.PL) Hsb.w(PL)=f r-nHH • qAi xrw ab(PL) • Dba(PL)=fy jri(PL.A1) n a.wj(DU)=fy / / / [•] [6, 9] qAHA(PL) nb n sHb.w(PL) • wrd.w=f sw r-mtr.t r jdH.w(PL) • xr wnn=f [7, 1] m stp.w(A1) • wDA=f wDA=j (oder: A1?) m-a mAj.w(PL) • mHr dp(PL) jr=f • hAw.t(PL)-tA m-Xnw nw.(PL)=sn • spr=f r jm m SA(PL) • spr=f r pr=f ASr.w • wDa(A1.PL) n sw Hr Sm •

Der Bauer, dass er abrechnet / seine Abrechnung [a] **(ist) in alle Ewigkeit.** • Laut (ist) die Stimme des Ab-Vogels [b] • seine Finger (sind) die, die seine Arme machen. [c] [•] Das ganze Sonnenlicht des / und der Wind: [d] • das was ihn schwächt ist es beim Papyrusdickicht [e] • wenn / denn er ist ein „Lumpenträger". [f] • Ist er Heil (dann bin) ich Heil (oder: Sein Heil-Sein ist (das eines) Heil-Seienden) in der Hand des Löwen [g] • bitter ist das Schmecken in Bezug auf ihn (= den Löwen / den Bauern?). [h] • Das „Dach der Erde" (?) (ist) im Inneren ihrer (= des Papyrusdickichts) „Töpfe" (?) [i] • er gelangt dort hinein im Sumpf. • Gelangt er zu seinem Haus am Abend • das Verurteilen (ist) zugehörig zu ihm beim Laufen. [j] •

Die Tätigkeitsbeschreibung dieser Strophe ist gänzlich überformt durch Formulierungen, die eine zweite Handlungs- und Sinnebene aufrufen. Bereits die Erwähnung der „sakralen" nHH-Ewigkeit im ersten Kolon setzt diesen Ton, der unten noch in (20) und (21) über den Vogel- und den Fischfänger weitergesponnen wird. Wie in den Bildern der Grabdekoration, werden die Tätigkeiten „Ackerbau", „Vogelfang" und „Fischfang" auch eine kosmische / sakrale Konnotation haben.[52] *Dass der angebliche aH.wtj / „Ackersmann" die ganze Zeit im Papyrusdickicht (= „Gefilde der Seligen"?) unterwegs ist, in dem die Bestien des Chaos lauern – Löwe für das „Trockene" und in anderen Fassungen (z.B. oK 25217; oDeM 1531, 1058, 1533) das Nilpferd für das „Feuchte" –, unterstreicht, dass hier eine „Schwellenüberschreitung" im Spiel ist und der Subtext der Strophe jenseitige Motive anklingen lässt, nur dürftig verpackt in eine satirisch überformte bukolische Szenerie.*

a Hsb im ersten Kolon in der schon aus (10) bekannten Schreibung, die von „brechen" über „rechnen" bis „Kot" oszilliert; hier mit dem Fokus auf „abrechnen (mit jmd.)" in dem Sinne, dass der Bauer seine Erträge abrechnen / abführen muss, aber auch als Anspielung auf die Abrechnung beim Totengericht. Lautsprachlich wird ein Subjekt-sDm=f-Satz vorliegen, schriftsprachlich wird Hsb substantiviert und damit das erwähnte Wortspektrum im Sinne von „sein Abrechnen / Kacke etc. ist bis zur Ewigkeit / für alle Ewigkeit" geöffnet, kurz: er ist verdammt in alle Ewigkeit.

b Welche Rolle der Ab-Vogel spielt, ist nicht ganz klar; es mag etwas mit dem Aufrufen oder auch Anklagen bei der „Abrechnung" zu tun haben.[53] *Eventuell klingt auch die Vorstellung vom Ba in Mensch-Vogelform an (ab als Inversion von bA?) und in qAi-xrw eine Anspielung auf mAa-xrw. Dann wäre das ganze Kolon eine Verballhornung von mAa-xrw bA / „gerechtfertigt ist der Ba".*

c Da es sich in diesem Satz wohl um eine Beschreibung des Vogels handelt, können mit den „Armen" die „Flügel" gemeint sein, d.h., die Finger sind zu Federn geworden und sind es nun, die die Arme = Flügel „machen".

d Das Aufstellen in der Sonne (sHD; HA n jtn)[54] *und Lufthauch (TAw) beleben im funerären Kontext den Toten; beide Begriffe sind hier durch „profane" Synonyme ersetzt (qAHA, sHb.w) und setzen den Protagonisten „matt", anstatt ihn zu beleben. Bemerkenswert ist der Gebrauch der Präposition n, die hier scheinbar der Koordination („und") dient; vgl. auch (9,6: h n pr „Hof des / und Haus").*

---

52 Fitzenreiter / Herb 2006; Fitzenreiter 2009.

53 Zum Vogel siehe: Bojowald 2005.

54 Barthelmess 1992, 103.

e *Das „Ermatten" spielt wohl auf den Tod an. r-mtr.t / „bei" ist mit „Mann mit Hand am Mund" (A2) determiniert und lässt schriftsprachlich das Wort „bezeugen" anklingen, was wieder in Richtung Totengericht (= Abrechnung) deutet. Das „Papyrusdickicht" steht wohl insgesamt für das „Jenseits". sw im fünften Kolon anstelle von pw im pw-Satz (siehe oben Bemerkungen zur Grammatik). Andere Belege (z.B. oK 25217; oDeM 1029, 1536, 1026) schreiben im Adverbialsatz wrd.w sw / „er ist erschöpft".*

f *Der „Lumpenträger" spielte bereits in (9) eine Rolle. Auch hier kann eine Wortspielerei mit dem „Auserwählten" vorliegen; eventuell soll auch ausgedrückt werden, dass er wie eine Mumie in Binden aussieht; siehe die Formulierung in (17,3). Die Formulierung xr wnn=f kann zudem als Ausdruck von etwas zwingend eintretendem gelesen werden („so dass er sein wird ein Erwählter / Mumie") und so eine Parodie auf das Aufstellen der Mumie im Sonnenlicht und dem Lufthauch zwecks Belebung sein, was hier genau die gegenteilige Wirkung („Schwächung") zeitigt.*

g *Der Wechselsatz wDA=f wDA=j nimmt einen im Totebuch üblichen Spruch ironisierend auf.*[55] *Er erscheint noch einmal in (18,2). Zu beachten ist, dass auch die Möglichkeit besteht, das Suffix =j als Determinativ A1 aufzufassen und so eine schriftsprachliche Personalisierung anzusetzen.*

h *dp / „schmecken" erscheint in derselben Schreibung wie in (10,1) während andere Belege (z.B. oDeM 1531, 1058) mr dbj r=f / „schlimm ist das Nilpferd gegen ihn" schreiben. pSallier II wählt hier also eine Variante, die wohl die Kenntnis des üblicherweise folgenden Nilpferdes voraussetzt, diese aber durch einen intertextuellen Verweis variiert. Beachte, dass (10,1) dp.t schreibt, während hier, mit folgender Präposition + Suffixpronomen, ohne .t geschrieben wird.*

i *Die Ortsbeschreibung changiert zwischen mythologischen Anspielungen und einer Beschreibung des Bauernlebens. Einerseits werden mit dem „Dach der Erde" und den „Töpfen" Erscheinungen im „Papyrusdickicht" (Treibsand, Sumpflöcher?) gemeint sein (das Suffix =sn kann sich nur auf jdH.w beziehen), mit dem der Bauer konfrontiert ist, andererseits klingen darin Lokalitäten an, zu denen man auch in der Unterwelt „gelangt".*

j *Der Schlussvers, der den Spruch vom „Gelangen" (spr) aufnimmt und zugleich den Wechselsatz vom „Heil" imitiert, wird noch in zwei Strophen wiederholt, s.u. (15) und (16). Der Vers ist in allen drei Fällen eine Replik auf eine Beschreibung des (unglücklichen) „Gelangens". Wobei der unverfängliche Text auch wieder auf das bereits im ersten Kolon anklingende Motiv der „Abrechnung" Bezug nimmt: wDa heißt „(zer)teilen" und auch „richten" und nimmt wohl auch das wDA / „heil-sein" des siebenten Kolons ironisierend auf. wDa hier als Verbalsubstantiv, als nomen agentis personalisiert durch das Determinativ (A1). Die „Zerteilung" durch das „Laufen" kann die Entkräftung oder den Muskelkater meinen, aber eben auch das „gerichtet / gestraft werden" durch den „Lauf der Dinge, Lebenslauf": In (24) und (29) bezeichnet Sm wohl den cursus, die „Karriere". Das schicksalhafte, personalisierte wDa verfolgt den Protagonisten in seinem ganzen Lebenslauf. In (15,4) und (16,3) wird der Schlussteil variiert (statt Hr Sm steht dort Sm.t; siehe oben die Bemerkungen zur Grammatik); der Refrain kennt noch eine andere Fassung mit einer sDm.n=f-Form, wie sie z.B. in tLouvre 693 in allen drei Stellen auftritt: mDd.n sw (Sm.t) / „es bedrückt (erschöpft) ihn das Laufen".*

Der Bauer, seine Abrechnung ist in alle Ewigkeit. • Laut ist die Stimme des Ab-Vogels • und seine Finger sind die, die seine Arme (= Flügel) machen. [•] Das ganze Sonnenlicht und der Wind: • Sie machen ihn schwach beim Papyrusdickicht, • denn er ist ein „Lumpenträger" (= nicht vor Sonne und Wind geschützt). • Ist er (bei all' dem) unversehrt, dann bin ich unversehrt in der Hand des Löwen, • (doch) bitter ist das „Schmecken" (= die sinnliche Erfahrung) für ihn. • Das „Dach der Erde" (?) ist im Inneren ihrer (des Dickichts) „Töpfe" (?) • und dort hinein fällt er im Sumpf. • Gelangt er (auch) zu seinem Haus am Abend, • so ist ihm (doch) eigen, (immer) gestraft zu sein beim Laufen (= in seinem ganzen Lebenslauf). •

(14)

qn.yw(A1.PL) m-Xnw nAy.t(PL) • bjn sw [7, 3] r z.t-Hm.t • mAs.tj(DU)=f r r'-[n]-jb=f • nn tpj.n=f **TAw** • jr xbA.tw m hrw m sxt.tw • jtHw=f m sSny [7, 4] m mr • Dj(A1) aq.w n.w jr.j-aA(PL) • [r]Di.t ptrj=f tA HD(PL) •

Der Weber im Inneren des Arbeitshauses • elender ist er als ein Frauenzimmer. • Seine Knie (sind) gegen den Magen / Brustkorb • er atmet nicht **Luft**. [a] • Wenn man vertut den Tag mit Weben [b] • er zieht heraus / dass, was er herauszieht (ist) als ein Lotos(-stängel) aus dem Kanal. [c] • Einer dem gegeben

55 Zur bösen Ironie dieser Stelle bereits Brunner 1944, 54. Dass der Spruch der mehrfach im Totenbuch belegten Wendung parallel gebaut ist, hat Westendorf 1973 erkannt.

wird / einer der gibt „Eintreten(des) der Türwächter“ [d] • um zu bewirken (dass) er sieht *dieses* „Licht“. [e] •

a TAw ist rot über die Zeile geschrieben (Korrektur beim Setzen der Verspunkte?). Was dem Weber mangelt – nämlich Luft und, noch unten: Licht – spielt wohl wieder auf die Belebung durch Wind und Sonne in der vorangegangenen Strophe an. Damit bekommt auch das „Innere des Arbeitshauses (der Weberei)“ eine sakrale Konnotation, die in der Schlussstrophe (30) noch einmal anklingt.

b Das m vor hrw im Sinne von „als einen Tag“. Offenbar spielt der Vers aus Kola Fünf und Sechs mit dem je zwei Mal gesetzten m, vielleicht als lautspielerische Vorbereitung des im sechsten Kolon zitierten Sprichwortes vom „Lotus aus dem Kanal ziehen“.

c Die Formulierung mag bedeuten, dass er nur sehr wenig erreicht. Der Lotos(-stängel) in seinen verschiedenen Facetten – als Messschnur, Kleidung usw. – ist auch sonst im Text Metapher für etwas Dürftiges, vergleichbar dem ihm entgegengesetzten (auf Wohlstand und Ansehen deutenden) Daj-Schurz. Diese Stelle ist eine lautspielerische Variante auf das sonst belegte (z.B. tLouvre 693; oDeM 1539, 1037) Hwj.tw=f m Ssm 50 / „dann wird er mit 50 Peitschenhieben geschlagen.“

d Dass der Satzanfang als Partizip mit Personendeterminativ formuliert wird (Dj.w) ist wohl nur in pSallier II so; die übliche Formulierung ist (z.B. tLouvre 693; oBM 29550) jw=f dj=f aq.w n jr.j-aA r rDj.t pr.t=f r HD.t / „er gibt Entgelt dem Türwächter um zu erwirken sein Herausgehen ins Licht“. Bemerkenswert auch die Formulierung aq.w n.w jrj-aA mit dem Plural-Genitiv-Adjektiv n.w anstelle der Präposition n, womit ausgedrückt ist, dass nicht „dem“ Türwächter gegeben wird, sondern dass das Objekt / Phänomen „Eintreten(des) der Türwächter“ gegeben wird; siehe das ebenso konstruierte aq.w n.w ra in (6,3), wo ebenfalls Sonne(nlicht) eine Rolle spielt. Offenbar dreht pSallier II hier den Sinn der sonst üblichen Lesart um: Nicht darum geht es, dass der Weber den Türwächter besticht, sondern dass sein trauriges Los beschrieben wird, indem er anstatt des echten Sonnenlichtes nur das „Eintreten der Türwächter“ bekommt, was wohl nichts Gutes bedeutet. Wobei, wie in (6,3), die Schreibung auch auf „Einkommen (= Nahrung)“ anspielt bzw. das „Entgelt“ für die Türwächter.[56] Unsicher bleibt, ob das einleitende Partizip als nomen agentis aktivisch oder passivisch zu verstehen ist. Da pSallier II im vorangegangenen Kolon die Prügelstrafe nicht erwähnt hat, wird in diesem Schlussvers dann wohl doch auf die (vom Hörer / Leser erwarteten) Schläge angespielt.

e HD ist durch den Artikel betont. M.E. wird so das Erblicken des aq.w n.w jrj-aA ironisiert, das eben nur ein schwacher Abglanz des Tageslichts ist. Durch das Pluraldeterminativ wird der Begriff abstrahiert, so dass ein Anklang an HD / „Silbergeld“ beabsichtigt sein kann, der schriftsprachlich wieder auf die traditionelle Formulierung mit „Entgelt“ verweist. In der verrätselten Fassung von pSallier II wird hier aber eher Prügel o.ä. gemeint sein, die die Türhüter verteilen. Die Wächter kommen zu ihm und lassen ihn „Lichter / Sterne sehen“. Und liegt – in Anbetracht der Erwähnung von „Luft“ und „Licht“ – hier womöglich auch eine Anspielung auf die Belebung der Toten bei der Durchfahrt der Sonne vor? Das „Arbeitshaus“ würde dann mit der Unterwelt gleichgesetzt, die schon in der vorangegangenen Strophe heraufbeschworen wurde.

Der Weber im Inneren des Arbeitshauses, • elender ist er als ein Frauenzimmer. • Seine Knie drücken gegen den Magen • und er kann keine **Luft** atmen. • Wenn auch ein ganzer Tag mit Weben verbracht ist, • dann zieht er doch nur einen Lotos(-stängel) aus dem Kanal. • Er ist einer, dem „Eintretendes der Türwächter“ gegeben wird, • damit er sehen möge *dieses* „Licht“. •

(15)

jri.w-aHA(PL) sfnd=f r'-sj • Hr pri [7, 5] r xAs.t • jw wr DD.yw(PL)=f nA aA.t(PL) • jw wr • DD.yw(PL)=f nA jm.yt-SA• DD.yw(A1.PL) sw Hr wA.t • spr=f r-jm m SA(PL) • [7, 6] spr=f r pr=f ASr.w • wDa.(A1.PL) n sw Sm.t •

Das „Kampf-Machen“, [a] dass er (sich) quält (ist) sehr • beim Herausgehen ins Wüstengebirge. • Es ist groß, was ihm geben *diese* Esel • es ist groß • was ihm geben *diese* „im Sumpf-Befindlichen (?)“. [b] • Einer, der gegeben wird ist (er) auf einen Weg [c] • auf dem er gelangt in den Sumpf. [d] • Gelangt er zu seinem Haus am Abend • ein Verurteilter zugehörig zu ihm das Laufen. [e] •

56 In der Fügung „aq.w-n.w + X“ mag das in Schriften aus Deir el Medineh belegte aq.w n wnm: „loaves for eating = loaves of bread“ anklingen (Demarée 2017, 134).

a Die Strophe wird allgemein mit dem Waffen- oder Pfeilspitzenmacher in Beziehung gebracht, ich denke aber, dass der Soldat – der „Kampf-Macher" – gemeint ist, auch wenn die Bezeichnung jri.w-aHA (hier wieder in der abstrakten Form; siehe oben Bemerkungen zur Grammatik) ungewöhnlich ist; wahrscheinlich soll bewusst auf das „Handwerkliche" des „Kriegshandwerks" angespielt werden.[57] *Zusammen mit dem in der folgenden Strophe beschriebenen „Antreiber" bildet der Vers eine Gruppe der „Hinausgetriebenen", vielleicht „Rekrut" (15) und „(Unter-)Offizier" (16).*

b Dieser Vers ist so nur hier belegt, alle anderen Belege stellen andere Sachverhalte dar; pSalier II übernimmt nur einige Signalfloskeln. DD.yw=f als substantivierte Relativform von „geben, etwas verursachen" hier mit einer gewissen schicksalhaften Konnotation, etwa „jemandem etwas antun" und das adverbial gebrauchte wr / „groß" in der Protasis vielleicht „heftig". Was mit jm.yt-SA / „die im-Sumpf-Befindlichen" (oder: „sich-im-Sumpf-Befinden?") mit dem Pluralartikel gemeint ist, bleibt unklar. Es könnten wieder die Insekten gemeint sein oder auch Krokodile, aber es fehlen entsprechende Determinative. Bemerkenswert wieder der „starke" Artikel im dritten und fünften Kolon, was anklingen lässt, dass hier mit den „Eseln" und dem „im-Sumpf-Befindlichen" auch etwas ganz anderes gemeint sein wird: die Vorgesetzten / Offiziere und die sich versteckt haltenden Feinde? In oDeM 1179 steht ganz banal jw wr DD=f n aA.t r kA.t=st r-sa jrj / „groß ist, was er der Eselin für ihre Arbeit danach gibt".

c A pw B-Satz mit sw. Siehe oben Bemerkungen zur Grammatik.

d Das siebente Kolon ist nur bei pSallier II belegt, in dem dafür ein Kolon hinter den Eseln ausgelassen wird. Während in anderen Textzeugen (z.B. pAnast. VII; tLouvre 693; oBM 29550) der Protagonist auf den (richtigen) Weg gelangt, fällt er bei pSallier II in den Sumpf, wie der Bauer in (13) und der „Antreiber" in (16).

e Die Strophe endet mit dem Refrain vom „Gelangen" (vgl. 13 und 16), wobei das tertium comparationis der ganzen Strophe genau das „nicht-Gelangen" ist. Die klangliche Besonderheit der Strophe liegt wohl wieder in der Wiederholung von DD, die bereits in (7) das emsige Herumtun des Barbiers beschrieb. wDa hier als Partizip, zum Refrain siehe oben die Bemerkungen zur Grammatik.

Der Kriegshandwerker, er quält sich sehr • beim Herausgehen ins Ausland. • Es ist heftig, was ihm antun *diese* Esel, • es ist heftig, • was ihm antun *diese* „im Sumpf-Befindlichen". • Er ist einer, der auf einen Weg geschickt ist, • auf dem er doch nur in den Sumpf fällt. • Gelangt er (auch) zu seinem Haus am Abend, • so ist er (doch) einer, der durch das Laufen / den Lebenslauf gestraft ist. •

(16)

sxx.ty(A1.PL) Hr pri r xAs.t • swAD Ax.t(PL)=twf [7, 7] n ms.w(PL)=f • snd.w(PL) m mAj.w(PL) Hna aAm.w • jx sw r=f jw=f Hr km.t • spr=f jm m SA • spr=f [7, 8] r pr=f ASr.w • wDa.(A1.PL) n sw Sm.t • jw=f pri.yt pAy=f dAjw db.t • jy=f sw snDm-jb •	**Der „Antreiber"** [a] **beim Hinausgehen zum Wüstengebirge** • (ist) überweisend seinen Besitz an seine Kinder • (ist sich) fürchtend vor Löwen und Asiaten. [b] • Was ist er, (wenn) er ist in Ägypten? [c] • er gelangt dort in den Sumpf. • Gelangt er zu seinem Haus am Abend • ein Verurteilter zugehörig zu ihm (ist) das Laufen. [d] • Es ist das Herausgehen, (dann ist) *dieser* sein Daj-Schurz ein Ziegelstein • dass er zurückkommt ist Herzensfreude. [e] •

a Die Bezeichnung sxx.ty ist nur hier belegt, ein Kausativ von xAx / „schnell sein" sinnvoll, wie schon von Brunner 1944, 39 vorgeschlagen. Die Bedeutung ist dann etwa „einer, der schnell macht / antreibt" und wird – im Zusammenspiel mit der vorangehenden Strophe – den „Antreiber / (Unter-)Offizier" meinen. Allerdings ist auch die Lesung als Partizip Passiv möglich: „einer, der angetrieben werden (muss), dem Beine gemacht werden", auf den „Hasenfuß" verweisend, als der der Protagonist im Folgenden gezeichnet wird; die Angst ist das tertium comparationis der Strophe. Die Einleitung variiert das zweite Kolon der vorangegangenen Strophe.

57 Siehe zur Diskussion um das – m.E.: vermeintliche – Fehlen des Soldaten in diesem Text: Spalinger 2006; Widmaier 2013, 502–503, Anm. 81.

b *Der Vers variiert Formulierungen anderer Belege, z.B. oBM 29550: swAD.n=f Ax.t n ms.w=f sndw Hr mAj.w hna aAm.w / „er überweist (immer) den Besitz an seine Kinder, sich füchtend vor Löwen und Asiaten" swAD hier Stativ in Subjekt-Stativ-Konstruktion mit dem Gliedsatz des ersten Kolons in Subjektsfunktion.*

c *Das Fragepronomen jx variiert das in andern Belegen auftretende Verb rx (z.B. oPetrie 70: rx.n=f sw jw=f Hr km.t / „er kennt es (= die Furcht vor Löwen und Asiaten), (schon wenn) er (noch) in Ägypten ist (d.h. er hat schon in Ägypten Angst)"; in diesem Fall ohne den folgenden Vers vom Sumpf, der bei pSallier II in Anlehnung an den folgenden „Refrain" dazuerfunden wurde.).*

d *Auch hier wird der Refrain vom „Gelangen" über den Spruch vom „dann fällt er in den Sumpf" eingeleitet. Diesmal soll wohl ausgedrückt werden, dass dem überängstlichen Protagonisten selbst im sicheren Ägypten noch etwas zustoßen kann. Während in pSallier II und einigen weiteren Belegen (z.B. oBodmer; oDeM 1543) dieser hier noch zweimal belegte Refrain in etwa denselben Inhalt hat, besitzt dieser in anderen Belegen eine andere Fassung, so in tLouvre 693: spr=f r pr=f jnd.w • mDd.n sw Sm.t / „er kehrt krank zurück zu seinem Haus, • (denn) es bedrückt ihn das Laufen".*

e *Der letzte Vers fasst die Gemütsverfassung noch einmal zusammen: Beim Losgehen (pri.yt hier als Substantiv: „das Herausgehen / Abmarsch / Zeitpunkt des Losgehens" wie in oBodmer; sonst wird jw=f pr / „geht er hinaus" geschrieben) ist seine Kleidung „schwer wie Blei", das Zurückkommen erst macht ihn froh, obwohl der Beruf doch eigentlich etwas für Tapfere ist. snDm-jb / „Süßmachen des Herzens" vielleicht auch im Sinne von „Hoffnung". Wobei andere Belege die letzte Phrase meist verneinen, z.B. oCC 12: nn jy=f sw n nDm-jb / „nicht (aber) ist sein Zurückkommen eines der Herzensfreude / zu hoffen"; d.h. wohl, dass er nicht zurückkehren wird, wie bei pSallier II ein A pw B-Satz mit sw anstelle von pw. Der Schurz, der durch das „starke" Demonstrativpronomen ironisiert wird, ist der mehrfach erwähnte Daj-Schurz.*

Der „Antreiber" beim Hinausgehen ins Ausland • vererbt (bereits) seinen Besitz an seine Kinder • aus Furcht vor Löwen und Asiaten. • Und was ist er, wenn er in Ägypten ist? • Dort fällt er in den Sumpf! • Gelangt er (auch) zu seinem Haus am Abend, • so ist er (doch) einer, der durch das Laufen / den Lebenslauf gestraft ist. • Wenn es um den Abmarsch geht, (dann) ist *dieser* sein Daj-Schurz ein Ziegelstein, • dass er zurückkommt ist die (einzige) Hoffnung. •

(17)

[7, 9] **stnwy.w(A1.PL) Dba(PL)=fy HwA.w(PL)** • sty(PL) jr.j(A1) m-a XA.wt(PL) • jr.t(DU)=fy wa.w m-a Hwrw(A1) • [8, 1] nn xr=f xsf=f zA.t=f • wrS=f Sad n js.t • bw.t(PL)=f sw Hbs.w(PL) •	**Der „Alt-Macher"** [a]**, seine Finger (sind) verwesend / faulig** • der Gestank (ist der) eines Zugehörigen mit den Leichen. • Seine Augen (sind) zerdrückt (?) (wie die eines Zugehörigen) mit einem Elenden [b] • nicht wird er „wegschicken / loswerden" seine Tochter. [c] • Er verbringt den Tag (mit) Zerschneiden von alten Kleidern • sein Abscheu ist Kleidung. [d] •

a *Die Bezeichnung stnwy.w ist nur hier belegt und daher unklar; in Anbetracht dessen, dass das tertium comparationis der Strophe die vorzeitige Alterung ist, passt ein Kausativ von tnj / „altern", es sich also um eine Tätigkeit handelt, in der etwas „Gealtert" wird, als Worterfindung dem „Antreiber" in der vorangegangenen Strophe (16) vergleichbar. Dass es sich um eine Metapher für den „Leichenbesorger, Mumifizierer"[58] handelt ist insofern passend, als dass hier einer beschrieben wird, welcher sich um menschliche Kadaver kümmert, während in der folgenden Strophe der „Sandalenmacher" mit Tierkadavern zu tun hat. Der Gleichklang mit stj / „Gestank" im folgenden Kolon wird auch eine Rolle spielen.*

b *wa.w als Stativ vom Grundstamm des im TLA nur im Intensivstamm wawa / „(Feinde) niedermachen" belegten Verbs, hier den Zustand der Augen beschreibend. Hwrw ist wegen der Schreibung der Endung problematisch, die den „schlechten Vogel" (G37) + n (N35) + Personendeterminativ (A1) zeigt. M.E. liegt hier wie noch in (22,2) eine Ligatur von G37 mit „Buchrolle" (Y1) und Personendeterminativ vor und verweist auf ein personifiziertes Abstraktum. Der Hwrw / „Elende / Geringe / Arme",[59] hier eher allgemein auf seinen Zustand bezogen „Leidende", ist auch durch die Präposition m-a / „mit" dem jr.j(A1) / „Zugehörigen zu" den „Leichen" im vorangehenden Kolon gleichgesetzt und bezeichnet wohl den „beinahe Toten". Andere*

58 Wilson 1955, 433: „embalmer".

59 Zu Hwrw als soziale Klassifikation: Franke 2006, 172–176. In pSallier II erinnert die Verwendung dieses Begriffes, die zwischen Zustandsbeschreibung und sozialer Klassifizierung ganz bewusst oszilliert, an das „Les misérables" im Roman von Victor Hugo oder auch „les damnés de la terre / Verdammten dieser Erde" in der *Internationale.*

Varianten (tLouvre 693; oBM 29550+) schreiben statt wa.w m-a Hwrw das ähnlich klingende wHf m-a stA / „verbrannt (?) mit / durch Feuer". Es muss sich bei dem beschriebenen Umstand um etwas handeln, das die Augen zerstört und so das Bild vom stnwy.w als einer „lebenden Leiche, Zombie" gerade in Bezug auf den „toten Blick" komplett macht. Man beachte die Klangspiele mit stnwy.w / sty („Altmacher" = Stinker) und HwA.w / Hwrw (Fauliger = Leidender), die natürlich auch Bedeutungen transportieren.

c *Der Satz ist in ganz unterschiedlichen Fassungen belegt und wird entsprechend verschieden interpretiert.*[60] *Die in pSallier II geschriebene Variante kann bedeuten, dass der Protagonist bereits so schwach ist, dass er nicht einmal seine Tochter abwehren kann (bei / von was auch immer) oder dass „seine Tochter" ein Synonym für etwas ist, das ihm zusetzt bzw. nicht gelingt. Da grammatikalisch eine xr-Konstruktion vorliegt, also etwas beschrieben wird, zu dem der Protagonist zwingend (nicht) kommt,*[61] *kann es sich m.E. bei dem mit xsf beschriebenen „Abwehren, Zurückweisen" um eine (zeremonielle?) Tätigkeit handeln, die vom Vater bei der Übergabe seiner Tochter in den Verband des zukünftigen Ehemanns durchgeführt wird. Möglich ist auch, dass xsf eine ironische Umschreibung für diese Übergabe ist, etwa im Sinne von „Loswerden", was er aber nicht mehr erlebt, weil er selbst schon (so gut wie) tot ist, wie davor ausgemalt. Obwohl Mädchen wohl relativ jung verheiratet wurden, wird dieser Vater das nicht mehr erleben. Dasselbe Motiv kommt noch einmal in (19,2) beim Wäscher vor, der unvorsichtiger Weise ins Wasser gefallen ist.*

d *Der stnwy.w schneidet Alttextilien in Streifen für Mumienbinden. Echte Kleider sind für ihn bw.t; eine Anspielung darauf, dass Tote keine (normale) Kleidung tragen.*[62] *Der Satz im letzten Kolon ist wieder ein A pw B-Satz mit sw (andere Belege wie pAnast. VII, tLouvre 693 schreiben hier pw); insgesamt eine Parodie auf das in der funerären Literatur häufig belegte bw.t=f pw Hs / „sein Abscheu ist Kot", wobei Hs / „Kot" in Hbs / „Kleidung" anklingt (vergleiche den ähnlichen Fall bei Hsb / „zerbrechen, zählen" usw.).*

Der „Alt-Macher", seine Finger sind faulig, • der Gestank ist der einer Leiche. • Seine Augen sind zerdrückt (?) wie die eines Leidenden • (und) er wird seine Tochter nicht (mehr) „loswerden" (= verheiraten). • Er verbringt den Tag mit Zerschneiden von alten Kleidern, • denn sein Abscheu ist Kleidung. •

(18)

Tbww(PL) bjn sw r'-sj • xr dbH.t(PL)=f m r-nHH [8, 2] • wDA=f wDA(A1) m-a XA.wt(PL) • psH.t(PL)=f j:mskA.w(PL) •	**Der Sandalenmacher, elend ist er sehr** • denn dass er beladen ist, ist mit / für die Ewigkeit. [a] • Ist er heil bin ich heil (oder: Sein Heil-Sein (ist das eines) „Heil-Seienden) mit Leichen" [b] • was er beißt / sticht (sind) Tierhäute. [c] •

a *Das zweite Kolon gefällt sich in Wortspielen. So steht in tLouvre 693 statt „beladen sein" die Schreibung von dbH.t für „Topf" (= „unter seinem Topf") und nHH kann in anderer Schreibung als „Öl" gelesen werden (= „mit Öl"). Das Öl wird zur Lederarbeit benötigt.*[63] *In der Schreib- / Lesart von pSallier II wird auf die „jenseitige" Szenerie Bezug genommen, die bereits in der vorangegangenen Strophe (und anderen) anklingt.*

b *Die Aussage vom „Heil-sein" entspricht der Formulierung in (13,4) mit ihrem Totenbuch-Zitat und wiederholt die Formulierung zu den „Leichen" in (17,2). Statt dem Löwen in (13,4) stehen hier – ebenfalls mit dem Tierdeterminativ – die „Leichen", die wohl das Leder (= Tierkadaver) sind.*

c *Auch der letzte Satz ist doppeldeutig, psH bezeichnet sowohl das „Beißen" in Nahrung als auch das „Stechen" ins Leder.*[64]

Der Sandalenmacher, elend ist er sehr, • denn er ist beladen für die Ewigkeit. • Ist er unversehrt, dann bin ich unversehrt mit Leichen (oder: Sein Heil-Sein ist das eines „Heil-Seienden mit Leichen") • (und) was er beißt, sind Kadaver. •

---

60 Siehe die Liste von Varianten und Interpretationen in Dils TLA, Stellenkommentar.

61 Zum xr sDm=f Junge 2008, 149; Allen 2014, § 18.11.

62 Reiner / Gipe / Martin 1982.

63 Auf die Doppeldeutigkeit verweist bereits Brunner 1944, 54.

64 Zu dieser Strophe und ihren Bezügen zur Lederarbeit: Vernus 2013, wonach mit dem Beißen das Festhalten des Leders / Fadens mit dem Mund / Zähnen gemeint ist.

(19)

rx.tjw(A1.PL) Hr rx.ty(A1.PL) Hr mr. / / / t • [8, 3] sAH-tA m xnt.yt(PL) • pri=f jt Hr mw pA ad.w(PL) • nn xsf=f zA.t=f •	**Die Wäscher über den Wäschern auf dem Uferdamm** [a] • (eine) Nachbarschaft als Krokodile. [b] • Tritt er heraus, ein Vater, auf das Wasser, *dieses* Fett [c] • er wird nicht „abwehren / loswerden“ seine Tochter. [d] •

a Da rx.tjw und rx.ty jeweils mit den Personendeterminativen versehen sind, präferiere ich die gegebene Übersetzung, da in ihr bereits die „Nachbarschaft“ des folgenden Kolons vorgeführt wird, die nämlich die engste „Kollegenschaft“ ist. Rein sprechsprachlich lässt sich dieses Kolon auch als „der Wäscher beim Waschen auf dem Uferdamm“ verstehen.

b sAH-tA / „Nachbar“ ist nicht mit A1 determiniert, so dass hier allgemein die „Nachbarschaft, Umgebung“ gemeint sein wird. In der Bezeichnung xnt.yt / „der an der Spitze“ für „Krokodil“ wird eine Anspielung vorliegen, die allgemein auf „Höhergestellte“ rekurriert.[65] *Strophe (21) schreibt für „Krokodil“ das gebräuchlichere msH, oben wurde in (4,3) für „Krokodil“ nur das Determinativ gesetzt (andere Belege schreiben dort msH).*

c Da das Wort ad / „Fett“ durch den Artikel hervorgehoben ist, sollte eine ironisierte Bedeutung gemeint sein, etwa als das Gegenteil von Hr mw / „in der Gunst sein“, wie in (2,3). Das Herausgehen Hr mw pA ad.w dann im Sinne von „genau das Falsche tun“ (vergleiche deutsch: „ins Fettnäpfchen treten“). Diese wird mit den xnt.y „Vorderen, Besseren“ zu tun haben, von denen sich der Wäscher / Vater umgeben sieht. Das dramatische Bild des in das „fette“ Wasser geratenen Vaters wird in (21,5) wieder aufgenommen. Das auf pri folgende Suffix =f könnte Doppelschreibung zu jt sein, vergleiche die Schreibung ohne =f in (21,5), wo allerdings pw eingefügt ist. Möglicher Weise variiert pSallier II hier die Bildung des Prädikats aus metrischen Gründen. Die Betonung des „Vaters“ hat mit dessen Rolle beim „Wegschicken“ der Tochter zu tun, die er hier wohl vermeinte in die Nachbarschaft der „Krokodile“ abgeben / verheiraten zu können, was sich als ein böser faux pas herausstellt.

d Entsprechend dem Vorschlag bei (17,2) kann der Vater seine Tochter nicht mehr aus der Familie entlassen, hier dem Kotext entsprechend futurisch formuliert, und dem Kontext nach auch in dem Sinne zu verstehen, dass ein in ein „Fettnäpfchen“ getretener Mann seine Tochter an niemanden mehr verheiraten kann. Damit wird die wichtigste „Lehre“ angedeutet, die im Folgenden noch ausgeführt wird, nämlich: keinem zu vertrauen, denn auch das Bemühen Hr mw zu sein und „mit dem Strom zu schwimmen“, erweist sich oft als „glattes Parkett“.

Die Wäscher über den Wäschern auf dem Uferdamm • sind eine Nachbarschaft als Krokodile (= es ist wie von Krokodilen umgeben zu sein). • Tritt er heraus, ein Vater, auf das Wasser (= wähnt sich in der Gunst), *dieses* Fett, • dann wird er seine Tochter nicht mehr „loswerden“. •

(19.b)

nn jAw.t(PL) Htp(PL) [8, 4] m-Hr=k • m-a tnw(PL) jAw.t(PL) nb.t • Sbb(PL) Hr Sbn.w(PL) Hr Hsb.w(PL)=f • jn n=j jw=j wab jm=f • DD=f [8, 5] m dAj.w z.t-Hm.t(PL) • xr wnn=f m Hzmn(PL) • rmj.y=k wrS=f m-a gA.t • jw=j jn.n=j jm=k • Dd=tw SAn.w [8, 6] twnk • m sxr.w sp.t jm=k •	Nicht (ist) ein zufriedenstellendes Amt / Beruf vor dir • in der Zahl aller Ämter / Berufe. • Vermischtes (sind sie) vom Mischen bei seinem Abrechnen / Zerbrechen (?). [a] • Bring mir, (dass) ich rein bleibe davon! [b] • Der, der sich gibt in den Daj-Schurz eines Frauenzimmers • er wird in der Menstruationsperiode sein • (so) dass dein Weinen sei (über / wegen) sein den-Tag-Verbringen mit den Waschbrett (?). [c] • Ich bringe in dich: • man sagt: „Ein Schöpfkrug (bist) du • lass nicht fallen den Rand / die Lippe in dich“! [d] •

Die Sentenz zum Wäscher inspiriert den literarischen Erzähler dazu, noch einmal über die verschiedenen bis hier genannten „Ämter“ (d.h.: Berufe) zu referieren und davor zu warnen, sich auf solche Tätigkeiten einzulassen. Dabei wird, vom Waschen ausgehend, das Bild eines heraufbeschworen, der sich auch nur leicht beschmutzt hat

65 Brunner 1944, 42 sieht hierin ein Metonym für Osiris oder einen Todesdämon. Dazu, dass Krokodile metaphorisch für die Nachstellung durch schlechte Menschen stehen: Becker 2018.

und dann doch ein ganz Beschmutzter ist, wohl in dem Sinne, dass auch nur die kleinste Abweichung vom Schreiberberuf negative Folgen hat („Wer einmal aus dem Blechnapf frisst…“). Die verwendeten Bilder beziehen sich auf den Wäscher, der die Befleckung loswerden möchte; zudem wird auf die Beschreibung des Webers als Frau in (14) und wieder auf den Daj-Schurz verwiesen.

a Der Unterschied von Sbb und Sbn ist nicht ganz klar, werden beide Worte doch mit „mischen, sich vermischen“ übersetzt (Sbn als Nebenform ähnlich mAA mit Nebenform mAn?). Sbn Hsb.wt=f erschien bereits in (10,4) beim Maurer, der den Mörtel (?) mischt. pSallier II gibt wieder Hsb.w in der ambivalenten Schreibung mit „schlechtem Paket“ Aa2, wobei wie in (10) damit auch eine schmutzige Substanz anklingt; tLouvre 693 hat hier s.t Hs / „Kotplatz, Latrine“ (?). Hier scheint sich die „Vermischung“ auf die bis hier aufgelisteten Berufe zu beziehen, die alle als Befleckung angesehen werden, wobei ein Anklang an Hbs / „Kleidung“ in diesem Zusammenhang – der Strophe vom Wäscher – gewollt sein wird. Das folgende Kolon macht deutlich, dass so ein „unreiner“ Zustand erzeugt wird, den der Erzähler zu vermeiden rät. Was genau mit Hsb.w=f gemeint ist, bleibt mir aber unklar.

b jn n=j ist problematisch, vielleicht eine Redewendung? Hier als Imperativ mit optativischer Bedeutung übersetzt, im Sinne von „bewahre mich davor!“ o.ä. Andere Textbelege (z.B. pAnast. VII; oTur. 57095) haben nn a.t wab jm=f / „es ist kein reines Glied an ihm“, was wohl Ausgangspunkt für die Umformug war. Man beachte den inversen Parallelismus jn n=j jw=j / jw=j jn.n=j im vierten und achten Kolon. Etwas unklar bleibt der Bezug des Suffixpronomens =f. M.E. wird es sich auf das Vermischt-Seiende (Sbb) beziehen und damit wieder auf die jAw.t / „Berufe“.

c gA.t mit unklarer Bedeutung, aber wohl ein zum Waschen benutztes Gerät.

d Die letzten beiden Kola könnten ein Sprichwort zitieren. twnk ist wohl als Schreibung für das jüngere Pronomen 2MSG twk (Allen 2014, § 10.5) zu lesen. Der Vers soll aussagen, dass der Sprecher die noch folgenden Ermahnungen „in“ den Sohn zu füllen beabsichtigt, wie in einen Krug, und dieser soll sich dem nicht verweigern = die Lippen verschließen. Damit erläutert der literarische Erzähler seine Formulierung von „Eintrichtern“ (jnj jm=k).

Es gibt keinen zufriedenstellenden Beruf vor dir • in der Zahl aller (erwähnten) Berufe. • Vermischtes sind sie vom Mischen mit dem, was es (= die Zahl) beschmutzt (?). • Bring mir / Sorge dafür, dass ich immer rein davon bleibe! • Der, welcher sich den Daj-Schurz eines Frauenzimmers anzieht, • wird in der Menstruationsperiode sein (d.h., wer sich „die Jacke anzieht“, wird sich auch in entsprechender Weise beschmutzen), • (so) dass du beweinst sein den-Tag-Verbringen mit dem Waschbrett (?) (= er dir leid tut in seinem hilflosen Versuch, sich reinzuwaschen). • Ich aber werde dir immer wieder eintrichtern, • was man sagt: „Ein Schöpfkrug bist du, • lass nicht fallen den Rand / die Lippe in dich (d.h. verschließe dich nicht!)“. •

(20)

wHa.w(A1.PL) Apd.w(PL) sfnd=f r'-sy • bw gmi=f hrp.w • [8, 7] jr swA.w Xnm.w m-Hr=k • xr=f Dd=f HAn(PL)-r' jAd.t(PL) • nn rDi.w jb nTr xpr.wj(PL)=f • wsfA.t(PL) sxr.w(PL)=f •

Der Vogelfänger, er quält sich sehr • der Ort den / die Sache die er findet (ist) untergetaucht / Untergetauchtes. [a] • Wenn vorbeizieht Chnum / (es) die Umgebung des Chnum (ist) vor / in deinem Angesicht [b] • dann sagt er: „Oh gäbe es doch ein Netz!“ • Nicht ist gegeben das Herz (= der Wunsch) Gottes seiner Gestalt • Vernachlässigung (ist) seinen Plänen. [c] •

Die folgenden zwei Strophen über den Vogel- und den Fischfänger sind wieder kaum noch als Milieustudien zu verstehen, sondern reflektieren anhand archetypischer Tätigkeiten im liminalen Sumpfgebiet die Sinnlosigkeit allen Tuns. Sie bilden damit eine Überleitung von der vorangegangenen Feststellung, dass jeder Beruf mit Befleckung versehen ist, hin zur folgenden Beschreibung, wie sich der Schreiberschüler den Bedingungen anpassen sollte. Diese werden nämlich als gottgegeben und im weiteren Sinne hoffnungslos geschildert.

a bw ist über der Zeile geschrieben (bei der Korrektur hinzugefügt?) und erscheint in pSallier II sonst immer als „Ort / Art / Sache“. Es ist daher unwahrscheinlich, dass hier die Negation gemeint ist („nicht findet er das Untergetauchte“). Der Stativ hrp.w / „untergetaucht“ ist schriftsprachlich durch das Determinativ N23 als Lokalität in feuchter Umgebung bezeichnet („untergetauchter Ort / Untergetauchtes“).[66] Im Hinblick auf das folgende Kolon wird sich diese Formulierung auf die Suche

66 Der versunkene Ort als Ort der Sehnsucht und des Unerreichbaren klingt bereits in der Inselerzählung des „Schiffbrüchigen“ an und setzt sich über Atlantis und Vineta fort.

nach dem persönlichen Gott / Göttern beziehen, die in der dem pSallier II kontemporären Literatur der „persönlichen Frömmigkeit“ ebenfalls gesucht und „gefunden“ (gmj) werden. Andere Belege (z.B. oBM 29550; oDeM 1554) haben hier gmH / „erblicken“ und jrj-p.t / „zum Himmel-Gehörige (= Vögel)“, bewegen sich also platt in der Welt der Vogelfänger.

b *swA.w / „vorbeigehen“ wieder mit N23 als Determinativ einer feuchten Lokalität („Umgebung“), hier wohl im Sinne der „Gottesnähe“ (Jan Assmann) tatsächlich räumlich zu verstehen und auf den „Ort“ und das „Untergetauchte“ im vorherigen Kolon zu beziehen. Andere Belege (z.B. oBM 29550; oDeM 1556) schreiben verbal swA / „vorbeiziehen“. Xnm.w kann je nach Determinierung sowohl den „Vogelschwarm“ (so z.B. oBM 29550; oDeM 1557) wie auch hier mit der Falkenstandarte den Schöpfergott Chnum meinen. pSallier II paraphrasiert offenbar eine gängigere Variante, die etwa bei oDeM 29550 lautet Hr gmH jrj-p.t jr swA Xnm.w m Hr.t=f xr=f ... / „(Der Vogelfänger ...) beim Erblicken der Himmelsbewohner / Vögel: (Selbst) wenn vorbeiziehen Vogelschwärme über ihm, (dann) wird er sagen...“. Was den erfolglosen Vogelfang beschreibt, wird so zu einer Reflexion über die (erfolglose) Sinn- und Gottessuche.*

c *xpr.wj mit Determinativ der Mumie (A53), daher hier die „Gestalt“, dem Kontext nach auch auf das allgemeine „Werden / die (Heraus-)Bildung“ der Persönlichkeit zu beziehen. Diese Formulierung beruht auf der Umformung des in anderen Belegen als Verb geschriebenen xpr / „werden, entsehen“. So lautet eine Variante des Schlussverses (z.B. p14243; oBM 29550; oG356): nn rdj.n nTr xpr m-a=f sfn=f Hr sxr.w=f / „nicht ist, dass ein Gott verursacht, dass etwas wird (im Sinne von: gut wird, gelingt) in Bezug auf ihn (= den Vogelfänger), er (= der Gott) vernachlässigt seine (= des Vogelfängers) Pläne“.*[67]

Der Vogelfänger, er quält sich sehr, • denn der Ort, den er findet, ist versunken (oder: die Sache, die er findet, ist etwas Versunkenes) (= was er auch findet, es bleibt es ihm doch verborgen / unverständlich). • Selbst wenn Chnum vorbeizieht an deinem Angesicht (oder: selbst wenn die „Umgebung“ des Chnum ist bei deinem Angesicht) (= du die Gottesnähe erlebst), • dann sagt er: „Oh gäbe es doch ein Netz!“ (d.h. er kann es nicht erfassen / begreifen). • Gott schert sich nicht um seinen Werdegang • (und) Vernachlässigung ist seinen Plänen. •

(21)

[8, 8] **Dd=j n=k mj wHa.w(A1.PL) rrm.w(PL)** • sfnd=f r jAw.t(PL) nb.t • nn-wn m bAk.w(PL) m jtrw • Sbn.w(PL) [8, 9] Hna msH.w(PL) • jr xbA.tw dmD.yt nty pA jp.w • xr wnn m nx.wt(PL) • nn Dd.n=tw msH.w [9, 1] aHa • Spw.n sw snd.w(PL) • pri jt Hr mw pw pA ad.w(PL) • xr=f mj bA.(PL) nTr •

(21) Ich erzähle dir wie (ist) der Fischfänger • dass er sich quält (ist) mehr als jedes Amt / Beruf. • Ist nicht das Arbeiten im Fluss [a] • die Vermischung mit Krokodilen? • Wenn man einsammelt die Gesamtheit welche (ist) *diese* Abrechnung [b] • dann wird es als ein Klagen sein. • Sagt man nicht: „Das Krokodil steigt auf • (es) blendet ihn die Angst.“? [c] • Ist das Heraustreten des Vaters auf das Wasser *dieses* Fett [d] • dann wird es wie die Macht Gottes sein. [e] •

Auch dieser Vers ist weniger eine Berufsbeschreibung als mehr eine Paraphrase auf religiöses Gedankengut, in dem das Krokodil als Metapher der Mühsal erscheint, die das Leben bereithält. Während die Strophe vom Vogelfänger die erfolglose „Gottessuche“ beschreibt, wird hier das Ausgeliefertsein des Menschen an sein Schicksal thematisiert, was im grandiosen Bild des aus dem Wasser aufsteigenden (aHa im Stativ) Krokodils in Kolon 7 und 8 gipfelt.[68]

a *Die Negation tritt auch in anderen Belegen auf (z.B. pAnast. VII; oDeM 1529), während z.B. oDeM 1557 ohne Negation schreibt. Die rhetorische Frage setzt das „Arbeiten“ (bAk.w als Verbalsubstantiv) mit dem „(sich) Vermischen“ (ebenfalls Verbalsubstantiv) mit Krokodilen gleich. Im siebenten Kolon wird erneut eine rhetorische Frage formuliert und wieder auf das Krokodil Bezug genommen.*

b *Die „Gesamtabrechnung“ ist einerseits auf die Abgabe des Fanges des Fischers zu beziehen, aber über die Betonung durch den Artikel wohl auch als eine Andeutung auf das Totengericht oder eine ähnliche summa vitae markiert.*

c *Die Anspielung beruht auf dem ähnlichen Klang von Sbn / „vermischen“ und Spn / „blind sein“. Die „Furchtbarkeit“ bzw. der „Schrecken (der verbreitet wird)“ bezieht sich im Sprichwort auf die Schreckstarre angesichts des Krokodils, im Kontext der*

67 Dazu, dass hier wohl eine Zeile des Nilhymnus paraphrasiert wird: Fischer-Elfert 1992, 361–362. Zum komplexen Wortfeld xpr / „Transformation“ und seiner theologischen Aktivierung: Buchberger 1993.

68 Zur Strophe zuletzt: Quack 2016, 399–400.

Strophe auch auf die Abrechnung. Möglich ist auch die etwas kompliziertere (also dem Gestus der Version durchaus passende) Interpretation von Spw n(j) sw snd.w als Ausdruck des Besitzverhältnisses: „die Blendung, zugehörig zu ihr ist der Schrecken", was ebenfalls die Schockstarre eindrücklich beschreiben würde.

d *Das Kolon paraphrasiert den Spruch Hr mw pw aus (2,3), indem pA ad / „das Fett(-näpfchen)" nachgesetzt wird. Vergleiche die Formulierung in (19,2).*

e *Das Suffixpronomen =f bei xr=f kann sich auf das „Wasser" beziehen, aber auch auf das „Krokodil" oder den „Schrecken". Die xr=f sDm=f-Konstruktion steht in Parallele zur selben Konstruktion im sechsten Kolon, wie überhaupt die beiden Verse parallel gebaut sind, so, wie der erste und zweite Strophenteil insgesamt demselben Schema folgen (rhetorische Frage, ironisierte Passage mit Demonstrativpronomen, xr-Konstruktion). Das mj wurde bei der Textkorrektur hinzugefügt. Wie die vorangegangene Strophe endet diese mit einem Hinweis auf das Ausgeliefertsein des Menschen an sein nicht selbst bestimmtes Schicksal.*[69]

Ich erzähle dir, wie es dem Fischfänger ergeht: • Er quält sich mehr als jeder Beruf. • Ist nicht das Arbeiten im Fluss • die Vermischung mit Krokodilen? • Wenn eingesammelt wird all' das, was *diese* Abrechnung ist (= wenn *diese* große Abrechnung kommt), • dann wird es als ein Klagen sein. • Sagt man denn nicht: „Wenn das Krokodil aufsteigt, • dann blendet ihn die Angst (= ist man blind vor Angst / ist es schon zu spät)."? • Wenn der Vater heraustritt auf das Wasser (= sich in der Gunst wähnt und herauswagt), *dieses* Fett(näpfchen), • dann wird es (= das Wasser, d.h. die vermeintlich günstige Situation / oder: das Krokodil?) wie die (strafende) Macht Gottes sein. •

(21.b)

ma=ky nn jAw.t(PL) Swi xrp.w(A1.PL) • wpw.t zXA.w(A1.PL) m ntf xrp.w(A1.PL) •	[9, 2]	Siehe (also): Nicht ist (ein) Amt / Beruf frei seiend des Leiters • die Botschaft des Schreibers / an den Schreiber (ist): er soll kein Leiter sein! [a] •

a *Diese berühmte Sentenz ist im Licht der beiden vorhergehenden Strophen zu sehen, die bei weitem nicht nur das miserable Leben der Vogel- und Fischfänger beschreiben, sondern das Leben überhaupt, dessen „Leitung" so ganz den Göttern ausgesetzt ist. In der traditionellen und in dieser Form wohl auch in Schreiberkreisen sprichwörtlichen Wendung (z.B. pAnast. VII; tLouvre 693) lautete der zweite Teil: wpw zXA.w ntf xrp.w / „... außer dem (= Amt des) Schreibers, (denn) er ist der Leiter." Wenn es sich bei diesem Spruch um ein Zitat oder eine Anspielung auf den Inhalt der klassischen Lehren handelt, dann kann es im Kontext von pSallier II auch als Andeutung der ungeheuren Hybris der Schreiber gelesen werden und wird entsprechend satirisch (über-)interpretiert, denn die Schreibung ist hier äußerst ambivalent. Anstelle von wpw / „außer, sondern" steht wpw.t / „Auftrag, Botschaft". Damit ist im ersten Schritt diese Lesung möglich: wpw.t zXA.w mntf xrp.w / „(und es ist) der Auftrag / die Botschaft des Schreibers (= an den Schreiber): Er ist der Leiter", wobei mntf als das unabhängige Personalpronomen 3MSG des Neuägyptischen (Junge 2008, 175) zu interpretieren wäre. Da aber z.B. pAnsast. VII u. tLouvre 693 ntf schreiben, darf das vorgestellte m auch als der negative Imperativ „nicht sei!" gelesen werden. m ist als Negation im Substantivalsatz nicht üblich (Schenkel 2005, § 6.1.0,e). Da es sich bei dem Gebrauch, wie er in den Lehren häufig auftritt, aber nicht um eine Negation, sondern den Vetitiv handelt, kann offenbar das Negativverb allein das Prädikat bilden: „nicht soll (auch) er (ein) Leiter sein!" Dieselbe Bildungsform in der 2MSG als mntk oder m ntk auch noch in (23,2) und (24,1).*[70]

Siehe also: Es gibt keinen Beruf, der ohne Chef (= Gott und dessen unerforschbarer Willen) ist, • und die Botschaft an den Schreiber ist: Auch er soll kein Chef sein! •

69 Zur Ba-Macht und ihrer strafenden Wirkung: Borghouts 1982.

70 Neben diesen drei Stellen, in denen der Vetitiv + unabhängiges Personalpronomen (in 24,1 mit darauffolgendem Stativ) auftritt, ist er noch in (24,3) als m dbH.t *„nicht sei Fragen!"*, in (25,2+3) zwei Mal als m Dd.t *„nicht sei Reden!"* in (27,1) als m jTt.t m rdi.t *„nicht sei Wegnehmen, nicht sei (Hinzu)geben"* und in (28,1) als m Dd.t *„nicht sei Reden!"* und (28,3) m rdi.t *„nicht sei Geben!"* belegt; in allen Fällen also nicht mit dem negativen Komplement, sondern dem (substantivierten) Infinitiv. In (19,7) m sxr.w *„nicht soll fallen!"* und (28,5) m aHa *„steh nicht auf!"* steht eventuell das negative Komplement.

(22)

jr sw rx=kw(A1) zXA.w(PL) • xr wnn=f m nfr n=k (j)st • nn jAw.t(PL) jw=j m-Hr=k • ma=ky jr.y(A1) [9, 3] Hwrw(A1) jr.y(A1) • nn Dd.n=tw aH.wty(A1.PL) Hr z pn • m zAw(A1.PL) jr=k •

(22) Wenn aber du kennst das Schreiben / den Schreiberberuf [a] • (dann) wird es (= das Schreiben / der Schreiberberuf) als Gutes für dich sein wahrlich! • Es ist nicht eines (der) Ämter / Berufe, die ich (gebracht habe) vor dein Gesicht. [b] • Wahrlich, ein Dazugehöriger des / zum Elend (= ein Elender) ist der Dazugehörige! [c] • Sagt man nicht „Bauer" über so einen Mann? [d] • (Das) als Schützendes für dich. [e] •

a *Die Schreibung rx=kw(A1) als neuägyptische Schreibung des Suffixpronomens 2MSG (Junge 2008, 287). Vgl. denselben Fall in (24,3; 29,4).*

b *jw=j m-Hr=k / „bin-ich vor-dir" relativisch auf die Ämter zu beziehen, die bisher vorgestellt wurden. Die Formulierung kommt in (30,6) noch einmal vor.*

c *Zur Endung von Hwrw siehe die Diskussion bei (17,2 [b]).*

d *Die Aussage auch dieses Verses bleibt ambivalent, da nicht ganz klar ist, ob nun der Schreiber oder eben die anderen Berufe gemeint sind. Unsicher ist auch, ob das fünfte Kolon als rhetorische Frage zu verstehen ist, oder als Aussage: „Man sagt nicht Bauer zu / über so einem Mann" und damit den Schreiber meinend.*

e *Die mit m zAw eingeleitete Formel kommt auch noch in (24) und (28) am Ende der Strophe vor, jeweils im Sinne eines Schutzspruches (siehe auch oben Bemerkungen zur Grammatik). Der Spruch soll das Vorangesagte gewissermaßen magisch verhüten. Die Strophen ironisieren damit wohl Schutz- und Segenssprüche, als auch die quasi magisch wirken sollende „Ratgeberliteratur" der „Lehren".*

Wenn du aber den Schreiberberuf kennst, • dann wird er schon gut für dich sein. • Er ist nicht so wie die Berufe, die ich dir vorgestellt habe. • Wahrlich, ein armer Tropf ist, wer dazu (= den vorgestellten Berufen – *oder* zum Schreiben?) gehört! • Sagt man nicht immer „Bauer" über so einen Mann?! • Das als Schutzspruch für dich. •

(22.b)

ma=ky jri st m xnti.yt n.t [9, 4] Xnw • ma=ky jri.t st n mry=k • Ax n=k hrw m a.t-sbA • jw r nHH kA.t(PL)=st Dw.w(PL) • jw=st As(PL.A1) [9, 5] zp-2 Di=j rx=k • Di=j mri.y sshp btn.w •

Siehe: das dieses Tun (= die Belehrung) beim südwärts fahren der Residenz [a] • siehe: getan wurde dieses wegen der Liebe zu dir. • Nützlich ist für dich der Tag im Klassenzimmer. • Für die Ewigkeit ist dessen (= des Klassenzimmers) „Arbeit der Berge" (= harte Arbeit) [b] • es ist ein Eilendes zwei Mal (was) ist mein Geben (dass) du weißt: • Ich gebe das Lieben des Aufscheuchen des „Rebellen"! [c] •

a *Das erste Kolon nimmt die Szenerie von Strophe (1) wieder auf, so dass die gesamte „Berufstypologie" (Stephan Jäger) wie eine Art Einschub erscheint, von dem aus es nun wieder zum Thema geht. xnti.yt ist hier mit einfachem n.t angeschlossen (Genitivadjektiv) und nicht mit n.tt (Relativpronomen), wie in der ersten Strophe.*

b *Das Suffixpronomen bei kA.t=st bezieht sich auf a.t / „Kammer" im vorangegangenen Satz. kA.t=st Dw.w / „ihre (der Kammer) Arbeit der Berge" (= Zwangsarbeit in den Bergwerken) ist wohl Metapher für das harte Schülerleben und spielt auf das „Schinden" und „Wegnehmen" bei der Schreiberausbildung in Strophe (2) an. Es bleibt dahingestellt, ob es sehr tröstlich ist, dass dieses Leiden „für die Ewigkeit" sei, wobei offen bleibt, ob es ewig wäret oder ob die so erlangte Fähigkeit auf ewig erhalten bleibt. In jedem Fall wird auf den pseudo-religiösen Diskurs der vorangegangenen Strophen Bezug genommen, in denen die sakrale nHH-"Ewigkeit" immer in Zusammenhang mit allerlei Mühsal auftrat. So tröstlich etwa, wie das drohende „non scholae sed vitae discimus" unserer Schulportale, das auch nur eine Verballhornung des Seneca-Spruches ist. Verdächtig ist auch, dass in der Strophe so viel von „Liebe" die Rede ist. Das, was der Vater eigentlich unterrichten will, geht sowieso ganz schnell.*

c btn / „Rebell, Widersacher" kann sich auf den „inneren Schweinehund" des Schülers beziehen, den der Schüler in sich besiegen soll, wird dem Tenor entsprechend aber eher einen meinen, der Ärger macht und eine eigene Meinung hat – was genau der Schüler nicht sein soll (man beachte das Determinativ mit der Schlange / Wurm).

Siehe: das zu tun (= die Belehrung) beim südwärts fahren vorbei an der Residenz, • siehe: das wurde getan aus Liebe zu dir. • Nützlich ist für dich der Tag im Klassenzimmer! • (Zwar ist) wie eine Ewigkeit dessen (= des Klassenzimmers) „Arbeit der Berge" (= Strafarbeit), • aber es es geht blitzschnell, was ich dir beibringe: • Ich sorge (nämlich nur) für das Begehren, den Unruhestifter aufzuscheuchen (= nicht eigensinnig zu sein). •

(23)

Dd=j n=k mj ky.t-jx.t(PL) md.t(PL) • r sbA=k rx=k • mj bw aHA.t=f n=k • [9, 6] m ntk n n.tyw(A1.PL) db.t Hr sxr.w(PL) • jr TAi.y=tw db.t As.t(PL.A1) • nn rx=tw bw Hr sxr.w(PL) xr=f • m Dr.t xsbd(PL) [9, 7] m mAj.w(PL) • jri.n=f wSb.t(PL) Hr=f wDfA.t(PL) •

(23) Ich werde dir (daher) noch etwas in der Art der anderen Sprüche sagen [a] • damit du lernst (und) weißt • wie die Art seines (des „Rebellen") Kampfes für dich (ist). [b] • Sei du keiner von Jenen welche Ziegelköpfe (sind)! [c] • Wenn ergriffen wird ein „eiliger" Ziegel / Ziegel der Eiligkeit (= des Unbedachten) [d] • (dann) weiß man nicht den Ort / die Art der diesbezüglichen Pläne • als „Hand aus Lapislazuli" (oder) als „Löwe". [e] • Er gibt die Antwort, sein Gesicht (ist das des) Zögerns. [f] •

a Das mj in mj ky.t-jx.t md.t / „wie andere Sprüche" wird ironisch gemeint sein, da im Folgenden ja nicht wirklich belehrende sondern eher „so etwas wie" Lehrsprüche kommen.

b bw / „Ort" hier und noch im Folgenden als „Art und Weise" zu verstehen. Die Verwendung der Präposition n bei n=k scheint dem Bezug eine spezielle Bedeutung zu geben, etwa „welche Folgen es für dich hat".

c Analog zu den Überlegungen in (21,6 [e]) kann entweder mntk (Neuägyptisch unabh. Pronomen 2MSG) oder m ntk / „Du sollst (ja) nicht sein" gelesen werden. db.t-Hr-sxr.w / „Ziegelstein-beim-Denken" entspricht unserem „Holzkopf", doch war Holz in Ägypten ein eher feiner Werkstoff, Ziegelschlamm aber allgegenwärtig. Der folgende Abschnitt erläutert mit einem Wortspiel die Bezeichnung der Ziegelköpfe. oDeM 1013 hat hier jmy-sxwn / „Im-Streiten-Befindlicher, Streithammel".

d db.t As.t / „eilender Ziegel" wieder schriftsprachlich substantiviert und als Handelndes charakterisiert. bw-Hr-sxr.w xr=f ist „Ort / Art-beim-seinem-darüber-Nachdenken", d.h., wenn jemand „eilig", d.h. vorschnell, einen Ziegelstein nimmt, weiß man nicht, wer / was gerade denkt und lenkt. Das entspricht dem Deutschen „Ist der Stein aus der Hand, ist er des Teufels" für unüberlegtes Handeln. oDeM 1013 hat hier klanglich ähnlich: jr TAi.y=tw db.t Hr nA sTA-jb nn rx=t(w) bw xsf srf / „Wenn man ergreift einen Ziegel aus dem Herz-Herbeibringen heraus (= im nicht durch den Verstand kontrollierten Affekt), (dann) weiß man nicht den Ort / die Art und Weise abzuwehren die Hitze / Wut!". Auch hier wird die Gefährlichkeit von unbedachtem Handeln beschrieben.

e Mit der „Lapislazuli / Fayence-Hand" wird ein schützendes Amulett gemeint sein, mit dem „Löwen" die Aggression. Der „eilige Ziegel" wird mit dem aus Ton gefertigten Amulett bzw. dem Löwen assoziiert und entweder zur Verteidigung oder zum Angriff ergriffen.

f Der Schlusssatz stellt wohl dar, dass sich der Ziegelkopf seiner Sache nie sicher ist. Sinn der Strophe ist es, vor unbedachtem Handeln zu warnen. Auch hier variiert oDeM 1013, lässt Hand und Löwe weg und zitiert wohl eine Art Sprichwort: mtr.w(PL) xr sDmy(PL) j:jr.tw wSb.t(PL) Hr DfA(PL) / „Die Bezeugung vor den Hörern: Man möge die Antwort beim Zögern geben!" (= man sollte sich jede Rede gut überlegen und auf die Hörerschaft abstimmen).

Ich werde dir daher noch etwas in der Art von solchen anderen Sprüchen sagen, • damit du lernst und erfährst, • welche (negativen) Folgen sein (= des Unruhestiftsers) Kampf (= der Eigensinn / Widerspruchsgeist) für Dich hat. • Sei du keiner von diesen, die Ziegelköpfe sind, • denn wenn ein „eiliger" Ziegel (= ein Stein des Anstoßes) ergriffen wird, • dann weiß man nicht, was dabei gedacht wird: • Ist es ein Schutzamulett oder ein Löwe (= eine Waffe)? • Er (= der Ziegelkopf) gibt immer schon die Antwort und hat dabei doch ein ratloses Gesicht. •

(24)

jr Sm.t=k m pH.wy sr.w(A1.PL) • m ntk [tk]n wA.ww m rx nfr.t • {jr} [9, 8] jr aq=k jw nb.t pr m pr=f • jw bw a.wy(DU)=fy n ky r HA.t=k • jw Hmsi=kw(A1) Dr.t=k {•} m r'=k • m dbH.t(PL) Ax.t(PL) [9, 9] r-gs=f • jri.n=f mj Dd.t(PL) jmi • m zAw TAs r T.t •	**(24) Wenn dein Lauf hinter den Adligen (ist)** [a] • sei nicht dich nähernd (und) entfernend vom Wissen um die gute Sache (= den guten Ton)! [b] • Wenn du eintrittst (wenn) die Hausherrin in seinem (= des Adligen) Haus ist [c] • es ist der Ort seiner (= des Adligen) beiden Hände bei einem Anderen in deiner Gegenwart [d] • du sitzst [e] deine Hand an deinem Mund. • Es sei kein Fragen (nach) einer Sache an seiner Seite • er tut wie das Sagen „Gib!“ [f] • (Das) als Schutz des „Knotens zum Tisch“. [g] •

Mit dieser Strophe beginnt die eigentliche „Lehre“. Das Prinzip ist, dass jeweils eine rot hervorgehobene Passage wie eine Sentenz aus den einschlägigen „Lehren“ klingt,[71] *die das folgende Textstück dann durch ein „Beispiel“ aber ironisiert. Die gesamte „Lehre“ handelt ausschließlich davon, wie der Schreiber sich in Gegenwart der Nobilität benehmen sollte. In diesem Beispiel geht es um das Verhalten in delikaten Situationen.*

a *pH.wy beschreibt „etwas hinten Liegendes“ und kann auch den „Hintern“ bedeuten; wie es im Folgenden insgesamt um den „Dunstkreis“ dieser eher abgehobenen Gruppe geht. Sm.t wird im Kotext auch im Sinne von „Lebenslauf / Karriere“ verwendet, so dass die Passage sich nicht nur auf das „Hinterherlaufen“ sondern allgemein auf das „eine Laufbahn absolvieren / Karriere machen“ beziehen kann.*

b *Das Kolon spielt auf besondere Weise mit der Verschränkung von Graphien und Bedeutungen. Der Beginn kann anlog zur Konstruktion in (21,6) und (23,2) auch mntk wAww m / „du bist fern von“ gelesen werden; zugleich versteckt sich darin, wie das Determinativ D54 zeigt, die Formulierung mntk tkn wAww m / „du (bist dich) nähernd und (zugleich) entfernend von“ oder m ntk tkn wAww m / „es sei nicht, dass Du (bist dich) nähernd und (zugleich) entfernend von“;*[72] *außerdem klingt das einleitende Sm.t=k an. oDeM 1013 schreibt hier jr Sm.t=kw m pH.wj sr.w tkn r wAw.w m-x.t / „Wenn dein Gehen ist hinter den Adligen, (dann) nähere dich der Entfernung dahinter (= halte die gehörige Distanz)!“. Der Begriff des rx-nfr.t / „Wissens des Schönen / Guten“ meint den bon ton, die Etikette etc. Insgesamt lässt der Satz praktisch offen, ob er vor dem „Entfernen“ vom decorum warnt (das wäre die traditionelle Lesart) oder vor allem darauf hinweist, dass man auf einem schmalen Grat wandelt, was das richtige Benehmen angeht, d.h. jederzeit Gefahr läuft, etwas falsch zu machen.*

c *Die in pSallier II (und wohl auch oDeM 1013) offensichtlich geschriebene Feminin-Endung von nb.t wird immer emendiert, was die Sache recht langweilig macht. Ein Wort nb-pr im Sinne von „(bürgerlichem) Hausherr“ ist m.W. unüblich, es gibt nur die nb.t-pr („Domina“); ein Mann ist eher mr-pr und dergleichen. Problematisch bleibt, dass nb.t-pr kein Personendeterminativ hat und dass es bei pAnast. VII tatsächlich schlicht heißt: [j]w nb-pr m pr=f / „es ist der Hausherr (?) in seinem Haus / Gemach“.*

d *ky ist maskulin und mit dem männlichen Personendeterminativ markiert, vergleiche die identische Schreibung in (3,1) und (28,5). Der Satz lässt einigen interpretativen Spielraum; möglicherweise beschreibt er eine hetero- oder (eher) homosexuelle Handlung. Die folgenden Bemerkungen sollen den anwesenden Schüler davon abhalten, diese – auch wegen der im Haus anwesenden Hausherrin – publik zu machen.*

e *Die Schreibung Hms=kw(A1) als neuägyptische Schreibung des Suffixpronomens 2MSG (Junge 2008, 287). Vgl. denselben Fall in (22,1; 29,4). Der Verspunkt ist nach der Version in pAnast. VII emendiert; anderenfalls wäre auch denkbar zu übersetzen: „und du sitzst (auf?) deiner Hand. • Nicht sei dein Spruch! (= Halt die Klappe!) • Nicht sei Fragen nach ... !“.*

f *jr.n=f mj Dd.t jmi / „ er tut (stets) wie das Sagen: Gib!“ = „er handelt (stets) im Befehlston, im Imperativ“. Der Satz drückt wohl aus, dass er – der Adlige – es gewohnt ist, sich zu nehmen, was er will bzw. es sich „Geben“ zu lassen. Andere Belege variieren diese Passage; oTur. 57023 schreibt jr / / / .t n=k mj Dd.t n=k ... / „das dir Getane (ist) wie das dir Gesagte ...“ und oDeM 1013 „j:jrw=k [mj]Dd=f n=k / „tu was er zu dir sagt!“.*

g *Mit TAs r T.t „knoten, verknüpfen zum Tisch“ wird, wie von Helck 1970, 129 vorgeschlagen, etwa „herandrängeln, anhängen, sich einmischen“ u.ä. gemeint sein.*

---

71 Siehe hierzu die detaillierten Hinweise auf Parallelen in den „Lehren“ bei Jäger 2004, 182–189. Insbesondere in der Eingangssequenz der „Lehren des Ani“ finden sich inhaltlich identische Sequenzen (Quack 1994, 84–119); auch die „Lehre eines Mannes für seinen Sohn“ zeigt inhaltliche Parallelen (Fischer-Elfert 1999, 366–380). Zur Technik des sehr freien „Zitierens“ aus anderen „Lehren“ allgemein: Brunner 1979; Quack 1994, 205.

72 Vgl. Burkard 1977, 59.

Wenn du Karriere machst im Dunstkreis der Adligen, • dann sei weder nah noch fern vom *bon ton* (d.h. gehe der Gefahr, etwas falsch zu machen, aus dem Weg). • Wenn du eintrittst, während die Hausherrin in seinem (= des Adligen) Haus ist • (und) es ist der Ort seiner (= des Adligen) beiden Hände bei einem Anderen in deiner Gegenwart: • (So) sitzst du still und hast deine Hand an deinem Mund. • Frag nicht nach irgendetwas an seiner Seite, • denn er ist es gewohnt zu befehlen (= wird sich schon melden). • Das als Schutz davor, sich an den Tisch zu binden (= sich einzumischen). •

(25)

dns(mn) jm=k wr Sf.yt(PL) • m Dd.t(PL) [10, 1] mdw.t(PL) n HAp.w • jw HAp.w=f X.t jri.n=f jm=f • m Dd.t(PL) mdw.t(PL) n pri-a-jb < • > jw{•} Hmsi=tw Hna=k ksm(PL) •

(25) Zurückhaltung (sei) in dir (und) groß (die) Scheu. [a] • Nicht sei das Sagen von Worten des (= über das) „Geheimzuhaltenden" [b] • es ist sein „Geheimzuhaltendes-des-Leibes", was er tut in ihm / mit ihm. [c] • Nicht sei das Sagen von Worten der „Tapferkeit" [d] • man sitzt (und) mit dir die Missgunst. [e] •

a *dns / „schwer sein" ist hier dns-mn geschrieben, wie im Neuägyptischen üblich (Junge 2008, 41). Dem Kontext nach ist hier ein Substantiv anzunehmen, etwa „Zurückhaltung". Sfy.t / „Respekt" immer mit einem furchteinflößenden Aspekt, der von dem ausgeht, der diese Eigenschaft besitzt, deshalb hier „Scheu / Angst", was aber sicher eine viel zu milde Formulierung ist.*

b *Mit HAp.w / „Geheimgehaltenes, Geheimzuhaltendes" werden Dinge gemeint sein, die in Strophe (24) gesehen oder gehört werden.*

c *jm=f bezieht sich wohl auf pr=f in (24,2), kann aber auch den ky / „Anderen" („an ihm") meinen und die Formulierung „Geheimzuhaltendes-des-Leibes" bietet wieder Raum für Spekulationen. oDeM 1039, oDeM 1575 schreiben stattdessen j:km.w / „geschützt, heimlich".*

d *prj-a-jb / „Unbeherrschtheit" aber auch „Tapferkeit". Der Begriff kommt in (29,3) noch einmal vor und ist offenbar ironisch gemeint.*

e *Das „Sitzen" bezieht sich auf das „Sitzen" in (24,3) und beschreibt die „Anwesenheit". ksm / „trotzig sein, Widerstand leisten"; hier als die „Missgunst", die dem Schreiber in der Umgebung Höhergestellter überall auflauert. oDeM 1039 schreibt jw Hms=k Hna ksm.w X.t=f / „denn Du sitzt (mit dem „schlechten Vogel" G37 determiniert) mit dem Trotz seines Leibes" (= bist jederzeit in Reichweite seiner Vergeltung). Die Strophe schließt inhaltlich an die Vorangegangene an und unterstreicht, dass der Schreiber Ruhe bewahren soll.*

Zurückhaltung sei in dir und groß die Scheu (vor dem Adligen). • Sag kein Wort über das „Geheimzuhaltende", • denn es ist sein „Geheimzuhaltendes-des-Leibes", was er zu tun pflegt in ihm (= dem Haus) (oder: mit ihm = dem „Anderen"). • Sag keine Worte der „Tapferkeit", • denn sitzt man (bei einem Adligen), dann (sitzt) mit dir die Missgunst. •

(26 / 27)

[10, 2] **jr pri=k m a.t-sbA** • xr smj.tw n=k mtr.t • Hr Sm.t hAn.w(PL) nA jwy.t(PL) • Ts(A1).n=k m pH.wy n [10, 3] bw n=s st • jr hAb tw sr(A1) m wp.wt(PL) • j:Dd=f mj j:Dd=f sw • m jTi.t m rDi.t Hr=st • jw xAa=f hAn.w(PL) • nn [10, 4] rn=f wAH jb • jw=f Hr arq m bjA.t(PL)=f nb.t • nn-wn jmn(PL) {•} jr=f <•> nn tnw(PL)=f s.t=f nb.t •

Wenn du herauskommst aus dem Klassenzimmer • dann erklärt man dir die „Mittagsbeschäftigung" [a] • beim grölenden Durchziehen *dieser* „Sanktuare". [b] • Du „knotest" (dich) an die Enden der Art von ihr (= der „Mittagsbeschäftigung") wahrlich. [c] • (**27**) Wenn dich betraut ein Adliger mit einem Auftrag: [d] • Was er sagt ist, wie er es sagt. [e] • Nicht sei Wegnehmen und nicht sei Hinzufügen dazu! • Er wirft den Jubel [f] • nicht ist sein Name „Weite-des-Herzens" (= Freundlichkeit). • Er ist dabei zu binden mit all' seiner „Wesensart / Wunderkraft" [g] • nicht gibt es Verborgenes in Bezug auf ihn / es • nicht wird er erheben / ist sein Erheben aller seiner Sitze. [h] •

Auch diese Strophe hebt wie ein Zitat aus einer „Lehre" an und ironisiert diese. In den Editionen wird der zweite Teil mit einer eigenen Strophenzählung versehen (27), gehört m.E. aber dazu. Er erläutert nämlich, warum der Schreiberschüler schön mitmachen soll, wenn die „Großen" Unfug treiben (und ist auch nicht durch Rubrizierung vom Vorangegangenen abgesetzt).

a mtr.t / „Mittag" hier wohl in der Bedeutung von „Mittagsbeschäftigung", durch den Anklang an mtr, mty / „richtig" ist der Satz auch so zu verstehen: „(Erst) wenn du herauskommst aus dem Klassenzimmer, (dann) wird man dir das Richtige / wirklich Wichtige erklären". Die Erklärung übernehmen wohl die Älteren, die hier mit den zuvor schon besprochenen Adligen gleichgesetzt sind.

b hAnw / „Jubel" kann hier als „Gegröle" verstanden werden; die jwy.t / „Stadtviertel", aber auch: „Sanktuar"; letzteres kann ein Synonym für „Kneipe" sein (worauf der ironisierende Artikel deutet; siehe die Ironisierung einer Gebäudebezeichnung – dort ist der Dungeherd gemeint – in 9,6). Die ganze Strophe gefällt sich in Anspielungen auf Kulthandlungen, siehe den hAnw-Jubel und das Folgende. Die etwas simplere Variante (oTur. 57082; oDeM 1039) spricht nur vom Sm.t jj.t m jwy.t / „Gehen und Kommen in die Kneipen".

c Ts / „sich anknoten, heranmachen", vor dem (24,4) und (28,5) gewarnt wird; das Determinativ A1 hier wohl als Teil der Determinierung des Verbes und nicht als Markierung des nomen agentis. pH.wj lässt das „Gehen" hinter (m pH.wj) den Beamten in (24,1) anklingen. bw n=s bezieht sich wohl auf die „Art" der Mittagsbeschäftigung" (mtr.t). Interessant ist die Satzstellung des Verses, in der der Verbalsatz (Ts.n=k) als „emphatischer" Gliedsatz (mit enklitischem (j)st) dem adverbialen Nebensatz mit Pseudoverbalkonstruktion (Hr Sm.t) nachgestellt wird (Allen 2014, § 25.10). Andere Varianten schreiben ähnlich klingendes DAjs / „verhandeln, beraten", mal im Vetitiv (oTur. 57082), mal im Positiv (oDeM 1025).

d Das Pronomen tw nach hAb ist nicht eindeutig. Als 3NSG gelesen ginge es um den Adligen, den „man" aussendet, als 2MSG um den Schreiber(-schüler), den der Adlige sendet.

e Das „prothetic" j (Gardiner 1957, § 272; Edel 1955 / 1964, § 49-454; Allen 2014, § 18.2) bei j:Dd=f mj j:Dd=f sw / „Was er sagt, ist, wie er es sagt" könnte besonders altertümlich und also entsprechend gravitätisch wirken, aber auch die normale neuägyptische Markierung der Relativform und des Partizips sein (Junge 2008, 68). Das zu erwartende pw hier wieder als sw. Wie dieses dictum zitiert bzw. paraphrasiert das folgende Kolon über das „weder Wegnehmen noch Hinzufügen" eine klassische Sentenz der Schriftkultur.[73]

f hAn.w / „Jubel, Gegröle", hier vielleicht zugleich eine Anspielung auf hnw / „Bierkrug" (wie in 28,4), den der Adlige „wirft". In diesem Abschnitt verfällt der Text in einen pathetischen Modus und beschreibt in zwei Versen das lärmende Seru-Söhnchen in geradezu hymnischem Stil. Das so umschriebene notorisch schlechte Benehmen der Schreiberschüler beim Kneipen ist ein Topos, der z.B. im pAnsatasi IV.rto 11.8-12.5 getadelt wird.

g Was genau mit der Tätigkeit arq / „binden" (auch: „vollenden, schwören") gemeint ist, ist nicht ganz klar. Wie beim „Werfen" des „Jubels" wird es sich um den metaphorisch-witzigen Gebrauch von magisch-religiösem Wortgut handeln, mit dem das Betragen des betrunkenen Adligen beschrieben wird. Die „Wunderzeichen" oder auch „Charakter / Sinnesart" (bjA.t) scheinen hier ein dehnbarer Begriff zu sein (siehe die Nutzung des Begriffs im Schlusskolon). oDeM 1579 schreibt / / / (jw=)f mH m bjA.t=k nb.t nfr / / / / „(Wenn) er erfüllt ist von deinem ganzen guten Charakter", was sich auf die gute Erfüllug des Auftrages beziehen wird. In pSallier II spielt eher die Gefahr eine Rolle, diesen nicht gut auszuführen. Das jr=f steht bei pSallier II nach dem Kolon, sonst davor. Sollte es zu dem Satz gehören, könnte es ausdrücken, dass nichts mehr „in Bezug auf" den Adligen verborgen bleibt, er also nichts über andere erfährt, sondern genau sich ganz preisgibt. Andernfalls kann es auch als Einleitungspartikel zum Schlusssatz verstanden werden. Wahrscheinlich liegt hier eine Anspielung auf die Lehre des Ptahhotep 39 (Žába 1956, 18) vor, in der von der Vorbildwirkung (bj(A).w) des Schülers für die Adelskinder (ms.w-sr.w) die Rede ist.

h Was genau mit tnw / „erheben" gemeint ist, ist mir nicht ganz klar; vielleicht soll es bedeuten, dass der betrunkene Adlige nicht mehr aufstehen kann. Wobei wohl ein Anklang an die (dienstliche) „Auszeichnung, Beförderung" beabsichtigt ist.

Wenn du herauskommst aus dem Klassenzimmer, • dann erklärt man dir die „Mittagsbeschäftigung" • beim grölenden Durchziehen *dieser* „Sanktuare" (= Kneipen). • Mögest du dich stets „knoten" an die Enden dieser ihrer (= der „Mittagsbeschäftigung") Art, • (**27**) denn wenn dich ein Adliger mit einem (dienstlichen) Auftrag (hier: der „Mittagsbeschäftigung") betraut, • (dann gilt:) Was er sagt, ist, wie er es sagt (= so, wie er es meint). • Nicht sei Wegnehmen und nicht sei Hinzufügen dazu! • Wenn er (= der Adlige) wirft (= anstimmt) das Gegröle, • dann

73 Vgl. Ptahhotep 608: m jT md.t m jn=s / „nimm kein Wort (weg), bringe es nicht (dazu)!" (Žába 1956, 63).

ist sein Name nicht „Weite-des-Herzens“ (= Freundlichkeit). • Ist er dabei mit seinem „guten Charakter“ (die Anwesenden?) zu fesseln, • dann bleibt nichts vor / von ihm verborgen • (und) nicht ist sein Erheben (?) (von) allen seinen Sitzen. •

(28)

m Dd.t(PL) grg(PL) [10, 5] r m.t=f • r Ab.w(PL) sr(A1) pn • jr m-xt xpr.w Ax.t(PL) • a.wj.(DU)=fj tw(PL) rDi.w jb sfnd=f • m rDi.t Hr=st Hna ksm.w[PL] • [10, 6] jw Xsy sw • X.t.(PL) sDm=tw n=k • jr sAi=tw 3 n t'(PL) • saAm.w(PL) hAn.w(PL) 2 n Hq.t(PL) • nn Dr.w / / / [10, 7] X.t(PL) aHA.w Hr=st • jr sAi=tw n ky(A1) m aHa • m zAw.(/ / / PL) Tz.t r T.t •

(28) Nicht sei das Reden der Lüge (= Geschwätz) zu seiner Mutter • bezüglich der „Wünsche“ dieses Adligen! [a] • Denn nachdem passiert ist die Sache • seine beiden Arme sind vereint (und) es wird gegeben dem Herz (das was) es quält (= begehrt) [b] • es sei nicht Geben über es zusammen mit Trotz / Missgunst! • Ihm (= dem Adligen) ist elend • das „Leibliche“, das man von dir hört. [c] • Wenn man gesättigt ist (von) drei Broten • (und von) Mönchspfeffer (und dem) „Jubel“ zweier Biere [d] • ist (dann) nicht die „Grenze-des-Leiblichen“ (und) des Kämpfens darum? [e] • Wenn man gesättigt wird von einem Anderen, steh' nicht auf! [f] • (Das) als Schutz des „Knotens zum Tisch“. •

a *Die angesprochenen Ab.w / „Wünsche“ scheinen zwielichtiger Natur zu sein und können sich auf das Benehmen in der vorangegangenen Strophe beziehen oder auch auf die Dinge, die in (24) im „Haus“ vor sich gingen. Dafür, dass die Strophe sich auf (24) bezieht, spricht, dass wieder von den „Armen“ des Beamten, dem in (25) angesprochenen „Leiblichen“ und der „Missgunst“ die Rede ist. Die Mutter wird nur in einigen Belegen hier erwähnt, andere Belege (z.B. oDeM 1579) schreiben m Dd grg m-r r=k / „Sag keine Lüge mit deinem Mund!“ und ähnlich, was wohl näher am Lehrentext ist.*

b *tw mit dem Mumiendeterminativ als Schreibung von twt / „vollkommen sein, vereint sein“; a.wj=fj tw „seine Arme sind vereint“ hier in einer wohl amourösen Bedeutung, wie sie das „umarmen“ im Deutschen auch hat (vgl. schon Pyr. 1321a: nwt n nk.n=s n rdj.n=s awj=s / Nut, sie kann nicht kopulieren, sie kann nicht umarmen“). Die Pluralstriche bei tw als Kennzeichnung des Stativ. rDj.w als Passives sDm.w=f.*

c *X.t / „Leib“ hier durch die Pluralstriche als Abstraktum „Leibliches“ und sich auf die Passage in (25,2) beziehend.*

d *Der zweite Teil der Strophe ab dem achten Kolon scheint als Begründung für die empfohlene Vorsicht beim Plaudern zu dienen und paraphrasiert vielleicht wieder ein Sprichwort. Ansatzpunkt ist die Rede vom „Leiblichen“, die hier auf die Sättigung des Leibes gelenkt wird. Dabei weicht pSallier II vom sonst (z.B. oTur. 57082; oDeM1579) gegebenen Wortlaut ab, wenn statt sAmw / „hinunterstürzen, saufen“ hier saAm.w + Pflanzendeterminativ / „Mönchspfeffer“ und statt hnw / „Bierkrug“ hier hAnw / „Jubel“ geschrieben wird. „Mönchspfeffer“, auch: „Keuschbaum“ (vitex agnus-castus) gilt seit der Antike als den Geschlechtstrieb abtötend; ob diese Wirkung in pharaonischer Zeit ebenfalls Thema war, ist mir nicht bekannt; die Pflanze wird aber auch in einem Liebeslied des pHarris 500 erwähnt und könnte dort seiner halluzinogenen Wirkung wegen genannt sein.[74] Eventuell ist mit „Jubel des Bieres“ der Rausch gemeint; siehe den „Jubel“, der in (26,2) und (27,2) angestimmt wird. Der Subtext hat also etwas mehr im Sinn als nur Hunger und Durst.*

e *X.t wieder mit Pluralstrichen, also abstrakt überhöht, während das ganz auf Fressen und Saufen konzentrierte oTurin 57082 einfach „Leib, Bauch“ schreibt. Sinn des Abschnittes soll wohl sein, darauf hinzuweisen, dass mit Brot und Bier doch eine ganz gute Sättigung erreicht ist, man also nicht um noch mehr „kämpfen“ sollte.*

f *Der Satz sagt aus, dass, solange man von einem „Anderen“ versorgt wird – hier kann der Adlige bzw. die Institution gemeint sein – man „die Füße stillhalten“ sollte. Durch die Aufnahme des ky / „Anderen“, an dem (der?) sich der Adlige in (24) zu schaffen macht, ist aber auch die Interpretation denkbar: „Wenn man (= der Adlige) sich an einem Anderen 'sättigt' (= befriedigt) (dann), sei kein Aufstehen (= schreite nicht ein / verhalte Dich ruhig)“. Oberflächlich paraphrasiert die Strophe Benimmregeln beim Essen, wie sie andere Lehren bieten, spinnt dabei aber die („unappetitlichen“ / „geschmacklosen“) Erlebnisse im Hause des Adligen fort. Dabei werden wohl auch Lehrsprüche paraphrasiert, die sich üblicherweise darauf beziehen, nicht auf den „Bauch“ zu hören, z.B. Ptahhotep 235 (Žába 1956, 34).*

74 Landgráfová / Navrátilová 2009, 134.

Sei nicht geschwätzig zu seiner Mutter • über die „Wünsche" dieses Adligen! • Denn nachdem das passiert ist, • bei dem „seine Arme vereinigt sind" und dem Herz (= des Adligen) gegeben wird, was es begehrt, • dann gib nicht etwas davon preis zusammen mit Missgunst! • Ihm (= dem Adligen) ist nämlich unangenehm • das „Leibliche", das man von dir hört. • Wenn man gesättigt ist von drei Broten • und von Mönchspfeffer und dem „Jubel" zweier Biere, • ist dann nicht die „Grenze-des-Leiblichen" (= genug) (erreicht) und des Kämpfens darum? • Wenn man gesättigt wird von einem Anderen, dann steh' nicht auf (= mach' keinen Aufstand)! • Das als Schutz davor, sich an den Tisch zu binden (= sich einzumischen). •

(29)

ma=ky hAb=k aSA.t(PL) • sDm=k [10, 8] mdw.t(PL) sr.w(A1.PL) • jx jri.y(A1) m-qd=k ms.w(PL) rmT(PL) • jw=k Hr Sm.t m jT.t st • mAA.n=tw zXA.w(A1.PL) [10, 9] sDm • xpr.w sDm pri-a-jb(A1.PL) • aHA=kw(A1) mdw.t(PL) n.tt r=s s.t • As.t(PL) rd.(DU)=k jw=k Hr Sm.t • nn [11, 1] kfA.w jb=k • zmAm m-a tn.w(PL) r=s (j)st • xnms.(PL) z(A1) DAm.w(PL)=k •

Siehe (aber) du sendest viele Male aus • du hörst die Rede der Adligen: [a] • „Ach (wären doch) zugehörig zu deiner Art die Kinder der Menschen!" [b] • du bist dabei zu Gehen (= Karriere zu machen) als / durch das sie (= die Worte) Ergreifen. [c] • Man sieht die hörenden Schreiber • werdend (zu) „Hör-Tapferen". [d] • Du bekämpfst die Worte welche dagegen sind [e] • (es ist) das Eilen deiner Beine (wenn) du beim Gehen bist. • Es gibt keine Vertrautheit deines Herzens [f] • (keine) Verbundenheit in der Zahl (?) des Diesbezüglichen (= der Reden / Worte oder Menschen?) fürwahr [g] • (keine) Gesellschaft eines Mannes deiner Generation / Klasse. •

Die Strophe thematisiert die am Schreiber geschätzte Eigenschaft, zu „hören" (sDm) und die „Worte" (mdw.t), die dabei eine große Rolle spielen. Das Ganze liest sich wie eine Parodie auf Ptahhotep 534-541 (Žába 1956, 58), wo das „Hören" bis zur Erschöpfung gepriesen wird.

a *Der Satz lautet im Lehrenstil übersetzt „wenn du auf die Worte / Rede der Adligen hörst", womit deren Anweisungen gemeint sind; hier wird er aber mit einer Beispielrede fortgesetzt, die klar macht, dass es darum geht, sich beliebt zu machen.*

b *jry m-qd=k / „Zugehöriger-zu in-Deiner-Art (Seiender)".*

c *Im vierten und im achten Kolon wird Sm.t / „Gehen, Laufen" im Sinne von „Karriere, Laufbahn" genutzt, siehe auch bereits oben in Strophen (13), (15) und (16).*

d *Die Charakterisierung der Schreiber als ein Stand, in dem „Hören" zu „Tapferkeit" wird, nimmt (25) auf, wo es um das „Reden" ging bzw. genau darum, nicht zu reden. Während dort „Reden der Tapferkeit" (Dd.t mdw.t n pri-a-jb) vermieden werden soll, ist das „Hören der Tapferkeit" eine Tugend. Was durchaus so verstanden werden kann, dass es gehörige Selbstbeherrschung verlangt, das dumme Gerede der Vorgesetzten zu ertragen.*

e *Die Schreibung aHA=kw(A1) für 2MSG wie in (22,1; 24,3). Die „Worte die dagegen sind" können Zweifel sein, die dem Schreiber selbst kommen, oder allgemein Widerspruch. Zum relativischen Nebensatz (n.tt) mit enklitischem (j)s.t: Allen 2014, § 21.4.*

f *Der Schlussvers von Kolon Neun bis Elf thematisiert die Konsequenzen des „Kampfes" um die Karriere; nn auf alle drei Glieder zu beziehen: zum compound sentence mit nur einer Einleitungspartikel: Allen 2014, § 16.10. Anstelle von kfA-jb=k / „Vertrauen" o.ä., schreibt oDeM 1014, an das vorangehende Kolon anschließend: nn tkn.t r=s s.t / „(aber) nicht gibt es das sich diesem (= der Karriere) Nähern wahrlich!" (= es nützt sowieso nicht). DAm / „Generation, Klasse" im elften Kolon im sozialen Sinn entweder die niedrige Gesellschaftsschicht bezeichnend, aus der der Schreiberschüler kommt, oder die Position als Schreiber ganz am unteren Ende der Hierarchie. Dabei wird wohl eine „traditionellere" Lesart umgedeutet, wie sie etwa oDeM 1104 transportiert: Hnms=k m z n DAm=k / „befreunde dich mit einem Mann deiner Klasse!". Der Vers paraphrasiert wohl wieder Partien aus Ptahhotep 232-248 (Žába 1956, 34), wo es u. a. heißt: jr wnn=k Hna rmT.w jr n=k mr.w n kfA-jb / „wenn du zusammen mit (d.h. unter) Menschen bist, mach dir Hörige der Vertrautheit!"; siehe aber auch die vergleichbare negative Formulierung in der „Lehre des Amenemhet" § 2d: m mH jb=k m sn m rX Xnms m sXpr n=k Aq.w / „vertraue nicht dem Bruder, kenne keine Gesellschaft, mach dir keine Gefolgschaft!" (Adrom 2006, 16–17). Interessant auch die Variante von oDeM 1580: m sr=k m z n DAm(=k) / „du sollst / wirst nicht Adliger-sein als ein Mann deiner Klasse".*

g *Auch hier ist mir die Bedeutung von tnw nicht ganz klar; wahrscheinlich geht es darum, dass auch der schönsten solcher Reden – also solche wie oben zitiert – nicht zu trauen ist.*

Siehe aber: Du sendest viele Male (andere zum Arbeiten) aus, • (wenn) du hörst (eine solche) Rede der Beamten: • „Ach wären doch so wie du die Kinder der Menschen!“ • (Dann nämlich) bist du dabei Karriere zu machen durch das sie (= die Rede) Ergreifen. • Man sieht stets die hörenden Schreiber, • die (so) zu „Hör-Tapferen“ werden. • (Wenn) du bekämpfst die Reden, die dagegen sind (= hältst du dich mit Kritik zurück), • dann machst du zügig Karriere. • Denn / doch es gibt keine Vertrautheit deines Herzens (= du kannst niemandem vertrauen) • (und) schon gar (keine) Verlässlichkeit in deren (= der Reden? der anderen Menschen?) Zahl (?), • (keine) Gesellschaft (für) einen Mann deines Standes. •

(30)

ma=ky rnn.t Hr wA.t [11, 2] nTr • rnn.t zXA(A1) Hr qaH.t=f • hrw n ms.w(A1.B1.PL)=f • spr=f r ny.t(PL) • tA qnb.t(A1.PL) jri n rmT(PL) • ma=ky [11, 3] nn zXA.w(A1.PL) Swi(PL) wnm.w(PL) • Ax.t(PL) n.ty pr-nsw anx-(w)DA-s(nb) • msxn.t wAD.t zXA(A1) • DD.yw(A1.PL) Xry-HA.t qnb.t(A1.PL) • [11, 4] dwA nTr jt=f mw.t=f • DD.yw(A1.PL) Hr wA.t n.tt anx.w(A1.PL) • ma=ky nn jw=j m-Hr=k • ms.w(PL) n ms.w.(PL) <•>

Siehe das Glück (ist) auf dem Weg Gottes • das Glück des Schreibers (ist) auf seiner Schulter. [a] • (Am) Tag der Geburt [b] • gelangt er in das „Arbeitshaus“ [c] • *dieses* Gericht (= Schicksal) gemacht für die Menschen. [d] • Siehe: Nicht sind die Schreiber frei seiend (des) Essens • der Dinge / Speisen welche sind des Palastes, l.h.g. [e] • Der Geburtsort (ist) was gedeihen lässt den Schreiber [f] • die / den Gegebenen vor das Gericht. • (Es) preisen Gott sein [g] Vater (und) seine Mutter • die / den Gegebenen auf den Weg welcher (ist) der der Lebenden. [h] • Siehe: *Dieses* habe ich vor dein Angesicht (gebracht) [i] • (und das) der Kindeskinder. •

Die letzte Strophe denkt über den Lebenslauf ganz allgemein nach und nimmt den pessimistischen Ton des letzten Verses der vorangegangenen Strophe auf.

a *Der im Eingangsvers gezeichnete Gegensatz ist bemerkenswert; während der „Weg Gottes“ das Glück allgemein bestimmt, ist es für den Schreiber nur über seine „Schulter“, d.h. den Platz, an dem er das Schreiberwerkzeug trägt, zu erlangen. Womit genau der Aspekt der „körperlichen Arbeit“ aufgenommen wird, den die ganze „Charakteristik“ zuvor lächerlich gemacht hat. Dass die Schulter gemeint ist, macht das Determinativ „Fleisch / Glied“ (F51) deutlich, allerdings hat qaH.t auch die Bedeutung „Papyrusblatt“, was zumindest sprechsprachlich noch einen größeren Interpretationsrahmen assoziiert. tLouvre 693 schreibt: ma=k rdj.n=j tw Hr wA.t nTr rnn.t pw zS (Hr) qH(.t)=f / „Siehe: ich gebe dich auf den Weg Gottes (aber) das Glück ist (= sitzt) dem Schreiber auf seiner Schulter“.*

b *ms.w zwar mit dem Doppeldeterminativ A1+B1, aber durch die Pluralstriche hier eher als Abstraktum im Sinne von „das Geboren-Werden“.*

c *Die ny.t / „Arbeitshaus, Weberei“ ist wohl ein Synonym für die Mühsal des Lebens, siehe die Beschreibung des Webers in (14). Alle anderen Belege (pAnast. VII; oDeM 1014 etc.) schreiben arry.t / „Torhalle, Gerichtsort“, was ambivalent den Arbeitsplatz des Schreibers bezeichnen kann, aber eben auch den Ort seiner Verurteilung.*

d *Das durch den Artikel markierte „Gericht“, das sowohl im fünften wie im neunten Kolon erwähnt wird, scheint etwa das „Schicksal“ zu beschreiben, das oben in (13, 15, 16) im Refrain vom spr / „Gelangen“ bereits als eine „Verurteilung“ (wDa) charakterisiert ist. Auch an dieser Stelle bildet spr den intratextuellen Bezug zu etwas Schicksalhaftem.*

e *Der Satz parodiert die berühmte Sentenz in (21,6) nn jAw.t Sw xrpw.w / „Nicht ist ein Amt frei seiend vom Leiter“. Hier wird der Sinn darin liegen, dass die Schreiber auf die Versorgung durch den Palast angewiesen sind und eben nicht frei, sich selbst zu versorgen.*

f *msxn.t hat die Bedeutung „Geburtsziegel“ und davon abgeleitet wohl hier „Geburtsort“ bzw. überhaupt das Milieu, dem man entstammt. Bemerkenswert sind die bildhaften Ausdrücke für „Glück“ (rnn.t) und „Geburtsziegel“ (msxn.t), die beide auch Göttinnen beschreiben, die bei der Geburt anwesend sind. Die Schicksalshaftigkeit des Loses wird so eindrücklich umrissen.*

g *Die Endung =f als Übernahme aus der Schreibung jt(f).*

h *Der Vers mag sich darauf beziehen, dass die Eltern schon froh sind, wenn das Kind überhaupt überlebt (siehe die Erwähnung der Geburt und der Geburtsziegel). Möglich ist auch dwA-nTr zusammen als „preisen“ zu lesen und die Eltern als Objekt: „Es preist seinen Vater und seine Mutter der, der gegeben ist auf den Weg der Lebenden“, d.h., die (richtigen) Eltern sind es, die einem den Weg bereiten.*

i Die Formel jw=j m Hr=k kommt bereits in (22,1) vor. Das Pronomen nn kann hier auch wieder ironisch gemeint sein; letzten Endes ist von der ganzen „Lehre" nur der Schlussvers wirklich wichtig: Der richtige Geburtsort und die richtigen Eltern entscheiden über die Karriere des Schreibers.

Siehe das Glück ist auf dem Weg Gottes, • (aber) das Glück des Schreibers ist auf seiner (schmalen) Schulter. • Schon am Tag der Geburt • ist er in das „Arbeitshaus" gelangt, • *dieses* Gericht (= Schicksal), gemacht für die Menschen. • Siehe: Nicht sind die Schreiber frei davon, Essen (zu müssen) • die Dinge / Speisen des Palastes, l.h.g. (d.h., sie sind auf die Versorgung angewiesen). • Nur der richtige Geburtsort ist, was den Schreiber gedeihen lässt, • der (= der Schreiber) (auch nur) einer ist, der vor das Gericht (= Schicksal) gegeben wurde. • Es preisen Gott sein Vater und seine Mutter, • wenn er (überhaupt) einer ist, der auf den Weg der Lebenden gegeben wurde. • Siehe: Dieses (= die Quintessenz der ganzen Lehre) habe ich vor dein Angesicht (gebracht) • (und das) der Kindeskinder. •

[11, 5] jwi=s pw • nfr m-Htp • jn kA.w(PL) Hsi jqr • nfr b[j]A.t • zXA.w-pr-HD qAi-gAb.wt(A1) n pr-HD n pr-aA •	Dass es gekommen ist, ist • gut (und) zur Zufriedenheit • durch den Ka des trefflichen Dichters [a] • schön seiend an „Wunderzeichen" • des Schreibers des Schatzhauses Qai-gab, vom Schatzhaus des Pharao. •

a Ich neige dazu, bei pSallier II kA.w als Bezeichnung der Ka-Seele oder besser des „Genius, Genie" des Qai-gab zu lesen; siehe auch die „abstrahierende" Determinierung mit der Buchrolle (Y1). Durch das einleitende jn / „durch, seitens" wird der hier als Hsj / „Sänger" bezeichnete Qai-gab als derjenige charakterisiert, der für diese Fassung der Che(r)ti-Geschichte verantwortlich ist.[75] *Im Kolophon der den „Berufssatieren" in pSallier II vorangehenden „Lehre des Amenemhet" steht jn kA Hsj(Pl.) jqr nfr m bjA.w • zXA.w-pr-HD qAi-gab.wt(A1) • zXA.w-pr-HD Hrj(A1) • zXA.w jn-nA-nA + Datum. Im Kolophon des den „Berufssatieren" folgenden „Nilhymnus" steht jn kA.w zXA.w-pr-HD qAi-gab.wt(A1); da der Papyrus hier endet, musste an blumigen Epitheta gespart werden. Während also die Fassungen von „Nilhymnus" und „Berufssatieren" nur mit Qai-gab in Verbindung gebracht sind, ist die Angabe der Urheberschaft bei „Amenemhet" deutlich ausführlicher. In welchem Verhältnis die dort auf Qai-gab folgenden Schreiber Hori und Inana zum Gesamtwerk stehen, ist unklar. Allgemein gilt Inana als der, der die Handschrift tatsächlich geschrieben hat. Das macht das Kolophon der Version der „Berufssatieren" des pAnast. VII deutlich, in dem nach Qai-gab (und einer Lücke) noch die Schreiber Pa-heri-pedjet, Iutj, Merire und wieder Inana genannt sind, wobei letzterer durch jr.(w) n / „gemacht von" als der Schreiber der Handschrift charakterisiert ist. Nehmen wir an, dass Inana tatsächlich „nur" der Aufschreiber beider Papyri gewesen ist (was ich bezweifle), so ist denkbar, dass die Version des „Amenemhet" in pSallier II in ihrer konkreten Fassung auf Qai-gab und Hori zurückgeht und pAnast. VII eine Variante der „Berufssatiren" bringt, die außer von Qai-gab (oder auf dessen aufbauend) noch von den übrigen Genannten bearbeitet wurde.*

(Nun) ist es (zu Ende) gekommen, • gut und zur Zufriedenheit • durch das Genie des trefflichen Dichters, • das (= das Genie) vollkommen ist an „Wunderzeichen", • des Schreibers des Schatzhauses Qai-gab, vom Schatzhaus des Pharao. •

4.

Die in pSallier II gegebene Version der „Berufssatiren" wurde häufig als besonders schlechte Variante des Textes angesehen.[76] Demgegenüber scheint mir mit der vorliegenden Übersetzung die Möglichkeit gegeben, in ihr eine

75 Zu dieser häufig als Widmung verstandenen Formel: Fitzenreiter 2018.

76 „Der Wert der Handschrift ist leider so gering, daß uns, wären wir auf sie allein angewiesen, kaum ein Satz verständlich würde. In geradezu unvorstellbarer Weise hat der Schüler, als er den Text abschrieb, jeden Satz entstellt." (Brunner 1944, 13); „Zum anderen fällt auf, daß ... [auf pSallier II *M. F.*] zwar ein kompletter Text erhalten ist, der aber selbst in dieser Form einem ägyptischen Schreiber nur noch teilweise verständlich sein konnte: Immer wieder finden sich Wörter oder auch ganze Passagen, die offensichtlich im Kontext völlig sinnlos sind." (Burkard / Thissen 2003, 164); „Allerdings ist der Text, den er [pSallier II *M. F.*] überliefert, äußerst verderbt, und es ist praktisch unmöglich, den Sinn der Lehre ohne Zuhilfenahme der anderen Handschriften zu verstehen." (Jäger 2004, 6).

besonders originelle Fassung zu erkennen. Diese zeichnet sich dadurch aus, dass sie konsequent als Satire gedacht und angelegt ist, einem Genre, das im Umfeld der Erstellung des Papyrus in der zweiten Hälfte des Neuen Reiches sehr populär war, sowohl im literarischen Bereich, wie auch in der bildenden Kunst.[77] In gewissem Sinne ist sie sogar eine Satire der „Berufssatiren", wie sie in anderen Fassungen erhalten sind. Dass die Variante ein literarisches Werk mit eigenem Gewicht ist,[78] bezeugt auch die Aufnahme in die wohl vom Schreiber Inana gestaltete Kompilation, die außerdem die „Lehre des Amenemhet" davor und den „Nilhymnus" dahinter enthält, wie auch die Abschlussformel, und dass für die hier niedergeschriebene Fassung ein Autor – der Schreiber des Schatzhauses Qai-gab – genannt ist.[79]

In der Einleitungspassage, den ersten drei *rubra* oder Strophen, wird der literarische Erzähler eingeführt und die Situation der Rahmenerzählung bestimmt, die als eine Schiffsfahrt „vorwärts" (nach Süden), wenn auch mit etwas ungewissem Ziel charakterisiert ist.[80] Erzähler ist ein Cherti, dessen Name als Parodie auf den, den Rezipienten (auch den ägyptologischen) bekannten Cheti aus der Liste der berühmten Autoren des pChester Beatty IV erscheint.[81] Im Stil der „werde Schreiber!"-Literatur ermahnt dieser seinen Sohn, sich dem Schreiberberuf zu widmen, weil man nur so der Mühsal der anderen Berufe („Ämter") entgehen könne.[82]

Um dies zu untermauern, setzt mit der vierten Strophe der eigentliche Kern der Satire ein, in der in achtzehn Episoden verschiedene Tätigkeitsbereiche möglichst abschreckend dargestellt werden. Dabei werden jeweils Charakteristika der Tätigkeiten genannt und wie diese sich in – meist deformierender Weise – auf den Körper oder die Lebensumstände des Tätigen auswirken. Doch bildet diese „Charakteristik"[83] oder „Berufstypologie"[84] nur die Oberfläche des textlichen Gewebes. In jeder Strophe wird über Wortspiele, Metaphern und Vergleiche eine zweite Sinnebene fokussiert. Eigentlicher Sinn des literarischen Spiels scheint daher zu sein, in einer mehr oder minder konventionellen Beschreibung verschiedener Metiers Lesemöglichkeiten dieser zweiten Ebene zu finden.[85] Angelpunkt der invertierten Lesart ist meist ein *tertium comparationis*, das sich über ein Wortspiel o.ä. ergibt und die zwei Sinnebenen möglichst originell verbindet.

Mit Strophe Zweiundzwanzig kehrt die Satire zum Ausgangspunkt zurück und es wird nun im Stil einer „Lehre" fortgefahren, wobei wieder die satirischen Elemente überwiegen. Auch hier werden charakteristische Tätigkeiten – jeweils als freie „Zitate" aus der Lehren-Literatur – mit ihrer den Charakter deformierenden Wirkung kontrastiert. Der Schluss ist von erstaunlicher Hoffnungslosigkeit geprägt.

Gerade in diesem pessimistischen Ende mag sich der Schlüssel zum literarischen Gehalt der Satire finden. Betrachtet man die Invektiven, die über die verschiedenen Gewerke ausgeschüttet werden, so erweisen diese sich in aller Regel bis ins Groteske überzeichnet. In etlichen Fällen stellen bereits die vermeintlichen Berufsbezeichnungen, z.T. *hapax legomena*, eher Metaphern dar, als dass man in ihnen übliche Benennungen etwa der Alltagssprache suchen müsste.[86] Nur oberflächlich ist es das Ziel der Schrift, die hässlichsten Berufe der Welt zu versammeln. Im Kern geht es darum, in jeder so gestalteten Vignette noch eine zweite Sinnebene aufzutun, über

77 Fischer-Elfert 1986; Flores 2004; Simon 2013, 61–65; Morenz 2013.

78 Zum literarischen Gehalt: Parkinson 2002, 273–277, der bereits auf den humoristisch-satirische Gestus auch der Schreiberepisoden hinweist.

79 Zur Signatur: Brunner 1944, 14; Simon 2013, 252–253. Zum Problem um den „Autor" in der pharaonischen Literatur u.a. Quirke 2004, 29–36; Moers 2009; Moers 2013; Simon 2013, 227–281; Sikora 2015. Die Signatur der auf demselben Papyrus geschriebenen Fassung der „Lehre des Amenemhet" datiert die Abfassung in das 1. Jahr Sethos' II: Helck 1969, 105; Adrom 2006, 91.a. Zur Kollektion des Inana: Quirke 2004, 17–18; zusammenfassend zu den Schreibervermerken im Neuen Reich: Simon 2013, 253–260, wo auf die offensichtlich hohe Bedeutung der einzelnen Handschrift und ihres Schreibers / Redakteurs / Verfassers im Neuen Reich hingewiesen wird. Zur Frage auch Fitzenreiter 2018.

80 Zum Motiv des Reisens als Bild im pharaonischen „Bildungsroman": Moers 1999.

81 Zu Cheti als literarische Figur: Helck 1970, 159f; Simon 2013, 266–271; Widmaier 2013, 486–492. Zu den „berühmten Autoren": Moers 2008.

82 Zur „werde Schreiber!"-Literatur: van der Walle 1947; Burkard / Thissen 2003, 165; Simon 2013, 302–305. Eine Satire auf dieses Genre stellt Popko 2013 vor.

83 Seibert 1967.

84 Jäger 2004.

85 Bereits Seibert 1967, 32 formuliert: „Jedes Verstehen einer Verlautbarung bzw. eines Textes beinhaltet das Verstehen des darin Ungesagten."

86 (5) TAi.y-an „Ergreifer des Dechsel" (in Anlehnung an das häufigere TAi.y-mDA.t „Reliefbildhauer" und vergleichbare Bezeichnungen) und mny.t „Pfähler"; (6) ms.w-aA.t „Steingebärer"; (8) bTy.w „Pflücker", (11) mt „Maßnehmer"; (15) jri.w-aHA „Kriegshandwerker"; (16) sxx.tj „Antreiber", (17) stnwy.w „Altmacher".

die einerseits witzige Anspielungen verpackt sein können, zum Ende des Textes hin aber immer tiefer gehende und zugleich pessimistische Reflexionen über die Lebensbedingungen überhaupt. Der nicht besonders glückliche Che(r)ti wird so zum Protagonisten einer großen Schelmen-Weltbeschreibung, ein pharaonischer Nassredin Hodscha, Don Quichotte, Eulenspiegel, Simplicissimus oder Schwejk, der Schein und Sein dieser Welt vor Augen führt.

5.

Davon abgesehen, dass mein Übersetzungsvorschlag gänzlich missglückt sein mag, stellt sich die Frage, warum trotz einer hohen Zahl von Bearbeitungen eine so starke Differenz der Interpretation der Partien zum Schreiberberuf möglich ist. Der Grund mag zum einen darin liegen, dass aus der eigenen Position des Gelehrten heraus viele Bearbeiter von der Vorstellung geleitet wurden, dass der Schreiber seinen eigenen Stand nicht lächerlich machen würde und dass die Dichotomie von Arbeiter und Angestelltem, die sich in der modernen Unterscheidung von Lohn und Gehalt ökonomisch manifestiert und damit sozial real wird, auch in der Antike bestand. Doch wird das nicht der eigentliche Grund sein.[87] Dieser liegt eher in einer spezifischen philologischen Arbeitsweise, die sich bei der Arbeit mit Texten etabliert hat. Man erarbeitet auf der Grundlage möglichst vieler *Belege* einen normativen, nämlich: den richtigen *Text.*[88] Dieses Verfahren bestimmte bereits die humanistische Philologie, die Bibelkritik und genauso die altarabische Philologie. Es ist eine schon immer präsente und immer wesentliche Form des Umgangs mit verschriftlichten Hinterlassenschaften und war auch den alten Ägyptern bekannt[89] – es wird in den „Satiren“ sogar parodiert: (25,7) m jTj m rDj.t Hr=st – *„Nicht sei Wegnehmen und nicht sei Hinzufügen!“*.[90] Was im Fall vieler kultureller Texte philologisch notwendig und sinnvoll ist, mag sich im Fall eines literarischen Werkes wie den „Berufssatiren“ als böse Falle erweisen.[91] Die vielen und differierenden Textzeugen ließen nämlich den Eindruck entstehen, dass diese allesamt sehr unzuverlässig und zum großen Teil von minder begabten Schülern geschrieben worden wären. Der Philologe sah sich also in der Rolle des Schulmeisters, der den verderbten Text aus diesen schludrigen Schriften herauseditieren müsse, indem man umstellt, ersetzt, Passagen bald aus dieser, bald aus jener Quelle bevorzugt usw. Das bringt dann mehr oder minder verständliche Übersetzungen; damit könnte aber eine wesentliche Eigenheit der altägyptischen Literatur auf der Strecke geblieben sein.

6.

Insgesamt gilt die pharaonische Kultur – sowohl und ganz ausgeprägt in der Fremdperspektive,[92] aber durchaus auch im Eigenverständnis[93] – als eine an strenge Regeln gebundene. Jedoch ist genauso zu beobachten, dass

---

87 Auch wenn sich hier ein gefundenes Fressen für alle Freunde der Orientalismus-These von Edward Said bietet, zu denen ich im Prinzip ja gehöre. Darüber jedoch, dass Schreiber etwas völlig anderes sind als Handwerker, darüber sind sich wahrscheinlich OrientalistInnen und OrientalInnen einig. Anders mag die Bewertung der Ambiguitäten ausfallen, aber das ist auch ein anders Thema. Dazu, dass auch an anderer Stelle die Schreiber sich selbst ironisieren, siehe etwa Burkard 2000. Siehe auch die anregende Diskussion des antike / neuzeitlichen Bildes vom „ägyptischen Schreiber / Schreiben“ bei Pinarello 2015 und Quirke 2016.

88 Zum Verhältnis von Text und Beleg: Morenz / Schorch 2007. Die Methodik der Textkritik ist dargelegt bei Jäger 2004, 13–19; eine kritische Darstellung der Textkritik zwischen *Old* und *New Philology* bei Morales 2017, 10–16.

89 Siehe zum Umgang mit „kanonischen“ Texten: von Lieven 2016.

90 Zu dieser Formulierung, in Kontext der „Berufssatieren“ noch auf die Ausführung eines Auftrages ganz allgemein zu beziehen, und ihrer Beziehung zu jüngeren Formeln der „Wahrheitsbeteuerung“ bei der Textniederschrift siehe: Quecke 1977, bes. 414–415.

91 Dieses Verfahren sieht sich inzwischen deutlicher Kritik ausgesetzt, so bemerkt Quirke 2013, vii in Bezug auf Bearbeitungen des Totenbuches „... an almost pathological tendency to treat any variant as a mistake, in a philological quest for some mythical original version...“ Siehe schon Fischer-Elfert 1996, der einerseits S. 502 die „Lehre des Cheti“ als eine der Textgruppen nennt, bei denen mit erheblichen „redaktionelle(n) Eingriffe(n)“ zu rechnen ist, die Fassung des pSallier II dann (S. 505, Anm. 26) leider doch als „korrumpiert“ ansieht. Ein ähnlich gelagerter Fall liegt bei den spätnapatanischen Steleninschriften vor, deren Texte oft als ausgesprochen stümperhaft abqualifiziert wurden, anstatt in ihnen einen besonderen „Dialekt“ der mittelägyptischen Schriftsprache zu erkennen: Peust 1999, 12–13.

92 Hierfür ist Platon der beste Zeuge: Davies 1979.

93 Selbstzeugnisse betonen stets die gute Kenntnis des *decorums* des Metiers (Barta 1970) und auch die innerkulturelle Rezeption betont die Regelkonformität (Assmann 1992).

innerhalb dieser Regelhaftigkeit das *Identische* peinlich vermieden wird. Die *Varianz in der Regel, Erweiterung von Bestehendem, Brechung der Symmetrie* und ein unendliches Spiel mit Zitaten und variierenden Parallelismen prägen die bildende Kunst;[94] das Spiel mit der ambigen Potenz von Schrift und Wort ist ein Charakteristikum der schriftsprachlichen Produktion.[95] Genau auf diese bewusste und gezielte Rezeption von *feinen Unterschieden* (Pierre Bourdieu) zielt auch die Varianz der verschiedenen erhaltenen *Schriften* der großen literarischen *Texte.*[96] Der *feine Unterschied* ermöglicht den Rezitatoren und Dichtern, einem bekannten Subtext neue Seiten abzugewinnen.[97] So gesehen kann jede uns erhaltene Schriftfassung der „Berufssatiren" als Neuschöpfung eines gängigen kulturellen Textes angesehen werden, der als die literarische Apotheose dessen erscheint, was Peter Seibert so rücksichtsvoll als „Charakteristik" bezeichnet, man aber durchaus dem Genre der „Schmähung" zuordnen kann.[98]

Schmähungen – insbesondere gekonnte, kunstvolle, den eigentlich Geschmähten intellektuell und das Geschmähte auch konzeptuell weit hinter sich lassende Schmähungen – sind ein gern rezipiertes Genre. Was als „Berufssatiren" oder „Lehre des Cheti" in die Literaturgeschichte einging, griff in seiner schriftlichen Kompilation auf Vorläufer zurück, deren literarische „Bilder" bereits in der Grabdekoration des Alten Reiches und deren derbe, aber humorige „Charakteristik" in den dazugehörigen Beischriften belegt sind.[99] Es spannt den Bogen oder Strauß von Episoden fröhlich weiter, eingebunden in eine ebenfalls satirisch-parodistische Erzählung um einen Cheti und Pepi, in der die Gruppe der Schreiber zum Gegenstand der Schmähung wird. Wurde diese Erzählung von einem kundigen Rezitator vorgetragen, wird er sie nach Können variiert haben und in ganz besonderen Fällen wird sich einer dieser vielen „Autoren" (oder auch mehrere) des kulturellen Textes auch daran gemacht haben, seine Variante niederzuschreiben oder niederschreiben zu lassen.[100] Wenn in pSallier II das Kolophon den Schreiber des Schatzhauses Qai-gab Hsj – „Sänger / Dichter" – nennt, dann bezeugt das den hohen Stellenwert, den man seiner Variante zusprach.

Das Problem der Bearbeitung solcher Schriften ist also, dass man sich bemüht, aus vielen Belegen etwas Vernünftiges zu machen und so die Eigenheit des konkreten Beleges wegrutscht.[101] Man sucht an schwierigen Stellen die Lösung außerhalb des Beleges, anstatt in der Schwierigkeit die Eigenart des Beleges zu sehen (und gegebenenfalls zu kapitulieren). Dabei sollte man eigentlich nicht annehmen, dass ausgerechnet der kalligraphisch wunderschöne pSallier II von einem geschrieben wurde, der permanent falsch liegt. Eher ist es so, dass diese Fassung besonders anspruchsvolle Passagen hat, die in anderen Versionen mitunter simplifiziert sind. Es empfiehlt sich daher grundsätzlich, unterschiedliche Belege für ein und denselben Subtext je als individuelles

94 Hornung 1978; Hornung 1985; Assmann 1987; Loeben 1995; Lurson 2000; Fitzenreiter 2010; van Walsem 2013.

95 Morenz 2008.

96 Zu Schrift vs. Text: Fitzenreiter 2015.

97 Das zugrundeliegende Prinzip ist im Kontext religiöser Texte, für die natürlich etwas andere Rezeptionsbedingungen gelten, gut bekannt und wird dort unter dem *terminus technicus* ky Dd geführt, womit die „andere Aussprache / sprachliche Fassung" – nämlich einer Schrift – bezeichnet ist, die dann wieder eine eigene Schriftfassung erhält und auf diese Weise eine Kette lebendiger Umformungen des Textes ergibt. Siehe: Vernus 2016, 287–290 u. passim. Zur kreativen Arbeit an den (nicht nur) religiösen Texten grundlegend: Pries 2015.

98 Das Genre der Satire entspricht dem der witzigen Verspottung, allerdings können Verspottungen / Schmähungen auch in ganz anderen, humorfreien und aggressiven Modi vorgetragen werden, doch deshalb nicht weniger poetisch / literarisch; siehe etwa die vor Kampfszenen üblichen Schmähungen der Gegner in den großen Epen. Vgl. Jäger 2004, 2–3 mit dem Versuch, die „Berufssatiren" einem literarischen Genre zuzuweisen.

99 Erman 1919; Montet 1925; Junker 1943; Guglielmi 1973; Morenz, 2013; Vonk 2015; siehe auch „A Working Class Hero is something to be" in diesem Band.

100 Vgl. Moers 2013. Zu dem dabei vonstattengehenden Prozess der Umsetzung von (gehobener) Sprech-Sprache in Schrift-Sprache: Morenz 1996, 20–57; zum Prozess der Rezeption und Tradierung: Parkinson 2009, 173–218; zur „Intertextualität" (der Bezugnahme auf Passagen aus anderen Texten): Hagen 2012, 143–173; zum dahinterliegenden Konzept des „unfesten Textes" und der *réécriture*: Gnirs 2013. Siehe jetzt die Beiträge in Gillen 2017, 19–179.

101 Bereits Hoch 1994 benennt dieses Problem. Leider geht er dann aber in seiner Übersetzung auch dazu über, ein Pasticcio aus verschiedenen Ostraka zu erstellen. In jüngster Zeit ist die klassische Textkritik in der Ägyptologie ziemlich in die Kritik geraten, so dass ein Wort des Beistandes angebracht ist: Natürlich hat jeder Textzeuge den Wert, unmittelbar zu sein, und doch steht er nicht allein. Wenn man die Stemmata der Textkritik weniger evolutionistisch als Genealogien und ihre Kategorien wie „Textverderbnis", „Verschreibung" etc. weniger als Wertung liest, denn als Beschreibungen von Verknüpfungskonstellationen (sie also vom Kopf auf die Füße stellt), so liefern diese wertvolle Beschreibungen von Netzwerken aus Produzenten, Rezipienten, Schriften und sich jeweils konkret konstituierenden Texten; siehe die Alternative, die Peust 2013 beschreibt.

Werk zu lesen und besonders auf die Nuancen zu achten.[102] Dabei muss man ja nicht – wie ich es hier getan habe – ins andere Extrem verfallen; natürlich ist keine Handschrift fehlerfrei. Auch inhaltlich muss ein Beleg nicht zwingend kongruent sein; schon bei der Rezitation / Rezeption wird es Varianten gegeben haben und bei der schriftlichen Fixierung individuelle Besonderheiten, die weniger schöpferisch denn schlampig sind.[103] Nimmt der *furor editorius* aber überhand, hat man die Poesie aus diesen Texten hinwegemendiert.

7.

Um diese Eigenart der pharaonischen Literatur zu verstehen, reicht es nicht aus, nur den Rezitator / Kompilator / Autor in den Blick zu nehmen.[104] Damit eine Variante eines Subtextes als ein eigenständiges, individuelles und damit auch in unserem Sinne als „Kunst-"Werk aufgefasst wird, ist ein entsprechendes Milieu der Rezeption vorauszusetzen. D.h., es muss eine bestimmte Anzahl von klassischen Subtexten geben und es muss ein Publikum geben, das genau diese klassischen Subtexte in Inhalt und Form verinnerlicht hat. Gibt es eine solche wohlkonditionierte Gruppe, dann geht es bei der Kunstproduktion weniger darum, durch einen neuen Inhalt zu unterhalten und zu belehren, als vielmehr darum, durch Varianzen der Form zu überraschen. Nur ein Publikum aus *connaisseurs* ist in der Lage, die Nuancen zu bemerken, die ja stets darin bestehen, dass von dem Erwarteten minimal abgewichen, dem Üblichen eine andere Facette abgewonnen und dem Bekannten eine neue Bedeutung zugewiesen wird. Das entspricht einem ästhetischen Prinzip, wie es der Arabist Thomas Bauer für die altarabische Dichtung und ihre immer gleichen Themen beschrieben hat.[105] Dasselbe Prinzip ist bei den mittelalterlichen Troubadours belegt[106] und prägt – bei Lichte besehen – jede literarische Kommunikation, die sich entlang von normierten Gattungen und stereotypen Themen bewegt, also auch die der Moderne. Es geht nicht in erster Linie um einen bestimmten Inhalt, wiewohl die „Berufssatiren" prall von „inhaltlichen Informationen" sind, z.B. über die verschiedenen Gewerke.[107] In erster Linie geht es um eine literarische Form (im Fall der „Berufssatiren" mit

---

102 Zu dieser „offenen Überlieferung" bereits grundsätzlich Quack 1994, 18–23 u. passim mit den verschiedenen Varianten der „*Lehren* des Ani", die als eigenständig behandelt werden. Dass verschiedene Versionen ihre Eigenarten und damit auch ihren Eigenwert haben, zeigen die Studien zu den Varianten der Sinuhe-Geschichte (Feder 2003; Gnirs 2013, 376–384; Hays / Feder / Morenz 2014); weitere Beispiele auch religiöser Texte: Pries 2015. Beispiele einer der „New / Material Philology" verpflichteten engen Auseinandersetzung mit individuellem Beleg und konkretem (Befund-)Kontext sind: Parkinson 2009 und Hagen 2012. Bereits Burkard 1977, 216–229, 266–282 nimmt an vielen Stellen „redaktionelle" – d.h. sinnvolle und beabsichtigte – Änderungen im Text der „Berufssatiren" an.

103 Quack 2011, 543–544. Im Übrigen sind aber selbst wissenschaftlich strenge Editionen altägyptischer Texte *nie* fehlerfrei (von übersehenen Zeichen bis zum Druckfehler); es ist dann die hohe Schule der Rezension, eine Liste solcher Fehllesungen, Auslassungen, Versäumnisse etc. pp. zu erstellen (dass hier der böse Spaß an der Schmähung auch eine Rolle spielt, sei nur angemerkt; als Beleg genügt es, auf die Rezensionen zu verweisen, die in *LingAeg* erscheinen). Ich hätte selbst eine etwas andere Version erstellt, z.B. den Bauern (13) mit Fisch- u. Vogelfänger (21, 22) zusammen an das Ende des Mittelteils gestellt, und natürlich diese Charakteristik hinzugefügt: **Dd=j n=k mj pA rmT** • rx.w km.t Xr.j-HA.t • wgi=f Sfd m hrw m grH • Ay mj HfA jmj SA • Dd.w jnk gr jw=j fnT• .

104 Eyre 2013.

105 Dort für eine ganz spezifische Art des Dichtens und daher nur bedingt übertragbar, doch voller Anregung: „Das aber ist genau die „Tiefe" der altarabischen Dichtung: Keine „tiefere" Erkenntnis der Welt und des Menschen soll zunächst vermittelt werden. Vielmehr soll die Tiefe der Dichtung selbst immer weiter ausgelotet werden, soll das endlose Spiel von Auswahl und Variation weitergespielt werden, das die arabischen Dichter aller Stämme über Generationen hinweg miteinander spielten, sollen immer neue Spielvarianten und originelle Spielzüge vorgeführt werden, die auf immer komplexere Weise auf unzählige vorausgegangene Spielzüge verweisen. Jeder Zug in diesem Spiel ruft die Erinnerung an viele andere bereits früher gespielte Varianten wach. Und erst dadurch bekommt der Zug Bedeutung." (Bauer 1992, 251).

106 Als Inspiration beschrieben in Bauer 1992, 246–273. Es ist – um der Bildung eines innerägyptologischen Zitations-Kanons vorzubeugen – darauf hinzuweisen, dass die Diskussion um den Autor, offene Texte usw. bereits spätestens 1949 mit Robert Guiette beginnt, nicht erst mit Foucault 1983 oder Cerquiglini 1989, und keineswegs (nur) ein Produkt der *New Philology* ist. Dazu, als Ägyptologe gegenüber allzu currenten Literaturtheorien kaltes Blut zu bewahren: Pries 2015, 318–319.

107 Hier liegt das Problem der eingangs erwähnten Schnipsel und Schnappschüsse: Werden diese „inhaltlichen Informationen" ohne Berücksichtigung der Eigengesetzlichkeiten des jeweiligen Mediums und seiner Rezeption aus den Quellen gezogen und als Versatzstücke gebraucht, ist Gefahr im Verzug. Nicht *eine* der „Charakteristika" der „Berufssatiren" beschreibt die tatsächliche altägyptische Arbeits- und Lebenswelt, genauso wenig, wie etwa das „Eisenwalzwerk" von Adolph von Menzel die Arbeits- und Lebenswelt der Fabrikarbeiter um 1870 beschreibt (https: / / de.wikipedia.org / wiki / Adolph_von_Menzel# / media / File:Adolph_Menzel_-_Eisenwalzwerk_-_Google_Art_Project.jpg). Aber vieles, sehr vieles davon schon – gebrochen, überhöht und doch realistisch beschrieben im Medium der Kunst. Siehe hierzu „A Working Class Hero is something to be" in diesem Band.

ihrer Parodie diverser literarischer Modi – Lehre, Charakteristik, Hymne – sogar um mehrere), die auszufüllen und zu gestalten der Dichter in der Lage ist.

Was ein interessantes Licht auf den Kontext der Rezeption wirft, dem Kai Widmaier sich kürzlich gewidmet hat.[108] Ganz im Gegensatz zur bisher vorherrschenden Meinung, dass man diesen bösartigen Text in der Schule von den angesprochenen Schreiberschülern memorieren ließ, kann Widmaier deutlich machen, dass viele der kostbaren Textzeugnisse aus den privaten Bibliotheken von kundigen Handwerkern in Deir el-Medineh stammen. Diese Gruppe, selbst tief in dem in den „Satiren" beschriebenen Milieu der Techniker verwurzelt, goutierte offenbar die deftigen Schmähungen. Dass hier die Feinheiten der Anspielungen auf verschiedene berufliche Tätigkeiten gut verstanden wurden – mehr wahrscheinlich, als im Dunst der „Hinteren" der Nobilität der Residenz – ist anzunehmen. Es ist nicht zuletzt dieses Milieu, in dem die altägyptische Literatur ihre feinsinnigsten und witzigsten Blüten trieb.[109] Was wir im Zeitalter der Reproduzierbarkeit des Kunstwerkes mitunter vergessen, ist, dass Kunst ein Medium bildet, das zum Mitmachen auffordert, zur produktiven Rezeption.

8.

Selbst dieser Artikel kann ja nur in einem (ägyptologischen) Milieu verstanden werden, dem die „Satiren" in ihren bisherigen Varianten und Übersetzungsvorschlägen bekannt sind; jedem anderen bleibt die ganze Diskussion zwingend unverständlich. Und so sind am Ende gerade die Bearbeiter, die vom *einheitlichen* und *eigentlichen* Sinn besessenen Jäger des verlorenen Urtextes, die bienenemsig zwischen den Belegen wechseln, mit ihren Emendierungen und Verbesserungen das beste Beispiel für die kreative Rezeption solcher Texte. Man darf die verschiedenen modernen Bearbeitungen durchaus als eigenständige Versionen des Textes lesen, als die postpharaonische Fortschreibung dieser unendlichen Geschichte.[110] So reihen sich die mitunter hochpoetischen, gelegentlich auch kuriosen Übersetzungen problemlos ein in die lebendige Rezeptionskette dieses hochpoetischen und kuriosen Textes. Und so auch dieser Übersetzungsvorschlag.

108 Widmaier 2013, 506–512 u. passim.

109 Dass diese Blüte feinsinnig und witzig ist, mag nicht jedem eingehen wollen. Während Brunner 1944, 53 schreibt: „Der Witz ist wohl das Hauptkennzeichen der Lehre des Cheti und dürfte auch die entscheidende Ursache für ihre Beliebtheit in späterer Zeit gewesen sein", lehnt Helck 1970, 161 „Witz" und „Satire" als literarische Form in der von ihm in die 12. Dyn. gesetzten Entstehungszeit des Textes überhaupt ab. Auch Burkard / Thissen 2003, 168–169 schreiben: „Die Charakteristiken sind weder witzig noch ironisch, sie sind vielleicht, wenn man einen modernen Begriff anwenden will, in gewisser Hinsicht zynisch; in jedem Fall spricht aus ihnen die Arroganz der privilegierten Schicht gegenüber diesen underdogs ...". Foster 1999 sieht in allem eine sehr ernste Lehre (und hat damit durchaus recht). Siehe zur Frage auch Jäger 2004, 22. Der in den „Berufssatiren" angeschlagene Ton ist gewiss von der Zote inspiriert, die immer ein Opfer kennt, über das die *Anderen* lachen (hierzu: Vonk 2015). Doch je abgehobener, phantasievoller und origineller die Zote ausfällt und je abstrakter die Opfergruppe ist, desto geistreicher kann der Witz sein. So kann schließlich auch die *Wir-Gruppe* zum Gegenstand durchaus scharfzüngiger Scherze werden. Doch wandelt das Genre stets auf einem feinen Grat, wie der Unterschied zwischen „jüdischem Witz" und „Judenwitz" deutlich macht.

110 Siehe Parkinson 2009 (Sinuhe, Bauer) und Hagen 2012, 4–23 (Ptahhotep), in deren Studien die moderne Rezeptionsgeschichte, in der Ägyptologie wie auch in Literatur und Film, Teil der Betrachtung sind.

Literaturverzeichnis

Adrom 2006 = Farid Adrom, *Die Lehre des Amenemhet*, BAe 19, Turnhout 2006.

Allen 2011 = James P. Allen, *The Debate between a Man and His Soul*, CHANE 44, Leiden / Boston 2011.

Allen 2013 = James P. Allen, *The Ancient Egyptian Language. A Historical Study*, Cambridge 2013.

Allen 2014 = James P. Allen, *Middle Egyptian, An Introduction to the Language and Culture of Hieroglyphs*, 3. Aufl., Oxford 2014.

Assmann 1972 = Jan Assmann, Neith spricht als Mutter und Sarg, *MDAIK* 28, 1972, 115–139.

Assmann 1979 = Jan Assmann, Weisheit, Loyalismus und Frömmigkeit, in: Erik Hornung u. Othmar Keel (Hg.), *Studien zu altägyptischen Lebenslehren*, OBO 28, Freiburg / Göttingen 1979, 11–72.

Assmann 1987 = Jan Assmann, Ein Gespräch im Goldhaus über Kunst und andere Gegenstände, in: Ingrid Gamer-Wallert, Wolfgang Helck (Hg.), *Gegengabe. Festschrift für Emma Brunner-Traut*, Tübingen 1992, 43–60.

Assmann 1987 = Jan Assmann, Hierotaxis. Textkonstitution und Bildkomposition in der altägyptischen Kunst und Literatur, in: Jürgen Osing u. Günter Dreyer (Hg.), *Form und Maß. Beiträge zur Literatur, Sprache und Kunst des alten Ägypten (Fs Gerhard Fecht)*, ÄAT 12, 1987, 18–42.

Barta 1970 = Winfried Barta, *Das Selbstzeugnis eines altägyptischen Künstlers (Stele Louvre C 14)*, MÄS 22, Berlin 1970.

Barthelmess 1992 = Petra Barthelmess, *Der Übergang ins Jenseits in den thebanischen Beamtengräbern der Ramessidenzeit*, SAGA 2, Heidelberg 1992.

Bauer 1992 = Thomas Bauer, *Altarabische Dichtkunst*, Wiesbaden 1992.

Becker 2018 = Meike Becker, Amun, der Schützer vor dem Krokodil, in: Anke Ilona Blöbaum, Marianne Eaton-Krauss u. Annik Wüthrich (Hg.), *Pérégrinations avec Erhard Graefe. Festschrift zu seinem 75. Geburtstag*, ÄAT 87, Münster 2018, 37–47.

Binnick 1991 = R. I. Binnick, *Time and the Verb*, Oxford 1991 (non vidi).

Blumethal 1977 = Elke Blumethal, Die Textgattung Expeditionsbericht in Ägypten, in: Jan Assmann, Erika Feucht u. Reinhard Grieshammer (Hg.), *Fragen an die altägyptische Literatur. Studien zum Gedenken an Eberhard Otto*, Wiesbaden 1977, 85–118.

Bojowald 2005 = Stefan Bojowald, Eine semitische Analogie zu Gattungszugehörigkeit und Rollenverständnis des ab(w)-Vogels im ägyptischen Cheti XIIIa?, *SAK* 33, 2005, 57–63.

Borghouts 1982 = Joris F. Borghouts, Divine Intervention in Ancient Egypt and Its Manifestation (b3w), in: Rob J. Demarée u. Jac. J. Jannsen (Hg.), *Gleanings from Deir el-Medîna*, EU 1, Leiden 1982, 1–70.

Brockelmann 1987 = Carl Brockelmann, *Arabische Grammatik*, 23. Aufl., Leipzig 1987.

Brose 2015 = Marc Brose, Darf es noch ein sDm=f mehr sein?, *LingAeg* 23, 2015, 1–59.

Brunner 1944 = Hellmut Brunner, *Die Lehre des Cheti, Sohnes des Duauf*, ÄF 13, Glückstadt 1944.

Brunner 1979 = Hellmut Brunner, Zitate aus Lebenslehren, in: Erik Hornung u. Othmar Keel (Hg.), *Studien zu altägyptischen Lebenslehren*, OBO 28, Freiburg / Göttingen 1979, 105–171.

Buchberger 1993 = Hannes Buchberger, *Transformation und Transformat. Sargtextstudien I*, ÄA 52, Wiesbaden 1993.

Budge 1923 = Ernst Alfred Wallis Budge, *Facsimiles of Egyptian Hieratic Papyri, Second Series*, London 1923.

Burkard / Thissen 2003 = Günter Burkard, Heinz-J. Thissen, *Einführung in die altägyptische Literaturgeschichte I: Altes und Mittleres Reich*, EQÄ 1, Münster 2003.

Burkard 1977 = Günter Burkard, *Textkritische Untersuchungen zu ägyptischen Weisheitslehren des Alten und Mittleren Reiches*, ÄA 34, Wiesbaden 1977.

Burkard 2000 = Günter Burkard, Ein säumiger Wasserträger O. Qurna 691 / / 17 / 82, in: Rob Demarée u. Arno Egberts (Hg.), *Deir el-Medina in the Third Millenium AD. A Tribute to Jac. J. Janssen*, EU 14, Leiden 2000, 55–64.

Cerquiglini 1989 = Bernard Cerquiglini, *Éloge de la variante: histoire critique de la philologie*, Paris 1989.

Daszkiewicz / Wetendorf 2017 = Malgorzate Daszkiewicz u. Manja Wetendorf, Experimental archaeology: first steps to understand the firing technology of Meroitic pottery from Musawwarat es-Sufra, *Der Antike Sudan – MittSAG* 28, 2017, 7–14.

Davies 1902 = Norman de Garis Davies, *The Rock Tombs of Deir El Gebrâwi. Part I*, Archaeological Survey of Egypt 11, London 1902.

Davies 1979 = W. M. Davies, Plato on Egyptian Art, *JEA* 65, 1979, 121–127.

Demarée 2017 = Rob J. Demarée, 'The Old Man in the Field' (P. Leiden I 351), in: Vincent Verschoor, Arnold Jan Stuart & Cocky Demarée (Hg.), *Imaging and Imagining the Memphite Necropolis, Liber amicorum René van Walsem*, EU 30, Löwen / Leiden 2017, 129–136.

Depuydt 1993 = Leo Depuydt, *Conjunction, Contiguity, Contingency. On Relationship between Events In the Egyptian and Coptic Verbal System*, New York / Oxford 1993.

Derchain 1989 = Phillipe Derchain, Á propos de performativité. Pensers anciens et articles récents, *GM* 110, 1989, 13–18.

Dils TLA = Peter Dils, *pSallier II = pBM EA 10182, Die Lehre des Cheti*, TLA (<http: / / aaew.bbaw.de / tla />; Version Oktober 2014, Zugriff Juni – Dezember 2016).

Edel 1955 / 1964 = Elmar Edel, *Altägyptische Grammatik*, AnOr 34 / 39, Rom 1955 / 1964.

El Dorry 2018 = Mennat-Allah El Dorry, Foodways und landwirtschaftliche Tätigkeiten in einer ägyptischen Klosteranlage, in: Anke Ilona Blöbaum, Marianne Eaton-Krauss u. Annik Wüthrich (Hg.), *Pérégrinations avec Erhard Graefe. Festschrift zu seinem 75. Geburtstag*, ÄAT 87, Münster 2018 , 133-140."

Erman 1918 = Adolf Erman, *Reden, Rufe und Lieder auf Gräberbildern des Alten Reiches*, Abhandlungen der preußischen Akademie der Wissenschaften 1918,15, Berlin 1919.

Eyre 2013 = Christopher Eyre, The Practice of Literature: The Relationship between Content, Form, Audience, and Performance, in: Roland Enmarch, Verena M. Lepper (Hg.), *Ancient Egyptian Literature. Theory and Practice*, Proceedings of the British Academy 188, Oxford 2013, 101–142.

Feder 2003 = Frank Feder, Sinuhes Vater – ein Versuch des Neuen Reiches Sinuhes Flucht zu erklären, *GM* 195, 2003, 45–52.

Fischer-Elfert 1986 = Hans-Werner Fischer-Elfert, *Die satirische Streitschrift des Papyrus Anastasi I. Übersetzung und Kommentar*, ÄA 44, Wiesbaden 1986.

Fischer-Elfert 1992 = Hans-Werner Fischer-Elfert, Synchrone und diachrone Interferenzen in literarischen Werken des Mittleren und Neuen Reiches, *Orientalia* 61, 1992, 354–372.

Fischer-Elfert 1996 = Hans-Werner Fischer-Elfert, Die Arbeit am Text: Altägyptische Literaturwerke aus philologischer Perspektive, in: Antonio Loprieno (Hg.), *Ancient Egyptian Literature. History and Forms*, PdÄ 10, Leiden etc. 1996, 499–513.

Fischer-Elfert 1998 = Hans-Werner Fischer-Elfert, *Die Vision von der Statue im Stein. Studien zum altägyptischen Mundöffnungsritual*, Heidelberg 1998.

Fischer-Elfert 1999 = Hans-Werner Fischer-Elfert, *Die Lehre eines Mannes für seinen Sohn. Eine Etappe auf dem „Gottesweg" des loyalen und solidarischen Beamten des Mittleren Reiches*, ÄA 60, Wiesbaden 1999.

Fitzenreiter / Herb 2006 = Martin Fitzenreiter u. Michael Herb (Hg.), *Dekorierte Grabanlagen im Alten Reich. Methodik und Interpretation*, IBAES VI, Berlin / London 2006.

Fitzenreiter 2009 = Martin Fitzenreiter, On the yonderside of bread and beer, in: Heiko Riemer, Frank Förster, Michael Herb u. Nadja Pöllath (Hg.), *Desert animals in the eastern Sahara*, Köln 2009, 309–340.

Fitzenreiter 2010 = Martin Fitzenreiter, Ikonographische Parallelisierung, *Imago Aegypti* 3, 2010, 7–30.

Fitzenreiter 2013 = Martin Fitzenreiter, Zeit und Raum (und Licht) – Wahrnehmung und deren Konstruktion im pharaonischen Ägypten (Notizen zum Grab des Pennut Teil VI ½), *SAK* 42, 2013, 59–82.

Fitzenreiter 2015 = Martin Fitzenreiter, (Un)Zugänglichkeit. Über Performanz und Emergenz von Schrift und Bild, in: Annette Kehnel u. Diamantis Panagiotopoulos (Hg.), *Schriftträger – Textträger. Zur materiellen Präsenz des Geschriebenen in frühen Gesellschaften*, Materiale Textkulturen 6, Berlin 2015, 179–208.

Fitzenreiter 2017 = Martin Fitzenreiter, Sense and Serendipity. Zur Ambiguität pharaonischer Bildschriftlichkeit, in: Vincent Verschoor, Arnold Jan Stuart & Cocky Demarée (eds.), *Imaging and Imagining the memphite Necropolis. Liber amicorum René van Walsem*, EU 30, Löwen / Leiden 2017, 177–199.

Fitzenreiter 2018 = Martin Fitzenreiter, Genie und Wahnsinn. *Ka* und *Heka* in der pharaonischen Ästhetik, in: Anke Ilona Blöbaum, Marianne Eaton-Krauss u. Annik Wüthrich (Hg.), *Pérégrinations avec Erhard Graefe. Festschrift zu seinem 75. Geburtstag*, ÄAT 87, Münster 2018, 161–179.

Fitzenreiter i. Vor. = Martin Fitzenreiter, *Technologie und / eine / als Kulturwissenschaft*, in Vorbereitung.

Flores 2004 = Diane Flores, The Topsy-Turvy World, in: Gary N. Knoppers u. Antoine Hirsch (Hg.), *Egypt, Israel, and the Ancient Mediterranean World, Studies in Honor of Donald B. Redford*, PdÄ 20, Leiden / Boston 2004, 233–255.

Foster 1999 = John L. Foster, Some Comments on Khety's Instruction for little Pepi on his Way to School (Satire on the Trades), in: Emily Teeter u. John A. Larson (Hg.), *Gold of Praise. Studies on Ancient Egypt in Honor of Edward F. Wente*, SAOC 58, Chicago 1999, 121–129.

Foucault 1983 = Michel Foucault, Qu'est-ce qu'un auteut?, *Littoral* 9, 3–38.

Franke 2006 = Detlef Franke, Fürsorge und Patronat in der Ersten Zwischenzeit und im Mittleren Reich, *SAK* 34, 2006, 159–185.

Gardiner 1957 = Alan Gardiner, *Egyptian Grammar. Being an Introduction to the Study of Hieroglyphs*, 3. Aufl., Oxford 1957.

Gillen 2017 = Todd J. Gillen (Hg.), *(Re)productive Traditios in Anciet Egypt. Proceedings of the conference held at the University of Liège 6th–8th February 2013*, Liége 2017.

Gnirs 2013 = Andrea M. Gnirs, Geschichte und Literatur. Wie „historisch" sind ägyptische literarische Texte?, in: Gerald Moers, Kai Widmaier, Antonia Giewekemeyer, Arndt Lümers u. Ralf Ernst (Hg.), *Dating Egyptian Literary Texts*, LingAeg StudMon 11, Hamburg 2013, 367–403.

Goldwasser 2002 = Orly Goldwasser, *Prophets, Lovers and Giraffes: Wor(l)d Classification in Ancient Egypt*. With an Appendix by Matthias Müller, GOF IV.38, Classification and Categorization in Ancient Egypt vol. 3, Wiesbaden 2002.

Graefe 2001 = Erhart Graefe, *Mittelägyptisch. Grammatik für Anfänger*, 6. Aufl. (unter Mitarbeit von Jochem Kahl), Wiesbaden 2001.

Guiette 1949 = Robert Guiette, D'une poésie formelle en France au Moyen âge, *Revue des sciences humaines* 54, 1949, 61–68.

Guglielmi 1973 = Waltraut Guglielmi, *Rufe und Lieder auf altägyptischen Darstellungen der Landwirtschaft, Viehzucht, des Fisch- und Vogelfangs vom Mittleren Reich bis zur Spätzeit*, TÄB 1, Bonn 1973.

Hagen 2012 = Frederik Hagen, *An Ancient Egyptian Literary Text in Context. The Instructions of Ptahhotep*, OLA 218, Löwen 2012.

Hannig 1984 = Reiner H. G. Hannig, Die neue Gunnsche Regel, in: *Studien zur Sprache und Religion Ägyptens, Band 1: Sprache. Zu Ehren von Wolfhart Westendorf überreicht von seinen Freunden und Schülern*, Göttingen 1984, 63–70.

Hannig 2003 = Rainer Hannig, *Ägyptisches Wörterbuch I. Altes Reich und Erste Zwischenzeit*, Hannig Lexica 4, Mainz 2003.

Hays / Feder / Morenz 2014 = Harold Hays, Frank Feder u. Ludwig Morenz (Hg.), *Interpretations of Sinuhe*, EU 27, Leiden 2014.

Helck 1969 = Wolfgang Helck, *Der Text der „Lehre Amenemhets I. für seinen Sohn"*, KÄT, Wiesbaden 1969.

Helck 1970 = Wolfgang Helck, *Die Lehre des Dw3 – Htjj*, KÄT, Wiesbaden 1970.

Hoch 1994 = James E. Hoch, The Teaching of Dua-Kheti. A New Look at the Satire of Trades, *JSSEA* XXI / XXII, 1994, 88–100.

Hornung 1978 = Erik Hornung, Struktur und Entwicklung der Gräber im Tal der Könige, *ZÄS* 105, 1978, 59–66.

Hornung 1985 = Erik Hornung, Zur Symmetrie in Kunst und Denken der Ägypter, in: *Ägypten Dauer und Wandel*, SDAIK 18, Mainz 1985, 71–77.

Jäger 2004 = Stephan Jäger, *Altägyptische Berufstypologien*, LingAeg StudMon 4, Göttingen 2004.

Junge 1981 = Friedrich Junge, Nominalsatz ud Cleft Sentence im Ägyptischen, in: Dwight W. Young, *Studies Presented to Hans Jacob Polotsky*, Beacon Hill 1981, 431–462.

Junge 2008 = Friedrich Junge, *Neuägyptisch. Einführung in die Grammatik*, 3. Aufl., Wiesbaden 2008.

Junker 1943 = Hermann Junker, *Zu einigen Reden und Rufen auf Grabbildern des Alten Reiches,* SAWW, phil.-hist. Kl. 221,5, Wien / Leipzig, 1943.

Kammerzell 1990 = Frank Kammerzell, Funktion und Form. Zur Opposition von Perfekt und Pseudopartizip im Alt- und Mittelägyptischen, *GM* 117 / 118, 1990, 181–202.

Kaplony 2005 = Peter Kaplony, Geistige Kinder. Zu einem Zitat aus der Lehre des Cheti in der römischen Kaiserzeit, *GM* 204, 2005, 57–77.

Kanawati 2007 = Naguib Kanawati, *Deir el-Gebrawi II. The Southern Cliff. The Tomb of Ibi and others*, ACER 25, Oxford 2007.

Kurth 1989 = Dieter Kurth, Zum „sḏm.n.f" in Tempeltexten der griechisch-römischen Zeit, *GM* 108, 1989, 31–44.

Labrique 1988 = Françoise Labrique, Le sḏm.n.f „rituel" à Edfou : le sens est roi., *GM* 106, 1988, 53–63.

Landgráfová / Navrátilová 2009 = Renata Landgráfová u. Hana Navrátilová, *Sex and the Golden Goddess I. Ancient Egyptian Love Songs in Context*, Prag 2009.

von Lieven 2016 = Alexandra von Lieven, Closed Canon vs. Creative Chaos. An In-depth Look at (Real and Supposed) Mortuary Texts from Ancient Egypt, in: Kim Ryholt u. Gojko Barjamovic (Hg.), *Problems of Canonicity and Identity Formation in Ancient Egypt and Masopotamia*, CNIP 43, Kopenhagen 2016, 51–77.

Loeben 1995 = Christian E. Loeben, Symmetrie, Diagonale und Chiasmus, in: Dieter Kurth (Hg.), *3. Ägyptologische Tempeltagung*, ÄAT 33.1, Wiesbaden 1995, 143–162.

Loprieno 1995 = Antonio Loprieno, *Ancient Egyptian. A Linguistic Introduction*, Cambridge 1995.

Loprieno 1996 = Antonio Loprieno, Linguistic Variety and Egyptian Literature, in: Antonio Loprieno (Hg.), *Ancient Egyptian Literature. History and Forms*, PdÄ 10, Leiden etc. 1996, 515–529.

Lurson 2000 = Benoit Lurson, Symétrie axiale et diagonale, *GM* 176, 2000, 81–84.

Moers 1999 = Gerald Moers, Travel as narrative in Egyptian literature, in: Gerald Moers (Hg.), *Definitely: Egyptian literature*, LingAeg StudMon 2, Göttingen 1999, 43–61.

Moers 2008 = Gerald Moers, Zur Relevanz der Namensliste des pChester Beatty IV, in: Carsten Peust (Hg.), *Miscellanea in honorem Wolfhard Westendorf*, GM Beiheft 3, Göttingen 2008, 45–52.

Moers 2009 = Gerald Moers, Der „Autor" und sein „Werk", in: Dieter Kessler, Regine Schulz, Martina Ullmann, Alexandra Verbovsek u. Stefan Wimmer (Hg.), *Texte – Theben – Tonfragmente. Festschrift für Günter Burkard*, ÄAT 76, Wiesbaden 2009, 319–332.

Moers 2013 = Gerald Moers, Vom Verschwinden der Gewissheiten, in: Gerald Moers, Kai Widmaier, Antonia Giewekemeyer, Arndt Lümers u. Ralf Ernst (Hg.), *Dating Egyptian Literary Texts*, LingAeg StudMon 11, Hamburg 2013, 3–69.

Montet 1925 = Pierre Montet, *Les scénes de la vie privée dans les tombeaux égyptiens de l'Ancien Empire*, Publications de la Faculté des Lettres de l'Université de Strasbourg 24, Strasbourg 1925.

Morales 2017 = Antonio J. Morales, *The transmission of the Pyramid Texts of Nut. Analysis of their distribution and role in the Old and Middle Kingdoms*, SAK-Beiheft 19, Hamburg 2017.

Morenz / Schorch 2007 = Ludwig D. Morenz u. Stefan Schorch (Hg.), *Was ist ein Text? Alttestamentliche, ägyptologische und altorientalische Perspektiven*, Beihefte zur Zeitschrift für die alttestamentliche Wissenschaft 362, Berlin 2007.

Morenz 1996 = Ludwig D. Morenz, *Beiträge zur Schriftlichkeitskultur im Mittleren Reich und der 2. Zwischenzeit*, ÄAT 29, Wiesbaden 1996.

Morenz 2008 = Ludwig D. Morenz, *Sinn und Spiel der Zeichen*, pictura & poësis 21, Köln / Weimar / Wien 2008.

Morenz 2011 = Ludwig D. Morenz, Das Drama des Schiffbruchs und seine poetische Inszenierung. Zur Bedeutung des „Holzes" in der Erzählung des Schiffbrüchigen, *GM* 230, 2011, 15–17.

Morenz 2013 = Ludwig D. Morenz, *Kleine Archäologie des ägyptischen Humors*, BÄB 3, Berlin 2013.

Omlin 1973 = Joseph A. Omlin, *Der Papyrus 55001 und seine Satirisch-erotischen Zeichnungen und Inschriften. Catalogo del Museo Egizio di Torino*, Turin 1973.

Parkinson 2002 = Richard Bruce Parkinson, *Poetry and Culture in Middle Kingdom Egypt*, London / New York 2002

Parkinson 2009 = Richard Bruce Parkinson, *Reading ancient Egyptian Poetry*, Oxford 2009.

Petersmarck 2012 = Edina Petersmarck, Die Kemit. Ostraka, Schreibtafel und ein Papyrus, GM Beiheft 12, Göttingen 2012.

Peust 1999 = Carsten Peust, Das Napatanische, Monographien zur Ägyptischen Sprache 3, Göttingen 1999.

Peust 2013 = Carsten Peust, The stemma of the story of Sinuhe or: How to use an unrooted phylogenetic tree in textual criticism, *LingAeg* 20, 2013, 209–220.

Pinarello 2015 = M. S. Pinarello, *An Archaeological Discussion of Writing Practice*, GHP Egyptology 23, London 2015.

Popko 2013 = Lutz Popko, Eine Charakteristik des Schreibers in pLansing 7,7–8,1?, *GM* 237, 2013, 87–92.

Pries 2015 = Andreas Pries, Andere Leser, andere Lehren: Miszellen zum antiken und rezenten Umgang mit der ägyptischen Schrifttradition, *SAK* 44, 2015, 301–319.

Pusch 1990 = Edgar B. Pusch, Metallverarbeitende Werkstätten der frühen Ramessidenzeit in Qantir-Piramesse / Nord, *Ä&L* 1, 1990, 75–113.

Quack 1994 = Joachim Friedrich Quack, *Die Lehren des Ani*, OBO 141, Freiburg / Göttingen 1994.

Quack 2011 = Joachim Friedrich Quack, Textedition, Texterschließung, Textinterpretation, in: Alexandra Verbovsek, Burkhard Backes u. Catherine Jones (Hg.), *Methodik und Didaktik in der Ägyptologie. Herausforderungen eines kulturwissenschaftlichen Paradigmenwechsels in den Altertumswissenschaften*, Ägyptologie und Kulturwissenschaft 2, München 2011.

Quack 2016 = Joachim Friedrich Quack, Die Furcht vor dem Meer und der Tod im Nil. Wasserangst im Alten Ägypten, in: Alexander Berner, Jan-Marc Henke, Achim Lichtenberger, Bärbel Morstadt, u. Anne Riedel (Hg.), *Das Mittelmeer und der Tod. Mediterrane Mobilität und Sepulchralkultur*, Mittelmeerstudien 13, Paderborn 2016, 385–433.

Quecke 1977 = Hans Quecke, Ich habe nichts hinzugefügt und nichts weggenommen. Zur Wahrheitsbeteuerung koptischer Martyrien, in: Jan Assmann, Erika Feucht u. Reinhard Grieshammer (Hg.), *Fragen an die altägyptische Literatur. Studien zum Gedenken an Eberhard Otto*, Wiesbaden 1977, 399–416.

Quirke 2004 = Stephen Quirke, *Egyptian Literature 1800 BC*, GHP Egyptology 2, London 2004.

Quirke 2013 = Stephen Quirke, *Going out in Daylight: The Egyptian Book of the Dead – translation, sources, meanings*, GHP Egyptology 20, London 2013.

Quirke 2016 = Stephen Quirke, Who writes the Literary in Late Middle Kingdom Lahun?, in: Kim Ryholt u. Gojko Barjamovic (Hg.), *Problems of Canonicity and Identity Formation in Ancient Egypt and Masopotamia*, CNIP 43, Kopenhagen 2016, 125–152.

Rashwan i. Dr. = Hany Rashwan, Ancient Egyptian Image-Writing: Between the Unspoken and Poetic Untranslatability, in: Matthew Reynolds (Hg.), *Prismatic Translation*, Transcript 10, Cambridge 2019 (im Druck).

Reiner / Gipe / Martin 1982 = Carl Reiner, George Gipe, Steve Martin, Dead Men Don't Wear Plaid, Los Angeles (Hollywood) 1982.

Roccati 2003 = Alessandro Roccati, Response to J. Baines, in: Zahi Hawass u. Lyla Pinch Brock (Hg.), *Egyptology at the Dawn of the Twenty-first Century. Proceedings of the Eighth International Congress of Egyptologists Cairo, 2000*, Kairo / New York 2003, 38–44.

Scheel 1988 = Bernd Scheel, Fundobjekte einer ptolemäerzeitlichen Metallverarbeitungsstätte in Theben und Vergleichsfunde anderer vorderorientalischer Ausgrabungsplätze, *SAK* 15, 1988, 243–254.

Schenkel 2005 = Wolfgang Schenkel, *Tübinger Einführung in die klassisch-ägyptische Sprache und Schrift*, Tübingen 2005.

Schulman 1979 = Alan R. Schulman, *Ṯ3rt*: Cabin, Forecastle, Inclosed Structure, *BES* 1, 1979, 29–40.

Seibert 1967 = Peter Seibert, *Die Charakteristik. Untersuchungen zu einer altägyptischen Sprechsitte und ihren Ausprägungen in Folklore und Literatur. Teil I. Philologische Bearbeitung der Bezeugungen*, ÄA 17, Wiesbaden 1967.

Sikora 2015 = Uwe Sikora, Amunnacht, Sohn des Ipuy als Autor der *Lehre des Amunnacht*. Ein Artefakt ägyptologischer Beschreibungspraxis, in: Gregor Neunert, Henrike Simon, Alexandra Verbovsek u. Kathrin Gabler (Hg.), *Text: Wissen – Wirkung – Wahrnehmung. Beiträge des vierten Münchener Arbeitskreises Junge Aegyptologie (MAJA 4)*, GOF IV.59, Wiesbaden 2015, 191–207.

Simon 2013 = Heike Simon, *„Textaufgaben". Kulturwissenschaftliche Konzepte in Anwendung auf die Literatur der Ramessidenzeit*, SAK Beihefte 14, Hamburg 2013.

Spalinger 2006 = Anthony Spalinger, The Paradise of Scribes and the Tartarus of Soldiers, in: Athony Spalinger, *Five Views on Egypt*, LingAeg StudMon 6, Göttingen 2006, 5–49.

Stauder 2013 = Andréas Stauder, *Linguistic Dating of Middle Egyptian Literary Texts*, LingAeg StudMon 12, Hamburg 2013.

van der Walle 1947 = Baudouin van der Walle, Le thème de la Satire des Métiers, *CdE* 22, 1947, 61–67.

Verly 2017 = Georges Verly, Khety or the Satire of Trades, mud and experimantal archaeology. The use of mud as protection by metallurgists in Pharaonic Egypt, *GM* 252, 2017, 135–144.

Vernus 1985 = Pascal Vernus, 'Ritual' sDm.n.f and some Values of the 'Accompli' in the Bible and the Koran, in: Sarah Israelit-Groll (Hg.), *Pharaonic Egypt, the Bible and Christianity*, Jerusalem 1985, 307–316 (non vidi).

Vernus 1996 = Pascal Vernus, Langue litteraire et diglossie, in: Antonio Loprieno (Hg.), *Ancient Egyptian Literature. History and Forms*, PdÄ 10, Leiden etc. 1996, 555–564.

Vernus 2013 = Pascal Vernus, Literary exploitation of a craftman's device, in: Gianluca Miniaci und Wolfram Grajetzki (Hg.), *The World of Middle Kingdom Egypt (2000–1550 BC)*, MKS 2, London 2016, 249–255.

Vernus 2016 = Pascal Vernus, L'écrite et la canonicité dans la civilisation pharaonique, in: Kim Ryholt u. Gojko Barjamovic (Hg.), *Problems of Canonicity and Identity Formation in Ancient Egypt and Masopotamia*, CNIP 43, Kopenhagen 2016, 271–347.

Vonk 2015 = Thomas Vonk, Von Betrügern und schimpfenden Hirten, *GM* 245, 2015, 79–93.

van Walsem 2013 = René van Walsem, Diversification and variation in Old Kingdom funerary iconography as the expression of a need for 'individuality', *JEOL* 44 (2012–2013), 2013, 117–139.

Werning 2008 = Daniel Werning, Aspect vs. relative tense, and the typological classification of the Ancient Egyptian sDm.n=f, *LingAeg* 16, 2008, 261–292.

Westendorf 1973 = Wolfhart Westendorf, Eine Formel des Totenbuches als Schreibfehler in der „Lehre des (Dua-)Cheti, *GM* 5, 1973, 43–45.

Widmaier 2013 = Kai Widmaier, Die Lehre des Cheti und ihre Kontexte, in: Gerald Moers, Kai Widmaier, Antonia Giewekemeyer, Arndt Lümers und Ralf Ernst (Hg.), *Dating Egyptian Literary Texts*, LingAeg StudMon 11, Hamburg 2013, 483 – 557.

Wilson 1955 = John A. Wilson, The Satire on the Trades, in: James B. Pritchard (Hg.), *Ancient Near Eastern Texts Relating to the Old Testament*, 2. Aufl., Princeton 1955, 432–434.

Winand 2006 = Jean Winand, *Temps et aspect en égyptien*, PdÄ 15, Leiden / Boston / Köln 2006.

Žába 1956 = Zbyněk Žába, *Les maximes de Ptahhotep*, Prag 1956.

Eine kurze Geschichte der pharaonischen Kunst

Von den Anfängen bis zur Gegenwart*

1. Epoche und Gestaltung

1.1

Der Titel des Beitrags mag den Leser etwas ratlos lassen, worum es eigentlich gehen soll – und das ist natürlich beabsichtigt. Doch soll tatsächlich eine (sehr kurze) Geschichte der Kunst erzählt werden, eine Geschichte, die eigentlich zwei Geschichten sind.[1] Die der „ägyptischen" Kunst und die der „pharaonischen" Kunst. Genau genommen wird es hier aber um die Zweite gehen.

Eine Geschichte der „ägyptischen" Kunst nämlich wäre schwerlich kurz zu fassen. Es wäre die Geschichte einer Kunst bzw. eigentlich die vielen Geschichten von Kunstwerken, die auf dem Territorium geschaffen wurden und werden, das wir heute als Ägypten bezeichnen. Einer Kunst also, die auf eine der weltweit am längsten belegten und so auch erzählbaren Tradition der künstlerischen, d.h. auf ästhetisches Reflektieren und Erleben gerichteten Auseinandersetzung von Menschen mit sich und ihrer Umwelt zurückblicken kann: von Tempeln bis zu Kirchen und Moscheen, von Pharaonenstatuen bis zu Monumenten für Unabhängigkeit und *nation building*, von enigmatischen Zierinschriften in Hieroglyphen bis zur arabischen Kalligraphie. Und doch wird diese „ägyptische" Kunst häufig nicht als eine solche betrachtet. Eher rechnet man die genannten künstlerischen Reflektionen ganz verschiedenen Epochen zu: der Antike, dem Mittelalter, der Neuzeit und der Moderne. Es werden die Brüche betont und nur gelegentlich wird versucht, die Kontinuitäten zu erkennen. Es werden in sich geschlossene Epochen konstruiert und als „Survivals" oder „Zitate" aufgefasst, was aus der einen in die andere Epoche reicht.[2]

Dass dem so ist, jedenfalls in der westlichen Reflektion, zeigt paradoxer Weise auch ein Blick in ein beliebiges Buch zur „Ägyptischen Kunst" und ein beliebiges „Ägyptisches Museum". Hier wird nämlich genau *nicht* die Geschichte der „ägyptischen Kunst" erzählt, sondern eigentlich die zweite – und sozusagen *nur* die zweite – Geschichte zelebriert. Oft genug kommt diese zwar als *die* Geschichte der ägyptischen Kunst daher,[3] tatsächlich aber ist es die Geschichte einer Epoche. Es ist die Geschichte der Kunst *Alt*ägyptens. Doch ist das Verfahren durchaus berechtigt. Diese Kunstrichtung hat etliche Eigenheiten, die sie fundamental von der anderer Kunstrichtungen unterscheiden: ein besonderer Umgang mit der Perspektive z.B., der als die geradansichtig-vorstellige Sehweise oder Aspektive bezeichnet wird[4] (Abb. 1); die Verwendung besonderer ikonographischer Elemente,

---

* Der Artikel fußt auf Ergebnissen des Bonner Projektes zur Authentizität, die in Fitzenreiter et al. 2014 und Fitzenreiter 2014 publiziert sind. Konkret geht er auf einen Vortrag zurück, den ich im Oktober 2014 in Leipzig zur Eröffnung der Ausstellung „Kopiert – Gefälscht – Verkitscht. Altägypten neu" halten durfte. Ich danke dem Kustos des Ägyptischen Museums – Georg Steindorff – der Universität Leipzig, Dietrich Raue und allen Leipziger Kollegen nicht nur für diese schöne Gelegenheit, sondern insbesondere für den außerordentlich kollegialen Umgang, und dies wieder nicht nur während meiner Zeit im „Partnermuseum" der Universität Bonn.

1 *Geschichte* wird hier im Sinne von Fitzenreiter 2009 als die narrative Verknüpfung disparater *Vorfälle* angesehen, denen durch diese Erzählung eine besondere Bedeutung als sinnvoll miteinander verbundene *Ereignisse* zugeschrieben wird. Im Fall von (bildender) Kunst sind diese *Vorfälle* – wie bei jeder Objekt-Geschichte – die Kunstwerke selbst, die hier und da aufgefunden werden und deren scheinbarer Zusammenhang eine (möglichst spannende und erbauliche) *Geschichte* zu erzählen bemüht ist.

2 Das trifft zumindest für alle größeren, im „Westen" erschienen Werke zur Kunstgeschichte zu, die sich der Weltkunst widmen (sofern diese überhaupt die jüngeren Perioden der ägyptischen Kunst berücksichtigen und nicht nur Altägypten als Vorstufe der „abendländischen" Kunst abhandeln); etwa: Gombrich 1952; Hamann 1955; Akademie der Künste der UdSSR 1961.

3 So etwa: Wolf 1957: „Die Kunst Aegyptens. Gestalt und Geschichte".

4 Brunner-Traut 1963; Vomberg 2004, 33–56 (schlägt den Begriff „Objektive" vor); Baines 2007, 207–235.

wie z.B. bestimmter Kronen oder des Königskopftuchs[5] (Abb. 2); natürlich die vielfältige Verwendung der Hieroglyphen[6] (Abb. 3) und die Gestaltung bestimmter Sujets, Motive und Bildgegenstände[7] (Abb. 4).

Abb. 1: Pharaonische Perspektive. Paul Gaugin, Te Matete (Le marché) 1892 (Foto: The Yorck Project: 10.000 Meisterwerke der Malerei. DVD-ROM, 2002. ISBN 3936122202. Distributed by DIRECT-MEDIA Publishing GmbH., Gemeinfrei, <https://commons.wikimedia.org/w/index.php?curid=151281>).

Abb. 2: Pharaonische Ikonographie. Hans Makart, Altaegyptische Tänzerin (aus: Georg Ebers, Aegypten in Bild und Wort dargestellt von unseren ersten Künstlern, Zweiter Band, Stuttgart / Leipzig, 1880, 279).

Die Unterscheidung der zwei Geschichten ist eine der Methodik. Liegen der ersten Geschichte *Epochen* zugrunde, so sind es bei der zweiten *Merkmale der Gestaltung*. Und bei dieser zweiten Kategorie möchte ich im Folgenden bleiben und alles Reden von Epochen sei für *diese* Geschichte zurückgestellt. Für diese Geschichte möge gelten: Bildende Kunst ist eine ästhetisch geprägte Reflektion, die sich über Eigenheiten der bildnerischen Gestaltung kategorisieren lässt.[8] So, wie wir für die Neuzeit z.B. vom Klassizismus, Impressionismus, Kubismus und diversen weiteren -ismen sprechen und damit unterschiedliche Modi der künstlerischen Gestaltung meinen.[9] Etwas anders formuliert heißt das, Kunst als ein Zeichensystem zu beschreiben.[10] Kunst lässt sich über Merkmale typologischer, stilistischer, modaler und ikonographischer Art erfassen und ordnen. All' diese Merkmale können als Zeichen auftreten und bestimmte Botschaften bergen; im hier interessierenden Zusammenhang vor allem die Botschaft „pharaonisch" zu sein.[11] Da dieses die oder wenigstens eine zentrale Botschaft aller in dieser Art gestalteten Kunstwerke ist, möchte ich sie unter dem Begriff der „pharaonischen Kunst" zusammenfassen.

1.2.

Was bis hier vielleicht etwas akademisch wirkt, lässt sich gerade an der Entstehung der „pharaonischen Kunst" sehr schön illustrieren. Sie ist nicht plötzlich dagewesen, auch nicht in Ägypten, nicht einmal in *Alt*ägypten. Es gab dort in antiker Zeit Formen der ästhetischen Reflektion, die nicht „pharaonisch" sind (Abb. 5). Und es gab

5 Abubakr 1937; Wildung 1984; Collier 1996.
6 Fischer 1977; Assmann 1988; Baines 2007, 281–297.
7 Davis 1989; Morenz 2014.
8 Ebenso lassen sich Literatur, Musik, Tanz und andere Formen der künstlerischen Reflektion über die Art und Weise der Gestaltung dieser Reflektion kategorisieren; Literatur über die Gestaltung mittels der Sprache (und, im Grenzbereich zur bildenden Kunst, der Schrift), Musik über den Klang / Ton; Tanz über Bewegung etc.
9 Zum Zusammenhang von Stil, Modus und Stilepoche: Białostocki 1966.
10 Kaemmerling 1994.
11 Der Vorsicht halber sei an dieser Stelle nur angemerkt, dass *Zeichen* niemals mit *Bedeutung* verwechselt werden darf. Welche Bedeutung ein Zeichen letzten Endes für wen und in welcher Situation hat – das zu erfassen ist ein weites Feld (Eco 1977). Das Zeichen ist leicht erfasst und beschrieben, „was der Künstler damit sagen will", steht auf einem anderen Blatt (bzw. vielen Blättern).

Abb. 3: Pharaonische Hieroglyphen. Inschrift an der „Eispyramide“ im Neuen Garten in Potsdam; um 1800 (Foto: M. Fitzenreiter).

Abb. 4: Pharaonisches Sujet: Sphinx, Františkovy Lázně / Franzenbad, Casino, um 1850 (Foto: M. Fitzenreiter).

und gibt solche nicht-„pharaonischen“ Künste natürlich danach. Die ägyptische Kunst der Spätantike, des Mittelalters und der frühen Neuzeit ist weitgehend nicht-pharaonisch; die der Modere ist es hingegen durchaus. Aber beginnen wir mit dem „davor“.

Barry Kemp hat die frühe, nicht-pharaonische Kunst mit dem Begriff des „Präformalen“ beschrieben.[12] Damit charakterisiert er Werke, die nicht dem Formen- und Merkmalskanon dessen entsprechen, was sich in der folgenden Elitekultur durchsetzt. Denn das für die „pharaonische Kunst“ typische Zeichensystem – Aspektive, Ikonographie, bestimmte Motive usw. – wird erst im Zuge der Konstitution des frühen ägyptischen Staates an der Residenz der Pharaonen entwickelt, nicht zufällig zusammen mit dem Zeichensystem der Schrift. Deren Bildhaltigkeit steht nämlich bis heute in engester Beziehung zur pharaonischen Kunst; Hieroglyphen sind ganz allgemein als ein Teil von deren Merkmalssystem anzusehen, man mag sogar behaupten: als das zentrale Element.

Abb. 5: Altägyptische nicht-pharaonische Kunst. Schale von der Qubbet el-Hawa mit Mischung aus formalen und nicht-formalen Bildelementen; Ton, Malerei, um 2000 v. u. Z.[13] (Ägyptisches Museum der Universität Bonn QH 0/1257; Foto: Ägyptisches Museum der Universität Bonn).

12 Kemp 1989, 64–107. Wichtig, auch im Zusammenhang mit dem Thema dieses Aufsatzes ist es festzuhalten, dass Merkmale der „präformalen“ Kunst durchaus die gesamte pharaonische Epoche hindurch neben denen der „pharaonischen“ existieren und so eine eigene, synchron mit dieser interferierende Kunstströmung generieren, mal als Stilprovinz in enger Anlehnung an das „Formale“, mal als prinzipiell autonomes Zeichensystem.

13 Morenz 2012.

Ohne an dieser Stelle zu sehr in die Details gehen zu wollen – denn es soll sich ja um eine *kurze* Geschichte der pharaonischen Kunst handeln – sei festgehalten: Das Merkmals- und damit Zeichensystem der „pharaonischen Kunst" ist nichts anderes, als das der Residenzkultur des Alten Reiches. Namentlich ist es ein Repertoire an stilistischen Lösungen und Bildmotiven, das in der kulturell ungemein produktiven Periode von der 3. bis zur 6. Dynastie erarbeitet wurde, mit einem Höhepunkt in der 4. Dynastie.[14] Dabei wurde ein neues Zeichensystem nicht nur erarbeitet sondern – und hier liegt die große kulturelle Potenz – es wurde zugleich *formalisiert*. D.h., die Zeichen wurden in reproduzierbare Normen gegossen.

Der Erfolg gerade dieser Formalisierung war durchschlagend. Beginnend in der 5. Dynastie und massiv dann in der 6. Dynastie werden die Ausdrucksformen dieser am Pharaonenhof formalisierten Residenzkunst in das gesamte Ägypten implementiert.[15] Was von nun an für über zweitausend Jahre an künstlerischem Schaffen zu beobachten ist: Es geschieht *immer* in Auseinandersetzung mit dem Repertoire, welches die Residenzkultur des Alten Reiches entwickelt hatte.[16] Man verfeinert, man interpretiert, man negiert – aber man steht in der Schuld des seinerzeit geprägten Zeicheninventars.

Bereits die Residenzkunst des Mittleren Reiches greift demonstrativ das Zeichenrepertoire der Residenzkunst des Alten Reiches auf[17] und spätestens ab dem Neuen Reich lässt sich beobachten, dass die ägyptischen Künstler diese Prägung durch ein spezifisches Inventar wahrnehmen und sich dazu auch bekennen. Es häufen sich die Beispiele, in denen das tradierte Merkmalsinventar nicht einfach reflexartig weitergeführt wird, sondern diese Einbindung in ein Inventar auch reflektiert wird. Wir erkennen Rückbezüge auf Sujets und stilistische Merkmale, erste Belege für bewusstes Kopieren, für ein auch intellektuelles Spiel mit der Erinnerung.[18] Hegelsch gesprochen: Im Neuen Reich wird das „Pharaonische" sich seiner bewusst. Dass der zunehmende Kontakt zur Außenwelt und die Erkenntnis, dass es dort „andere" Künste gibt, dazu beiträgt, ist zu vermuten.

Mit dem sogenannten „Archaismus" als einem charakteristischen Phänomen der künstlerischen Gestaltung im 1. Jahrtausend v. u. Z. ist diese Bewusstwerdung des „Pharaonischen" dann abgeschlossen.[19] Beginnend in der 3. Zwischenzeit, massiv ab der 25. Dynastie finden sich Stil-, Typen- und Ikonographiezitate, die an Vorbilder erinnern *wollen*. D.h., die Schöpfer dieser Werke setzen Rezipienten voraus, denen eine Tradition bewusst ist und die in der Lage sind, das Zitat als solches zu erkennen. Denn nur als erkanntes Zitat lässt dieses sich als bedeutungstragendes Zeichen dechiffrieren. Wenn jemand wie der Bürgermeister von Theben Monthemhat sich in Stil, Typ und Ikonographie ganz verschiedener Perioden darstellen lässt – in der Art des Alten Reiches, des Mittleren Reiches und auch des Neuen Reiches – dann will er damit etwas sagen (Abb. 6). Was immer das sein mag. Die durch das Zeichen kodierte Aussage muss uns im Moment auch nicht besonders interessieren. Wichtig bleibt, dass es bestimmte Zeichen sind, mit denen diese Aussage formuliert wird. Und: dass man diese Zeichen bewusst auswählt und einsetzt. Und: dass man auf Rezipienten hoffen darf, denen diese Zeichen bekannt und für sie lesbar sind.

Erst diese „Selbsterkenntnis" des eigenen, spezifischen Merkmalsapparates lässt auch zu, sich bewusst mit den Merkmalsapparaten anderer Künste auseinanderzusetzen. Genauer gesagt: Erst die „Selbsterkenntnis" des eigenen Merkmalsapparates als „spezifisch", erlaubt überhaupt die Auseinandersetzung mit einem anderen

14 Nicht ohne Grund spricht Stadelmann 1995 vom „strengen Stil" der 4. Dyn. und nimmt damit eine Terminologie der Kunstbeschreibung der Klassischen Archäologie auf, die überhaupt erst zu „Klassik" führt und damit zu dem künstlerischen Zeichensystem, das nicht nur der „klassischen Archäologie" den Namen gab, sondern in diversen Klassizismen fröhlich weiterlebt (Zimmer 2002). Dass diese Kunst, die in der westlichen Ästhetik so gern als die natürliche und eigentliche wahrgenommen wird, auch und vor allem ein formalisiertes und repetierbares System gestalterischer Zeichen ist, bezeugen die polykletschen Waschbrettbäuche.

15 Fitzenreiter im Druck 1.

16 Man darf sogar präzisieren: die Residenzkultur der 3. bis 5. Dynastie. Der extravagante „second style" der 6. Dynastie (Russmann 1995) wurde bereits nicht mehr in den Kanon übernommen und ist selbst als eine Interpretation desselben zu verstehen, wie Jurman 2009, 131, Anm. 111 feststellt.

17 Zu dieser bewussten „Erinnerung": Franke 2007.

18 Deutlich wird dies in der freien Kopie älterer Vorbilder, die sich als freie Kopie erkennen lässt und erkannt werden soll (zu diesem Kriterium der Kopie noch unten). Contra Malek 1992, 66–67, der sich bezüglich solcher Kopien skeptisch äußert; siehe Hofmann 2004, 144–146 für Beispiele im Flachbild und Grajetzki 2003, 78, Fig. 93 für ein Beispiel im Rundbild (Uschebti in Art einer Dienerfigur des Alten Reiches). Siehe auch das besondere Verhältnis, das ein Sohn Ramses' II., der Hohepriester des Ptah von Memphis Chaemwaset, zur Vergangenheit hat und das sich auch im Stil der für ihn geschaffenen Kunstwerke niederschlägt (Gomaà 1973, 61–69).

19 Der Manuelian 1994; Neureiter 1994; Jurman 2009, 129–132; Becker 2012; Jurman 2015.

Merkmalsapparat unter dem Aspekt des „Anderen".[20] Nicht ohne Grund gehen die „Kanonisierung" des pharaonischen Zeichensystems auf der einen und die „Hybridisierung" der Kunst in der Ptolemäerzeit auf der anderen Seite Hand in Hand. Beide Tendenzen sind nämlich Belege dafür, dass eine bestimmte Gruppe von Merkmalen als „typisch pharaonisch" definiert und genau mit diesem Index tradiert wird (Abb. 7).

Die eigentliche „pharaonische Kunst" wird so erst in der Spätzeit als solche geschaffen. Es ist auch dieses Phänomen einer hochgradig selbstreflektiven „pharaonischen" Kunst, das von Platon in den „Nomoi" rezipiert wird und das seitdem leider die Sicht auf die „(alt)ägyptische" Kunst oft genug etwas verstellt hat.[21] Platon – und mit ihm Generationen westeuropäischer Kunsthistoriker – rezipieren nur eine besondere Epoche der ägyptischen Kunstgeschichte: die, in der sich die „pharaonische Kunst" als ein fest gefügtes Zeichensystem etablierte.[22]

Abb. 6: (Selbst-)Bewusste pharaonische Kunst. Darstellungen des thebanischen „Bürgermeisters" Montemhet; alle: 25./26. Dyn., um 650 v. u. Z. – *links:* Relief des Grabherrn und seiner Frau im Stil der Residenzkunst des Alten Reiches (= um 2500 v. u. Z); Kalkstein (Seattle; By Miguel Hermoso Cuesta – Own work, CC BY-SA 4.0, <https://commons.wikimedia.org/w/index.php?curid=40837299>). – *mitte:* Mantelfigur in Stil, Ikonographie und Sujet des Mittleren Reiches (= um 1900 v. u. Z.); Granit, (Berlin, Ägyptisches Museum und Papyrussammlung 17271 (Photo by Szilas in the Neues Museum, Berlin) [Public domain], via Wikimedia Commons). – *rechts:* Relief des anbetenden Grabherrn in Stil und Motiv des Neuen Reiches (= um 1300 v. u. Z.); Kalkstein (Cleveland Museum of Art, Cleveland, Ohio, USA ; By Daderot – Daderot, CC0, <https://commons.wikimedia.org/w/index.php?curid=23402814>).

1.3.

So in die Welt getreten, erlebte die „pharaonische Kunst" ihre erste Blüte im 1. Jahrtausend v. u. Z. und in den Jahrhunderten um die Zeitenwende ihre Internationalisierung. Wie für jede große Kunstrichtung lassen sich nun auch Lokalstile ausmachen. Nicht nur in Ägypten wird das kanonisierte Merkmalsinventar aktiviert und interpretiert; auch andere Kulturprovinzen übernehmen Eigenheiten dieser Stil- und Motivgruppe. Die Ersten sind schon im späten 2. Jahrtausend die Phönizier;[23] die Kuschiten folgen massiv,[24] schließlich Griechen und Römer.[25]

Doch folgt auf diese erste Blüte ein jäher Niedergang. Kaum ein Merkmal des „Pharaonischen" wird in der Spätantike und Byzanz tradiert oder in der mittelalterlichen Kultur des Orients aufgehoben. Nur verschwommene „Erinnerungen" bleiben an eine glorreiche Epoche, die sich in jenem Zeichensystem selbst erkannte. Wenn man in Westeuropa Bilder dieser Erinnerung gestaltet, so ist das „Pharaonische" darin mariginal. Man denke etwa an

20 Das steht im Gegensatz zur produktiven *Adaption* von Merkmalen Anderer in das eigene Zeichensystem, die man genau nicht als fremd und dem eigenen Zeichensystem konträr empfindet. In der ägyptischen Frühzeit scheinen z.B. Merkmale der vorderasiatischen Kunst wie Nischenfassade, Rollsiegel und der „Herr der Tiere" kaum als fremd wahrgenommen worden zu sein, sondern wurden als prestigehaltig dem eigenen Merkmalssystem angegliedert (Sievertsen 2008). Ähnlich fanden die frühen Kuschiten im pharaonischen Merkmalsapparat genau das Zeichensystem, um sich selbst zu „erkennen" (Wenig 1978).

21 Dawydow 1974, 177–183; Davis 1979.

22 Dieser Tendenz zur Formalisierung steht immer die naturalistische Tendenz entgegen, die formalisierte Muster durchbricht und zu individuellen und neuen gestalterischen Lösungen gelangt. Was gelegentlich in eine erneute Formalisierung mündet; siehe hierzu am Beispiel des Motivs der Dickleibigkeit: Fitzenreiter im Druck 2.

23 Busch 2007; zur Stilprovinz des „international style" zuletzt: Sinclair 2017.

24 Wenig 1978.

25 Beck / Bol / Bückling 2005.

die emblematischen Hieroglyphen, die ganz dem Zeichensystem der deutschen Renaissance entsprungen sind (Abb. 8).[26]

Schaut man auf dieses Ende der „pharaonischen Kunst" – und bewusst der „pharaonischen", denn von einem Ende der „ägyptischen Kunst" kann ja nicht die Rede sein – schaut man also auf dieses Verschwinden des pharaonischen Zeichen- oder Merkmalsapparates, dann stellt sich die Frage: Kann eine Kunstrichtung / Stilperiode „verloren" gehen, „sterben"?

Dem Befund nach: ja. Es gab keine „lebendige" Tradierung des „Pharaonischen", allen Survivals und gelegentlichen Zitaten zum Trotz. Das „Pharaonische" war tot.

Zweite Frage: Kann eine Kunstrichtung / Stilperiode „wiederbelebt" werden? Aber ja doch! Im Begriff der *renaissance* ist dieses Phänomen schon lange gefasst.[27] Auch Klassik, Klassizismus, Neo-Klassizismus etc. pp.; all die so beschriebenen Phänomene zeigen: Es kann immer wieder ein bestimmtes Merkmalsrepertoire belebt, ein Zeichensystem re-aktiviert und neu formiert werden.

Abb. 7: (Typisch) pharaonische Kunst. Büste eines Pharao (Bildhauermodell); ptolemäisch Kalkstein, um 200 v. u. Z. (Baltimore Walters Art Museum 2254; Walters Art Museum [Public domain, CC BY-SA 3.0 (<https://creativecommons.org/licenses/by-sa/3.0>) or GFDL (<http://www.gnu.org/ copyleft/fdl.html>)], via Wikimedia Commons).

Abb. 8: Nicht-pharaonische Hieroglyphen. Illustrationen zu einer Ausgabe der Hieroglyphica des Horapollon von 1599. (aus: Hori Apollinis selecta hieroglyphica, Romae: Sumtibus Iulij Franceschini, ex typographia Aloysij Zanetti, 1599, pp. 128–129. Brooklyn Museum Libraries, Wilbur Library of Egyptology, Special Collections, call number PE40 H78 F84. This work is in the public domain in its country of origin and other countries and areas where the copyright term is the author's life plus 100 years or less. <https://therealsamizdat.com/2016/05/30/eco-the-egyptian-alphabet-3/>).

In unserem Fall sei auch zugegeben, dass das „Pharaonische" so ganz tot doch nie war. Als ein sehr allgemeines Zeichen hatte sich wenigstens die Metapher oder Idee „Aegypten" gehalten, nicht zuletzt durch Bibel und die klassischen Autoren.[28] Mit dieser Idee blieb im Westen auch ein diffuses Bündel an Zeichen verbunden; von der „Kornkammer Ägyptens" über den Pharao, Hieroglyphen bis hin zu Isis und Osiris; Kornkammern, Pharaonen, Hieroglyphen, Isiden und Osiriden jedoch mit indifferenter Ikonographie.

Doch wurde diese Ikonographie tatsächlich schrittweise „re-pharaonisiert". Die Kornkammer-Pyramiden werden zu „echten" Pyramiden; Pharaonen ähneln immer mehr denen Altägyptens; die Hieroglyphen, Isis und

26 Mauelshagen 2007; Wildung 2005.

27 Aus ägyptologischer Perspektive diskutiert bei van Walsem 1997, 367–368; Franke 2007, 41–43; vgl. Panofsky 1969.

28 Zur subkutanen Tradierung des „Aegyptischen" in der westlichen Hemisphäre – ich verwende mit Hornung 1999 bewusst diese Schreibung, die für jenen Merkmalsapparat stehen mag, der über die griechisch-römische Adaption als das „Pharaonische" in der westlichen Kultur fortlebt – siehe: Morenz 1969; Hornung 1999; Assmann 2006; Glück / Morenz 2007. Weitaus weniger systematisch erfasst ist bisher die Tradierung des „Pharaonischen" im mittelalterlichen und frühneuzeitlichen Ägypten selbst; siehe aber Haarmann 1991; El Daly 2005; Smith 2007; Heiden 2009; Wickett 2009.

Osiris nähern sich altägyptischen Vorbildern an. Erst nur langsam, mit dem Orientalismus und der westeuropäischen Expansion dann explosionsartig wird eine neues pharaonisches Zeicheninventar konstituiert.[29] Der Napoleonische Empire-Stil kann als die zweite Blüte der „pharaonischen Kunst" seit der Antike bezeichnet werden und von nun an ist der Pharaonismus ein Element der „Weltkunst" im Zeitalter der technischen Revolution, des Kolonialismus und der Globalisierung. Nicht anders als zu Zeiten von Monthemhat oder der Ptolemäer wird das Repertoire an stilistischen Besonderheiten, an ikonographischen Merkmalen, an Sujet und Motiven aus der Zeit des 3. Jahrtausends v. u. Z. herangezogen, imitiert, interpretiert und kommentiert (Abb. 9). Wenn wir von einer kubistischen Kunst in der Moderne sprechen können und damit auf Kriterien der Gestaltung abheben, dann können wir das auch von einer „pharaonischen Kunst".

Abb. 9: Pharaonische Kunst. Mahmoud Mokhtar, Nahdet Masr (Erhebung / Renaissance Ägyptens); Granit, 1920/21 (Kairo, Foto: By FOTO:FORTEPAN / Inkey Tibor, CC BY-SA 3.0, <https://commons.wikimedia.org/w/index.php?curid=51282609>).

2. Das Richtige im Falschen

2.1.

Der kurze Abriss einer „Geschichte der pharaonischen Kunst" könnte hier noch einige weitere ergötzliche Beispiele pharaonischer Bildwerke der Neuzeit bringen und hätte doch wahrscheinlich nicht viel Neues gebracht. Wandelten wir doch auf der Sonnenseite der Kunstgeschichte, der ununterbrochenen produktiven Aneignung schier unendlicher Möglichkeiten der künstlerischen Reflektion und Gestaltung.

Treten wir also aus dem Licht und werfen einen zweiten Blick auf die Nachtblüte der „pharaonischen Kunst" in der Moderne, auf deren – so möchte ich sagen – eigentliche Glanzzeit; schillernd wie alles Nächtliche, vielschichtig, sehr viel anspruchsvoller in Rezeption und Deutung als es die Salonpharaonik etwa des Empire je sein kann. Ist diese Sumpfblüte doch ebenso eng an die sozialen Bedingungen ihrer Epoche geschmiegt, den Kapitalismus, wie sie ein Symbiot der Ägyptologie ist. Willkommen in der Welt der Fälschungen.

Dass dieser Aspekt der pharaonischen Kunst mich etwas mehr fasziniert, als die Pharaonismen im zeitgenössischen Kunstschaffen ganz allgemein, mag mit einer persönlichen Vorliebe für die dunkle Seite der Macht überhaupt zusammenhängen. Es ist aber auch so, dass die Fälschung unter dem Aspekt einer ägyptologischen Forschung und Selbstvergewisserung von besonders hohem Interesse ist. Die Fälschung zieht ihre Kraft nämlich aus der *Archäologisierung* des Phänomens.

Was ist eigentlich eine Fälschung? Eine Fälschung kann nur im Kontrast zu einem Original existieren – so wie umgekehrt ein Original nur in Bezug zu Surrogaten *sein* kann. Ohne diesen Kontrast ist das Original nicht denkbar; das Original braucht die Fälschung wie sein *alter ego*. Bereits in der Antike sehen wir den Kult um das Original

29 Humbert 1989; Curl 1994; Seipel 1994.

heraufdämmern; und dieser Kult kultiviert auch das Phänomen von Kopie, Nachahmung und schließlich – Fälschung.

Kopie und Nachahmung sind *paradoxe* Gegenstände. Sind es doch eigenständige Werke, die genau das nicht sein *wollen*. Sie sollen und wollen als etwas erkannt sein, das sie eigentlich nicht sind, nicht sein dürfen oder können; z.B. wollen römische Kopien als Werke des Polyklet erkannt sein, und doch nicht von seiner Hand;[30] will eine Art-Deco-Nachahmung als Putzset des Tutanchamun erkannt werden (schon durch die sorgfältig kopierte hieroglyphische Inschrift), aber nicht als das von Tutanchamun (Abb. 10).[31] Die Fälschung hingegen ist *straight*: Sie erscheint als Werk des Polyklet und Putzset des Tutanchamun und will das auch sein.

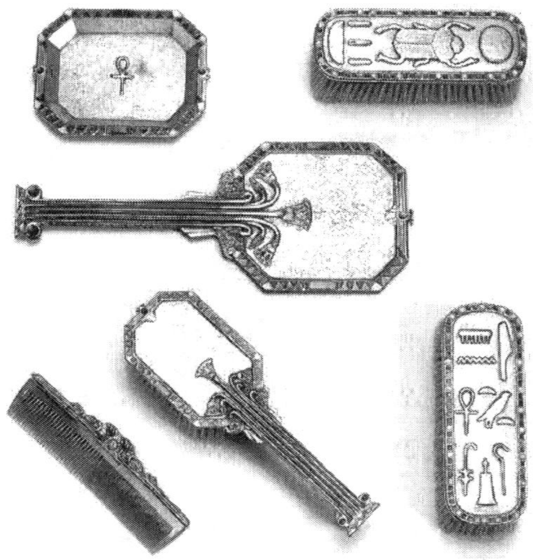

Abb. 10: Pharaonische Nachahmung. Putzset mit den Kartuschenamen des Tutanchamun auf den Bürsten, wobei im Fall des Geburtsnamens das *mn*-Zeichen (eigentlich: ein Spielbrett mit Figuren) auf dem Kopf stehend geschrieben wurde, so dass es wie eine Bürste aussieht; Tiffany, um 1925 (Foto: Seipel 1994, 355, Abb. 7).

Diese bewusste Alters- und Herkunftsverschleierung ist spätestens seit der Renaissance eine Begleiterscheinung der Aneignung des Merkmalsapparates antiker Kunstrichtungen. Fälschungen gibt es natürlich bereits früher. Dass jedoch Dinge geschaffen werden, deren einziger Zweck es ist, so zu tun, als seien sie „alt", kann erst in einer Renaissance passieren, in der bewusst auf einen „alten" Merkmalsapparat und Zeichenvorrat zurückgegriffen wird. Die Fälschung soll dann nämlich selbst aus dem Ursprung dieses Vorrats stammen.[32] Gelegentlich sind es dieselben Künstler, die ganz offiziell nachahmende Werke des Klassizismus schaffen, die ihre Hand verleugnen und einige Objekte als „antik" ausgeben – oft mit dem Ziel zu beweisen, dass sie es so gut können wie die bewunderten Alten. Gelegentlich werden Werke von cleveren Händlern als „alt" ausgegeben, die der Künstler ganz

30 Junker / Stähli 2008.

31 Wie gut die Designer ihr pharaonisches Zeichenrepertoire beherrschten zeigt die ironische Umdrehung der *mn*-Hieroglyphe – vom Spielbrett zur Bürste – die nur Kundigen auffallen kann.

32 Bereits in Altägypten wurden Objekte geschaffen, die sich zumindest in ihren angeblichen Vorlagen als sehr viel älter ausgeben und mit entsprechenden Findegeschichten ausgestattet sind (etwa der Schabaqo-Stein / „Denkmal memphitischer Theologie"; Peust / Sternberg-El Hotabi 2001). In der Regel geht es bei solchen Schöpfungen aber nicht um das so geschaffene Objekt, das als „alt" erkannt werden will, sondern das in ihm präsente Zeichenkonglomerat (Bild, Inschrift etc.), das einen bestimmten, außerästhetischen Zweck erfüllen soll. So etwa die Sehel-Stele / „Hungersnotstele" (Barguet 1953) mit der Abschrift eines angeblichen Dekretes des Pharao Djoser (um 2600 v. u. Z.), die in ptolemäischer Zeit aufgestellt wurde (um 200 v. u . Z.) und dem Chnum-Tempel von Elephantine den Besitz des Dodekaschoinos garantieren sollte. Solche Urkundenfälschungen – die immer eine ältere Urkunde im Jetzt herstellen, um den *Inhalt* vorzudatieren – sind weit verbreitet, stehen aber nicht unmittelbar im Zusammenhang mit der Fälschung als Kunstwerk, in der es allein um das Ding-an-sich geht. Wobei auch in den Fällen von Inhalts-Fälschungen (d.h. der Fälschung von Bedeutung) der Träger des Zeichenkonglomerats oft das hohe Alter „authentifizieren" soll und also doch für sich wirkt (sofern er sich nicht als „Abschrift" o.ä. geriert). Eine Grenzstellung nehmen daher solche Fälschungen ein, mit denen fälschende Forscher eigene Ideen untermauern oder Kollegen blamieren wollen, es also wieder um nicht-ästhetische Inhalte geht, die der Zeichenträger aber beglaubigen soll (dazu: Fitzenreiter et al. 2014, 80–83).

unbefangen als Kopie oder Nachahmung schuf. Und schließlich gibt es Netzwerke aus Künstlern, Händlern, Kennern und Käufern, die ganz bewusst in der grauen Zone des nicht-antiken Antiken agieren. Der Übergang bleibt jeweils dämmerig.

2.2.

Ich erwähnte bereits, dass Fälschungen hier interessieren, weil sie der Archäologisierung der zeitgenössischen Pharaonik entspringen. Und überhaupt steht das Phänomen einer „pharaonischen Kunst" der Moderne in unmittelbarem Zusammenhang mit der Etablierung von Archäologie und – in unserem Fall – Ägyptologie. Ich möchte sogar behaupten, dass die Ägyptologie überhaupt nur der modernen Pharaonik ihre Existenz verdankt. Denn wozu gibt es eigentlich Ägyptologie?

Die erste und zugleich vornehmste Aufgabe der Ägyptologie ist es, der lebendigen Pharaonik als Lieferant eines Reservoires an Zeichen zu dienen. Die Napoleonische Aggression in Ägypten löste mit ihren archäologischen Entdeckungen eine Blüte der Nutzung pharaonischer Gestaltungselemente in der Kunst aus, so, wie es die Entdeckung des Grabes des Tutanchamun im 20. Jahrhundert tat. Eine ganze Generation von Gelehrten erarbeitete ein Vorlagenwerk des Pharaonismus, die berühmte „Description". Bereits mehrere Generationen von Gelehrten arbeiten sich daran ab, die Schätze Tutanchamuns im Original oder als Replik in Endlosschleife unter die Leute zu bringen. Westliche Ägyptologie ist wenig mehr als die Verbreitung des pharaonischen Zeichensystems in der Kultur der Moderne; nicht allein in den bildenden Künsten, sondern praktisch in allen Bereichen der ästhetischen Reflektion und Lebensgestaltung, in Literatur und Musik ebenso, wie in Philosophie und Mystik.

Die zweite, zugleich die bürokratische Aufgabe der Ägyptologie ist es, als Instanz der Authentifizierung zu dienen. „Ist das auch alles echt?" ist die Frage, die Ägyptologen am häufigsten hören. Um als Zeichenrepertoire auch mit der Bedeutung „pharaonisch" wirksam sein zu können, müssen die Zeichen amtlich, institutionell, möglichst sogar staatlich bestallt beglaubigt werden. Hier – im weiten Feld der Authentifizierung – bilden Archäologie und die dunkle Seite der lebendigen Pharaonik eine ganz besondere Symbiose: Die Fälscher werden von ihr über alle nötigen Merkmale der „Echtheit" unterrichtet; die Archäologie bezieht ihre Existenzberechtigung daraus, einen Vorsprung in der Erhebung von Echtheitskriterien zu erarbeiten. Ein durchaus fruchtbarer Wettstreit, für beide Seiten.[33]

Dass dabei beide Seiten dem Zeitgeist verpflichtet bleiben, kann die These von der lebendigen Existenz einer „pharaonischen Kunst" stützen. Nur als Zeitgeistphänomen, als vitale Ausdrucksform des Lebensgefühls einer Epoche, seiner Fragen und seines Gestaltungswillens, kann eine Kunstrichtung Wirkung entfalten. Jeder große Archäologe ist Sprachrohr der Verfasstheit seiner Zeit;[34] und so ist jeder große Fälscher ein Exponent der zeitgenössischen Kunst. Es ist sogar so, dass gerade in den Fälschungen genau das seine endgültige Form findet, was eine Zeit in den Werken der Antike sieht und sehen will. Nirgends wird das deutlicher als bei den wirklich großen Meistern der modernen Fälschung:

Alceo Dossena gestaltet erst wirklich die schroffe Heroik und naive Unmittelbarkeit, die seine Zeit in der frühgriechischen Kunst fand bzw. zu finden meinte.[35] In seinen Werken leuchtet das imaginierte „Frühlicht" der Zivilisation weit eher, als in all dem, was in der griechischen Archaik geschaffen wurde.

Han van Meegeren erfindet die Frühphase des Jan Vermeer, in der sich die verlöschende Salonmalerei des ausgehenden 19. Jahrhunderts und die Düsternis des 20. Jahrhunderts in Form einer monumentalisierten Genremalerei wiederfinden.[36] Es ist kein Wunder, dass gerade entfesselte Kleinbürger wie Museumsdirektoren oder Hermann Göring seine Werke schätzten. Letzteres wurde dem Maler zum Verhängnis. Denn um einer Anklage wegen Kollaboration zu entgehen, musste er sich als Fälscher selbst entlarven. Vor Gericht bewies van Meegeren seine Malweise, wurde von Kollaboration freigesprochen und durch Schadensersatzforderungen der Kleinbürger ruiniert.

Und Oxan Aslanian schließlich, der „Berliner Meister" unter den Ägyptenfälschern, der selbst Heinrich Schäfer täuschte, den Direktor des Berliner Ägyptischen Museums.[37] Aslanian erschuf die „Neue Sachlichkeit" der

33 Kurz 1948; Savage 1963 usw.
34 Trigger 1989, 12–19.
35 Paul 1962, 11–38.
36 Kreuger 2013.
37 Fiechter 2005, 19–34; Fiechter 2009, 94–121.

pharaonischen Kunst: Kopfstücke, etwas zu groß, etwas zu detailverliebt[38] – wie bei Christian Schad; Frauenleiber,[39] etwas zu lasziv, etwas zu morbide – wie bei Otto Dix; dicke Männer,[40] etwas zu hässlich, etwas zu vordergründig – wie bei George Grosz (Abb. 11). Heinrich Schäfer, der seine Anregung zur Beschäftigung mit altägyptischer Kunst aus der Auseinandersetzung mit Primitivismus und Expressionismus gewann, bekam von Aslanian Paradestücke seiner Thesen geliefert, die zudem noch auf sachliche Weise schön waren. Und so fanden sie den Weg in sein berühmtes Buch „Von ägyptischer Kunst".[41] Hüten wir uns, darüber zu lächeln!

Abb. 11: Pharaonische Neue Sachlichkeit. Oxan Aslanian, Männerfigur im Stil des Alten Reiches (= um 2500 v. u. Z.); Holz, um 1925 (aus: Heinrich Schäfer, Von ägyptischer Kunst, 1930, Taf. 46.1).

Abb. 12: Pharaonische Souvenir-Fälschung. Stele als phantasievolles Pasticcio pharaonischer Darstellungskonventionen (Aspektive), pharaonischer Ikonographie (Prücken, Schurz), pharaonischer Hieroglyphen (u.a. Königsnamen von Thutmosis III. und Ramses II.), pharaonischem Sujet: Bildträger (Stele) und Motiv (Person vor Gott?); Ägypten, Kalkstein, vor 1900, aus der Sammlung Gahl-Schoeller (Ägyptisches Museum der Universität Bonn, BoS GS 130; Foto: Ägyptisches Museum der Universität Bonn).[42]

3. Erleben und Versprechen

3.1.

Soweit zu Original, Nachahmung, Kopie und Fälschung und zum Zusammenhang von Archäologie, Zeitgeist und lebendiger Pharaonik. Vielleicht wurde bis hier die „Geschichte der pharaonischen Kunst" um eine Facette erweitert und dabei wurden einige Meister an das von ihnen durchaus gemiedene Licht gezerrt; Meister, deren Werke man inzwischen auch sonst mit neuen Augen sieht. Werke des Han van Meegeren erzielen heute hohe Preise und werden – Negation der Negation – selbst gefälscht! Das mag positiv sein; und doch steckt auch ein Stachel darin.

38 Drenkhahn 2001, 31.
39 Fiechter 2009, 108–109.
40 Schäfer 1930, Taf. 46.1.
41 Schäfer 1930, Taf. 45, 46.1.
42 Fitzenreiter et al. 2014, 151–152.

Kunst ist ja nicht nur eine Frage des Zeichensystems, der geschickten Verwendung formaler Mittel. Es ist durchaus mehr. Kunst ist ein System, in dem Form und Funktion, Produktion und Rezeption, Versprechen und dessen Realisierung und am Ende sogar lebendige Menschen zusammenkommen. Und da klafft ein Widerspruch zwischen der „pharaonischen Kunst" der Moderne, die sich als bewusste Zitierung und Aktivierung des pharaonischen Zeichensystems erkennbar macht, und der finsteren Welt der Fälscher, die genau dieses nicht tun. Die Differenz kann man auch bei aller Bewunderung für die Produktion von Fälschungen nicht übersehen und sollte es auch nicht. Fälschungen missbrauchen das Vertrauen in die Kunst. Tauchen wir also noch etwas tiefer hinein in die dunkle Seite des zeitgenössischen pharaonischen Kunstschaffens.

3.2.

Das Produzieren von Fälschungen ist unmittelbar mit der Nachfrage nach ihnen verbunden und könnte auf ein rein ökonomisches Problem reduziert werden. Und das wird es in der Regel auch; jedenfalls wenn man es auf ein Problem naturwissenschaftlicher Expertise und juristischer Klauseln reduziert. Hier geht es darum, Fälschungen zu entlarven – und loszuwerden.

Aber liegt der Produktion von Fälschungen nicht noch viel mehr zugrunde? Warum wollen Menschen im Grunde genommen betrogen sein? Und warum hat das Betrügen einen so großen Reiz? Warum fälschte schon Michelangelo einen „antiken" Cupido, war also ein Michelangelo, der sich als Michelangelo ausgab, weniger wert als ein Michelangelo, der sich als antik ausgab (jedenfalls zu Beginn seiner Karriere)?[43] Warum lies Anton Raphael Mengs seinen „Jupiter und Ganymed" als antik durchgehen und opferte die Freundschaft mit Johann Joachim Winckelmann?[44] Die Liste wohlklingender Namen, die auch im Fälscherhandwerk unterwegs waren, ließe sich verlängern. Während die Rezipienten von panischer Angst getrieben jeden Blick für die Qualität einer „Fälschung" verlieren, genießt es der Betrüger geradezu, sich und anderen zu beweisen, „dass er es kann". Fälschen ist ein ebenso hochanspruchsvolles wie hochemotionales Metier. Da es aber offenbar nicht die Qualität ist, die über Wert und Unwert von Original und Fälschung entscheidet, sind es wohl die Emotionen, die darüber, und letzten Endes sogar über Wert und Unwert der verantwortlichen Künstler richten. Um dieser emotionalen Seite näher zu kommen, seien zwei Phänomene benannt: das „Authentische" und das „Erleben".

Archäologie ist immer unmittelbar mit dem „Authentischen" verbunden, jener Sehnsucht nach dem „Echten", dem „Un-Verfälschten". Archäologie ist nichts anderes als die Faszination an einem „Alten", das allein aus seinem Alter heraus die Eigenschaft der „Echtheit" gewinnt. Diese Faszination lässt um alles, was „Alt" ist, eine Aura entstehen, in der sich ganz nach Walter Benjamin eine unendliche Ferne bei größter Nähe konstituiert.[45] Egal wie bröselig, kaputt und oll das Objekt ist – wenn es nur eintausend, zweitausend, dreitausend Jahre alt ist, beben wir vor Ergriffenheit. Es ist diese Aura, in der wir Unverstelltheit, Ursprünglichkeit, Unmittelbarkeit zu erleben meinen; kurz: Authentizität.[46]

Unmittelbar mit diesem Kult um das „Authentische" ist damit auch das zweite Phänomen verbunden: die Fetischisierung des „Erlebens". Die Aura realisiert sich nur bei großer Nähe, und das mag nicht nur räumlich gemeint sein. Um dem Authentischen nahe zu sein, auch physisch, besuchen wir Museen. Dafür nehmen wir strapaziöse Reisen zu den 100 Orten auf uns, die man vor dem Tod gesehen haben muss. Und dafür nehmen wir die Hilfe von Authentifizierern in Anspruch, die uns das Erleben lehren und die uns in unserem Erleben bestätigen: kostümierte Wilde einer Safari-Show oder Archäologen mit Hut in einer Fernsehdoku. Deren Hilfe haben wir auch bitter nötig. Denn das Authentische ist ein scheues Reh und nur mit dem Segen des Authentifizierers erlauben wir es uns in einer unübersichtlich gewordenen Welt noch, zu erleben. Die ganze Postmoderne ist ja nichts anderes als das Projekt von Spielverderbern, jede Anmutung von Wahrhaftigkeit als leichtfertiges Konstrukt zu dekonstruieren. Und doch halten wir – ich denke: mit guten Gründen – an der Vision des Authentischen fest und meinen, es gerade in der Kunst zu finden. Dazu muss diese aber ehrlich und aufrichtig sein – und möglichst alt. Wir brauchen nicht das Authentische als Substanz; wir sehnen uns nach dem *Erleben* des Authentischen. Und wir

43 Paul 1962, 38–51.

44 Kunze 2006.

45 Benjamin 1936.

46 Siehe auch den Kult um das „Primitive" in der Moderne, der sich bis in die den Rang von Gesetzen beanspruchende Doktrin der UNESCO und verwandter Lobbyorganisationen finden lässt (<http://www.unesco.de/infothek/dokumente/uebereinkommen/ike-konvention.html>; Zugriff: 04.10.17).

werden sehr ungemütlich, wenn man uns etwas als authentisch unterschieben will, das es wohl gar nicht ist. Wie wir ebenso ungemütlich werden, wenn man uns etwas Liebgewonnenes als nicht-authentisch wieder nehmen will. Nichts fällt tiefer, als eine erkannte Fälschung; doch mit welcher Inbrunst werden verdächtige Werke oft verteidigt, wenn sie denn in besonderer Weise zum Fokus des Erlebens geworden sind![47]

3.3.

Aber was „erleben" wir denn z.B. in einem „Ägyptischen Museum"? Ganz sicher nicht „das Alte Ägypten". Wir erleben das „pharaonische Aegypten" unserer Vorstellung, möbliert mit den Relikten einer alten Kultur; darunter diversen Modellen, Kopien, Nachahmungen – und vielleicht auch Fälschungen? Die ziemlich komplexe Frage nach der Dialektik von Konstruktion und Rekonstruktion, von Imagination und Archäologie bei der Erschaffung Altägyptens durch den europäischen Orientalismus muss hier nicht das Thema sein.[48] Es soll nur festgehalten sein: Das Projekt war erstaunlich erfolgreich, was nicht nur die Blüte der Ägyptologie bezeugt, sondern gerade auch die Blüte von lichter und dunkler pharaonischer Kunst. Und ein Zeichen dieses Erfolges ist ebenso die Existenz „Ägyptischer Museen", das Bedürfnis, solche zu erhalten und sogar neu einzurichten.[49] Denn – so wage ich zu behaupten – es gibt etwas Gutes und Schönes an diesem Projekt, dem wir uns gern aussetzen, das wir zu „erleben" wünschen. Eindrücke von Größe und Erhabenheit, vom Wunderbaren, vom Seltenen, vom Fremden. Kurz: Was wir mit dem Erleben dieses Konstruktes „Aegypten" verbinden, ist ein Kunst- und Kulturerlebnis, ist musisches Erleben. In der klassischen Ästhetik wird dies als ein Projekt der „Verbesserung", der „Läuterung" des (freien) Menschen angesehen[50] und allen Stürmen der Dekonstruktion zum Trotz dürfen wir es wohl immer noch so festhalten: Wir fühlen uns „verbessert", wenn wir den ästhetischen Moment erleben durften, in dem ein Ding seine Aura uns entfaltet.

Und hier nun lauert die Angst vor der Fälschung. Eine Fälschung kann die „Verbesserung" des Menschengeschlechtes durch das Erleben von Authentizität nicht bringen. Daher der tiefe Sturz der entlarvten Fälschung. Eine entlarvte Fälschung kann man nicht mehr „erleben". Solange ein Werk von der Aura der Authentizität umweht war, wurden wir davon tief berührt und gebessert. Seit ihm diese genommen ist, ist es für uns nur noch stumpf und kalt.

Bis... Ja, bis jemand kommt, und dessen „wahre" Geschichte erzählt; z.B. die von Alceo Dossena, Han van Meegeren und Oxan Aslanian und deren Zerrissenheit zwischen Zeitgeist, Kommerz, Mafia, Nazis, Talent und Narzissmus. Dann kann es eine Neuverzauberung geben, eine Re-Aurathisierung. Wir können auch die Fälschung neu und unbefangen als Werk der „pharaonischen Kunst" erleben; eben der der Neuzeit. Die gute *Geschichte* öffnet uns das Herz, um wieder die stilistischen, motivlichen, ikonographischen Feinheiten eines Werkes zu sehen und uns seiner Bedeutung bzw. – gerade bei Werken pharaonischer Kunst – seiner vielschichtigen Bedeutung zu nähern. Solche Geschichten zu erzählen und so das Erleben zu befördern, vom Guten und Bösen, vom Erhabenen und Entsetzlichen – das ist die Aufgabe von Kunstgeschichte(n).

3.4

Es gibt noch eine Ebene des „Erlebens", die im hier interessierenden Zusammenhang zu erwähnen ist: „Erinnerung"; im Französischen so schön: *souvenir.* Dies seltsame Wort hat wie kaum ein anderes die Phantasie der Kulturwissenschaften im späten 20. Jahrhundert angeregt (weit mehr als das Gute und Schöne);[51] hier soll es einmal in seinem sehr kommerziellen Sinne herangezogen werden, als „Andenken" (was durchaus auch ein schillerndes Wort bleibt).[52]

Die Ausführungen hatten bis hier eigentlich nur Spitzenwerke für den hochpreisigen Markt zum Gegenstand, dort, wo es um ein wirkliches Kräftemessen zwischen Expertisen und um viel, viel Geld geht. Ich denke, dass

47 In der Ägyptologie ist ein notorischer Fall die sogenannte Mansoor-Collection (<http://mansooramarnacollection.com/>; Zugriff: 04.10.17). Siehe Fitzenreiter et al. 2014, 106–112.

48 Morenz 1969; MacDonald / Rice 2003; Jeffreys 2003; Fitzenreiter 2007.

49 Es ist nicht zu übersehen, dass gerade in Deutschland z.Z. etliche neue Sammlungen pharaonischer bzw. altägyptischer Objekte öffentlich gemacht werden, sowohl aus institutionellem wie aus privatem Besitz.

50 Dawydow 1974.

51 Assmann 2002; Assmann 2006; Becker 2012, 3–30.

52 Zu dieser Begriffsverschiebung im Deutschen: <https://de.wikipedia.org/wiki/Souvenir> (Zugriff: 04.10.17).

Fälschungen, die es überhaupt bis in diese Liga geschafft haben, dort heute unbeschwert als Kunstwerke gelten dürfen. Im zeitgenössischen Kunstmarkt ist Verarschung System und ich sehe kein Problem darin, wenn arme Millionäre ihre Kohle in diese oder jene heiße Luft stecken. Der Künstler-den-es-nie-gab ist ein Erfolgsmodell der Kunstmarktstrategie im frühem 21. Jahrhundert;[53] aber eigentlich war es bereits im frühen 20. Jahrhundert die Kunst-die-es-nie-gab: Dada, Malewitsch und die Folgen. Doch wie in der zeitgenössischen Kunst auch: Der hochpreisige Kunstmarkt ist nur ein Nebenschauplatz, eine Börse, laut und vulgär, aber ziemlich unwichtig, wenn es um Kunst geht. Kunst findet ganz woanders statt, sozusagen im „richtigen Leben"; nicht „mit dem Rücken zur Kunst" monumentaler Dekorationsmalerei des ornamentalen Salons[54] und beim Stadtmarketing durch diverse Bi-, Tri-, Quart- etc.-ennalen, sondern Angesicht zu Angesicht im Wohnzimmer und den tapferen *grass-roots*-Galerien überall im Lande.

Wo aber ist heute das „richtige Leben" der pharaonischen Kunst, von Kopie, Nachahmung und Fälschung? Nun: Der eigentliche Ort der zeitgenössischen pharaonischen Kunst ist die Andenkenindustrie (Abb. 12).[55] Qualität und auch Preislage der allermeisten Stücke auf diesem Markt sind so, dass dem einigermaßen orientierten Kenner deren Alter und Herkunft recht schnell klar sind. Aber warum werden solche Objekte dennoch nachgefragt? Weil sie uns an das Erleben erinnern, das wir hatten. So, wie uns eine alte Fahrkarte, eine Muschel, ein Madeleine[56] an einen fernen Ort der Erinnerung führt. Wenn wir sie als echt, authentisch, wahr und gut kaufen, dann erinnern sie uns an das Bild von Aegypten in unseren Köpfen, dann sind sie – *pars pro toto* – im eigenen Wohnzimmer Bausteine dieser imaginierten Welt. So, wie es die Stücke in einem „Ägyptischen Museum" auch sind. Wenn wir der These folgen, dass pharaonische Kunst „jetzt" ist, dann ist auch das „pharaonische Ägypten" hier und jetzt und dann gibt es im Inventar dieses Aegypten diverse antike Objekte; es gibt aber auch diverse neuzeitliche Objekte – erst zusammen machen sie Aegypten aber real und erlebbar, weil so das „Pharaonische" einen Platz in unserem Erleben findet. So gesehen: Es gibt das Richtige, weil es eigentlich nichts Falsches gibt.

---

53 Etwa Dirk Dietrich Hennig (<http://www.dirkdietrichhennig.com>), der sich bereits als verschiedene Künstler inszenierte und mit dem (in)existenten „Cupere Institut für Geschichtsintervention" eine virtuelle Plattform des Grenzbereichs von ästhetischer und wissenschaftlicher Reflektion dieses Phänomens geschaffen hat (<http://www.cupere.de>; Zugriff 06.10.17).

54 Ullrich 2000.

55 Stewart 1999, 314, Anm. 8: „W. Golding, *An Egyptian Journal* (London, 1985), quotes an Arabic epithet *pharoni* for comparable products of the souvenir industry." (gemeint ist ein „falsches" Uschebti).

56 Proust 1979, 63–67.

Literaturverzeichnis

Abubakr 1937 = 'Abd El-Monem Joussef Abubakr, *Untersuchungen über die ägyptischen Kronen*, Glücksstadt / Hamburg / New York 1937.

Akademie der Künste der UdSSR 1961 = Akademie der Künste der UdSSR. Institut für Theorie und Geschichte der Bildenden Kunst (Hg.), *Allgemeine Geschichte der Kunst* (7 Bände), Leipzig 1961.

Assmann 1988 = Jan Assmann, Im Schatten junger Medienblüten. Ägypten und die Materialität des Zeichens, in: Hans U. Gumbrecht u. Karl Ludwig Pfeiffer (Hg.), *Materialität der Kommunikation*, Frankfurt a.M. 1988, 141–160 [erneut abgedruckt als: Sprachbezug und Weltbezug, in: Jan Assmann, *Stein und Zeit. Mensch und Gesellschaft im alten Ägypten*, München 1991, 76–92].

Assmann 2006 = Jan Assmann, *Erinnertes Ägypten. Pharaonische Motive in der europäischen Religions- und Geistesgeschichte*, Berlin 2006.

Baines 2007 = John Baines, *Visual & Written Culture in Ancient Egypt*, Oxford 2007.

Barguet 1953 = Paul Barguet, *La Stèle de la Famine, à Séhel*, BdÉ 24, Kairo 1953.

Beck / Bol / Bückling 2005 = Herbert Beck, Peter C. Bol u. Maraike Bückling (Hg.), *Ägypten Griechenland Rom. Abwehr und Berührung* (Ausstellungskatalog Frankfurt a.M.), Tübingen 2005.

Becker 2012 = Meike Becker, *Identität und Krise. Erinnerungskultur im Ägypten der 22. Dynastie*, BSAK 13, Hamburg 2012.

Benjamin 1936 = Walter Benjamin, *Das Kunstwerk im Zeitalter seiner technischen Reproduzierbarkeit* (vier Fassungen 1935–1939). Erstausgabe [franz. Übers.] in: Zeitschrift für Sozialforschung. 1936 (<http://archive.org/details/DasKunstwerkImZeitalterSeinerTechnischenReproduzierbarkeit>; Zugriff: 03.10.2017).

Białostocki 1966 = Jan Białostocki, Das Modusproblem in den bildenden Künsten, in: Jan Białostocki, *Stil und Ikonographie. Studien zur Kunstwissenschaft*, Fundus 18, Dresden 1966, 9–35.

Borchardt 1931 = Ludwig Borchardt, Ägyptische „Altertümer", die ich für neuzeitlich halte, *ZÄS* 66 (Beilage), 1931.

Brunner-Traut 1963 = Emma Brunner-Traut, Nachwort, in: Heinrich Schäfer, *Von ägyptischer Kunst. Eine Grundlage*, 4. Auflage, Wiesbaden 1963, 395–423.

Busch 2007 = Angela Busch, Zur Ikonographie Phönikischer Elfenbeine – Ein Forschungsprojekt, in: Jean-Claude Goyon u. Christine Carden (Hg.), *Proceedings of the Ninth International Congress of Egyptologists – Actes du neuvième congrès international des égyptologues* I, OLA 150.1, Löwen etc. 2007, 251–226.

Collier 1996 = Sandra A. Collier, *The Crowns of Pharao: Their Devolopment and Significance in Ancient Egyptian Kingship*, PhD, Los Angeles 1996.

Curl 1994 = James S. Curl, *Egyptomania. The Egyptian Revival: A Recurring Theme in the History of Taste*, Manchester / New York 1994.

Davis 1979 = Whitney M. Davis, Plato on Egyptian Art, *JEA* 65, 1979, 121–127.

Davis 1989 = Whitney Davis, *The Canonical Tradition in Ancient Egyptian Art*, Cambridge 1989.

Dawydow 1974 = Juri N. Dawydow, *Die Kunst als soziologisches Phänomen. Zur Charakteristik der ästhetisch-politischen Ansichten bei Platon und Aristoteles*, Fundus 33/44, Dresden 1974.

Der Manuelian 1994 = Peter Der Manuelian, *Living in the Past. Studies in Archaism of the Egyptian Twenty-Sixth Dynasty*, Studies in Egyptology, London 1994.

Drenkhahn 2001 = Rosemarie Drenkhahn, Neues aus dem alten Ägypten, in: *geaECHTet*, Kestner-Museum Hannover, Hannover, 2001, 30–39.

Eco 1977 = Umberto Eco, *Zeichen. Einführung in einen Begriff und seine Geschichte*, Frankfurt a.M. 1977.

El Daly 2005 = Okasha El Daly, *Egyptology. The Missing Millennium. Ancient Egypt in Medieval Arabic Writings*, London 2005.

Fiechter 2005 = Jean-Jacques Fiechter, *Faux et faussaires en art égyptien*, Monumenta Aegyptiaca 11, Turnhout 2005.

Fiechter 2009 = Jean-Jacques Fiechter, *Faussaires d'Égypte*, o.O. 2009.

Fischer 1977 = Henry George Fischer, *The Orientation of Hieroglyphs I., Reversals*, Egyptian Studies 2, New York 1977.

Fitzenreiter 2007 = Martin Fitzenreiter, Europäische Konstruktionen Altägyptens – Der Fall Ägyptologie, in: Thomas Glück u. Ludwig Morenz (Hg.), *Exotisch, Weisheitlich und Uralt. Europäische Konstruktionen Altägyptens*, Hamburg 2007, 323–347.

Fitzenreiter 2009 = Martin Fitzenreiter (Hg.), *Das Ereignis. Geschichtsschreibung zwischen Vorfall und Befund*, IBAES X, Berlin / London 2009, Online-Fassung: <http://www2.rz.hu-berlin.de/nilus/net-publications/ibaes10>.

Fitzenreiter 2014 = Martin Fitzenreiter (Hg.), *Authentizität. Artefakt und Versprechen in der Archäologie*, IBAES XV, Berlin / London 2014, Online-Fassung: <http://www2.rz.hu-berlin.de/nilus/net-publications/ibaes15>.

Fitzenreiter et al. 2014 = Martin Fitzenreiter, *Original und Fälschung im Ägyptischen Museum der Universität Bonn, Mit Beiträgen von Sarah Konert, Robert Kuhn, Uta Siffert, Sabrina Weil*, BÄB 4, Berlin 2014.

Fitzenreiter im Druck 1 = Martin Fitzenreiter, Monuments of a Crisis? Funerary Installations of Late Old Kingdom as media, erscheint in den Akten der Konferenz *„Beyond Memphis. The Transition of the Late Old Kingdom to the First Intermediate Period as reflected in Provincial Cemeteries"* (31. August bis 3. September 2017) an der Julius-Maximilians-Universität Würzburg, hgg. von Eva Lange u. Merleen de Meyer.

Fitzenreiter im Druck 2 = Martin Fitzenreiter, Vom Stil zum Motiv – das Bildelement der Dickleibigkeit in der Kunst des Alten Reiches, erscheint in: Caris Beatrice Arnst (Hg.), *Formbetrachtungen I. Zu Typen, Motiven und anderen Gestaltungselementen altägyptischer Kunst.*

Franke 2007 = Detlef Franke, „Erinnern – Dauern – Denkmäler". Restauration und Renaissance im Alten Ägypten, *Imago* 2, 2007, 38–65.

Glück / Morenz 2007 = Thomas Glück u. Ludwig Morenz (Hg.), *Exotisch, Weisheitlich und Uralt. Europäische Konstruktionen Altägyptens*, Hamburg 2007.

Gomaà 1973 = Farouk Gomaà, *Chaemwese. Sohn Ramses' II. und Hohepriester von Memphis*, ÄA 27, Wiesbaden 1973.

Gombrich 1952 = Ernst Gombrich, *Die Geschichte der Kunst*, Köln 1952.

Grajetzki 2003 = Wolfram Grajetzki, *Burial Customs in Ancient Egypt: Life and Death for Rich and Poor*, London 2003.

Haarmann 1991 = Maria Haarmann, *Das moderne Ägypten und seine pharaonische Vergangenheit*, Dissertation, Freiburg i.B., 1991 (Mikrofiche 2001).

Hamann 1955 = Richard Hamann, *Geschichte der Kunst*, 2 Bd., Berlin 1955.

Heiden 2009 = Désirée Heiden, Die Beschützerin der Pforten. Zur apotropäischen Bedeutung pharaonischer Spolien am Beispiel der Moschee des ᶜUtmān Katḫudā (1147/1734) in Kairo, *MDAIK* 65, 2009, 191–209.

Zimmer 2002 = F. Zimmer (Hg.), *Die griechische Klassik. Idee oder Wirklichkeit* (Katalog Berlin), Mainz 2002.

Hofmann 2004 = Eva Hofmann, *Bilder im Wandel. Die Kunst der ramessidischen Privatgräber*, Theben XVII, Mainz 2004.

Hornung 1999 = Erik Hornung, *Das esoterische Ægypten. Das geheime Wissen der Ägypter und sein Einfluß auf das Abendland*, München 1999.

Humbert 1989 = Jean-Marcel Humbert, *L'égyptomanie dans l'art occidental*, Paris 1989.

Jeffreys 2003 = David Jeffreys, *Views of Ancient Egypt since Napoleon Bonaparte: imperialism, colonialism and modern appropriations*, Encounters with Ancient Egypt, London 2003.

Junker / Stähli 2008 = Klaus Junker u. Adrian Stähli (Hg.), *Original und Kopie. Formen und Konzepte der Nachahmung in der antiken Kunst* (Fs Borbein), Wiesbaden 2008.

Jurman 2009 = Claus Jurman, From the Lybian Dynasties to the Kushites in Memphis. Historical Problems and Cultural Issues, in: Gerard P. F. Broekman, Rob J. Demarée u. Olaf E. Kaper (Hg.), *The Libyan Period in Egypt: Historical and Cultural Studies into the 21st–24th Dynasties*, Leiden / Löwen 2009, 113–138.

Jurman 2015 = Claus Jurman, Legitimisation through Innovative Tradition – Perspectives on the Use of Old Models in Royal and Private Monuments during the Third Intermediate Period, in: Filip Coppens, Jiří Janák u. Hana Vymazalová (Hg.), *7th Symposium on Egyptian Royal Ideology. Royal versus Divine Authority. Acquisition, Legitimization and Renewal of Power*, KSGFK 4,4, Wiesbaden 2015, 177–214.

Kaemmerling 1994 = Ekkehard Kaemmerling (Hg.), *Bildende Kunst als Zeichensystem. Ikonographie und Ikonologie. Band 1: Theorien – Entwicklung – Probleme*, Köln 1994.

Kemp 1989 = Barry J. Kemp, *Ancient Egypt. Anatomy of a Civilization*, London / New York 1989.

Kreuger 2013 = Frederik H. Kreuger, *Han van Meegeren Revisited. His Art & a List of his Works*, Fourth enlarged edition, Delft 2013.

Kunze 2006 = Max Kunze, Giovanni Battista Casanova contra Winckelmann, in: Max Kunze (Hg.), *Zwischen Original und Fälschung. Zur Ambialenz der Nachahmung in der Antikenrezeption*, Stendal 2006, 46–56.

Kurz 1948 = Otto Kurz, *Fakes. A Handbook for Collectors and Students*, London 1948.

MacDonald / Rice 2003 = Sally MacDonald u. Michael Rice (Hg.), *Consuming Ancient Egypt*, Encounters with Ancient Egypt, London 2003.

Malek 1992 = Jaromir Malek, A Meeting of the Old and New: Saqqâra during the New Kingdom, in: Alan B. Lloyd (Hg.), *Studies in Pharaonic Religion and Society in Honour of J. Gwyn Griffiths*, EES Occasional Publications 8, London 1992, 57–76.

Mauelshagen 2007 = Franz Mauelshagen, Warten auf Champollion? Oder: Weshalb die ägyptischen Hieroglyphen (nicht) entziffert wurden, in: Thomas Glück u. Ludwig Morenz (Hg.), *Exotisch, Weisheitlich und Uralt. Europäische Konstruktionen Altägyptens*, Hamburg 2007, 57–80.

Morenz 1969 = Siegfried Morenz, *Die Begegnung Europas mit Ägypten*, Zürich / Stuttgart 1969.

Morenz 2012 = Ludwig D. Morenz, Zwischen Ägypten und Nubien – Zwischen Diesseits und Jenseits. Zwischen Mann und Frau – Zwischen Literatheit und Illiteratheit. Überlegungen zu drei außergewöhnlichen Bonner dekorierten Schalen aus dem 3. Jt. v. Chr., *MittSAG – Der Antike Sudan* 23, 2012, 85–90.

Morenz 2015 = Ludwig D. Morenz, *Anfänge der ägyptischen Kunst. Eine problemgeschichtliche Einführung in ägyptologische Bild-Anthropologie*, OBO 264, Fribourg / Göttingen 2014.

Neureiter 1994 = Sabine Neureiter, Eine neue Interpretation des Archaismus, *SAK* 21, 1994, 219–254.

Panofsky 1969 = Erwin Panofsky, *Renaissance and Renascences in Western Art*, New York 1969.

Paul 1962 = Eberhard Paul, *Die falsche Göttin. Geschichte der Antikenfälschung*, Leipzig 1962.

Peust / Sternberg-El Hotabi 2001 = Carsten Peust u. Heike Sternberg-El Hotabi, Das ‚Denkmal Memphitischer Theologie', in: *Texte aus der Umwelt des Alten Testaments*, Gütersloh 2001, 166–175.

Russman 1995 = Edna R. Russmann, A Second Style in Egyptian Art of the Old Kingdom, *MDAIK* 51, 1995, 269–279.

Savage 1963 = George Savage, *Forgeries, Fakes and Reproductions. A Handbook for the Collector*, London 1963.

Schäfer 1930 = Heinrich Schäfer, *Von ägyptischer Kunst. Eine Grundlage*, Leipzig 1930.

Seipel 1994 = Wilfried Seipel (Hg.), Ägypto*manie. Ägypten in der europäischen Kunst 1730 – 1930* (Ausstellungskatalog Wien), Mailand 1994.

Sievertsen 2008 = Uwe Sievertsen, Niched Architecture in Early Mesopotamia and Early Egypt, in: Beatrix Midant-Reynes, Yann Tristant, Joan Rowland u. Stan Hendrickx (Hg.), *Egypt at its Origins 2*, OLA 172, Löwen etc. 2008, 783–805.

Sinclair 2017 = Andrea Sinclair, Iconographic Entanglement in New Kingdom Egyptian Royal Rhetoric: Was the 'International Style' a Nuanced Form of Visual Rhetoric for an Old Office?, in: Susanne Beck, Burkhard Backes u. Alexandra Verbovsek (Hg.), *Interkulturalität – Konflikt – Konzeptualisierung* (BAJA 6), GOF 63, Wiesbaden 2017, 151–174.

Smith 2007 = Martyn Smith, Pyramids in the Medieval Islamic Landscape: Perceptions and Narratives, *JARCE* 43, 2007, 1–14.

Stadelmann 1995 = Rainer Stadelmann, Der Strenge Stil der frühen Vierten Dynastie, in: *Kunst des Alten Reiches. Symposium im DAI Kairo 29. u. 30.10.1991*, SDAIK 28, Mainz 1995, 155–166.

Stewart 1999 = H. M. Stewart, Petrie's *Shabties*: A brief Update, in: Anthony Leahy u. John Tait (Hg.), *Studies on Ancient Egypt in Honour of H. S. Smith*, EES Occasional Publications 13, London 1999, 313–315.

Trigger 1989 = Bruce G. Trigger, *A History of Archaeological Thought*, Cambridge 1989.

van Walsem 1997 = René van Walsem, *The Coffin of Djedmonthufankh in the National Museum of Antiquities at Leiden*, EU 10, Leiden 1997.

Vomberg 2004 = Petra Vomberg, *Das Erscheinungsfenster innerhalb der amarnazeitlichen Palastarchitektur*, Philippika 4, Wiesbaden 2004.

Wenig 1978 = Steffen Wenig (Hg.), *Africa in Antiquity. The Arts of Ancient Nubia and the Sudan* (Ausstellungskatalog Brooklyn Museum), New York 1978.

Wickett 2009 = Elizabeth Wickett, Archaeological Memory, the Leitmotifs of Ancient Egyptian Tradition, and Cultural Legacy of Luxor: The Mulid of Sidi Abu'l Hajjaj al-Uqsori and the Ancient Egyptian „Feast of Opet", *JARCE* 45, 2009, 403–426.

Wildung 1984 = Dietrich Wildung, Zur Formgeschichte der Landeskronen, in: *Studien zu Sprache und Religion Ägyptens. Zu Ehren von Wolfhart Westendorf überreicht von seinen Freunden und Schülern*, Göttingen 1984, 967–980.

Wildung 2005 = Wildung, Dietrich (Hg), *Hieroglyphen: Der Mythos der Bilderschrift von Nofretete bis Andy Warhol*, Köln 2005.

Wolf 1957 = Walter Wolf, *Die Kunst Aegyptens. Gestalt und Geschichte*, Stuttgart 1957.

A Working Class Hero is something to be...

Or: Tji enjoying the Pleasures of Iconology*

And you think you're so clever and classless and free
But you're still fucking peasants as far as I can see
A working class hero is something to be

John Lennon 1970

1. Dedication

The following reflections are, one might say, loosely structured observations on an equally loosely structured topic; a somewhat serendipitous encounter with pictures, inscriptions, space, time, light and even sound in the chapel of Tji. Nevertheless, they are in a way reminiscent of my first personal encounter with René van Walsem during the 1998 conference on "Religion in Context" in Berlin, when we were sitting in the "Luisenbräu" and I was deeply impressed by his ability to build lofty structures out of beer mats. For me, this picture is a kind of parable for what we are doing in Egyptology in our heroic work of building castles in the sand from quite disparate evidence, hoping that the resulting ideas will be stable enough – at least to be a pleasure of inspiration.

2. Tji as a fowler

2.1. Fowling and the clapnet scene

In the tomb of Tji one finds a picture presenting the tomb-owner in quite a surprizing way (Fig. 2).[1] Not sitting behind an offering table, that is to say, behind his desk as a distant supervisor, maybe enjoying music, dance or whatever else happens; or standing idly by overlooking all the busy activities of his peasants. Instead, he is quite personally involved in an economic activity. In a way, Tji, standing in the midst of those busy activities, is styling himself as kind of worker, even a working class hero, leading the others to success (Fig. 1).

Our hero is acting within the classical fowling tableau showing the hunt with a clapnet as a sub-scene, well known in tomb decorations of the Old Kingdom. A look into *MastaBase* reveals that the scene is well attested from the, so far, earliest funerary chapels with fully developed pictorial decoration at Meidum and remains in use at all places and at all times down to the end of the Old Kingdom early state, and – we may add – even beyond.[2] We encounter this scene for the first time in the tombs of the royal family of the 3rd dynasty (Fig. 3) and from this time onwards it forms part of a scene displaying hunting and fishing activities in the marshes.[3] In

---

* I read this paper in Leiden on the 16th of September 2017 at a symposium in honor of René von Walsem on the occasion of his retirement as Lecturer in Egyptology. I want to thank Olaf Kaper for the invitation and of course René who has been an inspiration over all the years. I also want to thank Karol Myśliwiec for encouraging me to publish the text and for his own insightful lecture that day on the subtle motifs in the tombs of West Saqqara (cf. Myśliwiec 2003; Myśliwiec 2011). I thank Paul Whelan for correcting the Denglish (Eaton-Krauss 2011) of my essayistic approach to Anglophony, or better: -scriptony.

1 Steindorff 1913, Taf. 116, 117; Montet 1925, pl. V; Wild 1966, pl. CXX–CXXII; see also the excellent website created by Thierry Benderitter on Osirisnet (<http://www.osirisnet.net/mastabas/ty/e_ty_01.htm>). On the particular picture: Altenmüller 1995, 27–29, stressing the uniqueness of the depiction. Also Staehelin 1966, 11 points to this and so do others.

2 van Walsem 2008, Main theme: Fowling, Subtheme: Hexagonal (clapnet).

3 Harpur 1987, 81, 139–157, 176–204.

early examples, next to the presentation of the tomb owner "watching" (*mȝȝ*) the catch, those catching the birds with the net may themselves be the tomb owner and his or her children. In later examples, nevertheless, mostly anonymous fowlers together with equally anonymous fishermen are presented, only to be observed by the tomb owner (Fig. 4). Netting – birds as well as fish – becomes an *economic* activity in tomb decoration, affirming eternal supply, supervised by the tomb owner who, when he is shown active, is hunting birds with a throw-stick and fish with a spear in a pharaoh-like posture in the *symbolic* activity of smiting evil and affirming his lasting power even after death (Fig. 5).[4] Nevertheless, later examples, e.g. from the Middle Kingdom, may display again the tomb owner himself catching birds with a net without the support of any other person (Fig. 6).[5] That this also is an imitation of a pharaonic attitude we will encounter later.

Fig. 1: Held der Arbeit; from a German t-shirt printer <https://www.spreadshirt.de/image-server/v1/designs/115647182,width=178,height=178/held-der-arbeit-arbeiter.png>

The unique example of Tji, in a way, stands in the middle: The tomb-owner is still involved in person but the work is done by others. And this is what is so fascinating with the picture: the ambiguity of the *economic* and the *symbolic*, of being an *economic* workman and a *symbolic* hero in just one presentation. And maybe it is this intriguing circle of mutual references between what we see and what we understand, between pictorial representation and symbolic meaning, that makes tomb decoration in general so fascinating.[6]

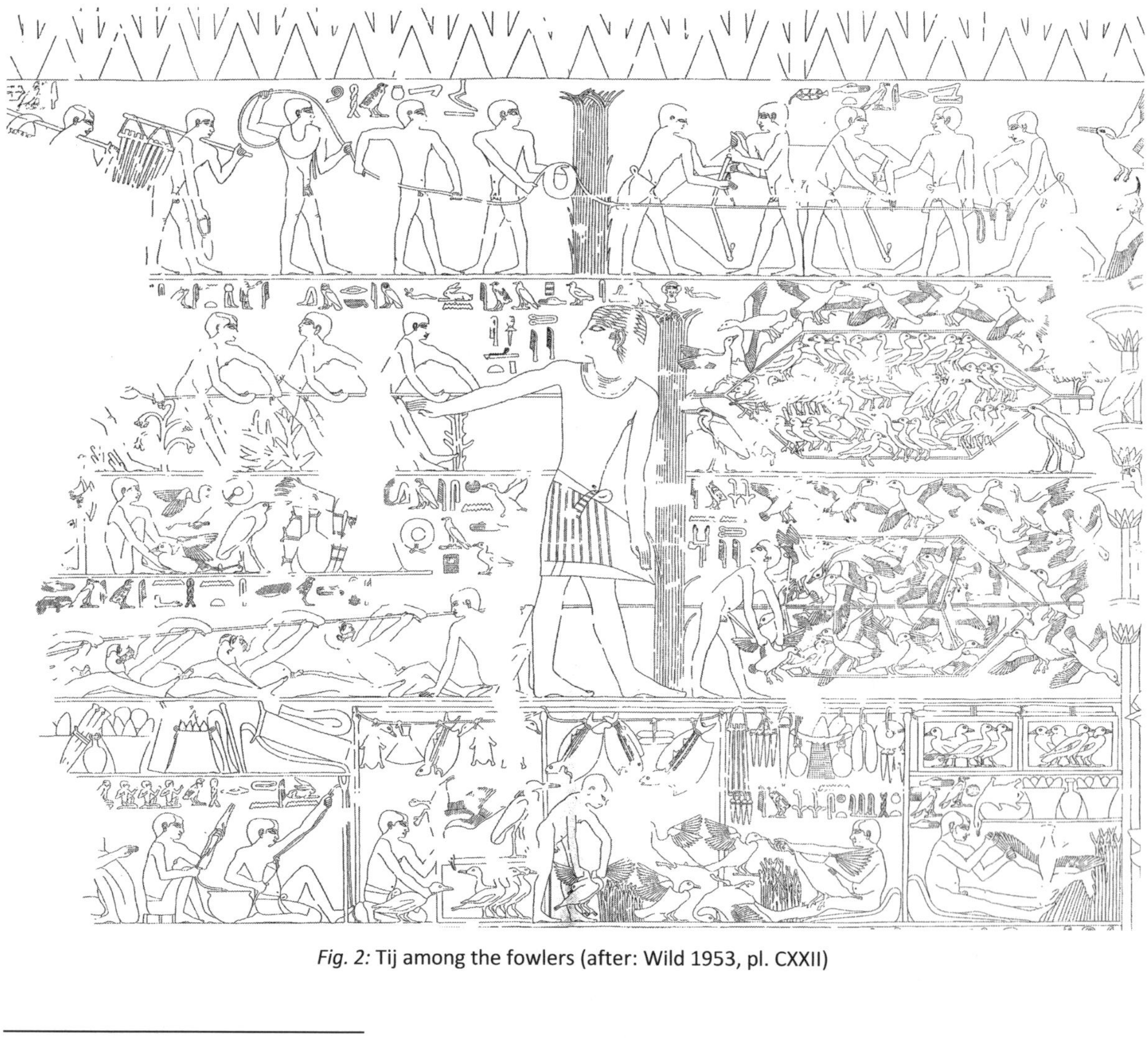

Fig. 2: Tij among the fowlers (after: Wild 1953, pl. CXXII)

4 For the symbolic references see: Feucht 1992; Feucht 1998; Altenmüller 2005.

5 See the examples in: Guglielmi 2013.

6 See for this: van Walsem 2005.

Fig. 3: The tomb owner fowling with a clapnet in front of his wife and children; 3rd dynasty, Meidum, mastaba of Nefermaat and Itet (after: Junker 1955, 65, fig. 2)

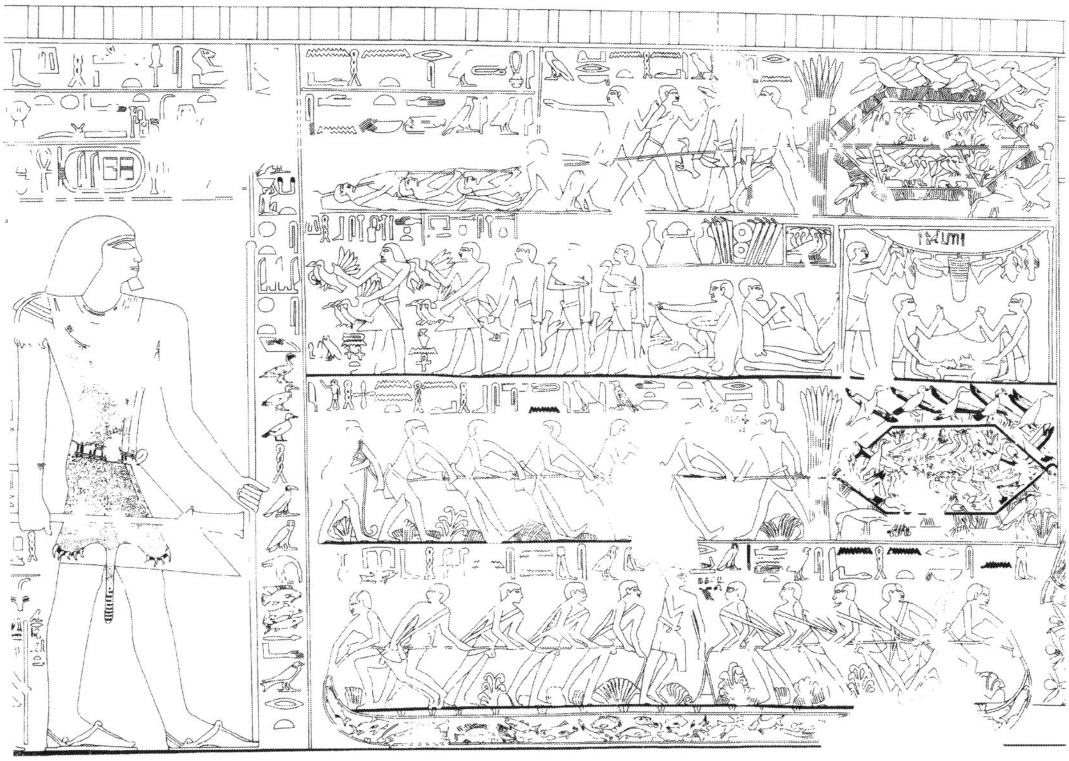

Fig. 4: The tomb owner supervising fowling and fishing, 6th dynasty, Meir, tomb of Pepi-ankh "the middle" (after: Blackman 1924, pl. VIII)

Fig. 5: The tomb owner depicted twice, fishing and fowling with a spear and throw-stick; 5th dynasty, Saqqara, mastaba of Neferiretenef (after: van de Walle 1978, pl. I)

Fig. 6: The tomb owner fowling with a clapnet,
12th dynasty, Beni Hasan, tomb of Chnumhotep (after: Newberry 1893, pl. 43)

2.2 Space and Time

Let us dwell for a moment in the papyrus thicket of fascination and take a look at the formal composition.[7] The elaborate example of a clapnet scene in the tomb of Tji presents the hunt in several pictures, forming sequences, in a way like in a movie or *Bildergeschichte* (Fig. 2). The episode starts at the top and stretches over four registers, each presenting two views, one to the right, one to the left, and in the third strip also two on the left hand side. Thus each strip records – much like a surveillance camera – isochronic activities at different points, and in fact from different angles.

a) The first strip: the net is prepared. To the right, five men are unfolding the net and putting it into position. A large cone or peg is fixed at the rear end and the net itself is stretched out. This is also described in the inscription above: *grg r jꜣd.t* / "setting the net". To the left, hidden by a thicket of papyrus, another five men are preparing to hide; three of them are busy with the rope, as the inscription says: *mꜣꜣ nwḥ* / "inspecting the rope"; two others are bringing some equipment, among which are bunches of pegs meant to fix the net to the ground. From the far right birds are already approaching; they are coming out of a different scene of untamed wilderness that we will look at a bit later.

b) The second strip: On the right birds are amassing on the net in a peaceful way, as expressed by their grouping in regular and ordered patterns. Some others are fluttering around, but in an ordered way too. They are obviously geese and ducks, whereas on the bottom line a heron to the left and a bittern to the right are standing by, somehow watching the things that are about to happen next. And what happens next we see on the left: The fowlers are starting to pull the rope. The second from the right is turning back, saying to his companions:[8] *jm jr=k jm=f wn jw ꜣpdw sꜣ ḥr=f* /"Come, you, with it (or: in it?) fast! The bird(s) is (are) fed up on it!"[9] The other responds: *j jn.t jm=s ///* / "Oh, that what is brought in it (= the net) is ...!"[10]

c) In the third strip the catch is collected: On the right side we see an irregular mass of birds within the net, partly heavily distorted. Others are nervously fluttering around, some trying to escape to the wilderness on the right hand side. One fowler is taking a bird out of the net, pulling its wings together so that it cannot escape, and

7 For a detailed description of the scene and translation of the inscriptions see: Montet 1925, 43–66.

8 The line starts at the head of a man who, turning back, is obviously speaking. Nevertheless, it could also be related to the large depiction of Tji, who himself is turning back and giving the command to pull. This ambiguity most probably is intended since the text is a kind of "translation" of what Tji is commanding by gesture.

9 A problem remains of what the suffix *=f* is referring to since the net (*jꜣd.t*) is feminine; Erman 1919, 37: "komm schnell mit ihm (?), die Vögel sind satt auf ihm" referring to the last suffix as the fodder put in the net to attract the birds. Montet 1925, 59: "Va, toi, hors de lui vite! Il y a assez d'oiseaux sur lui!" without explaining "lui". Since in the register below the neutral demonstrative pronoun (*nn*) is used to designate the catch (*ḥꜣb*) it may be a reference to this: "Come, you, onto it (= the catch) fast! There are fed (= fat) birds on it (= the catch)!"

10 Erman 1919, 37.

explains: *jw nn n kꜣ n Ṯjj* / "This is for the *ka* of Tji!". Another one is sitting on the left side pulling together the wings of a bird, having already treated one like this. Our bittern appears again: it is fastened to a peg behind some equipment. Underneath we see the fowlers, now fallen on their backs, still holding the net tight so as not to let the birds escape. The one on the top bends backwards, saying: *jm j:sḫn ꜣpd* / "Come (and) immobilize the bird(s)!".[11] But the others are still pulling and respond: *jmj ṯw r=s nt(j)-ḥnʿ(=j) jw jꜣd.t ///[dns]* / "Hang you on to it (= the net), (my) companion, the net is ... [heavy]".[12]

d) The fourth strip shows the birds caged and being prepared. This episode links the scene to the other scenes just to its left and below, displaying activities of the "economy of the marshes", specifically rope- and net-making and the catching and preparation of fish. Stages in the preparation of fowl are presented under a kind of baldachin: One man is putting in or taking birds out of the cage – the heron is now standing on top of it– another man is immobilizing one of them. A third man is killing a bird by stretching its neck, saying: *jw nn n sḫ.t(j) ḥnw.t(=j)* / "This is for the peasant (= for myself), (my) lady!"[13] Finally the bird is plucked (*ḥꜣd ꜣpd* / "plucking the bird(s)") and put on a shelf together with other foods from the marshes, some dried fish and fruits.

To show things happening one after the other within one and the same pictorial composition is not uncommon in Egyptian art.[14] This mood of presentation is most probably inspired by a visual perception which governs pharaonic pictorial production in general. We know of this kind of perception from Heinrich Schäfer's study of pharaonic art as "geradansichtig-vorstellige Sehweise" or "Aspektive".[15] Like in cases where several views are combined in order to produce a picture with a certain claim to totality, so the combination of different stages of a single process also produces such a kind of total depiction. This means that by using this pictorial mood, the Egyptian artist not only had the possibility to present volume and expansion – that is: *space* – in a specific way, but also *time.* By combining different perspectives around time or a time scale, the totality of a process is condensed into a comprehensive view, being the representation of both process and result in the very same picture.

This interest of pharaonic art in a pictorial perception of *time* next to *space* is not by accident. In the ancient Egyptian language these aspects played an important role and the duality of a perfective aspect of result and an imperfect aspect of ongoing and perpetual action structured not only a specific perception of time, but also of space.[16] I point to this, since the perception of *space* has been a fundamental problem of western pictorial arts for centuries – called the *perspective.*[17] In stark contrast to that, the perception of *time* never seems to have played a similar role either in western pictorial art practice (at least of *Hochkultur*) or in its reflection by aesthetics and *Kunstwissenschaft.* Only since comics have entered the field and become the subjects of scientific consideration, has the perception of *time* rapidly gained prestige in visual arts and sciences.[18] It is important to note that, contrary to *Bildergeschichte*, the pharaonic presentation of time is not directed towards narrativity. In only rare instances does pharaonic pictography tell a story of related incidents at different places, as may appear in western art when several sequences of a whole story are presented within one picture. Pharaonic presentation of the temporal aspect is generally restricted to the progress of one action at one and the same place, in the same way as the *Aspektive* is describing different views of one and the same item. This means that the artists are not aiming to tell related sequences or incidents of a story, but rather to produce a concise depiction of an ongoing process – in our case the netting of birds. The underlying idea is rooted in the function of these pictures: to perpetuate not only the perfective result of the eternal supply of the deceased, but to perpetuate the ongoing production of this supply. Therefore, this mood of presentation refers to the imperfective aspect of the ancient Egyptian perception of action,[19] rather than to the narrativity in the more restricted sense of storytelling.[20]

---

11 Edel 1955 / 1964, 296.

12 Erman 1919, 37; Junker 1943, 38–44, pointing to the parallel in Meir (see our Fig. 4).

13 Erman 1919, 39: "Dies gehört dem Felde, meine Herrin", as a speech directed to the second bird. Montet 1925, 66: "Ce sont les biens de « Prairie », ma maîtresse." That *sḫ.t(j)* is referring to the peasant himself, whose picture is serving as the determinative, has been proposed by Junker 1943, 44–48.

14 Morenz 2014, 182–202.

15 Schäfer 1930; Brunner-Traut 1963, Brunner-Traut 1975.

16 Fitzenreiter 2013.

17 Panofsky 1998 (1927).

18 For the visible narrative in comics see: Cohn 2016. I owe this reference to Benjamin Fitzenreiter.

19 In script / visible language this is expressed by the *sḏm.n=f*-Form. For this see Fitzenreiter 2013; "Scherz, Satire, Ironie und tiefere Bedeutung" in this volume and below note 55.

20 For examples of narrativity in pharaonic pictorial art see: Gaballa 1976, 5f.; Braun 2015.

2.3. Bridging time and space

We have not yet finished with the picture. Finally, there is the quite large depiction of Tji himself, which in a way binds together the several stages or perspectives on the netting of birds in *time*, and serves in a way as the axis around which everything is modelled. That the person in this very unusual position in the midst of a typical scene of busy economic activities is really Tji, the tomb owner, dressed in a kilt typical for workmen but unusual for a tomb owner,[21] is made clear by an inscription in front of his backwards-looking face, giving his title and his enigmatic personal name: *smr wꜥ.tj Ṯjj* / "the Semer-Watij Tji".[22]

His representation bridges the different pictorial aspects out of which the icon is composed. He seems not to be present in the preparational stage and also not in the final step of processing. His depiction centers on the more or less dramatic episodes – the "action" part of our mind-movie – and combines not only vertically, but also horizontally, the episodes of the catch itself: Slightly bent forward, he has been monitoring the birds assembling under the net, then he turns round and by lifting his arm gives the command to fall back – in this case: to fall on their backs – in order to close the trap. His picture bridges the *space* between the area of the birds and that of the netters, but also his representation is bridging *time*: Bending in observation, then turning around and finally gesturing the command – all these steps are combined in one quite remarkable picture which does not just capture a single moment, but a still ongoing process. Tji is the imperfective, the representative of the flow of events in the row of perfective sequences.

Presenting Tji as pivotal to the scene in such a way gives gravity and dignity to the scene, which makes it exceptional among all other scenes of so-called daily life activities. In no other instance (known to me) is the tomb owner presented in a comparable manner in an activity scene, where he stands amidst the things that are happening.[23] Also, the large scale of Tji's representation, stressing his importance in the scene via *Bedeutungsperspektive*, monumentalizes in an unusual way a graphic episode – the moment of closing a clapnet – which normally counts among the minor parts of tomb decoration.

2.4. Pun and mimic

Being monumental and a grave, at first glance, there are nevertheless some strange things happening. In a kind of a visual pun Tji's heroic posture is mimicked by the smaller depiction of a fowler standing beside his feet: Bending forward, while looking back and immobilizing a bird, he is doing what his big 'brother' is doing on a – literally – much larger scale too.[24] The little naked man does not bear a name, but is saying – *jw nn n kꜣ n Ṯjj* / "This is for the *ka* of Tji" – the word "Tji" appears just in front of his nose; thus mimicking the inscription in front of Tji's face at the same place, not phonetically, but in a pictorial way. Tji himself is dressed like a headmen of the fowlers, albeit wearing a collar, which is not the usual attire of workers, but – again, this is mimicked by the rope anchorman shown above him to the left, who wears the end of the rope very casually around his neck. In a way, by following the twisting movement of Tji through the time line, we have a line of puns or hidden innuendos, which accompany Tji's performance as a fowler. Going down this line to the right, we end with the man sitting on the ground and stretching the neck of a goose. His *jw nn n sḫ.t(j) ḥnw.t(=j)* / "This is for the peasant, (my) lady!" of course mimics the line of the man in front of Tji – and he himself with his arm outstretched.[25]

---

21 He is dressed in an "Aufseherschurz" (Staehelin 1966, 11), whereas all other fowlers are naked.

22 For the name see: Ranke 1952, 151, who hesitantly proposes *ṯꜣj* "der Mann" as a translation. Maybe it is an abbreviation of a theophoric name with "Thot" / *Ḏḥwtj* abridged for reasons of *decorum*.

23 There is another depiction of Tji among workers on the eastern wall of the chapel, where he is standing remarkably motionless in or next to a boat which is being built by a couple of workers. The depiction is the same size as the sourrounding workmen and is accompanied by a short inscription, identifying the presentation as *smr-wꜥ.tj Ṯjj* (Steindorff 1913, Taf. 119; Wild 1953, pl. XCVI.B., CXXIX). The sense and placement of this presentation showing Tji in a triangular kilt and with a staff deserves further investigation. Most probably what is shown in the boat is a statue of Tji; cf. the depiction of a boat with several statues in the court (Épron / Daumas 1939, pl. XIV).

24 As does a bold and fat headman of the fishermen who leans lazily on his stick two registers below, wearing the same kilt as Tji; see Fig. 9.

25 There still seems to be something special also with the *jw nn n kꜣ n Ṯjj* in front of the naked man since the phrase is repeated three times on the western wall (see Fig. 12), always with offering porters bringing poultry: once in the middle, second register from bottom (*jw nn n Ṯjj*) and two times at the very top of the outer columns: *jw n (!) nn kꜣ smr-wꜥt Ṯjj* (left) and *jw nn n kꜣ ///jj* (right), the latter porters also pulling the necks of the poor birds. I suppose that again some word-and-picture-play lays behind this.

As this last example shows, innuendos are not confined to pictorial elements, but we may detect them in the accompanying speeches as well. As modern western receptors of art we are not quite acquainted with scriptural elements of visuality, at least not in our perception of what is called "high art" (in reality, our visual perception is of course flooded with script, but that is a different topic). In pharaonic art of this period scriptorial elements appear to grow more and more important. In inscriptions accompanying different subscenes we may observe a development from more or less dry statements adding just information to a picture, e.g. topic, name, title – such as e.g. *grg r jꜣd.t* / "setting the net" – towards vivid and even humoresque commentaries – as can be seen in the dialogues of the net-pulling fowlers. Such sayings of workers often follow a *command-and-answer-schema*, where the answer is a pun to the command.[26] In the second strip, one of the fowlers translates the gesture of Tji into a spoken command "Come, you, in it fast!" but the workers, those of course who are able to see this themselves, answer something like: "Oh, that what is brought in it is ... !" meaning maybe: "At last!", "No kidding!" or even: "Still not enough!".[27] When, in the next strip, one of the workers asks the others to immobilize the birds, they prefer to stay immobile themselves: "Hang you on to it (my) companion, the net is ... [heavy] !", meaning either that he should not try to escape his hard work of pulling[28] or, contrary to that, he should go alone while they prefer to stay laying on the ground.

These word- and picture-plays with quite confusing contents are not confined to scriptorial parts of the decoration, but encompass the semantic ambiguity of pictorial elements. One of these pictorial puns is hidden just enough to be discrete, but obvious enough to be spotted. It is in the second row to the right, where, next to the clapnet, a heron and a bittern are depicted standing a bit lost among those other still happy birds. Their Egyptian names are *ꜥḥꜥ.w*: "the one who stands still" – the heron – and *kꜣpw*: "the one who hides" – the bittern.[29] Within their context they mirror what the fowlers have done just before Tji gives his signal. Both reappear: The "hidden" bittern hiding behind some objects and the still-standing heron standing still on the top of a cage, within which the birds are forced to stand still, himself watching the immobilization of the catch.[30]

3. Art history

Richard Hamann, who is one of the rare examples of an art historian with a deep insight on pharaonic art, writes in his monumental "Geschichte der Kunst" about the so-called "scenes of daily life" or "scenes de la vie privée":

> "Es ist erstaunlich, wieviel Leben und charakteristische Bewegung in diesem die Figuren an die Fläche bindenden, unräumlichen Reliefstil zum Ausdruck gebracht ist. Nicht nur, daß wir erfassen, wie das Leben eines Gutsherrn in dieser Zeit sich abspielte, welche Tätigkeiten die Menschen ausübten, welche Instrumente sie gebrauchten, wir sehen es auch als Vorgang mit demselben physiognomischen Reichtum wie die Gesichter der Statuen. Die Genrebilder der holländischen Malerei gehen darin kaum weiter, an Deutlichkeit stehen sie dahinter zurück."[31]

We may disagree with a number of interpretations – "Leben eines Gutsherren" etc. – but what is an important observation to me is the comparison with the "Genrebilder der holländischen Malerei", meaning all these paintings from *de Gouden Eeuw* of Dutch painting, which are so full of diligent observations – and equally as important – also full of wit and "meaning".

The somehow comparable painting "The Parrot Cage" by Jan Steen (Fig. 7) may serve as an example where this second layer of meaning appears quite obvious; whereas the silent image of a Jan Vermeer may stand as an

26 For the principle of "Rede und Gegenrede" and question and answer see: Junker 1943, 6–15. Cf. Roos 2017, who studies this with reference to work songs recorded in funerary decorations, where the lead singer asks a question and gets a funny answer by the chorus.

27 For the last if we read the first *j* as an interrogative (for this: Junker 1943, 13f.): "Is that what he brought...?", meaning somthing like "This should already be enough for us?"

28 As was the interpretation of Junker 1943, 43.

29 Houlihan 1996, 28f.

30 At least the double depiction of the heron, once at the net, a second time on top of the cage, was quite popular in tomb decoration, see: Evans 2012, 93f., mentioning examples in the tombs of Kawab, Akhethotep, Ptahhotp I and Ankhmahor. Evans 2012, 94 and Houlihan 1996, 28 propose that herons and bitterns were used as decoys.

31 Hamann 1955, 166–168.

example of the other extreme with only subtle messages apparent, but at least again with a little naked man (Fig. 8). What is important to me is that in these paintings the combination of the pictorial presentation of a maybe mundane motif with an additional meaning and a special wit is not "hidden" as may be supposed by modern beholders, but was an indispensable aspect of art which was expected, wanted and looked for, both by the artists and the vendees.

Be that as it may – and since I am not a specialist in Dutch painting, I will quickly depart from further speculations on the subject – the inspiration of Hamann's statement is that we should look at pictures, like the one from Tji, with the same eyes and the same intensity as at those "Genrebilder der holländischen Malerei". When investigating these pictures Egyptologists have a tendency to collect a couple of attestations – mostly textual – to get an idea of what the sense of the scene might be. This text-based approach seems to follow the classical way of iconology based on the three steps formulated by Erwin Panofsky[32]:

- Firstly, a "vorikonographische Beschreibung" in order to distinguish significant patterns and motifs to catch the primary or natural subject matter;

- Then the "ikonographische Analyse" in order to get the conventional meaning of theses motifs to describe the secondary or conventional subject matter;

- And finally, the "ikonologische Interpretation" in order to reveal the tertiary or intrinsic meaning or content of the individual work of art.

Fig 7: Jan Steen (1625/1626-1679), The Parrot Cage (c. 1665), Rijksmuseum, Amsterdam

Being a *Genrebild* par excellence, the painting shows a daily life scene, while simultaneously evoking several allusions to caged beings – people as well as animals. Thus the percipient may reflect about captivity and freedom, security and danger, affluence and its price (<https://commons.wikimedia.org/wiki/File:Jan_Steen_009.jpg>)

Fig. 8: Johannes Vermeer (1632-1675), Young Woman Standing at a Virginal (1670/72), London, National Gallery

With a subtlety typical of Vermeer's work, the portrait of an unknown young lady visualizes a concert of the senses – especially sight and hearing – and resulting attraction. Characteristically for Vermeer, the painting does not tell any particular story but generates its sensual appeal out of the arrangement of subtle signs presented in a perfect mood of uncertainty, pointing to a presence even in absence (note the paintings of other artists on the walls and the empty chair in front) (<www.nationalgallery.org.uk> : Home : Info, Public Domain, <https://commons.wikimedia.org/w/index.php?curid=160014>)

32 Panofsky 1994.

There is just one problem with many of the examples of iconological analysis: They skip the first two steps and just look for a motif, which they may find a textual reference for. Thus, visual arts are reduced to being little more than a kind of illustration of statements, which could be better explained and may be understood from their formulation in script. The comparison with the *Genrebilder der holländischen Malerei* nevertheless makes clear that we are dealing with a dense, multi-layered and, in a certain sense, "open" kind of artistic reflection. Iconology – if we understand it as a *Bild-Wissenschaft* – is not the science of detecting texts in pictures, but to detect the pictures themselves. In other words, it is not so much an understanding of their bare meaning or content, but to understand their *essence.*[33] And since the essence of any pictorial representation, of any *Flachbild*, is to be a picture not a script, the *essence* lays in the first step of iconological analysis. Steps two and three, then, just summarize, which, in a way, is also simplification.

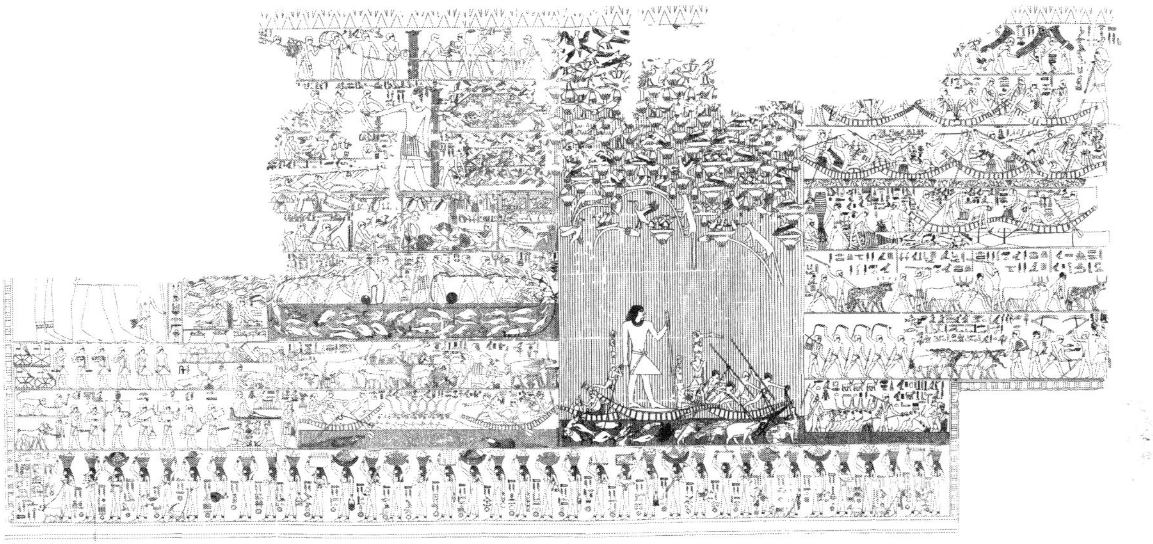

Fig. 9: North wall of the chapel of Tij (after: Wild 1953, pl. CV-CXXVI)

4. Pictures in space

After this interlude on methodological matters, let us return to the depiction. I would like to start this second part with a look at the – as they say – bigger picture, which means the decorative programme of the tomb-chapel of Tji as a whole. Since the tomb and its decoration is not only a masterpiece but also a quite large one, it will only be a quick overview and I will confine myself to the chapel proper, leaving aside all of the outer parts.

4.1. Clapnetting on the backside

Our clapnet scene is positioned on the northern wall of the chapel, a little to the west (Fig. 9). If we look at the ground plan (or could visit the tomb itself), we may observe that the scene is positioned next to the second pillar (Fig. 10). This means that one needs to stand with one's back to the pillar to look at it. Furthermore, with its position quite far up the wall, it is not easy to observe. So, the prominence of the depiction of Tji is relativized. The scene is clearly not the central part of his self-presentation. On the contrary; it is rather hidden. But not hidden enough to

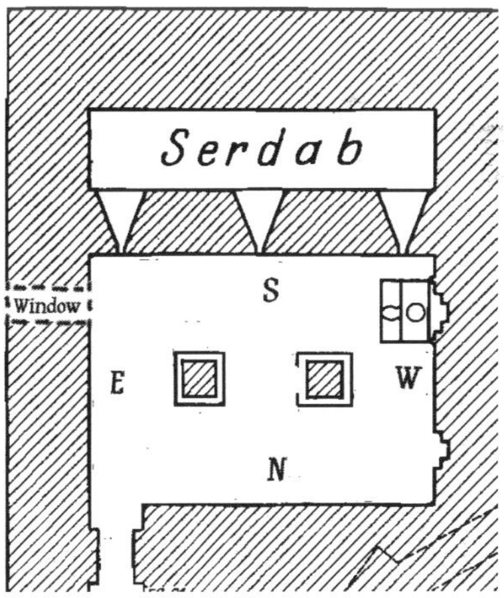

Fig. 10: Groundplan of the chapel of Tij (after: Steindorff 1913, Bl. 1)

33 See for the important but often neglectetd distinction between *essence* und *content* of a given medium: McLuhan 1964, stating that it is not the *content* transported (inscribed, shown, represented, intended etc.) by a medium (script, picture, movie, radio, tv etc.) that is its *essence*, but the way the medium acts as an *extension of man*; in short: *the medium is the message*. *Content* in general is simple, the *message* is serendipitous.

Fig. 11: Tij traversing the papyrus thicket (after: Wild 1953, pl. CXIX)

go unnoticed by a diligent observer. These are the two features which are also typical for an innuendo. But an innuendo to what?

In general, the wall makes a somewhat confusing impression, being divided into at least three sections: One on the right, located next to and above the door, are scenes connected with agriculture and papyrus boats, where Tji himself appears as an observer at the far right above the door.[34] Another scene to the rear left, mostly destroyed, originally presented Tji and his family inspecting, in the traditional way, activities of fishing and fowling (and among the fowlers Tji is himself in the picture described above). These two sections, composed of quite a number of sub-scenes, are divided by one big single depiction of the hippopotamus-hunt, which clearly dominates the wall (Fig. 11).[35]

So, the wall's most important picture is not our working class hero, but the picture showing Tji on a boat in the marshes attending a hippopotamus hunt. Here Tji gives the impression, in a slightly strange way, of not being involved, and one quite contrary to the fowling scene. He stands stiffly in his best ceremonial attire in a tiny papyrus-boat, whereas the hunters in a boat to the right are busy trying to catch the hippopotamuses. One of the beasts is fighting with a crocodile, making the whole scene even more chaotic. In a tiny boat to the left nevertheless, a little fat man is peacefully angling a clariid catfish who is attacked by a synodontis (upside-down catfish) and a carp. Obviously, this is again one of these visual puns, mimicking the dramatic scenery to its right, where hippopotamuses are fought and one even locks jaws with a crocodile.[36] The whole event takes place within a huge papyrus thicket, whose stems separate the people below from the lofty flowers above, where birds and other animals are swarming.

We will return to this rather mysterious mixture of different scenes later, but for the moment we should consider just one fact: For those entering the chapel, the northern wall is the back wall; that means it is the wall they see only when turning around. And, from a pharaonic point of view – and speaking of 'point of view', I really mean viewpoint in this case – this is quite logical: North is back to the pharaonic mind-map, as south is front and west is right and east is left.[37]

34 For the several presentations of Tji and his family within the complete decorational programme of his funerary installation and their orientation see: Beaux 1997.

35 Steindorff 1913, Taf.113; Wild 1953, pl. pl. LXXXV, CXVII, CXIX.

36 Montet 1925, 23; Houlihan 1996, 43f. The mocking is made explicit by a number of inversions: the angler is angling, not harpooning; he holds a stick to beat the fish, but not a harpoon; the catfish has whiskers, the hippopotamus has tusks; crocodile and hippopotamus lock jaws while carp and synodontis just nibble the catfish. Note, that free swimming fishes are never shown overlapping in other depictions of the chapel, so that the situation of an "attack" is underlined. For another humorous variation of the motif of the "lazy angler": Junker 1956, 73–76.

37 Posener 1965; Kessler 1977; Fitzenreiter 2003; Fitzenreiter 2013.

In the same way we have already seen that *time* is of special concern to pharaonic visual perception, this should remind us that *space* is also addressed in quite a special way in pharaonic art. The combination of different views – the *Aspektive* – creates a spatial dimension of every pictorial representation. It is of great importance where a representation is positioned in a larger visual composition or an architectonic or any other spatial context. In this way, each picture is experienced as part of an artistic landscape and as a point in an imaginary coordinate system. Furthermore, every position bears an index, which connects it to the pharaonic perception of space.[38] The north side, back side etc. are places, which are hidden, which are strange. And we have to add: which are gloomy. Not only because of their content, but because of their position in the mind-map: behind us, in the north, where – in the northern hemisphere – there *is* no light. Only one opening exists in the chapel to let in the light, in the southern part of the eastern wall (in other words, exactly where the light comes from at sunrise), which illuminates the southern aisle of the chapel (Fig. 10). But not the northern one. This part remains in the shadows.

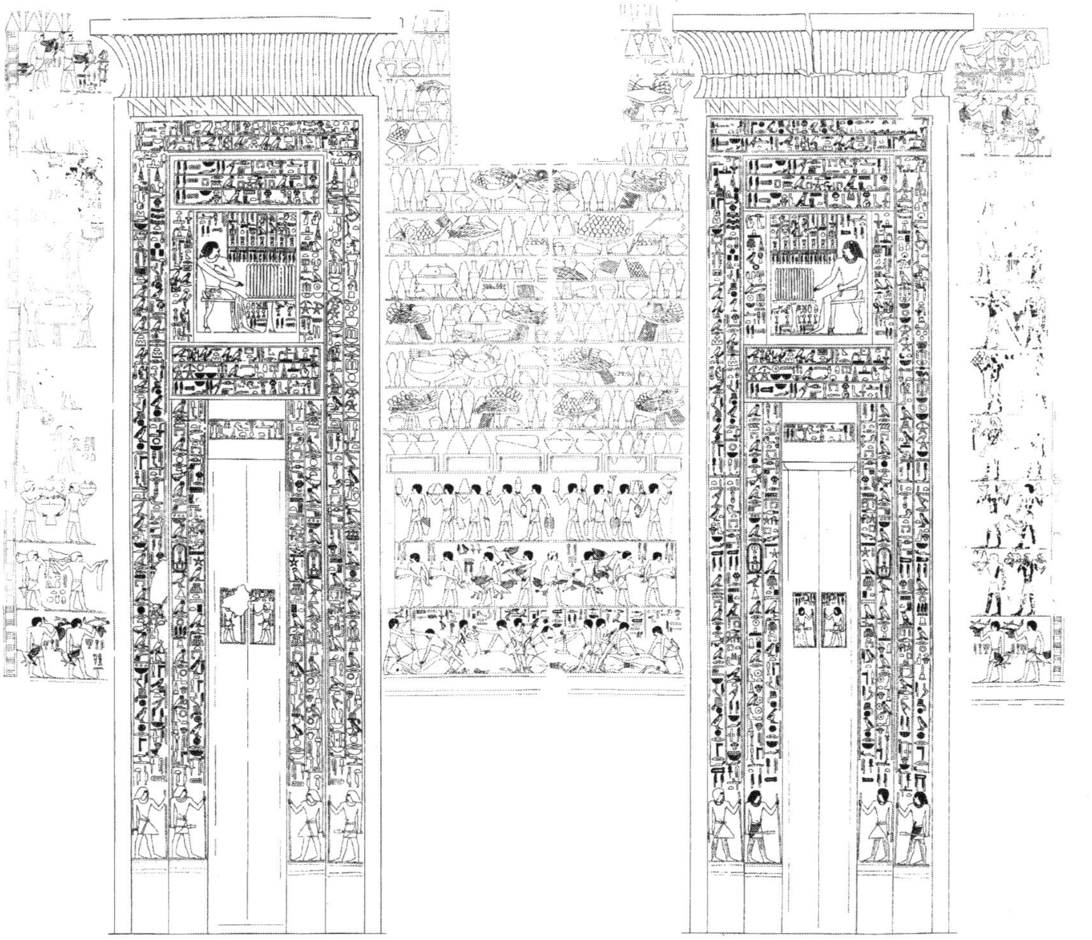

Fig. 12: West wall of the chapel of Tij (after: Wild 1966, pl. CLXXV-CLVI)

4.2. A journey through decoration, time, and space

In attempting a short description of the decorative programme we should start – entering from the north-eastern corner – with the western and the southern wall.

The western wall is dominated by two large false door stelae (Fig. 12). This kind of installation is not uncommon in this period and can be traced back to the differentiation between a southern, "inner" offering place and a northern "outer" portal, which allows the tomb owner to leave the tomb.[39] Although the two false door stelae of Tji are obviously nearly identically, there is a slight but important difference: The southern one is equipped

38 Fitzenreiter 2009.

39 Fitzenreiter 2006.a.

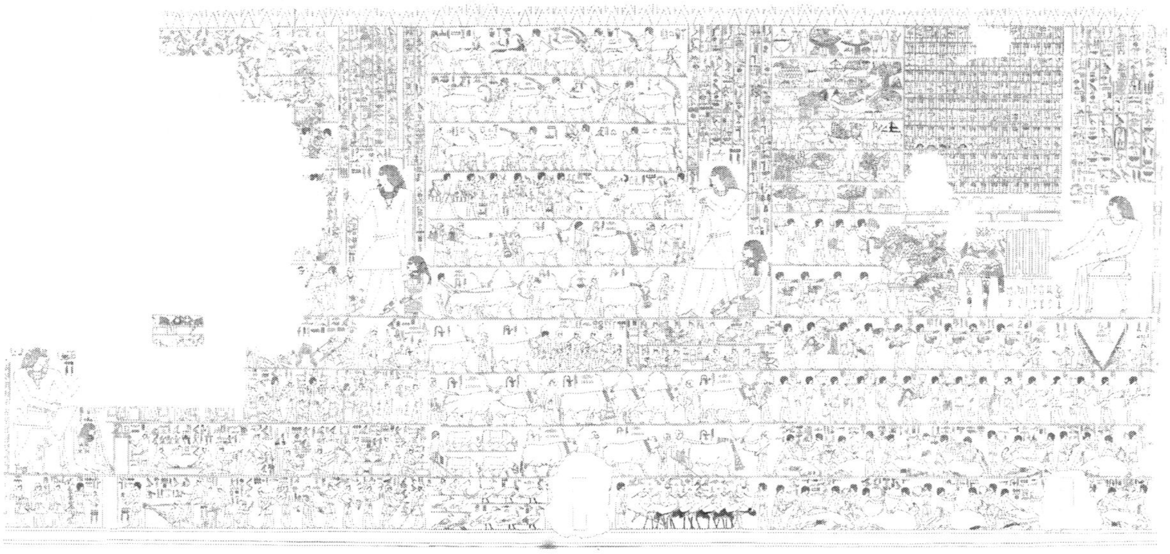

Fig. 13: South wall of the chapel of Tij (after: Wild 1966, pl. CLVII-CLXXIV)

with an offering slab for the tomb owner who sits symbolically "behind" it receiving his offerings – since he is depicted next to it at the southern wall. The northern one grants him free passage to leave his tomb – he is depicted next to it on the northern wall.

The southern wall is divided into three quite regular sections, corresponding to the space created by the pillars (Fig. 13). The three sections are not linked in a specific way but are somehow consecutive. Beginning on the right, first we have an interesting combination of an offering table scene, characterized by the ritual offering list and a festival icon characterized by the pile of offerings under the canopy and the musicians.[40] The middle tableau moves not only locally, but also by its content, a little more to the "outside", showing processions of animals, all related to offerings filling the tableau to its right.[41] This is pushed again further to the "outside" in the third tableau, which presents more liminal animals like birds, but – importantly – those bred in "dry" farms and not those caught in the wet marshes. Some subscenes are related to the production of funerary equipment.

To the left, i.e. to the east, and thus beginning the process of turning around and "exiting" on a perceptual level, the eastern wall shows on its left side the usual agricultural scenes (Fig. 14).They are associated with the "outside", that is – as seen by the tomb owner behind his false door – the "east", but are related to its drier "southern" part, since, as we will see, wet themes are concentrated on the northern wall. That boats are built in the unfortunately quite destroyed pictures on the right hand part of the wall is not an irregularity to the schema. These vessels are built out of wood from dry areas and thus are related to movement within the dry "south". Papyrus hulls are of course built in the wetter "north". Hardly anything remains of the other, wild side of the "dry" world above the boats, which displays a hunt in the desert.

Whereas the southern wall is easily "read" from right to left, and thus in the normal pharaonic script direction, the eastern wall is in a way arranged symmetrically, while the northern wall is a bit more confusing (Fig. 9). We can read the western section, that is left hand corner this time, since there we have the standing tomb owner, probably with a *m33*-inscription, leaving his tomb (coming out from the northern false door) to inspect the "northern" realm of activities, which means: those of the marshes. And in fact we may observe everything that can be described as the "marsh economy": fishing, fowling, rope-, net- and mat-making, papyrus boat building, as well as the cattle breeding activities in the pastures of the north and finally the hippopotamus hunt.[42] All can be

40 Fitzenreiter 2001. That there is no elaborate *festival icon* within the decoration of the chapel becomes logical if we consider the decoration of the entire tomb. Scenes related to this icon, including iconographic signals such as the baldachin, pile of offerings without offering list, music, the tomb owner wearing a triangular kilt without a wig etc., are among the decorations of the passage and of the rooms which most probably housed statues and equipment serving the purposes of the festive accounters of the living and the dead outside the chapel, as they are affirmed by this icon (Steindorff 1913, Taf. 55, 56, 59, 60, 87, 90; Épron / Daumas 1939, pl. XLVI, LVI, LIX, LXII, LXV). The place of these encounters was most probably the columned court in this period (Fitzenreiter 2001 / 2006, 435).

41 Fitzenreiter 2009.

42 Brewer / Friedman 1989; van Elsbergen 1997; Herb 2001, 315–420.

connected to the geographical realities of Egypt, at least as seen from Memphis, with the wet Delta laying to the north and the dry desert of Upper Egypt to the south.

We may further detect a relation to time: Everything "northern" and "wet" is related to the inundation season,[43] including ploughing – depicted at the very right end of the wall – linking it thematically and logically to the agricultural scene on the eastern wall. The harvest and the following episodes are related to summer time and they are shown on the eastern wall. So the decoration leads us through the year and at the same time also through a symbolic landscape from north via east and south to the west. In a sense we are scene by scene "drying" out the further we go, only to pass through the deadly dry "west" to reappear with a new life force and with the inundation in the "north". Decoration – by its motifs, positions and interconnections – leads the observer through *time* and *space* in a never ending circle.

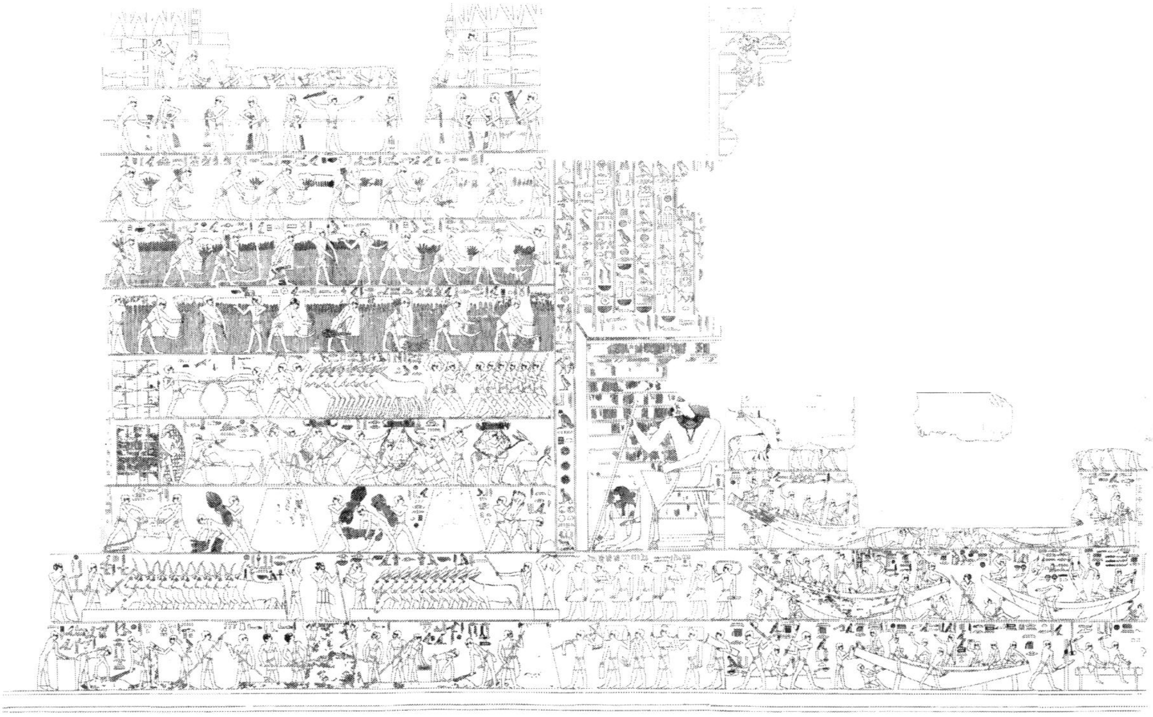

Fig. 14: East wall of the chapel of Tij (after: Wild 1953, pl. CXXVII-CXXIX; Wild 1966, pl. CL-CLVI)

4.3. Breaking the circle

Having made this quick journey through the chapel, we are again in front of the northern wall. What makes the northern wall special is the door. The door interrupts the ideal circuit, it gives linearity to circularity, creating a gap to escape the endlessness of the circle and thus opening a path for what we may call the unexpected or – individuality. This important function of the door is most obvious when we look again at the picture of Tji within the papyrus thicket (Fig.11). All activities depicted on the northern wall are related to the marsh economy and also this central panel may be placed in this context. But it is much more. The hippopotamus scene is the only one stretching over the entire height of the decorated part of the northern wall (except the row of female offering bearers at the bottom). Presenting the tomb owner in the background of a monumental vision of a papyrus thicket interrupts the segmented decoration of this wall. The monumental thicket itself forms a dramatic stage for Tji's appearance, positioned nearly at the eye level of the spectator. Tji, looking to the right, is presented in "primärer Leserichtung". Since pharaonic *decorum* avoids frontality in *Flachbild*, presentations in this direction

43 See Herb 2001, 257–314 for the complex of activities during the wet season and its ceremonial closure depicted in the *Heimkehrerzyklus* and the festive event of *Fischerstechen* (boatmen jousting; on this see also: Bolshakov 1993). The scenery of *Fischerstechen* in the chapel of Tji is represented at the right "end" of the northern wall, setting its place in *time* at the end of this complex of activities and above the door marking its place at the threshold between "in" and "out", North and South, and of two seasons, adding to its symbolic meaning as a *rite de passage*.

may be visualized as "confronting" the spectator.[44] Thus, the picture shows the tomb owner coming from a dramatic and shady outside-north through the wilderness of a liminal zone, and back into his earthly estate. It is quite a deep description of the deceased's ongoing ability to pass over any obstacles that may appear in his way while proceeding between this life and the hereafter. Hippopotamuses - chthonic creatures - confront him in the gloomy thicket of the marshes (*pḥ.w*) on his way from the north, from "behind" (*pḥwj*), and at the same time in and – because the direction to the right is full of ambiguity in this case – out of the door. But as the picture affirms and the funny angler attests: he is passing through.

Of course this interpretation of the depictions of the hippopotamus hunt as a symbolic vision of the defunct's *passage* has long been established and is also well-reflected in textual sources.[45] Maybe the only thing I would like to add is: We should not take this picture as an illustration of these metaphoric descriptions, but as an independent visual perception of the idea of transgressing the liminal, no more, but also no less. And it is the key to understanding the rather fuzzy composition of the whole wall: The northern wall in Tji's tomb is in a way the trickster-wall. It is the realm of the ambiguous, the realm of transition, of the betwixt and between. It is the wall where the *symbolic* is merged with the *economic* in quite a subtle way, where Tji on the one side – in the hippopotamus hunt scene – is presented in stiff symbolism next to a presentation of intense activity in the clapnet scene. In every other scene Tji is reduced to the position of being the receiver; in other words: as a dead person. Here, he is active on a symbolic as well as an actual level. Both scenes are related to one another, combining in a logical as well as pictorial chiasm Tji as the passive passenger through the sacred "under"-world, with Tji as an active fowler in the profane "upper"-world.[46] Whereas the passage is located in the lower part near the fishes, monsters and dangerous-to-cross waterways, the activities of Tji are located in the upper part, in a less gloomy district of birds.[47] And, in a way, Tji as a busy and imperfective working class fowler is mimicking Tji as a stiff and perfect(ive) symbolic hippopotamus hunt-watching hero. The clapnet scene is the ironic comment to the impressive vision of lasting power on its right (slightly below it, as a prolongation of the pun line).[48]

5. History of Art

5.1. The funny little differences

Having put Tji's depiction as a fowler into the wider frame of the decorative programme of the chapel, we may proceed to put it into an even wider frame, that of art history. That simply means: to relate this piece of evidence to some other pieces of evidence we feel it is related to, for whatever speculative and associative reason.[49] And since this is a fuzzy undertaking, we may start with the fuzziness of our example itself.

The fuzzy kind of composition on the northern wall of Tji's chapel stands in contrast to earlier decorative programmes. In earlier chapel decorations, e.g. in Giza during the 4th dynasty, we more or less may see one scene on one wall: One icon – the offering table – in the west – the festival-icon – to the south – the *mꜣꜣ*-icon – to the east, leaving already the northern wall to display a series of unique and quite experimental pictures.[50] From the 5th dynasty onwards, together with some changes in the architectural layout, we are confronted more and more

44 Fischer 1977, 3–9; Fitzenreiter 2001, 95–98.

45 See Altenmüller 1989; cautious to this: Behrmann 1995; Altenmüller 2013. Of special interest is Pyramid Spell 324 (520–524) describing the "Hippopotamus of the Neheh" (*db.t nḥḥ.wt*) guarding the threshold to the macro-cosmos (*nḥḥ*). For *nḥḥ* as the realm of an imperfective, macroscopic space-time-construct: Fitzenreiter 2013.

46 On the several methods of linking sceneries within decorational programmes by symmetry, chiasm and other means of a pictorial *parallelismus membrorum* see: Assmann 1987; Fitzenreiter 2011.a. A second chiasm at the northern wall, crossing the one of the fowling scene and the hippopotamus-hunt, coordinates the two *mꜣꜣ*-depictions at the western and eastern end of the wall.

47 The interpretative frame is even larger if we consider the structural dichotomy of "birds / air / day / coming out at dawn" (clapnet scene) vs. "fish / water / night / passing through the netherworld" (hippopotamus hunt) proposed by Altenmüller 2005, 76.

48 And even Tji as a fowler is himself pictorially punned by the headman of the fishermen below...

49 On the loosely structured principles of extracting and telling a history of art out of a number of scattered evidences see "Eine kurze Geschichte der pharaonischen Kunst" in this volume.

50 Fitzenreiter 2001; Fitzenreiter 2006.b.

with quite complex pictorial compositions. Tji's chapel may be rated among the earliest examples,[51] where the restricted repertoire is expanded and the location of the various subscenes are diligently re-arranged to produce visually pleasing tableaus as well as "multiple meanings"[52] which are a characteristic of these later decoration. This tendency to multiply pictorial means and underlying meaning is not confined to the overall composition, i.e. the combination and re-arrangement of icons. Rather it is first and foremost to be observed in iconographic details. Just to repeat a few examples:

The cinematographic way of presenting different stages of one single process, as seen in the fowling-episode, is attested in this extraordinary and developed way not before the tomb of Tji. As mentioned, we may observe this ability to express a process in visual arts much earlier, but as a developed mood of depiction it has not been used in this way before and, we have to add, only seldom after.

Another feature of this interest in the pictorial expression of *space* and *time* and its amalgamation is the ingenious combination of sub-scenes such as, for example, birds from the thicket fluttering into the fowling scenery to the right and the preparation of fowl, which links this episode with those below of fishing and net making. The same holds true for the use of a line of cattle, which leads from the marshes on the north wall to ploughing and thus to the harvest on the eastern wall, binding together wet and dry, north and south, inundation and summer. Thus, the different scenes, which at first may give the impression of having been simply put one next to the other, are combined, and by the use of motifs and movements the eye of the observer is guided through a never-ending narrative – again about nothing less than *time* and *space*, *death* and *life*, but dressed as funny little stories of *scenes de la vie privée* or *Genrebilder*.

Connected to this rising importance of subscenes is the spread of textual decoration of the type of *Reden und Rufe*. It is not by chance that Pierre Montet based his seminal study on these scenes and their inscriptions primarily on the chapel of Tji.[53] From here on *Reden und Rufe* are making their way to becoming their own genre of literal and pictorial expression; multiplying meaning and reflection within a visual context, making decoration "speak". In fact, pharaonic visual culture is always "speaking" because of the semantic peculiarities of the hieroglyphs, but mostly this is a telling without sound. Early textual representations are an amalgam of iconic and conceptual (non-verbal as well as verbal) perception.[54] They are presented in a way, which, in order to be understood, have to be *seen*, and have to be reflected visually. They present *sense*, but not *sound*.[55] It is only by *Reden und Rufe* that text as speech – meaning the spoken *sound* – is included in the presentation of a given situation.[56] From Tji onwards "voices" are included in decoration, as it is made obvious by pictorial, lexical and grammatical properties of the *Reden und Rufe*, which are quite different from those of other scriptorial elements of tomb decoration attested so far.

The step from formal *Beischrift* to *Reden und Rufe* adds to *time* and *space* and *light* a fourth dimension: *sound*. With all its serendipity. The differentiation between *sound* and *sense* introduced with writing down the *script*, opens a door to unlimited exegesis, as is demonstrated by the several instances where one can catch

51 See for the absolute dating of Tji and his chapel: Auenmüller 2014, who points to the progessivness of the "morphology" of the chapel.

52 Roth 2006.

53 Montet 1925, see esp. XVIIf.

54 On this complex process: Morenz 2004.

55 On the common and deeply rooted misunderstanding that ico-conceptual *scripts* are the same as phono-conceptual *languages* see Fitzenreiter 2017.a. Whereas language is a phonetic phenomenon, shaped by its medium (voice, i.e. sound), script is a visual phenomenon, shaped by visual media. Therefor *script* in most cases does not represent *speech* whereby messages have to be spoken / pronounced and heard / listened to, but *text*, which has to be written down and seen / read. Even if the pictorial representation uses elements of the spoken language, in general this language is transformed by the pictorial medium into a *Schriftsprache* / visual language with peculiar grammar and vocabulary. *Reden und Rufe* are the imitation of "direct speech" in script, i.e. a variant of *Schriftsprache* which tries to imitate grammar, vocabulary and the sound of the spoken language. On this variant of *Schriftsprache* see: Grapow 1939–43, who already stated: "Aber wir haben, wie mir scheint, über der Arbeit an der Sprache der Ägypter fast vergessen, auf das Sprechen dieser alten Menschen zu achten." (3). How similiar – or rather, not – these speeches to spoken language are is discussed in Fitzenreiter 2017.b.

56 For the time being this statement has to be restricted to the use of script on funerary monuments of the non-royal elite. To discuss the nature of *ḏd-mdw*-inscriptions – already attested under Djoser from the temple of Heliopolis – is beyond the focus of this paper; see: Morenz 2004, 226–228.

either the serious or satiric sense of the answers of the fowlers or the humor of these inscriptions in general.[57] From now on, we will not only be unsure what *time* and *space* is depicted in a decorative programme, but even what sense of the written *sounds* may be. Sounds, which by their very writing in hieroglyphs are, at the same time, commented upon pictorially...[58]

Overall, we have the impression from Tji that, at least in the subscenes, the decoration is mocking and mimicking all the way along. It is this mood framed with an openness of interpretation, by which we should consider all the mentioned levels of meaning – from the very content of a scene to allusions to space, time, light and sound – to get at least an impression of all the pleasures of iconology hidden in the thicket of funerary decoration. A pleasure, which is far from being confined to finding a matching quotation in one or two texts. The *command-and-answer-schema* of the *Reden und Rufe* may serve as an example of the technique of iconological serendipity: any serious attempt may be commented upon by an ironic replay. But this depends on whether the percipient wishes to. First and foremost, the decoration serves the necessary tasks that a decorative programme has to serve. It is only in the little variants that all these hidden innuendos are revealed.

In the end, *variation* is the keyword to what is characteristic in the decoration of Tji's chapel in comparison to others.[59] Repeating the traditional patterns of presentation – e.g. a clapnet scene invented at least a hundred years before – their variation within this traditional pattern seems to have been the main challenge and at the same time the most satisfying requirement to those developing and executing Tji's decorational programme. This comprises variations related to the content, as described above, but also to its formal execution as a *Flachbild.* Therefore, finally we should not forget the refinement of the artistic expression itself, the play with form, volume and surface of the relief that reproductions give only a fair impression of.[60] To appreciate sensually the subtlety of formal execution of decoration in the chapel of Tji we need the original, or a plaster copy, in order to experience tactually the smoothness of modelling. Variants in execution, in modelling and color produce meaning in the same way as layout, script and position do. In fact, this is the most challenging task an artist has to fulfil. In the end it is not the *intent* - to be sophisticated, multi-layered, ironic etc. - that arbitrates the outcome of such a diligent composition, but it is the *capacity* to pour this into a formally satisfying, i.e. beautiful, appearance. Art *is*, when the function of a given phenomenon is multiplied and even surpassed by its formal execution.[61] This is what Hamann marvels at when speaking about "physiognomischen Reichtum" and "Leben und charakteristische Bewegung" appearing "in diesem die Figuren an die Fläche bindenden, unräumlichen Reliefstil".

In short: The workshop responsible for decorating the chapel of Tji's tomb was one that created moods of perception and a style of representation, which deeply influenced the creation of pharaonic funerary art of the residence at that time.[62] We may rate a number of chapels as being produced or inspired by the masters from

57 See recently for this and the different interpretations of what this humor is and how it may be understood: Morenz 2013; Vonk 2015 (with further references).

58 On the possibility to read such speeches on a second level only "pictorially": Fitzenreiter 2017.b. To understand the ambiguity of this phenomenon, the distinction between *content* and *essence* may be helpful: Script which imitates the spoken language allows a given *content* to be shaped by two different media – picture and sound – thus producing different *essences*, i.e. different meaning and *Emergenz*. See on *Emergenz* as the actual impact a phenomenon has in regard to a given recipient: Fitzenreiter 2015.

59 van Walsem 2015.

60 See the efforts of the *Oxford Expedition to Egypt – Egypt in Miniature* Projekt of Yvonne Harpur and Paolo Scremin (<http://oxfordexpeditiontoegypt.com/Egypt-in-Miniature.php>) to produce documentaries of individual tombs which match this necessity. It is interesting to note that Egyptology has developed a quite specific way of documenting *Flachbilder* by line drawings in an epigraphic style. This is of course related to its historical roots in philology, where epigraphy played a major role and the documentation of *Flachbilder* was in a way a collateral outcome of the documentation of inscriptions. Pictorial epigraphy nevertheless developed its own technique which – to my knowledge – the finest examples have not been matched by any other historical discipline (I think about drawings produced e.g. by Nina Davies and Norman de Garis Davies or at the Chicago House of the Oriental Institute Chicago; see Loeben 1996; Dorman 2008). On the other hand, the standards of epigraphic practice have shaped our perception of pharaonic art, in the same way that standards of reproductional techniques shaped the view of *Klassische Archäologie* or other branches of Art History (Lang 2002, 54), so that sometimes the reproductions appear to be "more beautiful" than the originals. On pictorial recording as its own branch of the *Art* of Archaeology: Fitzenreiter 2002; Fitzenreiter 2014, 58–62.

61 Fitzenreiter 2014, 25–28.

62 Junker 1959, 59–64 identifies the "scribe" Sekhemra as the main artist of the chapel and underlines the high and respected status artists had among the residential milieu of the Old Kingdom.

this workshop during the first half and the middle of the 5th dynasty.[63] The characteristic features are: The dissolution of the traditional icon scheme into panels of several subscenes, connected by a number of pictorial and compositional elements; the elaborate use of script-picture ambiguity, especially in the "scenes de la vie privée"; and a specific subtlety of formal execution. The formal patterns created during this period are repeated and interpreted in the following centuries,[64] for instance by the repetition of many elements of Tji's clapnet scene in the tomb of Pepi-ankh-"the Middle" at Meir (Fig. 4). The intriguing complexity of opposition in Tji's scene as an active fowler and his vision of the passive-factitive passage through the papyrus thicket, is, nevertheless, a bit simplified in other examples – or better still: is brought to the point – when the tomb owner is shown hunting with spear and throw-stick, while standing in a tiny boat to cross the thicket (Fig. 5).[65]

5.2. Workers and Heroes

But there may be other reasons for Tji's appearance as a working fowler instead of as a heroic hunter in his chapel. Tji bears, among others, the title *zš ꜣpd.w* / "scribe of the birds" and *mr zš* / "overseer of the (fowling) marshlands". The importance of this string of titles is already stressed in the decoration of the entrance and the court of the tomb, where a whole poultry farm is presented.[66] Also, the chapel makes allusions to bird breeding and, in our clapnet scene, catching. Involvement in the poultry business seems to be at least one important part of the self-consciousness of Tji, apart from, but also next to, his profession as the king's hairdresser and other religious and courtly ranks.

How important this position was is revealed by another depiction; a quite different and nevertheless quite similar one. A number of decorated blocks excavated at the causeway of the pyramid complex of king Sahure show scenes with extraordinary content.[67] The preserved decoration describes the return of a Punt expedition, of the training of troops, and of sailing, where the king himself manages the sails. The boasting of the king's physical abilities is most obvious in a scene where the king is pulling a clapnet – but not just a simple one, one with ten nets and only one rope (Fig. 15):[68] *nswt ḏs sḫ.t jꜣd.t 10 m ꜥḥ wꜥ* /"The king himself: The netting (beating / closing) (of) 10 nets by (only) one rope".

Scenes like these give the impression of being snapshots of "real life". But at the same time they provide structure. The seemingly extraordinary topos of the king's ability to pull ten nets at the same time appears about 600 years later in the annals of Amenemhet II: "[Netting by His Majesty with] 10 nets, (each) 6 cubits large [combined into] one net with (only) one rope ...".[69] That brings to mind the poor Libyan chieftain who is trampled by Sahure as a Sphinx, and again by Niuserre, Pepi I, Pepi II and still by Taharqo nearly 2000 years later – always the same with nearly the same name.[70]

This continuity in displaying the combination of an individual incident and an archetypical situation is a recurrent element of pharaonic kingship ideology, or better still: an essential part of its *Selbstverständnis*.[71] In other words: the intersection of perfective in the imperfective, what is actually done in the endless chain of doing, or what Erik Hornung called "Geschichte als Fest":[72] a perpetual repetition, but always with a little difference. At first glance, events are staged as singular incidents, but those who know about their structure, recognize them

63 Among them are the chapel of Hetepherakhet now in Leiden (Mohr 1943), the chapel of Kaemrehu now in Cairo and Copenhagen (Mogensen 1921) and the chapel of Niankhnum and Chnumhotep still in Saqqara (Moussa / Altenmüller 1977). In my classification (Fitzenreiter 2001 / 2006, 272, 564f) the characteristics of these installations are those marking Period IV.b of funerary practice at the residence.

64 See Pieke 2012 for a comparable process of variation and innovation in the reign of king Teti.

65 Nevertheless we may speculate that Tji posessed this bipartite icon of a quasi-pharaonic demonstration of power too: e.g. among the decoration of the destroyed western wall of the pillared court.

66 Steindorff 1913, Taf. 5, 6, 24, 25; Épron / Daumas 1939, pl. VI–VIII, XIX, XXVIII, XXXIII

67 El Awady 2009; el Awady 2010.

68 El Awady 2009, 215–221, pl. 13.

69 Altenmüller 2008, 1–3.

70 Leclant 1980; Lull 2002, 229–231, Fig. 137, 138.

71 Extraordinary events that occur around the king's person are mostly vested in the pattern of *Königsnovelle* (Hermann 1938; Loprieno 1996; Hofmann 2004), the main features of which (the description of an unusual situation, kings personal speech, reaction by the audience, the final result) all appear in Sahure's causeway decoration, as Spalinger 2011, 363–369 notes.

72 Hornung 1966.

Fig. 15: The pharaoh Sahure pulling ten clapnets with one rope, 5th dynasty, Abusir, causeway of the king's pyramid complex (Courtesy of the Czech Institute of Egyptology, Charles University; after: el Awady 2010, 202-204, Abb. 163)

as part of a chain of meaningful references to other events. In this way, incidents are understood as meaningfully related, as part of a historical narrative.[73]

Returning to Tji, the presentation of the clapnet scene in his tomb is, in a way, a similar case, when the traditional scene is interpreted in a new and surprising way, extracting meaning from the chain of representations before and also imbued with a special sense by its unusual variation. And there is an even a closer relation to the Sahure relief. Its *Beischrift* starts:

nswt ḏs rdj ḥm=f njs.t(w) n=f s3b ꜥḏ-mr Ṯjj mr-zš Ṯjj ḥnꜥ mr wḥꜥ.w

ḏd.jn ḥm=f n=sn jr n(=j) j3d.t 10 sḫ.t sn r sp m ꜥḥ wꜥ...

"The king himself: His Majesty let call to him the Sab-Adjmer Tji (and) the overseer of the (fowling) marshlands Tji[74] together with the overseer(s) of the fowlers. Then His Majesty was saying to them: Let make for (me) 10 nets which are netting at once by (only) one rope! ..."

Tji is mentioned by the king because of his position as "overseer of the (fowling) marshlands"; thus: he is *near* to the king because of this position; somehow he *is what he is* because of this position.[75] In this context we may

73 See on this "Piye's conquest of Egypt" in this volume.

74 It remains unclear whether the two Tjis mentioned are one and the same or two persons. Most probably the texts are referring to two individuals (see Spalinger 2011, 372, Fn. 63). Tji and his sons Tji and Demedj are all *mr-zš*. But it remains improbable to identify the first Tji with the owner of the chapel and the second one with his son Tji, since Tji in his chapel does not present the title of *s3b ꜥḏ-mr*. The first Tji addressed by Sahure may be the father of "our" Tji or a totally different person, but it is with a degree of probability the second one, since the relation to bird-catching is quite a special one. That "our" Tji in his chapel does not mention a father is quite normal since a lineage founder (= tomb owner) separates himself from the lineage of his predecessors; see: Fitzenreiter 2004.

75 A person with the name Tji is presented a second time in the decoration of the pyramid complex of Sahure among the courtiers of the king (Borchardt 1913, Bl. 51, but see Altenmüller 1995, 29, Fn. 29 who reminds us to be cautious with this equation, see also footnote above). It should be noticed that in spite of all the splendor of his funerary complex, Tji, according to his titles, duties and the position of his tomb far away from the royal cemetery, was not a member of the nobility but a *dependent specialist* who owes his means of production to his position within the functional elite of the residence. This is made quite explicit by his "estates" the names of which are all of a symbolic nature (Jacquet-Gordon

understand the other side of Tji's fowling scene. What first appeared as being an eccentric variant of a normal scene of economic content garnished with a mimic to the *symbolism* of his otherworldly status, is also related to the *individuality* of his earthly status. Like the presentation of the king's special abilities dressed in the frame of *decorum* (king before the audience, giving a speech), which remains individual at the same time (unusual incident, dress and action), so Tji's appearance among the fowlers is ruled by convention (the scene), but extraordinary and individual at the same time (his own depiction, but also his dress and action). And, going beyond the repertoire of funerary decoration of non-royal individuals, it is reminiscent of the depiction on Sahure's causeway, where the king redefines the frame of *decorum* with a couple of unusual representations, most probably known to the audience which was addressed also in the decoration of the chapel of Tji.

In this way, the extraordinariness of individual fate or position is put into a wider frame of references. As the king is doing something unexpected within the expected in order to narrate an individual story, Tji is posing as the unexpected working class hero – and not as sportsman with a throw-stick – within an expected scene simply because the supervising of the fowling is the special duty which brings him near to the king. At least pictorially. His other main duty, to dress the king's hair, is not represented because of the rules of *decorum*, obviously it was forbidden to present any sacred being in a non-royal funerary installation. By choosing an allusion to an unconventional scene in the king's funerary monument where Tji himself is addressed, and this within a traditional icon of funerary decoration itself executed in an unusual way – thus attracting the attention of conditioned percipients who know that variants have a meaning – the artists of the chapel of Tji are spinning a fine line between these two representations, linking exactly those depictions – of the king as well as of Tji – which are special in their context. In a way, the inspired recipient even conceptually evokes the king as part of the vision in Tji's chapel.

That is impressive, maybe too impressive. But, just as the king only mimics the clapnet scene – sitting on a throne with his stick clamped in a very sporty but almost impossible way – Tji mimics the position of the headmen of the fowlers, dressed in a very sporty way in the fowler's kilt. Breaking the *decorum* within the *decorum*: that is maybe the essence of both representations, far from their content. And it is commented upon with a pun, as always in Tji's decoration. A pun, which again only for a conditioned audience links the human scene of Tji to the divine one the king is acting in: While the personification *sḫ.t nb[.t] ḥꜣb* / "Sekhet (= the field), mistress of the catch" brings a bunch of geese / ducks to the king in the royal picture,[76] the neck-stretching peasant of Tji's pun-line is babbling: *jw nn n sḫ.t ḥnw.t* / "This is for the peasant, (my) lady." But of course the signs for *sḫ.t* and for mistress ... evoke the goddess as being part of the vision in Tji's chapel. Once again not in a phonetical, but a visual way.[77]

5.3. Medium, content, essence

Returning to the appraisal of Richard Hamann concerning these kinds of pictures, the equation with the *Genrebilder der holländischen Malerei* may finally help us to understand the fascinating "breadth" of Tji's presentation among the fowlers. In this *Genrebilder* we may actually find the same deep interplay of formal brilliance and floating content, which often enough is not directed to mediate a clear-cut message to the beholder, but rather gains a special attractiveness by leaving her or him in a state of insecurity, in anticipation that there is more that cannot to be put into words or sentences (or just into witless and pointless ones) – since it is pictorial.

From a strictly pictorial perspective, there is indeed a striking artistic similarity between Tji's fowling scene and – I hope I will be forgiven for what maybe a far-fetched impression – Rembrandt's "Night Watch" (Fig. 16).[78] In this painting, as in the case of Tji's *Flachbild*, individuals are set in a so-called daily life scene that has some connection to their professional life. But this is of course just a travesty of that kind of scene, from behaviour all

---

1962, 357–365), which means: not real centers of collection of agricultural surplus at the place of production, but revenues from residential institutions. See on the productive means of the residential milieu: Fitzenreiter 2004; Fitzenreiter 2011.b and "Stiftung und Wohltätigkeit im Alten Ägypten" in this volume.

76 On this and the possibility that this personification is an invention of the time of Sahure: Guglielmi 2013, 110–115.

77 The case is very instructive concerning the duality of pictorial and phonetic reading: Montet 1925, 66 *saw* the visual pun to the "Lady of the Fields / Prairie" and Junker 1943, 44–48 *heard* the sound – and both where right!

78 Information on this picture is extracted from Wikipedia (<https://de.wikipedia.org/wiki/Die_Nachtwache>; 19.01.18). The Night Watch is of course not a typical *Genrebild*, but it incorporates quite a lot of elements, which are common to this genre.

Fig. 16: Rembrandt van Rijn (1606-1669), The Company of Frans Banning Cocq and Willem van Ruytenburgh ("Night Watch") (1642), Rijksmuseum Amsterdam (<https://commons.wikimedia.org/wiki/File:Rembrandt_van_Rijn-De_Nachtwacht-1642.jpg>)

the way to attire. The pompous scene is itself a mimic of pictures usually presenting victorious kings and princes in their splendid robes and armour, comparable to Tji's reference to the ten-nets-by-one-rope super-catcher Sahure. In the Night Watch the baroque mood of presentation is transformed into a stage for people of a kind of working military class, crawling around, each one a little hero and in the same moment a pun to every warlord of the world. As Tji's presentation oscillates between a vision of otherworldly power in a symbolic hemisphere and an actual position in the poultry business, so the members of the guard are presented as metaphors of a bellicose bourgeoisie.

Both pictures are using comparable compositional means to interfere with the horizontality and verticality and in the combination of subscenes. Whereas in the background of the Night Watch actions flowing horizontally or even on a slanting register (distributed among them is a whole sequence of loading, shooting and cleaning muskets), the verticality of – in this case – the two main persons, Cocq and van Ruytenburgh, connects the fuzzy flow of actions, bringing them into order and structure; in very much the way that Tji does. Comparable phenomena exist on the level of the pictorial perception of space through –in a special way in Rembrandt's painting– light. The gloomy surroundings of Tji's northern wall appears even gloomier in Rembrandt's. And the breakthrough that is the use of a door in Tji's northern wall, is the breakthrough from night to day in Rembrandt's apotheosis of national liberation (or just of the thrilling exaltation of the possession of military power[79]).

We may see comparable phenomena also – and very unusual in western European art – in the presentation of time. Rembrandt shows the moment in between, when mustering has taken place, but the soldiers are not yet at their stations, the company is not yet in marching order, the day is just dawning – but with everything to

79 "Happiness Is a Warm Gun in Your Hand" – the cover which inspired the Beatles song from 1968...(<https://de.wikipedia.org/wiki/Happiness_Is_a_Warm_Gun>; 11.03.18).

come. We even have a scriptorial element, when at last the names of those portrayed are written on a shield above the door. And finally, we have this enigmatic girl oscillating in the picture and mimicking the heroic splendor of all these military men, which has much in common with the mocking fowlers in Tji's panorama. The claws (dutch: *kloven*) of the chicken on the girdle of the girl (next to the butt of a rifle) are twinkling in an unusual way. They stand for the butt of the musket (*kloven*) and again for the musketeer (*klovenier*). A sign-and-word-play, much the same as the heron and the bittern, standing and hiding next to the fowl in Tji's scene.

This quite adventurous comparison of course has nothing to do with iconology proper, but it has a lot to do with *Bildwissenschaft*. It is not about finding a hidden meaning or a concealed connection between the masters of Tji's chapel and Rembrandt. It is about pictorial art as a medium. Pictures are pictures and it is their medial potency of being visual which makes their essence – and not the content. Whatever meaning we may find in Rembrandt's Night Watch, we know that others will find alternative meanings. Out of their own visual memory they will be inspired to see different allusions, experience different impressions, and prefer to see different messages. Similarly, from whatever context we look at a work of art like Tji's fowling scene, whether that be looking strictly from the viewpoint of tomb decoration of the residence in the Old Kingdom early state, from the wider perspective of pharaonic picture production, or even out of the global universe of pictorial arts in general – there will be new stimulations to be detected. The essence of a work of art is not to be an illustration, to tell a certain story, to reproduce a certain content.[80] The essence is a conglomerate of visual stimulations which, by their formal brilliance, are able to make recipients wonder what the content *could* be. That is what most probably also attracted Tji and others when they commissioned, created and received such a work of art. It is the ambiguity of art to present the essence of things exactly in a way they are not.[81] As John Lennon in his unusual protest song is not describing the usual working class hero, but someone so clever, classless, and free, he – himself – is not. Or, as the ultimate master of adaptation and variation, Quentin Tarantino expresses his aesthetics by the words of Vincent Vega, a.k.a. John Travolta: *"It's the little differences. I mean they got the same shit over there that they got here, but it's just — it's just there it's a little different."*[82]

80 So as to avoid any misunderstanding: the *function* of the objects in both cases is a quite simple one: Tomb decoration (= affirmation of eternal subsitance) in the case of Tji and commemoration of the members of the guard in the case of Rembrandt's painting. It is their formal execution which causes the artistic surplus.

81 See the famous "Ceci n'est pas une pipe" in the painting "La trahison des images" by René Magritte (<https://de.wikipedia.org/wiki/La_trahison_des_images>; 11.03.18).

82 Tarentino 1994. This is of course only mimicking the statement of Saussures, and later Derridas, that content is only laying in the difference. See on this "Neues vom Netscher, Teil II" in this volume.

Bibliography

Altenmüller 1989 = Hartwig Altenmüller, Nilpferd und Papyrusdickicht in den Graebern des Alten Reiches, *BSEG* 13, 1989, 9–21

Altenmüller 1995 = Hartwig Altenmüller, Fragen zur Ikonographie des Grabherrn in der 5. Dynastie des Alten Reiches, in: *Kunst des Alten Reiches. Symposium im Deutschen Archäologischen Institut Kairo am 29. und 30. Oktober 1991*, SDAIK 28, Mayence 1995, 19–32.

Altenmüller 2005 = Hartwig Altenmüller, Fisch und Vogel für den Grabherrn, in: Khaled Daoud, Shafia Bedier & Sawsan Abd el-Fatah (eds.), *Studies in Honor of Ali Radwan*, CASAE 34,1, Cairo 2005, 69–78.

Altenmüller 2008 = Hartwig Altenmüller, Der König als Vogelfänger und Fischer (nbty wḥ[c]) – zu frühen Belegen eines traditionellen Motivs, in: Eva-Maria Engel, Vera Müller & Ulrich Hartung (eds.), *Zeichen aus dem Sand. Streiflichter aus Ägyptens Geschichte zu Ehren von Günter Dreyer*, Menes 5, Wiesbaden 2008, 1–18.

Altenmüller 2013 = Hartwig Altenmüller, Magische Riten zur Beeinflussung von Naturereignissen: Der Fall der Nilpferdjagd, in: *Études et Traveaux* XXVI.1 (Fs K. Myśliwiec), 2013, 43–55.

Auenmüller 2014 = Johannes Auenmüller, Bemerkungen zur Datierung der Mastaba des Ti in Saqqara, *GM* 240, 2014, 7–17.

El Awady 2009 = Tarek El Awady, *Sahure – The Pyramid Causeway. History and Decoration Program in the Old Kingdom*, Abusir XVI, Prague 2009.

el Awady 2010 = Tarek el Awady, Sahure. Ein glanzvolles Königsleben, in: Vinzenz Brinkmann (ed.), *Sahure. Tod und Leben eines großen Pharao*, Frankfurt a.M. / Munich 2010, 197–207.

Beaux 1997 = Nathalie Beaux, Le mastaba de Ti à Saqqâra. Architecture de la tombe et orientation des personnages figurés, in: Catherine Berger & Bernard Mathieu (eds.), *Études sur l'Ancien Empire et la nécropole de Saqqâra dédiées à Jean-Philippe Lauer*, Orientalia Monspeliensia 9, Montpellier 1997, 89–98.

Behrmann 1995 = Almuth Behrmann, Überlegungen zur Darstellung von Nilpferden im Papyrusdickicht in den Gräbern des Alten Reiches, *GM* 147, 1995, 15–18.

Blackman 1924 = Aylward Manley Blackman, *The Tomb-Chapel of Pepi'onkh The Middle Son of Sebkhotpe and Pekhernefert (D, No. 2)*, The Rock Tombs of Meir IV, MASE 25, London 1924.

Bolshakov 1993 = Andrey o. Bolshakov, The Scene of the Boatmen Jousting in Old Kingdom Tomb Representations, *BSEG* 17. 1993, 29–39.

Borchardt 1913 = Ludwig Borchardt, *Das Grabdenkmal des Königs* Ś3ḥw-Re[c] *2: Die Wandbilder*, WVDOG 26, Leipzig 1913.

Braun 2015 = Nadja S. Braun, Narrative, in: Melinda K. Hartwig (ed.), *A Companion to Ancient Egyptian Art*, Chichester 2015, 344–359.

Brewer / Friedman 1989 = Douglas J. Brewer & Renée F. Friedman, *Fish and Fishing in Ancient Egypt*, The Natural History of Egypt: Vol. II, Warminster 1989.

Brunner-Traut 1963 = Emma Brunner-Traut, Nachwort, in: Heinrich Schäfer, *Von ägyptischer Kunst. Eine Grundlage*, 4. Auflage, Wiesbaden 1963, 395–423.

Brunner-Traut 1975 = Emma Brunner-Traut, s.v. „Aspektive", in: Wolfgang Helck & Eberhard Otto (eds.), Lexikon der Ägyptologie. Bd. 1, Wiesbaden 1975, 474–487.

Cohn 2016 = Neil Cohn (ed.), *The Visual Narrative Reader*, London 2016.

Dorman 2008 = Peter F. Dorman, Epigraphy and Recording, in: Richard H. Wilkinson (ed.), *Egyptology Today*, Cambridge 2008, 77–97.

Eaton-Krauss 2011 = Marianne Eaton-Krauss, Denglish, in: Frank Feder, Ludwig D. Morenz u. Günter Vittmann (eds.), *Von Theben nach Giza. Festmiszellen für Stefan Grunert zum 65. Geburtstag*, GM Beihefte 10, Göttingen 2011, 33–40.

Edel 1955 / 1964 = Elmar Edel, *Altägyptische Grammatik*, AnOr 34/39, Rome 1955 / 1964.

van Elsbergen 1997 = Michael Johannes van Elsbergen, *Fischerei im alten Ägypten. Untersuchungen zu den Fischfangdarstellungen in den Gräbern der 4. bis 6. Dynastie*, ADAIK 14, Berlin 1997.

Épron / Daumas 1939 = Lucienne Épron & François Daumas, *Le Tombeau de Ti, Fasc. I. Les approches de la chapelle*, MIFAO 65.1, Cairo 1939.

Erman 1919 = Adolf Erman, *Reden, Rufe und Lieder auf Gräberbildern des Alten Reiches*, Abhandlungen der preussischen Akademie der Wissenschaften 1918, 15, Berlin 1919.

Evans 2012 = Linda Evans, Bird Behaviour in Ancient Egyptian Art, in: Rozenne Bailleul-Suer (ed.), *Between Heaven & Earth. Birds in Ancient Egypt*, Oriental Institute Museum Publications 35 Chicago 2012, 91–98.

Feucht 1992 = Erika Feucht, Fishing and Fowling with the Spear and the Throw-Stick reconsidered, in: Ulrich Luft (ed.), *The Intellectual Heritage of Egypt. Studies presented to Lásló Lákosy by friends and colleagues on the occasion of his 60th birthday*, Studia Aegyptiaca XIV, Budapest 1992, 157–169.

Feucht 1998 = Erika Feucht, Fisch- und Vogelfang im *wꜣḏ-wr* des Jenseits, in: Irene Shirun-Grumach (ed.), *Jerusalem Studies in Egyptology*, ÄAT 40, Wiesbaden 1998, 37–44.

Fischer 1977 = Henry G. Fischer, *The Orientation of Hieroglyphs I. Reversals, Egyptian Studies II*, New York 1977.

Fitzenreiter 2001 / 2006 = Martin Fitzenreiter, *Statue und Kult. Eine Studie der funerären Praxis an nichtköniglichen Grabanlagen der Residenz im Alten Reich*, IBAES 3, Berlin 2001 / London 2006, Online-Fassung: <http://www2.rz.hu-berlin.de/nilus/net-publications/ibaes3/index.html>.

Fitzenreiter 2001 = Martin Fitzenreiter, Grabdekoration und die Interpretation funerärer Rituale im Alten Reich, in: Harco Willems (ed.), *Social Aspects of Funerary Culture in the Egyptian Old and Middle Kingdoms*, OLA 103, Leuven-Paris-Sterling 2001, 67–140.

Fitzenreiter 2002 = Martin Fitzenreiter, Der Antike Sudan in der Zeitgenössischen Kunst, Teil II: Auf der Reise – Europäischer Orientalismus. Die Malerin Christine Donath, *Der Antike Sudan – MittSAG* 13, 2002, 120–151.

Fitzenreiter 2003 = Martin Fitzenreiter, Richtungsbezüge in ägyptischen Sakralanlagen – oder: Warum im ägyptischen Tempel das Sanktuar hinten links in der Ecke liegt (Teil I), *SAK* 31, 2003, 107–151.

Fitzenreiter 2004 = Martin Fitzenreiter, *Zum Toteneigentum im Alten Reich*, ACHET. Schriften zur Ägyptologie A 4, Berlin 2004.

Fitzenreiter 2006.a = Martin Fitzenreiter, Zum Phänomen der isolierten Speisetischtafel in der 4. Dynastie, *GM* 208, 2006, 19–28.

Fitzenreiter 2006.b = Martin Fitzenreiter, Raumkonzept und Bildprogramm in dekorierten Grabanlagen im Alten Reich, in: Martin Fitzenreiter & Michael Herb (eds.), *Dekorierte Grabanlagen im Alten Reich. Methodik und Interpretation*, IBAES VI, Berlin / London 2006, 61–109, Online-Fassung: <http://www2.rz.hu-berlin.de/nilus/net-publications/ibaes6/index.html>.

Fitzenreiter 2009 = Martin Fitzenreiter, On the yonderside of bread and beer. The conceptualisation of animal based food in funerary chapels of the Old Kingdom, in: Heiko Riemer, Frank Förster, Michael Herb & Nadja Pöllath (eds.), *Desert animals in the eastern Sahara: Status, economic significance, and cultural reflection in antiquity. Proceedings of an Interdisciplinary ACACIA Workshop held at the University of Cologne December 14–15, 2007*, Cologne 2009, 309–340.

Fitzenreiter 2011.a = Martin Fitzenreiter, Ikonographische Parallelisierung: Zu einem Kompositionsprinzip in der ägyptischen Flachbildkunst und seiner Wahrnehmung in pharaonischer Zeit. Notizen zum Grab des Pennut (Teil VI), *Imago Aegypti* 3, 2011, 7–30.

Fitzenreiter 2011.b = Martin Fitzenreiter, Grabmonument und Gesellschaft. Funeräre Kultur und Soziale Dynamik im Alten Reich, *SAK* 40, 2011, 67–101.

Fitzenreiter 2013 = Martin Fitzenreiter, Zeit und Raum (und Licht) – Wahrnehmung und deren Konstruktion im pharaonischen Ägyptene (Notizen zum Grab des Pennut Teil VI ½), *SAK* 42, 2013, 59–82.

Fitzenreiter 2014 = Martin Fitzenreiter, *Original und Fälschung im Ägyptischen Museum der Universität Bonn, Mit Beiträgen von Sarah Konert, Robert Kuhn, Uta Siffert, Sabrina Weil*, BÄB 4, Berlin 2014.

Fitzenreiter 2015 = Martin Fitzenreiter, (Un)Zuganglichkeit. Über Performanz und Emergenz von Schrift und Bild, in: Annette Kehnel & Diamantis Panagiotopoulos (eds.), *Schriftträger – Textträger. Zur materialen Präsenz des Geschriebenen in frühen Gesellschaften*, Materiale Textkulturen 6, Berlin 2015, 179–208

Fitzenreiter 2017.a = Martin Fitzenreiter, Sense and Serendipity. Zur Ambiguität pharaonischer Bildschriftlichkeit, in: Vincent Verschoor, Arnold Jan Stuart & Cocky Demarée (eds.), *Imaging and Imagining the memphite Necropolis. Liber amicorum René van Walsem*, EU 30, Leiden 2017, 177–199.

Fitzenreiter 2017.b = Martin Fitzenreiter, Das Reden der Anderen, in: Frank Feder, Gunnar Sperveslage & Florian Steinborn (eds.), *Ägypten begreifen. Erika Endesfelder in memoriam*, IBAES 19, Berlin / London 2017, 117–131, Online-Fassung: <http://www2.rz.hu-berlin.de/nilus/net-publications/ibaes19/index.html>.

Gaballa 1976 = Gaballa A. Gaballa, *Narrative in Egyptian Art*, SDAIK (2), Mayence 1976.

Grapow 1939–43= Hermann Grapow, *Wie die Alten Ägypter sich anredeten, wie sie sich grüßten und wie sie miteinander Sprachen* I.– IV., Abh. d. Preuß. AdW, Phil.-hist. Klasse, Jhg. 1939–42, Berlin 1939–43.

Guglielmi 1973 = Waltraud Guglielmi, *Reden, Rufe und Lieder auf altägyptischen Darstellungen der Landwirtschaft, Viehzucht, des Fisch- und Vogelfangs vom Mittleren Reich bis zur Spätzeit*, TÄB 1, Bonn 1973.

Guglielmi 2013 = Waltraud Guglielmi, Neues aus den Gräbern von Assiut: Sechet, die Personifikation (Tyche) des Fangglücks im Mittleren Reich, in: Hans-Werner Fischer-Elfert & Richard B. Parkinson (eds.), *Studies on the Middle Kingdom. In memory of Detlef Franke*, Philippika 41, Wiesbaden 2013, 109–143.

Hamann 1955 = Richard Hamann, Geschichte der Kunst, Bd. I. Von der Vorgeschichte bis zur Spätantike, Berlin 1955.

Harpur 1987 = Yvonne Harpur, *Decoration in Egyptian Tombs of the Old Kingdom. Studies in orientation and scene content*, London / New York 1987.

Herb 2001 = Michael Herb, *Der Wettkampf in den Marschen. Quellenkritische, naturkundliche und sporthistorische Untersuchungen zu einem altägyptischen Szenentyp*, Nikephoros Beihefte 5, Hildesheim 2001.

Hermann 1938 = Alfred Hermann, *Die ägyptische Königsnovelle*, LÄS 10, Glückstadt / Hamburg / New York 1938.

Hofmann 2004 = Beate Hofmann, *Die Königsnovelle. „Strukturanalyse am Einzelwerk“*, ÄAT 62, Wiesbaden 2004.

Hornung 1966 = Erik Hornung, *Geschichte als Fest. Zwei Vorträge zum Geschichtsbild der frühen Menschheit*, Darmstadt 1966.

Houlihan 1996 = Patrick Francis Houlihan, A Guide to the Wildlife Represented in the Great Swampland Scene in the Offering-chapel of Ti (No. 60) at Saqqara, *GM* 155, 1996, 19–53.

Jacquet-Gordon 1962 = Helen K. Jacquet-Gordon, *Les noms des domaines funéraires sous l'ancien Empire Égyptien*, BdE 34, Cairo 1962.

Junker 1943 = Hermann Junker, *Zu einigen Reden und Rufen auf Grabbildern des Alten Reiches*, SAWW phil.-hist. Kl. 221,5, Vienna / Leipzig 1943.

Junker 1955 = Hermann Junker, *Gîza XII. Bericht über die von der Akademie der Wissenschaften in Wien auf gemeinsame Kosten mit Dr. Wilhelm Pelizaeus+ unternommenen Grabungen auf dem Friedhof des Alten Reiches bei den Pyramiden von Gîza. Schlußband mit Zusammenfassungen und Gesamt- Verzeichnissen von Band I–XII*, Vienna 1955.

Junker 1956 = Hermann Junker, Der Maler 'Irj, *Anzeiger der phil.-hist. Klasse der Österreichischen Akademie der Wissenschaften*, Jahrgang 1956, Nr. 4, 1956, 59–79.

Junker 1959 = Hermann Junker, *Die gesellschaftliche Stellung der ägyptischen Künstler im Alten Reich*, Österreichische Akademie der Wissenschaften, Phil.-hist. Klasse, Sitzungsberichte, 233, 1. Abhandlung, Vienna 1959.

Kessler 1977 = Dieter Kessler, s. v. Himmelsrichtungen, in: Wolfgang Helck & Wolfhart Westendorf (eds.), *Lexikon der Ägyptology*, Band II, Wiesbaden 1977, 1213–1215.

Lang 2002 = Franziska Lang, *Klassische Archäologie. Eine Einführung in Methode, Theorie und Praxis*, Tübingen / Basel 2002.

Leclant 1980 = Jean Leclant, La 'famille libyenne' au temple haut de Pépi Ier, in: Jean Vercoutter (ed.), *Livre du centenaire, 1880–1980*, MIFAO 104, Cairo 1980, 49–54.

Loeben 1996 = Christian Loeben, Anmerkungen zu jüngesten Arbeiten ägyptischer Epigraphik, in: *Arcus. Berichte aus Archäologie, Baugeschichte und Nachbargebieten* 3, Potsdam 1996, 15–27.

Loprieno 1996 = Antonio Loprieno, The "King's Novel", in: Antonio Loprieno (ed.), *Ancient Egyptian Literature. History and Forms*, PdÄ 10, Leiden / New York / Cologne 1996, 277–295.

Lull 2002 = José Lull, *Las tumbas reales egipcias del Tercer Período Intermedio (dínastías XXI–XXV). Tradición y cambios*, BAR Int. Ser. 1045, Oxford 2002.

McLuhan 1964 = Marshall McLuhan, *Understanding Media: The Extensions of Man*, New York 1964.

Mogensen 1921 = Maria Mogensen, *Le mastaba égyptien de la Glyptothèque Ny Carlsberg*, Copenhagen 1921.

Mohr 1943 = Hertha Therese Mohr, *The mastaba of Hetep-her-Akhti. Study on an Egyptian tomb chapel in the Museum of Antiquities Leiden*, Leiden 1943.

Montet 1925 = Pierre Montet, *Les scénes de la vie privée dans les tombeaux égyptiens de l'Ancien Empire*, Publications de la Faculté des Lettres de l'Université de Strasbourg 24, Strasbourg 1925.

Morenz 2004 = Ludwig D. Morenz, *Bild-Buchstaben und symbolische Zeichen. Die Herausbildung der Schrift in der hohen Kultur Altägyptens*, OBO 205, Fribourg / Göttingen 2004.

Morenz 2013 = Ludwig D. Morenz, *Kleine Archäologie des ägyptischen Humors. Ein kulturgeschichtlicher Testschnitt*, BÄB 3, Berlin 2013

Morenz 2014 = Ludwig D. Morenz, *Anfänge der ägyptischen Kunst. Eine problemgeschichtliche Einführung in ägyptologische Bild-Anthropologie*, OBO 264, Fribourg / Göttingen 2014.

Moussa / Altenmüller 1977 = Ahmed M. Moussa & Hartwig Altenmüller, *Das Grab des Nianchchnum und Chnumhotep*, AV 21, Mayence 1977.

Myśliwiec 2003 = Karol Myśliwiec, The Meref-nebef fowling: the scene in his tomb, in: Nicole Kloth, Karl Martin & Eva Pardey (eds.), *Es werde niedergelegt als Schriftstück. Festschrift für Hartwig Altenmüller zum 65. Geburtstag*, BSAK 9, Hamburg 2003, 281–294.

Myśliwiec 2011 = Karol Myśliwiec, Silly jokes of a Master's deputy (Sixth Dynasty, Saqqara), in: Zahi A. Hawass, Khaled A. Daoud & R.B. Hussein (eds.), *Scribe of Justice, Egyptological Studies in honour of Shafik Allam*, ASAE-Suppl. 42, Cairo 2011, 313–326.

Newberry 1893 = Percy Edward Newberry, *Beni Hasan* II, MASE 2, London 1893.

Panofsky 1994 = Erwin Panofsky 1994, Ikonographie und Ikonologie, in: E. Kaemmerling (ed.), *Bildende Kunst als Zeichensystem. Ikonographie und Ikonologie, Bd. 1. Theorien – Entwicklung – Probleme*, Cologne 1994, 207–225.

Panofsky 1998 = Erwin Panofsky, Die Perspektive als "symbolische Form" (Original 1927), in: K. Michels & M. Warnke (eds.), *Erwin Panofsky. Deutschsprachige Aufsätze*, Bd. II, Berlin 1998, 664–756.

Pieke 2012 = Gabi Pieke, „Eine Frage des Geschmacks" – Anmerkungen zur Grabdekoration auf dem Teti-Friedhof von Saqqara, in: Katalin Anna Kóthay (ed.), *Art and Society. Ancient and Modern Contexts of Egyptian Art*, Budapest 2012, 123–138.

Posener 1965 = Georges Posener, Sur l'orientation et l'ordre des point cardineaux chez les Égyptiens, in: Siegfried Schott (ed.), *Göttinger Vorträge vom ägyptologischen Kolloquium der Akademie am 25. und 26. August 1964*, Nachrichten der Akademie der Wissenschaften in Göttingen, I. Phil.-Hist. Klasse 31, No. 2, Göttingen 1965, 69–78.

Ranke 1952 = Hermann Ranke, *Die ägyptischen Personennamen. Band II. Form, Inhalt und Geschichte der Namen*, Glückstadt 1952.

Roos 2017 = Janny Roos, Work Songs in Old Kingdom Elite Tombs, in: Vincent Verschoor, Arnold Jan Stuart & Cocky Demarée (eds.), *Imaging and Imagining the Memphite Necropolis, Liber amicorum René van Walsem*, EU 30, Leiden 2017, 245–266.

Roth 2006 = Ann Macy Roth, Multiple Meanings in Carrying Chair Scenes, in: Martin Fitzenreiter & Michael Herb (eds.), *Dekorierte Grabanlagen im Alten Reich. Methodik und Interpretation*, IBAES VI, Berlin / London 2006, 243–253, Online-Fassung: <http://www2.rz.hu-berlin.de/nilus/net-publications/ibaes6/index.html>.

Schäfer 1930 = Heinrich Schäfer, *Von ägyptischer Kunst. Eine Grundlage*, Leipzig 1930.

Spalinger 2011 = Anthony Spalinger, Königsnovelle and Performance, in: Vivienne Gae Callender, Ladislav Bareš, Miroslav Bárta, Jiří Janák & Jaromír Krejčí (eds.), *Times, Signs and Pyramids. Studies in Honour of Miroslav Verner on the Occasion of His Seventieth Birthday*, Prague 2011, 351–374.

Staehelin 1966 = Elisabeth Staehelin, *Untersuchungen zur ägyptischen Tracht im Alten Reich*, MÄS 8, Berlin 1966.

Steindorff 1913 = Georg Steindorff, *Das Grab des Ti*, Veröffentlichungen der Ernst von Sieglin Expedition in Ägypten 2, Leipzig 1913.

Tarantino 1994 = Quentin Tarantino, *Pulp Fiction*, Hollywood 1994.

van Walsem 2005 = René van Walsem, *Iconography of Old Kingdom Elite Tombs. Analysis & Interpretation, Theoretical and Methodological Aspects*, Leuven / Leiden 2005.

van Walsem 2008 = René van Walsem, *MastaBase. The Leiden Mastaba Project. A research tool for the study of the secular or 'daily life' scenes and their accompanying texts in the elite tombs of the Memphite area in the Old Kingdom*, Leiden 2008.

van Walsem 2013 = René van Walsem, Diversification and variation in Old Kingdom funerary iconography as the expression of a need for 'individuality', *JEOL* 44 (2012–2013), 2013, 117–139.

Vonk 2015 = Thomas Vonk, Von Betrügern und schimpfenden Hirten. Über den Humor einiger 'Reden und Rufe', *GM* 245, 2015, 79–93.

van de Walle 1978 = Baudouin van de Walle, *La chapelle funéraire de Neferiretenef*, Bruxelles 1978.

Wild 1953 = Henri Wild, *Le tombeau de Ti, Fasc. II. La chapelle (première partie)*, MIFAO 65.2, Cairo 1953.

Wild 1966 = Henri Wild, *Le tombeau de Ti, Fasc. III. La chapelle (deuxième partie)*, MIFAO 65.3, Cairo 1966.

Meistererzählung und Milieu

Zur Paradigmenbildung in der Berliner sudanarchäologischen Forschung*

1 Paradigma und Meistererzählung

1.1 Paradigma

Spätestens seit Thomas Kuhn ist ein inzwischen vielleicht schon zu oft wiederholter Gemeinplatz, dass Forschung bestimmten Paradigmen unterworfen ist. So individuell und einzigartig dem Forscher seine Ergebnisse erscheinen – und erscheinen müssen! – so sehr werden sie doch von einem Mainstream vorangespült, der *nolens volens*, bewusst oder eher unbewusst, die untersuchten *Gegenstände* bestimmt und dabei sowohl das, was als *Probleme*, als auch das, was als Herangehensweisen und *Lösungen* gilt, im Großen und Ganzen festschreibt.[1] Nur unter besonderen Bedingungen und oft eher an den Rändern des eigentlichen „Wissenschaftsbetriebes" sind Nebenflüsse denkbar, die sich eines Tages vielleicht in ein neues Paradigma wandeln und so selbst zum Mainstream werden, während der alte Strom der Gewissheiten austrocknet, mitunter erstaunlich plötzlich.

Es verwundert geradezu, dass trotz dieser Beobachtung dennoch das Gefühl besteht, dass erstens jede Forschung individuell und unverwechselbar ist und zweitens, dass es mit der Forschung voran ginge: Irgendwie würden wir immer Neues und Besseres wissen, in gewissem Sinne der „Wahrheit" und – in den historischen Wissenschaften – dem „wie es denn gewesen" immer näher kommen. Lange hat man gerätselt, wie dies sein kann, wie in einer so paradoxen Situation, in einem so fest gefügten System, wie es ein wissenschaftliches Paradigma bildet, Individualisierung, Grenzverschiebungen und sogar Auflösungserscheinungen und damit letztendlich überhaupt ein Zuwachs an Wissen möglich sind.[2] Neben diversen Faktoren, die man meist aus dem Bereich der Sozialwissenschaften heranzog, also etwa politische Bedingungen oder soziale Verwerfungen, ist erst neuerdings bei der Frage nach den Gründen der Verschiebung von Paradigmata genau der Faktor wieder stärker in die Diskussion gerückt, von dem natürlich alle von Anfang an gewusst haben: Veränderungen werden nicht nur von Menschen induziert, sondern auch von ... und hier wird es mit der Begrifflichkeit schwierig: Dingen. Das etwas unglücklich

---

* Der Text ist die nur leicht überarbeitete Fassung eines Vortrages auf der Tagung „Berlin – Sudan. Die Geschichte der Berliner Nordostafrikaforschung. Wandel, Kontinuität und wissenschaftlicher Zeitgeist vom Königreich Preußen bis in die DDR", die im Juni 2017 an der Humboldt-Universität zu Berlin stattfand. Ich danke den Organisatoren Cornelia Kleinitz und Thomas Gertzen für die Einladung und Cornelia Kleinitz ganz besonders dafür, dass sie mit dieser Tagung ein Zeichen für den Fortbestand der Berliner Sudanarchäologie gesetzt hat.

1 Paradigmen sind „allgemein anerkannte wissenschaftliche Leistungen, die für eine gewisse Zeit einer Gemeinschaft von Fachleuten maßgebende Probleme und Lösungen liefern" (Kuhn 1978, 10). Kuhn hat seine Beobachtungen aus der Beschäftigung mit der naturwissenschaftlichen Forschung – im Englischen: *science* – gewonnen und die Kultur- oder Gesellschaftswissenschaften (*humanities*) nicht ausdrücklich analysiert. Ich sehe allerdings keinen Grund, die grundsätzlichen Thesen seiner Beschreibung der Paradigmenbildung bei der Behandlung des hier interessierenden Themas nicht heranzuziehen. Hat doch Kuhn selbst die Unzuverlässigkeit der *sciences* mit der der notorisch unzuverlässigen *humanities* verglichen: „Sowohl die Geschichte wie auch die Erfahrung ließen mich daran zweifeln, daß naturwissenschaftliche Praktiker solidere oder bleibendere Antworten auf solche Fragen haben als ihre Kollegen in der Sozialwissenschaft." (Kuhn 1978, 10). Siehe auch die Diskussion von Gemeinsamkeiten und Unterschieden paradigmatischen Vorgehens in den beiden Wissenschaftszweigen in Kuhns Schlusskapitel (Kuhn 1978, 210–227). Insgesamt neige ich sogar dazu, zu behaupten, dass Kuhns Thesen, wenn sie denn für die *sciences* in etlichen Punkten nicht zutreffen sollten, für die *humanities* ganz besonders zutreffen. Oder anders gesagt: In meiner Lesart beschäftigt sich Kuhn mit der Kulturwissenschaftlichkeit der Naturwissenschaften.

2 Kuhn beschäftigt diese Frage, jedoch beschränkt er sich darauf, die inneren Widersprüche in einem Paradigma als Faktoren für dessen Auflösung zu untersuchen. Dass dabei andere, nicht in der Beschäftigung mit dem Gegenstand liegende Faktoren ebenso eine Rolle spielen, aber nicht im Fokus seiner Betrachtung stehen, betont er in der Vorrede: „Der Besitz eines Paradigmas ist noch kein völlig ausreichendes Kriterium für den ... entwicklungsartigen Übergang. Noch wichtiger ist, daß ich ... nichts gesagt habe über die Rolle des technologischen Fortschritts oder der äußeren – sozialen, ökonomischen und intellektuellen – Voraussetzungen für die Entwicklung der Wissenschaften." (Kuhn 1978, 13).

als „Akteur-Netzwerk-Theorie" (ANT) bezeichnete Methodengebilde,[3] das die handlungsleitenden Potenzen *aller* den Menschen treibenden Aktanten ins Spiel brachte, hat zumindest auf der methodologischen Ebene einige Anregungen gebracht, wenn es darum geht, zu erklären, wie denn das „Neue" in die Wissenschaft kommt. Es sind eben die neuen Funde und Befunde, aber auch ein neues Fernrohr oder ein schnellerer Rechner, die den Paradigmenwechsel erzwingen, völlig unabhängig von sozialen Verwerfungen und sogar – *horribile dictu* – von irgendwelchen hochschulpolitischen Entscheidungen.[4]

1.2 Meistererzählung

Dies vorausgeschickt, möchte ich im Folgenden die kurze und so gar nicht logische Geschichte der von Berlin ausgehenden sudanarchäologischen Forschung unter dem Gesichtspunkt ihrer Paradigmatik und vor allem dem der Bewegung dieser Paradigmatik beleuchten. Der Beitrag versteht sich also nicht als ein wissenschaftsgeschichtlicher Abriss, der den Lebensläufen der Protagonisten und den Resultaten der Forschung nachgehen will,[5] sondern als ein methodologischer Essay, der mehr nach dem *Warum* fragt, als nach dem *Was*.[6]

Bereits die Konstruktion einer „Berliner sudanarchäologischen Forschung" oder einer „Berliner Sudanarchäologie" oder wie wir das Kind immer nennen mögen, ist ein schönes Beispiel für Paradigmatik: eine, in den Worten Kuhns, „allgemein anerkannte wissenschaftliche Leistung, die für eine gewisse Zeit einer Gemeinschaft von Fachleuten maßgebende Probleme und Lösungen liefert". Wobei unter der „wissenschaftlichen Leistung" vor allem und an allererster Stelle zu verstehen ist, dass sich die Beschäftigung mit den Kulturen des antiken Sudan überhaupt als ein eigener Forschungsgegenstand in Berlin etablieren konnte.[7] Ein Konstrukt, in dem ich ja gewissermaßen studentisch großgezogen wurde; wahrscheinlich war es sogar meine Generation, die von allen am heftigsten mit diesem Konstrukt einer Berliner sudanarchäologischen Forschung konfrontiert war und sich ihm

---

3 Latour 2010. Die Bezeichnung „Akteur-Netzwerk-Theorie" hat fatale Folgen für die Rezeption des Begriffes und der Theorie, wird sie doch häufig als eine Art *Coaching* verstanden, in der es um das heute so nachgefragte *networking* („netzwerken") ginge. Richtiger müsste es wenigstens „Akteursnetzwerk-Theorie" heißen, denn es geht genau nicht darum, den Wert und Unwert von „guten Beziehungen" theoretisch zu untermauern (das weiß jeder aus der Praxis sowieso gut genug), sondern darum, zu verstehen, wie Akteure der verschiedensten Art – Menschen, andere Lebewesen, Dinge ganz allgemein – sich zu *Netzwerken* verbinden, die uns als *Strukturen* aus den Tagen des Strukturalismus bekannt sind, von diesem aber in ihrer Lebendigkeit nicht erklärt werden. Zum Begriff selbst und möglichen Varianten: Latour 2010, 23.

4 Den ebenfalls oft falsch verstandenen Status der Dinge innerhalb der Akteursnetzwerke versucht Latour so zu umreißen: „ANT ist nicht die leere Behauptung, daß Objekte etwas „anstelle" der menschlichen Akteure tun: Sie sagt einfach, daß eine Wissenschaft des Sozialen nicht einmal beginnen kann, wenn die Frage, wer und was am Handeln beteiligt ist, nicht zunächst einmal gründlich erforscht ist, selbst wenn das bedeuten sollte, Elemente zuzulassen, die wir, in Ermangelung eines besseren Ausdrucks, *nicht-menschliche Wesen (non humans)* nennen können." (Latour 2010, 124). Die besondere Rolle der technischen Dinge wird übrigens von Kuhn bereits angesprochen: „Da diese Fertigkeiten sehr oft Fakten an den Tag gebracht haben, die nicht zufällig entdeckt werden konnten, hat die Technologie eine wesentliche Rolle bei der Entstehung neuer Wissenschaften gespielt." (Kuhn 1978, 35).

5 Siehe hierzu die neueren Darstellungen zur Geschichte der Ägyptologie, die sich der Wissensentwicklung vor dem Hintergrund der Lebensgeschichten der ForscherInnen und den sie formenden Institutionen und gesellschaftlichen Bedingungen widmen: Thompson 2015.a; Thompson 2015.b; Gertzen 2017, 25–108.

6 Man kann auch sagen: *Warum eigentlich*? Die Fragestellung trifft sich dahingehend mit der der Studie von Trümpener 1981 zur Institutionalisierung der Ägyptologie in Deutschland.

7 Wenn sich in den von Thomas Kuhn behandelten Fällen naturwissenschaftlicher Forschung die Paradigmatik vor allem auf methodisches Vorgehen zu beziehen scheint, so verstellt diese Rezeption seiner Darlegung ein wenig, dass die allereinfachste Frage (um Latour zu imitieren) übersprungen wird, nämlich die, wie bzw. dass der betreffende *Gegenstand* der Forschung überhaupt als ein solcher – und eben nicht mehr im Sinne der bis dato dominierenden „Normwissenschaft" – definiert wird. Dazu, dass die Schaffung ihres Gegenstandes zur Aufgabe der Kulturwissenschaften gehört: Trümpener 1981, 17. Die Leistung, eine „Kultur" als sprachlich, räumlich und zeitlich begrenztes Konstrukt zu etablieren und damit zu einem Forschungsgegenstand, also einem Problem mit angemessenen Lösungen zu machen – was mit Kuhn als die „Verwissenschaftlichung" einer Beschäftigung verstanden werden kann – ist besprochen in Fitzenreiter 2011. Sehr passend hierzu eine Bemerkung von Georg Steindorff auf der Gedächtnisfeier der Akademie für Lepsius, die Lepsius 1988, 52 zitiert: „Eines muß ich noch erwähnen, das eines der größten Verdienste Lepsius' es gewesen ist und bleiben wird, er hat die Wissenschaft von den Schwarmgeistern, von den Kinderkrankheiten, die sie so oft befallen, befreit und eine große Reinheit in der Welt der Gelehrten geschaffen." Auch wenn sich dies auf die Ägyptologie bezieht, so ist das Pathos der „Reinigung" einer, das jede „Verwissenschaftlichung" begleitet, aber nichts anderes bedeutet, als dass ein Paradigma aus Gegenstand und angemessenen Problemen sowie Lösungen etabliert wird (dazu auch: Gertzen 2013, 37–40).

entweder ergeben konnte, wie ich es tat, oder heftig opponieren, was natürlich auch geht. Ganz egal: das Paradigma der Berliner Sudanarchäologie als ein durch spezifische Probleme und Lösungen umrissener Forschungsgegenstand bestand, besteht vielleicht (und hoffentlich) immer noch und es kann seine handlungsleitende Wirkung entfalten. Genau in der Weise übrigens, wie eben geschildert: durch Attraktion genauso wie durch Rejektion. Gleich ob dafür oder dagegen, sobald das Paradigma in der Welt ist, wirkt es als Aktant und zwingt zur Auseinandersetzung. Selbst der Standpunkt, es gibt gar keine Sudanarchäologie oder gar Berliner Sudanarchäologie und alle ihre Probleme und Lösungen seien nur Mumpiz, ist dann schon nichts anderes mehr als eine von diesem Paradigma induzierte Position. Das ist so wie beim lieben Gott.[8]

Was ist nun dieses Paradigma überhaupt? Bei Lichte besehen sind weder ein spezifischer Gegenstand noch eine spezifische Methodologie das eigentlich charakteristische der Berliner Sudanarchäologie. Wie der kleine aber wichtige Zusatz „Berliner" bereits andeutet – und an dieser Stelle kann das *name dropping* und mit-Fachbegriffen-um-sich-Werfen fröhlich weitergehen – ist nach Hayden White das, was wir als die Berliner Sudanarchäologie bezeichnen, das Produkt einer *meta* oder *master narrative*, einer „Meistererzählung".[9] Die Motivkreise dieser Erzählung sind in unserem Fall deren drei: Berlin, Sudan und Archäologie; die sie verknüpfende Narrative ist, wie in allen Legenden von der Schulenbildung in der Wissenschaft, die genealogische Erzählung, über die sich eine genetische Bindung aufbaut, etwas, das fast wie Blut und ganz sicher wie Ehre ist. Was sich schon daran erkennen lässt, dass man entweder dazugehört oder nicht, dass man sich dazu bekennt, oder es bekämpft. Wie bei jeder Legende gibt es einen Gründerheros – in diesem Fall: Karl Richard Lepsius[10] – und es gibt die rechtmäßigen Erben und die weniger rechtmäßigen, die das Erbe brach liegen lassen. Nur mit Entsetzen haben solche wie ich, die sich für Träger – wenn nicht des reinen Blutes so doch der reinen Lehre – hielten, auf das geschaut, was diverse hochschulpolitische und hochschulinterne Kabalen in den Neunzigern mit der „Berliner Sudanarchäologie" angestellt haben.

Das Problem der Meistererzählung von der Berliner Sudanarchäologie ist natürlich, dass es eine mit Berlin, Sudan und Archäologie verbundene Forschung nach Lepsius gar nicht mehr gab. Ich habe es seinerzeit in meiner Hintze-Vorlesung vielleicht nur durch die Blume gesagt: Lepsius hat die Sudanarchäologie als solche in Berlin begründet, sie aber auch aus dem ägyptologischen Kanon herausdefiniert und damit quasi beendet.[11] Bis Hintze spielt Berlin in der Sudanarchäologie keine Rolle. Lepsius ist – wie alle Gründerheroen – eine pure Fiktion, er hat die Sudanarchäologie genauso viel oder wenig begründet wie Arminius das Deutsche Reich oder Menes das alte Ägypten. Er wurde dazu erst gemacht.

An dieser Stelle müsste man nun etwas aufrollen, was sich unter Sudanarchäologie denn überhaupt vorzustellen sei, auch in einer internationalen Perspektive, aber das würde zu weit führen.[12] Hier nur dies: Erst unter, mit und nach Fritz Hintze wurde die Meistererzählung der Berliner Sudanarchäologie in die Welt gesetzt. Durch die Institutionalisierung eines bestimmten Forschungsgebietes, einer historischen Regionalwissenschaft, an der Humboldt-Universität bekam das Paradigma auch dingliche Substanz, Stellenprofil, Räume, gewisse Mittel und schließlich auch Protagonisten: Fritz und Ursula Hintze selbst, dann deren Schüler Karl-Heinz Priese und Steffen Wenig, dahinter wieder deren Schülerschar, mich eingeschlossen. Sogar die Figur des „arrivierten Häretikers" fand sich in Person von Friedrich W. Hinkel besetzt.[13] Wie sehr sich dieses narrative Gebilde so tatsächlich verdinglicht, zu einem Gegenstand gemacht hat, zeigt der Anlass, aus dem heraus dieser Aufsatz entstand: Die Berliner Sudanarchäologie war Gegenstand der Tagung, nicht Ergebnisse der Forschung zur Archäologie des Sudan.

---

8 Siehe hierzu die an einem ganz anderen Beispiel – dem Kult des Aton – durchgeführte Übung in ANT in Fitzenreiter i.Dr.
9 White 1991.
10 Zu Lepsius als dem Begründer der Berliner Sudanarchäologie u.a.: Hintze 1973, 6; Hinkel 1988, 322; Lohwasser 2012, 168–170.
11 Fitzenreiter 2011.
12 Allgemein zu Gegenstand und Geschichte der Archäologie auf dem Boden des heutigen Staates Sudan: Adams 1977; Africa in Antiquity 1978; Wildung 1996; Edwards 2004; Welsby / Anderson 2004.
13 Zum „arrivierten Häretiker": Bourdieu 1988, 180–189.

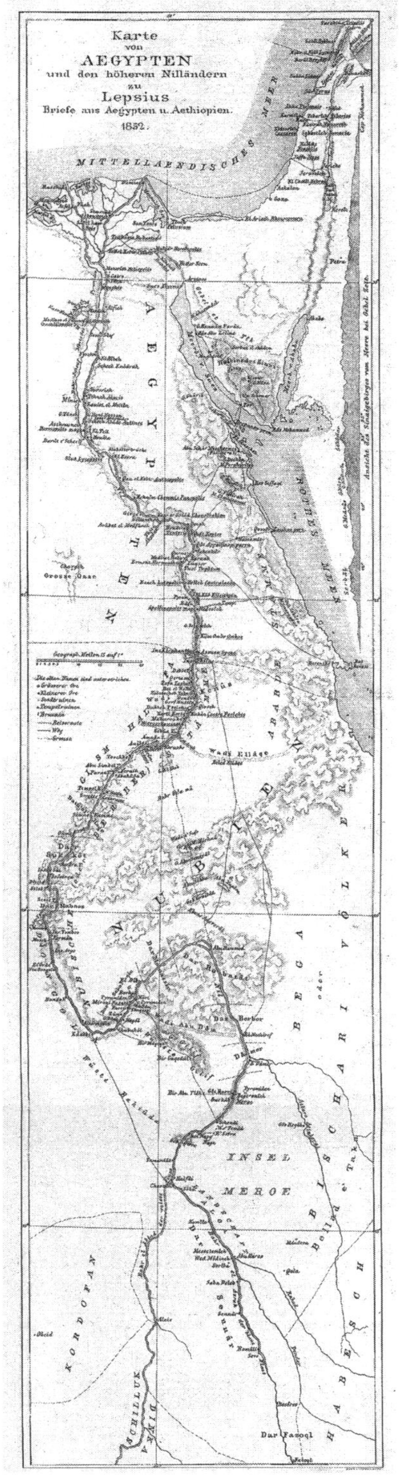

Abb. 1: Route der Königlich Preußischen Expedition 1842-45 unter Leitung von Karl Richard Lepsius (Karte aus: Lepsius 1852)

1.3 Frage

Die Veranstalter der genannten Tagung waren mit einer interessanten Frage an mich herangetreten. Es war eine Frage, die in letzter Zeit und damit kann man schon irgendwie sagen: unter den Nachgeborenen oder „denen, die damals nicht dabei gewesen sind", häufiger gestellt wird. Konkret war es die Anregung, dass ich über das Paradigma der *Formationstheorie* sprechen sollte, die seinerzeit in der DDR offizielle Meistererzählung der historischen Wissenschaften war, und wie diese sich in der Sudanarchäologie niedergeschlagen hätte. Einfacher formuliert (doch so tun das Geisteswissenschaftler natürlich nicht) aber war es die Frage, wie viel DDR denn in der DDR-Sudanarchäologie eigentlich gewesen sei.

Interessanter Weise ist es genau die Umkehrung der Frage, die man sich in den Achtzigern, als ich mein Studium aufnahm, in der DDR stellte: Wie viel NSW, wie viel „Weltniveau" denn in der Forschung stecke, also: wo man mit seinen Forschungsfeldern und -methodiken den diskursiven Anschluss an die Paradigmen der westlichen Forschung finden könnte.[14] Die Antwort fiel seinerzeit individuell verschieden aus und entsprechend wird die Frage nach, *wie viel DDR* denn also die Forschung bestimmte, auch heute individuell verschieden zu beantworten sein. Für die Sudanarchäologie muss ich aber sagen: nix mit DDR, zumindest, wenn wir die Formationstheorie betrachten.

Damit hatte ich zur Tagung eigentlich auch absagen wollen. Die Formationstheorie – in meinen Augen nach wie vor ein ganz starkes Paradigma der Forschung – hat die historische Forschung der DDR durchaus beschäftigt und auch die Ägyptologie.[15] Allerdings steht hierfür die zweite Berliner Schule, die sich wieder auf Lepsius als Gründer beruft und nun relativ glatt über Erman, Sethe, Grapow, Hintze bis Endesfelder durchläuft,[16] und so auch bis zu mir.[17] Aber diese Schule hat mit Sudanarchäologie eben nicht viel am Hut.

Was ich dennoch an dieser Frage interessant fand war, darüber nachzudenken, was denn dann die Berliner Sudanarchäologie oder, vorsichtshalber und vor-paradigmatisch etwas flacher formuliert: die Beschäftigung von in Berlin tätigen ÄgyptologInnen – und dass es ÄgyptologInnen waren, ist bereits von Wichtigkeit – mit dem antiken Sudan, bestimmt, gelenkt, beeinflusst haben mag. *Flacher* formuliert, weil ich die Perspektive wechseln möchte: von der hohen Theorie der Formation oder Struktur oder des allein selig machenden wissenschaftlichen Paradigmas, hin zur eben flachen Perspektive der Ameisen – der ANT.[18]

14 Dass dies ein nach wie vor aktuelles Phänomen und Problem aller nicht-westlichen Forschung ist, sei nur angemerkt. NSW bedeutet übrigens „nichtsozialistisches Wirtschaftsgebiet".

15 Fitzenreiter 2008. Allgemein zum marxistisch-leninistischen Begriff der Gesellschaftsformation: Klaus / Buhr 1969, s.v. „Gesellschaft", 418–422 und s.v. „ökonomische Gesellschaftsformation", 804–806. Siehe die Auseinandersetzungen um den Begriff und seine Anwendbarkeit in den archäologischen Wissenschaften in: Herrmann / Sellnow 1982. Hierzu auch: Gertzen 2017, 387–389.

16 Siehe hierzu detailliert: Gertzen 2013.

17 Dass ich quasi Ägyptisch bei Erman gelernt habe, das hat die Studie von Carsten Peust zu den ägyptologischen Dialekten glänzend bestätigt (Peust 2004).

18 Zur „flachen" Ameisenperspektive: Latour 2010, 299–328.

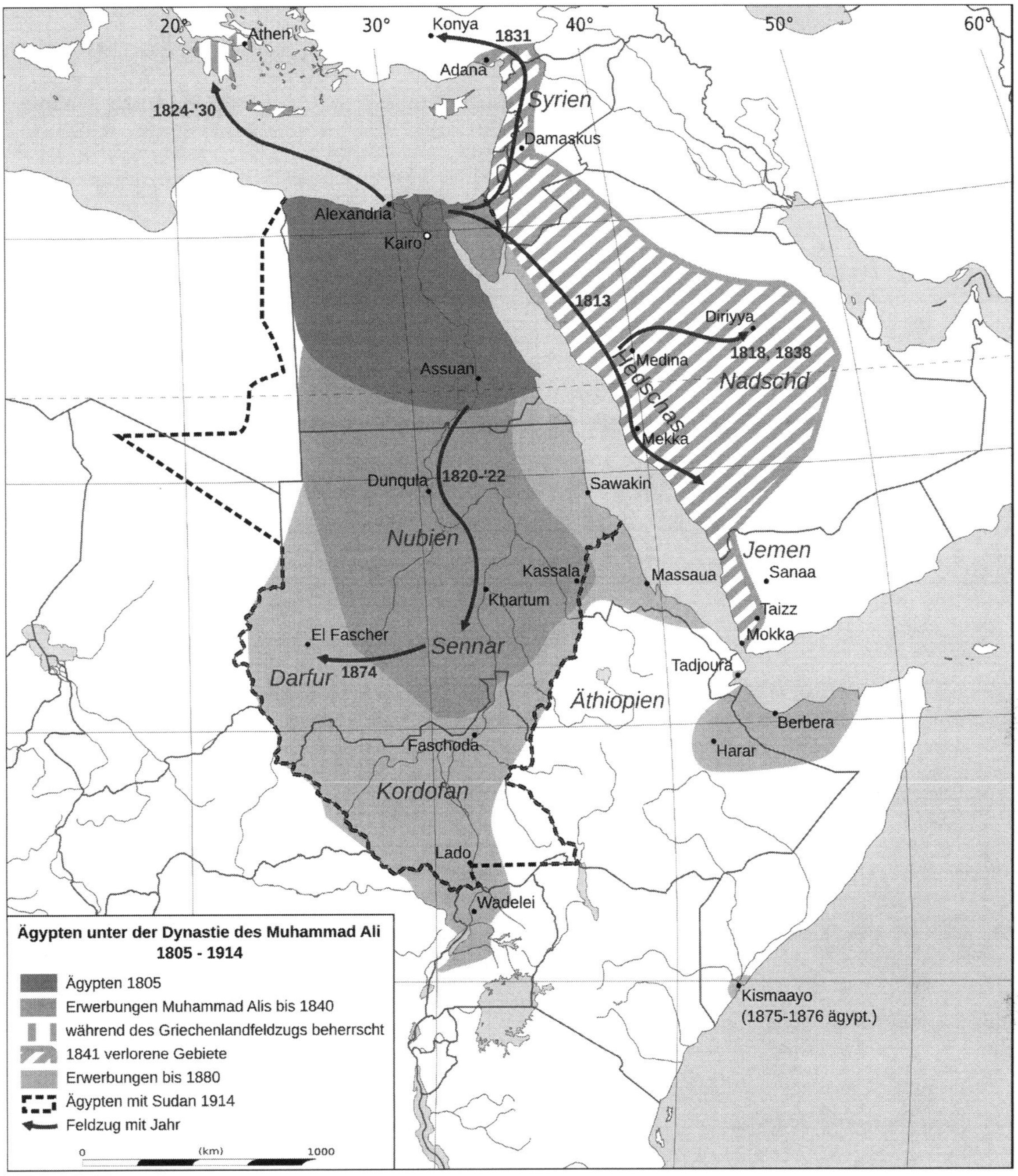

Abb. 2: Ausdehnung des Ägyptischen Herrschaftsbereiches unter Mehmed Ali und seinen Nachfolgern (Karte aus: <https://commons.wikimedia.org/wiki/File:Egypt_under_Muhammad_Ali_Dynasty_map_en.png> / By Don-kun, Eric Gaba (Sting - fr:Sting) - Own work, derivate of File:Africa location map.svg, CC BY 3.0, <https://commons.wikimedia.org/w/index.php?curid=16878266>)

2. Aktanten

ANT ist eine Handlungstheorie und also soll es um die handlungsleitenden Faktoren gehen, die zu dem geführt haben, was als Berliner Sudanarchäologie einen wissenschaftlichen Gegenstand mit spezifischen Problemen und Lösungen behandelte und, erfreulicher Weise, immer noch behandelt. Darunter seien, wie einleitend bereits angedeutet, nicht oder wenigstens nicht nur die großen Fragen der Wissenschaft oder die großen Ereignisse der Weltgeschichte verstanden, auch nicht oder wenigstens nicht nur die strukturellen Bedingungen, in denen die Menschen gefangen sind, sondern die oder wenigstens auch die kleinen Dinge, die im täglichen Forscherleben geschehen und dazu führen, dass man dieses tut und jenes nicht usw. Das, was sich im letzteren Fall formiert, ist nämlich genau das Netzwerk, in dem sich ForscherInnen und Forschung bewegen, keineswegs nur in einer Richtung und keineswegs auf starren Bahnen, sondern in Netzen und Kreisen, dabei auf Andere und Anderes stoßend, das den eigenen Weg verändert und dessen Weg ebenso verändert wird. Alles, was mit derartigen Veränderungen verbunden sein kann, sie auslöst, erfährt oder meidet, soll mit Latour als ein *Aktant* bezeichnet werden.[19]

2.1 Befunde und Befunderhebung

Ich möchte mit dem wirkungsmächtigsten Aktanten in dieser Auseinandersetzung beginnen, auch wenn dieser im Gesamtrahmen der Betrachtung unterbelichtet bleiben muss. Das ist der *Befund*, also schlicht alles, was eine Auseinandersetzung mit dem antiken Sudan auf der dinglichen Ebene induziert. Im Grunde ist auch jedem klar, dass die Sudanarchäologie, wie sie in Berlin betrieben wurde und wird, ohne die Pyramiden von Meroe und die Anlagen in Musawwarat nicht denkbar ist. Allerdings muss überhaupt einmal an diese Befunde herangekommen werden, sie müssen erhoben werden. Wenn dies gelingt, dann ist und bleibt das so akkumulierte Befundmaterial das wesentliche handlungsleitende Element jeder Forschung.

Am Anfang dieser Auseinandersetzung mit dem Befund steht tatsächlich Karl Richard Lepsius, der das Gebiet des Sudan auf seiner Expedition (natürlich nicht alleine, aber da wir uns hier in Paradigmen bewegen soll tapfer pauschalisiert werden) das Gebiet des heutigen Sudan besuchte und entsprechende Befunde erhob (Abb. 1). Leitend dafür scheint ein Forschungsprogramm gewesen zu sein, in das er den Sudan von Anfang an mit aufgenommen hatte. Auch wenn uns das heute eventuell logisch und nicht zwingend als zu hinterfragen erscheint, ist es doch erklärungsbedürftig und Lepsius erklärt dies auch in seinen Aufzeichnungen. Der südliche Nachbar wird in der antiken Historiographie als im kulturellen Dunstkreis Ägyptens stehend beschrieben, was sein Erkunden als Ägyptologe überhaupt rechtfertigt. Als spezifische Agenda formuliert, ging es Lepsius zudem um die Klärung der Frage, ob die Angabe des Diodor (III, 2–3) richtig sei, die pharaonische Kultur habe ihren Ursprung in Meroe.[20] Eine Expedition auszurüsten und entsprechende Befunde zu erheben, war also genau das wissenschaftliche Vorgehen, das die Lösung auf die Frage des so entworfenen Forschungsgegenstandes bot.

Die Suche nach bestimmten, (vor-)formulierten Antworten ist auch ein wichtiges Motiv jeder wissenschaftsgeschichtlichen Meistererzählung, die ja nicht nur genealogisch über die Forscher und ihre Nachfolger gesponnen wird, sondern immer auch ein inhaltliches Element hat, also um welche großartigen Leistungen – welchen Schatz gewissermaßen – es geht, der dann von einem auf den anderen vererbt und von den Erben gemehrt werde. Dieses Motiv der Suche nach Antworten auf wohlformulierte Fragen ist auch das klassische Moment jeder Antragspoesie, nämlich: dass man ein bestimmtes Forschungsziel haben muss und bereits eine zur Antwort neigende Frage, um Wissenschaftler zu sein (zu sagen: die Dinge inspirieren mich auf geheimnisvolle – ANT würde sagen: *rhyzomatische* – Weise und ich will mehr davon, gilt nicht).

Solche Meistererzählungen über die Forschungsparadigmatik als dem hohen Ziel des Weisheitsgewinns gewidmete Unternehmungen sind schön und gut; eigentlicher Grund dafür, dass Lepsius bis Sennar vordrang war natürlich, dass er es aufgrund der politischen Situation *konnte*. Der Sudan war seinerzeit recht fest in ägyptisch-türkischer Hand und Lepsius bereiste die dem ägyptischen Pascha Mehmed Ali unterstehenden Länder, inklusive Sinai und Palästina (Abb. 2).[21] Ich gehe davon aus, dass dieser Umstand weitaus handlungsleitender war als alle anderen und ja auch der ist, der bereits Frédéric Cailliaud, Linant de Bellefonds, Eduard Rüpell, Guiseppe Ferlini und einige andere Reisende dazu gebracht hatte, Informationen über den antiken Sudan zu sammeln. In gewissem Sinne ist es Mehmed Ali, der Eroberer des Sudan, der als eigentlicher Vater der Sudanarchäologie westlichen Zuschnitts zu gelten hat; so, wie Napoleon Bonaparte der eigentliche Vater der westlichen Ägyptologie ist. Der Krieg ist der Vater aller Dinge.

---

19 „... ist *jedes Ding*, das eine gegebene Situation verändert, indem es einen Unterschied macht, ein Akteur – oder, wenn es noch keine Figuration hat, ein Aktant." (Latour 2010, 123) „Das Wort ‚Akteur' zu verwenden bedeutet, daß nie klar ist, wer und was handelt, wenn wir handeln, denn kein Akteur auf der Bühne handelt allein." (Latour 2010, 81). Siehe hierzu passend die berechtigte Frage in Trümpener 1981, 30, ob es die Ägyptologie in ihrer derzeitigen, philologielastigen Form als Wissenschaft überhaupt gäbe, wenn der Stein von Rosette (als „Stein des Anstoßes") etwas später gefunden worden wäre, nämlich erst nachdem sich eine allgemeine Archäologie in Ägypten bereits etabliert hätte.

20 Lepsius 1849, 8.

21 Zu den Zielen der Expedition in den Sudan, den Ergebnissen und wie unsicher die Situation dennoch war siehe: Mehlitz 2010, 126–150; Lohwasser 2012.

Diesen Umständen verdankt also die Berliner Sudanarchäologie ihren ersten Schub an Befunden und damit eine erste Blüte. Mit Lepsius fand die Sudanarchäologie aber frappierender Weise auch ihr Ende, nicht nur in Berlin. Die ägyptologische Frage war beantwortet – die meroitische Kultur ist keineswegs der Ursprung der pharaonischen – und das ägyptologische Paradigma einer Beschäftigung mit dem antiken Sudan hielt vorerst keine Probleme und Lösungen mehr bereit. Erst ein halbes Jahrhundert später, wieder nach einer Eroberung des Sudan, setzt eine neue Etappe ein, eindeutig britisch dominiert, ohne größere deutsche Involvierung. Das bleibt dann einige Zeit auch so, wenigstens aus Berliner Sicht. Ob man die in Nubien durchgeführten archäologischen Arbeiten von Georg Steindorff – also Leipzig – und Hermann Junker – also Wien – zur Sudanarchäologie zählen soll / muss / darf, überlassen wir einer anderen Tagung.[22] Lepsius jedenfalls hat in das, was dann die Berliner Schule der Ägyptologie wurde, *nicht* das Samenkorn der Sudanarchäologie gesenkt, die Auseinandersetzung mit seinem Befund wurde nicht fortgeführt. Unter Adolf Erman wurde Berlin ägyptische Philologie.[23]

Aus dieser philologischen Quelle speist sich denn auch der zweite Anlauf, eine Berliner Sudanarchäologie zu etablieren. Fritz Hintze war Philologe und blieb es zeitlebens. Als Hintze sich der Erforschung des Sudan zuwandte, war es naturgemäß die Sprachforschung, die als Agenda der Meistererzählung ins Stammbuch geschrieben wurde (und eben leider nicht Fragen der Formationstheorie). Hintze zog in den Sudan, um das Meroitische zu knacken; so lesen wir es, und so ist es auch gewesen.[24] Für Hintze standen die Sprachforschungen entsprechend immer an erster Stelle, es waren Schriftbefunde, mit denen er die Auseinandersetzung suchte, Befunde, die sich mit dem Löwentempel so gut anließen[25] und dann aber im Weiteren leider ausblieben.

Aber wie schon bei Lepsius waren es eigentlich ganz andere Bedingungen, die Hintze in den Sudan führten bzw. den Weg in den Sudan eröffneten. Es waren die speziellen Beziehungen, die man in der DDR zu Zeiten der Frühphase der Dekolonialisierung zu den so genannten „Jungen Nationalstaaten" aufzubauen trachtete (Abb. 3).[26] Wie Lepsius und seine Expedition eine politische Situation nutzten, um im Sudan Befunde zu erheben, so taten es auch Hintze und sein Team. Mit der Verschlechterung dieser Rahmenbedingungen endete dann auch diese Etappe archäologischer Feldarbeiten, nicht etwa mit der geglückten Entzifferung des Meroitischen oder der Publikation der Großen Anlage.

Es fällt nun nicht mehr schwer, auch die dritte Runde Berliner archäologischer Arbeiten im Sudan weniger als von einer wissenschaftlichen Paradigmatik geleitet als von politischen Rahmenbedingungen gepuscht zu erklären. Ich meine die Aufnahme von Arbeiten erst in Meroe und dann im Musawwarat unter Steffen Wenig in den 90iger Jahren. In den Anträgen kann man viel von Weiterführung der Arbeiten von Hintze etc. lesen,[27] aber natürlich war dies vor allem die antragspoetische Garnierung von handfesten Handlungsoptionen. Die interessanten zeitgeschichtlichen Bedingungen dieses Beginns der dritten Welle sudanarchäologischer Feldarbeit kann und möchte ich hier nicht weiter beleuchten, nur erwähnen: Das noch als DDR-BRD-Projekt gestartete Volkswagenstiftungs-Projekt von Berlin (Hauptstadt der DDR) und Hildesheim (Niedersachsen); die Etablierung der zweiten Sudanarchäologie am Ägyptischen Museum unter Dietrich Wildung usw. Da war immer viel Politik der Ermöglichung im Spiel.

2.3 Technik

Jede dieser Epochen wurde zwar durch bestimmte externe, politische Konstellationen in Bewegung gebracht, es ergaben sich aber ganz andere Formen der Auseinandersetzung mit den Befunden. Die Techniken wissenschaftlichen Arbeitens hatten sich geändert und mit ihnen auch Sinn und Ziel der wissenschaftlichen Arbeit. Dieses lässt sich u.a. an den Ergebnissen erkennen: Lepsius und sein Team produzierten eine Universalhistorie (bereits weitgehend unter Ausschluss von Naturbeschreibung und der Geschichte der Moderne, wie noch die *Description*

22 Zugegebener Maßen hatte die Berliner Schule (der Ägyptologie) ein gewisses Interesse an der Nubiologie, nämlich in Gestalt der Erforschung der nubischen Sprache. Dieses Erbe hatte Lepsius tatsächlich hinterlassen, es ist von Heinrich Schäfer fortgesetzt worden und kam so auf Fritz Hintze.

23 Die Herausbildung der Paradigmatik der Berliner ägyptologischen Sprachforschung, ihre Grenzsetzung (z.B. hin zur Feldarchäologie), ihre Probleme und Lösungen hat Gertzen 2013 herausgearbeitet.

24 Wenig 2003, 78; Endesfelder 2005, 171–172.

25 Hintze 1962.

26 Wenig 2003, 80; zum Begriff „junge Nationalstaaten": Scheel / Schüssler 1982.

27 Wenig 2003, 81, Anm. 2.

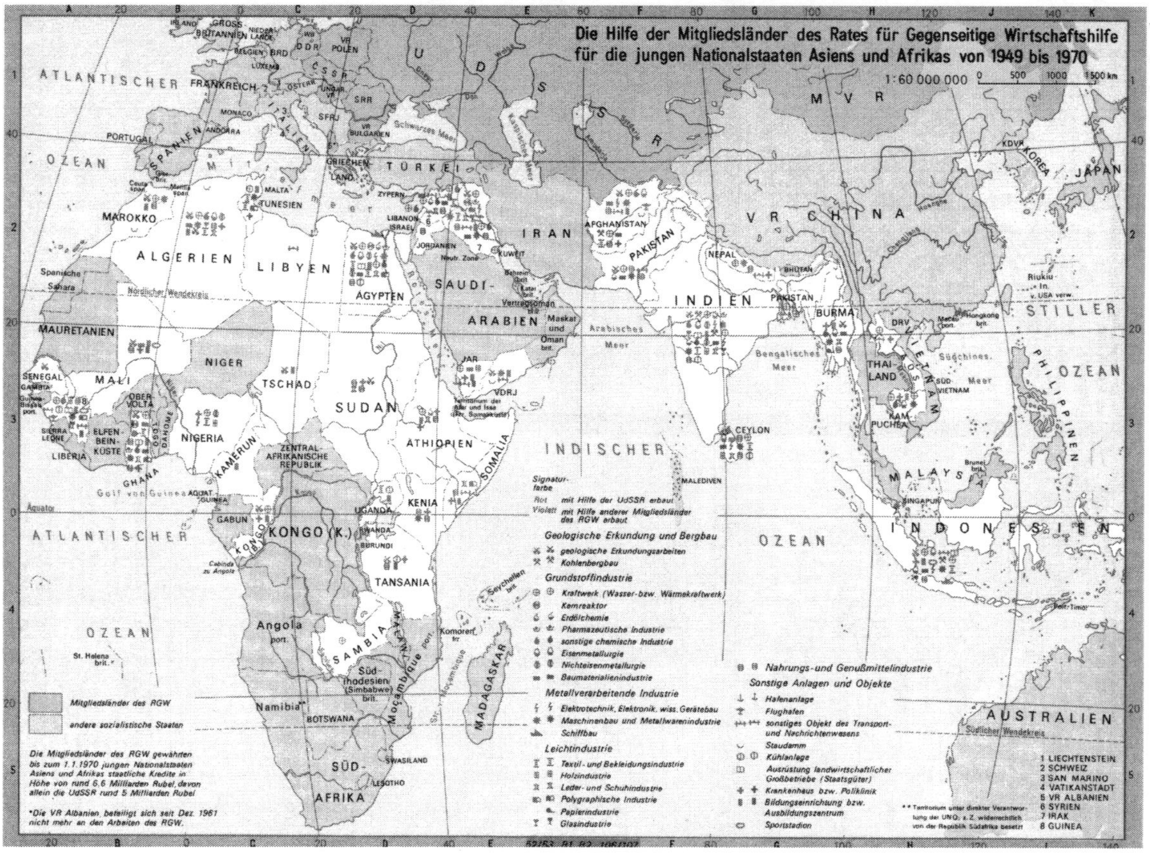

Abb. 3: „Die Hilfe der Mitgliedsländer des Rates für gegenseitige Wirtschaftshilfe für die jungen Nationalstaaten Asiens und Afrikas von 1949 bis 1970". Der Sudan gehört zum Gürtel der weiß hinterlegten Staaten, in denen die DDR auf ökonomischem und kulturellem Gebiet aktiv war (Karte aus: Atlas zur Geschichte 1982, 90.1)

der französischen Militärexpedition in Ägypten);[28] Hintze und sein Team hatten die berühmt-berüchtigte „Endpublikation" im Blick (die meist nie oder nur posthum erscheint);[29] seit den 90ern erleben wir die Dokumentation als Prozess.[30]

Dieser Punkt reißt einen weiteren Faktor an, der die Forschung in nicht zu unterschätzender Weise bestimmt: die Technik. Womit ich ganz allgemein die *Art und Weise der Auseinandersetzung* zwischen den Befunden und den Forschern meine, also nicht nur unter Nutzung von sogenannten technischen Geräten, sondern auch und vor allem Techniken der strukturierten Herangehensweise, also Methoden. Letztere sind es, die sich technischer Geräte bedienen, aber – ANT an allen Ecken! – ebenso durch zur Verfügung stehende Geräte inspiriert werden. Auch methodische Ansätze wie etwa die Formationstheorie können im Übrigen so als Techniken angesehen werden, weil sie die Auseinandersetzung mit Phänomenen in bestimmter Weise leiten, aber das nur am Rande. War ja nicht, zumindest nicht vordergründig, jedenfalls nicht in der Sudanarchäologie.

Techniken als Aktanten, also handlungsinduzierende Phänomene in der Archäologie zu sehen, ist zumindest im deutschsprachigen Raum noch nicht so verbreitet, deshalb auch hier eine knappe Evaluierung:

Lepsius war mit dem Rüstzeug der romantischen, positivistischen und vergleichenden Kulturforschung ausgestattet; mit Zeichnern, die Gesehenes in genau solche Bilder umsetzen konnten, die in westlichen Rezipientenkreisen verstehbar waren (Karten, Veduten, epigraphische Detailaufnahmen),[31] zeitweilig mit einem Former

28 Lepsius 1849–1859.

29 Außer den zwei Bänden zum Löwentempel (Hintze 1971; Hintze et al. 1993) sind weitere Monographien dann nur in gegenüber der ursprünglichen Intention veränderter Form erschienen (Fitzenreiter / Seiler / Gerullat 1999; Edwards 1999).

30 Neben der u.a. zu diesem Zweck gegründeten Zeitschrift „Der antike Sudan" (Mitteilungen der Sudanarchäologischen Gesellschaft zu Berlin e.V.) erscheinen diese in der Reihe *Meroitica* und in verschiedenen Sammelbänden.

31 Zu den Bildmedien, ihrem Entstehungs- und Rezeptionskontext: Freitag 1988; Jung 2010.

für dreidimensionale Reproduktionen in Gips, beinahe mit einer Fotoausrüstung,[32] mit Notizbüchern.[33] Diese Medien strukturierten die Auseinandersetzung mit den Befunden und strukturieren bis heute unsere Auseinandersetzung mit den Ergebnissen dieser Forschung. Die in ihnen geborgenen Befunde bilden das *Archiv.*[34]

Hintze scheint demgegenüber kaum andere Techniken zur Verfügung gehabt zu haben, aber das täuscht. Erstens war sein Team um ur-und frühgeschichtliche Archäologen – Karl-Heinz Otto und Ursula Buschendorff-Otto – erweitert, die neue Verfahren der Ausgrabungstechnik beherrschten, so dass nun auch die nicht-sichtbaren, nicht-objekthaften Befunde in neuer Qualität erfasst werden konnten (Profile, Pfostenlöcher etc.). Auch die Maßstäbe der Dokumentation aller dinglichen Befunde, von der Keramik (zu Lepsius Zeiten praktisch nicht vorhanden und immer noch ungeliebt)[35] bis zum Tempelrelief, waren andere.[36] Außerdem griff Hintze selbst auf das Instrumentarium einer sich gegenüber Lepsius' Zeiten deutlich veränderten Paradigmatik der Philologie und Linguistik zurück.

Das hätte alles nicht wirklich viel genützt, nachdem die Konfrontation mit Befunden in den frühen 70er Jahren aus Geld- und wieder politischen Gründen eine Ende gefunden hatte.[37] Doch gab Hintzes ganz persönlicher Zugang zu einer neuen Technik der Sudanarchäologie einen neuen Schub. Ich meine die kybernetische Datenverarbeitungstechnik, die Hintze zuerst noch über die berühmten Lochkarten einführte[38] und dann an den ersten Datenverarbeitungsmaschinen – das waren die Computer damals und keine *digital lifestile products* – übte. Fragen der Klassifizierung, der Statistik, von Gesetz und Zufall, von Selbstorganisation beschäftigten Hintze und über Techniken der regelbasierten Verarbeitung – anfänglich mechanisch über Lochkarten, dann elektronisch an der Rechenmaschine – definierte er Probleme und suchte er entsprechende Lösungen zu finden.[39] Die Datenverarbeitungstechnik inspirierte so ein neues Paradigma der archäologischen Arbeit und *dieses* war es, das der DDR-Ägyptologie / Sudanarchäologie / Meroitistik ihren besonderen Stand verschaffte und damit die Meistererzählung eines eigenständigen Forschungszweiges auch fortschrieb.[40]

Wie viel Schein und Sein, gut gemeint und tatsächlich gut in den Ansätzen der Datenverarbeitung in der Sudanarchäologie seinerzeit manifest wurde, soll hier nicht das Thema sein.[41] Eklatant war die Wirkung in jedem Fall, so sehr, dass sie auch nach Wiedervereinigung, Beitritt oder Anschluss insofern handlungsinduzierend wirkte, weil dies – das Paradigma auf maschinelle Datenverarbeitung gestützter Forschung – immer als *richtig* (zu diesem Kriterium noch unten) und damit als ein Argument für den Erhalt der Sudanarchäologie in Berlin galt. Sie war

32 Hafemann 2010.

33 Zusammenfassend zu den archäologischen Techniken der Lepsius-Expedition: Seidlmayer 2012.

34 Grunert 2010. Die Bedeutung dieses Archivs bezeugt u.a. das Programm der Tagung, in dem es in mehreren Beiträgen um die in Berlin verwahrten Befunde ging. Durch das Archiv, durch die Versammlung einer Unzahl schlummernder Aktanten, die durch die Bewegung des Netzwerkes auf einmal erwachen und zum Handeln anregen, wurden Lepsius und seine Mitarbeiter denn doch in gewisser Weise zu Vätern der Berliner Sudanarchäologie – allerdings erst posthum, gewissermaßen als Zombies.

35 „Die Keramik gehört sicher zu dem umfangreichsten Material, das bei jeder Ausgrabung zutage gefördert wird, manchmal auch zum Leidwesen des Ausgräbers, der oft fassungslos vor der ungeheuren Menge von Topfscherben steht, die der Bearbeitung harren", bekennt Hintze 1973, 10.

36 Zur Technik der epigraphischen Aufnahme in Musawwarat: Fitzenreiter 2002.

37 Paradoxer Weise wird genau der Erfolg der Charmoffensive gegenüber den „Jungen Nationalstaaten" als ein Grund für das Aus der charmanten Kulturarbeit im Sudan angegeben: Die nun aus dem Boden sprießenden diplomatischen Vertretungen der DDR hätten die knappen Devisen verbraucht, die bisher für Archäologen zur Verfügung standen (Wenig 2003, 83).

38 Hintze 1999, 83–84 mit einer kurzen Beschreibung des Systems der Grabungsdokumentation auf Kerblochkarten.

39 Ihm 2003.

40 Neben den entsprechenden Veröffentlichungen von Hintze selbst (siehe die Bibliographie in Endesfelder 2003.a, 95–108) sei auf die Tagungen zur Datenverarbeitung in der Archäologie in Steinförde verwiesen, die das neue Paradigma verstetigten (Wenig 1986.a; Wenig 1988; Wenig 1990).

41 Auch etliche Mitarbeiter Hintzes sahen sich veranlasst, die neue Technik auf ihre Fragestellungen anzuwenden (siehe etwa: Endesfelder 1984; Wenig 1986.b; Finneiser 1990; Steinmann 1990; Wolf 1990 um nur Beispiele zu nennen); was u.a. als ein milieugesteuerter Vorgang zu deuten ist, wie noch unten zu besprechen.

dies aber, um auf eine oben angesprochene Frage zurückzukommen, weil in ihr so *wenig* DDR zu stecken schien.[42] Alles, in dem *viel* DDR steckte, wirkte seinerzeit eher in die andere Richtung, was die Handlungsleitung angeht.[43]

Die neue Technik half aber bereits seit den Siebziger Jahren über den Hiatus, den das Ende der Feldarbeiten bedeutete. Die Beschäftigung mit der Datenverarbeitung gab einen neuen Impetus, über den inhaltlich neue Befunde zu erheben waren und so der spezielle Hybrid – man verzeihe mir die latoursche Begriffsakrobatik[44] – des Sudanarchäologen nicht nur am Leben erhalten wurde, sondern sich sogar eine gewisse Bekanntheit in der ägyptologischen und allgemein der archäologischen Community verschaffen konnte. Denn interessanter Weise wurde der Computer in der DDR stets der Sudanarchäologie zugeordnet. Will man im Korsett der Paradigmatik bleiben, dann war die DDR-Sudanarchäologie unter Hintze und Wenig dem Positivismus digitaler Signalstärken verpflichtet; die DDR-Ägyptologie unter Endesfelder den qualitativen Differenzen in der Formation von Sozialverbänden.

Auf eine Darstellung technikgeleiteter Zugänge in der neuesten Phase der Berliner sudanarchäologischen Arbeiten möchte ich wieder verzichten, aber es mag der Anregung dienen, diesen Weg bei der Reflektion über die rezente Paradigmenbildung zu beschreiten. So schufen die sich verändert habenden Rahmenbedingungen der Befundaufnahme wieder ganz andere Arten von Befunden, was zumindest in Musawwarat jene zur Verzweiflung brachte, die nur die alten Grabungsergebnisse endlich publizieren wollten...

2.4 Milieu

Die Geschichte vom Computer und seiner Rolle bei der Bildung einer Forschungsparadigmik öffnet noch ein Fenster auf das, was Forschung regiert, und nun vielleicht sogar endlich einmal auf das, was sich die Organisatoren der Tagung mit ihrer Frage nach dem für die DDR Typischen in der sudanarchäologischen Forschung von mir erhofften. Computer waren in der DDR „Bückware", eigentlich nicht oder nur schwer zu bekommen.[45] Womit wir den Punkt erreicht haben zu schauen, wer kann, darf und möchte überhaupt die handlungsleitenden Impulse wahrnehmen, die Befunde, politische Rahmenbedingungen und Techniken bieten? Wir greifen hier also auf das Individuum zu, auf den Menschen als der zweiten Seite der Mensch-Ding-Beziehung. Da ich mich aber nicht mit den persönlichen Qualitäten von Lepsius, Hintze und den anderen beschäftigen möchte, bleibe ich eine Stufe darüber, fische im Diffusen des „Sozialen", und nenne es das *Milieu.*

Im Prinzip muss ich mich auch hier nicht weit auslassen, da in der historischen Sozialforschung gerade zu den Wissenschaftsmilieus im deutschsprachigen Raum der letzten 200 Jahre von besser Informierten Vortreffliches geleistet wurde.[46] Ich möchte einzig darauf hinweisen, dass solche wissenschaftlichen Milieus nicht nur den Individuen den Zugang zu handlungsleitenden Potenzen ermöglichen oder verschließen – du darfst und du darfst nicht studieren, du darfst publizieren und du nicht[47] – und den Zugang zu Techniken regulieren – du darfst /

42 Statistische Methoden standen auch in der westlichen Archäologie seinerzeit in hohem Ansehen, die sich mit ihrer Hilfe ganz im Sinne Kuhns verwissenschaftlichen und als *New* oder *Processual Archaeology* von den Problemen und Lösungen der traditionellen archäologischen Forschung absetzen wollte (noch ganz unter diesem Paradigma steht die Einführung Bernbeck 1997).

43 Rückblickend ist festzustellen, dass es bei der Evaluation der DDR-Wissenschaft um nichts anderes als das in den meisten Fällen gut gemeinte Projekt ging, alle jene Elemente zu identifizieren, deren Paradigmatik – also deren Fragen und Lösungen – jener entsprach, die gerade an den westdeutschen Wissenschaftsmilieus institutionalisiert und *en vogue* waren. Alles andere hatte wenig Chance, schon deshalb, weil es im westdeutschen Wissenschaftsmilieu niemanden gab, der dort die Leitungsposition bzw. Verantwortung hätte übernehmen können / wollen. Der Vorgang ist inzwischen recht häufig thematisiert, z.B. für die Altorientalistik: Neumann 1998; für die Ur- und Frühgeschichte: Gringmuth-Dallmer 2017.

44 In der ANT bezeichnet der Hybrid jene flüchtige Erscheinung, die sich bildet, wenn Mensch und Ding zusammentreten und in voneinander abhängige Interaktionen verwickelt werden – mit mitunter fatalen Folgen, wenn es sich z.B. um einen frustrierten Menschen und eine geladene Waffe handelt (Latour 1994, 30–34).

45 Siehe die Bemerkung in Wolf 1992, 44, Anm. 5.

46 Hier nur mit Bezug auf die in Deutschland betriebene Ägyptologie als Wissenschaftsmilieu: Trümpener 1981; Lepsius 1988; Nagel 2006; vom Bruch 2006; Mehlitz 2011; Gertzen 2013; Gertzen 2015.

47 Man denke an das feine Spiel um Publikationsrechte, Bildrechte, Zugangsrechte in Sammlungen und Archiven, die Mechanismen der Antragsberechtigung, das *peer reviewing* und was der subtilen Mittel der Wahrung von Deutungshoheit mehr sind. Eine luzide Beschreibung der in der deutschen Ägyptologie bis 1974 (dem Entstehungsjahr der Studie) geltenden Normen der „Soziale(n) Kontrolle und Kommunikation" gibt Trümpener 1981, 94–103.

kannst bestimmte (teure) Technik nutzen und du nicht.[48] Vor allem steuern Milieus individuelle Forschungsinteressen, also das, wovon man in den gelehrten Kreisen so spricht und mit welchen Gegenständen man dort Reputation einfahren kann. Es sei hierzu nur der wunderbare Aufsatz von Bill Adams empfohlen, in dem er darlegt, dass Ägyptologie eben eher etwas für höhere Töchter und Söhne ist und Anthropologie eher was für Rednecks und Proleten.[49] Milieus bilden ein System eigener Werte, Bekenntnisse und Codes heraus, das, was Pierre Bourdieu als die „feinen Unterschiede" beschrieben hat.[50] Alle diese *nicht-menschlichen Wesen* also, die es dem Außenseiter oft genug unmöglich machen, die Milieugrenzen zu überschreiten. Selbst dann, wenn er als Aufsteiger glaubt, die Klassengrenzen überwunden zu haben, oder denkt, als Evaluator die Wissenschaftlichkeit eines anderen Milieus oder Paradigmas bewerten zu können.[51] Zu diesen „feinen Unterschieden" zählt u.a. auch die Kenntnis der Sprachcodes, was es späteren Generationen schwer macht, Worte, Formulierungen und Floskeln, die oft genug befremdlich erscheinen, als das zu verstehen, was damit seinerzeit gemeint war (wobei ja auch heute meist schwer zu verstehen ist, was mit den Sprachcodes der Antragspoesie *eigentlich* gemeint ist).[52]

Zu den „feinen Unterschieden" gehört letzten Endes auch die wissenschaftliche Paradigmatik, die nichts anderes ist, als ein im wissenschaftlichen Milieu verwurzeltes Übereinkommen über angemessene Themen und statthafte Techniken des Herangehens – also: was für *Probleme* es gibt, die schicklich = *wissenschaftlich* sind, und welche *Lösungen* es gibt, die sich gehören = *richtig* sind. Das Milieu ist auf diese Weise sinnstiftend, denn es erklärt dem Wissenschaftler, warum er sich für alte Steine, Knochen oder Schriften interessiert, und warum er – und in welchen Grenzen! – dieses auch *darf.* Zumindest bei den Knochen sind rezente Milieus relativ empfindlich geworden.[53] Aus diesem sinnstiftenden Charakter heraus öffnet sich das Milieu auch den Kategorisierungen, die aus dem Katalog von habituellen, verfestigten und damit durchaus handlungsleitenden Faktoren das dahinterliegende Konzept destillieren: Orientalismus, Kolonialismus, Nationalismus, Rassismus und was der Ismen mehr sind.[54]

Wo aber schlägt sich das Milieu als handlungsleitend in wissenschaftlicher Arbeit greifbar nieder? Will man die Selbstverortung einer Wissenschaftlerin oder eines Wissenschaftlers in einem wissenschaftlichen Milieu erfassen, so wird man gewöhnlich im Vorwort fündig.[55] Hier nämlich werden in einer Übung in Schicklichkeit, im *decorum* der Gelehrtengesellschaft, etliche Schlüsselwörter der Milieuverortung ausgebreitet, die einerseits mit dem wissenschaftlichen Gegenstand gar nicht zwingend verbunden sind, andererseits mit ihm ganz eminent in paradigmatischer Hinsicht – im Hinblick auf die Angemessenheit von Problem und Lösung – zu tun haben.

---

48 Übrigens auch: Du darfst bestimmte Bibliotheken nutzen und du kannst teure Bücher anschaffen und nur so über die richtigen Verweise und Zitate im Diskurs ernst genommen werden. Als DDR-Ägyptologe und dann als Privatgelehrter mit periodisch erschwertem Zugang zum Kartell der Bücherbesitzer – an der FU Berlin gab es in den 90ern zeitweise Öffnungszeiten, die eine Benutzung durch HU-Studierende verhindern sollten – weiß ich, wovon ich rede.

49 Adams 1997.

50 Bourdieu 1987.

51 Beispiele solcher Sprachlosigkeiten zwischen Wissenschaftsmilieus sind nicht nur in der Wendezeit in der neuen BRD zu finden, sondern z.B. auch zwischen der Ägyptenforschung westlichen Zuschnitts und der „afrikanischen" Variante in der Folge von Cheik Anta Diop (Fitzenreiter 2009). Auch hier war mein persönliches Erleben nicht nur beim Zusammentreffen mit ägyptischen und sudanesischen FachkollegInnen wie auch der lokalen *community* aufschlussreich, sondern bereits 1992 bei meinem ersten Aufenthalt in Khartoum ein Treffen mit westdeutschen Ethnologen, die sich im Gespräch enttäuscht davon zeigten, dass die Zusammenarbeit mit Kollegen aus der ex-DDR so wenig (für sie) interessante Gegenstände erbrachte. Der Abgrund der Verständnislosigkeit tut sich dann auf, wenn man die *Fragen* des anderen nicht hat, d.h., seine Probleme gar nicht als solche erfasst.

52 Zu den Sprachcodes bestimmter Textgruppen am Beispiel von Briefen: Gertzen 2015, 17; Gertzen 2017, 126–129.

53 Zum Problem von Leichen und Leichenteilen in Sammlungen, auf die Menschengruppen Ansprüche erheben, die eine genealogische oder kulturelle Beziehung zu diesen aufbauen, z.B.: Brown / Bruchac 2006.

54 Zum Begriff Orientalismus: Said 1981; zu seiner Anwendung auf die Orientalistik und Ägyptologie: Hauser 2001; Gertzen 2017, 161–167; zum Aufstieg rassistischer Paradigmen in der deutschen Ägyptologie siehe die bedrückende Studie Voss 2016.

55 Ich halte das Vorwort eines an die wissenschaftliche Community gerichteten Werkes für besonders gehaltvoll in Bezug auf diese Frage, da im Vorwort genau das Milieu adressiert und in das Gespräch über Problem und Lösung eingebunden werden soll, dem sich die Autorin oder der Autor verpflichtet und zugehörig fühlen. So werden tatsächlich handlungsleitende, paradigmatische Aspekte aufgerufen, während in der „geschützten" Zone persönlichen Austausches, etwa in Briefen und auch Lebenserinnerungen (die oft nach einem Verlust der Position in einem sich neu formierenden Wissenschaftsmilieu geschrieben werden) häufig das Gegenteil bezweckt ist, nämlich die Aus- und Abgrenzung von bestimmten Milieus. Siehe zur Quellenkunde und Quellenkritik in der ägyptologischen Wissenschaftsgeschichtsschreibung: Gertzen 2017, 110–116; speziell zu den „Selbstzeugnissen": Cappel 2016, 16–21.

Als Beispiel und sozusagen Milieustudie der ersten Berliner sudanarchäologischen Forschung die erste Seite der Vorrede zu Lepsius „Briefen aus Aegypten und Aethiopien“ von 1852.[56] Der ganze Text lässt sich als eine milieuspezifische Verortung lesen, in der Lepsius den Sinn, den Zweck und damit die Legitimation seiner Unternehmung – einer kostspieligen Reise an den Nil – darlegt und als wissenschaftlichen Beutezug mit hohem Prestige rechtfertigt.

Vorwort.

Die von Sr. Majestät dem Könige im Jahre 1842 nach Aegypten gesendete wissenschaftliche Expedition hatte eine historisch-antiquarische Untersuchung und Ausbeutung der altägyptischen Denkmäler im Nilthale und auf der Sinaihalbinsel zum Zweck. Sie wurde mit königlicher Munificenz für mehr als drei Jahre ausgestattet, hatte sich der Allerhöchsten gnädigsten Gunst und Theilnahme, so wie der thätigsten und wohlwollendsten Fürsorge Alexanders von Humboldt unausgesetzt zu erfreuen und erreichte unter einem seltenen Zusammentreffen glücklicher Verhältnisse die vorgesetzten Zwecke so vollständig als irgend gehofft werden konnte. Eine „Vorläufige Nachricht über die Expedition, ihre Ergebnisse und deren Publikation“ (Berlin 1849 4°.) wurde zugleich mit den ersten Lieferungen des großen Denkmälerwerkes, welches auf Befehl Sr. Majestät in einer dem Reichthume der zurückgebrachten Schätze entsprechenden Weise veröffentlicht wird, ausgegeben, und enthält eine gedrängte Uebersicht der wesentlichsten Resultate der Expedition. Das hierdurch angekündigte Werk der „Denk-

Als zweites Beispiel der erste Abschnitt aus einem Festvortrag von Fritz Hintze mit dem Thema „Nubien und Sudan – ihre Bedeutung für die alte Geschichte Afrikas“ von 1964.[57] Wiewohl im Inhalt anders, ist der Impetus derselbe: Zweck und damit Legitimation seiner nicht eben billigen Unternehmung im Sudan darlegen und mit Rekurs auf eine Reihe von milieuspezifischen Schlüsselwörtern rechtfertigen. Und zwar nicht zwingend vor *anderen*, sondern vor sich *selbst*.

56 Lepsius 1852, III.

57 Hintze 1964.

I.

Nach dem zweiten Weltkrieg vollzog und vollzieht sich in Afrika und anderswo der Verfall des Kolonialsystems. In der Geschichte der afrikanischen Völker hat eine neue Etappe begonnen: die Entstehung und Entwicklung unabhängiger souveräner Staaten, die selbständig ihre Geschicke lenken.

Diese politische Entwicklung hat den ehemals angeblich dunklen Kontinent in das helle Licht der Weltgeschichte gerückt und das allgemeine Interesse an Afrika geweckt. Zum Verständnis dessen was heute geschieht, ist eine genaue Kenntnis der Vergangenheit und Geschichte dieser Völker eine wichtige Voraussetzung, nicht nur für uns, sondern fast mehr noch für die afrikanischen Völker selbst. An vielen Orten der Welt beginnt man sich ernsthaft und gründlich mit der Geschichte Afrikas zu befassen. Und trotz der Schwierigkeiten der noch im Anfang befindlichen Forschung, trotz der noch zahlreichen ungeklärten Fragen, zeigt sich mit aller Deutlichkeit, daß die Vorstellung von einem geschichtslosen, in dumpfer Stagnation verharrenden Kontinent völlig falsch und unbegründet war. Den jetzt unabhängig gewordenen afrikanischen Völkern hilft die Kenntnis der eigenen Vergangenheit, das Wissen um ihren eigenen Beitrag zur Geschichte und Kultur der Menschheit entscheidend bei der nationalen Bewußtseinsbildung und ist dadurch eine wichtige Hilfe bei dem so schwierigen und komplizierten Prozeß der Herausbildung von Nationen.

Aus diesen Gründen ist auch in den afrikanischen Staaten ein starkes und lebendiges Interesse an der Erforschung der eigenen Geschichte vorhanden. Und nicht zufällig haben die unabhängigen Staaten Afrikas auf der Konferenz von Accra 1958 in ihre Erklärung den Satz aufgenommen: „Wir werden das Studium der afrikanischen Kultur, der Geschichte und Geographie in den Ausbildungsinstitutionen der afrikanischen Staaten ermutigen und stärken . . ."

Jedes dieser beiden Schriftstücke ist auf einen bestimmten Adressatenkreis zugeschnitten, der ein spezifisches *decorum* der Formulierung und des wissenschaftlichen Habitus überhaupt aufgesogen hat, pflegt, ja sogar verkörpert. Und jede dieser Formulierungen ist mit Mühe erstellt und setzt im Kontext spezifische Signale, die weit jenseits der eigentlichen Textebene liegen. Es sei hier, um beim *name dropping* nicht aus der Übung zu kommen, wieder an die Überlegungen von Hayden White zu den narrativen Mustern und an Marshall McLuhan mit seiner Formulierung „the medium is the message" erinnert.[58] Aber mit wieviel Mühe diese feinziselierten Texte auch formuliert sind: Sie bleiben zwangsläufig immer unverständlich, nämlich für all jene, die *nicht* dem adressierten Milieu angehören. Daher empfiehlt es sich auch, solche Texte weniger zu lesen, als sie anzuschauen,[59] *catchwords* zu identifizieren und das Ganze als ein mehr oder weniger schön gestaltetes Tableau, als emblematisches Gebilde zu erfassen, ähnlich einem aus allerlei Sinnbildern assoziativ und vielschichtig zusammengesetzten Wappen oder einer Allegorie. Solch ein Gebilde hat Sinn und Zweck, aber der liegt nicht darin, eine les- und verstehbare Narrative zu liefern. Er liegt darin, eine Übereinkunft zu etablieren. Ein solches Tableau ist ein Aktant *par excellence*, etwas, das andere zum Handeln bringen soll.[60]

Wenn also auch nicht zwingend ergiebig, was die Ausbeute an konkreten Informationen angeht, so lässt sich aus beiden Texten doch ein System von inkorporierten und damit weltanschaulichen Parametern erschließen, in

58 White 1991; McLuhan 1964.

59 „Ich lese ein Buch und stelle mir während des Lesens, also während des aufmerksamen Schauens, alles mögliche vor." Wittgenstein 1989, 231 (Nr. 65).

60 Die handlungsleitende Potenz derartiger Stichworte bleibt dem verschlossen, der die Sprachcodes sowie den damit assoziierten Tugendkatalog nicht kennt und nicht im Sinne der ANT mit ihm „verwachsen" ist. Ein Begriff wie der der „afrikanischen Völker" bringt beim nicht konditionierten Hörer / Leser nichts zum klingen; bei einem im Milieu einer „Volksrepublik" oder der „Völkerfreundschaft" stehenden durchaus (und zwar in jederlei Richtung). Zum Konzept der „Völkerfreundschaft" und wie es im Umfeld der Grabungen in Musawwarat zum Tragen kam: Reimers 2016.

dem sich die Forscher aufgehoben sehen, ein Milieu, in dem ihre Forschung Sinn findet, und so in letzter Instanz Aufgaben und Lösungen des wissenschaftlichen Arbeitens. Bei Lepsius ist dies eine klar auf den Monarchen und das um diesen etablierte bürokratische System ausgerichtete Welt, übrigens noch vor dem Nationalstaat und seinen nationalistischen Auswüchsen.[61] Inhaltlich liefern uns Stichworte wie „Untersuchung und Ausbeutung" einerseits, die „zurückgebrachten Schätze" andererseits genug Material für eine Klassifizierung als „orientalistisch" im Sinne von Edward Said, wie hilfreich das jetzt immer sei. Aus der Sicht der forschungsleitenden Motive, der Paradigmatik, geht es Lepsius um die Mehrung von Befunden sowie die Bekundung von Loyalität gegenüber dem Königshaus und damit letztendlich um die Selbstverortung im Milieu der preußischen Gelehrtenrepublik, die sich jedoch eher als eine Gelehrtenaristokratie in unmittelbarem Umfeld des Königshauses versteht.[62]

Bei Hintze ist es etwas anders. Wenn man eine Erwartungshaltung in Richtung Ismus aufbaut, dann sollte im Subtext irgendetwas wie Sozial-Ismus auftauchen. Ich fürchte, da werden wir einigermaßen enttäuscht. Wenn es in der um Hintze etablierten Sudanforschung milieugesteuerte Handlungsimpulse gab – einmal abgesehen von menschlichen Animositäten, all diesen vielen kleinen Aktanten, die uns das Leben so schwer und interessant machen – dann kann man vielleicht auf das Bild vom (Neo-)Humanismus zurückgreifen. Es war ja auch genau dieser sogenannte „bürgerliche Humanismus", der sich als Leitvorstellung, als Meistererzählung und Angebot an alle intellektuellen Milieus in der sich etablierenden DDR anbot:

> „**Humanismus**: Streben nach Menschlichkeit (Humanität) und menschenwürdiger Daseinsgestaltung. Im weiteren Sinne die Gesamtheit jener Ideen und Bestrebungen in der Geschichte der Menschheit, die, von der Bildungs- und Entwicklungsfähigkeit des Menschen, von der Achtung seiner Würde und Persönlichkeit ausgehend, auf die allseitige Ausbildung, die freie Betätigung und Entfaltung seiner schöpferischen Kräfte und Fähigkeiten sowie schließlich auf die Höherentwicklung der menschlichen Gesellschaft, auf immer größere Vervollkommnung und Freiheit des Menschengeschlechts gerichtet sind." (Buhr / Kosing 1984, 150).

In den unendlichen Weiten dieses Schlüsselwortkonglomerats eines „Humanismus" fand noch jeder einen Platz, der sich zumindest einigen Ismen nicht mehr zugehörig fühlte, als da Faschismus und dezidierter Antikommunismus wären. Viel mehr Distanz war in der DDR in den Milieus, die sich als humanistisch verstanden, bis in die 70er Jahre nicht nötig und ich denke, diese Positionierung blieb auch in der dann langsam ergrauenden ersten Generation der Berliner Sudanarchäologie die übliche.[63] In der folgenden Generation mögen Milieuschäden anderer Art zu diagnostizieren sein, aber das wäre jetzt Selbstdiagnose und auf die möchte ich verzichten.

Der das Hohelied von Vervollkommnung und Freiheit singende „Humanismus" war zudem mit einem weiteren Ismus gut kompatibel, der tatsächlich in den staatstragenden Milieus der DDR einige Bedeutung hatte und als „Internationalismus" firmierte, etwas martialischer auch als „proletarischer Internationalismus".

> „**Proletarischer Internationalismus**: Ideologie und Politik der Arbeiterklasse und ihrer marxistisch-leninistischen Partei in Bezug auf die internationalen Beziehungen. ... Der proletarische und der sozialistische Internationalismus bilden eine untrennbare Einheit mit dem sozialistischen Patriotismus, sie verbinden die internationale Zusammenarbeit der Werktätigen aller Länder und der sozialistischen Länder mit der Liebe zum Vaterland und zur eigenen Nation." (Buhr / Kosing 1984, 270f).

Gerade im Konzept des „Internationalismus" konnte die Berliner Sudanforschung Sinn finden und sogar einen Anspruch formulieren, wie es im selben Text von Hintze denn auch im finalen Absatz getan wird:

---

61 Zu letzterem siehe Gertzen 2013, 387–388.

62 Zur zentralen Rolle des Königs in diesem vor-institutionellen Gelehrtenmilieu: Holtz 2010.

63 Hierin liegt wohl, neben der allgemeinen Trägheit des Menschengeschlechts, auch ein wesentlicher Grund dafür, dass sich unter den sich als „Schicht der Intelligenz" (zum Selbstbild dieser Gruppe siehe den *decorum*-Text: Assmann et al. 1977, s.v. „Intelligenz", 307–311) in das Gesellschaftsmodell der DDR integrierenden Individuen ausreichend solche befanden, die nicht in das heute mitunter für opportun angesehene Schema passen, von ehemaligen Nazis bis zu bekennenden Christen. Netzwerke, auch das lehrt die ANT, sind unendlich flach, aber eben unendlich.

> **VI.**
>
> Die Ergebnisse unserer Ausgrabungen haben nicht nur bei den Fachwissenschaftlern Beachtung gefunden, sondern auch bei breiten Schichten der sudanesischen Öffentlichkeit. Die herzliche Aufnahme und freimütige Unterstützung, die unsere Expeditionen im Sudan gefunden haben, sind Ausdruck auch des wachsenden Ansehens, das sich unser Staat durch seine großzügige Förderung der Erforschung der alten Geschichte dieses Landes erworben hat. Das sudanesische Volk ist lebhaft an der Erforschung der Vergangenheit seines Landes interessiert. Und wenn es uns gelungen ist, die Forschung zu fördern und die Kenntnisse von wichtigen Epochen als Teil der altafrikanischen Geschichte zu vermehren und zu vertiefen, so betrachten wir dies auch als eine echte Hilfe für die afrikanischen Völker selbst, die nach dem Zerfall des Kolonialsystems ihren gleichberechtigten Platz in der Völkerfamilie eingenommen haben.

Dass auch dieser Internationalismus mit seinem Bild des Fremden einmal als „edler Wilder" und einmal als „Kind" seine Portion Orientalismus brav genommen hat, sei nur am Rande erwähnt.[64] Gutbürgerlicher Humanismus, antikolonialer Internationalismus und zuletzt der noch aus dem 19. Jahrhundert stammende Positivismus dürften die Ismen gewesen sein, die im weitesten Sinne das Milieu der Orientalistik in der DDR dominierten und mit sanfter Hand auch deren Paradigmatik.

Bundesarchiv, Bild 183-1987-0704-077
Foto: Uhlemann, Thomas | 4. Juli 1987

Abb. 4: Mikroelektronik als Leitbild 1987: Abordnung des Bezirks Erfurt mit elektronischen Tischrechnern auf dem Festumzug zur 750-Jahr-Feier Berlins in Berlin / Hauptstadt der DDR (aus: <https://commons.wikimedia.org/wiki/File:Bundesarchiv_Bild_183-1987-0704-077,_Berlin,_750-Jahr-Feier,_Festumzug,_Computer.jpg / CC-BY-SA 3.0>)

Und irgendwie hatte Hintze einen siebenten Sinn: Als der ganze Internationalismus in den Achtziger Jahren ziemlich kompliziert wurde, beschäftigte er sich und seine Schüler mit dem Computer. Was sich – zufällig? – mit der neuen Doktrin des Aufbaus einer Mikroelektronik deckte, die beinahe verzweifelt-exzessiv handlungsleitend in

64 Hierzu: Reimers 2016.

den maßgeblichen Milieus der DDR-Spätphase war (Abb. 4).[65] Die zu Zeiten der herandämmernden digitalen Revolution in die Halbleiterindustrie gesetzten Hoffnungen waren nicht allein die Ausgeburt einer Zukunftsvision technizistischer Funktionäre. Im Milieu der „Schicht der Intelligenz" waren sie verbunden mit der intellektuellen Reflektion kybernetischer Prozesse.[66] Mit der Integration der Kybernetik als einer Technik speziell in das Paradigma der Berliner Sudanarchäologie – als Generator spezifischer Probleme und deren Lösungen – konnte diese als eine besonders moderne, fortschrittliche und international konkurrenzfähige Wissenschaft präsentiert werden; alles Attribute, die den Sehnsuchtshorizont der späten DDR insgesamt definierten. Mit einer solchen Wissenschaft ließ sich in den Milieus reüssieren, hüben wie *drüben*.

Gerade dieses Beispiel zeigt aber auch, dass es weit gefehlt wäre, diese Verzahnung der Forschungsinteressen mit den Doktrinen als ein – wahlweise listiges oder schäbiges – Aufspringen auf den Zug der staatlichen Konjunktur zu interpretieren, die sich im Aufbau einer mikroelektronischen Industrie versprach, den Westen zu überholen, ohne einzuholen. Genauso wenig, wie die Beschäftigung mit Marx, Engels und Lenin oder der Formationstheorie sowie das Bekenntnis zu „Humanismus" und „Internationalismus" ein gedankenloser Kotau vor dem „System" sein muss. Ismen sind nichts, was irgendwo von *outer space* kommt und den unschuldigen Menschen durch ominöse Weltverschwörer injiziert wird. Ismen sind Erklärungsmodelle und Handlungsoptionen, die in bestimmten Milieus gepflegt und vermittelt werden. Beides, Humanismus und Internationalismus einerseits sowie Kybernetik und Mikroeletronik andererseits waren tief im Milieu der DDR-Intelligenz verortete Überzeugungen vom Richtigen, oder, paradigmatisch formuliert: von *Problem* und *Lösung*.[67] So, zum Schluss, war in der DDR-Sudanarchäologie eben doch einiges an DDR drin, wenn auch auf vielleicht etwas subtilere Weise, als vermutet.

3. Schluss

Welche Paradigmatik lag nun der Berliner Sudanarchäologie bzw. den sie bildenden Netzwerken zugrunde? Eine erstaunlich pragmatische. Lepsius steht auf dem Kippunkt, an dem klassizistisches Antiquarentum in positivistischen Historismus umschlägt; wiewohl im Herzen durchaus noch Klassizist so im Tun doch pragmatischer Positivist. Dass da viel Orientalismus drin ist – geschenkt.[68] Hintze war Philologe, und blieb es. Wie viel DDR-Sozialismus konnte in der Philologie drin sein? Nicht viel, denn es gab keine marxistische Sprachwissenschaft, deren Paradigmen mit denen der marxistischen Geschichtswissenschaft vergleichbar wären. Die Thesen von Nikolai Marr, die Stalin anfänglich so beeindruckt hatten, waren mit diesem in die Grube gefahren.[69] Ich bin zwar nicht berufen, etwas zu philologischen oder sprachwissenschaftlichen Fragen zu äußeren, aber soweit ich es einschätzen kann, blieb in der Ägyptologie der DDR die Philologie einfach „nur" Philologie. Was genauso einfach heißt: Sie hatte keine eigene Paradigmatik und keine Originalität und war damit praktisch 100 % kompatibel zur westlichen Diskursgemeinschaft. Hier trifft sie sich mit dem Habitus der Berliner Schule der Ägyptologie insgesamt, die viel auf ihre preußisch-minimalistische Methodik hielt. Was im Übrigen deren erstaunliche Überlebenskraft erklären kann. So konnte ein Hermann Grapow ziemlich geräuschlos in das Wissenschaftssystem der DDR integriert werden[70] und eine Erika Endesfelder noch geräuschloser, man könnte auch in Hinblick auf die ausbleibende Rezeption ihrer Forschungsagenda hin sagen: sang- und klanglos, in das der BRD.[71]

---

65 Salomon 2003.

66 Klaus 1972. Siehe zu Hintzes Beschäftigung mit diesen Fragen: Hörz 2003.

67 Diese Bemerkung erscheint mir umso wichtiger, als sich, bedingt durch eine ganz natürliche Dominanz der Perspektive der BRD-Wissenschaftsmilieus, in der Betrachtung derer der DDR eine Konzentration auf die „Opfer-Narrative" ergeben hat, übrigens auch unter ehemaligen Exponenten der DDR-Milieus. Das ist insofern verständlich, da in dem das intellektuelle Milieu der BRD prägenden Konzept des „Totalitarismus" vor allem mit der Täter-Opfer-Dichotomie operiert wird und man sich bemüht, auf der guten Seite zu landen. Siehe die Standardformulierung, dass eine Leistung „gegen alle Widerstände" erlangt worden sei.

68 In Kuhn'scher Lesart stellt das Konstrukt des Orientalismus eine Verwissenschaftlichung der bis dato diffusen Auseinandersetzung mit dem kulturell Anderen / Fremden dar, das so eine ganz spezifische Gestalt in Form des „Orients" fand, sowohl auf der Ebene der positivistischen „Forschung" wie der der kulturellen und ökonomischen „Aneignung". Hierzu: Fitzenreiter 2002; Fitzenreiter 2009.

69 Zu Nikolai Marr und der Theorie von Sprachen und Sprachentwicklung als ein „Überbauphänomen" siehe die Zusammenfassung auf <https://de.wikipedia.org/wiki/Nikolai_Jakowlewitsch_Marr> (10.03.18).

70 Gertzen 2015.

71 Im Fall von Endesfelder hat diese durchaus intensiv mit dem marxistischen Paradigma der Formationstheorie gearbeitet, was man aber entweder nicht übel nahm oder nicht verstanden hat (Fitzenreiter 2017, 127–128.).

Pragmatisch auch politisch: Lepsius verstand sich als vom König gesandt und die Idee, irgendwelchen Ideen zu dienen, die im Laufe des 19. Jahrhunderts mächtig und handlungsleitend wurden, also der Nation oder dem Fortschritt, war ihm noch relativ fremd.[72] Entsprechend loyal war er auch gegenüber seinem osmanischen Gastgeber und denen, die ihm auf der Reise nützlich sein konnten. Ähnlich pragmatisch dürfen wir auch Hintzes Engagement im Sudan sehen. Fritz Hintze und die in diesem Zusammenhang nicht zu vergessende Ursula Hintze[73] waren zweifellos Menschen, die sich mit der DDR identifizierten und somit auch die Paradigmatik von deren Außenpolitik aktiv mittrugen: Betonung der politischen Eigenständigkeit der DDR gegenüber der BRD, Pflege der Kontakte zu den „jungen Nationalstaaten", Vermeidung von ideologischer Konfrontation mit potentiellen Bündnispartnern.[74] Der Aspekt der kulturellen Eigenständigkeit – und dieser betraf sowohl die der ehemaligen Kolonien gegenüber den Kolonialmächten wie auch *und nicht zuletzt* die der DDR gegenüber der BRD – wird jedoch auch paradigmatischen Einfluss auf die wissenschaftliche Arbeit, also auf die Formulierung von Problemen und Lösungen gehabt haben. Die Herausstellung der Eigenständigkeit der „Alten Kulturen im Sudan" – wie ein populärwissenschaftliches Buch der Hintzes betitelt ist[75] – stellt sich vor diesem Hintergrund auch als eine milieuspezifische Selbstverortung dar. Damit boten sich zudem, ganz im Sinne des „Internationalismus", Anknüpfungspunkte an Probleme und Lösungen der internationalen Kulturwissenschaften, die in der postkolonialen Epoche den Kanon kultureller Kriterien erweiterte, den Kreis der privilegierten Kulturen / Völker relativierte und „Randkulturen" als eigenständig und „wertig" beschrieb.[76] *Catchwords* wie die genannten können innerhalb von den sie kultivierenden Milieus so tatsächlich zu Katalysatoren wissenschaftlicher Fragestellungen werden, da sie angemessene Probleme und Lösungen definieren. So wie in jüngerer Zeit „Gender", „Migration", „Innovation", „Klima" und „Identität" auch (man nehme die letzten Ausschreibungen des BMBF zu den „Geistes- und Sozialwissenschaften" zur Hand[77]).

Wie kann Paradigmatik also erfasst werden, bzw. das, was die Forschung (an-)treibt? Von Latour wurde kritisiert, dass die Sozialforschung viel zu sehr auf irgendwelche Strukturen abhebt, denen Forschung unterworfen ist, und dabei die zwei wichtigsten Parameter völlig aus den Augen verloren hat: den Forscher und seinen Forschungsgegenstand. Nun sollte man nicht in das Gegenteil verfallen und einer nur anekdotischen Wissenschaftsgeschichte zwischen Befund und Befindlichkeit das Wort reden, so unterhaltsam das mitunter sein kann. Es sei daher am Beispiel der Berliner Sudanforschung noch einmal skizziert, welche Parameter forschungsleitend gewesen sein können:

---

72 Erst später suchte er seine linguistischen Forschungen speziell zum Universalalphabet über die christliche Mission unter den schriftlosen Völkern zu motivieren, aber auch hier wohl eher aus pragmatischen Erwägungen (und weil das etlichen religiös aktiven Freunden und Förderern gefallen haben wird, nicht zuletzt seiner frommen Frau – siehe die aus ihren Erinnerungen zusammengestellte Biographie, in der religiöse Aspekte zunehmend eine Rolle spielen: Lepsius 1933). Religiöse Motive sind ein gelegentlich zu wenig beachtetes handlungsleitendes Element in der westlichen Forschung, das sich zu eigenen Paradigmen entwickeln kann, etwa der Monotheismusthese (Mohn 2011).

73 Zur Rolle und Position von Ursula Hintze siehe die von ihr verfassten Beschreibungen des Grabungsalltags im Sudan: Hintze 1995.a, 1995.b, 1996.a; 1996.b, 1997.a, 1997.b, 1998, 1999.

74 Eine interessante persönliche Einschätzung der politischen Situation im Sudan bietet Hintze 1996.a.

75 Hintze / Hintze 1967. Das Buch wurde auch in französischer und englischer Sprache für den internationalen – sprich – westlichen Markt herausgebracht und in Lizenz gedruckt. Es war so auch an Milieus adressiert, die mit den Ideen des Komplexes „Humanismus" und „Internationalismus" auf der kulturgeschichtlichen Ebene vertraut gemacht werden sollten.

76 „Für die intensive Entwicklung der Meroitistik in den letzten Jahren gibt es mehrere Gründe: In der Epoche des Zerfalls der Kolonialsysteme und des Entstehens souveräner Staaten in Afrika hat ganz allgemein das Interesse an der Erforschung der Geschichte Afrikas zugenommen, und zwar nicht nur der neueren, sondern auch der älteren Geschichte dieses Kontinents", so Hintze 1971 in der Eröffnungsrede der 1. Internationalen Tagung für meroitistische Forschungen an das internationale Fachpublikum adressiert (Hintze 1973, 5). Im selben Text führt er neben den postkolonialen Verwerfungen noch einen weiteren, gerade unter ANT-Aspekt sehr interessanten Grund für das Aufblühen des Faches an: den Bau des Nil-Staudammes in Aswan (Hintze 1973, 6). Für die DDR-Sudanarchäologie bildete dieses Ereignis zwar nur einen randständigen Aktanten, indem es die Felsbildkampagne induzierte (siehe Hintze 1997.a, 1997.b), für die internationale Sudanarchäologie war es jedoch tatsächlich ein Initialmoment, der die Region der Forschung „öffnete", wie zuvor nur Feldzüge. Wie Hintzes Text auch zeigt, spielte in der DDR-Sudanarchäologie (und der Ägyptologie ebenso) neben der Betonung der eigenen und sozusagen „unabhängigen" Leistung (in Berlin mehr als in Leipzig) immer eine große Rolle, den Anschluss an die westliche Forschung nicht zu verlieren (in Leipzig mehr als in Berlin, und auch dies jeweils durchaus durch Mikromilieus gesteuert).

77 <https://www.bmbf.de/foerderungen/bekanntmachungen_archiv-2015.html> (25.02.18).

Befunde sind in der Archäologie zwangsläufig primär; erst die Auseinandersetzung mit ihnen macht aus einem unschuldigen Menschen den Hybrid des Archäologen. Die *Befunderfassung*, die diesen Prozess steuert, wird vor allem durch außerforschliche Parameter gesteuert; bereits der Überlieferungszufall ist ein solcher, die politischen Bedingungen sind es usw. Diese Bedingungen steuern die Forschung einerseits, indem sie bestimmte Befunde überhaupt zugänglich machen, andererseits, wem – also welchen Milieus – diese Befunde zugänglich werden. *Techniken* sind hochproduktive Determinanten der Forschung. Deshalb muss man ein Fach ja auch in dieser oder jener Weise studieren; was vor allem bedeutet: Techniken der Auseinandersetzung erlernen. Zuletzt prägen *Milieus* die Forschung, in denen Habitus oder *decorum* steuern, was Forschung bedingt und rechtfertigt. Zusammen bilden solche Parameter aus potentiell handlungsinduzierenden Bedingungen ein Netzwerk, in dem die Auseinandersetzung von Menschen und Befunden stattfindet. Dieses Netzwerk ist flexibel genug, um individuell zu sein, selbst, wenn es sich der Vereinfachung halber anbietet, von Schulen oder der „Berliner Sudanarchäologie" zu sprechen (wenn eben bestimmte Parameter sich zu Strukturen – oder wer's denn mag: mit den Akteuren zu einem Hybriden verwachsenen Rhyzomen – verfestigen). Es ist nämlich auch flexibel genug, um wenigstens zeitweise überpersonal zu funktionieren, also dann, wenn die Köpfe einer solchen Schule nicht mehr aktiv sind, aber gewissermaßen die Restwärme des Netzwerkes zumindest dazu drängt, dieses in vielleicht modifizierter Form zu erhalten – ich denke, diese Restwärme hatte uns auf der Tagung zusammengeführt.

Literaturverzeichnis

Adams 1977 = William Y. Adams, *Nubia. Corridor to Africa*, Princeton 1977.

Adams 1997 = William Y. Adams, Anthropology and Egyptology: Divorce and Remarriage?, in: Judith Lustig (Hg.), *Anthropology and Egyptology. A Developing Dialogue*, Monographs in Mediterranean Archaeology 8, Sheffild 1997, 25–32.

Africa in Antiquity 1978 = *Africa in Antiquity. The Arts of Ancient Nubia and the Sudan*, 2 Bd.: Essays und Ausstellungskatalog, Brooklyn 1978.

Assmann et al. 1977 = Georg Assmann, Wolfgang Eichhorn, Erich Hahn, Günter Heyden, Horst Jentzschmann, Albrecht Kretzschmar, Manfred Puschmann, Horst Taubert, Rudi Weidig (Hg.), *Wörterbuch der marxistisch-leninistischen Soziologie*, Berlin 1977.

Atlas zur Geschichte 1982 = *Altlas zur Geschichte, Band 2. Von der Großen Sozialistischen Oktoberrevolution 1917 bis 1976*, Gotha 1982.

Bernbeck 1997 = Reinhard Bernbeck, *Theorien in der Archäologie*, Tübingen / Basel 1997.

Bourdieu 1987 = Pierre Bourdieu, *Die feinen Unterschiede. Kritik der gesellschaftlichen Urteilskraft*, Frankfurt a.M. 1987.

Bourdieu 1988 = Pierre Bourdieu, *Homo academicus*, Frankfurt a.M. 1988.

Brown / Bruchac 2006 = Michael F. Brown u. Margaret M. Bruchac, NAGPRA from the Middle Distance, in: John Henry Merryman (Hg.), *Imperialism, Art and Restitution*, Cambridge 2006, 193–217.

vom Bruch 2006 = Rüdiger vom Bruch, Wissenschaft, Politik und Gesellschaft. Adolf Erman in seiner Zeit, in: Bernd U. Schipper (Hg.), *Ägyptologie als Wissenschaft. Adolf Erman (1854–1937) in seiner Zeit*, Berlin / New York 2006, 434–448.

Buhr / Kosing 1984 = Manfred Buhr u. Alfred Kosing (Hg.), *Kleines Wörterbuch der Marxistisch-Leninistischen Philosophie*, 7. Aufl., Berlin 1984.

Cappel 2016 = Alexandra Cappel, Adolf Erman und Georg Steindorff: zur Dynamik eines Lehrer-Schüler-Verhältnisses, in: Susanne Voss u. Dietrich Raue (Hg.), *Georg Steindorff und die deutsche Ägyptologie im 20. Jahrhundert*, ZÄS – Beihefte 5, Berlin / Boston 2016, 7–90.

Edwards 1999 = David N. Edwards, *Musawwarat es Sufra III, A Meroitic Pottery Workshop at Musawwarat es Sufra*, Meroitica 17,2, Wiesbaden 1999.

Edwards 2004 = David N. Edwards, *The Nubian Past. An archaeology of the Sudan*, London / New York 2004.

Endesfelder 1984 = Erika Endesfelder, Ein Plädoyer für die Anwendung mathematisch-statistischer Verfahren zur Aufbereitung von wissenschaftlichem Material, *OLZ* 79, 1984, 5–18.

Endesfelder 2003.a = Erika Endesfelder (Hg.), *Von Berlin nach Meroe. Erinnerungen an den Ägyptologen Fritz Hintze (1915–1993)*, Asien- und Afrika-Studien der Humboldt-Universität zu Berlin 3, Wiesbaden 2003.

Endesfelder 2003.b = Erika Endesfelder, Die Ägyptologie an der Berliner Universität, in: Erika Endesfelder (Hg.), *Von Berlin nach Meroe. Erinnerungen an den Ägyptologen Fritz Hintze (1915–1993)*, Asien- und Afrika-Studien der Humboldt-Universität zu Berlin 3, Wiesbaden 2003, 21–29.

Endesfelder 2005 = Erika Endesfelder, In memoriam Fritz Hintze. Zum Gedenken an einen bedeutenden deutschen Gelehrten, *Der Antike Sudan – MittSAG* 16, 2005, 169–173.

Finneiser 1990 = Klaus Finneiser, Untersuchungen zur Königsikonographie im Erscheinungssaal des Chons-Tempels in Karnak mit Hilfe mathematisch-statistischer Verfahren, in: Dietlind Apelt, Erika Endesfelder u. Steffen Wenig (hg.), *Studia in honorem Fritz Hintze*, Meroitica 12, Berlin 1990, 119–133.

Fitzenreiter / Seiler / Gerullat 1999 = Martin Fitzenreiter, Anne Seiler u. Ines Gerullat, *Musawwarat es Sufra II, Die Kleine Anlage*, Meroitica 17,1, Wiesbaden 1999.

Fitzenreiter 2002 = Martin Fitzenreiter, Der Antike Sudan in der Zeitgenössischen Kunst, Teil II: Auf der Reise – Europäischer Orientalismus. Die Malerin Christine Donath, *Der Antike Sudan – MittSAG* 13, 2002, 120–151.

Fitzenreiter 2008 = Martin Fitzenreiter, Vorwort des Herausgebers. Eine Bemerkung zur Ägyptologie in der DDR und eine Bemerkung zur Formationstheorie, in: Petra Andrassy, *Untersuchungen zum ägyptischen Staat des Alten Reiches und seinen Institutionen*, IBAES XI, Berlin / London 2008, i–viii, Online-Fassung: <http://www2.rz.hu-berlin.de/nilus/net-publications/ibaes11/index.html>.

Fitzenreiter 2009 = Martin Fitzenreiter, Was interessiert den Ägyptologen / die Ägyptologie an Schwarzafrika? Drei Antworten und eine Reflexion auf die Frage von Heinrich Balz, in: Jürgen Thiesbonenkamp u. Andreas

Selignow (Hg.), *Interdisziplinäre Afrikaforschung und neuer Afropessimismus. Symposium zum 70. Geburtstag von Heinrich Balz*, Berlin 2009, 19–42.

Fitzenreiter 2011 = Martin Fitzenreiter, Abt. I Bl. 1 und "Historischer Saal". Karl Richard Lepsius definiert die Ägyptologie und separiert die Sudanarchäologie, *Der Antike Sudan – MittSAG* 22, 2011, 43–56.

Fitzenreiter 2017 = Martin Fitzenreiter, Das Reden der Anderen, in: Frank Feder, Gunnar Sperveslage u. Florian Steinborn (Hg.), *Ägypten begreifen. Erika Endesfelder in memoriam*, IBAES 19, Berlin / London 2017, 117–131, Online-Fassung: <http://www2.rz.hu-berlin.de/nilus/net-publications/ibaes19/index.html>.

Fitzenreiter i.Dr. = Martin Fitzenreiter, Kultgeräte als Aktanten und das Artefakt *Gott*, erscheint in einem Tagungsband.

Freitag 1988 = Michael Freitag, Expeditionszeichnungen als Zeugnisse der Kunst und der Wissenschaft, in: Elke Freier u. Walter F. Reineke (Hg.), *Karl Richard Lepsius (1810–1884). Akten der Tagung anläßlich seines 100. Todestages, 10.–12.1984 in Halle*, Schriften zur Geschichte und Kultur des Alten Orients 20, Berlin 1988, 167–184.

Gertzen 2013 = Thomas L. Gertzen, *École de Berlin und „Goldenes Zeitalter" (1882–1914) der Ägyptologie als Wissenschaft. Das Lehrer-Schüler-Verhältnis von Ebers, Erman und Sethe*, Berlin / Boston 2013.

Gertzen 2015 = Thomas L. Gertzen, *Die Berliner Schule der Ägyptologie im Dritten Reich. Begegnung mit Hermann Grapow*, Berlin 2015.

Gertzen 2017 = Thomas L. Gertzen, *Einführung in die Wissenschaftsgeschichte der Ägyptologie*, EQÄ 10, Berlin 2017.

Gringmuth-Dallmer 2017 = Eike Gringmuth-Dallmer, Die Überführung der DDR-Archäologie in das bundesdeutsche Wissenschaftssystem – Erfolgsstory oder Desaster?, *Archäologische Informationen* 40, 2017, 17–26.

Grunert 2010 = Stefan Grunert, Die Archivbestände der Königlich-Preußischen Expedition an der Berliner Akademie, in: Ingelore Hafemann (Hg.), *Preußen in Ägypten. Ägypten in Preußen*, Berlin 2010, 155–164.

Hafemann 2010 = Ingelore Hafemann, Preußen und die frühe Fotografie, in: Ingelore Hafemann (Hg.), *Preußen in Ägypten. Ägypten in Preußen*, Berlin 2010, 165–180.

Hauser 2001 = Stefan R. Hauser, s.v. „Orientalismus", in: Hubert Cancik et al. (Hg.), *Der Neue Pauly*, Bd. 15.1. Rezeptions- und Wissenschaftsgeschichte, Stuttgart / Weimar 2001, 1233–1243.

Herrmann / Sellnow 1982 =Joachim Herrmann u. Irmgard Sellnow (Hg.), *Produktivkräfte und Gesellschaftsformationen in vorkapitalistischer Zeit*, Veröffentlichungen des Zentralinstituts für Alte Geschichte und Archäologie der Akademie der Wissenschaften 12, Berlin 1982.

Hinkel 1988 = Friedrich W. Hinkel, Die Pyramiden von Meroe 140 Jahre nach der Bestandsaufnahme durch die Königlich Preußische Expedition unter K. R. Lepisus, in: Elke Freier u. Walter F. Reineke (Hg.), *Karl Richard Lepsius (1810–1884). Akten der Tagung anläßlich seines 100. Todestages, 10.–12.1984 in Halle*, Schriften zur Geschichte und Kultur des Alten Orients 20, Berlin 1988, 322–327.

Hintze / Hintze 1967 = Fritz Hintze u. Ursula Hintze, *Alte Kulturen im Sudan*, Leipzig u. München 1967 (Übersetzungen: *Les civilisations du Soudan antique*, Paris 1967; *Civilizations of the Old Sudan*, Leipzig 1968).

Hintze 1962 = Fritz Hintze, *Die Inschriften des Löwentempels von Musawwarat es Sufra*, Abhandlungen der Deutschen Akademie der Wissenschaften zu Berlin – Klasse für Sprache, Literatur und Kunst, Jhg. 1962,1, Berlin 1962.

Hintze 1964 = Fritz Hintze, Nubien und Sudan – ihre Bedeutung für die alte Geschichte Afrikas, *Spektrum* 10.7–8, Berlin 1964, 264–269.

Hintze 1971 = Fritz Hintze, unter Mitwirkung von Ursula Hintze, Karl-Heinz Priese u. Kurt Stark, *Musawwarat es Sufra I,2. Der Löwentempel. Tafelband*, Berlin 1971.

Hintze 1973 = Fritz Hintze (ohne Namensnennung), Einleitung, in: Fritz Hintze (Hg.), *Sudan im Altertum. 1. Internationale Tagung für meroitistische Forschungen in Berlin 1971*, Meroitica 1, Berlin 1973, 3–15.

Hintze 1995.a = Ursula Hintze, Auf den Spuren der Meroitischen Kultur. Archäologische Expeditionen der Humboldt-Universität Teil I (mit einer Einführung von Steffen Wenig und einem Vorwort von Barbara Barsch), *MittSAG* 2, 1995, 34–39.

Hintze 1995.b = Ursula Hintze, Auf den Spuren der Meroitischen Kultur. Archäologische Expeditionen der Humboldt-Universität Teil II, *MittSAG* 3, 1995, 38–44.

Hintze 1996.a = Ursula Hintze, Auf den Spuren der Meroitischen Kultur. Archäologische Expeditionen der Humboldt-Universität Teil III, *MittSAG* 4, 1996, 46–49.

Hintze 1996.b = Ursula Hintze, Auf den Spuren der Meroitischen Kultur. Archäologische Expeditionen der Humboldt-Universität Teil IV, *MittSAG* 5, 1996, 54–59.

Hintze 1997.a = Ursula Hintze, Auf den Spuren der Meroitischen Kultur. Archäologische Expeditionen der Humboldt-Universität Teil V, *MittSAG* 6, 1997, 51–57.

Hintze 1997.b = Ursula Hintze, Auf den Spuren der Meroitischen Kultur. Archäologische Expeditionen der Humboldt-Universität Teil VI–VII, *MittSAG* 7, 1997, 57–69.

Hintze 1998 = Ursula Hintze, Auf den Spuren der Meroitischen Kultur. Archäologische Expeditionen der Humboldt-Universität Teil VIII–X, *MittSAG* 8, 1998, 96–101.

Hintze 1999 = Ursula Hintze, Auf den Spuren der Meroitischen Kultur. Archäologische Expeditionen der Humboldt-Universität Teil XI–XIV, *MittSAG* 9, 1999, 70–90.

Hintze et al. 1993 = Fritz Hintze, Karl-Heinz Priese, Steffen Wenig, Christian Onasch, Gisela Buschendorf-Otto u. Ursula Hintze, *Musawwarat es Sufra I,1. Der Löwentempel. Textband*, Berlin 1993.

Holtz 2010 = Bärbel Holtz, Weltoffenheit oder Machtkalkül? Friedrich Wilhelm IV. und sein Interesse am Orient, in: Ingelore Hafemann (Hg.), *Preußen in Ägypten. Ägypten in Preußen*, Berlin 2010, 181–202.

Hörz 2003 = Herbert Hörz, Das Verhältnis Fritz Hintzes zur Philosophie – Erinnerungen und Anmerkungen – , in: Erika Endesfelder (Hg.), *Von Berlin nach Meroe. Erinnerungen an den Ägyptologen Fritz Hintze (1915–1993)*, Asien- und Afrika-Studien der Humboldt-Universität zu Berlin 3, Wiesbaden 2003, 30–37.

Ihm 2003 = Peter Ihm, Fritz Hintze und die Datenbankanalyse in der Archäologie, in: Erika Endesfelder (Hg.), *Von Berlin nach Meroe. Erinnerungen an den Ägyptologen Fritz Hintze (1915–1993)*, Asien- und Afrika-Studien der Humboldt-Universität zu Berlin 3, Wiesbaden 2003, 38–53.

Jung 2010 = Mariana Jung, Die Zeichnungen der Lepsius-Expedition und ihre Umsetzung in Lithografien und Gemälde am Beispiel der Insel Philae, in: Ingelore Hafemann (Hg.), *Preußen in Ägypten. Ägypten in Preußen*, Berlin 2010, 203–234.

Klaus / Buhr 1969 = Georg Klaus u. Manfred Buhr (Hg.), *Philosophisches Wörterbuch*, 6. Aufl., Leipzig 1969.

Klaus 1972 = Georg Klaus, *Kybernetik und Erkenntnistheorie*, 5. Aufl., Berlin 1972.

Kuhn 1973 = Thomas S. Kuhn, *Die Struktur wissenschaftlicher Revolutionen*, Frankfurt a.M. 1973.

Latour 1994 = Bruno Latour, On Technical Mediation – Philosophy, Sociology, Genealogy, *Common Knowledge* 3, No. 2, 1994, 29–64.

Latour 2010 = Bruno Latour, *Eine neue Soziologie für eine neue Gesellschaft*, Frankfurt a.M. 2010.

Lepsius 1849 = Richard Lepsius, *Vorläufige Nachrichten über die Expedition, ihre Ergebnisse und deren Publikation*, Berlin 1849.

Lepsius 1849–1859 = Richard Lepsius, *Denkmaeler aus Aegypten und Aethiopien, nach den Zeichnungen der von Seiner Majestät dem Koenige von Preussen Friedrich Wilhelm IV. nach diesen Ländern gesendeten und in den Jahren 1842–1845 ausgeführten wissenschaftlichen Expedition*, Abth. 1–6 in 12 Bänden, Berlin 1849–1859.

Lepsius 1852 = Richard Lepsius, *Briefe aus Aegypten, Aethiopien und der Halbinsel des Sinai*, Berlin 1852.

Lepsius 1933 = *Bernhard Lepsius, Das Haus Lepsius. Vom geistigen Aufstieg Berlins zur Reichshauptstadt. Nach Tagebüchern und Briefen*, Berlin 1933.

Lepsius 1988 = M. Rainer Lepsius, Richard Lepsius und seine Familie – Bildungsbürgertum und Wissenschaft, in: Elke Freier u. Walter F. Reineke (Hg.), *Karl Richard Lepsius (1810–1884). Akten der Tagung anläßlich seines 100. Todestages, 10.–12.1984 in Halle*, Schriften zur Geschichte und Kultur des Alten Orients 20, Berlin 1988, 29–52.

Lohwasser 2012 = Angelika Lohwasser, 'Ueber Aegypten hinaus!' Die Archäologie Nubiens, in: Verena M. Lepper u. Ingelore Hafemann (Hg.), *Karl Richard Lepsius. Der Begründer der deutschen Ägyptologie*, Berlin 2012, 149–170.

McLuhan 1964 = Herbert Marshall McLuhan, *Understanding media: The Extensions of Man*, New York 1964.

Mehlitz 2011 = Hartmut Mehlitz, *Richard Lepsius. Ägypten und die Ordnung der Wissenschaft*, Berlin 2011.

Mohn 2011 = Jürgen Mohn, Theologieaffine Religionstypen oder Religion im Medium von Mythos und Ritual im Alten Ägypten? Anmerkungen zur Adaption religionstheoretischer Begriffe anhand von Jan Assmanns Unterscheidung zwischen primärer und sekundärer Religion, in: Alexandra Verbovsek, Burckhard Backes u. Catherine Jones (Hg.), *Methodik und Didaktik in der Ägyptologie. Herausforderungen eines kulturwissenschaftlichen Paradigmenwechsels in den Altertumswissenschaften*, München 2011, 725–738.

Nagel 2006 = Alexander-Kenneth Nagel, Adolf Erman im Lichte der Historischen Soziologie, in: Bernd U. Schipper (Hg.), *Ägyptologie als Wissenschaft. Adolf Erman (1854–1937) in seiner Zeit*, Berlin / New York 2006, 371–395.

Neumann 1998 = Hans Neumann, Altorientalistik in der DDR (1986–1990) und ihre inhaltlich-strukturelle Umgestaltung in den neuen Bundesländern (1990/91–1995), in: Wolf-Hagen Krauth u. Ralf Wolz (Hg.), *Wissenschaft und Wiedervereinigung. Asien- und Afrikawissenschaften im Umbruch*, Berlin 1998, 165–268.

Peust 2004 = Carsten Peust, Survey ägyptologischer Dialekte. (1) Berlin. (2) Mainz, *GM* 200, 59–82.

Reimers 2016 = Yvonne Reimers, „Völkerfreundschaft" im Sudan: Grabungsfotografien der 1960er Jahre aus Musawwarat unter kulturwissenschaftlicher Perspektive. Ein Projektbericht, *Der Antike Sudan – MittSAG* 27, 2016, 25–32.

Said 1981 = Edward Said, *Orientalismus*, Berlin 1981.

Salomon 2003 = Peter Salomon, *Geschichte der Mikroelektronik-Halbleiterindustrie der DDR: Vom ersten Transistor bis zu den letzten Chips*, o.O., 2003.

Scheel / Schüssler 1982 = Heinrich Scheel u. Gerhard Schüssler (Hg.), Die Herausbildung und Entwicklung junger Nationalstaaten: Tendenzen ihrer Verfassungsentwicklung, *Abhandlungen der Akademie der Wissenschaften der DDR, Abteilung Veröffentlichungen der wissenschaftlichen Räte*, Jhg. 1981, Nr. W 4, Berlin 1982.

Seidlmayer 2012 = Stephan Johannes Seidlmayer, Karl Richard Lepsius. Pionier der Archäologie Ägyptens,, in: Verena M. Lepper u. Ingelore Hafemann (Hg.), *Karl Richard Lepsius. Der Begründer der deutschen Ägyptologie*, Berlin 2012, 121–147.

Steinmann 1990 = Frank Steinmann, Klassifizierung von Tongefäßen, in: Dietlind Apelt, Erika Endesfelder u. Steffen Wenig (Hg.), *Studia in honorem Fritz Hintze*, Meroitica 12, Berlin 1990, 293–300.

Thompson 2015.a =Jason Thompson, *Wonderful Things. A History of Egyptology, 1: From Antiquity to 1881*, Kairo / New York 2015.

Thompson 2015.b = Jason Thompson, *Wonderful Things. A History of Egyptology, 2: The Golden Age: 1881–1914*, Kairo / New York, 2015.

Trümpener = Hans-Josef Trümpener, *Die Existenzbedingungen einer Zwergwissenschaft. Eine Darstellung des Zusammenhangs von wissenschaftlichem Wandel und der Institutionalisierungsform einer Disziplin am Beispiel der Ägyptologie*, Report Wissenschaftsforschung Science Studies 6, Bielefeld 1981.

Voss 2016 = Susanne Voss, Wissenshintergründe ... – Die Ägyptologie als 'völkische' Wissenschaft entlang des Nachlasses Georg Steindorffs von der Weimarer Republik über die NS- bis zur Nachkriegszeit, in: Susanne Voss u. Dietrich Raue (Hg.), *Georg Steindorff und die deutsche Ägyptologie im 20. Jahrhundert. Wissenshintergründe und Forschungstransfer*, ZÄS – Beihefte 5, Berlin / Boston 2016, 105–332.

Welsby / Anderson 2004 = Derek A. Welsby u. Julie R. Anderson (Hg.), *Sudan. Ancient Treasures. An exhibition of recent discoveries from the Sudan National Museum*, London 2004.

Wenig 1986.a = Steffen Wenig (Hg.), Die Anwendung numerischer Methoden in der Sudanarchäologie, *Wissenschaftliche Zeitschrift der Humboldt-Universität, Reihe Gesellschaftswissenschaften* 35.1, Berlin 1986.

Wenig 1986.b = Steffen Wenig, Klassifikation und Archäologie: Eine taxonomische Studie zu den Darstellungen der Gottheiten am Löwentempel von Musawwarat es Sufra, *Wissenschaftliche Zeitschrift der Humboldt-Universität, Reihe Gesellschaftswissenschaften* 35.1, Berlin 1986, 95–108.

Wenig 1988 = Steffen Wenig (Hg.), Microcomputer in der Archäologie, *Wissenschaftliche Zeitschrift der Humboldt-Universität, Reihe Gesellschaftswissenschaften* 37.3, Berlin 1988.

Wenig 1990 = Steffen Wenig (Hg.), Programmiersprachen und Datenbanken für Microcomputer, *Wissenschaftliche Zeitschrift der Humboldt-Universität, Reihe Gesellschaftswissenschaften* 39.3, Berlin 1990.

Wenig 2003 = Steffen Wenig, Fritz Hintze als Ausgräber, in: Erika Endesfelder (Hg.), *Von Berlin nach Meroe. Erinnerungen an den Ägyptologen Fritz Hintze (1915–1993)*, Asien- und Afrika-Studien der Humboldt-Universität zu Berlin 3, Wiesbaden 2003, 78–88.

White 1991 = Hayden White, Metahistory: die historische Einbildungskraft im 19. Jahrhundert in Europa, Frankfurt a.M. 1991.

Wildung 1996 = Dietrich Wildung (Hg.), *Sudan. Antike Königreiche am Nil*, Ausstellungskatalog München – Paris – Toulouse – Amsterdam – Mannheim, Tübingen 1996.

Wittgenstein 1989 = Ludwig Wittgenstein, *Bemerkungen über die Philosophie der Psychologie* Bd. 2, in: Ludwig Wittgenstein, Werkausgabe, Bd. 7, Frankfurt a.M. 1989.

Wolf 1990 = Pawel Wolf, Eine Methode zur Auswertung qualitativer Merkmale, in: Dietlind Apelt, Erika Endesfelder u. Steffen Wenig (hg.), *Studia in honorem Fritz Hintze*, Meroitica 12, Berlin 1990, 353–359.

Wolf 1992 = Pawel Wolf, Ägyptologie und Informatik in Berlin, *GM* 128, 1992, 43–67.

Das Museum als „Laboratorium der Aneignung“

Thesen zur Konzeption einer (post-)ägyptologischen Forschungsstätte

I. Von der *Bonner Sammlung von Aegyptiaca* zum *Ägyptischen Museum* (der Universität Bonn) – und wieder zurück?

1.

Der vorliegende Beitrag fasst Erfahrungen zusammen, die ich als Kurator des „Ägyptischen Museums der Universität Bonn“ in den Jahren 2011 bis 2014 gesammelt habe.[1] Da es sich um eine Position an einer Universität handelte und diese auch mit der Verpflichtung zu Lehrveranstaltungen verbunden war, ergab sich von vornherein ein anderes Aufgabenspektrum, als man es für ein kommunales oder staatliches Museum annehmen sollte. Die sich daraus ergebende Fragestellung war entsprechend: Was ist ein Universitätsmuseum? Bzw.: Worin liegen die Besonderheiten eines Universitätsmuseums – in seiner Entstehung, seinem Bestand, seinem Sinn als ein Museum an einer Universität?

Derartige Fragen stehen spätestens seit der Herausgabe der Empfehlungen des Wissenschaftsrates zu wissenschaftlichen Sammlungen als Forschungsinfrastruktur auf der Agenda nicht nur der kulturhistorischen Fächer.[2] Während diese Empfehlungen aber in erster Linie darauf zielen, den Wert der universitären *Sammlungen* für die Forschung überhaupt ins Bewusstsein zu rufen,[3] soll in der vorliegenden Betrachtung der spezifische Fall des *Museums* im Mittelpunkt stehen. Also der Fall einer Sammlung, die bereits in den Schnittpunkt von wissenschaftlichem und öffentlichem Interesse gestellt ist. Da es sich um eine einerseits kleine und dem Gegenstand nach sehr spezifische Sammlung handelt, andererseits etliches an Bestand und Umgang damit durchaus als paradigmatisch für kulturhistorische Universitätssammlungen und -museen gelten darf, soll der Erfahrungsbericht eng am Gegenstand erfolgen: dem Ägyptischen Museum und der Ägyptologie.[4]

2.

Die Frage *Was ist ein Universitätsmuseum?* war in diesem konkreten Fall allerdings nicht nur akademisch zu verstehen, denn sie stellte sich im Moment der Übernahme der Kuratur im Herbst 2011 sozusagen als eine existentielle Frage. Diverse, den Beteiligten nicht in allen Einzelheiten unbedingt nachvollziehbare Umstände hatten seinerzeit dazu geführt, dass es zum sehr kurzfristigen Abzug einer umfangreichen Leihgabe aus Privatbesitz

---

1 Mein besonderer Dank gilt Ludwig D. Morenz, der seinerzeit einem fast fünfzigjährigen *independent scholar* (altfränkisch: Privatgelehrten) die einmalige Möglichkeit gab, in eine akademische Stellung zu treten. In dieser Position erfuhr ich reiche Unterstützung durch die MitarbeiterInnen der Abteilung Ägyptologie des Instituts für Archäologie und Kulturanthropologie der Universität Bonn; namentlich seien genannt: Brigitte von Laszewski, Amr El Hawari, Mohammed Sherif Ali, Rita Lucarelli, Andreas Blasius, Robert Kuhn, Uta Siffert, Barbara Klecha, Horst Creutz, Lukas Bohnenkämper, David Sabel, Verena Hoops, Annkatrin Benz und Beryl Büma und auch alle übrigen Studierenden und Mitarbeiter. Für die Durchsicht und Kommentierung einer früheren Fassung dieses Beitrages danke ich ganz herzlich Alexandra Verbovsek. Der beschriebene Zustand von Sammlung und Ausstellungskonzeption bezieht sich auf den, der bei meinem Ausscheiden 2014 bestand. Konzeption und Präsentation haben sich seitdem natürlich verändert – es ist ein Vorteil kleinerer Sammlungen, dass sie relativ unkompliziert nach neuen Gesichtspunkten und Ideen gestaltet werden können.

2 Wissenschaftsrat: Empfehlungen zu wissenschaftlichen Sammlungen als Forschungsinfrastrukturen (28.01.2011): <http://www.wissenschaftsrat.de/download/archiv/10464-11.pdf> (Zugriff: 11.08.14); siehe auch die damit zusammenhängende Einrichtung der „Koordinierungsstelle für wissenschaftliche Universitätssammlungen in Deutschland“ (<http://wissenschaftliche-sammlungen.de/de>; Zugriff: 11.08.14).

3 Dieser Vorstoß ist nicht genug zu loben, versetzt er die KuratorInnen doch endlich in eine Position, für den Erhalt der Sammlungen nicht nur im Sinne von staubiger Traditionspflege zu werben, sondern deren Bedeutung etwa mit dem Erwerb hochwertiger neuer Diagnoseinstrumente ins Verhältnis zu setzen. Anders gesagt: Was für die Physiker ein Teilchenbeschleuniger ist, ist für Kulturhistoriker die Sammlung: ein unverzichtbares Beobachtungsinstrument.

4 Zu dieser Frage jetzt auch: van den Bercken 2017.

kam.[5] Die erste Aufgabe als Kurator war daher, die Übergabe zu managen und anschließend einen Überblick über die Restbestände zu gewinnen. Nach anfänglichen Depressionen – keinem der seinerzeit Beteiligten war es wirklich bewusst, in welchem Maße die Objekte der Privatsammlung die museale Präsentation dominierten – erwies sich der Eigenbestand dann auf den zweiten Blick doch als relativ reich. Das hieß auch, dass (auch aus Gründen der Logistik und Machbarkeit) erste Pläne zurückgestellt wurden, größere Leihgaben aus anderen Sammlungen einzuwerben, um den Bestand des *Museums* zu sichern. Vielmehr stand eine Revision des Vorhandenen der *Sammlung* an erster Stelle, aus der heraus eine neue Konzeption für ein *Museum* entwickelt werden sollte. Dass sich diese Revision als recht kompliziert erwies und die vorhandene Dokumentation sehr heterogen und lückenhaft ist, sei nur angemerkt und ist wohl mit anderen Fällen von universitären Sammlungen vergleichbar. Immerhin war bis zum Beginn des Sommersemesters 2012 durch die Arbeit von Praktikantinnen und studentischen Hilfskräften der Bestand in seinen wesentlichen Parametern erfasst.

3. Die Vorgängerkonzeption[6]

Das „Ägyptische Museum der Universität Bonn" hat seinen Ursprung in der Sammlung des bereits 1819 eingerichteten „Akademischen Kunstmuseums" der Universität. Besonders unter der Direktion von Georg Loeschcke wurden für diese Sammlung etliche Aegyptiaca – Gipskopien wie Originalobjekte – angeschafft, wobei Loeschcke eng mit Alfred Wiedemann, dem Professor für Ägyptologie, zusammenarbeitete.[7] Ca. 1929 wurde mit der Berufung von Hans Bonnet auf den Lehrstuhl für Ägyptologie und einer Umkonzipierung des Akademischen Kunstmuseums unter Richard Delbrück der Bestand an Aegyptiaca weitgehend dem neu geschaffenen Seminar für Ägyptologie übergeben. Dort wurde die Sammlung in den Institutsräumen im Sinne eines wissenschaftlichen Apparates zu Lehr- und Studienzwecken aufbewahrt. Nach schweren Kriegsschäden[8] wuchs der Bestand in der Zeit des Ordinariats von Elmar Edel durch Grabungsfunde von der Qubbet el-Hawa wieder an. Bereits unter Jürgen Osing und dann intensiv mit der Übernahme des Lehrstuhls durch Ursula Rössler-Köhler setzten Bemühungen ein, die Sammlung öffentlich zugänglich zu machen. 2001 wurde das Museum im ehemaligen Michaelssaal des Bonner Schlosses eröffnet, wo es auf ca. 300 qm seine Bestände zeigen kann.

Die Eröffnungskonzeption stand unter den drei Schlagworten „ Grab – Haus – Tempel". In den drei Abteilungen vermittelten Themenvitrinen Informationen zu unterschiedlichen Aspekten der pharaonischen Kultur. Die Konzeption sah einerseits vor, die pharaonische Kultur möglichst umfassend darzustellen; andererseits war es nicht beabsichtigt, den Gesamtbestand der Sammlung zu präsentieren. Vielmehr wurde Wert auf die Auswahl einer begrenzten Anzahl aussagekräftiger Schaustücke gelegt, die als repräsentativ für bestimmte Aspekte galten. Mittels dieser Objekte und der begleitenden Medien sollte der Anspruch verwirklicht werden, ein „Ägyptisches Museum Bonn" zu sein, ganz bewusst ohne Bezug zum universitären Rahmen.[9]

Problematisch an dieser Konzeption ist aus meiner Sicht, dass das so entworfene und sich normativ gebende Bild vom pharaonischen Ägypten sich in den drei Abteilungen auf sehr heterogenes Material stützen musste. Das traf insbesondere für den Bereich „Haus" zu, der zum größten Teil mit Objekten bestückt war, die aus funerären Zusammenhängen stammen. Entsprechend zeigten die beiden anderen Bereiche ebenfalls vor allem idealtypische Assemblagen, die dem Forschungsstand der westeuropäischen Ägyptenforschung vom Ende des 20. Jahrhunderts entsprachen. Eine Reflexion dieser „Meistererzählung" fand nicht statt und war im Konzept des „Ägyp-

5 Unter der Bezeichnung „BoS L" (L = Leihgabe) bzw. „Privatsammlung Hamburg" wurden die zu dieser Sammlung gehörenden Objekte in Bonner Katalogen geführt.

6 Ich möchte ausdrücklich betonen, dass die Besprechung der Vorgängerkonzeption nicht dazu dienen soll, die Arbeit der bis dato am Museum wirkenden MitarbeiterInnen in irgendeiner Weise in ein schlechtes Licht zu rücken. Vielmehr haben sie – namentlich Ursula Rössler-Köhler, Andreas Blasius, Silke Grallert, Isabel Stünckel, Christina Regner, Gabriele Piecke, Ingrid Blom-Boër, Michael Höveler-Müller und weitere, mir namentlich nicht bekannte MitarbeiterInnen – durch die Profilierung der Sammlung diese überhaupt erst zu einem Museum gemacht. Demgegenüber ist eine partielle Neukonzeption eher ein Kinderspiel.

7 Kinne 2004, 140–145.

8 „Nachtrag zur Geschichte des Ägyptologischen Seminars. 1.2.1957", Manuskript von Elmar Edel (?) im Archiv des Museums. Der genaue Umfang der Kriegsschäden konnte bisher nicht ermittelt werden, da offenbar auch das Altinventar vernichtet wurde.

9 Grallert / Stünckel 2004; Höveler-Müller 2009; Höveler-Müller 2010.a.

tischen Museums“ auch nicht angelegt. Womit das idealtypische Konzept eines „Ägyptischen Museums“ überhaupt gemeint ist, das sich problemlos auf die meisten musealen Inszenierungen altägyptischer Objekte übertragen lässt.[10] Stets sind diese bemüht, *das* Alte Ägypten abzubilden – oder zu erfinden?

4.

Die Vorbereitungen einer Neuaufstellung standen unter zwei, durchaus dem Zeitgeist des beginnenden 21. Jahrhunderts verpflichteten, Prämissen, für die die Schlagworte *Dinge* und *Akteure* stehen mögen. Die erste Prämisse war, den Bestand so, wie er nun einmal vorlag, zum Ausgangspunkt der Neukonzeption zu machen. Es sollte nicht darum gehen, ein bereits bestehendes Konzept der Präsentation der pharaonischen Kultur mit *Objekten* zu füllen, sondern es sollte darum gehen, den in Bonn vorhandenen Bestand an *Dingen* zu thematisieren. Die terminologische Verschiebung hat durchaus ihren Sinn. Während in der Bezeichnung *Objekt* die passive, dem Willen des (menschlichen) Subjektes praktisch unterworfene Position des Stückes festgeschrieben wird, bleibt es als *Ding* ein Partner mit „Eigensinn“.[11]

Diese erste Prämisse bedeutete einerseits, dass die besonderen Stärken und Eigenheiten der Sammlung ergründet und in den Fokus gerückt werden sollten. Dass es nicht besonders schwer war, solche besonderen, „endemischen“ Dinge in der Bonner Sammlung zu identifizieren, liegt auf der Hand: Es sind nicht besonders viele.[12] Das bedeutete aber – und vor allem – auch gerade die *Schwächen* der Sammlung zu erkennen und danach zu fragen, warum es an bestimmten Zeugnissen der pharaonischen Kultur mangelt. Dabei ist das Erkennen dieser Leerstellen keineswegs nur auf die Bonner Sammlung beschränkt, sondern betrifft den Blick auf Sammlungen altägyptischer Artefakte insgesamt. Es stellte sich nämlich die interessante Frage, welche Dinge sich überhaupt in Sammlungen verbringen lassen (und auf welchen Wegen) und wie sich aus diesem hochspezifischen und sehr begrenzten Spektrum ein Bild des Alten Ägypten konstituiert.

Der Dingbestand der Sammlung ließ sich grob in drei Gruppen teilen:

Zum einen den Altbestand, d.h. alle vor 1945 in die Sammlung geratenen Stücke. Dieser zerfällt selbst in zwei Teile. Das sind zum einen Stücke, die aus verschiedenen Quellen angekauft oder auch in die Sammlung gestiftet wurden, wozu eine größere Gruppe von Leihgaben gehört, die bereits 1896 aus dem Ägyptischen Museum Berlin in die Bestände des Akademischen Kunstmuseums gegeben wurde. Zum anderen handelt es sich um Stücke, die aus dokumentierten Grabungszusammenhängen stammen. Beide Objektgruppen überschneiden sich in ihren Charakteristika nur wenig, so dass damit bereits interessante Indikatoren für zwei ganz verschiedene Sammlungsstrategien (und die sie steuernden Dinge) vorliegen. Die erste Gruppe umfasst vor allem rundplastisches, in der Regel kleinformatiges Material (Skarabäen, Amulette, Uschebtis)[13] sowie einige wenige, ebenfalls eher handliche Stelen und Fragmente von Flachbildern (in „handelsüblicher“ Stückung).[14] Es handelt sich also vor allem um Gegenstände, die sich im 19. und beginnenden 20. Jahrhundert zum Sammeln – wie es so schön und die *agency* erfassend heißt: – „anboten“. Die zweite Gruppe, in bedeutendem Maße aus Grabungen von Flinders Petrie in Naqada und Koptos stammend, umfasst vor allem Keramik, Schminkpaletten und Steingefäße[15] und, ebenso charakteristisch, als Gabe der DOG, ein Fragment aus dem Pyramidentempel des Sahure.[16] In beidem spiegeln sich Grabungsstrategien und Forschungsziele der gewissermaßen zwei großen Schulen der Feldforschung um 1900: Flinders Petries kleinteiliger, klassifikatorisch-evolutionistischer Ansatz und der monumentale der Architekturgrabungen.

---

10 Eine Ausnahme bilden Ansätze, altägyptische Objekte teilweise bewusst dekontextualisiert als „Ding-an-sich“ zu zeigen und wirken zu lassen, wie sie etwa Dietrich Wildung in den Museen in Berlin und München verfolgt (Wildung 2005; Wildung 2009; Schoske / Wildung 2013; Feder 2011).

11 Siehe die schöne Übersetzung der englischen *agency of objects* als „Eigensinn der Dinge“ bei Hahn 2005, 46.

12 Unter dem Schlagwort „Das gibt es nur in Bonn!“ ließen sich versammeln: Von der Qubbet el-Hawa die „Bonner Jagdschale“ und ihre „Schwesterschale“ (Morenz 2012) sowie die beschrifteten Töpfe (Edel 1971–1980); aus dem Altbestand als attraktives Stück der „Bonner Schreiber“ (Gestermann 1994) und als neuere Stiftung der „Bonner Eingeweidekasten“ (Siffert 2015). Schließlich gibt es das technologiehistorisch einmalige Konvolut einer Gusswerkstatt, ebenfalls von der Qubbet el-Hawa (Fitzenreiter / Willer /Auenmüller 2016).

13 Regner 1995; Stünckel in Vorb.

14 Piecke 2007, 15, 62, 69.

15 Regner 1996; Regner 1998; Kuhn in Vorb.

16 Höveler-Müller 2010.a. Weitere Relieffragmente aus DOG-Grabungen fielen dem Krieg zum Opfer.

Eine weitere Gruppe, und für den spezifischen Charakter der Bonner Sammlung fraglos die wichtigsten Bestände, sind Stücke, die aus der Fundteilung der archäologischen Arbeiten von 1959 bis 1984 an der Qubbet el-Hawa stammen. Sie zählen zur Kategorie der Grabungsfunde, hier mit der Besonderheit, dass sie den gesamten Anteil des Ausgräbers Elmar Edel umfassen und dass die vorhandene Grabungsdokumentation ebenfalls in Bonn verwahrt wird. Auch diese Kollektion spiegelt natürlich Präferenzen, d.h. sie umfasst insbesondere in frühhieratischer Kursive beschriftete Töpfe und einige ansehnliche Fragmente von spätzeitlichen Bestattungsinventaren (Mumienmasken, Perlenschmuck, eine Ptah-Sokar-Osiris-Figur etc.), wartet aber zudem mit einer großen Menge an Proben von Pflanzenresten und anderen Stoffen und nicht zuletzt den Überresten einer Bronzegusswerkstatt auf.[17]

Die dritte Gruppe schließlich sind Stiftungen und Leihgaben, die in jüngerer Zeit (ab ca. 1990) in die Sammlung gelangt sind. Als von nichtinstitutionellen Akteuren zusammengetragene Kollektionen präsentieren sie wieder einen ganz eigenen Aspekt des Umganges mit Objekten bzw. des Zusammenwirkens von Dingen und Menschen. Die wichtigste dieser nichtinstitutionellen Sammlungen stellte fraglos die erwähnte, zum Zeitpunkt meiner Übernahme der Kuratur abgezogene Kollektion „Privatbesitz Hamburg" dar, die in den ersten zehn Jahren des Bestehens eine wichtige, für die Etablierung als Museum wohl sogar entscheidende Rolle gespielt hatte.[18] Da diese aber nicht mehr zum Bestand zählt, konnte sie in der Neukonzeption nur durch die „Leerstellenfunktion" noch *agency* entfalten – durch den Druck, Fehlendes zu ersetzen oder den Zwang, entsprechende Aspekte in der Präsentation nicht darzustellen. In gewissem Sinne ist der besondere Dingebestand einer solchen großen, nichtinstitutionellen Sammlung aber kompensiert durch den ebenfalls umfangreichen Bestand der ehemaligen Privatsammlung Schwalm, die als Dauerleihgabe der Stadt Grevenbroich in Bonn verwahrt wird.[19] Daneben gibt es eine Reihe weiterer Privatsammlungen, die z.T. hochinteressante Objekte mit ebensolchen Sammlungsstrategien verbinden. Die Kollektionen aus den Stiftungen Trude Schelling-Karrer, Christa-Maria Rosch, Annemarie Müller-Feldmann, Ursula und Karl-Heinz Preuß, Ingrid Gahl-Schoeller und anderen weisen im Dingebestand einerseits charakteristische Gemeinsamkeiten auf, andererseits bezeugen Genese und Auswahl jeweils sehr spezifische Interaktionen von Ding und Mensch – worauf noch einzugehen sein wird.[20]

5.

Die zweite Prämisse hinter der Neukonzeption war, neben den Dingen auch die Gruppe der Rezipienten als Akteure wahrzunehmen, die als an einem „Ägyptischen Museum" überhaupt interessiert beschrieben werden können.

Offensichtlich war, dass die Vorgängerkonzeption vor allem auf die Vermittlung eines „kulturhistorischen Überblicks" über die pharaonische Kultur fokussierte. Dieser Überblick richtete sich an ein Publikum „interessierter Laien", die aus einer Gemengelage von Bildungs- und Zerstreuungsbedürfnissen heraus vom Stichwort „Museum" angezogen werden. Auch das in den letzten zehn Jahren aufgebaute, intensive und erfolgreiche museumspädagogische Programm zielte auf dieses Publikum, unter dem Kinder eine zentrale Stellung einnehmen. Dazu kommen am pharaonischen Ägypten besonders interessierte Personen, die u.a. den Förderverein des Museums präsentieren und ebenfalls durch Vortragsveranstaltungen und Exkursionen zusätzliche Angebote erhalten. Schließlich sollte das Angebot auch Gelegenheitsbesucher, also vor allem Touristen anziehen. Die genannten Kreise sind nicht nur wichtig, weil durch sie die Existenz eines „Ägyptischen Museums (der Universität) Bonn" überhaupt gerechtfertigt wird, sondern weil sie durch Eintritt und andere Gebühren die Arbeitsfähigkeit der Sammlungsinstitution in erheblichem Maße möglich machen.[21]

---

17 Edel 1971–1980; Edel / Seyfried / Vieler 2008; Höveler-Müller 2006; Morenz / Höveler-Müller / El Hawary 2011; Fitzenreiter / Loeben / Raue / Wallenstein 2014; Fitzenreiter / Willer / Auenmüller 2016.

18 Die hochinteressante Geschichte dieser bedeutenden Sammlung und ihre Rolle, die sie bei der Begründung des Museums und in den ersten zehn Jahren seines Bestehens gespielt hat sowie die damit zusammenhängenden Akteursverflechtungen sollen – auch aus rechtlichen Gründen – nicht Gegenstand dieses Beitrages sein.

19 Fitzenreiter 2014.a.; Dorn 2016.

20 Konert / Morenz / Weil 2014; Siffert, 2014; Fitzenreiter 2013.

21 Im Vergleich mit öffentlichen, mit dem Fokus auf museale Präsentation und Nutzung aufgebauten Sammlungen sind universitäre Studiensammlungen finanziell in der Regel prekär aufgestellt. Feste Finanzierungen sind selten und es gehört viel Phantasie der KuratorInnen dazu, Mittel für Realisierung von Öffnungszeiten, konservatorische Maßnahmen

Weitaus weniger stand in der Altkonzeption der Präsentation die zweite Akteursgruppe im Vordergrund, die hier als „Wissenschaftler“ charakterisiert sein soll. Dass die Sammlung ganz klassisch als eine Studiensammlung oder wissenschaftlicher Apparat aufgebaut wurde, blieb unterbelichtet. Zudem waren der größere Teil der vorhandenen Stücke, darunter gerade die „eigenen“ Bestände der Universität, zugunsten der „Privatsammlung Hamburg“ magaziniert und aus Platzgründen nur bedingt zugänglich. Demgegenüber sollte in der Neukonzeption dieser Charakter als Studiensammlung, schon aufgrund der nun auf ein Minimum reduzierten Zahl an „Schaustücken“, in den Vordergrund rücken. Es sollte auch die Einbindung der Objekte in Lehre und Forschung forciert werden, u.a. durch die Abhaltung regelmäßiger Lehrveranstaltungen im Museum, die regelmäßige Vergabe von Praktika u.ä.

Eine dritte Akteursgruppe hatte bereits bei der Entstehung des „Ägyptischen Museums Bonn“ seit den 1990er Jahren eine sehr wichtige Rolle gespielt, trat in der Konzeption aber nur in einer traditionellen Rolle als „Förderer“ auf. Gemeint sind die „Sammler“, die als nichtinstitutionalisierte Akteure durch die in ihrer Verfügung befindlichen Dinge an der Konstituierung des Museums und seiner Botschaften entscheidend mitwirken. Wie angedeutet, war das „Ägyptische Museum Bonn“ einige Zeit lang geradezu der *showroom* eines solchen nichtinstitutionalisierten Akteurs aus Hamburg, der damit durchaus eigene, auch kommerzielle Interessen verfolgte. Dass die so den idealtypischen „Wissenschaftlern“ als „involvierte Laien“ gegenüberstehenden Personen erheblichen Einfluss auf Konzeption und Gestaltung des Museums nahmen und nehmen, ist nur verständlich. In der Neukonzeption sollte nun diese besondere Rolle der Sammler nicht mehr in der bis dato praktizierten Weise heruntergespielt oder sogar verheimlicht sein. Vielmehr sollte die große Bedeutung solcher Akteure auch in der Präsentation herausgestellt werden. Womit auch gemeint ist, sich der Ambivalenz des Zusammenwirkens von Sammler, Mäzen, Markt und Wissenschaftler zu stellen.[22]

Abb. 1: Innenansicht des Ägyptischen Museums der Universität Bonn (21.08.14); rechts das „Kulturhistorische Panorama“, links die „Studiensammlung“, im Zentrum die Sonderausstellung „Tierdarstellungen aus der Sammlung Preuß“. Das „Kabinett des Sammelns“ befindet sich hinten rechts (Ägyptisches Museum der Universität Bonn).

6.

Mit der letzten Bemerkung ist bereits ausgedrückt, dass die Neukonzeption durchaus auch zum Ziel hat, Spannungen aufzubauen. Spannungen zwischen dem Dingebestand der Sammlung und dem Bild vom „Alten Ägypten“,

und Sonderpräsentationen zusammenzubringen. Siehe hierzu am Beispiel des Ägyptischen Museums der Universität Bonn: Höveler-Müller 2013.

22 Flaschar 2013.

das mit ihnen entworfen wird. Spannungen auch zwischen den Interessen der verschiedenen Nutzer- oder Akteursgruppen und den Eigeninteressen des Kurators. So ergab sich, zuletzt bestimmt von viel Pragmatik gegenüber dem tatsächlich Machbaren, folgende Grundkonzeption (Abb. 1):

Die weiterhin als „Ägyptisches Museum" bezeichnete Kollektion, wird eindeutig als universitär, als „Ägyptisches Museum der Universität Bonn" dargestellt. Sie bedient den Bildungs- und Zestreuungsauftrag gegenüber den „interessierten Laien" durch eine erste, weitgehend die Meistererzählung der Ägyptologie reproduzierenden Abteilung, die als das „(Kulturhistorische) Panorama" firmiert. Hier wird an der Konzeption festgehalten, mit ausgewählten Objekten Themenvitrinen zu bestücken. Bei deren inhaltlichen Setzungen wird davon ausgegangen, dass sie ein gewisses Bild der pharaonischen kulturellen Matrix liefern. Dieser Bereich ist bewusst etwas textlastig angelegt. Das trägt dem Umstand Rechnung, dass die Objekte ja tatsächlich als Illustrationen einer Meistererzählung vom Alten Ägypten dienen. In diesem Fall kann auch ein Vorteil des sehr kleinen Museums ausgespielt werden: Die Erfahrung lehrt, dass Besucher nach einem Blick auf den durchaus beschränkten Umfang der Sammlung eher bereit sind, auch längere Beschriftungen zu lesen, als wenn sie in der nun einmal idealtypisch für einen Museumsbesuch vorgesehenen knappen Stunde noch zwölf Säle zu durchmessen haben. Durch QR-Codes an den Vitrinen wird zudem der Zugriff auf weitere Daten zu den einzelnen Stücken ermöglicht. Indem man diese Daten dynamisch mit Ergebnissen der (meist studentischen) Forschung verknüpft, soll die Spezifik eines Universitätmuseums deutlich werden.

Als zweite Zielgruppe soll die der „Wissenschaftler" in der neuen Konzeption weitestgehend mit dem Gesamtbestand der Sammlung konfrontiert werden. Dass das nur unter der Aufgabe des Auswahlverfahrens zu realisieren ist, versteht sich. Aus diesem Grunde wurde auch der Vitrinenbestand verändert und durch bis dato im Keller verwahrte Sammlungsschränke ergänzt. In der so ausgebauten Abteilung „Studiensammlung" werden die Bestände nach Objektgruppen versammelt. Eine besondere Abteilung ist den Funden von der Qubbet el-Hawa gewidmet, in der Befunde eines funerären Platzes durch die kulturellen Epochen hindurch vom Alten Reich bis zur Spätzeit gezeigt werden. So wird parallel zur interpretatorischen Meistererzählung der zweite, der klassifikatorische Blick des Archäologen illustriert (und der Gesamtbestand in einer in der Forschung gebräuchlichen Ordnung präsentiert, nach Objektgruppe, Fundort, Zeitstufe...).

Die vordere, den Besuchern beim Betreten zuerst in den Blick geratende Vitrinenreihe der „Studiensammlung" wird zudem fallweise für Sonderausstellungen genutzt. Ursprünglich war dafür ein hinterer Bereich vorgesehen. Doch erwies sich das als ungünstig, da so der Besucher zu wenig attrahiert wird. Und leider drehen immer noch viele Besucher am Eingang um, wenn sie mit den bescheidenen Dimensionen des „Ägyptischen Museums Bonn" konfrontiert werden. Zum Sonderausstellungsbereich zählen auch der Flur, der für Bild- und Posterpräsentationen genutzt wird und eine Großvitrine direkt dem Kassen- / Aufsichtstisch gegenüber. Dieser Bereich wird außerhalb von etwas größer konzipierten Sonderausstellungen dazu genutzt, die Ägyptologie als Wissenschaft zu thematisieren. Insbesondere sollen neuere Forschungen der Abteilung Ägyptologie hier kurzfristig präsentiert werden.[23]

Als dritten Bereich schließlich gibt es die vielleicht etwas kunsthandwerklich als „Kabinett des Sammelns" bezeichnete Abteilung. Dennoch ist sie mir persönlich die liebste und die wichtigste. Denn hier wird ein Zugriff auf das alte Ägypten thematisiert, der in der Realität der Ägyptenkunde von höchster Bedeutung ist, in der Reflektion aber bisher unterbelichtet blieb. Gezeigt werden Stiftungen und Leihgaben aus Privatbesitz, und zwar möglichst in ihrem originären Sammlungszusammenhang. Dieser Zusammenhang wird als ein „Nutzungshorizont" der Dinge interpretiert und die Art der Erfassung und Präsentation als ein „Befundzusammenhang". Natürlich ist dieser sogenannte Zusammenhang das Resultat einer arbiträren Auswahl. Aber genau darum geht es: Es soll demonstriert werden, wie stark jede Kommunikation mit altägyptischen Dingen durch Kontingenzen des Möglichen und die Serendipität des Unerwarteten bedingt ist. Daher ist dieser Bereich auch als bewusste Korrespondenz zum „kulturhistorischen Panorama" angelegt. Denn: Jede Privatsammlung spiegelt die Interessen des Sammlers; so, wie eine wissenschaftlich kuratierte Sammlung die des Wissenschaftlers spiegelt. Beide folgen einer bestimmten Meistererzählung und jede Sammlung ist den Dingen und ihrer Bereitschaft zu kommunizieren

23 Sonderausstellungen bilden im rezenten Museumsbetrieb das Rückgrat musealer Arbeit, werden doch nur durch sie größere Besuchergruppen noch angezogen (siehe die Erhebungen, die in den „Materialien aus dem Institut für Museumsforschung" jährlich herausgegeben werden). Das Thema soll in diesem Beitrag, der sich der Grundkonzeption eines Universitätsmuseums widmet, aber ausgeklammert bleiben.

unterworfen. Dinge, die sich nicht in eine Sammlung verbringen lassen, verweigern die Kommunikation. Ihr Fehlen wird aber in der Sammlung gar nicht wahrgenommen, sie wird überspielt. Jede Privatsammlung, auch die allerkleinste, ist so ein Spiegel- oder Zerrbild auch der großen westeuropäischen Kollektionen pharaonischer Dinge; jede Privatsammlung erzeugt aber auch ihre Version vom „Alten Ägypten“. Im „Kabinett des Sammelns“ soll nicht die ägyptologische Meistererzählung reproduziert werden, sondern es sollen die vielen kleinen Geschichten erzählt werden. Geschichten der Aneignung.

II. Laboratorium der Aneignung

1.

Als Leitbild für diese Neukonzeption wurde ausgegeben: „Das Museum als Laboratorium der Aneignung“. Damit sollte auch eine Antwort auf die Eingangsfrage formuliert sein, was ein Universitätsmuseum eigentlich ist. Und es sind zwei Begriffe gefallen, die für die Idee eines Universitätsmuseums von Interesse sein können, aber auch für die Archäologie – und hier spezifisch: die Ägyptologie – als eine universitäre Wissenschaft: „Laboratorium“ und „Aneignung“.

Aneignung – *appropriation* – stellt m.E. einen zentralen Begriff in der Reflektion über das dar, was Archäologie eigentlich ist. Aneignung im weiten, sozusagen philosophischen Sinne meint den Vorgang der bewussten Auseinandersetzung; Aneignung ist das Wesen jeder Praxis. Erst durch die Aneignung auf konzeptueller Basis, durch die „Ansprache“, wird ein Phänomen etwas Erfassbares; erst durch Aneignung auch auf ganz dinglicher Ebene können wir als Menschen den Stoffwechsel mit dem uns Umgebenden gestalten. Denken und (An-/Er-)Fassen gehören unmittelbar zusammen.[24]

Der Begriff muss hier nicht weiter erschöpft werden. Wesentlich ist nur, diesen einen Gedankenschritt mitzugehen: Die Beschäftigung mit den Hinterlassenschaften antiker – hier: pharaonischer – Zeit ist ein Aneignungsprozess. Und in diesem Aneignungsprozess, eigentlich sogar *mittels* dieses Aneignungsprozesses wird das erst erschaffen, was wir als „das Alte Ägypten“ konzeptualisieren. Ohne diese Aneignung gibt es „das Alte Ägypten“ schlicht nicht. Erst indem wir Befunde als „altägyptisch“ konzeptualisieren, erhält diese Idee des „Altägyptischen“ eine gewisse Substanz; nur indem wir Dinge, die wir als „altägyptisch“ ansprechen, in Sinnzusammenhänge stellen, wird eine „altägyptische Kultur“ erfass- und erlebbar.

Es ist keineswegs verfehlt, diese *unsere* Aneignung mit Edward Said als Orientalismus, als luftige Imagination ebenso zu erfassen wie als brutale Vereinnahmung.[25] Aneignung ist Inbesitznahme. Jede Sammlung, gerade solche von nicht dem Standort entsprungenen, also „fremden“ Dingen, sprich: Jedes Ägyptische Museum außerhalb Ägyptens beweist das.

Im Fall von Objekten – und hier werden die Dinge tatsächlich zu Objekten gemacht – heißt Aneignung: Erhebung des Besitzanspruches. Im Fall der Kulturwissenschaft heißt Aneignung: Proklamation der Deutungshoheit. Beides steht in einem engen Zusammenhang. Deutungshoheit über ein Konzept zu erlangen – die richtige These vom Wert einer Hochkultur, die Definition von kulturellem Erbe etc. – legitimiert auch den Zugriff auf die damit assoziierten Dinge (und Menschen). So wird „Weltkulturerbe“ proklamiert und unter Verfügung von Experten gestellt; so werden Besitztitel auf Museumsstücke geltend gemacht, deren Inbesitznahme man als „Pflege des kulturellen Erbes“ besingt. Spätestens, wenn es um Urheberrechte geht, wird auf diese Melodie aber gern verzichtet.[26]

Jedoch sind solche Ansprüche immer auch umstritten. Aneignung ist harte Arbeit, etwas, das stets erneuert werden muss: „Was du ererbt von deinen Vätern hast, erwirb es, um es zu besitzen“ (Goethe Faust; Teil I, Nacht).

24 Siehe den Klassiker dieser erkenntnistheoretischen Prämisse: Engels 1962.

25 Said 1978.

26 Siehe z.B. zur beschämenden Praxis bei der Vergabe von Abbildungsrechten und dem dabei dreist ausgetragenen Anspruch auf Deutungshoheit durch eigentlich der Öffentlichkeit verpflichtete Sammlungen: Bielstein 2006. Das Thema lässt sich von der gewinnorientierten Regulierung des Zugangs zu musealen Dingen über die als Investition verstandene Verleihpraxis bis zum Feilschen um Forschungslizenzen auf antikem Boden erweitern. Dies gesagt, ist mir die Ambivalenz der eigenen Position natürlich bewusst: einerseits solches Verhalten zu geißeln, andererseits um die Notwendigkeit der Beschaffung finanzieller Mittel zu wissen; siehe Anm. 21. Es ist aber genau dieser Schritt der Selbstbefragung, der der Archäologie nottut.

Was angeeignet wurde, muss man beständig verteidigen; darin liegt der Reiz wissenschaftlicher Debatten begründet und die Gereiztheit der Debattierenden.[27]

Aber wie funktioniert diese Aneignung? Genau das zu ergründen bzw. überhaupt erst einmal zu thematisieren, das ist m.E. die Aufgabe eines Universitätsmuseums. Die Meistererzählung zu verbreiten übernehmen diverse andere Medien. Sie als einen Aneignungsprozess dekonstruieren, das kann ein Universitätsmuseum.[28]

2.

Diese Dekonstruktion kann aber kein rein akademischer Vorgang sein, sondern bedarf der Feldforschung, und zwar der Feldforschung am Ort der Aneignung. Und genau dieser Ort ist, nicht zuletzt und durch seinen besonderen als *authentisch* erlebten Dingebestand sogar privilegiert: das Museum.[29] Um nun als Instrument der Feldforschung zu dienen, wird das Museum als „Laboratorium" verstanden.[30] Durch die oben beschriebene Diversität der Ausstellungsbereiche bzw. Versuchsanordnungen kann getestet werden, wie Akteure reagieren – und zwar *Menschen* ebenso wie *Dinge*.

Um mit den Dingen zu beginnen: Letztendlich sind es dieselben bzw. vergleichbare Gegenstände, die in den drei idealtypischen Abteilungen des Museums der Kommunikation harren. Und doch können sie sich je nach dem inszenierten Kommunikationszusammenhang in verschiedene Dinge verwandeln. Was eben noch im „Kulturhistorischen Panorama" als „Uschebti" die Meistererzählung vom pharaonischen Jenseitsglauben illustrierte, ist nun in der „Studiensammlung" Teil einer materiellen Serie und schließlich im „Kabinett des Sammelns" Kristallisationspunkt einer esoterisch gefärbten Ägyptensuche, ein „Erinnerungsort" voller Erlebnispotenzen (Abb. 2). Womit aber nur die Wahrnehmungen oder Intentionen des Kurators beschrieben sind: Der Aufbau als Laboratorium bezieht neben der Gelegenheit, die Reaktionen von anderen Rezipientengruppen und deren Aneignungsstrategien zu beobachten (dazu gleich), die Auto-Supervision der jeweiligen Architektin des Versuchsaufbaus mit ein.

Abb. 2: Uschebtis in den drei Abteilungen: a) als Teil der Vitrine „Totenausstattung" im „Kulturhistorischen Panorama"; b) als Teil der Vitrine „funeräre Objekte" in der „Studiensammlung"; c) als Teil der Sammlung Gahl-Schoeller im „Kabinett des Sammelns" (Ägyptisches Museum der Universität Bonn).

Beginnt man den Fokus auf das Laboratorium zu setzen, tritt die Inszenierung einer *bestimmten* Botschaft mehr und mehr in den Hintergrund. Interessant wird zu sehen, welche Botschaft Dinge in einer bestimmten Konzeption generieren – und wie sich durch kleinere Manipulationen die Botschaft verändert.[31] Im Zuge solcher beständigen,

27 Wie in der Endlosdebatte um „die" Nofretete ...; siehe hierzu auch in diesem Band „Nofretete und die allgemeine Verwirrung"

28 Es muss angemerkt werden, dass sich natürlich auch andere Museen dieser Aufgabe stellen. Insbesondere die offensiv unter ihrer Vorgeschichte leidenden Völkerkundemuseen gehen reflektierende Wege bei der Thematisierung ihrer Bestände (Kraus / Noack 2015).

29 Fitzenreiter 2014.b; Groschwitz 2017.

30 Der Begriff des „Laboratoriums" wie auch die dahinterliegende Vorstellung der Interaktion und Verknüpfung von menschlichen und dinglichen Akteuren ist der Methodik der Akteur-Netzwerk-Theorie verpflichtet, siehe: Latour 2010.

31 Dass im Folgenden die Agenten in der femininen Form bestimmt werden, kann heute – am 11.08.2014 – noch als eine solche Manipulation, als eine Reizsetzung in der Laborsituation angesehen werden, durch die die Leserin im Sinne der Selbstkontrolle in den Versuch einbezogen wird. Ob dieser Reiz nach Erscheinen des Aufsatzes noch wahrgenommen und somit verstanden (und wie?) wird, wird sich zeigen.

schrittweisen Manipulationen wird aus der *Ausstellung* ein *Versuchsaufbau*. Damit wird schließlich auch der Dingebestand der Sammlung zu einem Akteur, der je nach Vernetzung entweder bestimmte Ansichten reproduziert oder eben auch konterkariert.

3.

Bis hier ist dieser Versuchsaufbau noch ohne Menschen. Die spielen aber im Laboratorium eine ganz besondere Rolle, denn es ist ja als Museum, also als „zugänglicher Ort der Aneignung", konzipiert. Wobei den Akteuren gemeinhin nicht bewusst ist, dass sie die Versuchskaninchen sind. Aber es ist schon spannend zu sehen, wie sich verschiedene Akteure in so einem Laboratorium bewegen: Es gibt die Touristin, die nach Schaustücken Ausschau hält; es gibt die Wissenschaftlerin, den nur eine bestimmte Objektgruppe interessiert (Keramik vs. Texte) oder auch nur der Katalog; es gibt die Sammlerin / Stifterin / Mäzenin, die nur die eigenen Stücke sieht und darüber wacht, dass sie ihrer Stiftungsstrategie entsprechend inszeniert werden usw. usf. Erstaunlich unbefangen agieren auf den ersten Blick Kinder, aber auch diese sind schon mit Mustern der Aneignung vollgesogen. Doch auch diese Konditionierung ist interessant. Gerade in der Spannung zwischen kollektiver Determinierung und individueller Auseinandersetzung liegt die Potenz der Aneignung; an Kindern lässt sich der „spielerische", prinzipiell offene Charakter solcher Prozesse leicht beobachten – und wie es gerade Kinder sind, die durch ihr noch weit offeneres Fragen auch ihre Eltern zu intensiver Aneignung (d.h. Fragestellung) anregen: Erwachsene, die mit Kindern das Ägyptische Museum der Universität Bonn besuchen, verweilen meist doppelt solange, wie es Erwachsene ohne Kinder tun.

Nimmt man als Moderator des Labors die Chance wahr, die Reaktionen der Akteure zu beobachten, so ergibt sich zudem auch die Gelegenheit, die eigene Position – die des auf Deutungshoheit versessenen Wissenschaftlers – im Konzert der Aneignungsprozesse einzuschätzen: Sie ist nämlich relativ unbedeutend. Selbst unter den FachgenossInnen sind in kleinen Fächern wie der Ägyptologie die eigenen Themen immer marginal und gewöhnlich nur für einen winzigen Kreis von Interesse. Wie randständig die Position der Fachwissenschaft aber ist, wird verblüffend offenbar, wenn man die Aneignungsvorgänge rund um sich herum beobachtet: Da gibt es die vorgebildeten Mainstreamer (vor allem von der Presse), die ein europäides Ägyptenbild reproduzieren und dem Forscher kaum lange zuhören mögen – nicht aus Dummheit, sondern weil die Detailfragen der Ägyptologen für sie irrelevant sind. Da sind Erwachsene und vor allem auch Kinder, die mit den Dingen Altägyptens über Fragen ihres Lebens kommunizieren: über den Tod, über menschliche Größe und Vergänglichkeit und darüber, wie man durch Spielen dem Unerträglichen der Zeit entkommt; die wirklich wichtigen Fragen also, denen gegenüber sich die Ägyptologie nach der „Krise der Geisteswissenschaften" gern in Abstinenz übt. Schließlich wieder die Sammler und Stifter, die meist sehr schonend und höflich mit den Fachleuten umgehen, deren Meinung sie schon interessiert – soweit sie ihr Bild von Ägypten und ihren Stücken nicht stört. Stören die Fachleute dieses Bild aber doch, dann gehen sie halt zu einem anderen Kurator; das Angebot, die Objekte irgendwann in die Sammlung zu stiften, macht jeden weich. Womit wir auch die Kuratoren haben, die ganz im kapitalistischen Sinne bei genügend Profit (d.h. Ausbeute) oft bereit sind, jedes Verbrechen zu begehen oder zu tolerieren. Vor allem aber: Es wird deutlich, wie sehr die wissenschaftliche Ägyptologie ein Nebenschauplatz der Ägypten-Beschäftigung ist.

Was aber nicht bedeutet, dass Ägyptologie und Ägyptologen randständige Teilnehmer am Diskurs sein müssen. Bei der Präsentation des von Dr. Miklos Muranyi dem Bonner Museum als Leihgabe zur Verfügung gestellten Kopfes der Mumie eines unbekannten Menschen war in der Diskussion mit den Philosophen Thomas Ebers und Jürgen Wiebicke die Ägyptologie durchaus auch ein Thema – aber eben eingebettet in ein sehr viel weiteres Themenspektrum als das der reinen Fachlichkeit. Die Ägyptologie konnte Rahmeninformationen bereitstellen und ein persönliches Bild entwerfen, das dann in den Chor der Diskussion über Tod, Leben, Anthropologie und Ethik einging.[32]

32 Die auf WDR 5 im „Philosophischen Salon" ausgestrahlte Veranstaltung konnte als Podcast nachgehört werden: <http://www.ardmediathek.de/wdr-5/das-philosophische-radio?documentId=20467340> (Zugriff: 11.08.14), leider ist der Link inzwischen inaktiv. Siehe aber: <https://www.youtube.com/watch?v=ha9StVdPG7E> und Fitzenreiter 2015.

4.

Wiewohl das Museum seit seiner Entstehung als ein solches Laboratorium von Aneignungsprozessen funktioniert,[33] werden dessen Potenzen als Beobachtungsinstrument dieser Prozesse noch selten genutzt. Allgemein wird als Versuch in einem Museum gewertet, wenn man die Reaktionen auf eine vorgegebene Inszenierung auswertet. Die Rezipienten und Dinge selbst als Akteure zu sehen, die aus der Interaktion eigene Emergenzen schlagen, wird zwar häufig proklamiert, kommt aber selten über das Stadium moderierter Kinderspiele heraus. Spätestens, wenn Esoteriker ihre Eindrücke schildern, fällt meist die Klappe. Nichts fürchten KuratorInnen mehr, als *when ritual fails* – wenn am Ende gar Fundamentalisten, Rassisten, Sexisten und ähnlich unerwünschte Akteure ihre Aneignung von Dingen im Museum zelebrieren.

Den Eigensinn oder die Widerständlichkeit der Dinge selbst anzusetzen, ist schon aus dem Selbstverständnis vom Museum als moralische Anstalt problematisch; gemeinhin soll ein Museum Antworten parat haben und diese Antwort soll in den Dingen liegen, die „echt", d.h. authentisch und unmittelbar sind. Wenig populär ist die Idee, dass der Historiker sein Veto gegen die Übermacht der Quellen einlegt, sie gar vor allem als trügerisch ansieht.[34] Aber wie soll man sich anders der Macht der Dingeassemblagen erwehren, die auf uns gekommen sind und in den Sammlungen lauern? Derartiges Misstrauen wird spätestens dann akut, wenn wie im Fall des pharaonischen Ägypten die omnipräsenten funerären Objekte eine ganze Kulturgeschichte erzählen wollen. So kommt es zum Zerrbild vom pharaonischen Ägypten als einer Kultur des Todes.

Kurz: Mit dem Museum betreten wir nicht ganz ungefährliche Dingewelten und im Museum begegnen wir Menschen, die mit diesen Dingen in oft fremdartiger Weise kommunizieren. Dies beides zu reflektieren, ist die Potenz eines „Laboratoriums der Aneignung". Und wie das in Laboratorien so ist: Hier geht es weniger darum, Bekanntes im Versuch nachzuvollziehen (was durchaus auch sinnvoll ist), als mehr darum, Unerwartetes und Zukünftiges zu erfahren.

III. Postägyptologie und ihre Handlungsräume

1.

Zukünftiges erfahren zu wollen, erscheint für eine historische Wissenschaft wie die Ägyptologie paradox. Mit dem Rekurs auf diese ambivalenten Potenzen der Aneignung möchte ich daher nun das letzte Stichwort des langen Titels bearbeiten. Wobei die Ausgangsfrage dieselbe bleiben soll: Was ist ein Universitätsmuseum? Bis hier habe ich vorgeschlagen, es als ein Laboratorium der Aneignung zu verstehen. Womit natürlich in unserem speziellen Fall die Aneignung des Alten bzw. des pharaonischen Ägypten gemeint ist.

Was aber ist dieses Alte bzw. pharaonische Ägypten konkret? Wenn jetzt formuliert wird, dass es eine aus der Kommunikation mit dem uns zugänglichen Dingebestand resultierende Konstruktion ist, so ist diese Aussage wenig originell und sowohl oben als auch in den letzten Dekaden in dieser oder jener Form formuliert worden.[35] Was vielleicht weniger häufig formuliert bleibt, ist, dass diese Konstruktion nicht etwa die Rekonstruktion historischer Zusammenhänge ist, sondern ein Konstrukt des, im und *für* das Jetzt. Wenn diese Einsicht formuliert wird, dann gewöhnlich mit dem bedauernden Unterton, dass jede Forschung eben an den Zeitgeist gebunden ist. Doch sehe ich gerade in dieser Bindung an den Zeitgeist den Sinn und die Aufgabe, wenn nicht der Ägyptologie als Wissenschaft überhaupt, so doch der Ägyptologie des 21. Jahrhunderts.

2.

Umgekehrt gefragt: Was kann Ägyptologie heute eigentlich (noch) sein? Schauen wir uns an, was wir lehren, womit wir uns beschäftigen, was wir ausstellen, so darf festgehalten sein: Das alte Ägypten ist in seiner Befundlichkeit im großen Umriss erschlossen. Die großen Ausgrabungen sind getätigt; wir sieben oft genug den Schutt der Vorgänger. Die großen Texte sind bekannt; wir stückeln die noch vorhandenen Fetzen. Die Sprache ist verständlich; wir streiten um Nuancen. In jedem Fall bestätigen Ausnahmen die Regel: Es wird am Bekannten und

---

33 Siehe Pomian 1988 und dessen Bestimmung des Museums und seiner Objekte als Bedeutungsträger (Semiophore).

34 Wenn der Historismus vom „Vetorecht der Quellen" (Reinhard Koselleck) spricht, so kann man durchaus auch die methodisch begründete Aufgabe des Historikers proklamieren, den „Quellen" zu widersprechen (Jordan 2010).

35 Siehe die bei „inventing egypt" in der Internetsuche aufscheinende Literatur.

auf dessen Grundlage fortgeforscht; sensationell Neues bringen nur die fernen Randzonen des Niltals oder die Randepochen der pharaonischen kulturellen Matrix. Die Ägyptologie aber, als die Wissenschaft, die in einem schon beinahe peinlich plakativen Akkord mit der militärischen Eroberung des unteren Niltals begann und das Land dem Erkenntnisdrang westlicher Akteure enthüllen sollte, ist Geschichte (Abb. 3).[36]

Doch die gute Nachricht ist: Es beginnt die eigentlich spannende Zeit: die *Post-Ägyptologie*. Eine Ägyptologie, die keine tote Kultur, tote Sprache und tote Menschen erforscht, sondern eine Ägyptologie, die das wirkliche „Alte Ägypten" erforscht, das, welches heute lebt, existiert und das wir und andere leben. Postägyptologie ist Zeitgeschichte.[37]

Abb. 3: Das Selbstbild der Ägyptologie im langen 19. Jahrhundert: Enthüllung und Inbesitznahme, Medaille auf die Publikation der Description de l'Ègypte, 1826 (Ägyptisches Museum der Universität Bonn).

3.

Wie kann das gemeint sein: Die Erforschung einer vergangenen Kultur als Zeitgeschichte? Das Alte Ägypten, oder kurz, weil es ja weder *alt* noch *Ägypten* wirklich ist: „Aegypten",[38] diese Sinnkonstruktion aus den Fragmenten jener alten Kultur am Nil ist, so wurde bereits postuliert, Ergebnis eines Aneignungsprozesses. Und wie die Laborversuche zeigen: Solche Aneignungsprozesse laufen je nach Konstellation und Determinierung der Akteursnetzwerke verschieden ab. D.h. aber auch, es entstehen verschiedene „Aegypten". Und: Sie entstehen genau Hier und Jetzt. *Hier*: Das meint den konkreten Ort der Aneignung: die Sammlung oder das Museum. Das Hier kann auch das rezente Niltal sein, doch dieses bleibt, Massentourismus und Globalisierung hin oder her, ein Privileg, ein Sonderfall. Aegypten – das ist das konkrete Laboratorium. *Jetzt*: Das ist der Moment, in dem und für den das jeweilige Aegypten per Aneignung konzeptualisiert wird. Ein immer konkretes Aegypten, das mit einer historischen Kultur am Niltal nur bedingt zu tun haben muss. Sehr viel von diesem Aegypten wird mit Inventar unserer Zeit möbliert sein. Spätestens wenn wir reflektieren, dass in einem Museum die Kopien, Nachahmungen und sogar Fälschungen ebenso interessant und wichtig sind wie die Originale, wissen wir das. Denn im Grunde ist jedes Museum nichts anderes, als eine großangelegte Nachahmung (oder ein großer Schwindel).[39]

---

36 Das darf man auch mit Bezug auf ihre eigene Geschichtsschreibung vermuten: Bereits Hornung 1967, 10 stellte fest, dass das „Goldene Zeitalter" des Faches wohl die Jahre 1880 bis 1914 gewesen seien (siehe auch: Gertzen 2013). Wenn die goldenen Zeiten einhundert Jahre zurückliegen, dann ist es wohl wirklich an der Zeit für Neues...

37 Siehe hierzu bereits: Loprieno 2003.

38 Die gezierte Schreibung „Aegypten" sei hier genutzt, um deutlich zu machen, dass es sich um eine Sinnkonstruktion handelt, die von einem wie auch immer gearteten „Ägypten" unserer Tage zu unterscheiden ist (siehe Hornung 1999, der damit vor allem die „ägyptosophische" Spielart meint, aber viele weitere Facetten wie auch das „politische" Ägypten (op.cit. 198) anspricht). Aegypten und Ägypten haben (nur) bedingt miteinander zu tun; man könnte das recht komplizierte Verhältnis auch als eine *differánce* nach Jacques Derrida beschreiben, und mit seiner von Heidegger übernommenen Schreibweise schriftlich so darstellen: ~~Ägypten~~ (Derrida 1974, 43). Aber das macht es auch nicht leichter.

39 Fitzenreiter 2014.c.

Mit den verschiedenen Aegypten sind jetzt aber nicht nur die verschiedenen Aegypten etwa von Ägyptologen und Esoterikern gemeint. Diese Verschiedenheit betrifft zuerst und vor allem die verschiedenen Aegypten der Fachwissenschaftler, ganz besonders die verschiedenen Aegypten der westlichen Ägyptologen und der ägyptischen Ägyptologen. Wenn man dieses behauptet, dann regt sich Widerspruch, denn das historische Ägypten, dem sich die Fachwissenschaft in ihrem Selbstverständnis als „rekonstruierende Kulturwissenschaft" widmet, kann doch nur eines sein. Aber diesem holistischen wie essentialistischen Selbstbild kann man als Postägyptologe gelassen gegenübertreten. Denn es gibt dieses verschiedene Aegypten in der Fachwelt schon lange und Zeugnis davon legen die Kämpfe um die bereits erwähnte Deutungshoheit ab. Das erste große Schisma war die Prägung des „afrikanischen Aegypten" durch Cheik Anta Diop.[40] Doch auch das Aegypten der ägyptischen Ägyptologie ist seit vielen Jahren schon ein ganz anderes, als das der westlichen. Man gibt es nur ungern zu, aus welchen Gründen auch immer.[41] Die Ägyptologie ist längst plural geworden – oder: *post*. Denn die Ägyptologie, wie wir sie kennen (oder besser: kannten), war ein ganz westliches Projekt. Was kommt, kann nur darüber hinausgehen, kann und muss Postägyptologie sein. Es werden asiatische Ägyptologien entstehen und wer weiß was für andere.[42] Man baut auch in der Wissenschaft stets das Aegypten zusammen, das für die Gesellschaft wichtig ist, in der die Forschung jeweils ihre Begründung (und Finanzierung) findet. Welche das sind, warum das so ist: Um es zu erforschen brauchen wir Laboratorien der Aneignung.

Wohin die Reise der verschiedenen Ägyptologien und ihrer Aegypten gehen wird, bleibt ungewiss. In den Kulturwissenschaften ist durchaus eine Tendenz zu einem „offenen Wissenschaftsbegriff" zu beobachten. Ob diese Verflüssigung oder eher Verdampfung gut tut, wird sich zeigen. Schnell schlägt Aneignung um in Esoterik, die keine Begründung will und keiner Begründung bedarf. Demgegenüber sehe ich gerade in der aus der Laboratoriumssituation gewonnenen Definition von Ziel und Wesen der jeweils angeeigneten Aegypten-Bilder den produktiven und kritischen Umgang mit dieser Tendenz, der die Diagnose ihrer positiven wie negativen Potenzen in durchaus auch wertender Absicht umfasst. Auch das Projekt der westlichen Ägyptologie verliert in seiner Post-Phase keineswegs an Relevanz.[43]

4.

Das sei der erste Punkt meiner Diagnose. Der zweite ist etwas heikler, denn es geht um den Status dieser Laboratorien. Denn wenn eben behauptet wurde, dass die Aneignung immer ein Prozess im Jetzt ist und sich auf das Jetzt und seine Fragen bezieht, so ist das *Hier* dieser Aneignung – der Ort des Laboratoriums. Laboratorien brauchen wir also nicht nur, um die Gründe und Wege der Aneignung zu erforschen, wir brauchen sie auch, um diese Aneignung überhaupt in Gang zu setzen. Laboratorien der Aneignung sind nicht nur Beobachtungsinstrumente, sie sind eben auch die Plätze, an denen jenes Konstrukt Aegypten überhaupt destilliert wird; „wissenschaftliche Apparate" ganz im Sinne ihrer Begründung im 19. Jahrhundert.

Um diese Laboratorien zu betreiben, brauchen wir „Proben".[44] In unserem Fall: Proben der pharaonischen kulturellen Matrix. Ein Laboratorium der Aneignung kann Aneignung nur anhand von praktischer Aneignung studieren. Und dazu gehört in unserem Fall die Aneignung der Dinge.

Dabei ist das Museum als Laboratorium der Aneignung nicht nur der Ort einer liebevollen Konservierung von sonst dem Vergessen anheimfallenden Kuriositäten (wer würde sie vermissen, wer hat sie vermisst, bevor sie

---

40 Neben den Schriften von Cheik Anta Diop wird dieses Schisma ganz offiziell auf UNESCO-Ebene zelebriert in Diop 1981 (mit Dokumentation der Diskussion zwischen der Diop-Schule und der euro-ägyptischen Schule).

41 Ich denke, es hat viel mit einer Strategie des Erhalts von Deutungshoheit über die Dinge vor Ort in Ägypten zu tun, mit dem Bemühen, den Zugriff auf Ausgrabungsplätze und Befunde zu erhalten, das die westliche Ägyptologie sich und den ägyptischen Kollegen einen Mindestbestand an gemeinsamen Fragen und Paradigmen suggeriert. Von ägyptischer Seite wird eine ähnliche Strategie des Erhalts des Zugangs zu Ressourcen intellektueller und monetärer Art dem Bestreben zugrunde liegen, die Differenzen herunterzuspielen. Aber gerade bei der Aushandlung von Grabungslizenzen werden grundsätzlich differente Zugänge offensichtlich; stark vereinfacht gesagt: Der europäischen Forschung geht es um Erträge, der ägyptischen Verwaltung um den Erhalt. Diese spannende Frage des Zugangs zu den Ressourcen befindet sich seit dem 19. Jahrhundert in einem Klärungsprozess: Haikal 2003.

42 Ein erster Abriss in Jeffreys 2003.

43 Fitzenreiter 2006. Zur Zukunft der Kritik in Zeiten alternativer Fakten: Edlinger 2015.

44 Ich entlehne den wunderbaren Begriff der „Probe" bei dem Direktor des Akademischen Kunstmuseums Georg Loeschcke (1852–1915), der für den Ausbau seines wissenschaftlichen Apparates jeweils den Erwerb entsprechender „Proben" (meist in Form von Abgüssen) vorantrieb (Geominy 2013, 130).

angeeignet wurden?). Als der Ort der aktiven Inbesitznahme ist das Laboratorium durchaus ein umstrittener Ort, ein Ort, in dem Dinge geschehen, die nicht jeder (wissen) mag. Hier werden die Dinge unter sehr verschiedenen Bedingungen gehalten (gerade in prekär ausgestatteten Universitätssammlungen), sie werden genutzt, beprobt und eventuell verschlissen.[45] Von den vielfältigen Vergewaltigungen bei kuratorischer Selbstverwirklichung und der Zelebration von Deutungshoheit ganz zu schweigen. Wenn als Leitbilder des internationalen Museumsbundes die Trias „Sammeln – Bewahren – Forschen“ steht,[46] dann dekonstruiere sich das als die korrektsprachliche Affirmation von „Inbesitznehmen – Sterilisieren – Aneignen“. Ich sehe darin nicht Schlechtes, nur einen Erkenntnisschritt, einen Selbst-Erkenntnisschritt.

Mit der allerdings diskussionswürdigen Konsequenz, dass ich nicht viel von irgendwelchen Rückgabeforderungen aus ethischen Gründen halte. Dinge in Sammlungen (und nicht nur in Museen) haben ihre Geschichte und diese ist *immer* eine umstrittene. Ich rede nicht von Diebstahl, Raub und illegalen Grabungen – hier haben Juristen die Deutungshoheit und denen mag sie überlassen sein. Ich rede von der prinzipiellen Stigmatisierung der Praxis der Dingeverbringung zum Zwecke der Aneignung. Worunter ich auch die bedingungslose Kriminalisierung des Antikenmarktes verstehe, wie sie von Teilen der Fachwissenschaft betrieben wird.[47] Denn, das soll die Laboratoriumssituation auch darstellen, die private Aneignung von Dingen ist ein eminent wichtiges Element in der Matrix von Aneignungsprozessen. Man darf sogar die Frage stellen, ob nicht das private Aneignen, das sich konkret in Raum und Zeit und auf ein bestimmtes, klar umrissenes Ding bezogen sieht, bescheidener, einsichtiger und legitimer ist, als die totalitären Sammlungsstrategien von sich als Vertreter des Weltgeistes gerierenden Institutionen und den sich dahinter versteckenden Akteuren. Die Parole, nur so sei die Allgemeinzugänglichkeit von Kulturgut im Sinne eines Menschheitserbes zu sichern, ist in der Praxis eine Chimäre. Anspruch auf Deutungshoheit geriert Besitzdenken und die damit verbundene Macht – korrumpiert.[48] Die Einsicht, dass Dinge der pharaonischen kulturellen Matrix in weitaus größeren Netzwerken als dem der kleinen Welt der Facharchäologen eine wichtige Rolle spielen, mag dem Erhalt dieser Dinge und ihrer Potenzen zur Generierung kulturellen Mehrwerts durchaus zuträglich sein. Kaum etwas hat mehr zur Blüte Aegyptens beigetragen als die Etablierung unendlich vieler kleiner Sammlungen altägyptischer Artefakte.

5.

Mit diesen Thesen schließend, noch eine Bemerkung zur Ausgangsfrage: Universitätsmuseen sollen, einem ganz engen Universitätsbegriff folgend, der Forschung dienen – und der Lehre. Im „Ägyptischen Museum der Universität Bonn“ das kurrente Bild der Ägyptologie als Aneignungsprozess zu dekonstruieren und diesen Vorgang in die Lehre zu inkorporieren: Das ist der innere Kern der Aufgabe des Universitätsmuseums.

45 Siehe in: Wissenschaftsrat: Empfehlungen zu wissenschaftlichen Sammlungen als Forschungsinfrastrukturen (28.01.2011): <http://www.wissenschaftsrat.de/download/archiv/10464-11.pdf> (Zugriff: 11.08.14), wo für Universitätsmuseen explizit auch die Ver-Nutzung von Sammlungsgegenständen im Zuge der wissenschaftlichen Aneignung gutgeheißen wird: „Der Zugang zu einer primär bewahrend ausgerichteten Sammlung kann nachvollziehbarerweise eingeschränkt sein, um den Erhalt der Objekte nicht zu gefährden; im Konflikt der Interessen wird bei einer wissenschaftlichen Sammlung das Forschungsinteresse im Vordergrund stehen.“ (op. cit. 39).

46 „Ein Museum ist eine gemeinnützige, auf Dauer angelegte, der Öffentlichkeit zugängliche Einrichtung im Dienste der Gesellschaft und ihrer Entwicklung, die zum Zwecke des Studiums, der Bildung und des Erlebens materielle und immaterielle Zeugnisse von Menschen und ihrer Umwelt beschafft, bewahrt, erforscht, bekannt macht und ausstellt.“ (ICOM 2006) (<http://www.icom-deutschland.de/schwerpunkte-museumsdefinition.php>; Zugriff: 11.08.14).

47 Wessel 2015.

48 „Power tends to corrupt, and absolute power corrupts absolutely“ (Dalberg-Acton 1907, 504).

Epilog: Kleopatra, Alexandria und der Sinn des Sammelns

Die Sammlung Gahl-Schoeller als Kondensat aus Souvenir und Sinnfindung[49]

Mit ihrem Tod wurde Kleopatra zum Mythos. Und dieser Mythos ist nicht nur der einer *femme fatale*. Wie in keiner anderen Persönlichkeit der Ptolemäerzeit findet in Kleopatra auch das Verkörperung, was Zeitgenossen und spätere Generationen als das Außergewöhnliche einer Dynastie und deren Herrschaft sahen. Kleopatra ist *die* Ptolemäerin schlechthin; Glanz und Elend ihres Geschlechts – ist *sie*, stellvertretend für zehn Generationen. Mehr noch: Das Phänomen einer ganzen Kultur scheint in Kleopatra Gestalt zu gewinnen. Sie gilt als die perfekte Symbiose aus hellenischer Gelehrsamkeit und pharaonischem Traditionsbewusstsein, als Wandlerin zwischen den Welten des Mittelmeeres und des Niltals, ebenso versiert in den Machtspielen der römischen Tagespolitik wie den Geheimnissen des uralten Pharaonentums, vielsprachig, facettenreich, ebenso bizarr wie vertraut. Auch ihr Ruf als *femme fatale* ist geprägt von genau dieser Symbiose aus kluger, allzukluger Frau westlichen Zuschnitts und gefährlicher Zauberin afrikanischen Ursprungs. Kleopatra ist die Exponentin einer Hybridkultur, wie es keine Zweite in der Antike gab.[50]

Jahrhunderte nach dem Tod der Kleopatra und auch nach dem Verblassen des Glanzes des multikulturellen Alexandria, in der zweiten Hälfte des 19. Jahrhunderts, erlebt die Stadt der Lagiden eine neue, zweite Blüte. Mit der teils von den ägyptischen Herrschern geförderten, teils von ausländischen Mächten erzwungenen Öffnung Ägyptens für den internationalen Güter- und Leistungsverkehr gewinnt die Siedlung eine Bedeutung, vergleichbar mit der zur Zeit der Ptolemäer. Kein Hafen ist wichtiger für den Handel zwischen Levante, Niltal und den Ländern des Mittelmeeres. In Alexandria lassen sich Abenteurer, Ingenieure, Entrepreneurs und Kaufleute aller Nationen nieder. Die Stadt unterscheidet sich in ihrer Bevölkerungszusammensetzung und kulturellen Vielfalt signifikant von anderen Orten in Ägypten, besonders auch vom deutlich traditionelleren Kairo. Vieles mag an die Stadt der Ptolemäerzeit erinnern, mit ihrer marginalisierten ägyptischstämmigen Bevölkerung und dem großen Anteil an Türken, Griechen, Italienern (Römern) und Juden, mit der Vielzahl von religiösen Bekenntnissen und deren Kultstätten, mit der engen Verflechtung zur international bestimmenden, westlichen Kultur. Alexandria wird zu einem kulturellen Hybriden, einmal mehr zu *alexandreia ad aegyptum*. Eine Stadt, die ökonomisch und kulturell neben Kairo die zweite Metropole des Landes ist und zugleich ganz anders; eng verflochten über Verkehrsströme, Sprachen, Religion und Kultur mit dem Mittelmeerraum; eigenwillig, selbstbewusst – und auf der Suche nach Identität. Das 19. Jahrhundert generiert Identität über Genealogie. Meist endet diese bei der Nation. Das Alexandria nach 1880 aber inszeniert sich als Renaissance der antiken Weltstadt, als multikulturell und offen. Ein Museum wird zu einem der Brennpunkte der Identitätsfindung; kein Museum der pharaonischen Kultur sondern dezidiert eines der griechisch-römischen Periode.

In dieser Zeit lebt ein junger Kaufmann in Alexandria, dessen Wurzeln zwar im Rheinland liegen, dem das Weltbürgertum aber bereits in die Wiege gelegt ist. Charles Schoeller wurde 1856 in Akjab in Ostindien (heute Sittwe in Myanmar / Burma) als Sohn des in Indien und Holland tätigen Großkaufmanns Julius Schoeller geboren, einem Spross einer in Düren ansässigen Fabrikantenfamilie. Von seinem Vater hatte Charles Schoeller das kaufmännische Talent geerbt. In Alexandria baute er das familiäre Geschäft aus und ist Teil der multikulturellen Kommunität. Zwei Erinnerungsstücke bezeugen seine Einbindung in die alexandrinische Gesellschaft (Abb. 4): Eine Medaille zeigt auf der Schauseite das Bild des neuen Handelshafens von Alexandria. Die Rückseite ist in feiner arabischer Kanzleikalligraphie beschriftet und beschreibt die Eröffnung dieses Hafens in der Regierungszeit des türkischen Sultans Abdülhamid und des ägyptischen Khadiva Tawfiq. Bemerkenswert an dieser Medaille ist, dass sie, wiewohl in Format und Machart den europäischen Gedenkmedaillen des 19. Jahrhunderts entsprechend, der Bildauffassung und natürlich der Beschriftung nach eindeutig von einem turko-ägyptischen Künstler gestaltet wurde. In einen Glaskrug ist das Emblem und der Schriftzug der „Società dei Cannotieri d'Alessandria

49 Der kurze Text entstand als Kapitel für ein leider nicht realisiertes Begleitbuch zur Kleopatra-Ausstellung im Ägyptischen Museum der Universität Bonn im Sommer 2013. An dieser Stelle möchte ich Frau Ingrid Gahl-Schoeller / Koblenz ganz herzlich dafür danken, dass sie die Sammlung von Charles Schoeller dem Museum übereignete und so ein einzigartiger „Befundzusammenhang" aus der Wende vom 19. zum 20. Jahrhundert erhalten bleibt. Die im Text gegebenen Informationen hat mir Frau Gahl-Schoeller freundlicher Weise mitgeteilt. Weiterhin danke ich Andreas Blasius und Ludwig D. Morenz für Hinweise und Diskussion des Textes und darüber hinaus.

50 Bronfen / Lulinska 2013.

d'Egito" graviert, des Rudervereins von Alexandria, in dem Charles Schoeller offenbar Mitglied war. Italienisch ist im 19. Jahrhundert die Handelssprache in der Levante.

Doch Charles Schoeller ist nicht nur Kauf- und Sportsmann. Wie viele seiner Zeitgenossen, die in Ägypten geschäftlich tätig sind – zu erinnern ist nur an Wilhelm Pelizaeus, der seiner Heimatstadt Hildesheim schließlich ein ganzes Museum vermacht –, interessiert er sich für die Geschichte und Kultur des Landes. Es ist vor allem die multikulturelle Tradition Alexandrias, die ihn fasziniert. Charles Schoeller mag in der Kultur dieser Zeit ein Spiegelbild der seinen gefunden haben. So sammelte er antike Objekte, in der Regel kleine Formate, die er den aufgeklebten Zettelchen zufolge im lokalen Antikenhandel erwarb. Das Spektrum reicht von typisch pharaonischen Stücken wie Uschebtis und kleinen Götterbronzen über wiederum typisch hellenistische Objekte wie Tonlämpchen und Terrakotten bis hin zu spätantiken Bleivotiven und Beinschnitzereien.

Abb. 4: Medaille auf die Eröffnung des Handelshafens in Alexandria und Glaskrug mit Gravur: Società dei Cannotieri d'Alessandria d'Egito, um 1900, Alexandria.(Foto: Ägyptisches Museum der Universität Bonn)

Abb. 5: Köpfchen eines ptolemäischen Prinzen mit „Jugendlocke" (Ptolemäus V.?), Marmor mit Resten der Bemalung, um 200 v. u. Z. (Foto: Ägyptisches Museum der Universität Bonn)

Vor dem Ersten Weltkrieg kehrt Charles Schoeller nach Deutschland zurück und verstirbt 1916 kinderlos in Heidelberg. Seine Sammlung geht an den in Koblenz lebenden Zweig der Familie. Hier in Koblenz werden die Stücke beinahe 100 Jahre aufbewahrt, zuletzt von der Großnichte des Sammlers, Ingrid Gahl-Schoeller. Sie entschließt sich 2012, die Sammlung dem Ägyptischen Museum der Universität Bonn zu stiften.[51]

Die Sammlung Gahl-Schoeller hat für die Beschäftigung mit Kleopatra in ihrer Zeit und ihrem kulturellen Umfeld nicht nur Bedeutung, weil sie einige wichtige Objekte des „Museums der Sammlungen" liefert. Sie stellt selbst ein Dokument dar, in dem diese Zeit – im ganz materiellen Sinne des Wortes – Gestalt gewinnt bzw. gestaltet *wird*. Kleopatras Ägypten, so, wie auch wir es heute imaginieren, ist ein Konglomerat aus pharaonischer und hellenistischer Kultur, aus neu geschaffenen Kompositgottheiten wie Serapis und neuinterpretierten Gottheiten wie Isis. Die ptolemäischen Herrscher treten als Verkörperungen von ägyptischen Gottheiten auf – Kleopatra als Isis und der jugendliche Ptolemaios V. als Horus (Abb. 5). Praktisch alles, was in späteren Inszenierungen herangezogen wird, um Kleopatras geheimnisvolle Hybridität auszustaffieren, ist auch in dieser Sammlung in kleinformatigen Originalen versammelt. Nichts repräsentiert diese *bricolage* aus kulturellen Versatzstücken, aus Mythen und ästhetischer Attraktion, aus Archäologie und Phantasie besser als ein Tableau, das als Wandschmuck einige der schönsten Stücke der Sammlung kombiniert (Abb. 6). Um einen Kopf des bärtigen Serapis sind mit

51 Fitzenreiter 2013.

Abb. 6: Rahmen mit Objekten der Antikensammlung von Charles Schoeller, Objekte vor allem der griechisch-römischen Zeit, Montierung um 1900. (Foto: Ägyptisches Museum der Universität Bonn / Ayla Schwarz)

eigenwilligem Sinn für Symmetrie diverse Objekte gruppiert, die wie im Brennglas einen Streifzug durch die Kultur des alten Alexandria bieten. Der mumienförmige Osiris, die hellenistische Groteske, die tierköpfige Sachmet, Isis und die Nilpferdgöttin Thoeris; elfenbeinerne Haarnadeln als Signifikanten unaussprechlichen Luxus – all das auf rotem Samt im Goldrahmen. Kein orientalistischer Roman oder Gemälde, kein Monumentalfilm könnte die imaginierte Atmosphäre der sagenhaften Stadt der Kleopatra eindrücklicher erfassen.

Aber warum sammelt ein Kaufmann mit deutschen Wurzeln in Alexandria gerade diese Stücke? Denn auffällig ist, dass nur wenig „pharaonisches" Material in der Sammlung vertreten ist, während das *gros* der immerhin über 180 Objekte der alexandrinischen Hybridkultur der Ptolemäer- und Römerzeit zuzuschlagen ist. Was – das sei einschränkend angemerkt – auch dem lokalen Antikenmarkt zugeschrieben werden kann, der sich vor allem aus Fundstellen der Umgebung speist. Dennoch erscheint die Präsenz hellenistisch-römischer Ägyptiaca bemerkenswert. Denn auch dann, wenn auf pharaonisches Repertoire zurückgegriffen wird, sind es Stücke, die sich im historischen Kontext mit solchen der alexandrinischen Hybridkultur verbinden lassen. Isis lebt in der antiken Kultur fort und in Kombination mit Horus, Serapis und anderen Gottheiten bildet sie ein zentrales Moment der antiken Mysterienreligion. Es mag sogar das christliche Bekenntnis des Sammlers eine Rolle gespielt haben, der wohl um die Spekulationen einer Verbindung von antiker Isis und frühchristlicher Maria wusste (Abb. 7). Denn so heterogen die Sammlung erscheint, so ist sie keineswegs unsystematisch. Es scheint, als wird in ihr etwas im Kleinen angelegt, was die kulturelle Identität von Alexandria in dieser Zeit auch im Großen prägt: der mythisierende Bezug auf das Alexandria der Antike. In dieser selbst zu einem Mythos gewordenen Metropole fand die multikulturelle Bevölkerung der Stadt des 19. Jahrhunderts einen Bezugspunkt, in dem sich die soziale und kulturelle Gestalt der Gegenwart widerzuspiegeln schien. Ein mythisiertes Alexandria der Antike bot sich der intellektuellen Elite des 19. Jahrhunderts als Identifikationspunkt an. Denn waren es nicht zum großen Teil gerade nicht-Ägypter, die hier eine Heimat fanden bzw. – eine Heimat suchten und sich eine solche schufen? Man bleibt nicht wurzellos, wenn man sich eine sinngebende Genealogie schafft, eine Tradition erfindet, in der es schon-immer-so-war.

Die Identifikation mit dem Ort ist ein Prozess der Aneignung, ein Prozess, durch den eine kulturelle Landschaft und Gemeinschaft entsteht. Sie realisierte sich in Alexandria, indem man Straßen und Plätze nach antiken Gedächtnisorten benennt, indem man die Überreste der antiken Stadt erforscht und musealisiert, indem man privat und individuell die Beschäftigung mit der Antike pflegt. Auch die Sammlung des Kaufmanns Charles Schoeller mag das Instrument eines solchen identitätsstiftenden Prozesses gewesen sein. Das Sammeln der Objekte, ihre sinnvolle Kombination, ihr Platz im persönlichen Umfeld; all das zeugt von der intensiven Auseinandersetzung mit dem Ort, an dem er lebte. Schoeller tat es – wie die meisten seiner in Alexandria lebenden Zeitgenossen – nicht als Archäologe oder Historiker, sondern einem ästhetischen Impetus folgend, assoziativ. Damit ist seine

Immagination ähnlich der in den Gedichten des in Alexandria geborenen und gestorbenen griechischsprachigen Dichters Konstantin Kavafis, der immer wieder antike Versatzstücke zu einem poetischen Bild eines ebenso modernen wie imaginierten Alexandria arrangiert. Und hier, in der letztendlich mythischen Verdichtung, schließt sich der Kreis zu Kleopatra. In seinem Gedicht „Verlasse der Gott den Antonius" von 1911 erscheint die Stadt selbst als Metapher für die schöne, begehrenswerte und doch so fremde Ptolemäerin:

> ἀποχαιρέτα την, τὴν Ἀλεξάυδρεια ποὺ χάνεις
>
> „nimm Abschied von ihr, von Alexandria, die du verlorst".

Die ästhetische Verdichtung dieser Verse findet ihr Gegenbild in dem Wandtableau der Sammlung Gahl-Schoeller: Kleopatra, von der wir so wenig wissen, ist Metapher einer Stadt und einer Kultur, wie diese Stadt und ihre Kultur Metaphern des Mythos Kleopatra sind. Selbst in der Ausstellung wird „sie" heraufbeschworen nur durch eine *bricolage* aus kulturellen Spuren, in denen wir lesen.

Abb. 7: Bleifigürchen der thronenden Isis mit dem Horuskind, ca. 2. Jh. u. Z. Die spätantike Ikonographie nimmt die Bildfassung der thronenden Maria mit dem Kind (Nikopoia) bzw. der das Kind säugenden Maria (Galaktotrophousa) in der byzantinischen Kunst vorweg (Foto: Ägyptisches Museum der Universität Bonn)

Literaturverzeichnis:

Bielstein 2006 = Susan M. Bielstein, *Permissions, A Survival Guide. Blunt Talk About Art as Intellectual Property*, Chicago 2006.

Bronfen / Lulinska 2013 = Elisabeth Bronfen u. Agnieszka Lulinska (Hg.), *Kleopatra. Die ewige Diva, Ausstellungskatalog Kunsthalle Bonn*, München 2013.

Dalberg-Acton 1907 = John Edward Emerich Dalberg-Acton, *Historical Essays and Studies*, edited by John Neville Figgis and Reginald Vere Laurence, London 1907.

Derrida 1974 = Jacques Derrida, *Grammatologie*, Frankfurt a.M. 1974.

Diop 1981 = Cheik Anta Diop, Origin of the ancient Egyptians, in: Gamal Mokhtar (Hg.), *Ancient Civilizations of Africa General History of Africa*, vol. II, London 1981, 27–83.

Dorn 2016 = Andreas Dorn, In Bonn zuhause. Aegyptiaca der Stadt Grevenbroich bleiben als Dauerleihgaben im Ägyptischen Museum der Universität Bonn, *aMun* 53, 2016, 25–26.

Edel / Seyfried / Vieler 2008 = Elmar Edel, Karl-J. Seyfried u. Gerd Vieler, *Die Felsgräbernekropole der Qubbet el-Hawa bei Assuan*, I. Abteilung, Band 1–3, Paderborn 2008.

Edel 1971–1980 = Elmar Edel, *Die Felsgräber der Qubbet el-Hawa bei Assuan, II. Abteilung, Die althieratischen Topfaufschriften* Bd. 1–4, Abhandlungen der Rheinisch-Westfälischen Akademie der Wissenschaften, Wiesbaden 1971–1980.

Edlinger 2015 = Thomas Edlinger, *Der wunde Punkt. Vom Unbehagen an der Kritik*, Frankfurt a.M. 2015.

Engels 1962 = Friedrich Engels, Anteil der Arbeit an der Menschwerdung des Affen, in: Karl Marx u. Friedrich Engels, *Werke*, Band 20. Berlin 1962, 444–455 (<http://www.mlwerke.de/me/me20/me20_444.htm>; Zugriff: 11.08.14).

Feder 2011 = Frank Feder, Ägyptisches Museum oder Sammlung Ägyptischer Kunst, *Isched. Journal des Aegypten Forum Berlin e. V.*, 02/2011, 5–14.

Fitzenreiter / Loeben / Raue / Wallenstein 2014 = Martin Fitzenreiter, Christian E. Loeben, Dietrich Raue u. Uta Wallenstein (Hg.), *Gegossene Götter – Metallhandwerk und Massenproduktion im Alten Ägypten*, Rhaden / Westf. 2014.

Fitzenreiter / Willer / Auenmüller 2016 = Martin Fitzenreiter, Frank Willer u. Johannes Auenmüller, *Materialien einer Gusswerkstatt von der Qubbet el-Hawa*, Bonner Aegyptiaca, Berlin 2016.

Fitzenreiter 2006 = Martin Fitzenreiter, Relevanz und Beliebigkeit. Bemerkungen zu archäologischer Methodik und Interpretation, unter Bezugnahme auf die Ägyptologie, in: Martin Fitzenreiter u. Michael Herb (Hg.), *Dekorierte Grabanlagen im Alten Reich. Methodik und Interpretation*, IBAES VI, Berlin / London 2006, 1–17, Online-Fassung: <http://www2.rz.hu-berlin.de/nilus/net-publications/ibaes6>.

Fitzenreiter 2013 = Martin Fitzenreiter, Eine bedeutende Bereicherung für das Bonner Ägyptische Museum – Die Sammlung Gahl-Schoeller, *aMun* 47, 2013, 10–14.

Fitzenreiter 2014.a = Martin Fitzenreiter, Ornament und Versprechen – Die Aegyptiaca im ehemaligen Stadtmuseum Grevenbroich, in: Martin Fitzenreiter (Hg.), *Authentizität. Artefakt und Versprechen in der Archäologie*, IBAES XV, Berlin / London 2014, 109–122, Online-Fassung: <http://www2.rz.hu-berlin.de/nilus/net-publications/ibaes15>.

Fitzenreiter 2014.b = Martin Fitzenreiter (Hg.), *Authentizität. Artefakt und Versprechen in der Archäologie*, IBAES XV, Berlin / London 2014, Online-Fassung: <http://www2.rz.hu-berlin.de/nilus/net-publications/ibaes15>.

Fitzenreiter 2014.c = Martin Fitzenreiter, *Original und Fälschung im Ägyptischen Museum der Universität Bonn*, BÄB 4, Berlin 2014.

Fitzenreiter 2015 = Martin Fitzenreiter, Leben – Mensch – Tod. Eine neue Vitrine im Ägyptischen Museum der Universität Bonn, *aMun* 51, 2015, 19–23.

Flaschar 2013 = Martin Flaschar, Archäologische Universitätsmuseen und private Sammler, in: Florian M. Müller (Hg.), *Archäologische Universitätsmuseen und -sammlungen im Spannungsfeld von Forschung, Lehre und Öffentlichkeit*, Wien / Berlin 2013, 555–583.

Geominy 2013 = Wilfred Geominy, Das Akademische Kunstmuseum in Bonn – ein Universitätsmuseum mit Modellcharakter, in: Florian M. Müller (Hg.), *Archäologische Universitätsmuseen und -sammlungen im Spannungsfeld von Forschung, Lehre und Öffentlichkeit*, Wien / Berlin 2013, 127–141.

Gertzen 2013 = Thomas L. Gertzen, *École de Berlin und »Goldenes Zeitalter« (1882–1914) der Ägyptologie als Wissenschaft. Das Lehrer-Schüler-Verhältnis von Ebers, Erman und Sethe*, Berlin / Boston 2013.

Gestermann 1994 = Louise Gestermann, Der Kopf einer Schreiberstatue in Bonn, in: Heike Behlmer (Hg.), ... *quaerentes scientiam. Festgabe für Wolfhart Westendorf zu seinem 70. Geburtstag*, Göttingen 1994, 47–50.

Grallert / Stünckel 2004 = Silke Grallert u. Isabel Stünckel (Hg.), *Ägyptisches Museum. Bonner Sammlung von Aegyptiaca*, Katalog, Bonn 2004.

Groschwitz 2017 = Helmut Groschwitz, Wie Dinge Authentizität produzieren. Kulturerbe als Netzwerk, *Bayerisches Jahrbuch für Volkskunde*, 2017, 17–27.

Hahn 2005 = Hans Peter Hahn, *Materielle Kultur. Eine Einführung*, Berlin 2005.

Haikal 2003 = F. Haikal, Egypt's Past Regenerated by its Own People, in: Sally MacDonald u. Michael Rice (Hg.), *Consuming Ancient Egypt.* Encounters with Ancient Egypt, London 2003, 123–138.

Hornung 1967 = Erik Hornung, *Einführung in die Ägyptologie*, Darmstadt 1967.

Hornung 1999 = Erik Hornung, *Das esoterische Ægypten. Das geheime Wissen der Ägypter und sein Einfluß auf das Abendland*, München 1999.

Höveler-Müller 2006 = Michael Höveler-Müller, *Funde aus dem Grab 88 der Qubbet el-Hawa bei Assuan (Die Bonner Bestände)*, BoSAe 5, Wiesbaden 2006.

Höveler-Müller 2009 = Michael Höveler-Müller, A Permanent Exhibition of Ancient Egyptian Life, Death & Eternity. The Egyptian Museum Bonn (Germany), *KMT* 2/2009, 2009, 37–43.

Höveler-Müller 2010.a = Michael Höveler-Müller, Eine alte Universitätssammlung – ein junges Museum. Das Ägyptische Museum der Universität Bonn, *Sokar* 20, 2010, 70–76.

Höveler-Müller 2010.b = Michael Höveler-Müller, Kat.-Nr. 26 Reliefdarstellung des Königs Sahure, in: Vinzenz Brinkmann (Hg.), *Sahure. Tod und Leben eines grossen Pharao*, Frankfurt a.M. / München 2010, 295.

Höveler-Müller 2013 = Michael Höveler-Müller, Universitätsmuseum und Öffentlichkeit – wie viel Popularität darf/muss sein?, in: Florian M. Müller (Hg.), *Archäologische Universitätsmuseen und -sammlungen im Spannungsfeld von Forschung, Lehre und Öffentlichkeit*, Wien / Berlin 2013, 159–170.

Jeffreys 2003 = David Jeffreys, Introduction – Two Hundred Years of Ancient Egypt: Modern History and Ancient Archaeology, in: David Jeffreys, *Views of Ancient Egypt since Napoleon Bonaparte: Imperialism, Colonialism, and modern Appropriations.* Encounters with Ancient Egypt, London 2003, 1–18.

Jordan 2010 = Stefan Jordan, Vetorecht der Quellen, Version: 1.0, in: *Docupedia-Zeitgeschichte*, 11. 2.2010, URL: <http://docupedia.de/zg/Vetorecht_der_Quellen?oldid=84667>; Zugriff 11.08.14.

Kinne 2004 = Johanna Kinne, *Das Akademische Kunstmuseum der Universität Bonn unter der Direktion von Georg Loeschcke von 1889 bis 1912*, Petersberg 2004.

Konert / Morenz / Weil 2014 = Sarah Konert, Ludwig D. Morenz u. Sabrina Weil, *Skarabäen des späten Mittleren Reiches und der Hyksoszeit. Käferamulette aus der Sammlung Müller-Feldmann*, BÄB 5, Berlin 2014.

Kraus / Noack 2015 = Michael Kraus u. Karoline Noack (Hg.), *Quo vadis, Völkerkundemuseum? Aktuelle Debatten zu ethnologischen Sammlungen in Museen und Universitäten*, Bielefeld 2015.

Kuhn in Vorb. = Robert Kuhn, *Steingefäße aus der Sammlung des Ägyptischen Museums der Universität Bonn*, in Vorb.

Latour 2010 = Bruno Latour, *Eine neue Soziologie für eine neue Gesellschaft*, Frankfurt a.M. 2010.

Loprieno 2003 = Antonio Loprieno, Interdisziplinarität und Transdisziplinarität in der heutigen Ägyptologie, in: Tobias Hofmann u. Alexandra Sturm (Hg.), *Menschenbilder – Bildermenschen. Kunst und Kultur im alten Ägypten (Fs Feucht)*, Norderstedt 2003, 227–240.

Morenz / Höveler-Müller / El Hawary 2011 = Ludwig D. Morenz, Michael Höveler-Müller u. Amr El Hawary (Hg.), *Zwischen den Welten. Grabfunde von Ägyptens Südgrenze*, Rahden / Westf. 2011.

Morenz 2012 = Ludwig D. Morenz, Zwischen Ägypten und Nubien – Zwischen Diesseits und Jenseits – Zwischen Mann und Frau – Zwischen Literatheit und Illiteratheit. Überlegungen zu drei außergewöhnlichen Bonner dekorierten Schalen, *Der Antike Sudan – MittSAG* 23, 2012, 85–90.

Piecke 2007 = Gabriele Piecke (Hg.), *Tod und Macht – Jenseitsvorstellungen in Altägypten*, Bonn 2007.

Pomian 1988 = Krzysztof Pomian, *Der Ursprung des Museums. Vom Sammeln*, Berlin 1988.

Regner 1995 = Christina Regner, *Skarabäen und Skaraboide*, BoSAe 1, Wiesbaden 1995.

Regner 1996 = Christina Regner, *Schminkpaletten*, BoSAe 2, Wiesbaden 1996.

Regner 1998 = Christina Regner, *Keramik*, BoSAe 3, Wiesbaden 1998.

Said 1978 = Edward Said, *Orientalism*, New York 1978.

Schoske / Wildung 2013 = Sylvia Schoske u. Dietrich Wildung, *Das Münchner Buch der ägyptischen Kunst*, München 2013.

Siffert 2014 = Uta Siffert, *Von der Antike bis zur Moderne. Tierdarstellungen aus vier Jahrtausenden in der Sammlung Preuß*, Berlin 2014.

Siffert 2015 = Uta Siffert, *Ein Eingeweidekasten aus der Sammlung Preuß im Ägyptischen Museum der Universität Bonn*, BÄB 6, Berlin 2015.

Stünckel in Vorb. = Isabel Stünckel, *Die Objekt-Amulette der Bonner Sammlung von Aegyptiaca*, in Vorb.

van den Bercken 2017 = Ben van den Bercken, University Collections with Ancient Egyptian Objects, in: Claire Derricks (Hg.), *Collections at Risk. New Challenges in a New Environment*, Atlanta 2017, 179–201.

Wessel 2015 = Günther Wessel, *Das schmutzige Geschäft mit der Antike. Der globale Handel mit illegalen Kulturgütern*, Berlin 2015.

Wildung 2005 = Dietrich Wildung, So viel Nofretete war nie!, *aMun* 26, 2005, 6–13.

Wildung 2009 = Dietrich Wildung, Geschafft! Das Ägyptische Museum im Neuen Museum, *aMun* 42, 2009, 6–13.

Nofretete und die allgemeine Verwirrung

Ein ägyptologisches Feuilleton*

1.

Um eine im Berliner Ägyptischen Museum aufbewahrte Kalksteinbüste, die aus stilistischen und ikonographischen Gründen der Königin Nofretete zugeschrieben wird, herrscht Aufruhr; im Prinzip seitdem man sie kennt, in jüngerer Zeit um so mehr. Zahi Hawass schwingt die moralische Keule in seinem Kreuzzug für die Konzentration aller Leitfossilien der pharaonischen Kulturgeschichte in einem Grand Egyptian Museum in Giza.[1] Henri Stierlin hat kürzlich für eine etwas kleinere Welle gesorgt, als er einmal wieder den Verdacht lancierte, die Büste sei eine Fälschung.[2] Dann kam Rolf Krauss und präparierte maliziös unappetitliche Details der Archäologiegeschichte heraus: Ludwig Borchardt ließ die Kalksteintafel Kairo JE 44865 möglicherweise fälschen, um sie als fettes Kuckucksei der ägyptischen Altertümerverwaltung unterzuschieben, während er sich mit der dreckverschmierten und schlecht beleuchteten Büste aus dem Staube machte.[3]

Diese und andere Einwürfe bewirken regelmäßig einen nicht unerheblichen medialen Aufruhr und führen zu Debatten weit über das Feuilleton hinaus. Nicht von ungefähr. Das Schicksal der Kalksteinbüste hat durchaus Bedeutung: für einige Sammlungen nichteuropäischer Artefakte rund um die Welt, etwas kleinformatiger für die Tourismusbranche Berlins – und natürlich auch für das kulturelle Selbstverständnis der Involvierten nah und fern.

Sind dies alles recht erhebliche Verwerfungen, so ist in der durchaus mitbetroffenen ägyptologischen Fachgenossenschaft, von notorischen Fällen abgesehen, eher ein betretenes Schweigen auszumachen. Lieber den Deckel drauf, im Stillen regeln – man weiß um die Konsequenzen: Abstrafung im Feuilleton (womit man leben kann) und Arbeitsverbot in Ägypten (womit man nur schwer leben kann).

Doch täte es nicht gut, wenn auch von ägyptologischer Seite wenigstens ein bisschen so etwas wie eine *fachliche* Diskussion in Gange käme, die *ira et studio* soweit es geht beiseite lässt und sich der Frage stellt, worum es hier eigentlich geht? Denn sind es nicht gerade die Ägyptologen, die in tragödialer Pose hier als Täter und Opfer zugleich agieren? Um die genauso gemiedene wie allgegenwärtige Diskussion etwas von der manichäistischen Polarisierung in *Für* und *Wider* wegzuführen, soll eine kleine geistige Lockerungsübung vorgeschlagen werden, die zwar das Problem nicht löst, aber vielleicht für etwas Beweglichkeit sorgt.

---

* Der Text wurde 2010/11 geschrieben, als die Jagd auf die Nofretete einmal mehr Konjunktur hatte. Um nicht unnötig Aufruhr zu verursachen, entschied ich mich seinerzeit, auf eine Veröffentlichung zu verzichten und legte ihn unter „Sonstiges" im Internet ab. Da momentan die Gemüter von anderen Aufregern bewegt werden, mag seine Zeit als ein inzwischen historisches Dokument gekommen sein. Als ein zeitgeistiges Feuilleton geschrieben bezog er sich in vielen Fällen auf Dokumente, die im Internet kursierten und inzwischen, wie die Überprüfung im Herbst 2017 ergab, nicht mehr auffindbar sind.

1 Die Liste dieser, mal als Leihgabe zur Eröffnung des GEM erwünschten, mal als ideelles Eigentum der ägyptischen Nation angesprochenen Werke wechselt, umfasst aber im Prinzip je ein Werk aus jeder großen Sammlung ägyptischer Altertümer außerhalb Ägyptens: den Stein von Rosette aus dem British Museum, den Zodiak von Dendera aus dem Louvre, die Statue des Hemiunu aus dem Pelizaeus-Museum in Hildesheim, die Büste des Anchhaf aus dem Museum of Fine Arts Boston, neuerdings wohl auch die Statue Ramses II. aus dem Museo Egizio in Turin und eben die Nofretetebüste aus Berlin (siehe z.B.: <http://touregypt.net/teblog/egyptologynews/?p=2279>; <http://www.culturalheritagelaw.org/news-issues/news-issues-in-cultural-heritage/will-the-real-indiana-jones-please-stand-up>; Zugriff Mai 2010; der Link ist mittlerweile leider inaktiv.) Man wird das Gefühl nicht los, dass da von jeder großen Sammlung des „Westens" eine Demutsgeste eingefordert wird.

2 Stierlin 2009.

3 Krauss 2009. Siehe zu den üblichen Verdächtigungen jetzt auch Gertzen 2017, 80–91.

2.

Worum geht es also in der Auseinandersetzung? Offenbar darum, wohin die Büste mit der Fundnummer 12/13.748 (um irgendeine Zuschreibung außerhalb des Fundkontextes zu vermeiden) gehört: nach Berlin oder nach Kairo. Denn so viel ist klar: Nach Amarna, ins Haus des vermutlichen Altbesitzers Thutmosis, will sie keiner bringen.

Aus Berliner Sicht, bzw. aus der Sicht des nicht nur in kulturellen Fragen kompliziert strukturierten Rechtsverbandes Bundesrepublik Deutschland sind die juristischen Verhältnisse geklärt. Die Büste ist durch ein den historischen Umständen nach korrektes Verfahren der Fundteilung erst in den Besitz von James Simon und dann der Staatlichen Museen gekommen. Der Vorgang mag Schönheitsfehler haben, ist aber prinzipiell gegessen. Alles, was noch um die Büste passieren könnte, hat höchstens mit *good will* zu tun.[4]

Dieser Standpunkt mag Juristen befriedigen, ansonsten tut er es nicht. Verhältnisse, die auf Rechtsnormen zurückgehen, die unter heutigen Zuständen als illegal gelten, können nur eine gewisse Zeit lang über die Formel *nulla poena sine lege* erhalten werden. Letztendlich werden sie zu einer Neufassung zwingen – je eher und konsequenter um so besser. Man vergleiche die mittlerweile juristisch gut abgefederte Erstattung jüdischen Eigentums und solcher Besitztümer, die im Zuge des 2. Weltkrieges geraubt wurden. Sich in dem mit vergleichbaren historischen Asymmetrien aufgeladenen Kasus um Büste 12/13.748 auf die Rechtspraxis von 1913 zu berufen heißt nur, kolonial geprägte Verhältnisse zu sanktionieren. Dass die Behebung solcher Asymmetrien mitunter (leider) Zeit braucht, machen Wiedergutmachungsdiskussionen und daraus folgende – und nicht etwa der Diskussion vorausgehende! – Rechtssetzungen in jüngster Zeit deutlich.

Die Vertreter der Position, die einen Anspruch Ägyptens an der Büste verfechten, berufen sich daher, neben der Infragestellung des historischen Rechtsvorganges, vor allem auf gewissermaßen übergeordnete, kulturelle Rechte, die besonders in der UN-Charta und durch die UNESCO formuliert werden.[5] Diese Argumentation ist zumindest aktueller. Doch reflektieren die entsprechenden Formulierungen die Situation der Entkolonialisierung, also die 50er und 60er, sind damit auch schon ca. 50 Jahre alt und mit der verflossenen Periode der Blockbildung unmittelbar verbunden. Und wie so viele Vorgaben der UNO und des Völkerrechts sind sie auch nur z.T. durchzusetzen, eben weil hier internationale mit nationalen Rechtsnormen kollidieren.

Diese Situation schafft eine juristische Grauzone,[6] in der Beschuldigungen, Misstrauen und einfach nur Peinlichkeiten trefflich gedeihen. Um die Büste 12/13.748 hat sich eine Situation entwickelt, die für zwei Phänomene paradigmatisch ist. Zum einen für den Rechtsstand von Objekten in Sammlungen, die räumlich aus anderen Zusammenhängen stammen, als es ihr aktueller Aufbewahrungsort ist. Das Problem einer nicht adäquaten kulturellen Einbindung auch bei Präsentation im Ursprungsland – wie es etwa die Präsentation von Kultobjekten der *native americans* in musealem Kontext in Amerika selbst darstellt[7] – spielt bei der Büste keine Rolle: Auch die Präsentation in Kairo würde kaum anders (d.h. weniger schrill überinsziniert) ausfallen als in Berlin. Andererseits spielt die Frage der Präsentation doch eine Rolle, denn in beiden Fällen gäbe es eine differierende Form der kulturellen Vereinnahmung, was das zweite Phänomen umreißt. Im Fall der Büste wird diese als Kunstwerk von Weltrang in Berlin vereinnahmt, als Ikone nationaler Identität täte man es gern in Ägypten.

---

4 Diverse Pressemitteilungen der Stiftung Preußischer Kulturbesitz, z.B. vom 24.01.2011: <http://www.preussischer-kulturbesitz.de/pressemitteilung/news/2011/01/24/zur-bueste-der-nofretete.html?sword_list[]=Nofretete&no_cache=1> (Zugriff 19.10.17) und der Bundesregierung vom 31.01.2011: <http://www.bundestag.de/presse/hib/2011_01/2011_036/01.html> (Zugriff 27.01.2011; der Link ist inaktiv; die Mitteilung kann über die allgemeine Suche zwar gefunden werden, ist aber z.Z. falsch verlinkt), vgl.: Urice 2006.

5 Vgl.: Siehr 2006.

6 Es ist bezeichnend, dass die beiden, in den vorangegangenen Fußnoten zitierten Juristen, die in: Merryman 2006 den Fall der Büste 12/13.748 präsentieren, jeweils in Anm. 1 ihres Beitrages versichern, dass sie vom Herausgeber gebeten worden seien, die entsprechende Position (*pro* oder *contra* Überstellung nach Kairo) zu vertreten – und als geflissentliche Anwälte des Rechts (n.b.: nicht der Gerechtigkeit) natürlich genauso gut die andere verfechten könnten! Dieses Beispiel sollte allen klar machen, dass die Hoffnung auf Lösung des Problems über die Klärung eines scheinbar über den Verhältnissen schwebenden Rechtszustandes illusorisch ist.

7 Hierzu: Brown / Bruchac 2006.

3.

Betrachtet man den verzweigten Diskurs um die Büste 12/13.748 mit etwas Abstand (den mag man mir als Berliner nicht zugestehen, aber als *Ost-Berliner* habe ich den wohl),[8] dann ist auffällig, dass beide Parteien mit einer gewaltigen Überindizierung des Objektes zu kämpfen haben. Diese übermäßige Aufladung mit Bedeutung führt dazu, dass der Gegenstand – eine Kalksteinbüste mit einem partiellen Gipsstucküberzug und Bemalung – hinter seiner Hypostasierung regelrecht verschwindet: Büste 12/13.748 ist „Die Nofretete".

Von deutscher und vor allem Berliner Seite ist diese Nofretete zu einer albernen Kultfigur stilisiert worden, zur exemplarischen „Berlinerin", die auf Sammeltassen und Briefmarken für „hier ist die Hauptstadt!" wirbt (Abb. 1). Dieser Umstand wird durch die deplatzierte Fokussierung in der musealen Präsentation tendenziell befördert; die Büste wird nicht kontextualisiert, sondern inszeniert.[9]

Abb. 1: (a) Deutsche Bundespost, Nofretete Berlin, Dauermarke zu 70 Pfennig, 1988. Teil einer Dauerserie mit den Wahrzeichen verschiedener Städte. – *(b)* Deutsche Post, „Königin Nofretete" aus der Serie „Schätze aus deutschen Museen", Sondermarke zu 58 Cent, 2013.

Abb. 2: (a) Postes d'Égypte, Nefertiti, Sondermarke zu 1 ägyptischen Pfund, 1953. Die mehrfarbig gedruckte Marke ist aufgrund des leichten Farbversatzes in Sammlerkreisen als „bloody Nefertiti" bekannt. Herausgegeben zusammen mit einfarbigen Marken mit demselben Motiv zu 100 Piaster (rotbraun), 200 Piaster (blaugrün) und 500 Piaster (violett). – *(b)* Ägypten, Nefertiti, Sondermarke zu 5 ägyptischen Pfund aus der Serie „Symbols of a Civilization", 2004. Erschienen als Block zusammen mit einem Bild der Sphinx von Giza zu 5 ägyptischen Pfund und einem Bild der Goldmaske des Tutanchamun zu 10 ägyptischen Pfund.

Auf ägyptischer Seite führt vor allem der ferne Aufbewahrungsort der Büste zur Kultivierung eines anhaltenden Phantomschmerzes, in dem Unrechtserfahrungen der Mandatszeit ebenso sublimiert werden wie diverse Demütigungen der arabischen Welt in neuerer Zeit (Abb. 2). Das Schicksal der Büste wird zur Projektionsfläche einer kollektiven Identifizierung mit der Königin, die als exemplarische ÄgypterIn postkoloniales Unrecht erleidet. Nofretete – die praktisch ausschließlich im Bild der Büste 12/13.748 verkörpert wird und deren übrige Abbilder, besonders die mit fettem Arsch und Hängebusen,[10] in der imaginativen Ikonographie keine Rolle spielen – ist ein *sacrum* ägyptischer Identität, das anzugreifen sich auch in anderen Zusammenhängen nicht geziemt.[11]

---

8 Aus (Ost)Berliner Binnensicht war Nofretete ja die letzten Jahrzehnte vor allem Charlottenburgerin, altes Westberlin vom Feinsten. Heute ist sie Teil jener aufgechickten Neuen Mitte, mit der die alten (Ost)Berliner sowieso kaum was zu tun haben. So kompliziert können Identitäten und die damit verbundenen Semiophore sein...

9 Amüsant zu sehen, wie im Berliner Neuen Museum versucht wurde, für die zweite dort untergebrachte Sammlung, das Museum für Ur- und Frühgeschichte, eine vergleichbare Inszenierung um den „Berliner Goldhut" zu arrangieren. Aber da hier Skandale, Romane und Verbrechen fehlen, muss man auf wissenschaftliche Kontextualisierung setzen – und wird scheitern.

10 Berlin ÄM 21263

11 Siehe die wütenden Attacken der ägyptischen Presse auf Wolfgang Helcks Spekulation auf dem 6. Internationalen Ägyptologenkongress 1991 in Turin hin, Nofretete könnte eine Mitanni-Prinzessin gewesen sein. Oder 2003 auf die Inszenierung der Büste 12/13.748 auf einem scheinbar nackten Körper des Künstlerduos Little Warsaw (<http://www.tagesspiegel.de/berlin/art270,2008519> (Zugriff 15.10.17); Urice 2006, 162–165; Wildung 2013, 54–55). Den verschiedenen Facetten der kulturellen Aneignung der (Büste der) Nofretete, insbesondere in Ägypten und dem arabischen Raum widmete sich 2013 die Ausstellung „Le théorème de néfertiti" im Institut du monde arabe in Paris (<https://www.youtube.com/watch?v=ANOox3hKpjw>; Zugriff 19.10.17). Unter dem Titel „Tea with Nefertiti" war die Ausstellung zuvor auch in Katar gezeigt worden und machte anschließend an weiteren Orten Station.

4.

Obwohl sich sowohl in der verfahrenen juristischen Situation als auch der überhitzten Medialisierung der Büste kaum ein abgeklärter Standpunkt beziehen lässt, sollen die zwei angesprochenen Probleme – Rechtsstand und Vereinnahmung – noch einmal erfasst werden. Von den Befürwortern einer Aufbewahrung der Büste in Berlin wird prinzipiell argumentiert, die Büste sei durch den Vorgang und die Regulierung der Ausgrabungen der DOG in Amarna erworben worden. Die Protagonisten einer Überführung nach Kairo zweifeln Details dieses Erwerbs an, argumentieren aber vor allem damit, dass die Büste elementarer Teil der ägyptischen Kultur ist und damit ideeller Besitz Ägyptens (man spricht in solchen Fällen dann gern von „Volk“: Besitz des ägyptischen Volkes).

Zuerst zur Frage des Erwerbs im Zuge einer Ausgrabung. Durch Rolf Krauss ist das Zustandekommen der Fundteilung nun möglicherweise als ein Ganovenstück entlarvt, was aber nichts daran ändert, dass Kompensation von Ausgrabung durch Objekte nach dem Prinzip der Schatzteilung bis in die 50er Jahre in Ägypten üblich war. Und eines sollte für die Umstände der Fundteilung klargestellt werden: Ludwig Borchardt wird gar nicht an Ägypten oder Ägypter gedacht haben, als er die Büste für Berlin zu sichern trachtete, sondern an Frankreich, den Erzfeind seines Deutschen Reiches – Borchardt war Botschaftsattaché des Auswärtigen Amtes![12] Die Franzosen, die den ägyptischen Antikendienst als Erbhof führten, sollten an der Nase herumgeführt und gedemütigt werden. Zumindest das ist gelungen: das Dummerchen in diesem Spiel ist der von der Archäologie völlig überforderte Philologe Gustave Lefébvre.[13]

Unabhängig von den verschmutzten Details der Fundteilung, bei denen es immer eine juristische Ermessensfrage bleiben wird, ob sie diese als Rechtsakt auch in ihrem historischen Kontext nichtig machen, wird von der ägyptischen Seite der Wunsch nach Überführung der Büste nach Kairo damit begründet, dass so wenigstens symbolisch ein allgemeiner Unrechtszustand kompensiert werde, der durch das Prinzip der Schatzteilung zu Mandatszeiten gegenüber Ägypten geherrscht habe. Wenn schon nicht alle ausgeteilten Güter, dann sollten wenigstens die besten wieder zurückkommen. Letzteres Argument ist aber bedenklich, denn so unsinnig ist die Schatzteilung eigentlich nicht und unter anderen Bedingungen international auch heute noch durchaus üblich, z.B. bei der Ausbeutung von Bodenschätzen. Investitionen müssen sich rechnen und ohne die Sammelwut der *belle epoque* oder des *Goldenen Zeitalters*[14] gäbe es keine Ägyptologie, wie wir sie kennen, ob einem das gefällt oder nicht.

Das prinzipielle Problem des Umgangs mit historischen Relikten ist daher weniger die rechtliche Form des Erwerbs, sondern ihre kulturelle Hypostasierung. Relikte werden mit Wertindizes aufgeladen, die ihnen nicht ursächlich eigen sind, wie am Beispiel der Büste 12/13.748 eben skizziert. So zur Trägermasse verschiedenster Bedeutungen geworden sind die Objekte flexibel aktivierbare Zeichenträger – nach Krysztof Pomian: „Semiophore“[15] – in einem wie auch immer gearteten Diskurs. Das hier interessierende Segment des Diskurses um archäologische Objekte ist das des Besitzes, und zwar eines ideell begründeten Besitzrechtes, das sich in direkter Verfügung über das Objekt realisiert sehen möchte. Das ideelle Besitzrecht wird aus einer Kette von Eigenschaften abgeleitet, die dem Objekt von interessierter Seite injiziert werden. Eine beliebte Eigenschaft ist dabei die große Besonderheit des Objektes, die seine Vereinnahmung im Namen einer größeren Einheit – Volk oder so – quasi zwingend erfordert.[16] Wobei in Bezug auf Artefakte besonders Archäologen gern durchdrehen und jeden Befund zu einem kulturellen Schlüsselwert promovieren, dem unbedingter Schutz anzugedeihen hat: von seiner materiellen Unversehrtheit bis hin zur hochsicheren Aufbewahrung; möglichst in der eigenen Obhut. Wie albern solche archäozentristischen Selbstermächtigungen sind, wird in der ur- und frühgeschichtlichen Theoriebildung

12 Zu Borchardt und seinem Gebaren als Oberägyptologe des Deutschen Reiches siehe: Voss 2009, 110; zu seiner tatsächlichen Stellung als Nominalattaché: Voss 2012, 468, Anm. 5.

13 Zu den Umständen der Fundteilung, der Verbringung der Büste nach Berlin und den darauffolgenden ägyptologischen und politischen Vorgängen sind inzwischen etliche Darstellungen erschienen: Seyfried 2010; Savoy 2011; Jung 2012; Matthes 2012; Voss 2012.

14 Gertzen 2013.

15 Pomian 1988.

16 Die Liste solcher Objekte, um deren Besitz zur Not auch einmal ein Krieg angefangen wird ist lang. Pomian erwähnt einige solcher Objekte, u.a. die Reliquie der Hand des Heiligen Jacobus (op.cit., 30) und ich möchte auf die Ikone des *Kwärata Ra'su* verweisen, die in der jüngeren Geschichte Äthiopiens die Rolle der Nofretete spielt (Chojnacki 1985).

bereits diskutiert[17] und die Denkmalpflege ist eine Praxis, in der die Möglichkeiten und Grenzen des Erhalts von Artefakten nach Maßgabe der Interessenlagen immer neu ausgehandelt werden (ähnliches gilt für die Landschaftspflege, Naturschutz usw.). Insofern ist aus ägyptologischer Sicht durchaus kühles Blut in der Debatte um Büste 12/13.748 gefordert und wurde häufig auch bewahrt: Heinrich Schäfer hatte seinerzeit durchaus nichts gegen eine Überstellung der Büste nach Kairo, gegen entsprechend hochkarätige Kompensation.[18]

Andererseits ist kühles Blut auch in Bezug auf eine Verwahrung in Kairo geboten. Die kulturelle Identität Ägyptens ist durch die Lokalisation der Büste in Berlin gar nicht beeinträchtigt. Welch neuer Zustand würde denn eintreten, wenn die Büste in Kairo eintrifft?[19] Die immer noch beliebte juristische Fiktion, man könne vergangenes Unrecht durch affirmative Akte im Jetzt gut machen, greift im Fall des mit Meisterwerken überfüllten Schatzhausbestandes von Kairo nur bedingt. Man darf also neu darüber nachdenken, warum denn ein Objekt wie die Büste jenseits des juristischen Vorganges überhaupt nach Berlin gekommen ist, warum sie hier ist, warum sie in Berlin bleiben oder nach Kairo überführt werden sollte.[20]

5.

Im Gegensatz zur gern gehörten „Expertenmeinung“ soll hier keine schlüssige Antwort gegeben werden. Vielmehr sei angeregt, sich auch als Ägyptologe mit der Frage zu beschäftigen, warum man in Europa, Deutschland oder Berlin die Auseinandersetzung mit Objekten „fremder“ Kulturen überhaupt sucht. Denn das Problem, dass man in seinen Sammlungen und im Zuge der Forschung mit Objekten konfrontiert ist, die einem nur bedingt „gehören“, ist ja nicht neu und wird durch einen Fall wie Büste 12/13.748 nur mediengerecht fokussiert. Um dieses Problem aber aus der peinlichen Ecke des Verdrängens und gegenseitiger Anschwärzung herauszubekommen, muss es m.E. auch in der Ägyptologie – in den Sammlungen, aber auch unter den Feldarchäologen und den Schreibtischantiquaren – eine neue Art von „Provenienzforschung“ geben, die der Beschäftigung mit Raubkunst im Umfeld von Naziherrschaft und Weltkrieg in einigen Punkten entspricht. Damit meine ich weniger die Restitution geraubten Eigentums von Privatpersonen, sondern eher den Umgang mit Sammlungsverlagerungen, auch als Kompensation und Reparation für eigene Verluste und als Strafe für kollektive Verbrechen, z.B. in die Sowjetunion.[21] Hieran kann man aus „deutscher Sicht“ zumindest testen, wie sich die Verlagerung kultureller Güter aus dem eigenen regionalen Hintergrund in eine andere Region anfühlt – und feststellen, wie sehr ein solches Problem jenseits von juristischen Klauseln angesiedelt ist und die Praxis des kulturellen Diskurses berührt.

Zur Auflockerung eine kleine Beobachtung: Im gerade eröffneten Berliner Neuen Museum steht der Nofretete schräg gegenüber das, was vom ‚Schliemann-Schatz‘ in Berlin verblieben ist. Über die fehlenden Teile wird ausgesagt, dass sie „unrechtmäßig“ als „Kriegsbeute“ nach Russland verbracht wurden. Unrechtmäßig? Höchstens in bundesdeutscher Lesart, nach russischer Definition sind es Reparationsleistungen. Auffällig, wie schnell blinde Flecken auftreten: Dass nach dem 1. Weltkrieg z.B. der Genter Altar aus der Berliner Gemäldesammlung als Reparationsleistung an Belgien gegangen ist, obwohl dessen Erwerb juristisch einwandfrei war, hat man inzwischen geschluckt – Belgien ist Teil der westlichen Wertegemeinschaft.[22] Russland offenbar nicht. Hat das nun

---

17 Recht extrem z.B. bei Holtorf 2005, der auch die Umnutzung bis zur Zerstörung von Relikten als Form der Auseinandersetzung mit historischen Hinterlassenschaften thematisiert.

18 Krauss 1987.

19 Man darf an die Goldfolie vom Sarg aus KV 55 erinnern: Gegenstand eines teilweise hysterischen Streites fristet sie nun ein eher verstaubtes Dasein neben dem viel interessanteren Holzsarg (hierzu allgemein: Grimm / Schoske 2001). Jedes als Raubgut nach Ägypten überführte Uschebti wird heute mit einer Pressemitteilung gefeiert – und dann vergessen.

20 Ich spreche bewusst von Überführung, nicht von Rückgabe. Denn Büste 12/13.748 wurde *nicht einem* der jetzigen Akteure weggenommen. Ein „Volk“, dem das Objekt gehören sollte, ist empirisch nicht nachzuweisen; es sind Interessengruppen, die agieren.

21 Siehe das große Ausstellungsprojekt „Verlust + Rückgabe“, an dem 2008 mehrere Museen in ganz Deutschland beteiligt waren (<http://www.kulturstiftung.de/aufgaben/deutsch-russischer-museumsdialog/projekt-verlust-und-rueckgabe/>); die Seite ist inaktiv, siehe jetzt: <http://www.kulturstiftung.de/initiativen/deutsch-russischer-museumsdialog/>; Zugriff 19.10.17). Konkret zur Rückführung der Objekte des Berliner Ägyptischen Museums aus der Sowjetunion nach Berlin: Wenig 2009. Das Problem setzt auch Hermann Parzinger in Bezug zur Nofretete: <http://www.tagesspiegel.de/wissen/archaeologie-und-politik-was-uns-nofretete-lehrt/6571102.html#kommentare> (Zugriff 19.10.17); vergleiche <https://www.bundestag.de/blob/194698/4f6453dd214bcf2f7375d3bea0bd2344/beutekunst-data.pdf> (Zugriff 1910.17)

22 <http://de.wikipedia.org/wiki/Genter_Altar> (19.10.17).

mit juristischen Fragen zu tun, oder ist es ein kulturelles Problem? Wird hier in Hawass'scher Manier Russland vorgeführt, weil auf den Iwan zu hacken in maßgeblichen Kreisen Deutschlands gern als guter Ton goutiert wird?

Soweit hoffentlich heilsam einmal auf die andere Seite des *Hin* oder *Her* verschlagen, zurück zum eigentlichen Problem. Ausgangspunkte von Überlegungen zur „Provenienz" und damit dem „Besitz" von Artefakten aus dem Bereich der pharaonischen Kultur können zwei schon ältere, aber immer wieder gern diskutierte Ansätze sein: Die „Orientalismus"-These von Edward Said und der Blick auf das „Sammeln" als „Ursprung des Museums" von Krysztof Pomian.[23] Die „Orientalismus"-These in eine hier passende Form gebracht: „Orient" ist eine in europäischen Ländern der Neuzeit imaginierte Konstruktion der Fremde als ein Raum, der als Gegensatz zur kulturellen Selbstkonstruktion als „Europa" gedacht wird. Diese Konstruktion ist die konzeptuelle Begleitmusik zu einer ökonomischen und politischen Okkupation heterogener Territorien von Afrika bis Asien (und, den „Exotismus" durchaus als Spielart des Phänomens gesehen, auch Amerikas und Ozeaniens) seit dem späten 18. Jahrhundert durch europäische Mächte. Sie ist aber, Saids These „postkolonial" weitergesponnen, ein Vorgang, der nicht im 19. oder 20. Jahrhundert ein Ende fand (noch eigentlich erst im 18. Jahrhundert begann), sondern unmittelbar mit der kulturellen Identität in Europa im Jetzt verbunden. Und dieser Vorgang der Konzeptualisierung, der Beschreibung und Deutung, wird durch die ökonomische und politische Diversifizierung der Welt im 21. Jahrhundert anhalten. Es geht nämlich, unabhängig von kolonialen Realitäten (mit denen sich Said beschäftigte), um die Auseinandersetzung mit Kultur(en) überhaupt: solcher, die das individuelle Umfeld prägt, und solcher, die in anderen Regionen existieren. Dabei ist als durchaus positiv hervorzuheben, dass in Europa die Auseinandersetzung mit dem „Fremden" auf eine außerordentlich breite und differenzierte Diskursgeschichte zurückblickt. Dieser anhaltende Diskurs über das Fremde bestimmt auch den Alltag heute und ist tatsächlich – bei und mit all seinen charakteristischen und furchtbaren Begleiterscheinungen wie Kolonialismus und Rassismus – eine Art Konstante der kulturellen Bewegung in Europa und somit Deutschland. Wenn es in unseren Breiten eine Dominante im Diskurs über kulturelle Identität gibt, dann ist es eben nicht die, aus irgendwelchen Traditionselementen eine „deutsche Leitkultur" zu erfinden (das ist genau ein Indiz für Realitätsverweigerung), sondern die Besonderheiten einer deutschen Kultur gerade über das Spannungsverhältnis zu anderen Kulturen zu definieren. Seit dem 18. Jahrhundert, als die nationalstaatliche Traditionserfindung erblühte, kam Deutschland nicht mehr ohne ein imaginiertes „Hellas" aus[24] und dieser Fremdbezug als Teil des Eigenen hat Kontinuität.

Die Auseinandersetzung mit dem pharaonischen Ägypten (interessanterweise sehr viel mehr, als mit dem mittelalterlichen oder neuzeitlichen) stellt einen blühenden Strang dieser ebenso widersprüchlichen wie produktiven Beschäftigung mit dem „Fremden in uns" dar. Sie führte zur Begründung der Ägyptologie, die sich als akademisches Fach und soziales Feld einer – nun ja – Berufsgruppe über weite Teile der Welt ausbreiten konnte. Das, was üblicherweise so unangemessen als „die Ägyptologie" ganz global gilt, ist vor allem Teil der europäischen oder westlichen kulturellen Identität.[25] Die „Ägyptologie" im neuzeitlichen Staat Ägypten wurde als ein Ausläufer der europäischen Ägyptologie begründet und ist mental bis heute durch diese okkupiert. Doch gab und gibt es daneben eine gewissermaßen autochthone und subversive Ägyptenbeschäftigung im vormodernen Ägypten selbst,[26] vergleichbar dem europäischen „esoterischen" Aegyptenbild,[27] und eine *invention of tradition* im Zuge nationalistischer Diskurse der Neuzeit.[28]

Beide Wissenschaften aber stecken in der Krise: Die europäische Ägyptologie steht unter Orientalismusverdacht, die ägyptische Ägyptologie kann sich nur schwer inhaltlich emanzipieren. Aggressivität und Verweigerung im Nofretete-Streit sind durchaus Indikatoren der Unsicherheit bei der Definition des gegenseitigen Verhältnisses. Man kann es Zahi Hawass gewissermaßen nicht verübeln, dass er beim Fischen nach Unterstützung im eigenen Land auf Konfrontation mit dem Westen setzt; wie es aus westlicher Sicht völlig logisch ist, sich nicht durch einen Präzedenzfall demütigen zu lassen. Doch ein Seitenblick auf das, was jenseits dieser auf sich selbst fixierten

---

23 Said 1978; Pomian 1988.

24 Das imaginäre „Hellas" Westeuropas hat zum streckenweise parodistisch wirkenden Gegenkonstrukt „Kemet" durch die afrikanische Ägyptologie in der Schule von Scheikh Anta Diop geführt (Roth 1995; Fitzenreiter 2009, 33–34). Das verquaste Bild eines nordischen „Hellas" etwa bei Taeger 1940 („Im Griechen ist der nordische Mensch seiner zuerst bewußt geworden...", op. cit. 7).

25 Assmann 2006.

26 El-Daly 2005.

27 Hornung 1999.

28 Haarmann 2001; Colla 2008.

Protagonisten passiert, lässt Hoffnung aufkommen. Die afrikanische Ägyptologie hat durch die frühzeitige Lossagung vom westlichen Forschungsethos inzwischen eine eigene Agenda und damit Sinnhaftigkeit im Diskurs der frankophonen afrikanischen Intellektuellen erwerben können.[29] Auch andere Facetten der unzutreffend als „afrozentristisch" zusammengefassten Bewegungen in der Ägypten-Forschung seit der Mitte des 20. Jahrhunderts entwickeln ein eigenes Profil: in der Karibik, in den USA. Schließlich bleibt auch zu erwarten, dass die Etablierung ägyptologischer Forschung in Asien (Japan, China) zu neuen Schwerpunktsetzungen führt. Es sind Paradigmenwechsel zu erwarten, die durchaus zu Polarisierungen führen, aber damit auch zur Erkenntnis, dass unterschiedliche kulturelle Kontexte unterschiedliche Fragen an das historische (pharaonische) Material hervorbringen – und unterschiedliche Antworten.[30]

Kann so der Kontext des Problems ein wenig strukturiert werden, so skizzieren Pomians Überlegungen zum Sammeln Perspektiven, wie sich ein produktiver Wettstreit um Büste 12/13.748 gestalten lässt. Sammlungsgeschichte ist eben nicht nur Weltgeschichte, sondern sie ist auch Sammlergeschichte. Der Sammler, also der, der sich der Objekte annimmt (und damit in unserem Fall nicht zuletzt: der Ägyptologe), macht sie erst zum musealen Gegenstand und damit zum Träger von Bedeutung: Eine Briefmarke, die auf einem Brief klebt ist nicht nur ökonomisch und semiotisch sondern tatsächlich auch „materiell" etwas ganz anderes, als eine Briefmarke in einem Briefmarkenalbum. Erst die Präsentation in einer Sammlung schreibt dem historisch nutzlos gewordenen Gegenstand Sinn ein, generiert positive Bedeutung – und nicht nur Streit. Die Genese der Sammlung und die Intention des Sammlers gehört somit zur Provenienz eines inzwischen mit Sinn aufgeladenen Objektes dazu, und das schließt die jeweilige Neuordnung und Neuorientierung einer Sammlung ein. Nimmt man die Geschichte der Sammlung so als ein komplexes Gebilde aus kultureller Gegebenheit und individueller Positionierung wahr, könnte aus dem Ganzen ein interessantes – weil: ägyptologiehistorisches – Herangehen an das Problem werden. So wird vielleicht aus einem peinlich beschwiegenen Feld, das man besser der Diplomatie überlässt, ein spannendes und informatives Forschungsfeld der westlichen Ägyptologie. Auch voller Mienenfelder, gewiss. Denn Forschung ist auch, Meinung zu äußern.

6.

Wie also weiter? Empfehlungen sollte man nur noch für Europa geben, denn die Transfiguration alles Leidens unter europäischer Bevormundung in die „Nofretete" und deren Schicksal als verschmutzte Büste sollte lehren, dass es offenbar erhebliche Interessensunterschiede zwischen der Beschäftigung mit dem pharaonischen Ägypten hier und da gibt. In Europa aber sollten wir uns zum Orientalismus als Kern unserer Beschäftigung mit dem pharaonischen Ägypten bekennen. Was offensives Nachdenken darüber bedeutet, warum wir das pharaonische Ägypten für unsere Kultur ausbeuten. Denn dieses Ausbeuten schließt auch die Annexion von Objekten und ihre Indizierung zu Semiophoren in unserem, eigenständigen Diskurs ein. Forschen ist Aneignung und wir tun es aus einem spezifischen kulturellen Hintergrund heraus. Das Konstrukt von Ägypten, das wir erzeugen, ist ein europäisches. Wirklich transnationale, „hybride" Forscher sind zumindest unter den Ägyptologen wohl selten, ich möchte deren Existenz im Moment sogar ausschließen; Grenzgänger haben diese meistens in die eine oder andere Richtung passiert und sich fest im jeweiligen Diskurssystem verankert.[31] Und das ist – als Berliner gesprochen – auch gut so.[32]

---

29 Was auch einschließt, dass die Stilisierung von Kemet zum afrikanischen Hellas auf Widerspruch in einem autochthonen kulturellen Diskurs stößt: Folorunso 2003.

30 Jeffreys 2003; Fitzenreiter 2009.

31 Man sollte diese Bemerkung weniger als Gegenposition denn als ein Gesprächsangebot zu der u.a. von Bhabha 1994 entwickelten These der Hybridkultur lesen. Bhabha hat Saids Orientalismus-These postkolonial erweitert und auf die fließenden Übergänge zwischen den nur scheinbar als Gegensätze konstruierten Systeme verwiesen. Doch ist Bhabha – wie es Said war – ein vor allem am westlichen intellektuellen System geschulter Theoretiker, der, wie dieser auch, vor allem diese „hybride" Stellung reflektiert und zu bewältigen sucht. Vielleicht schafft die Entwicklung „anderer Ägyptologien" einen Hybridraum wissenschaftlichen Austausches; vielleicht müssen sich aber erst entlang der soziokulturellen wie ökonomischen Bruchlinien der modernen multipolaren Welt Gegensätze auch bei der Aneignung des pharaonischen Erbes schmerzhaft auftun, ehe man zur Hybridisierung schreiten kann.

32 Seinerzeit keines Kommentars bedürftig, ist diese Formulierung inzwischen wohl besser zu kontextualisieren. Also: <https://de.wikipedia.org/wiki/Klaus_Wowereit> (Zugriff 19.10.17).

Weniger gut so ist, wenn sich die Problematisierung des Umganges mit Büste 12/13.748 auf eine Ebene begibt, in der das individuelle Fehlverhalten einzelner Protagonisten im Mittelpunkt steht. Es geht bei der Frage, wohin sie gehört (die Frage, wem sie juristisch gehört ist im Prinzip sowieso unzulässig, seitdem James Simon sie aus seinem Privatbesitz entlassen und damit „der Allgemeinheit" geschenkt hat) um ein wenig mehr. Es geht darum, ob bestimmte Gruppen ein Recht haben, sich zum Hüter materieller Bestände des pharaonischen Ägypten aufzuwerfen. Ich denke nicht. Um ein gefürchtetes Dichterwort zu zitieren: „Was du ererbt von deinen Vätern, erwirb es um es zu besitzen!"[33] Wer immer Büste 12/13.748 beherbergt, er sollte es weniger juristisch rechtfertigen können, als ideell.[34]

Momentan sieht es so aus, als ob aus ägyptologischer Sicht eine Überführung der Büste nach Kairo aufgrund der verfahrenen Lage die Situation der akademischen Ägyptologie in Deutschland und Ägypten entspannen könnte und insofern wünschenswert wäre. Dem Nachdenken über die Bedeutung des pharaonischen Ägypten täte das keinen Gefallen. Solange in Ägypten die Büste 12/13.748 als Medienikone eines eher bornierten nationalistischen Diskurses inszeniert wird, hat sie dort wenig verloren. Man sollte allerdings nicht vergessen, dass die Zukunft ein sehr offenes Feld ist. Borchardt und Lefébvre werden bei ihren *querelles* nicht im Traum daran gedacht haben, dass wenige Jahre später Ägypter ein Interesse an der Büste anmelden könnten. Wir können kaum einschätzen, wie sich der Diskurs zwischen den Ägyptologien in den kommenden Jahrzehnten entwickelt – aber wir können ja schon mal beginnen, in diese Richtung zu denken.[35]

7.

Heilung ist möglich: Die um 1250 geschaffene Skulptur der Markgräfin Uta, Teil einer Stiftergruppe im Naumburger Dom,[36] wurde in den 30er Jahren als unerträgliche Medienikone des weiblichen Deutschtums inszeniert. Sie wurde zur archetypischen „Uta", säkularen Heiligen und Namensgeberin einer ganzen Mädchengeneration.[37] Diese Determinierung ist inzwischen abgeklungen und die Skulptur ist als wunderbares Werk der Kunst für sich allein, als großartiges Element einer kulturellen Epoche im Kontext zu erleben. Bis dahin war aber einiges Geschirr zerschlagen. Auch ein Teil der Berliner ägyptischen Sammlung. Zum Glück nicht Büste 12/13.748.

33 Johann Wolfgang von Goethe, *Faust* I.

34 Apropos: Was ist eigentlich mit jenen Denkmälern, die möglicherweise für das sudanesische Nationalbewusstsein von elementarer Bedeutung sein könnten, aber in der Zeit der Herrschaft Ägyptens über den Sudan 1862 vom Gebel Barkal nach Kairo gebracht wurden: Pije-Stele, Tanwetamani-Stele, Aspelta-Stele etc.?

35 Wie wäre es damit: Ein Sammelband, in dem offensiv und jenseits juristischer Finkeleien argumentiert wird, warum Nofretete eigentlich in Berlin bleiben sollte?

36 „Uta von Naumburg ist die Nofretete des Mittelalters!" – Werbetext im Versandkatalog von Fröhlich und Kaufmann 2015 für das Buch Imhof / Kunde 2011.

37 Ullrich 2005. Es ist frappierend, wie sehr der Kasus Uta der Hyperindizierung der Büste 12/13.748 gleicht: Angeblich sollte jene nach dem 1. Weltkrieg zusammen mit den übrigen Stifterfiguren als Reparationsleistung nach Frankreich gehen. Diese Legende lässt sich – wie so viele – nicht verifizieren (op. cit. 119–122), ist aber wieder ein gutes Beispiel, wie nationaler Phantomschmerz (über die Niederlage im Krieg) in das Schicksal eines Kunstwerkes transformiert wird und von allen Beteiligten gern geglaubte Legenden bildet.

Literaturverzeichnis

Assmann 2006 = Jan Assmann, *Erinnertes Ägypten. Pharaonische Motive in der europäischen Religions- und Geistesgeschichte*, Berlin 2006.

Bhabha 1994 = Homi K. Bhabha, *The Lovation of Culture*, Oxon / New York 1994.

Brown / Bruchac 2006 = Michael F. Brown u. Margaret M. Bruchac, NAGPRA from the Middle Distance, in: John Henry Merryman (Hg.), *Imperialism, Art and Restitution*, Cambridge 2006, 193–217.

Chojnacki 1985 = Stanislaw Chojnacki, The "Kwerata Reesu", its Iconograhy and Significance: An Essay in Cultural History of Ethiopia, *Annali Istituto Orientale di Napoli* 45, 1985, 1–64.

Colla 2008 = Elliott Colla, *Conflicted Antiquities. Egyptology, Egyptomania, Egyptian Modernity*, Durham / London 2008.

El-Daly 2005 = Okasha El-Daly, *Egyptology: The Missing Millennium. Ancient Egypt in Medieval Arab Writings*, London 2005.

Fitzenreiter 2009 = Martin Fitzenreiter, Was interessiert den Ägyptologen / die Ägyptologie an Schwarzafrika?, in: Jürgen Thiesbonenkamp u. Andreas-M. Selignow (Hg.), *Interdisziplinäre Afrikaforschung und neuer Afropessimismus*, Berlin 2009, 19–42.

Folorunso 2003 = Caleb A. Folorunso, Views of Ancient Egypt from a West African Perspective, in: David O'Connor u. Andrew Reid (Hg.), *Ancient Egypt in Africa. Encounters with Ancient Egypt*, London 2003, 77–92.

Gertzen 2013 = Thomas L. Gertzen, *École de Berlin und »Goldenes Zeitalter« (1882–1914) der Ägyptologie als Wissenschaft. Das Lehrer-Schüler-Verhältnis von Ebers, Erman und Sethe*, Berlin / Boston 2013.

Gertzen 2017 = Thomas L. Gertzen, *Judentum und Konfession in der Geschichte der deutschsprachigen Ägyptologie*, Europäisch-jüdische Studien. Beiträge 32, Berlin / Boston 2017.

Grimm / Schoske 2001 = Alfred Grimm u. Sylvia Schoske (Hg.), *Das Geheimnis des goldenen Sarges. Echnaton und das Ende der Amarnazeit*, München 2001.

Haarmann 2001 = Maria Haarmann, *Das moderne Ägypten und seine pharaonische Vergangenheit*, Dissertation Freiburg i.B. 1991, Mikrofiche, 2001.

Holtorf 2005 = Cornelius Holtorf, *From Stonehenge to Las Vegas. Archaeology as Popular Cultur*, Walnut Creek 2005.

Hornung 1999 = Erik Hornung, *Das esoterische Ægypten. Das geheime Wissen der Ägypter und sein Einfluß auf das Abendland*, München 1999.

Imhof / Kunde 2011 = Michael Imhof u. Holger Kunde, *Uta von Naumburg*, Petersberg 2011.

Jeffreys 2003 = David Jeffreys, Introduction – Two Hundred Years of Ancient Egypt: Modern History and Ancient Archaeology, in: David Jeffreys, *Views of Ancient Egypt since Napoleon Bonaparte: Imperialism, Colonialism, and modern Appropriations. Encounters with Ancient Egypt*, London 2003, 1–18.

Jung 2012 = Mariana Jung, 100 Jahre Fund der Nofretete, in: Friederike Seyfried (Hg.), *Das Licht von Amarna – 100 Jahre Fund der Nofretete*, Petersberg 2012, 421–426.

Krauss 1987 = Rolf Krauss, 1913–1988: 75 Jahre Büste der NofretEte/Neferet-iti in Berlin, *Jahrbuch Preußischer Kulturbesitz* 24, 1987, 87–124.

Krauss 2009 = Rolf Krauss, Nefertiti's Final Secret, *KMT* 20, No.2, 2009, 18–28.

Matthes 2012 = Olaf Matthes, Ludwig Borchardt, James Simon und der Umgang mit der bunten Nofretete-Büste im ersten Jahr nach ihrer Entdeckung, in: Friederike Seyfried (Hg.), *Das Licht von Amarna – 100 Jahre Fund der Nofretete*, Petersberg 2012, 427–437.

Merryman 2006 = John Henry Merryman (Hg.), *Imperialism, Art and Restitution*, Cambridge 2006.

Pomian 1988 = Krysztof Pomian, *Der Ursprung des Museums. Vom Sammeln*, Berlin 1988.

Roth 1995 = Ann Macy Roth, Building Bridges to Afrocentrism: A Letter to my Egyptological Colleagues, *American Research Center in Egypt Newsletter* No. 167 + 168, Sep./Dec. 1995, 16.

Said 1978 = Edward Said, *Orientalism*, New York 1978.

Savoy 2011 = Bénédicte Savoy, *Nofretete: Eine deutsch-französische Affaire 1912–1931*, Köln 2011.

Seyfried 2010 = Friederike Seyfried, Die Büste der Nofretete. Dokumentation des Fundes und der Fundteilung 1912/13, *Jahrbuch Preußischer Kulturbesitz* 46, 2010, 133–202.

Siehr 2006 = Kurt G. Siehr, The Beautiful One Has Come – to Return, in: John Henry Merryman (Hg.), *Imperialism, Art and Restitution*, Cambridge 2006, 114–134.

Stierlin 2009 = Henri Stierlin, *Le Buste de Néfertiti, une imposture de l'égyptologie?* Gollin 2009.

Taeger 1940 = Fritz Taeger, *Hellas*, Köln 1940.

Ullrich 2005 = Wolfgang Ullrich, *Uta von Naumburg – Eine deutsche Ikone*, Berlin 2005.

Urice 2006 = Stephen K. Urice, The Beautiful One Has Come – to Stay, in: John Henry Merryman (Hg.), *Imperialism, Art and Restitution*, Cambridge 2006, 135–166.

Voss 2009 = Susanne Voss, Das DAI Kairo 1907–1979 im Spannungsfeld deutscher politischer Interessen, in: *Menschen, Kulturen, Traditionen. Die Forschungscluster des Deutschen Archäologischen Instituts*, Berlin 2009, 110–111.

Voss 2012 = Susanne Voss, Die Rückgabeforderung der Nofretete-Büste im Jahr 1925 aus deutscher Sicht, in: Friederike Seyfried (Hg.), *Das Licht von Amarna – 100 Jahre Fund der Nofretete*, Petersberg 2012, 460–468.

Wenig 2009 = Steffen Wenig, Damals, vor fünfzig Jahren – Ein Zeitzeugenbericht, *Isched* 2/2009, Berlin 2009, 29–38.

Wildung 2013 = Dietrich Wildung, *Die vielen Gesichter der Nofretete*, Ostfildern 2013.